臺海風雲見證錄

—政論篇—

—上冊—

徐博東 著

崧燁文化

目錄

序一　祝《臺海風雲見證錄》出版

國務院臺灣事務辦公室原副主任　唐樹備

徐博東教授的涉臺文集——《臺海風雲見證錄》，即將面世，可喜可賀！

自2008年5月以來，大陸海協和臺灣海基會在「九二共識」的基礎上恢復了中斷九年的協商談判，達成了一系列協議。臺海兩岸實現了全面直接「三通」和大陸遊客赴臺旅遊。兩岸簽署了兩岸經濟合作框架協議（ECFA）。臺通過提早降關稅清單（早收清單），已為兩岸同胞帶來了實實在在的利益，並為兩岸經濟關係的正常化、制度化和規範化，確定了方向和步驟。

這是兩岸關係在堅持一中原則、反對臺獨鬥爭取得階段性勝利的基礎上所取得的又一重大進展。

回望30多年來兩岸關係的發展路程，跌宕起伏、風雲變幻，上述成就的取得，可謂來之不易。能夠取得這樣的進步與成果，是與臺海兩岸各界人士的不懈努力分不開的。

徐博東教授從1980年代開始，就涉入對臺研究，發表了許多研究成果，為中國的統一辛勤探索、獻計獻策。我在任職中央臺辦和國務院臺辦副主任、海協常務副會長、海峽兩岸關係研究中心主任期間，他是被我經常諮詢意見的臺灣問題專家之一。

他還以民間學者的身分，接受海內外新聞媒體的採訪，解讀大陸的對臺方針政策，無情地抨擊臺獨言行，站在「反獨促統」的第一線，為促進兩岸關係發展不斷發聲，發表了大量的涉臺言論，使他成為海內外媒體採訪兩岸熱點新聞的重要對象。

徐教授在民進黨研究方面，也涉入較深，他的見解和研判，使他成為聲播臺海兩岸的大陸方面的民進黨研究專家。

誠如該文集的書名《臺海風雲見證錄》所揭示的那樣，徐教授名副其實的是兩岸關係20多年來發展歷程的親歷者、見證者和推動者之一。

近來，徐教授把20多年來所撰寫的政論文章、時事評論及接受媒體的採訪報導共579篇、160餘萬字彙集成文集，這是徐教授本人涉臺研究的集大成之作。

通覽文集，博東教授筆觸所及、言論所指，無不是當時兩岸關係發展中的熱點、困難與要點問題。既有關於中國統一歷史必然性、制定《反分裂國家法》必要性等重大問題的長篇論述，也有針砭臺灣政局和政壇人物的犀利短評，從兩岸關係、中美關係到臺灣政局，從歷史到現實，從臺灣經濟、政治問題到文化、軍事、涉外關係，幾乎無不涉獵。內容互相補充、相互佐證。它將成為後人研究兩岸關係發展史的重要參考材料，相信它的出版將會受到各方面的重視和歡迎。

兩岸關係已經步入以和平統一為最終目標的和平發展階段。由於歷史和現實的原因，兩岸關係的和平發展決不會一帆風順。徐博東教授雖然已經離職退休，但我期望他趁身體尚健，以文集的出版為新的起點，在臺灣問題研究方面繼續發揮餘熱，為推動兩岸關係和平發展與中國和平統一大業，做出新的貢獻。

是為序。

於北京

序二　徐博東教授：大陸對臺「民間發言人」——欣聞《臺海風雲見證錄》即將出版

前海峽兩岸關係協會副會長　張銘清

博東教授的個人文集《臺海風雲見證錄》就要出版了，這是大陸涉臺研究界值得慶賀的一件事。博東兄是對臺工作戰線上的知名老專家，從事對臺研究二十餘年，親身經歷、參與和見證了兩岸關係發展史上的諸多大事。如今他把自己這二十餘年來的研究成果結集出版，這不僅是對他個人學術生涯的一個總結，也可以讓我們從一個側面瞭解回顧二十餘年來兩岸關係發展演進的歷史軌跡，給今後的對臺工作以某種啟發。因此，這部文集的出版，我以為具有重要的學術價值和現實意義。

這部文集共分三個部分：政論篇（上、下冊）、時事評論篇和採訪報導篇。共計579篇，160餘萬字。這是一份沉甸甸的學術成果，它充分反映出博東教授二十餘年來為學之勤、探研之精。博東兄是我的良師益友，我在臺辦、海協工作期間，經常向他請益，受惠良多，今天品味他的這些嘔心瀝血的結晶，大有「字句挾風雷、聲落點金石」之感，因為他由情而文，讀來則由文生情，歷歷往事又浮現在眼前，可謂感觸良多，特別親切。相信他的這些力作，必將在兩岸關係發展史上，留下濃墨重彩的一頁。

綜覽文集，我覺得有如下三個鮮明的特色：

其一是它的全面性和系統性。這主要體現在「政論篇」部分。可以看出，博東教授的研究領域十分廣泛，包括臺灣政局、兩岸關係、中美關係、國際格局、大陸對臺戰略、政策與策略等，正是通過這種全方位多視角的深入研究，博東教授對臺灣問題的把握分析才能做到如此精準和到位，蔚然成為大家。然而特別應當指出的是，博東兄的對臺研究，其最重要的貢獻並不在於他涉及的「面」很廣，而在於他對「點」的長期追蹤和探索，也即兩岸各界都一致公認的他對民進黨研究的系統與深入。在「政論篇」中，約有三分之二以上的篇什是研究民進黨的論文。正因為如此，博東兄的對臺研究頗具特色，他不僅是著名的臺灣問題專家，同時更是民進黨研究專家。

其二是它的連續性和前瞻性。博東教授從八十年代末開始涉入對臺現狀研究，二十多年來無論遇到何種困難與挫折，他都一往無前、無怨無悔，始終保持著對臺灣問題研究的高度熱情和關注，承擔了大量的涉臺調研課題，長期筆耕不輟，因此這部文集保持了較好的時間連續性。通讀文集，讀者從中可以很清晰地把握近二十餘年來臺灣政局以及兩岸關係的發展脈絡。同時，博東兄的研究成果還具有較強的前瞻性，如他較早地預見到李登輝的臺獨傾向、民進黨在臺灣政壇上可能扮演的角色，並且在1999年就已經預見到民進黨上台執政的可能性，以及它上台執政後對臺灣政局和兩岸關係可能帶來的影響。在民進黨2008年下台後，又較早地預見到民進黨重新崛起、捲土重來的可能性等等。

其三是它的政策性和實踐性。博東教授的學術研究不是書齋式的，而是充滿實踐性。臺灣問題是熱點問題，多年來，博東兄作為兩岸知名的臺灣問題專家和國臺辦所倚重的智囊學者，一直以自己研究成果積極為國家對臺工作獻計獻策，並經常出席各種內部召開的諮詢會議，從對臺戰略到政策策略，多方提供決策建言，為兩岸關係的發展和中國的和平統一做出了突出貢獻。不僅如此，作為一個民間學者，他始終站在「反獨促統」的第一線，每逢臺海發生重大事件，博東教授往往在第一時間接受海內外媒體的採訪，發言發聲，並緊跟形勢的發展，撰寫了大量文筆犀利、發人深省的時事評論文章，針砭時勢，抨擊臺獨言行，解讀大陸對臺方針政策。因此，他被臺灣媒體稱之為大陸的「發言學者」，記得我也曾在私下半開玩笑地講過，徐教授是大陸對臺「民間發言人」。從這部文集的「採訪報導篇」及「時事評論篇」中可以看出，這並非虛言。

博東兄對臺研究能夠取得這樣的成就不是偶然的，除了理論功底紮實之外，再有就是他的刻苦與勤奮。臺灣《中國時報》執行副總編楊憲村說：「徐教授的對臺研究工作相當敬業，一直令我留下極為深刻的印象。作為一位研究民進黨問題的先行者，徐博東多次來臺從事交流訪問，我看著他由『中央』到基層，由城市到鄉村，不厭其煩，深入其境，想方設法與民進黨人士接觸，從不放過任何機會。我常因代他安排而被煩得不堪其擾，但他這種治學態度和求知的精神則令我感動……」另一位臺灣知名學者尹章義教授也說：「能夠像徐教授這樣，案頭功夫和實際調查研究都如此精深的人，可謂『鳳毛麟角』」。正因為如此，博東教授才能夠比較準確地把握臺灣的政情發展和社會脈動，尹章義說他的文章「燦然可觀」，不少預測都相當精準，「民進黨取得政權的過程、執政後的表現和給臺灣所帶來的嚴重傷害，不幸都被徐博東這個大陸學者一一料中了」，陳水扁和他的團隊「只是照著徐博東事先寫好的劇本表演罷了」。就此而言，博東教授的這種兢業精神是很值得年輕學者學習和傳承的。

據我所知，博東兄的學術成果並沒有完全體現在這部文集之中，如他對於臺灣歷史文化，特別是對近代臺灣省籍著名反割臺愛國抗日志士丘逢甲的研究，具有很高的學術價值。二十多年前他與人合著的大陸出版的第一部《丘逢甲傳》，至今未有能出其右者。這部傳記已先後在海峽兩岸出版了四種版本，博東教授也因此被兩岸史學界公認為丘逢甲研究專家。此外，博東兄還是兩岸民間交流的重要平台——「海峽兩岸客家高峰論壇」大陸方面的發起人，他對於客家學的研究以及推動兩岸客家交流方面也做出了積極貢獻。但文集中這些內容並沒有能完整地反映出來。

博東兄作為一名民間學者，能夠在大陸臺灣研究界占有一席之地，並成為一方領軍人物，是很不容易的。眾所周知，臺灣研究具有很強的特殊性，是一項政策性、理論性、實踐性很強的工作，特別是在1980、1990年代，資料收集有很大的困難度和侷限性。因此，要想在臺灣研究領域取得成就，沒有一點犧牲奉獻精神是很難的。博東兄卻知難而上，選擇臺灣研究作為自己的學術志業，並始終堅持不懈，孜孜以求，終有所成，這種毅力和精神確實令人感佩。而且特別值得一提的是，由他一手創建的北京聯合大學臺灣研究院，從無到有，從小到大，不斷發展壯大，成為大陸涉臺研究的重鎮，一批頗具潛力的年輕研究人才已經開始嶄露頭角。博東教授退休之後仍然十分活躍，頻繁出席各種會議，接受媒體採訪，筆耕不輟，我注意到文集中有不少文章都是在他2008年退休之後完成的。我們衷心希望，博東兄能夠永保學術青春，為臺灣研究做出更多更大的貢獻。

是為之序。

於廈門大學

序三　從路邊攤到大飯店——寫在《臺海風雲見證錄》的前面

臺灣世新大學教授　王曉波

博東兄的涉臺文集《臺海風雲見證錄》即將出版，要我寫序，序不敢當，以我跟博東的交情不寫又不敢，只得在他大著出版之前說幾句祝賀的話。但我又一生「烏鴉嘴」，沒學會說「好話」，只得實話實說，也藉此留下我與博東兄訂交的記錄。

1987年11月，臺灣解除戒嚴，開放大陸探親，我們「臺灣史研究會」即決定舉辦研討會，並去函大陸中國社科院臺灣研究所和廈門大學臺灣研究所，請他們推薦學者來臺出席會議。當時，廈大臺研所推薦的是陳孔立教授，社科院臺研所推薦的則是徐博東教授。但臺灣不予批准，二人均未能成行，至為遺憾。當時我是臺史會的理事長。

之後，我們「臺灣史研究會」決定在1988年暑假期間，組織學術訪問團訪問大陸，並在廈大臺研所和社科院臺研所各舉辦一場學術研討會。

1988年寒假期間，我到南昌探親，在香港轉機，見到了陳孔立教授，討論了臺史會訪問團的問題。南昌探親畢，又到北京，也到社科院商討臺史會訪問團的事宜，但在社科院臺研所，並未見到博東兄。

臺史會的大陸訪問團遭臺灣批駁，只準「探親」，不準「學術訪問」，所以，我們只好化整為零，各別申請「探親」，然後機場集合行動，所以，我們的訪問團變成了「不是團」。雖然如此，我還是受到禁止出境一年的處罰。

學術研討會在北京友誼賓館舉辦，眾多初次見面的大陸學者中，博東兄是其中之一。90年代後，有臺灣研究會、社科院臺研所和全國臺聯共同舉辦的「兩岸關係學術研討會」，到北京開會的次數多了，才和博東兄熟悉起來。

初次見面後才知道，博東兄根本不任職於社科院臺研所，而是在北京聯合大學任教，其本人畢業於北大歷史系。他是廣東客家人，其父在抗戰時期，追隨丘念臺參加廣東東區服務隊從事抗日救亡活動。博東兄還寫過一本《丘逢甲傳》。我們臺史會的信到社科院臺研所，臺研所學者多政治、經濟專長，而無史學專業，故由李家泉副所長推薦博東兄出席我們臺史會的研討會，而掛了一個「特約研究員」的名義，以代表社科院臺研所。所以，1988年寒假到社科院臺研所未能見到博東兄。

後來還知道，臺灣光復後，博東兄的父母跟隨丘念臺到臺灣，博東則留在大陸廣東梅州蕉嶺家鄉由祖母哺養，準備父母在臺灣的工作穩定下來後，祖孫二人再到臺灣團聚。不料，後來博東兄的祖母病重，他的父親只好從臺灣趕回廣東家鄉探病。誰知這一去就沒能回來，1949年後兩岸分裂，不得往來，從此家庭破裂，骨肉離散，博東和他的父親、祖母在大陸，而母親和三個在臺灣出生的弟弟卻留在了臺灣。

我則是1948年，外婆帶著我們隨爸爸來臺訓練新兵，後來母親來臺團聚，1952年犧牲於「白色恐怖」，父親也以「知情不報」判處徒刑七年。我們全家五口頓時失去生活來源，而經朋友介紹，到臺中育幼院，把我和大妹列名為院外生，每個月可領十幾塊生活補助金。意想不到，博東兄的母親就是臺中市育幼院的會計，而我和大妹每個月的生活補助金就是向她領的。

因此，我和博東兄都是國共內戰、兩岸分裂的受害者。博東兄是家庭離散，骨肉不得相見；我家則是相見不如不見，為了家人團聚，而在「白色恐怖」中犧牲了母親。

我從「自覺運動」（1963）開始探索中國前途；從保釣的「臺大民族主義座談會」（1972）後，開始研究臺灣近現代史和中國統一問題。

博東兄則是由李家泉推薦參加臺史會開始研究臺灣問題，起始博東兄只不過是聯合大學的一個「一人公司」；後來，成立了聯大的「臺灣研究室」，接著愈搞愈大，而有「臺灣研究所」、「臺灣研究院」。博東兄一直是推動者，也是領導者，直到退休。所以，我戲稱博東兄的臺灣研究是「從路邊攤到大排檔再到大飯店」。除了徐博東因臺灣研究而揚名兩岸外，北京聯大也因臺灣研究而名聞兩岸。

老實説，今天大陸的臺灣研究是為中國統一服務的，我的臺灣史研究，也是為中國和平統一服務的。我和博東兄同為國共內戰的受害人，偶然的兩代交情，必然的兩岸殊途，卻又共同地為中國統一奮鬥。

從1988年至今已經23年了，博東兄已自聯大屆齡榮退，但仍擔任顧問，且為大陸對臺工作所倚重。我也青絲成白髮，從臺大退休了。聯大、臺大的教職，只是我們的「職業」，但中國統一卻是我們的「志業」。職業需要退休，但不到中國實現統一的一天，我們的志業是永遠不言退的！

博東兄，您説是嗎？

於臺北

序四　徐博東教授：比民進黨還瞭解民進黨的大陸學者

臺灣賢德惜福文教基金會董事長　周荃

「徐博東先生跟我一樣誤入歧途，都寫了一本書，書名叫做《民進黨研究》。我已經放棄研究民進黨了，我覺得太無聊了，可是徐博東先生還在繼續研究，我要恭喜他！」李敖大師在北京聯合大學臺灣研究所「改所建院」的時候這麼說徐老師。

中國大陸只有兩個「院」級的臺灣研究機構，一個在南方，是與臺灣一水之隔、歷史悠久的福建廈門大學臺研院。另一個在京城，2005年4月22日才成立的北京聯合大學臺研院。祖籍廣東梅州的徐老師從1987年起窮盡30年時間寫臺灣，他的成名之作是《丘逢甲傳》。客家人的他，又從1988年1月在李家泉教授牽線下，因緣際會花了22年時間研究民進黨，至今不墜。多年的孜孜不倦努力探索，我們仔細觀察，無論大陸領導人的談話或對臺政策的許多深刻內涵，都有許多徐老師歷來提出論述的影子，例如：

一、錢其琛關於一中「新三段論」的說法；

二、兩岸「三通」是「戰略」而非「策略」問題、界定為「經濟」議題而非「政治」議題的提法；

三、「九二共識」這個用語，其實徐博東早於蘇起之前即已提出。2000年4月初抵臺參訪的他，在與民進黨人士交流時即提出了「九二共識」的說法，當時他還跟TVBS記者約好，其事先錄製好的亦即提及「九二共識」一說的個人專訪，得在他月底離臺前再播出；

四、2008年3月馬英九勝選後，徐老師更是率先提出發展兩岸關係「先經後政、先易後難」說法的學者。

作為一個學者，沒有比自己提出的論述、說法被政府採納、被他人引用更令人欣慰的了。「積久功深自有得」，正貼切的形容這位出身北大歷史系，父母親在他出生後不久即赴臺，三個胞弟都生在臺灣，而只留下他在大陸「打拚」的學者風範。

沒有徐博東就不會有北京高校第一個臺灣研究室、所、院的成立。當時更是因為徐博東決定選擇較不被人重視但顯然很有研究價值的「臺獨與民進黨問題」作為主要的研究方向。我就是在他「校長兼撞鐘」的時候認識他的。那時，他已是大陸上頗有見地與知名度的研究民進黨的少數「特殊」學者專家。說他「特殊」實乃當時的北聯大臺研所基本上只是「一人所」；再者，從黨外時期到創黨再到2000年，連阿扁自己都不相信會完成臺灣首次政黨輪替。試想，一個沒有人看好有一天會執政的政黨，花工夫去研究它，也太沒有前景了吧？

然而，事實證明，兩岸關係從李登輝「兩國論」、戒急用忍，陳水扁的「四不一沒有」到後來的「烽火外交」，再到如今馬英九簽定ECFA、十五項協議……，徐老師是無役不與，一直是大陸涉臺學界指標性人物，是國臺辦倚重的對象。

許多人研究臺灣問題，往往只會簡單地從藍、綠板塊移動觀之，缺少對民進黨的深刻瞭解與認識，結果不僅是對兩岸問題分析不到位，當然對臺灣內部問題的解讀就更有缺陷。而更多人的研究工作，又因臺灣「人脈」的有限與欠缺，就只能從報章雜誌、電子媒體「紙上研究」做分析。正因為徐博東是：（1）學歷史出身；（2）搞民進黨研究的學者；（3）更不同於他人的地方是，他得從自己不可分割、無法切斷的家庭歷史看兩岸。命運讓徐老師不得不選擇、更不須掩飾，他得既愛臺灣也愛大陸。他思考時如此，下筆時當然更會如此。他從史觀縱軸、從統獨面向、從兩岸高度……，也就是說，無論任何事情徐老師都必須提煉出、必須站在兩岸「共同有利」的高度去思考解決的方案才成！而我的背景與徐老師即緣於此，並很自然的成了要好的朋友。

在臺灣，尤其需要政治正確的臺灣政壇，我都做過三屆立委了，仍被認定為

「外省第二代」。但我卻是母親臺灣人（福建遷臺第11代），父親浙江人。在大陸，再好再親的朋友與親戚總把我歸類為：「你們臺灣人」。唉！還真嘗盡了「兩邊不是人」的滋味。

看哪！多年來徐老師在臺灣藍、綠陣營裡面所經營的人脈，總是「無私」的與年輕一輩分享，見他提攜後進不遺餘力，很令人感動。其實，誰能規定我「只能愛爸爸，不能愛媽媽」呢？我選擇讓自己走既愛臺灣，也愛大陸的道路。這些年來我以「賢德惜福文教基金會」的名義公益兩岸，行走多年，我深深體驗出「無私」另一番有趣的人生，更倍覺豁達、開朗後的喜悅其味無窮！

1983年徐老師獲頒「北京市教育系統先進工作者」、2004年「北京市教育系統百名優秀教師」、2005年被授予「北京市先進工作者」稱號、2006年被評為「北京市有突出貢獻的科學技術管理專家」，還有「北京市第八屆哲社科學研究成果二等獎」等各種獎項30多項。徐老師不僅治學嚴謹，更是獲獎無數，著作等身，聽說九州出版社要幫他整理出版《徐博東文集》，可見他「大家」的地位。

我積極建議徐老師將他的政治類書籍，尤其是《透析臺灣民進黨》、《近十年來民進黨大陸政策大事記》等分送給藍、綠各陣營，甚至2012剛剛當選的113位「立法委員」，還有臺灣各大學圖書館，特別是有大陸問題研究系所的學校。讓臺灣人瞭解大陸人是怎麼看臺灣的，讓政治人物去體會大陸人眼中的兩岸關係，更讓民進黨認識到大陸學者比你民進黨還瞭解民進黨。

近年來徐老師總是說：依照毛主席的理論，大陸對於臺灣的政治勢力應該劃分為依靠對象、團結對象、爭取對象、打擊對象四個層次，不能「非友即敵」，只有兩個層次。而我要說，日本侵華、英法德……八國聯軍侵略中國，生民塗炭、國仇家恨，如今也沒見共產黨不與他們往來啊！綠營就算還不能「依靠」，怎還沒團結、還沒爭取就直接跳到「打擊」對象去了呢？包括民進黨在內，綠營人士就是因為不認識共產黨、不瞭解大陸。有句話說：「不知者無罪」！綠營及支持綠營的人同樣是中國人，怎麼就不能往來呢？有來往、有溝通，才能有感情、有認識、有瞭解嘛！共產黨與民進黨、臺聯黨有啥歷史仇恨麼？國、共內戰還打了好幾年哪。國民黨播遷臺灣，「萬惡共匪」的「恐共」、「仇共」政策宣傳了半個世紀，2300萬臺灣同胞恐怕還有1800萬人沒來過大陸。殊不知早先綠營支持者只是一群恨國民黨、反國民黨的勢力，但國民黨執政及民進黨8年政黨輪替，何以60多年來如今還是有45%的選民支持綠營？說到底正是「恐共」、「仇共」這條主線貫穿嘛！而萬勿以為「恐共」、「仇共」只是綠營的專利，藍營更是「恐共」、「仇共」，過去還「反共」呢！再進一步說，綠營支持者原本與大陸共產黨無冤無仇，他們「恐共」、「仇共」乃至「反共」，其實都是當年國民黨教的，並不是他們生來就有的。

我就認為，化解臺灣人民的「恐共」、「仇共」，唯有共產黨自己去直接面對，尤其綠營人士。應該讓綠營人士到大陸多走走、多看看，該「恐」的是綠營，不敢面對共產黨，怎有共產黨面對綠營還「恐」呢？阿扁不是也說過：「臺獨不可能」嗎？大陸對自己要有信心，只要你是「太陽」，太陽出來了，站在旁邊的「燭光」還能怎麼著啊！

我以為，2012是大陸共產黨十八大換屆年，未來兩年內臺灣方面也沒有選舉的複雜因素干擾，而2012卻是兩岸達成「九二共識」二十週年，2013「辜汪會談」二十週年，因此國、共兩黨應該趁此機會好好讀一下這段歷史。共產黨也可趁此機緣建立共、民兩黨溝通管道，讓共、民能「共鳴」，好好「傾聽」綠營的聲音，深入瞭解綠營何以會從當年的反國民黨路線走到後來的臺獨路線？綠營不要「九二共識」，不要「一國兩制」，那你到底要啥呢？

「傾聽」是相互溝通的第一步，存在才有價值，尊重對方的存在，讓雙方都有機會說明。讓徐老師更忙一點！哈哈……

以上是我寫給徐老師的文集不能算是「序」的「序」吧！

於臺北

序五　博東，從一隻孤鳥起飛

中國評論通訊社社長　郭偉峰

博東兄要我為他的巨著作序，幾乎是命令式的，我也沒有什麼遁詞，只好說，一定會寫感言。瀏覽他電郵過來的稿目，十分感慨。敏捷於思想，勤奮於著作，《臺海風雲見證錄》這部文集共分三個部分：政論篇（上、下冊）、時事評論篇和採訪報導篇。共計579篇，160餘萬字。煌煌巨著，碩碩精華，著實令人驚嘆。

掰著手指算一算，與博東兄相交相識也有20多年了，只見博東在兩岸關係及臺灣問題上的研究越來越起勁，成果越來越多，涉及面越來越廣，像一隻孤鳥，卻又帶回一群大雁，在海峽兩岸來來回回，不知疲倦。

記得是在1988年初，我剛從香港調職回北京，博東兄來我們編輯部見一位老記者，帶著他和黃志平教授歷時4年合作撰寫的大陸第一部《丘逢甲傳》，經介紹認識之後，他把這本書送給我。我一讀之下就被深深打動了。因為我也是梅州的客家人，對丘逢甲知其名，但對其生平及歷史地位知之甚少，讀完《丘逢甲傳》之後，我深為梅州客家人出了這麼一個抗日英雄而自豪。於是我安排部屬全力報導博東兄與該書。從此開啟了我為他打傳播工長達23年的歷史。

23年來，博東兄很多思想火花，都是在我服務的媒體平台點燃的。他的很多文章，我是第一個讀者。1989年5月8日，他創辦了北京聯合大學的臺灣研究室。他一開始就啃硬骨頭，全力研究民進黨這個冷門領域，在當時是十分吃力不討好的。須知，在1990年代，幾乎沒有人會相信民進黨也有執政的一天，同時大陸各界對臺獨深惡痛絕，對民進黨也是一樣，誰與民進黨接觸，誰就可能有問題。記得博東兄還曾經對我說，連他在臺灣的母親後來知道他在研究主張臺獨的民進黨，都很不以為然。但是，博東兄十足的客家人硬頸精神作怪，硬是要鑽下去。後來當然很成功，博東成了知名的民進黨問題專家。由我主持的《中國評論》首次稱之為「南林北徐」，南林是指廈門大學的林勁教授，北徐就是指博東兄了。這麼大的大陸，當時真正對民進黨進行學術分析與研究的學者，就這兩個人。這個稱呼，很快就打響了，傳誦一時。

今天翻閱博東兄的《臺海風雲見證錄》目錄，我們可以看到，其中很多精彩的篇章，都是涉及民進黨的。從1991年到1999年，他都認真地撰寫民進黨一年來活動言行的述評，為兩岸留下了極其珍貴的分析史料。大陸系統地認識民進黨，說博東兄是先行者和引路人，並不為過。

博東兄的成就來之不易！他最初的日子過得很苦，除了資料匱乏之外，經費是折磨他的主因。如同當時幾乎所有的學術研究機構一樣，經費欠缺。博東創建的機構更是缺乏資金，需要化緣。據我所知，有好幾次論文都寫好了，卻沒有錢買火車票去出席外地召開的學術會議，只好「文到人不到」。博東兄是很善於殺熟的人，他創辦研究所後，很多朋友都為他解囊相助，每次我與他見面，他都要伸出手來：「咱倆合作搞一個研討活動，掏錢請大家吃飯就由你負責！」那個時候，我離開了原來長期服務的新聞媒體，甚至推辭了中央機構的重要職務的安排，在大家都不理解的情況下，聽從汪道涵會長的召喚，到香港創辦《中國評論》月刊，因為沒有政府撥款，靠一點一滴經營起步，實在艱難。但是，對博東兄的要求，我是盡量滿足的。所幸，博東兄也知道我的苦衷，每次的開支都還負擔得起。當然，因為博東很多新的思想與意見都在《中國評論》月刊發表，影響很大，真正賺到的是我們。

資金匱乏可能不算是最大的問題，思想的超前，意見的尖銳，可能更加難容於平庸的氛圍。記得有一次他過境香港赴臺灣開會，為了省錢，捨不得住酒店，在我的宿舍擠了一個晚上，我們聊天到天色放亮，剛要入睡，窗外一隻大鳥不斷在啼鳴。我說，博東、博東，你研究臺灣問題是孤軍作戰，以個人之力、個人之見打天下，實屬罕見。我則在香港辦一份兩岸都不理解、不支持的雜誌。你是孤鳥，我也是孤鳥啊！博東兄，這番話可曾記得？

2000年冬天的一個晚上，博東兄在北京約我見面，從不喜歡喝酒的他卻要喝酒。我這才知道，他正在著手準備把臺灣研究室擴展為臺灣研究所。對此我是拚命打氣的。因為我知道，如果北京聯合大學臺灣研究所能夠建立起來，一定會成為大陸對民進黨乃至臺灣問題研究的重鎮。當年12月3日，臺灣研究所成立了，雖然人不多，實力有限，但卻進入了新的軌道，引起了海峽兩岸各界的關注。再過了4年多，2005年4月23日，臺灣研究所又升格為臺灣研究院，引進了一批年輕人，分了好幾個研究所，經費也充足了，接連舉辦了好幾場大型的學術活動，一派蓬勃氣象。作為老朋友的我，為此而特別高興！

忽然有一年，記得是在2008年北京奧運會後，博東兄告訴我，他要退休了，語氣之中，有很多無奈，也有很多遺憾。我吃了一驚，擔心他會因此生病。於是我帶著自己最愛的珍藏，一隻樹根包著石頭的駱駝根雕，到他的複式新居聊天，希望以骨頭硬、不會垮的寓意來激勵他。雖然退休了，但不要放棄自己的最愛，一個人與兩岸關係融為一體了，就沒有因為退休了就放棄的理由。我對博東兄說，你看李家泉先生高齡80有幾了，至今還在為中評網撰寫評論文章呢，你算什麼老啊？

一個人赤手空拳、從無到有創辦了一所臺灣問題研究的重鎮，所有的心血、歲月都在其中，如何割捨得了？人同此心，我與同事們用了15年的時間，創辦了《中國評論》月刊和中國評論通訊社、中評網、中國評論學術出版社等傳媒機構，今天看來，它就是我的人生最大價值，是血肉相連的共同體。博東兄之於臺灣研究院，又何嘗不是？但是，退休是自然規律、也是制度，看得開，束縛更加小，天地之寬闊，任君翱翔。

博東兄在他的《自序》「感言與銘謝」中這樣說：2008年10月，本人於64歲超齡退休。回顧我30年來的學術生涯，為推動兩岸關係發展和中國統一大業作出了自己力所能及的微薄貢獻。人生一世何所求，個人的力量是渺小的，然而，我為自己能與中國統一和中華民族復興的偉大事業緊緊地聯繫在一起，發光發熱，感到無尚榮光、死而無憾矣！曉波兄應本人之邀為拙著撰寫「序言」，末尾的一句話令我感動不已。他說，「聯大、臺大的教職，只是我們的『職業』，但中國統一卻是我們的『志業』。職業需要退休，但不到中國實現統一的一天，我們的志業是永不言退的！」這句話充分表達了我倆的共同心聲。或許，我和曉波兄都不一定能夠親眼看到中國實現統一的那一天，但我們堅信，我們的志業是符合歷史潮流的，而符合歷史潮流的志業不僅是「永不言退」的，而且最終是必勝的！

見此，我的憂慮釋然，博東兄，從一隻孤鳥起飛，帶回一群大雁，有了人生與中國統一關係的感悟，那就不是一隻平凡的鳥了。《莊子・逍遙遊》說：「北冥有魚，其名為鯤。鯤之大，不知其幾千里也。化而為鳥，其名為鵬。鵬之背，不知其幾千里也。怒而飛，其翼若垂天之雲。是鳥也，海運則將徒於南溟。南溟者，天池也。」博東兄與兩岸的有志推動兩岸關係和平發展、追求最終實現中國統一的專家學者們，他們就是懷有鯤鵬之志的必勝者！翻閱《臺海風雲見證錄》的稿目，我要說：博東、博東，你在兩岸關係找到了自己的歷史定位，已經擁有了自己最大的思想財富，夫復何求？

寫於北京

自序　中國統一志業，永不言退

在眾多朋友、同仁和我的學生們的鼓勵、支持和大力協助下，陸陸續續花了大半年的時間，終於把我個人的文集給編輯出來了。大概是因為我受益於歷史專業訓練的緣故，30年來我一向比較有意識地收集、保存自己學術活動的相關資料，否則編輯這套文集根本無從談起。但是，畢竟由於時間跨度太長，涉及的面太廣，特別是在1980、1990年代個人電腦尚未普及、互聯網尚未出現的那段時間，許多紙質資料都早已散失，無從尋覓了。因此，儘管我的幾個學生花了很大氣力到處幫我搜尋，仍難免有遺漏之憾。不過，作為我個人的文集，能夠編成現在這個樣子，已經是很不容易很讓我釋然了。

我的30年學術生涯

光陰荏苒，掐指算來，我的學術研究活動如果從1979年底我由外地調回北京到高校任教算起，迄今已逾32載。而我也從當年35歲的中年人，轉眼間到今天已是退休3年、年近七旬的「老賊」（孔子有云：「老而不死是為賊」）了。在這32年中，前兩年忙於教學，先是回北大進修，撰寫講稿，「站穩講臺」，所以真正開始搞科學研究，實際上是1982年以後的事情。也就是說，我的學術生涯到今年整整30年。

最初的科學研究是為了配合我講授的中國近代史課程教學，從寫一些「芝麻綠豆」的普及性小文章求著人家發表開始，再逐步向有一定學術價值的論文發展。當嘗到「甜頭」之後，對科學研究的興趣也就愈來愈濃而一發不可收拾了。這一階段大約持續了將近6、7年的時間，直到1988年我碰到臺灣學者王曉波。

在此期間，最值得回味而且可以聊以慰藉的研究成果主要有以下兩項：一是對蔡鍔是否參加過進步黨，並由此而延伸出來的蔡鍔在民國初年政治立場的研究

（見《徐博東文選・歷史篇》），在近代人物研究方面作出了小小的貢獻，相關考證和觀點在史學界恐怕至今無人可以推翻。

二是對近代臺灣省籍反割臺抗日愛國志士丘逢甲的研究。我和黃志平教授歷時4年合作撰寫的大陸第一部《丘逢甲傳》（相關副產品見《徐博東文選・歷史篇》），還歷史本來面目，一舉推翻了長期以來大陸史學界在左的錯誤路線影響下對丘逢甲先生的汙蔑不實之詞，受到史學界的高度肯定，並由此而奠定了我在史學界一定的學術地位。從1987年至今，《丘逢甲傳》在海峽兩岸已經出版了4個版本。

更重要的是，因為《丘逢甲傳》的出版，從此改變了我的學術研究方向。

由於《丘逢甲傳》的出版受到學術界包括大陸臺灣研究界的關注，當時主持中國社科院臺灣研究所工作的李家泉先生極力延攬我到該所工作。但因為我一向在學校「閒散」慣了，去每天都要坐班的臺研所工作意願實在不高，故最終沒能去成。

1987年，臺灣解除戒嚴，開放大陸探親。臺灣學者王曉波、尹章義教授有感於臺灣史遭到臺獨的嚴重歪曲，牽線在臺北成立「臺灣史研究會」，並於是年冬，分別邀請大陸廈門大學臺灣研究所和北京中國社科院臺灣研究所各派一名學者，於次年1月赴臺北出席由該會主辦的首屆「臺灣史學術研討會」，意圖衝破海峽兩岸學術交流的人為藩籬，挑戰臺灣保守僵化的大陸政策。但在當時的時空環境下，作為官方涉臺研究機構的中國社科院臺研所不可能派人入島赴會，於是李家泉先生便推薦我以「中國社會科學院臺灣研究所特邀研究員」的身分，代表該所與時任廈大臺研所所長的陳孔立教授一起，應邀赴臺出席是次研討會。由於臺灣的阻撓，「文到人不到」，孔立教授和我最終都沒能去成（此事見《臺海風雲見證錄・採訪報導篇》）。但我卻因此而有幸結識了於當年暑假來大陸參訪的曉波兄和章義兄等一批臺灣學術界朋友。

與曉波兄和章義兄的接觸交流，使我對當代臺灣問題研究產生了濃厚興趣。於是從1989年開始，我陸續發表了幾篇論述臺獨與中國統一問題的小文章。這幾篇小文現在看來顯然十分生澀和膚淺，卻是我涉入當代臺灣問題研究的值得紀念的「處女作」。

1988年初蔣經國辭世、李登輝上台主政後，臺灣保守僵化的大陸政策已難以為繼，兩岸關係的堅冰開始解凍，大陸臺灣問題研究逐步升溫。1989年5月，在學校同仁的一再鼓勵和學校領導的支持下，由我牽線成立起了北京高校的第一個臺灣研究室。考慮到當時的研究條件，我們決定選擇較為不被人重視但顯然很有研究價值的「臺獨與民進黨問題」作為突破口和主攻方向。從此，我的科學研究方向轉向了當代臺灣問題研究領域，直至今日。

眾所周知，當代臺灣問題研究意義重大，但由於理論性、政策性極強，問題複雜而敏感，涉及面很廣，故這一領域的研究也極具挑戰性。作為一個民間學者，要想在這一研究領域取得一點成績可謂困難重重。特別是在1980、1990年代，研究經費無著落尚在其次，當時兩岸雙向學術交流尚未開啟，資料的獲得更是十分不易。在剛剛起步的頭幾年時間裡，我只能靠著一部收音機每天大清早起來收聽臺灣廣播，瞭解最新臺情。想要寫篇像樣點兒的文章，不管春夏秋冬，那就得騎著自行車大老遠跑到北京圖書館港臺閱覽室，或到全國臺聯、全國臺研會等涉臺單位，去借閱臺灣出版的書報雜誌，才能解決問題。這種情況直到九十年代中期以後才逐漸有所改善。如今研究條件之優越，與當年真是不可同日而語。

我開始涉入當代臺灣問題研究，也恰好是李登輝主政臺灣之始。其後22年來，臺灣政局風雲變幻，兩岸關係跌宕起伏，經過了令人難忘的曲折歷程，而我則以一個大陸民間學者的身分，有幸投入其中，親身經歷和見證了這一演變發展的全過程。期間，我先後16次入島參訪，撰寫涉臺調研報告和研究論文，發表時事評論文章，接受過海內外新聞媒體數不清的採訪，針砭臺灣時政，抨擊臺獨，解讀大陸對臺方針政策；同時，創建和主持學校的臺灣研究機構，出席和主辦過大大小小數不清的研討會、座談會和內部諮詢會議，給大陸涉臺部門提供決策建言，在反「獨」促統的偉大鬥爭中衝鋒陷陣、發言發聲，留下了大量的歷史記錄。

總括而言，30年來我的學術生涯大致可以劃分為前後兩個時期：1982年至1989年的8年間，我的科學研究主要是在中國近代史領域，其重點是甲午戰後臺灣人民的反割臺鬥爭與丘逢甲研究；1989年以後至今的22年間，我的學術活動轉而全部聚焦在當代熱點問題——臺灣問題研究，而重點則是民進黨研究。

「文集」的編輯框架與主要內容

根據出版社的意見，「文集」的編輯分為兩套叢書：一套是彙集我的所有有關當代臺灣問題研究的文章以及海內外媒體對我的採訪報導，並依照文章的類別編輯成《政論篇》、《時事評論篇》和《採訪報導篇》，統稱為《臺海風雲見證錄》；另一套是從《臺海風雲見證錄》各篇中挑選出較具代表性的文章，再加上我的歷史研究論文，編輯成《徐博東文選》。這種編輯框架我總覺得有點怪怪的，因為後一套的「文選」肯定會和前一套的「見證錄」內容大量重複。但出版社也有他們的道理，認為這樣編輯既可突顯當前的熱點問題——當代臺灣問題研究，又能體現我的主要研究成果，同時兼顧到「點」和「面」。因此，我也就只好聽從出版社的意見了。按照這種編輯框架，重複的內容不計算在內，兩套叢書總計收文600餘篇、190餘萬字。

至於各篇中的具體編輯方式，兩套叢書則有所不同。《臺海風雲見證錄》是按照文章發表的時間先後順序排列的。之所以採取這種編輯方式有兩個目的：一是保持時間的連續性和內容的系統性，便於讀者從一個側面把握20多年來臺灣政局和兩岸關係演變發展的大致脈絡；二是從中也可窺見本人在當代臺灣研究方面從初期的幼稚生澀，到中後期逐步趨向較為成熟的成長過程。而《徐博東文選》則是按照文章的類別編輯的，以反映本人在某一研究領域的主要學術成果。

以下就上述兩套叢書的主要內容分別作一簡介：

一、《臺海風雲見證錄》，共收文579篇，160餘萬字，凡4冊。

《政論篇》：收文97篇，約82萬字。該篇彙集了我自1989年以來發表的能夠收集到的有關臺灣問題的全部研究論文和重要調研報告（不含「對策建議」部分）。其中三分之二以上的篇幅屬於民進黨研究論文和調研報告，它集中體現了20多年來我在對臺研究方面的主攻方向和主要成果。該篇約有半數文章曾收入到我2003年出版的首部論文集《透析臺灣民進黨》（臺版《大陸學者眼中的民進黨》）一書中。需要說明的是，其中有部分成果是與他人合作完成的，這只能在文章的末尾註明了。

《時事評論篇》：收文178篇，約37萬字。該篇彙集了我自1989年以來發表的能夠收集到的對臺灣政局、兩岸關係、中（大陸）美臺關係、大陸對臺方針政策等各類時事評論性短文。這些短文有別於「政論篇」中學術性較強的大塊頭文章，其特點是短平快，緊跟臺灣政局和臺海形勢發展，一事一議，表達當時我對某一事件的觀察、體會和看法。

《採訪報導篇》：收文304篇，約40萬字。該篇彙集了自1989年以來海內外媒體對我的採訪報導。由於境外媒體的報導收集不易，遺漏肯定很多。特別是外國媒體的報導，除了極少數主動反饋給本人的之外，其餘的只能一概棄錄。再有，多年來海內外電視臺、廣播電臺對我的採訪報導為數也很不少，但因難以收錄，大都作罷。已經收集到的也因篇幅所限而未能全部收錄。另外還需説明的是，已經收錄到該篇中的報導，有一部分是兩人甚至是多人同時接受媒體採訪，因無法一一徵詢當事人的意見，同時也是為了壓縮篇幅，故收錄時僅保留對本人採訪的部分，他人的言論則一概刪去不錄。

如前所述，《臺海風雲見證錄》各篇中收錄的文章和採訪報導，均按時間先後順序排列，它們互為補充，相互印證，較為完整地體現了我20多年來的對臺研究成果，從一個側面較為清晰地反映了臺灣政局和兩岸關係演變發展的線索。為尊重歷史，編輯時所有收錄的文章和新聞報導均保持「原汁原味」，儘管今天看來其中的一些觀點顯然有些偏頗甚至謬誤，不少論述失之膚淺而欠全面深刻，但都保留原貌，和盤托出，以完整保存歷史記錄，供後人研究參考。

二、《徐博東文選》（上、下），共收文155篇，約80萬字，凡2卷。

該「文選」分別從「見證錄」的《政論篇》中挑選了40篇、《時事評論篇》中挑選了63篇、《採訪報導篇》中挑選了24篇，再加上歷史類的文章28篇，總計收文155篇，約80萬字，採取分類編輯的方式，編輯成上、下兩卷。應當説，該「文選」彙集了我30年來最主要的研究成果，集中體現了我的研究程度。雖然收入的文章數量不能算少，但真正滿意的實在不多。

感言與銘謝

2008年10月，本人於64歲超齡退休。回顧我30年來的學術生涯，為推動兩岸關係發展和中國統一大業作出了自己力所能及的微薄貢獻。人生一世何所求，個人的力量是渺小的，然而，我為自己能與中國統一和中華民族復興的偉大事業緊緊地聯繫在一起，發光發熱，感到無尚榮光、死而無憾矣！曉波兄應本人之邀為拙著撰寫「序言」，末尾的一句話令我感動不已。他說：「聯大、臺大的教職，只是我們的『職業』，但中國統一卻是我們的『志業』。職業需要退休，但不到中國實現統一的一天，我們的志業是永不言退的！」這句話充分表達了我倆的共同心聲。或許，我和曉波兄都不一定能夠親眼看到中國實現統一的那一天，但我們堅信，我們的志業是符合歷史潮流的，而符合歷史潮流的志業不僅是「永不言退」的，而且最終是必勝的！

十分可喜的是，由本人一手創建的北京聯合大學臺灣研究院，經過多年來的艱苦努力，一批頗具潛力的年輕研究人員正在茁壯成長，並在大陸臺灣研究界開始嶄露頭角。聯大臺研院傳承了民進黨研究的特色，但研究的領域更加廣泛和深入，每年完成的調研課題和發表的研究成果，無論數量和質量都在穩步提高。所有這些，都不是我當年「單打獨鬥」時能夠比擬的。吾道不孤，臺灣研究和中國統一的志業後繼有人，這是特別令我為之驕傲和欣慰的！

在我的30年的學術生涯中，有太多的領導、同仁和親友給予我熱忱的扶持、鼓勵和幫助。特別是動過兩次心臟大手術、一直體弱多病的我的老伴張明華，數十年來與我風雨同舟，同甘共苦，全心全意地支持協助我的科學研究工作，不僅幾乎包攬了全部家務勞動，讓我「飯來張口，衣來伸手」，心無旁騖地集中全副精力從事科學研究工作，而且早些年還要協助我蒐集資料，甚至徹夜為我影印稿件。她常常是我的研究成果的第一讀者同時也是最稱職的「審稿人」。如果說我的30年的學術生涯還算取得了一點成績的話，那麼一半的功勞實在應當記在她的名下。

本人這兩套叢書的編輯出版花費了許多人的心血。我的幾個學生郭慶全、費洪偉、徐曉宇、栗琰，想盡辦法幫我搜尋到許多散失的文稿和海內外新聞媒體的採訪報導，還花了大量時間幫我把紙質文稿一篇一篇打成電子稿；北聯大臺研院的同仁胡文生博士、陳星博士和李振廣博士也為此幫過我不少忙，付出過很大的心力。如果沒有他們的鼓勵和協助，説實話我根本沒有信心編輯這兩套叢書。

再有，王毅主任、陳雲林會長、孫亞夫副主任、王在希副會長以及李家泉教授俯允為拙著題詞、題寫書名，年逾八旬的唐樹備主任和工作極其繁忙的銘清、曉波、偉峰三位仁兄以及周荃董事長，欣然分別為拙著撰寫序言，可謂「拉大旗做虎皮」，使拙著增色不少。他們對我的悉心愛護和鼓勵，我將銘記於心；此外，北聯大臺研院譚文叢、劉文忠兩位現任院領導，對編輯出版本人的文集高度重視與鼎力支持。我的「小老鄉」——廣東梅縣圍龍屋實業有限公司黃文獻總經理慷慨解囊，資助本文集的出版。在本叢書即將出版之際，一同對他們表示衷心的感謝！

最後，還要感謝九州出版社的領導徐尚定、王杰、張萬興和具體負責編輯工作的李勇、王守兵、祝松、吳捷、習欣、郝軍啟、石增銀，對本叢書編輯出版的重視和所付出的辛勞。

徐博東

於京北溫泉花園

對當前臺獨問題的幾個看法

臺獨勢力發展的根本原因

近年來，島內外臺獨勢力急劇發展，這已是有目共睹沒有人可以否認的事實。究其原因，從國際背景來說，是由於美國政府對華實行「雙軌政策」，竭力培植、支持臺獨勢力所造成的惡果；從島內背景來說，是由於臺灣執政當局姑息、縱容的結果，對此大陸學者已有一致的看法。

問題是：李登輝為首的臺灣執政當局，為什麼要姑息、縱容臺獨勢力的發展？其根本原因究竟是什麼？對此，大陸各方似乎仍存在分歧。

一種看法認為，今年是臺灣的選舉年，國民黨當局為避免引起政局的動盪，破壞島內「安定祥和」的氣氛，影響「國際觀瞻」；同時也不願意得罪一部分「臺灣意識」較為濃厚的選民，失去這部分支持國民黨的選票。所以，有意低調處理臺獨問題，淡化「統獨」之爭，以便全力贏得選舉。持這種觀點的人預測，一旦選舉結束，國民黨穩定了政局，必將對臺獨採取嚴厲的制裁措施。我們不妨稱這種觀點為「選舉需要論」或曰「秋後算帳論」。

還有人認為，臺獨勢力原本就不小，只不過以往國民黨當局對臺獨採取嚴厲鎮壓的態度，使相當一部分原本就持有臺獨理念的人不敢公開主張臺獨。臺灣宣布「解嚴」之後，解除了「黨禁」、「報禁」，推行「民主化」、「本土化」等一系列政策，政治氣候發生了重大變化，從而使島內許多原本贊成臺獨、但懾於國民黨淫威而不敢公開鼓吹臺獨的人解除了顧慮，開始明目張膽地支持、鼓吹臺獨了，故而一時間顯得臺獨勢力急劇膨脹，氣焰特別囂張。我們稱這種看法為「顧慮解除論」或曰「公權力下降論」。

另外還有一種觀點，認為國民黨當局放縱臺獨是有意向大陸和美國「炫耀」

它有能力控制臺灣政局。這種觀點可以稱之為「炫耀控制能力論」。

我以為上述幾種看法都值得商榷。持這些觀點的人關鍵是對李登輝執政當局推行的政策在認識上發生了偏差。或者說，對李登輝上台之後臺灣內外政策的重大變化缺乏本質的瞭解。

事實上，臺灣對臺獨由原來的嚴厲鎮壓態度，變為近年來的「姑息」、「縱容」態度，並不是僅僅出於「策略」上的權宜之計，而是在政策上發生了根本性的轉變。

這裡顯然涉及到對李登輝政權的評估問題。

李登輝上台之後究竟是「繼承」還是「背離」了蔣經國的政策？如果說在李登輝剛剛上台後的一段比較短暫的時間裡，我們對這個問題還不可能看得準的話，那麼經過這一年多來的觀察，我們應該可以有一個較為準確的評估和認識了。

從宏觀上來觀察，從基本政策上來看，李登輝上台之後，繼續堅持了蔣經國時代「反共拒和」的基本「國策」。就此而言，李登輝的確「繼承」了蔣經國的政策，這一點沒有變化，是事實。從歷史的角度來考察，一般來說，代表同一階級根本利益的不同政治勢力「換馬」，其基本國策總是不變的，具有「連續性」的，這是普遍規律。除非是一個階級取代另一個階級上台執政，才會在基本國策上發生根本性的變化。但是，由於在同一階級內部，往往存在著代表不同集團利益的政治勢力，因此，當代表另一集團利益的政治勢力取代原來舊的政治勢力上升為「主流派」時，在許多具體政策上勢必發生重大調整，這同樣也是普遍規律，不足為怪。

我認為，李登輝的上台，實際上就是國民黨內民族意識相對淡薄的本土「親美、日派」政治勢力，取代了原來的以蔣經國為代表的民族意識比較濃厚的大陸籍「元老派」或曰「法統派」的政治勢力，占據了當權的主導地位，逐漸上升為「主流派」。因此，李登輝上台之後，雖然在「反共拒和」這一基本「國策」上沒有發生變化，但是在許多具體政策、措施上卻作了重大的、根本性的調整。這主要表現在以下幾個方面：

對美：蔣經國：「既靠又防」。

李登輝：「只靠不防」。

對大陸：蔣經國：「立足臺灣，統一中國」。

李登輝：「立足臺灣，分而兩立」。

對外：蔣經國：「實質外交，漢賊不兩立」。

李登輝：「彈性外交，漢賊可兩立」。

對島內：蔣經國：實行「本土化、臺灣化」，目的是「以臺制臺」。

李登輝：實行「本土化、臺灣化」，目的是「以臺治臺」。

正是由於李登輝上台之後，在對內對外政策上發生了上述重大變化，從而使臺灣模糊了與臺獨的界限，這就不僅遭到島內有識之士的嚴厲批判，引起國民黨「元老派」的強烈不滿，內部鬥爭加劇，同時也不可能理直氣壯地反制臺獨，遏止臺獨思潮的泛濫。道理至明，李登輝推行的內外政策雖然不能說就是臺獨政策，但兩者卻「異曲同工」，表面上似有區別，但卻「殊途同歸」，本質上是一樣的。這就是為什麼李登輝主導下的臺灣對臺獨實行「光打雷不下雨」、採取姑息、寬容態度的一個重要原因。

但這還不是最根本的原因，更進一步分析，與其說李登輝對臺獨「無力反制」，不能「理直氣壯」地取締臺獨勢力，還不如說他在一定程度上、在一定範圍內也樂意看到臺獨勢力有所發展，因為這樣可以減輕來自島內外各方對他的施政方針不滿所產生的壓力：

其一，臺獨勢力適當發展，可以證明他推行政治、經濟改革的必要性和緊迫性，用以說服國民黨內部的「保守派」特別是大陸籍的「元老派」，減輕來自黨內的壓力。

其二，臺獨勢力適當發展，還可以減輕來自大陸對他的壓力，因為在「兩害取其輕」的情況下，大陸方面應當看到我李登輝搞「一國兩府」、搞「彈性外交」，總比臺獨人士搞「臺灣獨立」要好得多吧？

其三，臺獨勢力適當發展，符合美國扶植臺獨勢力、「以獨制臺，以臺制中」的對華「雙軌政策」，可以取悅於美國，加強對他的支持。

這便是李登輝縱容臺獨所打的如意算盤，也是臺獨勢力近年來之所以急劇膨脹發展、氣焰日趨囂張的根本原因。

李登輝對待臺獨的這種蓄意縱容的政策，是一種十分危險的「走鋼絲政策」，已帶來了嚴重後果。目前，國民黨當局對臺獨勢力的發展已是「剿撫兩難」、「騎虎難下」，局面難以控制，絕對不是什麼「炫耀」它的控制能力的問題。

事實上，只要李登輝的上述內外政策繼續推行，臺灣對臺獨的這種放縱態度就不會有實質上的改變，即或它有時抓一、兩個臺獨分子，偶爾對臺獨言論加以斥責，也不過是一種表面文章，是做做樣子給大陸和島內反臺獨的人士看的。

臺獨的可能走向及其對島內政局的影響

經過多年來的苦心經營，目前臺獨確已聚集了相當力量，影響日益擴大，通過這次「三項選舉」，可以說已漸成氣候，不可小視。

今後臺獨的發展方向，有如下兩種可能性：

第一種可能：鑒於以往高雄事件的教訓，臺獨在取得這次選舉的勝利之後，採取「漸進策略」，在言行上適當收斂，盡量減少對反臺獨各方的刺激，以緩和矛盾，減輕壓力，在鞏固已有成果的基礎上，謀求在國民黨執政當局能夠容忍的範圍內，有限度地、穩步地發展勢力。

第二種可能：臺獨人士被這次選舉的勝利沖昏頭腦，過高估計自己的實力，言行無所顧忌，氣焰愈加囂張，採取盲目的冒進政策，以圖盡快實現「臺灣獨立」。

從目前情況來看，臺獨採取第一種策略的可能性較大。

臺獨如果採取上述「漸進策略」，臺灣政局無非維持在「小亂」的範圍之內，不致出現太大、太劇烈的動盪局面，而兩岸的統一問題也必將拖延一個比較長的時間才能得到解決。

由於國民黨內大陸籍「元老派」重新上台主政的可能性不大，今後島內政局最有可能出現如下情況：

臺獨勢力不斷穩步發展，在「國會」及地方政權中臺獨分子不斷增加，勢必引起「國會」內部、地方政權內部以及地方政權與「中央」政權之間的爭鬥不斷加劇，同時也引起國民黨內部派系間的爭鬥不斷加劇。大陸籍「元老派」雖然不能重新上台主政，但它們實力猶存，將會給李登輝「主流派」以巨大壓力。故此，臺灣有時也不能不被迫對臺獨勢力實行有限度的「打壓」政策，但基本上仍將會採取姑息放縱態度。如此一來，勢將造成臺灣公權力、公信力的繼續下降，兩岸關係緊張、島內社會動盪不安，暴力事件不斷發生，投資環境持續惡化，外資縮手，臺資外逃，經濟成長率大幅度下降。如果這一時期大陸政局能夠繼續保持穩定，經濟和政治改革順利進行，那麼兩岸經濟發展程度將會逐漸縮小。假以時日，臺灣民心勢必發生變化，嚮往大陸、要求統一的呼聲勢必不斷升高，從而迫使臺灣最終不得不走向兩岸和平統一的談判桌來，與大陸共商中國統一問題。

如果上述分析沒有太大的失誤，是否可以得出如下幾點基本結論：

一、在今後相當長的一段時間裡，島內臺獨勢力仍將會繼續發展。

二、臺獨勢力的不斷發展，必將引起島內各種矛盾的進一步激化和兩岸關係的惡化，以及臺灣政局的持續動盪和經濟的逐步衰退，從而增強臺灣民眾對中國大陸的向心力。

三、居於以上兩點，我認為：臺獨勢力的發展，雖然會給中國和平統一事業帶來一定的隱憂，其本身當然是壞事，但在一定條件下，壞事可以轉化為好事，經過海峽兩岸同胞的攜手努力，或許臺獨勢力的發展，反倒可以加速推進中國的和平統一大業。

（在全國臺研會座談會上的發言）

論中國統一的歷史必然性

臺灣海峽兩岸緊張關係近年來有所緩和，各項交流有所發展，然而由於外國勢力的干涉和國民黨當局頑固堅持「反共拒和」的政策，不但統一難以預期，而且臺獨勢力日漸猖獗，分離主義甚囂塵上。這股逆流已嚴重危害海峽兩岸本已逐漸緩和的政治形勢，給中國和平統一的前景蒙上了陰影。

然而，歷史潮流是任何力量都無法阻擋的，海內外有識之士無不認識到：儘管還會有曲折和鬥爭，但目前中國分裂的局面終有一天要結束，這是歷史的必然！從宏觀的歷史的角度來考察，造成中國分裂的最根本的因素——中國的貧窮落後，已經發生了歷史性的轉變。從具體的、造成臺灣與中國大陸分離的主客觀因素來看，情況也已發生並正在發生著重大變化：

首先，造成臺灣分離的外因主要是美國的對華政策，即所謂「以獨制臺，以臺制共」，這是美國遠東戰略利益之所在。美國的遠東戰略利益又是為其全球戰略利益服務的。美國的對華政策並不是一成不變的，勢必依據國際政治格局的演變而不斷有所調整和修正，以適應其全球戰略利益的需要。臺灣國民黨當局也好，臺獨勢力也好，在美國人看來，都只不過是它戰略天秤上的一個砝碼而已。五六十年代，美國曾不惜一切代價扶植、支持臺灣國民黨政權；曾幾何時，到了七十年代，卻不得不同臺灣保持距離，轉而與中國大陸建交，廢除了美蔣《共同防禦條約》。美國對華政策的上述變化，都是從其全球戰略利益的需要考慮的。

在這種國際背景下，又由於近十年來中國大陸實行改革開放政策，經濟發展迅速，目前，國民生產總值已上升到世界第八位，在國際政治舞台上的影響力日益增大。因此，不難預料，在臺灣問題上，今後美國的立場會隨著中國大陸國力的增強和國際地位的提升而不斷變化，很難設想它會甘冒與中國大陸失和、損害其全球戰略利益的風險，而公然支持「臺灣獨立」，脫離中國。充其量繼續採取目前這種不體面的方式，如縱容指使某些政客或所謂「學術機構」，或明或暗地支持臺獨勢力。其目的無非是利用臺獨以牽制臺灣國民黨當局和中國政府。一箭雙鵰，以維持目前海峽兩岸這種「不戰不和，不統不獨」的狀態，為其遠東戰略利益服務。同樣臺獨人士妄圖借助美國的支持以實現「臺灣獨立」的計劃，也只不過是一廂情願的幻想。

其次，以造成臺灣分裂的內因而言，是由於海峽兩岸同胞長期隔絕，並造成兩岸經濟發展和生活水準的差距，但這種局面近些年來也已發生了根本性的轉變。

自中共十二屆三中全會以來，大陸各方面已取得了舉世矚目的成就。可以預見，經過經濟的治理整頓，發展速度勢必進一步加快；而反觀臺灣經濟，則因受到種種因素的影響，困難重重，目前發展勢頭已趨緩慢。因此，隨著時間的推移，海峽兩岸的經濟發展和生活水準的差距也將逐步縮小。

由於國際形勢的演變和海峽兩岸同胞的長期鬥爭，近些年來，臺灣不得不逐步調整了它的大陸政策，海峽兩岸關係有所改善，探親、通訊、觀光旅遊，以及經貿、體育、學術文化等項交流日益頻繁。事態的發展，一方面，加深了廣大臺胞對大陸的認識和瞭解，使島內民眾長期以來由於國民黨當局反共、仇共宣傳造成的「恐共症」得以逐步減輕，從而加強了對大陸的認同感和向心力；另一方面，由於兩岸經濟領域的合作與互補關係的不斷發展和加深，又勢必先於政治而形成有機的紐帶；加之文化、學術等方面的互相交融，必將使海峽兩岸日漸變成不可分割的整體。

由此觀之，臺灣分離的內部因素雖然目前尚未完全消除，但也正在逐步消失之中。

以島內而言，臺獨也面臨著難以解決的三大矛盾：即所謂省籍矛盾、階級利益和政治目標的矛盾。這些矛盾已使臺獨賴以生存和發展的社會、階級基礎日漸薄弱。

總之，無論從何種角度來考察，目前中國分裂的局面必將結束，統一已是人心所向、大勢所趨。但由於造成臺灣分離的內外因素目前尚未完全消除，仍在一定程度上起作用，因此，在實現統一的前進道路上，今後還會有這樣那樣的曲折和鬥爭，不可能一蹴而就。但是中國統一的大方向已不可逆轉，是任何政治勢力都無法阻止的歷史潮流。

鑒於此，我們奉勸臺灣和少數臺獨人士，不要再繼續執迷不悟。最近，臺灣學者王曉波先生語重心長地指出：「面對著必然統一的中國歷史，難道我們非要在美國政客分裂中國的陰謀鼓動下，再一次以同胞相殘的臺海戰爭來完成中國的統一嗎？或者我們非要在臺灣經濟、政治走投無路之際，再來被大陸統一嗎？為什麼在臺灣的二千萬中國人，不可以光榮的、平等的和大陸同胞攜手共同完成中國的和平統一呢？」

當然，統一的最終目的是振興中華。那麼，實現中國和平統一於國於民益在何處呢？對此，海內外有識之士已多有所論，我們不妨也概述數端：

有利於促進中華民族經濟的騰飛

目前，大陸與臺灣，經濟發展都取得了顯著的成就，但雙方的經濟各有優勢，又各有困難和問題極待解決。就大陸而言，固然地大物博，人口眾多，自然資源和人力資源都十分豐富，消費市場廣闊，又有比較完整的重工業體系和高科技，具有發展經濟的雄厚潛力。但是，大陸資金缺少，勞動力過剩，加之缺乏企業組織管理人才和國際行銷網絡和經驗，因而經濟發展速度受到一定程度的制約。反觀臺灣方面，資金較為充裕、輕紡工業比較發達，應用技術較為成熟，又有豐富的企業管理經驗和國際行銷網絡和經驗。但是，臺灣經濟的發展目前也遇到許多難以克服的困難，例如自然資源貧乏，生產所需的原材料如煤、原油等絕大部分甚至幾乎全部都要依賴進口，容易受制於人；市場十分狹小，產品主要依賴外銷，出口貿易依存度極高，已遭到國際貿易保護主義的沉重打擊；再者，臺灣缺乏高科技，加之近年來消費水準上升，勞工短缺，又兼資金過剩，投資乏路，游資充斥，投機行業興起，社會秩序混亂，環境汙染嚴重等因素，致使產業升級的慾望不但遲遲難以實現，且已呈現產業空洞化和經濟衰退的跡象。

海峽兩岸若能盡快實現和平統一，兩岸精誠合作，互通有無，即可互補互利。就臺灣來說，即可將剩餘資本向大陸轉移，享受種種優惠，利用大陸的廉價原料和勞動力，就地生產，就地銷售，投放國際市場，也必將大大提高競爭能力；同時又可充分利用大陸的高科技，促使臺灣工業升級、技術升級、工資提升，並擴大服務業的就業人口，使臺灣經濟擺脫困境，保持穩定繁榮、高速發展的勢頭，就大陸而言，則可紓解資金不足、勞動力過剩以及組織管理技術等方面的困難，加速社會主義建設。這樣，如果再把香港即將歸還中國的因素加進去，屆時，大陸、臺灣、香港三方面的經濟優勢聯成一體，中國的經濟實力勢必大大增強，在世界上必將造成舉足輕重的作用。

有利於解除臺獨動亂的危機

海峽兩岸的長期對峙，不僅使中華民族的經濟騰飛蒙受重大損失，也給兩岸同胞製造了數不清的人間悲劇，同時也為臺獨勢力的生存和發展提供了溫床。如果海峽兩岸能早日宣布結束對峙狀態，達成和平統一的共識，那麼，大陸與臺灣不僅在經濟上可以取長補短，互通有無，加快發展的步伐，單就兩岸以對峙狀態所設計的軍費預算負擔也即可大大減輕，節省下來的這筆巨大的軍費開支，便可移作增加社會福利、公共設施和發展科技文化教育等投資，促進社會進步和科學文化繁榮。此外，結束敵對狀態，確定兩岸的和平統一，兩岸同胞便可自由往來，各項交流活動得以充分開展。這樣，海峽兩岸同胞不斷增進瞭解，政治、經濟、文化樞紐不斷增強，民族認同感日益加深，就從根本上解除了滋生分離主義的土壤。到那時，海內外形形色色的臺獨陰謀和主張也就喪失了市場，無以售其奸，從而使島內臺獨動亂的危機迎刃而解，消滅於無形之中。而臺灣政局的穩定，又勢必促進臺灣社會的安定和經濟文化的繁榮。

有利於遠東和世界和平

中國是占世界人口五分之一的大國，在國際政治舞台上舉足輕重，中國若能早日實現和平統一，結束長期以來紛爭對立的分裂局面，其本身就是對遠東和世界和平的一大貢獻。同時，由於中國的統一，政局的穩定和經濟文化的繁榮，又勢必大大增強世界愛好和平的力量，並對人類進步事業做出更多更大的貢獻。

統一中國，振興中華，這一光榮而艱鉅的歷史使命已經落在我們每一個中國人的肩上，當代每一個有歷史責任感的中國人，都應當努力爭取做一個掌握自己命運的歷史主人，為我中華民族的振興與騰飛做出貢獻。

（人民日報· 海外版）

論民進黨在臺灣政壇中的作用、侷限性及其未來走向

一九八九年九月，臺灣黨外勢力衝破國民黨長期實行的黨禁桎梏，率先成立民主進步黨（簡稱民進黨），使臺灣政治轉型進入了一個新的發展階段。四年來，民進黨的活動及其發展，已使它成為島內對國民黨統治具有一定制衡作用的不可忽視的政治力量。但同時，由於種種原因，民進黨也暴露出了它本身相當大的侷限性。客觀地評估民進黨在臺灣政壇中的作用和侷限性，預測其可能的發展走向，對於我們把握臺灣政壇和社會的發展趨勢，無疑具有重要的參考作用。

一、對民進黨評估的基點

綜觀臺灣政局演變的過程可以看出，民進黨的崛起和發展，是與其擁有以下兩項政治資本分不開的：一是反對國民黨的專制獨裁統治，要求實現民主政治；二是迎合部分人的「分離意識」而提出的「住民自決」或「臺灣獨立」主張。這兩個本無必然聯繫的問題在民進黨內發生偶合，有其一定的歷史必然性。這是因為在臺灣這種特定的歷史環境中，二者很容易成為黨外運動中眾多人士共同的訴求目標。多年來，黨外勢力利用上述訴求不斷得以聚集和發展，民進黨成立後大體繼續沿襲這些資本來壯大自己。在一九八九年底臺灣的三項公職人員選舉中，民進黨獲得了六個縣市長、二十一個立委、三十個省市議員的席位。三項選舉的總得票率達百分之二十九點七；當選席位占總席位的百分之二十二點二，成績相當可觀。特別是二十一個立委席位，使民進黨今後已具有了「法定提案權」，從而增強了向國民黨當局挑戰的政治資本，使其在臺灣政壇中的地位得以進一步提升。

但是，人們不難看到，民進黨所擁有的政治資本是在一定歷史條件下的產物，兩者的形成及其聯繫並不是凝固不變的，一旦促其形成的內外因素發生變化

以至不復存在，兩者自身的作用及其相互之間的聯繫就會淡化以至消失，回顧四年來民進黨曲折的發展歷程，可以看出，正是這兩點構成了民進黨在臺灣政壇中的作用及其侷限性的主導因素，而這兩個因素的任何變化亦將對該黨的未來走向構成強烈影響。反對國民黨的專制獨裁，推動了臺灣「政治革新」和「政治民主化」的進度，同時也為「分離意識」和臺獨勢力的發展提供了借助力量；而「分離意識」和臺獨勢力的發展、臺灣政治革新的進行，又同時降低了反國民黨的政治意義和民主政治目標的層次。以此為基點，我們可以把這兩個問題放在不同層面上，對民進黨的發展過程及其走向進行歷史唯物主義的評估。

二、民進黨在臺灣政壇中的積極作用

綜觀民進黨四年來的活動，它在臺灣政壇中的正面作用大致可歸納出如下四點：

（一）加快臺灣「政治轉型」的步伐。早在蔣經國一九七二年出任臺灣行政院長前後，由於受尼克森訪華和中美、中日建交的強烈震撼，島內外形勢已發生了重大變化。進入八十年代之後，國民黨政權更處於內外交困的險惡局面，再想以舊有的專制獨裁體制來維持其統治地位已經不可能了。於是在一九八六年三月召開的國民黨十二屆三中全會上，蔣經國提出了「革新」的口號，並開始著手研擬「政治革新」的議程。但從其改革的過程來看，實際進行的步驟顯然要比最初設計的程序快了許多。這種差異的出現與黨外運動的衝擊，特別是民進黨的成立有很大關係。

國民黨「三中全會」前，會議主要議題組曾認為：「組黨及戒嚴問題，目前不宜擴大討論」，會上，國民黨確定的改革議題主要是：「充實中央民意代表機構」和「強固地方自治」。會後，儘管蔣經國「指示」將戒嚴令及黨禁問題列入研擬範圍，但實際上國民黨上層並未對這兩項議題達成「共識」，兩個多月內，改革方案並無實質性進展。

然而，正當國民黨當局對「改革」尚在猶豫不決之際，一九八六年九月二十八日，以「公政會」和「編聯會」為主幹的黨外人士，卻衝破了國民黨的黨禁桎梏，以集體簽名的方式突然宣告成立「民主進步黨」。

民進黨的成立，迫使國民黨當局不得不優先考慮解除戒嚴和黨禁問題，一週之後的十月五日，蔣經國發表重要講話稱：「時代在變，環境在變，潮流也在變。因應這些變遷，執政黨必須以新的觀念、新的作法，在民主憲政的基礎上，推動革新措施。」十月十五日，國民黨中常會終於通過了「解除戒嚴令」和「修改人團法」這兩項改革方案，說明國民黨當局已被迫承認了民進黨成立這一既成事實。

民進黨對黨禁的突破，以及一九八七年七月國民黨正式宣布解除戒嚴令，造成了當年下半年以來的組黨熱潮，截止到一九九〇年六月，島內成立的「合法」政黨已達五十三個，另有數個已經備案或正在籌組的政黨，使原來國民黨的「一黨獨裁」變成今日「兩黨（國民黨與民進黨）競爭、多黨制衡」的政治局面。可見，民進黨的率先成立，對於臺灣政治多元化的發展，的確造成了一定的推動作用。

（二）衝破了國民黨「一黨專制」的政治局面。四年來，民進黨及其他在野勢力的活躍和發展，對國民黨的專制獨裁統治構成了嚴重的威脅和衝擊。在臺灣有關政務的決策與執行過程中，國民黨對政局的控制顯得愈來愈不能得心應手，以往那種一手遮天、隨心所欲地壟斷政壇的局面已一去不返。在實際政治運作中，則表現為各項政策和法案的制定、修改與通過，總因民進黨的掣肘而不得不一再妥協；在歷次選舉中，亦總在民進黨咄咄逼人的進攻面前被搞得手忙腳亂，甚或敗下陣來。

民進黨成立後，即在當年底的選舉中以十二席立委、十一席「國代」的選績進入政壇。隨即在街頭運動的配合下，在立法院和國民大會中，對諸如「國安法」草案、「國防」預算等法案的通過等重大問題上，向國民黨展開激烈的「抵制」，迫使國民黨當局不得不一再做出讓步。例如，在立法院迫使國民黨對「國安法」十個擬議條文中的七條做出重大修改；「國防」預算則首次被刪去三百餘萬元，及至在今年三月的總統選舉中大鬧會場、刪改代表誓詞、鼓動街頭運動、毆傷「資深國代」等等。所有這些，國民黨都不得不做出忍讓。

（三）提升了臺灣民眾的政治參與意識。民進黨活動的一個顯著特點，是發動文宣攻勢、組織民眾運動。以一九八六年底的「桃園機場事件」為開端，臺灣社會掀起了一股股前所未有的「街頭熱」，各種形式的街頭示威請願運動一波接一波、一浪高過一浪地蓬勃興起。據臺灣有關當局公布的數字，僅在解嚴後的短短一年時間裡，島內共發生各種遊行活動一千九百多起，平均每天超過五起。而民進黨則是這些活動的主要策劃者和參與者之一。通過這些活動，使臺灣民眾看到了自己的力量，提高了對自己權益的認識，增強了對政治多元化、民主化的認同。與此同時，以民進黨為首的在野勢力還積極創辦報刊、著書立說，利用新聞媒介，大力宣傳民主自由理念，抨擊揭露國民黨當局專制獨裁的種種劣行。所有這些，無疑都對臺灣民眾政治參與意識的提升產生了重要影響。

（四）民進黨的崛起，對臺灣政權結構的衝擊也不可忽視。國民黨「國家黨有」的政治壟斷被打破後，臺灣的政權組織形式隨之動搖。總統和省、市長直選、地方自治的落實、「國會」的全面改造等問題，一直是繼「黨禁」開放後民進黨的主要訴求目標。而不久前召開的「國是會議」，說明政體的改革已提到了議事日程。儘管對於國民黨當局能夠走多遠，人們還在拭目以待，但臺灣必將在民進黨等在野勢力的強大壓力下一步步做出妥協則是確定無疑的。

總之，從歷史的角度來看，可以這樣說，民進黨的崛起是對國民黨四十年來在臺灣實行專制獨裁統治所引起的帶有必然性的反彈；從政治學角度來看，民進黨在臺灣政壇上述作用的發揮，則是這個基本上代表臺灣新興的資產階級——中產階級利益的黨，強烈追求西方民主政治，反對封建專制獨裁，要求分享政權慾望的反映。

臺灣的中產階級，是臺灣資本主義化的必然產物。迄今已發展成為臺灣經濟的「支柱」。然而，這個新興階級的經濟實力卻與它在政治上的無權地位形成了鮮明的對照。在臺灣，代表大資產階級利益的國民黨長期以來實行「一黨專制」，在政治上、經濟上排擠中產階級，這就不能不激起中產階級的強烈不滿和反抗，它們要求獲得與其經濟實力相適應的政治權利。民進黨則正是扮演了臺灣中產階級政治代表的角色。它在政治上主張「還政於民」，實行民主政治，要求開放黨禁、報禁，主張總統、省、市長民選和全面改造「國會」等等；經濟上主張「還財於民」、「機會均等」，反對壟斷，要求實行「官營企業民營化」，「尊重私有財產」等等。民進黨的這些主張大體上反映了臺灣中產階級的政治經濟要求，在當前臺灣的特定歷史條件下是有其一定的進步意義的。

三、民進黨的侷限性及其消極影響

然而，民進黨作為臺灣中產階級的政黨，其侷限性也是顯而易見的。由於其「先天不足」和「後天失調」，該黨無論在政治上、組織上還是在鬥爭策略等方面，都暴露出嚴重的「劣根性」，從而使它在臺灣政壇上發揮某些積極作用的同時，也不可避免地產生了很大的消極影響。

（一）「分離意識」和臺獨傾向制約了該黨的發展，助長了狹隘的「島民意識」泛濫。民進黨黨綱中公開載明：「臺灣前途應由全體住民自決」；該黨「二大」公然通過了「人民有主張臺灣獨立的自由」的決議；去年又提出「以獨立政治實體為考量的準兩國兩府模式」的現階段大陸政策；最近，該黨四屆二全大會又通過所謂臺灣「事實主權案」。儘管民進黨內各派系在臺灣前途問題上的主張和策略考慮不盡相同，但該黨的「分離意識」和一部分人的臺獨主張卻是顯而易見、人所共知的。

濃厚的「分離意識」和臺獨傾向既極大地侷限了該黨的戰略發展，同時也降低了它的政治理念層次，反映出該黨領導層政治上的短視和嚴重脫離政治現實的狹隘地方主義觀念。且不說中國政府和大陸同胞堅決反對臺獨，任何企圖實現「臺灣獨立」的實際步驟都不可能有成功的希望；單就島內而言，近幾年來的歷次民意調查都無不顯示，絕大多數臺灣民眾也反對「臺灣獨立」或「自決」主張。美國《華盛頓郵報》記者觀察臺灣選舉後報導說：「許多選民似乎對交通和環境汙染問題比『自決』的敏感政治更為關切」；「號召『自決』的吸引力不像過去強。」就連民進黨的許多基層黨員對該黨頭面人物花費大量精力從事「統獨」之爭也頗為反感，認為這是「違背民意」的無聊之舉，說如果再這樣搞下去，「民進黨就完蛋了」！特別是大批臺灣廠商湧向大陸進行投資經商、兩岸經貿關係日趨密切的情況下，民進黨的臺獨主張勢必會惡化海峽兩岸本已逐漸和緩的政治氣氛，損害向大陸投資經商者的主體——臺灣中小企業主的經濟利益，從而使民進黨失去自己的主要階級基礎——臺灣中產階級的同情與支持。該黨祕書長張俊宏就曾披露說：有許多人向他反映，「民進黨搞臺獨不僅會引起外省人、國民黨和整個社會的不安，還可能搞壞多數人民的個人事業、經濟基礎」。

由於「分離意識」和臺獨訴求得不到社會大眾的普遍認同，使民進黨的發展空間受到極大的侷限，該黨建黨四年來才不過發展兩萬黨員，有些對民進黨臺獨傾向不滿的黨員，甚至因此而宣布退出民進黨。而與此形成鮮明對照的，則是海外各類臺獨組織及其骨幹分子紛紛返臺，將臺灣政壇搞得沸沸揚揚，似乎臺灣要民主就首先要「獨立」，將臺灣政治民主化的進度搞得更為複雜、曲折。而這又恰恰迎合了國民黨當局的所謂「政治實體」、「一國兩府」、敵視中國政府、抗拒中國和平統一的策略主張。總之，「分離意識」和臺獨理念，不僅侷限了民進黨的發展與作為，同時對臺灣政壇產生了極大的消極影響。

（二）派系紛爭模糊了民進黨的理想與目標，削弱了該黨自身的力量。民進黨的前身「黨外勢力」原本就是「彩虹式」組織，組黨後吸收了黨外時期的基本力量，但同時也把黨外的種種弊端帶進了民進黨。加之組黨以來一直未能有效地進行內部整頓，因而造成民進黨內山頭林立、組織鬆散、思想歧異、矛盾重重、內鬥不休。目前，民進黨領導層主要分為「新潮流」和「美麗島」兩大派系。前者以專職黨工、編輯為主，他們人數雖然不多，但能量很大，影響不小；後者以「美麗島事件」受刑人及其家屬為主，目前在民進黨內實力最強，被稱為「主流派」。該黨成立四年來，兩派之間無論在政治目標、鬥爭策略、建黨原則、大陸政策還是在領導權等方面，都存在著尖銳的矛盾和分歧，經常發生劇烈爭吵。目前兩大派觀點相距甚遠。「新潮流系」對黨內以「美麗島系」為首的不同意見者「動輒以無情的批判」，搞得黨內關係十分緊張，以至「黨部運作癱瘓，無力對外發展，使得社會大眾的期待逐漸剝蝕，原有的政治空間日益萎縮」。

民進黨的派系紛爭，不僅極大地損害了它的社會形象，也嚴重地削弱了自身的戰鬥力。這一政治現象既暴露出該黨內部在理念、綱領、策略上的歧異；同時也反映出民進黨主要階級基礎臺灣中產階級的特徵。眾所周知，在臺灣這種特定的政治、經濟環境中，中小企業生存發展十分艱難，不少人全憑「單槍匹馬闖天下」，在激烈的競爭中一窩蜂「打爛仗」，自相殘殺，缺少聯合。因而反映在民進黨身上，便是組織鬆散、缺乏群體意識和組織觀念，動輒互相火拚。如今，如何整合其內部紛爭，仍然是民進黨領導層面臨的重大難題之一。

（三）忽視勞工權益使民進黨逐漸喪失更廣泛的社會基礎。民進黨的主要階級基礎是中小企業主，然而它反國民黨獨裁的性格卻贏得了勞工階級的支持。在歷次競選中，勞工投票給民進黨者為數最多。但是，占臺灣人口將近半數的廣大勞工，在臺灣中小企業中的福利最差、勞動條件最壞、受剝削也最重，與資本家之間存在著不可調和的階級矛盾。而民進黨既是資產階級性質的政黨，就決定了它必然忽視勞工權益，不可能真心實意地為廣大勞工階級謀福利。事實上，在涉及有關勞工問題時，民進黨常常是鼠首兩端：既不敢得罪資本家老闆，又不願得罪勞工選民而失去票源，採取「鴕鳥政策」。比較一下一九八九年底在三項公職選舉中民進黨與勞動黨提出的有關「政見」，人們便可一目瞭然：

政綱＼黨別 類別	民進黨	勞動黨
政治	1.「國會」全面改造。 2.「總統」、省市長直選。	1. 按就業比例訂定「民代」名額、依例改善「國會」結構。 2. 各級議會應有適當原住民代表，並具對有關議案最後否決權。
經濟	公營事業的開放民營為原則。	反對公營企業開放民營，主張交由員工依民主程序經營。
農工政策	改善工作條件和環境，提高勞動保護基準，確保勞工結社、罷工和集體交涉權	修改「勞基法」、「工會法」「勞動安全衛生法」，以保障勞工工作權、團結、爭議和交涉權；立法保障不分種族、性別，提高勞工文化技術。 反對外國農產品進口傾銷，確立糧食自給自足政策，搶救農村生態環境。
住屋政策	興建低價住宅，抑制房價炒作投機。	落實都市土地漲價歸公，嚴禁都市土地炒作，人民直接投票決定都市計畫及公共設施規則，反對住宅商品化，房租應管制，非自用住宅及空屋課重稅。

民進黨對農工權益的漠然態度，已越來越引起基層黨員的不滿，指責他們不瞭解「百姓的苦處」。可以預見，隨著臺灣勞工階級的覺醒，民進黨與勞工階級之間的關係勢必逐漸疏遠，使其喪失更廣泛的社會基礎。儘管民進黨目前已開始積極介入勞工運動並極力宣揚民進黨是所謂「全民政黨」，力圖緩和與勞工階級

之間的矛盾，但很難相信他們有能力從根本上解決這個問題。

（四）民進黨的階級性質決定了它的搖擺性和妥協性。這是因為：臺灣的中小企業一般都資金少，規模小，設備差，技術落後，經營管理困難很多，一遇風吹草動很容易破產倒閉，穩定性差；另外，臺灣的中小企業一般多屬中、下游企業，對資金雄厚，技術先進的上游大企業財團具有明顯的依附性。臺灣中產階級這種先天的軟弱性決定了它的政治代言人——民進黨的搖擺性和妥協性。由於民進黨自感力量不足，難以和代表臺灣大資產階級利益的國民黨雄厚勢力真正抗衡，因此，它的主要領導人很容易隨著島內外政治氣候的變化而不斷地調整、修改自己的立場。僅從今年三月總統選舉期間民進黨的反常表現，以及圍繞著「國是會議」的召開該黨領導人的一系列言論行動觀察，民進黨原本所具有的那種激烈的「反國民黨性格」，顯然已逐漸衰退。民進黨的這種階級屬性，也是造成該黨內部渙散、缺乏凝聚力和向心力、難以發展壯大的重要原因之一。

民進黨的侷限性和它在臺灣政壇上的消極影響當然還不止這些，諸如參政素質差、對美依賴等問題，限於篇幅，不再一一贅述。特別需要指出的是，面對飛速發展的世界以及民族和解和團結統一的歷史潮流，民進黨不但缺乏應有的戰略遠見，反而陷於狹隘的「島民意識」，一味幻想不切實際的所謂「自決」、「獨立」，如不盡快糾正這種不識時務的短視政策，很難設想它今後在臺灣政壇上會有多大作為。

四、民進黨的未來走向

目前，人們最為關注的是民進黨的未來走向問題。在海峽兩岸關係和美臺、中美關係沒有重大變化的前提下，影響民進黨未來走向的因素主要有以下四點：

（一）臺灣政治體制改革的幅度與速度。今年七月，臺灣召開「國是會議」，雖就「動員戡亂時期」的終止、「國會」的改造、總統民選、地方自治法治化等問題達成某些「共識」，但對於修憲還是「制憲」、「總統制」還是「內閣制」、「五權」還是「三權」等問題尚存歧見。由於上述所有問題對於國民黨和民進黨的今後戰略、策略至關重要，究竟能在多大程度上被國民黨當局付諸實施，將直接影響民進黨的未來走向。

（二）國民黨內部矛盾的激化程度。在年初的總統選舉中，國民黨內部明顯地形成了「主流派」和「非主流派」兩大派別。「主流派」雖然在選舉中獲勝，但「非主流派」實力猶存，不可等閒視之。以李登輝為首的「主流派」為了戰勝對手，已經並將繼續向民進黨作一定程度的妥協以換取其支持。雙方在「國是會議」期間的合作和默契即是突出的表現。故國民黨內部矛盾鬥爭及其結果，也勢必會影響民進黨的未來發展。

（三）島內其他在野勢力的發展演變。據《中國時報》七月份的調查表明，臺灣目前「合法」政黨已達53個。除國民黨、民進黨之外，其他政黨已出現組合趨勢，成立了兩個鬆散的組合體：臺灣「政黨聯合會」和「中國在野黨國是會」。它們雖屬黨派組合雛形，但其發展如何，不能不對民進黨在臺灣政壇中的地位、作用及其自身的策略制定與組織發展產生相當影響。

（四）民進黨內部的整合及策略的調整。這是決定民進黨未來發展的最重要因素。近日圍繞反制國民黨成立「國統會」及通過「事實主權案」問題，使民進黨內部「美麗島系」與「新潮流系」的矛盾有所緩和，但根本矛盾並沒有解決。特別是如何適應新形勢，調整該黨的戰略與策略，包括是否摒棄狹隘的「島民意識」，從國家統一中找到自己的適當位置，這更是決定其未來走向的關鍵。

從上述四種因素的發展變化及相互作用看，民進黨的未來走向不外有以下三種可能：（1）通過調整戰略、策略，整合內部分歧，贏得下屆總統選舉，走上執政之路；（2）基本維持現狀，內部繼續爭吵不休，提不出什麼具有開創性的綱領和政策，在臺灣政治發展中無多大作為；（3）在激烈的內鬥中發生分裂，部分「激進派」與島內外臺獨勢力，結合成為死硬的臺獨團體，部分「溫和派」或者充當國民黨的「忠實反對黨」角色，或者與其他包括國民黨在內的一些政見相近的「本土」人士重新組合，從而改變目前臺灣政黨格局。

從目前島內外政局發展的態勢來看，在可見的一個時期內，第一種的可能性不大，第二、三種可能性與民進黨的情況似乎更為接近。其根本原因，當然是本文前述的民進黨階級侷限性所致。

（「全國臺研會年會」論文，收入《轉型期的臺灣》，並在《臺灣研究》上

發表，與何磊合撰）

「戡亂」時期終止後民進黨的可能走向

問題的提出

當二十一世紀進人最後十年的時候，整個世界的政治、經濟、軍事力量對比發生了重大變化。在這種紛紜複雜的國際形勢的催化下，臺灣島內的政治轉型也進入了一個關鍵時期。去年十一月五日國民黨「憲政改革策劃小組」作出決定：在一九九三年二月一日以前辦理第二屆「立、監委員」選舉，一九九一年底辦理第二屆「國大代表」選舉。十二月二十五日，李登輝宣布：「在明年（一九九一年）五月間宣告終止動員戡亂時期，同時也將在後年年中完成憲政改革。」倘若政局完全按照臺灣策劃的時間表發展，臺灣將於一九九三年步入資產階級政黨政治的體制。而完成這一轉型的最後關鍵，則是「動員戡亂時期臨時條款」的廢止和憲法的修正或重新制定。

不言而喻，「動員戡亂時期」的終止，對臺灣政壇的幾乎各個方面都將產生廣泛而深刻的影響，特別是對島內各在野勢力來説，將獲得更大的活動空間，更多的參政機會。事實上，自去年七月「國是會議」結束後，臺灣的一些主要在野黨團就已緊鑼密鼓地行動起來，紛紛著眼於「戡亂時期」終止後的政局，制定相應的戰略、戰術規劃，準備迎接今年底的「第二屆國代」的選戰。對於臺灣政局而言，除了大陸和美國以外，島內影響政壇走向的主要政治勢力，一是執政的國民黨，一是在野的民進黨。可以肯定，從今年四月的「國大」臨時會議到年底的「修憲國大」的選舉，從修憲的程序到立法院院會的議題，都將成為國民黨與民進黨較量的一場場戰役。或許，經過這些「戰役」的冶煉，臺灣會逐漸步入資產階級政黨政治的「正軌」；抑或由於一場場的爭鬥，將臺灣政壇引入無聊的政治遊戲的泥坑，重演民國初年政黨政爭的鬧劇。其中的關鍵，顯然要看「戡亂」時期終止後，國、民兩黨的政策取向。比較而言，目前國民黨的組織、人事、規劃、政策諸要素較之民進黨穩定，但五月以後島內政局的發展在很大程度上將會受到民進黨動態的強烈影響。那麼，民進黨能否有效地利用新的政治環境不斷發展壯大，並進而走上執政之路呢？民進黨的「自決」、「獨立」路線在新的形勢下將會發生那些變化？民進黨能否提出一套較為完整、系統而又確實可行的政經綱領並受到民眾的擁護呢？能否更加成熟地運用「政黨政治」的手段與國民黨抗爭？它的內部派系之爭、它的「大陸政策」又會有何發展變化？所有這些，都是海內外每一個關心島內政局、關心中國統一前途的人士十分注目的關鍵問題。本文擬對「動員戡亂時期」終止後民進黨在上述重要問題上的可能走向作一初步探討。

「憲政改革」中將與國民黨展開激烈角逐

反對國民黨的一黨獨裁、追求民主「憲政」，一直是民進黨成立以來的主要訴求之一。臺灣政治鐵幕被打破，「黨禁」、「報禁」、「戒嚴」的相繼解除，與民進黨的激烈抗爭有很大關係。如今，民進黨夢寐以求的憲改已拉開帷幕，它勢必會使出全身解數，影響憲改走向，使其今後更有利於該黨的發展，爭取早日走上執政之路。而對於國民黨來說，實行憲改雖屬迫不得已，但出於其鞏固執政地位、排斥黨內異己、因應島內外變局等多方面策略考慮，也正在積極部署，加緊謀劃，意欲穩操勝券。雙方均已擺出一副「背水一戰」的架勢，激烈的角逐已在所難免。

實際上這場角逐早在去年「國是會議」結束後即已開始。雙方就「制憲」還是修憲的問題爭吵不休。民進黨竭力鼓吹「制憲」，而國民黨則成立「憲改策劃小組」，提出「一機構二階段」的修憲方案，但立即遭到民進黨的激烈反對。國民黨置民進黨的反對聲浪於不顧，於十二月二十八日由李登輝指示國民黨「國大黨團」著手籌辦「國大臨時會議」。同日，以民進黨為主的十八名參加「國是會議」的成員宣布成立「保衛臺灣委員會」，明確聲明要「推動總統直接民選，反對資深國代修憲，積極參與監督國統會、陸委會、海基會三機構」。表面上看，雙方在修憲還是「制憲」問題上爭得不可開交，但實質上鬥爭的焦點是爭奪憲改的主控權。其結果，民進黨阻礙修憲的抗爭未能奏效，今年二月二十六日，李登輝頒布了於四月八日召開「國大臨時會」的召集令，從而宣告了國民黨第一回合交鋒中的勝利。民進黨敗陣後轉而全力以赴準備年底「國代」的選戰，以期爭取更多的席位，奪回憲改的主控權。

今年年底的「國代」選舉，是民進黨在憲改後確立地位的關鍵，可以預料，它勢必不遺餘力地投入角逐，從而使其對國民黨的抗爭進入高峰。去年年初，民進黨就已開始著手組辦選舉訓練班，培訓幹部，甄拔參選人員。國民黨亦著手強化其基層組織，設法增強黨員的向心力，以迎接民進黨的挑戰。雙方並開始製造輿論：去年十一月，國民黨組工會主任陳金讓表示，在選舉中「執政黨可以贏取八成以上的席次」，「執政黨人才濟濟，人選絕對沒有問題。」而黃信介則針鋒相對地指出：「民進黨人才濟濟，在每次選舉中除了輸國民黨『三票』（軍票、購票、做票）外，國民黨根本不是民進黨的對手。」「國民黨夢想拿八成以上的席次，我真不懂國民黨的票在哪裡」，並表示有信心「至少可以拿到五成以上的席次。」雙方談吐，雖有心理戰的因素在內，但劍拔弩張之勢已隱然可見。臺灣選舉歷來沸沸揚揚、混亂不堪，三七〇餘席次空前規模的選舉，是對兩黨實力的確實檢驗，爭鬥之激烈不難設想。

可以意料，雙方鬥爭的焦點將集中在憲改涉及的主要內容——總統產生的方式、政體的確定以及地方自治權等方面。

「動員戡亂時期臨時條款」廢止後，行政院的權力將進一步膨脹，這對於和郝柏村素有積怨的民進黨來說，無疑是一種威脅。同時民進黨歷來認為，若能實現「總統直選」，是其走上執政之路的「快捷方式」。因此，民進黨在去年「國是會議」上，便力主「總統直選」。不難意料，在今後的修憲過程中，無論民進黨的「國代」席次有多少，均會與郝柏村為代表的國民黨非主流派展開激烈交鋒。如能爭取到規定總統直選，意味著民進黨爭取到未來競選總統的有利條件和地位，同時也意味著未來的臺灣政體將逐步納入「總統制」軌道，而行政院的權力則將受到很大的限制。民進黨在這方面的角逐，將會使「府、院之爭」在「國大」的角鬥場上顯得更為複雜、激烈。

民進黨「地方包圍中央」的策略早已是「司馬昭之心，路人皆知」。一九八九年底的地方「公職」選舉中他們頗有斬獲，因此在「地方自治」問題上必定是民進黨在憲改中的主攻目標之一。對此，國民黨方面當然不會輕易讓步，否則等於為民進黨實現其「地方包圍中央」大開方便之門，可以斷言，兩黨在這一關鍵問題上也會各持一端，劇烈爭鬥。

事實上，民進黨早已發現，他們在「國是會議」上的「成就」並非如一開始想像的那樣「輝煌」。半年多來，除了「動員戡亂時期」的終止外，民進黨在「國是會議」上的勝利成果並沒有得到真正落實。「國統會」、「陸委會」、「海基會」的相繼成立，修憲原則的確定，「國大臨時會」的召集和最近所謂「國統綱領」的制定與通過，所有這些均與民進黨在「國是會議」上的訴求相佐。相反，民進黨卻不得不讓國民黨策劃的憲改時間表牽著鼻子走，儘管他們不時地抗爭，但都無濟於事。這種情況使民進黨大為惱火，在未來的憲改中為實現其預定「目標」，勢必「浴血奮戰」、猛打猛衝，而這恰恰是民進黨人的性格。

隨著憲改的深入進行和民進黨街頭路線向議會路線的轉變，立法院勢必成為雙方爭鬥的「主戰場」。這種態勢從去年下半年開始已十分明顯，民進黨組織的街頭運動雖已減少，但代之而起的則是立法院院會上出現一幕幕空前火爆的場面。立法院八六期院會一片混亂，雖經延期，擬議中的五十二件法案仍僅通過了二十四件。在院會中，民進黨立委強烈「抵制」不斷，扯麥克風、摔茶杯、扔椅子直至扭打，造成六名警員受傷，議事陷於停頓。這種畸形方式的「抗爭」，在「動員戡亂時期」終止後勢將更加頻繁、激烈。去年「國代」選戰結束後，民進黨政治抗爭目標將集中在兩個方面：一是阻撓修憲，要求「制憲」；二是進一步逼退「資深立委」，以為明年的第二屆「立、監委」選舉進行鋪墊。而對於臺灣的日常行政來說，立法院的作用甚至高於「國大」，因為它直接制約「政府」的日常政務運作。因此可以預料，今後國、民兩黨在立法院爭鬥的激烈程度決不會亞於「國代」選舉和修憲之爭。

總之，在今後的憲改中，民進黨必將與國民黨展開空前激烈的角逐。

在臺獨訴求方面將進一步升級

「動員戡亂時期」終止後，海峽兩岸的關係將出現新的變數。一方面，隨著「戡亂」的終止，兩岸的經貿往來、文化交流將日趨頻繁；另一方面，對臺灣而言，在法律層面上將出現一個如何重新定位兩岸關係的過渡時期。這兩項變數的發展變化，無論其取向如何，都將刺激民進黨內臺獨聲浪的進一步升級。而在今後為同國民黨爭奪憲改主控權，臺獨訴求也將繼續是民進黨的一種抗爭手段和籌碼。這種趨勢從去年下半年已明顯地表現出來。此外，隨著海灣危機的結束和國際政治格局的變化，美國勢必進一步介入東亞事務、島內外的臺獨勢力將會從國際反華勢力特別是美國方面得到更多的鼓勵和支持，這也將增加民進黨向國民黨討價還價的「外國資本」。

一九八九年六月以後，國民黨當局為配合美國制裁中國的政策，曾一再聲稱要冷卻「大陸熱」，但實際情況卻恰恰相反，「大陸熱」持續升溫。去年，來大陸探親、旅遊、經商的臺胞約九十萬人次，比一九八九年的五十四萬人次有了大幅度增加。兩岸貿易從一九八九年的三十五億美元增加四十億美元以上。據臺灣報紙估計，「目前洽商貸款有意往大陸投資的金額總數可能逾百億元（新臺幣）」。這種趨勢在「戡亂」時期終止後，將會獲得新的動力。臺灣「國統會」、「陸委會」已完成設立的法律程序，海基會在三月份已開始運作。三月二日，臺灣「經濟部」宣布「接受直接赴大陸投資者的合法登記」。「大陸熱」不可能被「冷卻」，就連臺灣也心知肚明，加緊做因應準備。最近據香港報紙披露，臺灣行政院經建會在其六年計劃中已做出了「直接和大陸進行空中及海上聯繫的規定」，「並指定臺南安平港為將來與大陸直接進行海上聯繫的港口」。所有這些跡象均表明，「戡亂」結束後，兩岸交往將日益緊密，甚至大陸人士赴臺的禁忌亦將逐步放寬，「雙向交流」已勢不可擋。兩岸關係的日趨熱絡，使得民進黨內的臺獨人士愈來愈感到，臺獨的口號正失去對民眾的吸引力，於是他們勢必提高調門，繼續鼓吹臺獨。因為統一不僅將使他們在同國民黨的較量中徹底失敗，還將意味著他們「小國寡民」幻想的破產。因此，兩岸的關係越是密切，統一的趨勢越是明朗化，民進黨內的臺獨人士越是火急火燎、一蹦三尺高，以表示他們的存在。這種反彈在今年五月以後的相當長一段時間裡，將會成為民進黨活動的一大特點。

雖然「戡亂」時期的終止，將會促進兩岸的交流，但在政治和法律層面，卻使臺灣面臨著如何重新定位大陸政權的難題。仍視為「叛亂團體」乎？「敵對政權」乎？抑或稱所謂「政治實體」、「大陸管轄當局」？既要符合臺灣的所謂「憲法體制」，又需顧及大陸和國際社會的反應，實在是左右為難，十分棘手。一年來，國民黨高層人士一再施放試探氣球，要求大陸的「善意回應」，以便定奪，但他們開出的價碼無非是要中共「不阻撓軍售」、「允許臺灣重返國際社會」、「不貶低臺灣為地方政府」之類。這些原則問題，大陸方面當然不可能接受，這就使臺灣的政法決策將會在此問題上出現一段時間的「空洞」或舉棋不定、難下決心。這種情況對於鼓吹「自決」、「獨立」的民進黨來說無疑是一個絕好的活動空間。

從表面上來看，民進黨內兩派在臺灣前途問題上素有分歧，但實質上是一致的。「美麗島系」的頭面人物張俊宏就曾坦率地說：「從地方自治到住民自決，再從住民自決到主權獨立，其間必然是一個水到渠成的實力累積過程。」在新的形勢面前，「美麗島系」拋棄「溫和」的面紗，改變「漸進」的策略，並不會出人意料。人們不會忘記：去年十月兩派聯手簽署「事實主權獨立文」；十一月十四日，民進黨又成立所謂「臺灣主權獨立運動委員會」，以落實「事實主權獨立文」的「政治主張」。次日臺灣《聯合報》評論說：「民進黨中常會昨天決定成立臺灣主權獨立運動委員會，與新潮流系最近的運作有密切關係，醞釀過程十分匆促。」顯然，民進黨要抓住憲改的機會，不再「以時間換空間」，目的當然是要影響兩岸關係的定位。

實際上，「動員戡亂時期」終止後，所謂「自決」、「獨立」的訴求只剩下了最後的機會。如果在修憲和「定位」的過程中，民進黨不加緊發動攻勢，一旦修憲完成，「定位」獲致結論，民進黨的「自決」、「獨立」訴求遭到否決，那麼今後民進黨的這些主張就將完全喪失活動空間。因此，從「戡亂」時期結束到修憲完成之前的這段時間裡，民進黨的「自決」、「獨立」聲浪將不斷高漲，當在意料之中。

臺獨活動的升級，還不能不考慮到國際因素的作用和影響。臺灣學者王曉波教授曾一針見血地指出：戰後臺獨運動的主導者正是美日兩國。其實國民黨也好，民進黨也好，都不過是美國在臺政策的「代理人」。美國扶植民進黨用以制衡國民黨，又用國民黨來制衡民進黨，使國、民兩黨共同為其對華政策效勞賣力。當初在美國的支持與庇護下，民進黨得以在島內突破「黨禁」；同樣還是美國的支持，民進黨才能同國民黨大唱對臺戲而安然無恙、不被絞殺。「六四天安門」事件後美國帶頭制裁中國，民進黨和島內外臺獨勢力顯得異常活躍；去年底美國在海灣問題上欲謀求中國的支持，於是島內的臺獨分子黃華、陳婉真便相繼被捕。而民進黨的「主獨會」十一月成立後也未見有更大動作。據報導，當時美國前任「北美事務協調會」主席丁大衛曾警告臺獨人士：「如果臺灣因宣布獨立而招致中共之武力攻擊，美國與其他西方國家不但不會支持臺獨，還將追究臺獨破壞東亞和平的責任。」於是海灣戰爭期間，雖有臺灣神經過敏的「戒備狀態」，但民進黨和臺獨人士卻相對要「安靜」一些，未見過於激烈的推波助瀾的言論和行動。

海灣戰爭結束後，為了牽制中蘇接近，也為了美國未來在東亞的利益和地位，同時企圖迫使中國的政經改革按照美國希望的方向發展，於是在臺灣問題上美國又開始大做文章：三月一日，美國前任國防部長溫伯格訪臺並會見李登輝、郝柏村等要人，大談「軍售」問題；三月八日，臺灣報紙報導說：「一向扮演美國對臺政策試探氣球」的前美國國務院中國科科長費浩偉公開聲稱：「美國將放棄一個中國，轉而承認海峽兩岸分裂事實的理論。」與此同時，以民進黨為主於去年十二月十七日成立的「保衛臺灣委員會」召開召集人會議，公布了192人的正式成員名單，並責成張俊宏、吳豐山、黃煌雄三人起草「保衛臺灣綱領」。「動員戡亂時期」的終止、「憲政改革」的實施，是臺灣政治轉型的關鍵時刻，當然也是美國繼續操縱臺灣事務、以維護其遠東戰略利益的一個重要關節點，繼續維護海峽兩岸「不戰不和、不統不獨」的局面對美國有利。因此可以意料，民進黨在美國的支持與慫恿之下，再度掀起臺獨聲浪，以制衡終止「戡亂」後的兩岸關係的發展，這也是必然之事。

此外，隨著臺灣「憲政改革」的步步推進，使民進黨日益失去其原有的訴求目標。繼「黨禁」、「報禁」、「戒嚴」相繼解除後，「動員戡亂時期」終止、總統選舉、「民意機關」的改造、地方自治的落實等，正按國民黨的「憲政」計劃逐步實施。民進黨除了在「憲政」的速度、程度方面繼續向國民黨不斷施壓外，始終提不出更進一步、更為明確的政經訴求。如今，「自決」、「獨立」已成為他們反國民黨的最重要的訴求和主張，同時也是民進黨同國民黨抗爭並以此吸引民眾、壯大聲勢的一種主要策略手段。

總而言之，隨著島內外局勢的演變，「戡亂時期」終止後，民進黨的臺獨取向將會變得更加激烈。當然，這並不意味著臺灣民眾要求獨立的意願增強，而是上述諸種主客觀因素交互作用的結果。「自決」、「獨立」的鼓噪不可能扭轉兩岸走向統一的總趨勢，只能使民進黨自身陷入深深的泥潭。

在「大陸政策」方面將舉棋不定

民進黨在「自決」、「獨立」的問題上步步升級，口號越喊越響，但是包括「新潮流系」在內的所有民進黨人都很清楚，解決臺灣前途問題，無論是「統」是「獨」，不和大陸接觸是不可能的，然而正是由於民進黨內日益激烈的臺獨主張，使其大陸政策的決策陷於異常矛盾的境地。儘管他們一再聲稱要在「自決」、「獨立」的前提下與大陸「友好往來」，但至今不但拿不出一套相應明確、系統和穩定的大陸政策，就連組團訪問大陸都無法形成黨內「共識」，一再宣告流產。「戡亂時期」終止後，兩岸關係面臨重新定位，這給民進黨「自決」、「獨立」幻想帶來了新的希望。然而明擺著的是，在「自決」、「獨立」的前提下，只能惡化兩岸關係而不會有別的結果。儘管民進黨一再聲稱其大陸政策的原則是所謂「和平、平等、共存、互惠」，但究竟如何落實，就連民進黨頭面人物自己也說不清楚。

隨著兩岸交往的日益密切，國民黨當局不斷地調整政策，以因應局勢的發展變化，使其大陸政策日臻成熟完備。反觀民進黨，卻不識時務，因循守舊，不思進取，使自己在兩岸關係問題上越來越被動。參與、影響兩岸的交流，實際上是參與、影響臺灣未來前途的決策，民進黨人雖然完全懂得這一點，但「自決」、「獨立」的訴求，使他們作繭自縛，使自己在兩岸交流與對話中，擺在一個十分尷尬的地位。

對於民進黨來說，臺灣前途問題的參與權，當然不能輕易交給國民黨。所以他們一方面反對統一進度，另一方面又急欲尋求與大陸對話的渠道。去年四月，張俊宏赴港與新華社香港分社接觸，商討民進黨組團訪問大陸事宜，不料返臺後即遭「新潮流系」的群起圍攻，指責他「無聊」、向北京「晉見朝貢」。張俊宏在黨內反對意見的壓力下，為免作「臺奸」而只好作罷。「國是會議」結束後，黃信介再次準備率團訪問大陸，卻又因中沙建交，民進黨為表「抗議」姿態而主動取消。及至九月，李登輝籌建「國統會」，並將三位副主委的席位之一留給黃信介。黃信介本已應允，但在黨內的壓力下又提出：「國統會」必須更名為「和平民主統一委員會」；增加五名民進黨籍委員；保證實施「國是會議」所獲之共識（走臺獨路線）等三條件。國民黨不以置理，毫不客氣地乾脆取消了黃信介的名額，代之以高玉樹，並另外延攬康寧祥加入。九月十七日，「新潮流系」的頭面人物邱義仁又提出大陸政策三原則：「平等原則、抵抗原則、人道原則」，比民進黨以前提出的「和平、平等、共存、互惠」的政策反而後退。總之，在「自決」、「獨立」路線的困擾下，民進黨一方面急欲爭取兩岸關係的參與權，卻又常常自動放棄這種參與權，而完全割捨心又有所不甘，於是左顧右盼、搖擺不定，使其大陸政策始終無法理順。「戡亂」時期結束後，困擾民進黨大陸政策的因素不但沒有絲毫減弱，相反將愈加突出，在這一關鍵問題上，民進黨何去何從，將面臨新的嚴峻考驗。

影響民進黨大陸政策的另一重要因素，是民進黨的主要階級基礎臺灣中小企業主的態度。在國民黨開放兩岸交流之前，民進黨為反對國民黨的獨裁專制，曾竭力主張緩和兩岸關係，發展兩岸經貿往來，然而事態的演變卻使他們發現，海峽兩岸日益密切的經貿關係正在吞食著臺獨的根基，於是轉而採取保守態度。如今臺灣中小企業同大陸的經濟關係已密不可分，這給民進黨制定大陸政策進一步增加了難度：繼續採取保守政策，不符合中小企業主的利益，勢必會逐漸失去他們的支持；而轉採積極政策，又有違其「自決」、「獨立」宗旨和反國民黨的性格。這種左右為難的心態，也將使民進黨的大陸政策在相當長的一段時間裡處於一種舉棋不定的狀態。

民進黨內部的派系之爭，是造成該黨大陸政策混淆不清的又一重要原因。儘管在去年民進黨四屆二全會議上，「美麗島」和「新潮流」表現出聯手的趨勢，但黨內派系的爭權奪利遠未消除。「統」、「獨」問題、大陸政策在很大程度上成為兩派爭權的籌碼。「美麗島系」較為積極的大陸政策構想遭到「新潮流系」的攻擊。為保住領導權，「美麗島系」不得不做出讓步，從而造成民進黨很難提得出較為積極務實的大陸政策出來。從民進黨目前的發展趨勢看，黨內兩派將長期共存又互相齟齬，大陸政策仍將是兩派的主要分歧和矛盾焦點之一。

總體來看，民進黨的大陸政策正面臨抉擇。今年初許信良以「私人身分」訪問大陸，民進黨的縣市黨部主委訪問團亦曾訪問大陸，說明民進黨已意識到大陸政策已經到了非正視和調整不可的時候了。這正如臺灣報紙評論的那樣：形勢的發展，「使大陸政策與兩岸事務成為政治上的重量級焦點，也是民眾極為關心之所在」，「由於民進黨黨綱主張臺灣前途由全體住民自決，加上黨內臺獨聲浪於最近更趨高漲，更使民進黨在大陸政策上處處受牽制，不但落在政經形勢發展之後，更陷於落在國民黨之後追著跑的困境」。許信良認為，民進黨「只有主動出擊，掌握機先，才能符合臺灣人民的利益與要求，也才有執政的可能」。因此許信良才會在民進黨尚受制於黨內對大陸政策的反對意見時，率先以主流派重量級人物的身分進入大陸訪問。許信良返臺後表示，「應該撇開政治問題，一意發展雙方互惠的經濟」，「最主要的當務之急是解決三通問題」。但能否解決前述三種矛盾，是民進黨大陸政策能否轉趨積極、明朗的關鍵。從目前情況來看，至少在「戡亂」時期終止後到「憲政改革」完成前的這段時間裡，民進黨的大陸政策仍將繼續處於搖擺不定的含混狀態。在此期間，許信良辦公室在兩派之間的作用，究竟能在多大程度上對民進黨的大陸政策產生影響力，人們正在拭目以待。

走上「執政之路」前途渺茫

儘管民進黨在一九八九年底的三項「公職」選舉中頗有斬獲；儘管對於今年底「國會」改選黃信介信誓旦旦要拿「五成席次」；儘管「憲政改革」給民進黨的執政理想帶來了很大的機會和希望，但從目前民進黨的狀態來看，在可預見的將來，其「走上執政之路」前途渺茫。這是因為：

（一）缺乏成熟、完整、系統和確實可行的政經綱領，使民進黨難以掌握憲改主導權。

一九八六年，民進黨衝破「黨禁」，撕開了臺灣的政治鐵幕。它的成立與發展，迫使國民黨加速走上改革之路。在四年多的拚搏中，民進黨確曾使國民黨常常處在十分狼狽、被動應付的局面。然而在政治轉型的過程中，國民黨不斷地調整策略，逐漸地從被動地位中擺脫出來並控制住了轉型的主導權。反觀民進黨，卻在勝利面前沾沾自喜、沖昏頭腦，加之種種因素的制約，始終提不出更成熟、可行的政經綱領和更高層次的訴求目標，從而逐漸變主動為被動。從目前民進黨的抗爭活動看，僅停留在和國民黨在憲改時間表上討價還價的低層次。具有豐富政治鬥爭經驗的國民黨十分狡猾，它一方面假意向民進黨做出「協調」的種種姿態，另一方面卻不動聲色按部就班地實施著自己的既定計劃，民進黨則只好在抗爭無效後被迫服從國民黨的種種安排。

（二）激烈的臺獨主張使民進黨難以發展組織、爭取更多的支持。

儘管民進黨鼓吹臺獨，把臺灣政壇搞得「雞飛狗跳」、沸沸揚揚，但民意測驗的結果卻一再顯示，民眾對臺獨的支持率一般只在10%以下，從未高過15%。隨著海峽兩岸關係的日益緊密，臺灣民眾對所謂「自決」、「獨立」的主張已愈來愈不感興趣。民進黨的政治活動空間和它對民眾的號召力正日趨縮小和減弱。如果黃信介的「五成席次」是寄託於「自決」、「獨立」活動的聲勢，試圖重溫1989年底三項「公職」選舉時的舊夢，幾乎可以肯定民進黨要遭到失敗。最近就連遠在美國的一位臺獨理論家也指出：「民進黨當前的急務，在於如何爭取民心，推展臺灣的民主政治，並要設法加入國民黨主導大陸事務的團體，以爭取對大陸事務的發言權，這樣才能使民進黨對臺灣的未來發揮影響力，而中共也不可能完全忽視民進黨的本土力量與地位，不料民進黨不此之圖，卻天天在『臺獨！臺獨！』的虛幻之境夢遊而完全與現實脫節，所以搞了三四年，仍停留在只有幾千黨員的階段而無法發展了。」民進黨的頭面人物正應了中國的一句俗話：「身在廬山，不識廬山真面目」！

（三）參政素質的低劣，極大地損害了民進黨的形象，削弱了該黨對民眾的號召力。

民進黨曾以敢打敢拚的反抗精神博得了臺灣民眾的喝彩與支持。但政治家畢竟要講「風度」，過強的「作秀」欲使民進黨的幹將乃至領袖人物，一再不分地點、不分場合、不講分寸，動輒拳腳施為、惡語傷人、撒野逞兇，使人們逐漸對民進黨的參政能力產生很大疑問。特別是在立法院的辯論中，民進黨人士不問議案內容如何，只要是國民黨方面提出的，便無休止地「抵制」，一味地「抗爭」，不惜故意製造「肢體衝突」甚至「流血事件」，使立法院成為兩黨打群架的場所。這種惡劣形像已經在臺灣民眾中產生了很壞的影響，引起島內輿論的普遍不滿和反感，甚至被國際社會傳為笑談。如立法院八六會期所發生的一連串打鬥鬧劇，便被國際新聞界評為一九九〇年的「世界十大笑料」之一，日本廣播協會（NHK）則稱之為「世界獨一無二的笑柄」。然而民進黨似乎至今仍「我行我素」，不知反省，這對民進黨在未來選舉中的獲票率勢必產生相當大的副作用。

（四）人才資源缺乏，使民進黨難以掌握「國家機器」。

民進黨現有的人才資源，相距執政所需甚遠。按正常的「政黨政治」慣例，民進黨目前恐怕連「影子內閣」都難以組織起來，更何況民進黨人大都沒有行政管理經驗，即便通過「總統直選」奪取了總統寶座，能否順利組閣？能否在「議會」的制約下有效行政？頗令人懷疑。從民進黨籍縣、市長一年來的情況看，大都政績平平，處理不好同議會之間的關係，或表現出過強的獨斷色彩，或因行政經驗欠缺而不能有條不紊地處理政務，總體輿論評價是「缺乏行政管理能力」。管理地方尚且如此，更遑論職掌如此複雜紛繁的全臺政局了。

財力不足，難以贏得競選

臺灣雖然鼓吹實行「民主政治」，但實際情況是典型的「金錢政治」，沒有充足的資金為後盾，「競選」免談！去年5月黃信介就曾因經費問題而萌生退意，一年來雖奔走海外，四處乞援，但民進黨的支持者除海外臺獨人士外，島內主要是中小企業主。以此和財力雄厚的國民黨競爭，僅「買票」一項，民進黨就將輸掉不少，更何況競選中搞文宣、造輿論，哪一項不得大把大把花錢？因此，民進黨與國民黨之爭，在財力方面也相當懸殊，不成比例，難占上風。

基於上述五個方面的主客觀因素，在可以預見的將來，民進黨欲「走上執政之路」，十分渺茫。

九十年代是解決中國統一問題的關鍵十年，港、澳回歸中國大陸懷抱後，勢必對臺灣政局產生重大影響，海峽兩岸的發展變化，不僅對目前在臺灣島內執政的國民黨是個考驗，同時對於曾經在臺灣政壇上發揮過積極作用的主要在野黨民進黨來說，也是一個嚴峻的考驗。民進黨如欲在中國統一的偉大變局中發揮作用，有所作為，唯一的出路，只能是大幅度調整它的一系列缺乏遠見的、不合時宜的路線、政策和策略。

（「全國臺研會」學術研討會論文，《海峽評論》上發表，與何磊合撰）

從「國統綱領」看臺灣大陸政策的實質

從表面上看，《國家統一綱領》的確包涵一些值得歡迎和肯定的積極因素，例如：

1.明確宣示「大陸與臺灣均是中國的領上，促進國家的統一，應是中國人共同的責任」；中國的統一，「是海內外中國人共同的願望」；並表示要與大陸「共同重建一個統一的中國」。

2.具體地設計了推動國家和平統一的進度，即分為：「交流互惠」（近程）→「互信合作」（中程）→「協商統一」（遠程）三個階段，以及各個階段應當實施的具體內容和構想。

3.主張「以交流促進瞭解，以互惠化解敵意」；「逐步放寬各項限制，擴大兩岸民間交流，以促進雙方社會繁榮」；「兩岸應摒除敵對狀態，並在一個中國的原則下，以和平方式解決一切爭端」；「開放兩岸直接通郵、通航、通商」；「推動兩岸高層人士互訪，以創造協商統一的有利條件」等等。

臺灣的上述宣示和主張，客觀上反映了海內外同胞要求中國和平統一的強烈願望，在一定程度上將有助於抑制島內外臺獨勢力的發展和蔓延，對於島內的統派勢力來說，也有一定的鼓舞作用，同時為今後海峽兩岸敵對關係的進一步緩和以及各項交流的進一步開展，也將創造較為寬鬆的氣氛和條件。

然而，問題在於：「國統綱領」所內涵的大陸政策的實質究竟是什麼？它是否真的表明臺灣決心今後要「尊重海內外中國人的共同願望」，誠心誠意地搞「統一」了呢？只要我們對「綱領」的內容及其內在的邏輯結構稍作深一層的剖析，再聯繫近年來特別是「綱領」公布以來臺灣的一系列言論及其所實施的各項具體政策、措施，不能不指出，「綱領」中有不少具體主張與它所宣示的「一個中國」的原則立場是互相抵觸的，其核心實質上仍然是堅持和推行「一國兩府」的理念，其長遠目標仍是「三民主義統一中國」。因此，筆者認為，與其說臺灣的「國家統一綱領」具有「兩重性」，倒不如說它更具有明顯的「虛偽性」、「迷惑性」、「空想性」和「危險性」。

首先，既然「綱領」承認中國的統一「是海內外中國人共同的願望」，「促進國家的統一，應是中國人共同的責任」，那麼促進統一的當務之急是什麼？海內外有識之士認為：一是盡快開放兩岸的直接「三通」和雙向交流；二是盡早實現兩岸高層人士的直接接觸談判。為此，大陸方面一再向臺灣發出呼籲，表示出極大的誠意。可是在「國統綱領」中，這兩項並不難做到的「當務之急」，卻被很不適當地限定在遙不可及的「中程階段」上。

這種規定用意何在？臺灣的高層人士直言不諱地說：「我們的近程階段有若干項目中共你做不做嘛！如果你不做，那我為什麼要答應你直接三通？」「兩岸要開放直接『三通』，須通過互惠中不否定對方為政治實體，在大陸經濟改革、政治民主、摒棄對我敵對狀態、在國際間相互尊重等，才能進入中程互信合作階段，並開放直接通郵、通航、通商。」「我們和中共為什麼不能政治接觸？是我們不願意被貶為地方政府，而去跟他接觸談判。」顯然，臺灣故意拖延「三通」與談判，是把它們當作政治交易討價還價的籌碼，用以誘迫大陸方面承諾一系列明知不可能接受的苛刻條件。

臺灣口口聲聲要「首重臺灣二千萬人民的權益與福祉」，那麼臺灣的「民意」究竟如何？據臺灣報紙報導：民意調查顯示，臺灣民眾對「兩岸官方接觸，透露出高度的期待」，「超出五成的受訪者同意『黨對黨』對談」，「更有高達七成二的受訪者相當贊成『臺灣高層人士』赴大陸訪問，以瞭解大陸實情」，另外，對於「開放兩岸直接通商的意願也頗為強烈，高達六成七的受訪者贊成臺海兩岸直接通商，反對者僅占一成七左右」。對此，臺灣另一家報紙評論說：「但是政府卻仍在拒絕直接『三通』與談判……它顯示了政府與民間對於大陸政策的制定，以及如何推展兩岸交流缺乏足夠的交流與共識。」再說「權益與福祉」，僅舉一例足以說明問題。自1957年11月開放探親以來，臺灣來大陸者已超過200

萬人次，而大陸赴臺灣者僅有1.5萬人次，就直航的需要而言，「臺灣同胞遠甚於大陸同胞」，從臺北——福州，若直航往返僅需30分鐘，機票約1700元新臺幣，而今繞道香港，至少要花半天、一天時間，往返機票約1.8萬元。加上在香港停留的額外花銷以及往返多耗的時間折換成金錢。據臺灣報紙估算，「3年來，臺灣同胞因為轉機而增加的支出超過1500億元新臺幣」。至於轉機過程中的諸多不便和勞頓，則更不必說了。可是臺灣對於來自島內外強烈要求開放直接「三通」與談判的呼聲充耳不聞，不久前臺灣「行政院副院長」、前「陸委會主委」施啟揚斬釘截鐵地說：「我們的立場非常確定，沒有進入中程階段，絕不考慮直接『三通』。」致使目前海峽兩岸的「三通」和接觸交流僅停留在間接、單向、民間的低層次、低程度之上。這不僅嚴重地損害了海峽兩岸人民特別是臺灣人民的「權益」與「福祉」，同時也極大地阻礙了中國和平統一的進度。

其二，「綱領」中雖然沒有明確提出諸如「一國兩府」、「一國兩區」或「一國兩席」、「雙重承認」這一類有悖於「一個中國」的概念，但實際上卻變相地堅持了這些概念。

十分引人注目的是，在這篇不足千字的「綱領」中，有三處強調海峽兩岸的所謂「對等」地位，並提出海峽兩岸「不否認對方為政治實體」，「在國際間相互尊重、互不排斥」，「協力互助，參加國際組織與活動」等等。

何謂「對等」？如果說「對等」是指國共兩黨，當然沒有任何異議。為了照顧到臺灣要求「對等」的立場，而又不致損害國家民族的根本利益，中共方面才誠心誠意地提出了關於國共兩黨對等談判的主張。但是「綱領」中所說的「對等」，卻是臺灣高層人士近年來所一再提出的海峽兩岸「政府與政府」之間的所謂「對等」。什麼是政府？政府是政權的象徵和代表，它們管轄統治的是領土和人民。國民黨在大陸的統治已於1949年被人民革命所推翻，其法統早已不復存在。按照國際法準則，一個國家只能有一個主權政府作為它的合法代表，不能設想在國際上有兩個或兩個以上的「對等」政府同時代表一個國家。國土可能暫時分裂，但主權絕不允許分割，這是事關國家民族根本利益的大是大非問題，沒有絲毫討價還價的餘地。中華人民共和國是聯合國的5個常任理事國之一，世界上的絕大多數國家都承認它為代表中國的唯一合法政府，臺灣只是中國的一部分。「國統綱領」一再強調兩岸政府之間的所謂「對等」地位，豈不是和「綱領」所宣示的「一個中國」的立場自相矛盾了嗎？就連臺灣的立法院長梁肅戎都說：「如以政府對政府談判，無異於宣布臺灣獨立。」

再說所謂「不否認對方為政治實體」，這與上述「對等」的概念實際上是一脈相承的，何謂「政治實體」？臺灣的高層人士最近一再強調：「政治實體，在概念上應該是一個地區行使主權的國家」、「中華民國是一個獨立主權國家」、「中華民國的主權及於大陸」，並說「我們不願意被貶為地方政府而去跟它（指大陸）接觸談判」。可見，「國統綱領」中所說的「不否認對方為政治實體」，其實就是「不否認對方為主權國家」或「不否認對方為中央政府」的另一種說法。其實質仍然是搞「兩個中國」或「一中一臺」。

臺灣是這樣想的，這樣說的，也是這樣做的。最近，臺灣的立法院不是通過議案，要求行政院在「適當時機申請重新加入聯合國」嗎？行政院的新聞局不是以所謂「國家」的名義，在美國《紐約時報》等刊物上公然刊登宣傳臺灣「務實外交」的政治廣告嗎？該廣告赫然宣稱：「臺北願意接受暫時性的雙重承認。」臺灣報紙揭露說，支持刊登該廣告的不是別人，「就是我們的李登輝先生」，並評論道：「雖然在表面上，我們的執政黨當局反對臺獨分子的過度活動，但是，我們從很多執政黨高層本身的言論就可以看出他們嘴上講的一套，並不一定就是他們真正的意圖，尤其是李登輝先生，他在急欲主導的外交政策上和中共的關係上，甚至在內政的運作上，都無一不表露出希望以一中一臺苟安下去的心態。他所表達的統一意願，並不是積極而真切的，但是他所表達的『獨臺』意識卻是鮮明而強烈。」

其三，從表面上看，「國統綱領」並沒有公開要求大陸放棄「一國兩制」和「四個堅持」，也沒有露骨地向人們推銷所謂「臺灣經驗」和「三民主義統一中國」，更沒有揚言對大陸進行「政治反攻」、「經濟反攻」和「文化反攻」等等，而是正面提出所謂海峽兩岸應「建立民主、自由、均富的共識」，「大陸地區應積極推動經濟改革、逐步開放輿論、實行民主法治」，「秉持政治民主、經濟自由、社會公平及軍隊國家化的原則、共商統一大業，研訂憲政體制，以建立民主、自由、均富的中國。」似乎較為理性和務實，但其實質內涵則是完全相同的。

臺灣「行政院研考會主任委員」、前「陸委會」發言人馬英九毫不掩飾地說：「中共一定要改變他們的作法與制度，兩岸關係才能朝對等、互惠、和平、理性的方向發展，促進國家在自由、民主、均富的原則下統一。」李登輝則強調說：「將來有一天國家會統一，最重要的就是我們要把三民主義的臺灣經驗送往大陸，讓兩岸統一於一個民主、自由、均富的中國之下，」並說，我「不相信中共能不改變！」説來説去，所謂「建立民主、自由、均富的共識」就是要大陸放棄「四個堅持」，要求大陸「積極推動」政經改革，原來就是要用「臺灣經驗」「和平轉變大陸」，實現其「三民主義統一中國」的最終目標，按照「臺灣模式」來統一中國。這正如臺灣《聯合報》社論指出的那樣：「『國家統一綱領』的大戰略構想，乃是建立在一個基本的預設之上，即預設中共終究要放棄『四個堅持』。」《世界論壇報》的署名文章也認為，「綱領」中的一些條文，意思都等於「要求中共放棄『四個堅持』。」對於這種「預設」和「要求」，《世界論壇報》的文章評論説：臺灣「太本位主義，太一廂情願，完全一副『君臨天下』的架勢」，臺當局「究竟握有什麼樣的籌碼，敢如此君臨天下」。

臺灣的上述構想的確是太脱離實際。在社會主義制度下已經生活了40多年的大陸人民要走的是具有中國特色的社會主義道路。因此，從這一角度來說，臺灣的「國統綱領」又具有明顯的「空想性」。「國統綱領」的空想性根源於臺灣某些人士的「自大症」（即所謂「君臨天下」者）。他們總以為臺灣比大陸有錢，有錢就能使大陸人民會向他們靠攏。這種想法未免太天真，説明他們太不瞭解大陸，太不瞭解共產黨教導下的大陸人民！臺灣著名學者李敖曾在美國《僑報》上發表過一篇文章，題為《臺灣的夜郎症》。文中列舉了大量事實，嘲笑一些國民黨人士：「在失國以後，猶能在臺灣表演『臺灣自大症』」，並說：「古代夜郎的自大，在於交通不便，因而不知別人之大和自己之小，現代夜郎的自大，卻是狂妄無知，抹殺別人之大和膨脹自己之小。世之比夜郎還夜郎者，吾於臺灣見之。」這段文字或許尖酸刻薄了些，確也一語道破了臺灣某些人士目前的心態。他們成天盤算著如何向大陸推銷「臺灣經驗」，幻想著「和平轉變大陸」，達到「巴蛇吞象」的目的，其癥結正在於此。

不過李登輝也知道，要中共放棄「四個堅持」並不簡單，「和平轉變大陸」也非易事。那麼怎麼辦？他說：「本人認為，現在最重要的問題就是要等，要忍耐，等到（中共）有善意回應……（我）還有5年總統的期間可以等他。我們下任誰來做總統不知道，可能還會繼續等。10年、20年都可以等。我認為很重要的就是等。」短短的一段話，一連用了6個「等」字。「等」者，「拖」也，李登輝說：「時間站在我們這一邊」，我「不相信中共能不改變。」也就是說，要「以拖待變」。當然，這種「拖」不是消極被動的，而是積極進取的，即「國統綱領」中提出的「逐步放寬各項限制，擴大兩岸民間交流」。交流的目的，「最重要的就是我們要把三民主義的臺灣經驗送往大陸，讓兩岸統一於一個民主、自由、均富的中國之下」。這便是李登輝目前的心態，也是臺灣「國家統一綱領」所內涵的「大陸政策」的實質之所在。

（臺灣研究集刊）

論民進黨的質變——過程、原因及其影響

一九九一年以來，特別是臺灣宣布終止「戡亂時期」之後，島內的臺獨聲浪急劇升溫，大有愈演愈烈之勢。僅八月下旬以來的一、兩個月內，臺獨人士召集所謂「人民制憲會議」，通過明列「臺灣共和國」國名的「臺灣憲法草案」；九月七日至八日，連續兩天組織上萬人參加的所謂「公民投票進入聯合國」大遊行；九月中旬，又派出所謂「臺灣加入聯合國宣達團」到美國大肆活動……其活動頻率之密集、言論行動之激烈，實屬前所未有。民進黨在這股臺獨浪潮中，一改以往相對「溫和」的姿態，充當了主要的推動者和組織者的角色。更有甚者，民進黨繼追認「臺灣憲法草案」之後，又於九月二十八日發表聲明，宣稱「民進黨就是臺獨黨」，緊接著又在十月十三日該黨「五全」大會上決議將「臺灣共和國」條款納入黨綱。民進黨這一連串異乎尋常的運作和宣示，意味著該黨的政治方向已發生了根本性的轉變，即從原來以反對國民黨的專制獨裁統治、追求政治民主為現階段的主要訴求目標，轉而著手具體推動落實建立「臺灣共和國」的虛幻構想。事實說明：民進黨已變質！

那麼，民進黨的質變是如何完成的？原因何在？它對該黨、對臺灣政壇今後的走向及對海峽兩岸關係的發展將會產生什麼影響？本文擬對上述問題作一粗淺探討。

一、民進黨質變的「四步曲」

任何事物的質變都不是一朝一夕完成的。回顧民進黨建黨五年來的全部歷史，不難看到，該黨的質變同樣有一個漸進發展的過程。大體上說，它經過了「住民自決論」→「有條件主張臺獨論」→「事實主權獨立論」→「臺灣共和國」這四個層層遞進、不斷明朗深化的四步曲；而這一漸進過程每一階段的完

成，均與民進黨的選舉造勢活動、與島內外政局的演變發展有著密切的關聯；其具體表現形式，則是通過民進黨內部的兩大主要派系——「美麗島系」與「新潮流系」之間不斷的內鬥而又相互妥協、相互適應並最終實現某種程度的合流。與此同時，民進黨在其政治運作過程中，逐步排斥、自然淘汰了它內部的少數「統派」同盟者，一步步提高了該黨在臺灣前途問題理念、訴求以及政策策略上的同質性（或曰「純潔度」），從而最終實現了自身的質變。

以下是民進黨質變「四步曲」的大致輪廓：

（一）「住民自決論」階段：眾所周知，島內的臺獨思潮早於五十年代初即已暗流湧動，時有冒頭，但在國民黨戒嚴體制的嚴厲打壓之下，這股思潮無法在島內立足，少數主張臺獨的頭面人物只好亡命海外，在國際反華勢力的支持下勉強生存；而潛伏在島內的臺獨人士則改頭換面、韜光養晦、等待時機。進入八十年代以後，隨著國民黨當局「政治革新」的開展，島內政治活動空間稍有寬鬆，於是獨派人士開始活躍，藉口「政治民主」、「言論自由」，公開喊出「自決」的口號。一九八三年黨外反對派競選公職，謝長廷等人首次把「自決」列入共同政見參與競選。自此之後，「自決」訴求開始與選舉相結合，成為獨派人士為競選造勢、爭取選票的一種手段，而臺獨思潮也因之逐步擴散。

一九八六年九月二十八日，民進黨宣布成立。當時參與建黨工作的大多數黨員，是為因應當年年底立委和「國代」選舉而籌組的「黨外選舉後援會」的反對派人士。他們之所以選擇那個時候建黨，在很大程度上也是為競選造勢。由於新成立的民進黨幾乎囊括了黨外所有反國民黨的在野勢力，而這些人雖然在反對國民黨專制獨裁統治方面政見一致，但在有關臺灣前途這一重大問題上的理念、訴求或策略思想上頗有歧異。其中既有「急進」獨派，也有「溫和」獨派，甚至還有一小部分「統派」人士。因此為避免矛盾分歧，在制定黨綱黨章時便有意迴避了急進臺獨主張，而改採「住民自決」這種較為溫和、含混的提法作為替代，甚至「為了避免中國與臺灣的糾結」，連黨名也刻意迴避使用「臺灣」二字而直呼「民主進步黨」。然而，將「住民自決」訴求公開列入黨綱，其本身就足以說明，民進黨從它成立開始，即已顯露出該黨存在著濃厚的「分離意識」和臺獨傾向，而這種「意識」和「傾向」，正是日後民進黨逐步質變的土壤和基礎。

（二）「有條件主張臺獨論」階段：「住民自決論」儘管一直保留在民進黨的黨綱中，但事實上它僅維持了大約一年半左右的時間，即被一九八八年四月召開的該黨臨時全代會上通過的「有條件主張臺獨論」所取代。一九八七年十月，蔡有全、許曹德因在當年八月成立的「臺灣政治受難者聯誼會」上公開主張將「臺灣應該獨立」的條款列入該會章程而被臺灣拘押，隨即臺灣以「涉嫌臺獨叛亂罪」提起公訴。這是「解嚴」後臺灣「高等法院」審理的第一樁「臺獨叛亂」案，同時也使民進黨內部首次受到臺獨主張的試煉。當時，黨內的急進獨派「新潮流」鼓動民眾走上街頭，高喊「臺獨萬歲」等口號，並要求在黨綱中增列「人民有主張臺灣獨立自由」的條款，聲援蔡、許倆人，從而引發了島內政治、社會層面的軒然大波。一時間，不僅使朝野對峙情勢陡然升高，同時也引起了民進黨內「美麗島系」與「新潮流系」兩大派系之間因路線分歧而發生空前激烈的爭吵。以前立委費希平為首的黨內「統派」人士更為不滿，竟以退黨相威脅，幾乎使剛剛成立一年的民進黨發生分裂。後經民進黨內高層人士的多方協商、溝通，才將該提案提交一九八八年四月召開的臨時全代會上予以討論，並由泛「美麗島系」的陳水扁出面，提出「四個如果」作為附帶條件，勉強通過該提案，作為單獨的「決議」而不列入黨綱。此即曾經轟動一時的所謂「四一七決議文」，也即「有條件主張臺獨論」的正式出籠。「四一七決議文」的通過，說明民進黨的臺獨傾向已較前更趨明朗。

（三）「事實主權獨立論」階段：一九八九年底的「三項公職選舉」是「解嚴」後的第一次大選，朝野雙方從當年初即開始竭盡全力為競選造勢。以民進黨內的「新潮流系」為主組成的「新國家連線」，公然以「新國家、新憲法、新國會」為訴求積極造勢，而海外臺獨人士如郭倍宏等人則紛紛闖關返臺，公開現身，為島內臺獨勢力吶喊助威。一時間，臺獨聲浪驟然升高。而臺灣卻一味寬縱放任，反制乏力。選舉結果，民進黨取得突破性進展，得票率由上屆的百分之二十上升到百分之三十；縣市長席位由原來的一席猛增到六席；在「增額立委」方面，由上屆的十二席增加到二十一席。其中有不少「新國家連線」的急進臺獨人士以高票當選，進入臺灣政壇。這種選舉結果實出「美麗島系」人士的意料之外，更給島內外的臺獨人士以極大的鼓舞。由此，急進獨派「新潮流系」在民進黨內的地位和影響力大為提升，活動愈加積極。此後人們看到，在臺灣政壇上溫和派臺獨「美麗島系」往往充當「白臉獨派」的角色，而「紅臉獨派」則由「新潮流系」來扮演。兩派表面上存在分歧，勢如水火，互相抨擊，實則相互配合，共同與執政的國民黨相周旋。及至一九九〇年十月間召開的四全二次大會上，兩派聯手，通過臺灣「事實主權不及於中國大陸和外蒙古」的決議案，也即所謂「事實主權獨立文」（又稱「一〇・〇七決議文」）。十一月十四日，民進黨又成立所謂「臺灣主權獨立運動委員會」，以具體落實推動「事實主權獨立文」的政治主張。顯然，民進黨在「新潮流」的策動下，已向「臺獨黨」的質變方向邁出了一大步。在此期間，民進黨內的「統派」人士對民進黨的臺獨走向日益反感和不滿，費希平、朱高正等人相繼退出民進黨。

（四）「臺灣共和國」階段：今年年底的二屆「國代」選舉，是民進黨在憲改後確定地位的關鍵，成敗與否直接關係到民進黨今後在臺灣政壇上的前途命運。因此從去年「國是會議」結束之後，民進黨與國民黨均緊鑼密鼓地進行謀劃，意欲拚死一搏，奪取憲改的主控權。由於「戡亂」的終止，政治活動空間的進一步開放，加之外部各種因素的刺激，民進黨內的臺獨勢力再度挑起島內的統獨之爭，為年底的競選造勢。而海外「臺獨聯盟」也積極奔走，醞釀返臺，試圖「下山摘桃」，爭得在臺灣政壇上的一席之地。於是乎各種型號的臺獨競相作秀，拚命爭奪臺獨運動的主導權。今年四月「獨臺會事件」後，痛感「民進黨內已沒有不主張臺獨自由」的「黨外長子」林正杰，也不得不戀戀不捨地宣布退出了民進黨。林正杰的退黨是一個明顯的信號，它意味著民進黨事實上已經走上了「臺獨黨」的不歸路。

在黨內外急進臺獨勢力的要挾之下，骨子裡原本就是臺獨的「美麗島」人士當然不甘大權旁落，充當配角。八月下旬，在民進黨集結召開的所謂「人民制憲會議」上，當表決通過明列「臺灣共和國」為國名的「臺灣憲法草案」時，儘管「美麗島」人士如黃信介、張俊宏、許信良等人均舉手反對，但事後卻妄稱「不能無視民意」，很快在民進黨中常會上將臺獨草案「照單全收」，予以「追認」。九月二十八日，又公然以中央黨部的名義發表聲明，聲稱「民進黨就是臺獨黨」；並不顧海內外同胞的強烈抨擊和警告，於十月十三日在該黨五全大會上通過決議，在黨綱中增列「臺灣共和國」條款。至此，經過五年來的一步步演變發展，民進黨最終完成了它質變的「四步曲」。

二、民進黨質變的內外原因

民進黨的質變不是偶然的，而是由深刻、複雜的內外因素所促成。

任何事物的發展變化，根本原因是內因，民進黨蛻變為「臺獨黨」，首先是由於該黨原本就存在著濃厚的「分離意識」和臺獨傾向。眾所周知，資本主義的商品生產帶來了自由、平等的經濟競爭原則，當這種商品經濟發展到一定程度的時候，便會在政治領域中以政黨競爭的方式體現這一原則，相對於封建的專制獨裁統治而言，這是一種歷史的進步。一九八六年九月，黨外人士率先衝破「黨禁」，宣告成立「民主進步黨」，正是反映了臺灣政壇的這種進步趨勢。然而，當人們滿懷希望地注視著這個新興政黨出現在臺灣政壇，並給予充分同情與支持的時候，也不無憂慮地看到，它的政治宣示和政治行為中，帶著強烈的非理性色彩和狹隘的島民意識。如果說在民進黨成立之初，人們對這種因長期高壓之下剛剛掙脫桎梏時所出現的反彈尚能諒解的話，那麼五年後的今天，越來越多的人已對民進黨深感失望。人們痛心地看到，它的活動，它的參與，它的政治取向正在背離它的名稱——「民主進步」。

按照矛盾運動推動事物發展變化的辯證唯物主義觀點來看，我們認為，自始至終存在於民進黨內部的幾組矛盾的相互作用，乃是導致民進黨質變的基本動因。

（一）政治綱領中的相悖取向，使民進黨的政治目標始終不能穩定。

儘管在民進黨成立之前，黨外組黨的活動已醞釀多時，但一九八六年九月民進黨的成立卻並非是經過充分準備、水到渠成，而是帶有很大的倉促性和盲目性的。因而對於黨的綱領、黨的組織、黨的路線、黨的目標等重大問題並未深思熟慮。在這種情況下所制定的黨綱，其考量的準則主要是側重於如何整合各派勢力，求取多方接受。當時參與黨綱草擬工作的邱義仁即指出：「民進黨黨綱是折衷妥協下的產物，不為人人皆滿意，卻是最能被各方所接受者。」正因如此，民進黨的黨綱不可避免地存在著諸多矛盾，其中較為明顯者，即體現在對「民主」與「自決」的訴求上。

追求民主，理應是民進黨最為緊迫和鮮明的取向，而這一取向與「自決」、「獨立」本無必然聯繫。換言之，「自決」與「獨立」並非是民主的必要前提，而民主也決非「自決」與「獨立」的必然結果，臺灣即便「獨立」，仍然可以是不民主的獨裁統治。將「自決」、「獨立」，和「民主進步」相提並論，其本身就是一種矛盾，它使民進黨的政綱從一開始便陷入不倫不類的含混境地。此外，從有關「自決」的內容在民進黨政綱中的位置來看，也顯得似是而非。民進黨的五項綱領：民主自由的法政秩序；成長均衡的經濟財政；公平開放的福利社會；創新進步的教育文化；和平獨立的國防外交。「自決」的內容反映在「和平獨立的國防外交」之中。其實，無論是「自決」還是「獨立」，都不僅僅是「國防」和「外交」問題，更何況民進黨人始終將其視為民主的前提而大肆宣揚。顯然，在制定政綱的過程中，就連民進黨人自己也無法擺平民主與「自決」或「獨立」的關係。民進黨成立後不久，江鵬堅在接受日本記者採訪時曾經談到：「簡單來講，我們提『自決』只是一種手段，經過這樣的手段，來達到我們參與政治的目的。」將手段、策略混入綱領之中，自然使該黨的政治目標模糊不清，從而降低了民進黨所追求的政治目標的層次。

一個政黨的綱領，決定著該黨的性質，反映了這個黨的利益傾向和階級屬性，同時也是指導該黨政治行為的一面旗幟。民進黨綱領中存在的上述矛盾，對於其日後的發展影響至深。從該黨成立五年來對民主和臺獨的追求來看，九十年代以後，民進黨的性質日趨明顯地轉向臺獨。

由於前述民進黨政綱中的矛盾取向降低了該黨對民主的追求層次，使民進黨人對民主的追求又停留在形式和程序方面，不能深入地探尋臺灣政治的深層癥結，於是當淺層的政治訴求得以逐步實現的時候，反而迷失方向、不知所措了。回顧民進黨五年來的發展歷程，不難發現，臺灣的「政治革新」剛剛起步、獨裁專制局面尚未打破之時，民進黨對民主追求的上升趨勢一直高於它對臺獨的追求，而每當其民主訴求實現一項，其臺獨傾向亦隨之加強一分。黨禁、報禁開放後，民進黨即有「四一七決議文」的出現；「國是會議」在憲改等重要政治訴求方面達成結論後，民進黨則有「一〇·〇七事實主權獨立文」的出籠；「國會」全面改選的日程確定，則更出現了將臺獨條款公然納入黨綱的重大事件。總之，隨著臺灣「政治革新」的不斷深化，民進黨逐漸失去了它的民主訴求目標，而綱領中的臺獨訴求卻日益突顯出來，成為民進黨人的主要訴求。當然，民進黨政綱的變化並非一帆風順，相反，由於黨內派系林立、理念和策略思想歧異，使每一次標幟其政綱變化的綱領性文件的通過，都要經歷黨內激烈的爭吵，以至於在文件中均不得不寫明分歧，如「四一七決議文」中即明確寫道：「各地同志雖對是否將之（指『有條件主張臺獨』）列入黨綱，意見分歧……」。並且每一次決議的通過，幾乎都包含著對黨內急進臺獨勢力「新潮流」的妥協，這就更加說明民進黨政綱中的這對矛盾，實際上長期困擾著它，使它始終無法穩定在一個基點上運作。綱領的不穩定，必然導致決策方向和政治目標的不穩定，當這種不穩定性的發展超過一定限度的時候，政黨的性質便會發生根本性的重大變化。因此，民進黨的質變首先可以從該黨的政綱中探究出其深刻的內在原因。

（二）政治聯盟與派系山頭的矛盾，使民進黨的組織運作始終不能穩定。

根據政治學原理，我們知道，政黨組織是政黨在政治生活中發揮其作用的前提條件。政黨通過自己的組織使政黨能在政治生活中作為一支獨立的力量統一行動，影響政治過程。然而嚴格地說起來，在一九八六年「黨外選舉聯盟」的基礎上匆忙建立起來的民進黨，實際上並不是一個具有嚴密組織和統一意志的「政黨」，充其量只能算是一個島內反對勢力的「政治聯盟」。參加這個「政治聯盟」的各派勢力其共同之處在於反對執政的國民黨的獨裁統治，而在政治理念、政治路線和利益取向等重要方面，都存在著嚴重的分歧。因此，從成立開始，民進黨在組織上即面臨著強化整合與派系紛爭的矛盾。江鵬堅在出任首任黨主席後不久曾講道：「在黨存在的基礎上，盡可能的不要有派系。如果再沒有辦法，因為人的本性以及一些歷史問題造成的派系鬥爭始終會發生的話，我們也希望它慢一點出現，不要一年就出現了權力的鬥爭。」但實際上江鵬堅之所以能當上民進黨的首任主席，其本身就是派系互爭的結果。在民進黨成立後的五年之中，派系紛爭始終不曾間斷，先有「康系」與「新潮流」的對立，爾後便是「美麗島系」

同「新潮流系」的爭權，大派系之外還有小派系和中間人物、地方山頭等等。這種派系之爭，使民進黨中央始終不能形成強有力的集中統一的領導，從而統一全黨的意志，有效地進行政治資源的動員。民進黨成立後不久的一九八七年初，該黨中央曾決定以「罷選監委」來抵制國民黨「監委」選舉中所出現的賄選汙染的嚴重問題，但一月十日，民進黨的十三名省、市議員卻無視黨的「罷選」決議，仍出席投票，從而引起黨內關係的緊張。一九八八年十二月，黃信介宣布「費希平將是第一位退職的老立委」，並宣稱民進黨中常會「保證通過費希平提出的三條件，否則我將從十八層樓跳下來」。結果中常會卻一邊倒地否決了費希平的退職三條件，致使費希平憤而宣布「退黨不退職」。這種派系紛雜、理念互異的狀況嚴重影響了民進黨的組織運作。各派系成員的不同訴求所導致的政治行為的不穩定，也嚴重影響著黨的性質的穩定性。不僅如此，民進黨內的派系矛盾還造成黨內各派系之間對決策領導權的激烈爭奪。由於民進黨是在選舉團體的基礎上組建起來的，其主要領導人大都是從選戰中脫穎而出的政治菁英，這些人物的個人「作秀」欲很強，又十分熟悉利用選舉取得權力地位的手腕，因此在爭權的過程中，也將黨外選戰的一套方略引入黨內競爭，極大地淡化了政治理念的色彩，從而使這些派系領袖在很大程度上成為不講原則、不講理念、只顧爭名逐利的政客型人物，始終沒有能產生出一名真正像樣點的政治活動家和全黨眾望所歸的領袖。這些政客型人物為了獲得各派系的支持，穩固自己的地位，往往可以喊出自己並不贊成的口號，講出自己並不信奉的信條。在別的問題上如此，在臺獨問題上也同樣如此。比較而言，「美麗島系」領袖人物的政客色彩較之「新潮流系」領袖更為濃厚，這也正是民進黨逐步被「新潮流」引向惡質化道路的重要原因之一。

此外，從民進黨的組織系統構成來看，五年來一直沒有健全或完善專業化的分工結構，決策、指揮、執行、監督、反饋、研究等系統雖已粗具形式，但實際上並不能有效地控制與運用。至於相對於政權建設方面的專業化分工結構則幾乎沒有建立，這就使得民進黨的政綱和訴求目標難以得到深入的闡釋和具體的貫徹落實，使工業、農業、商業、外交、外貿等方面的政見不能在黨的主張上具體地體現出來。由於民進黨中央很少對這類問題進行專門的深入研究，只能由公職黨員在政務活動中依自己的理念零星地提出，因而既不系統也不可能深刻。這種組織結構上的缺失，極大地影響了該黨功能的發揮，乃至造成民進黨的短視，使它極易迷失方向。儘管民進黨幻想著早日「走上執政之路」，但事實上目前它連一個「影子內閣」也無力建立起來。如果我們再留意一下民進黨籍的幾位縣、市長的作為，他們的政績又體現了多少民進黨政綱中的追求呢？從民意調查的資料來看，實在是令人失望。因此，民進黨在組織結構和運作方式上的嚴重弊端，也是促使該黨走入臺獨歧途的又一重要內因。

（三）「柔性政黨」和「剛性政黨」的矛盾，使民進黨中央對黨的發展方向控制乏力。

每一政黨都需要建立一定的紀律作為對其成員行為的約束，這是政黨在政治生活中活動能力和有效地控制政治過程的一種保證。政黨的政綱確定了政黨的性質、目標和利益取向，而政綱又須通過全體黨員在政治過程中的政治行為表現出來，因此，能否有效地控制和約束黨員的行為，對黨的性質的確定及變化影響很大。民進黨成立後，基本上沿襲了以前黨外重視個人、實力取向的特點，即雖然實行中央主導的原則，但並不刻意強調意識形態或主義，而側重於對現實問題的訴求；不太嚴密的組織，對成員沒有嚴格的要求；將原有黨外的現狀形式化等「柔性政黨」的組織形態。這種組織形態固然省略了許多理論爭辯，也避開了派系分化的問題，在建黨之初造成了有效整合在野勢力的作用，但是由於黨內派系繁複，理念互異，內鬥不斷，嚴重影響了民進黨自身的發展，使其在實際鬥爭中愈來愈感到加強黨紀建設的緊迫性，然而由於種種原因，民進黨始終沒有也不可能解決這一矛盾。建黨初期以公職人員為主的「康系」和以後的「泛美麗島系」均習慣於「柔性」，而以年輕黨工為核心的「新潮流系」則強調「剛性」；在民進黨的組織運作中，「美麗島系」人士明顯地表現出較為軟弱，他們主要是依靠個人的聲望地位造勢；而「新潮流系」則整體性較強，較為注重發揮組織的力量。因此，「新潮流」的人數雖少，但能量卻很大，對民進黨的整體形象、目標、取向產生強有力的影響，使得民進黨內各派勢力不得不時時向其妥協，以委曲求全，避免黨的分裂。民進黨組團訪問大陸數度擱淺，其原因蓋出於此。眾所周知，「新潮流系」是民進黨內的急進獨派，向「新潮流」妥協，實際上就是向急進臺獨勢力讓步。建黨五年來，民進黨就是在這樣的一步步向「新潮流」的不斷妥協退讓中，蛻變演化成了「臺獨黨」。

再者，由於民進黨的黨紀、黨規十分鬆弛，對黨員的約束甚少，因而民進黨黨員的跨黨現象普遍存在，使得其他勢力有充分的空間向民進黨滲透。基督教長老教會、「臺獨聯盟」等急進臺獨勢力，正是依靠這種滲透強烈影響民進黨的政治行為。「臺獨聯盟」向民進黨滲透始於九十年代初，事隔不過兩年的五全大會上，便堂而皇之地進入了民進黨中央，使得在該黨的決策層中，「新潮流」與「獨盟」人物在數量上超過「美麗島系」，「首次出現明顯的權力替換」，控制了黨的主導權。人們稍加留意便不難發現，民進黨的質變正是和急進臺獨勢力的不斷滲透同步進行的。

此外，民進黨中央對地方黨部的控制亦顯得異常乏力。民進黨的地方組織與中央之間的責任關係和國民黨不同。國民黨是靠自上而下地任命地方組織的領導來加強中央對地方的控制力；而民進黨的地方黨部組委則是由自下而上的方式選舉產生。地方山頭勢力本就很強的民進黨，採用這種方式產生地方組織的領導，勢必更加模糊了中央與地方之間的責任關係，加之紀律鬆弛的「柔性」組織路線，使得民進黨的整體政治行為極易脫軌。

總之，黨的綱領、黨的組織、黨的紀律這三個方面所存在的矛盾及其運動，從內部推動著民進黨的性質一步步地演變和轉化。民進黨從成立開始便帶有很強「草根性」，黨員的「本土意識」十分濃厚，雖然存在著溫和的「自決」和急進的「獨立」之間的差別，但在前述三對矛盾的運動當中，這種狹隘的「本土意識」很容易被臺獨意識所同化和要挾，從而將民進黨拉入臺獨的泥潭。而這種內在的動因在外部條件、環境的催化下，更加速了它質變的過程。

那麼，促使民進黨質變的外部因素又主要有哪些呢？

（一）國民黨當局的姑息縱容。

民進黨的質變是伴隨著島內臺獨思潮的泛濫和臺獨勢力的發展而逐步完成的；而臺獨思潮和臺獨勢力的泛濫發展，則是國民黨當局姑息縱容的必然結果。

民進黨成立時，國民黨當局的所謂「政治革新」尚處於醞釀起步階段。其時，「戒嚴」尚未解除，「黨禁」、「報禁」尚未開放，「戡亂」遠未終止，臺灣對臺獨仍實行嚴厲打壓的政策。因此，臺獨活動的空間十分狹小，基本上還處在潛伏狀態，他們未敢輕易造次，公開亮出臺獨旗號。民進黨黨綱中的「住民自決」主張，正是在這種特定歷史背景下的折衷產物。隨著「政治革新」的逐步推進，一九八七年以後，解嚴、開禁，島內的政治環境日漸寬鬆，臺獨活動空間不斷擴展，他們打著「政治民主」、「言論自由」的幌子，開始興風作浪。特別是一九八八年初蔣經國病逝後，國民黨內以李登輝為代表的本土派勢力崛起，上升為主流派，他們從思想感情到政治傾向都與臺獨主張十分接近。因此，在「政治多元化」口號的掩蓋下，一改以往對臺獨嚴厲打壓的政策，開始對臺獨勢力採取寬縱的態度。一九八八年四月民進黨「二大」臨時全會通過「有條件主張臺獨」決議文時，國民黨當局不僅不加譴責，相反還公然稱讚「其務實路線可以肯定」，這給臺獨分子以莫大鼓舞，從此臺獨思潮在島內逐步蔓延泛濫。及至發展到一九八九年，島內外臺獨勢力已公開合流，其活動已從海外走向島內，從隱祕走向公開。圍繞著當年底臺灣舉行的「三項公職選舉」，他們密切配合，積極造勢，掀起了一波波前所未有的臺獨聲浪，而臺灣並未採取任何有力措施予以制止，以致使不少臺獨人士高票當選，進入臺灣政壇。海內外臺獨人士欣喜若狂，彈冠相慶。此後，臺獨勢力日見活躍，活動愈加肆無忌憚。

國民黨當局對臺獨改採寬縱態度不是偶然的，究其原因主要有以下三點：其一，自李登輝主政後，事實上臺灣的內外政策已發生了根本性變化。在對外關係上，公開推行所謂「彈性外交」、「雙重承認」，企圖以此謀求「臺灣的獨立國際人格」、「重返國際社會」，這實際上是製造「兩個中國」或「一中一臺」。在兩岸關係上，則公開提出並堅持實行所謂以「一國兩府」為中心內容的新大陸政策，繼續對抗統一。臺灣推行的這一系列內外政策具有濃厚的「獨臺」傾向，與臺獨主張異曲而同工，難怪民進黨內的臺獨人士評論說：國民黨當局雖然口頭上強調「臺灣前途絕不能獨立於統一的中國之外」，但他們「以正式建交的形式來確定臺灣海峽兩岸為兩個主權的事實」，「突顯臺灣地區的獨立性」，正充分顯示了「臺灣的前途是能夠獨立於統一的中國之外的」。正因如此，臺灣便很自然地喪失了反制臺獨的政策依據和道德依據，只能寬縱臺獨，任其蔓延泛濫。其二，國民黨主流派企圖利用臺獨聲浪的升溫，一方面和大陸打「臺獨牌」，用作拖延對抗統一的籌碼；另一方面又可藉以凝聚團結黨內的非主流派勢力，一箭雙鵰，因而故意寬縱臺獨。其三，臺灣為標榜其「政治民主」、「言論自由」的虛假形象，以迎合西方國家，支持其「拓展外交空間」，「重返國際社會」，於是「投鼠忌器」、顧慮重重，不敢採取有力措施反制臺獨。誠如新加坡《聯合早報》所說：「臺灣的國際處境仍然十分困難，外交活動空間狹小。臺灣若以任何斷然措施對付臺獨活動，都有可能損害其國際形象，令其外交活動空間進一步縮小。」顯然，臺灣對抗統一，推行「獨臺」路線，是臺獨蔓延泛濫的總根源。

去年初李登輝正式當選總統後，一方面變本加厲地推行「獨臺」路線，繼續拖延對抗統一；另一方面對臺獨進一步採取放任政策，不僅以「特赦」名義，釋放了一大批臺獨骨幹，而且公開延請包括彭明敏、蔡同榮在內的一批海內外著名臺獨領袖為「國是會議」的座上賓。於是，在臺灣的姑息縱容和急進臺獨勢力的要挾之下，民進黨內的「美麗島」人士開始撕下「溫和獨派」的面紗。「國是會議」前夕，曾一再宣稱「現在講臺獨還不到時候」、「當務之急是憲政改革」的黃信介、張俊宏等人，在數月之後的民進黨四屆二全會議上卻一反常態，搖身一變，公然與「新潮流」聯手簽署「事實主權獨立文」，爾後又成立所謂「臺灣主權獨立運動委員會」，具體著手推動「臺灣獨立建國運動」，從而把臺獨從「不能說只能做」推向了「既做亦說」的新階段。

今年以來，隨著「憲政改革」進入關鍵性階段，「戡亂」時期的終止、「懲治叛亂條例」的廢除，島內的政治環境進一步寬鬆，臺獨分子更加無所顧忌。加之蘇聯、東歐政局劇變的強刺激，更為因應今年底二屆「國代」選舉和明春即將進行的「修制憲」之爭，民進黨遂孤注一擲，明目張膽地將臺獨條款納入黨綱。

從以上簡單的回顧，我們不難得出結論：國民黨當局為適應其內外政策的需要，姑息縱容臺獨，是促使民進黨質變的一個十分重要的外部因素。正如臺灣勞動黨對民進黨臺獨條款的《緊急聲明》中所指出的：「臺獨是由於國民黨的『獨臺』政策所促成，這一年來『臺獨』『獨臺』互為表裡，朝野在分離中國的作為上互相呼應已是有目共睹，因此此次臺獨案國民黨應負最大責任！」

（二）外國勢力主要是美國反華勢力的煽動、支持。

臺灣問題說到底是中美關係問題。過去三十多年來，美國某些反華勢力始終在不遺餘力地採用各種不同方式扶植支持臺獨活動，不僅充當海外臺獨分子的「保護傘」，還通過各種渠道支持島內一些具有分離傾向的黨外反對勢力向國民黨當局施壓，促使其實行所謂「民主政治」，向他們「開放政權」。一九七一年六月，美國中央情報局在一份報告中曾明確強調：美國的「基本政策就是，首先要推出一個『得到美國充分支持的、逐漸的、循序漸進的臺灣化計劃』，通過『臺灣政權臺灣化』的途徑，建立一個『臺灣人控制的代議制』政府，而臺灣政權『一旦掌握在臺灣人手裡』，美國就可運用它『設法就臺灣的最終法律地位問題與中國對話』，或者是『臺灣人接受在中國範圍內某種形式的自治地位』，或者是『造成一種政治局勢，使中國人同意一個友好的臺灣獨立』」。三十年來，儘管國際風雲變幻，海峽兩岸的關係也已發生了重大變化，但事實證明，美國一直都在「循序漸進」地推行著上述政策，始終未曾動搖。事實上，當初民進黨得以在島內突破國民黨的「黨禁」而建立，如果沒有美國勢力的支持和庇護，那是不可想像的；同樣，還是由於美國的庇護和支持，五年來民進黨才敢於同國民黨大唱對臺戲而安然無恙。臺獨也好，「獨臺」也罷，其實都是美國對臺政策的產物、分裂中國的政治工具。

遠的不必說，只要我們稍稍留意一下近幾年來島內臺獨活動的特點，便會發現，每一次臺獨聲浪的升溫，都和美國的一些政客有著密切的關係。就拿一九八九年臺灣「三項公職選舉」來說，美國某些勢力公開露骨地支持臺獨主張，拚命為民進黨內的臺獨人士競選撐腰打氣。早在當年四月，美國參議院外委會主席佩爾，公然將臺獨分子蔡武雄的一封所謂「臺灣前途由島上住民決定」致布希的公開信列入國會記錄；七月八日，佩爾又在一次研討會上鼓吹：「臺灣終將有一天真正民主、獨立」，並指責「國民黨的強硬派結合軍人仍是潛在的壓制力量」；七月十九日，美參議院通過「和平解決臺灣前途修正案」，有人公然宣稱：「臺灣人民有追求臺灣獨立的政治權利」；八月十八日，美參眾兩院議員佩爾、索拉茲、甘迺迪、李伯曼聯名致函李登輝，要求臺灣為江世益等臺獨分子減刑；選舉前夕，美國官員又公開發表談話勸告臺灣「不應拒絕旅美『臺獨』分子返臺」參加競選；美國眾議院外委會亞太小組主席索拉茲，甚至親自率團飛往臺灣「觀察選情」。在接受記者採訪時他公開鼓吹：「臺灣獨立與否應由臺灣人民決定」，並揚言「若發生兵變，美會派兵援助。」於是，在美國政客的煽動、支持之下，整個一九八九年，臺獨活動十分猖獗，氣焰極其囂張，這是當年底民進黨內不少臺獨人士在「三項公職」競選中以高票當選的重要因素之一。

今年以來，隨著海峽兩岸關係的發展和國際政治格局的演變，為了牽制中國大陸，阻撓中國的和平統一，海灣戰爭結束後，美國朝野某些反華勢力又開始大作臺獨文章。三月八日，臺灣報紙報導説：「一向扮演美國對臺政策試探氣球」的前美國國務院中國科科長費浩偉公開宣稱：「美國將放棄一個中國（的立場），轉而承認海峽兩岸分裂事實的理論。」七月十六日，在美國賓州大學舉辦的一個研討會上，索拉茲致詞時表示：「應支持《舊金山和約》對臺灣主權的規定，亦即臺灣人有自決的權利。」另一與會者哈特爾更鼓吹：「不但支持自決的權利，臺灣人若選擇獨立，也應全力支持。」美國在臺協會理事主席白樂崎則強調：「臺灣的分離身分本來就已經很明顯了……政府將必須以更有責任、更有回應的態度面對全體選民。」而前任美駐華大使李潔明更大放厥詞，攻擊中共領導人的「國家主權觀念已經過時」。九月中旬，民進黨策動組織的所謂「臺灣加入聯合國宣達團」抵美大肆活動，一些美國朝野政客紛紛接見，公開表示「支持臺灣加入聯合國」。美國前司法部長克拉克甚至不遠萬里，親自跑到臺灣參加臺獨大遊行，公開在臺北街頭發表演説，煽動臺獨分子分裂中國……

上述事實説明，臺獨勢力的囂張和民進黨的質變，與美國反華政客的煽動、支持有著直接的關聯。

（三）蘇聯、東歐政局劇變的刺激。

任何違背歷史潮流的政治勢力都是唯心主義者，他們總是錯誤地判斷形勢，過高地估計自己的力量，臺獨人士正是這樣一批唯心主義者。在他們看來，當今的世界潮流不是趨向整合，而是走向新的分裂，東歐政局的劇變、南斯拉夫的民族衝突、特別是蘇聯的解體、波羅的海三國的獨立，極大地刺激了他們的「獨立」幻夢。他們認為，這勢必引發社會主義國家的「骨牌效應」，中國大陸將「自顧不暇」、「自身難保」，公開揚言「目前的局勢對臺灣很有利」，「此刻正是建立『臺灣共和國』的最恰當時機」。陳昭南即說：「如果蘇聯、東歐可以瓦解，則中共版圖內的種族和文化衝突又未嘗不會因為資本主義的侵入所帶動的經濟發展而崩解？」蘇聯八月政變失敗後，民進黨前主席姚嘉文在接受記者專訪時說：「蘇聯的情勢，助長獨立概念」，「建國是世界潮流，是正常發育」，「我對建國運動抱持相當樂觀的態度」。「新潮流」骨幹洪奇昌則聲稱：「堅持統一是昧於國際形勢」，「東歐共產國家經民主浪潮席捲後，紛紛追求獨立，朝民族國家方向發展，可見臺灣應該獨立。」就連以往一再苦勸「新潮流」人士「臺獨現在只能做，不能說」的時任民進黨主席黃信介亦一改往日態度，宣揚「就蘇聯政變失敗的國際局勢發展來看，獨立已是世界潮流」。「918」臺獨大遊行的組織者，甚至公然在報紙上刊登大幅政治廣告，以煽動性的語言說：「蘇聯人民怒吼了！臺灣人民覺醒吧！波海三小國經冗長抗爭終能獨立，並且即將加入聯合國，臺灣人呢？」

可見，東歐和蘇聯的政局劇變，的確是刺激民進黨質變的又一個十分重要的外部因素。

（四）對海峽兩岸關係不斷發展的反彈。

考察民進黨的質變過程，我們還可以發現另一個重要規律和特點，即民進黨臺獨主張的逐步升級，是和海峽岸關係的不斷改善、中國和平統一潮流的向前發展逆向而行的。換句話說，海峽兩岸的關係每向前發展一步，民進黨的臺獨聲浪便升高一格。

人們應還記得，當五年前的一九八六年九月民進黨剛剛成立時，海峽兩岸尚處於緊張對峙、互不往來的僵持狀態。當時民進黨基於其反國民黨專制獨裁統治的性格，曾極力主張緩和兩岸關係，提出「以積極、主動、開放的精神」，「開展學術、文化交流，乃至通商、通郵、通航」的大陸政策。蔣經國去世後，國民黨當局迫於海內外同胞的強大壓力，開始淡化「三不」政策。於是民進黨即通過所謂「四一七決議文」，揚言「如果國共片面和談、如果國民黨出賣臺灣人民之利益、如果中共統一臺灣、如果國民黨不實施真正的民主憲政，則本黨主張臺灣應該獨立」。這「四個如果」的根本要害，就是妄圖堵截「中共統一臺灣」，阻撓和平統一中國的歷史潮流。該決議還宣稱：「臺灣國際主權獨立，不屬於以北京為首都之中華人民共和國。」很明顯，民進黨的大陸政策是企圖把海峽兩岸的交往規範在「國家與國家」之間的所謂「平等」關係之上的。一九八八年以後，隨著國民黨當局新大陸政策的陸續頒布和實施，海峽兩岸的學術、文化、體育、經貿等各方面的交流日益熱絡和緊密，民進黨內的臺獨人士愈來愈感到，這種勢頭再繼續發展下去，將會從各種不同的層面瓦解和吞食臺獨的根基。於是民進黨的大陸政策開始日趨轉向保守，臺獨聲浪也隨之日見升溫。一九九〇年二月，民進黨中常會通過《現階段中國大陸政策》文件，將該黨大陸政策的指導方針修改為：「自決原則，人道精神，平等立場，和平方式」，並公然要求謀取臺灣「主權國家」、「獨立國際人格」地位，主張兩岸當局互相承認，和平共處，這顯然比建黨初期的大陸政策大大後退了一步。同年六月，在「國是會議」前夕，為達到牽制國民黨大陸政策的目的，民進黨又炮製出所謂《民主大憲章》，鼓吹「臺灣與中國大陸應以和平、平等、共存、互惠的原則，相互尊重雙方國民主權與各該轄區內統治權之完整」，聲稱「臺灣大陸政府間，應依國際法及慣例處理一切事務」。及至九月份，李登輝籌建「國統會」，組織起草《國家統一綱領》，儘管明擺著這是李登輝搞的「假統一」把戲，但民進黨還是大為光火，不但拒絕參加「國統會」，還針鋒相對地於十月間在民進黨四屆二全會上，公然通過了鼓吹「中國事實主權不及中國大陸及外蒙古」的所謂「一〇・〇七決議文」，爾後又成立「臺灣主權獨立運動委員會」，和國民黨對抗。張俊宏明確表示，民進黨之所以「在一致的共識下通過有關主權的決議文」，乃是由於國民黨「違反了國是會議的共識」（指「國統會」的成立）。今年三、四月間，當臺灣完成「國統會」、「陸委會」設立的法律程序，正式公布《國家統一綱領》，海基會也開始運作，並組織「赴大陸訪問團」，前往北京與中共商談兩岸交流事宜時，民進黨進一步加強抗爭，聯合海內外臺獨勢力成立「保臺會」，制定「保衛臺灣綱領」，把臺獨聲浪升上了新的高度，並在臺灣宣布終止「戡亂」時期、廢除「懲治叛亂條例」之後，將臺獨條款納入黨綱。

從以上所述，可以看出，民進黨的質變確實不是偶然的，是由其深刻的內因和複雜的外因交相作用，促進而成。

三、民進黨質變的影響

民進黨經過五年來的發展，已蛻變為一個貨真價實的「臺獨黨」。島內第一大反對黨的這種質變，引起了臺灣政壇的軒然大波，儘管年底的二屆「國代」選舉在即，結果如何有待分曉，因此臺灣政壇的變數目前尚未完全明了，然而民進黨的質變，對島內的幾乎各個方面都已經或正在產生著重大而深遠的影響。

（一）對民進黨本身：民進黨的質變，首當其衝受影響最大的其實是民進黨自身。民進黨作此決策，在很大程度上是企圖以此吸引臺灣民眾，贏得今年底的選戰，然而現在看來，卻是事與願違，弄巧成拙。何以言之？

民進黨「五全」大會前夕，許信良等人都錯誤地估計形勢，認為「俄共垮台，對國際社會及中國大陸有很大影響，民進黨此時提出這項提案，將比過去更容易得到國內人民和國際社會的支持，且人民的疑慮也可減少很多」，「建立主權獨立國家已是整個社會的共識」云云。但實際情況卻使他們大感意外，十月十三日，當民進黨一意孤行決議將臺獨條款正式納入黨綱的消息一經傳出，立即引起了島內外的強烈震撼，臺灣朝野各界紛紛群起而憤怒譴責，要求臺灣「依法嚴懲」，誠如香港一家報紙所形容的那樣：民進黨簡直成了「過街老鼠」，人人喊打。就連民進黨寄於最大希望的美國，也趕緊發表聲明，和民進黨「劃清界限」，聲稱「我們繼續認知中國人的立場：中國只有一個，臺灣是中國的一部分」。「美國期望臺灣問題由中國人自己和平解決」。並否認美國曾就「與臺灣關係法」是否適用於宣告「獨立」後的臺灣這一問題上「發表過任何正式聲明」，這無疑給頭腦發昏的民進黨人潑了一大盆涼水。十月十五日，臺灣《聯合報》報導說：「本報最新民意調查發現，民進黨把由公民投票決定製定『新憲法』和『獨立建國』的主張列入黨綱，對民進黨的形象顯然有負面影響」，「今年九月上旬的民意調查，二成六覺得民進黨可信賴，這次只有一成三還信賴民進黨；認為民進黨不可信賴的，由四成四增加至五成一」，「民眾對於民進黨是否可信賴的形象評價，比今年九月上旬明顯下降。」面對來自各方面的強大輿論壓力，民進黨內的臺獨人士，才感到事態發展對他們不妙。謝長廷沮喪地說：「通過臺獨黨綱時，大家都認為不會怎麼樣，結果『臺建』組織因此瓦解，返臺的臺獨聯盟領導人現不了身，民進黨更是自顧不暇，反對力量被分散了，誰也支持不了誰，朝野攻守關係完全易位。」「新潮流」骨幹邱義仁也承認：「民進黨的許多支持者因此感到困惑，無所適從。」就連「五全」大會召開前夕，曾拍著胸脯宣稱民進黨把臺獨案款列入黨綱「這沒有什麼！反而有平衡作用」的黃信介，這時也慌了神，面對民進黨遭解散的困境，心煩意亂地說：「這個問題我想都不敢想，一想到此事，頭就痛死了！」

為因應亂局，渡過危機，使五年來苦心累積起來的政治資源盡量減少損失，民進黨經過一番謀劃，採取了一系列措施：表面上「以攻為守」，於十月二十一日召開的「擴大緊急會議」上，作出六項「提高抗爭」的決議，宣布成立「緊急應變處理小組」，發表了一份措辭強硬的「聲明」，擺出一副「背水一戰」、「滿不在乎」的架勢，並如期於十月二十五日在高雄發動上萬人走上街頭，舉行臺獨大遊行。而事實上民進黨卻明顯地採取「轉進」策略：（1）主動要求和郝柏村溝通，藉此緩和與反臺獨最為堅決的國民黨非主流派之間的緊張關係；（2）對國民黨當局逮捕「臺建」組織和「臺獨聯盟」骨幹、驅逐海外臺獨分子的嚴厲打壓行動，採取低姿態，暫不作激烈抗爭；（3）對向「黨審會」要求報審黨綱一事，作「技術上的彈性處理」，盡量拖延敷衍；（4）由新任黨主席許信良出面，降低臺獨調門，宣稱將臺獨條款列入黨綱「只是表達一種政治信仰，並不一定就要這樣做，即使以後執政，也並不必然會推動『臺獨』」；（5）立委黨團在立法院總質詢時，「停止所有程序性抵制」等等。臺灣報紙評論道：「民進黨的敷衍回應策略則較為消極，眼前它的社會形象就如同一個做錯事的頑皮孩子一樣，被定位在『留校查看』階段；它是否會面臨解散？是要遭到『開除』或『退學』都非自己所能掌握，民進黨唯有頂著臺獨招牌寄望選民，這個險注定是要冒下去了。」

那麼，目前選民的心態如何呢？臺灣《聯合報》十月二十八日報導說：「根據執政黨委託一家民意調查公司所作的民意測驗結果顯示：如果臺灣明天宣布獨立，有百分之四十七的受訪者會感到『很害怕』，只有百分之五點三『很高興』。至於如果臺灣明天宣布與大陸統一，有百分之二十六點九的受訪者感到『很害怕』，百分之二十二點一『很高興』。調查同時指出，受訪者中，一半的民眾認為臺灣維持現在『不統不獨』的情況最好。」臺灣民眾持這種心態投票，民進黨是輸是贏，已經是「不投自明」了。

現在的問題是，民進黨會輸到什麼程度？一九八九年「三項公職」選舉，民進黨的得票率約百分之三十，這次大選倘若下降為百分之二十五左右甚至更低，人們並不會感到意外（註：本文定稿後不久，選舉揭曉，民進黨得票率為百分之二十三點九四）。如果這種預測不謬，那麼，民進黨今後的走向有以下三種可能：一是堅持臺獨黨綱，被強制「解散」；二是內部發生分裂，重新組合（這等於是自動「解散」）；三是承認失敗，修改黨綱，改變形象，以待將來。從目前情況分析，前兩種可能性不能說沒有，但似乎較小，第三種可能性較大。這是因為：

從民進黨內部因素來看：（1）民進黨的質變並未解決前述該黨內部存在的諸項矛盾（最近因祕書長選舉而出現的黨內危機即為最好證明），這些矛盾決定了民進黨的質變並不穩定。民進黨是個很不成熟的、投機色彩很濃的政黨，它的許多決策是服務於選舉的，這次孤注一擲地通過臺獨黨綱，便在很大程度上是意在選戰，帶有強烈的非理性賭徒心態。因此，當外部環境發生變化時，民進黨的性質有可能會再次發生變化；（2）急進獨派勢力雖然在新當選的中常委中占據了多數，但在中執委中並未取得主控權。溫和獨派「美麗島系」雖然在急進獨派的要挾之下，為保住本派系的利益而不得不附和急進獨派的主張，但他們在黨內仍有舉足輕重的影響力。而「美麗島系」原本是一批以所謂「務實」著稱的政客型人物，在民進黨生死存亡的危急之秋，發揮其影響力使民進黨從危機中拯救出來當屬可能；（3）民進黨以往曾幾次出現分裂危機，但都能化險為夷，原因之一是黨內有像陳水扁之類的所謂「安全閥門」在起作用。從這次因應臺獨黨綱風波和祕書長選舉危機的情況看，民進黨領導層處理危機的能力已更趨老練成熟。此外，黨內新湧現出的以施明德、謝長廷為首的所謂「中間派」，在這次「報送黨綱」問題上所起的作用，表明他們在關鍵時刻也可充當黨內「緩衝劑」或「調解人」的特殊角色；（4）新任黨主席許信良處事圓滑，作風穩健，較有隨機應變和籠絡人心的政客手腕。另外，他作為「美麗島系」人物，卻與「新潮流」骨幹邱義仁等私交甚篤，邱曾表示：「新潮流」和許信良之間雖然理念、路線頗有差異，但許是個「聽得懂新潮流在講什麼，新潮流也聽得懂他在講什麼的人。」由許信良當黨主席，較易化解黨內的派系衝突；（5）更為重要的是，民進黨人不會不明白，分裂也好，解散也罷，實際上是意味著向國民黨徹底低頭認輸，從此臺獨勢力必將一盤散沙，被國民黨各個擊破，這和民進黨人的性格不符，非到萬不得已之時，民進黨人絕不會作出這種痛苦的選擇。

再從外部因素來看：無論是美國方面還是國民黨方面，都不會願意看到島內的這一最大反對黨從此在臺灣政壇上消失。因為道理很簡單，臺獨既是他們對付中共和平統一的籌碼，同時也是他們標榜臺灣所謂「民主」、「自由」，實行「政黨政治」，向大陸進行「和平演變」所展示的招牌。因此，他們雖然不允許民進黨無法無天，鬧得太不像話，從而攪亂臺灣政局，破壞海峽兩岸目前這種「不戰不和、不統不獨」、在他們看來最為有利的局面，但也決不會真心實意地制裁臺獨，置民進黨於死地。

民進黨通過「臺獨黨綱」，本意是為競選造勢，奪取憲改的主導權，而今卻適得其反，陷入「秋後待決」的被動地位。

（二）對國民黨方面：民進黨一意孤行地通過了臺獨黨綱，如同丟給國民黨當局一塊「燙手山藥」，使國民黨當局處於「騎虎難下」、「剿撫兩難」的境地：（1）島內外輿論在強烈譴責民進黨的同時，也紛紛抨擊國民黨當局，一針見血地指出：「國民黨與臺獨合跳探戈」，「一方面打著以中國統一為職志的旗幟，一方面卻將隊伍悄悄地拉上走向臺獨之路」，說臺獨勢力發展到今天如此囂張的地步，完全是國民黨當局「一味放任、姑息縱容的惡果」，這實際上無異於把國民黨當局和民進黨一起推上了「輿論法庭」的被告席一同受審。國民黨當局如若再徘徊觀望、猶豫不決，不僅無法向二千萬臺灣民眾交代，也無法向十二億大陸同胞和所有海外愛國華人交代；（2）十月十一日，在民進黨「五全」大會召開前夕，宋楚瑜、洪玉欽、黃正一等國民黨要員曾紛紛出動和民進黨人士緊急溝通，「反覆分析其可能引起的嚴重後果，希望民進黨能勿將『臺獨』條款列入黨綱」，「並重申政府在此事一旦成真後依法必須嚴正處理的態度」，甚至明確指出：「執政當局有可能宣布民進黨為非法政黨，屆時如果因而逮捕民進黨人士，必將造成社會的動亂，使四十年來臺灣社會安定、經濟繁榮的成果毀於一旦」。幾乎可以說是哀求又威脅，軟硬兼施了。然而民進黨內的臺獨人士卻一條道走到黑，把所有來自各方的規勸和警告一概當作「耳邊風」，硬是把臺獨條款納入了黨綱。這不僅是對海內外所有中國人的挑戰，同時也是對國民黨當局統治權威的公然蔑視。俗話說：「一言既出，駟馬難追」，國民黨當局「嚴正處理」的話早已說出了口，如何好再收回來？！（3）眾所周知，國民黨內部自去年初「總統選舉」風波以來，一直存在著以李登輝為首的「主流派」和以郝柏村為首的「非主流派」之間的矛盾和鬥爭。一年多來，人們看得很清楚，在對待臺獨的問題上，主要代表本土勢力的總統府主流派，態度曖昧，力主「化解」；而主要代表外省籍勢力的行政院非主流派，則態度堅決，力主「嚴辦」。如今民進黨將臺獨條款公然納入黨綱，勢必加劇國民黨內部的這一矛盾和對立。事實上，早在民進黨導演「人民制憲會議」、通過所謂「臺灣共和國憲法草案」之後，這種矛盾和對立已開始表面化。九月二十三日，國民黨非主流派重要人物、立法院長梁肅戎便毫不客氣地向主流派發難，他在接受記者專訪時直言不諱地說：「我其實談過很多次，現在的情況非常混亂，執政黨方面連復國、建國目標都不談了。統獨紛爭未解，臺獨聲浪甚囂塵上，自覺是政治實體，這是非常危險的事。我知道說這些話，很多人不愛聽，但是我還是要說，現在的人只看到眼前，沒想到長遠，我們是要對歷史負責的。」並說：「立法院真正的困難在派系鬥爭，本來派系過去也有鬥爭的，但不會像現在這樣和民進黨勾結，如果執政黨的派系立場竟然和民進黨一樣，我們怎麼整合？怎麼配合在國會推動重大政策？」十月三日，梁肅戎再次發表「驚人之語」，矛頭直指李登輝，他說：「上面的人」不支持，「郝院長可能快幹不下去了！」公開宣揚：「這些日子來加入聯合國問題、獨臺會案，行政院和總統府意見常有出入」。梁肅戎的上述動作，當然不會是一時心血來潮。「臺獨黨綱」事件發生後，國民黨非主流派深惡痛絕，極力主張「依法嚴辦、快辦」，在十月十六日國民黨中常會上，謝東閔「咬牙切齒強調一定要嚴辦民進黨」，郝柏村則表示，「如果依法處置之後，造成社會動盪不安，政府有信心及能力，掌握大局，恢復社會安定」，並「暗責李登輝縱容」民進黨，批評中常會起草的聲明指民進黨將臺獨納入黨綱是「不負責任的行為」，態度太軟弱無力，「不足以表達執政黨支持行政部門『嚴懲』的決心」，因而要求加上「禍國殃民」四字。

面對海內外前所未有的強大輿論壓力、臺獨浪潮的進逼以及黨內非主流派的強烈反彈，李登輝如果再不採取行動，「國民黨將可能立即面臨內部危機」。於是第一步，「宋楚瑜便在李總統授命之下，開始尋求黨內意見整合，商討具體制裁之道」，並表示「將依法嚴辦」的決心，藉以平息輿論的指責，安撫黨內非主流派的反彈。但是第二步，在如何具體制裁民進黨的措施上，李登輝卻犯了難：按照「人團法」的規定，處分只有「警告」和「解散」兩種，如果聲稱「嚴辦」而只對民進黨施以行政上的「警告」，難以逃脫「重重提起，輕輕放下」的輿論抨擊，也必然會引起非主流派的不滿；如果真的「嚴辦」，以「快刀斬亂麻」的手段下令「解散」民進黨，起訴民進黨有關人士，又擔心因此而將已經出現的政治動盪全面擴大到社會各層面，十多年前的「美麗島事件」、四十多年前的「二二八事件」，至今無法去除其傷痕和陰影，這次如何處理民進黨？國民黨著實是左右為難，正應了中國的一句俗話：「搬起石頭砸自己的腳」。但國民黨畢竟是個具有豐富統治經驗的政黨，於是，便演出了上述「留校查看」的把戲，把處分民進黨的責任一股腦兒地推給了臺灣的全體選民，而國民黨自己卻「避重就輕」！據透露，十月中旬當宋楚瑜邀請黨內大老徵詢對民進黨的處理意見時，林洋港出了個點子，說「解鈴還須繫鈴人」，給民進黨三個月的「緩衝期」，讓它自行修改黨綱，在此期間內將要舉行二屆「國代」選舉，無須「政府」下令解散，選民就會先制裁民進黨。屆時民進黨如仍不知自省，堅持臺獨，執政黨再解散它，就不必付出太大的政治代價了。顯然，最近的事態發展表明，國民黨執政當局正是按照林洋港的主意行事的。

現在看來，在這場政治風波中，國民黨不僅暫時渡過了危機，且顯然占了上風，處在選戰前的主動有利地位，如不出意外，贏得這場選舉，一雪兩年前「三項公職」選舉時的慘敗之恥，是很有可能的。但也應看到，經過這場風波，國民黨內部派系矛盾進一步加深，「府院」之爭將更趨表面化，隨著年底資深「國代」的全面退職，立法院的即將改組，政治生態如何平衡？各派系如何整合？關係非常微妙。國民黨新生代勢力劃分為兩派，立法院中強烈主張「國民黨臺灣化」的集思會與其他次級團體之間正在較勁，搶奪政治資源，國民黨立委之間已經陷入爭戰。此外，民進黨問題如何處理？其他臺獨組織問題又如何解決？大陸政策如何調整？……因此，對於國民黨而言，關鍵問題在於：今後怎麼辦？只要它一天不肯放棄「獨臺」路線，政治危機便一天也不會消失，唯有真心實意地和中共一起，共謀中國和平統一之道，從根本上剷除產生危機的根源，才有光明的前途。

（三）對臺灣政壇方面：從近年來民進黨策略運用的特點來看，它採取了街頭運動和議會抗爭雙管齊下、全面出擊的方式來強化臺獨宣傳，推動臺獨運動，即便是在臺獨黨綱通過後遭到海內外輿論的強烈譴責，面臨國民黨執政當局「依法嚴懲」的不利形勢下，也照常組織了上萬人的「高雄示威遊行」活動，同時在立法院的總質詢中，唇槍舌劍地和郝柏村等激辯。這樣發展下去，勢必激化統獨矛盾，逼迫臺灣各派政治勢力和島內民眾在統獨問題上做最後的攤牌。因此，儘管「最近臺北的天空寧靜得出人意料」，然而這恐怕是大戰前的寧靜。可以預料，無論年底的二屆「國代」選舉結果如何，未來「國大」和立法院的會場都將更加火爆。假設民進黨在選戰中獲得較佳戰績，不必說，臺獨勢力「一夕之間猛然高漲（如超過四成），選票反映了其社會客觀基礎」，民進黨及其他臺獨勢力必將更加不可一世，臺灣政壇的變量將更難預測。倘若其選戰果真失利，按照民進黨人的一貫性格，恐怕也不會輕易認輸，它勢必利用已經聚集起來的政治資源，繼續加強對執政黨的抗爭，為明年底立委、「監委」以及一九九三年的省長、縣市長改選，乃至往後的立委和總統選舉積極造勢，以圖東山再起，爭取早日「走上執政之路」。因此，明年春的「國大」修憲以及往後的「國大」、立法院議場，勢將繼續成為民進黨「武林高手」們「切磋武功」的好去處。即便民進黨人會接受教訓，自尊自重，盡量減少「肢體衝突」，以改變其在臺灣民眾心目中的形象，但「語言衝突」的火爆場面肯定會是「家常便飯」。總之，臺灣政壇上的亂象將會持續相當長的一段時間，距離比較成熟、正常的「政黨政治」尚遠，何況在此過渡時期，還很難預料會不會出現其他意想不到的變數。

在另一個更大的角鬥場——街頭，民進黨也必定會進一步加強攻勢，藉以配合「國大」和立法院內對國民黨當局的抵制，進一步製造臺獨聲勢，累積政治資源。如果民進黨選戰得勢，街頭抑或可望稍得平和；假若失利，街頭運動勢必成為民進黨人首選的武器，從而把臺灣社會攪得雞飛狗跳，更無寧日。

預測臺灣政壇今後的走向，還須考慮到：由於民進黨的質變，加之臺灣「憲政改革」的不斷深化，在未來幾年之內有可能出現新的較有影響力的在野黨。作此推測的理由是：（1）從政治學的觀點來看，目前島內小黨林立的情況，乃是臺灣由原來專制獨裁體制向「政黨政治」的過渡期所必然出現的正常現象。經過一段時間的政治運作，在內外因素的影響刺激之下，各派政治勢力勢必重新分化組合，匯集成幾個較大的政黨。在中國歷史上，民國初年即曾出現過類似情況。因民進黨通過臺獨黨綱而挑起的這場激烈的統獨之爭，正是一種強刺激，它將迫使島內的各派政治勢力必須在統獨問題上明確表態，作出自己的抉擇，從而導致它們的重新分化組合。此外，「憲政」的一步步推進，也將拓寬它們的政治視野，引導它們打破現有的狹隘天地，調整自己的利益取向和政治訴求目標，尋找新的合作夥伴，進行新的更大規模的組織和政治運作，從而出現新的較有影響力的政黨；（2）從島內民心向背來看，一九八九年的「三項公職」選舉，民進黨大約獲得30%的選票，然而近幾年來的歷次民意測驗卻無不一再顯示，支持臺獨的臺灣民眾一般都在10%以下。也就是說，在投票給民進黨的這30%的選民之中，絕大多數並非出於支持民進黨搞臺獨，而是對國民黨長期以來實行專制獨裁統治的一種情緒上的反彈。他們之所以投票給民進黨，是讚賞民進黨人反國民黨的勇敢無畏，希望它能制衡國民黨，更把改革島內政治、經濟、社會等種種嚴重弊端的希望，寄託在這個新興的反對黨身上。然而，近幾年來民進黨的表現卻愈來愈使他們感到失望。種種跡象表明，有相當數量的臺灣民眾已開始轉而尋找新的真正能表達他們內心願望、代表他們的利益的政治勢力。去年十一月，島內「民主基金會」曾委託美國蓋洛普市場調查公司搞過一次民意調查，結果顯示，有四成三的受訪民眾表示有可能在兩年後的「增額立委」和縣市長選舉中，要把票投給國民黨和民進黨以外的第三黨候選人，這反映出社會大眾對民進黨的許多政治訴求和運作強烈不滿和反感。如今，民進黨一意孤行地通過臺獨黨綱，引起島內政局的劇烈動盪，臺灣民眾對民進黨的這種不滿和反感，勢必又有新的發展。而這種社會心理的演變，正是產生新的、較有影響力的反對黨的基礎和推動力。這種情況如果出現，又將會給臺灣政壇帶來新的變數。（註：本文脱稿後僅過了兩年，島內第三在野黨「新黨」成立，證實了筆者的預測）

（四）對臺灣經濟方面：臺灣經濟之所以有今日的發展和繁榮，與四十年來臺灣海峽的相對平靜和島內政局的相對穩定息息相關。然而，近幾年來，由於臺獨勢力的發展和臺獨活動的猖獗所引發的島內政局動盪、社會民心不安以及兩岸關係的不穩定，已嚴重影響了臺灣經濟的發展和成長。投資意願的低落、資金的大量外移和產業升級的遲遲無法實現，均與此相關。據臺灣工商建研會委託《商業週刊》對第二代青壯企業領袖進行的一項調查指出：「有九成二的人認為臺獨運動最影響國內的經濟發展，有八成八的人認為如果臺灣主張獨立，並以具體行動推動臺灣獨立，中共可能以此為藉口武力犯臺。」

民進黨的質變，將臺獨活動推向了新的高峰，立即在經濟層面產生強烈反響。據報導，十月十四日，民進黨通過臺獨黨綱的第二天，島內的「股市投資者一片恐慌」，「臺灣股市加權指數重挫269.17點，為近五個月來最大的一次跌幅。外匯市場也籠罩在資金可能大量外移的氣氛之中，新臺幣對美元匯率大幅貶值九分」，「前往外匯銀行將新臺幣定存解約轉存美元的企業與個人，較平時多出二、三倍。」《臺灣新生報》十月二十八日報導中也透露：「受民進黨臺獨主張的影響，臺灣大筆資金近來移轉香港。據初步計算，臺資最近在香港股票市場上的比例，平均占總成交額的一成。」臺灣的經濟主管機關驚呼：「許多事實及跡象顯示，現在廠商已出現『臺獨陰影症候群』了，目前許多企業因恐臺獨導致政局不穩定，對國內投資計劃已出現觀望態度，長此下去，投資意願將更為惡化」，「臺獨事件所導致的政治不安全，必須設法迅速穩定，否則廠商紛紛出走，產業空洞化的危險，對經濟成長的威脅就太大了。」連日來，臺灣企業界人士如商業總會理事長趙仲三、豐群投資集團董事長張國安、工業總會理事長許勝發以及許多臺灣經濟學家均紛紛發表談話，撰寫文章，強烈譴責民進黨的臺獨主張，表示對臺灣經濟發展的「深切憂慮」。臺灣報紙説：「許多企業及個人目前正觀察臺灣對民進黨將臺獨條款納入黨綱的態度」，以決定今後的行動。不難設想，由於臺灣無意也無力制止臺獨勢力的發展和泛濫，今後島內政壇和社會的動盪，仍將是影響臺灣經濟成長發展的一個致命因素。

（五）對兩岸關係發展方面：臺獨是阻礙中國統一、破壞海峽兩岸關係正常穩定發展的嚴重障礙，這乃是不言自明的。然而，由於臺灣民眾絕大多數不支持臺獨，因此，「回顧過去數年，統獨之爭顯露出一個形態，即『臺獨』聲浪愈高，反而在民間產生了更強烈要求統一之反彈」。事實的確如此，這次民進黨公然挑起島內劇烈的統獨之爭，掀起空前規模的臺獨聲浪，造成兩岸關係的緊張氣氛，但與此同時，卻也立即激起島內統派勢力的強烈反彈，並出現了前所未見的在野統派大聯合的新趨勢。據報導，民進黨通過臺獨黨綱之後不久，六十多個在野黨發表聯合聲明，一致聲討民進黨的臺獨行徑；繼十月二十日二千四百多位各大學院校教授聯名支持知識界成立「反臺獨大聯盟」之後，十一月十七日，另一個成員更為廣泛的民間統派政治團體「中國人反獨護國大同盟」，也在臺北宣告成立，「約400人當場辦理入盟手續，會場充滿熱烈的愛國精神」。該盟宣稱：「以維護中華民族文化、保護中國國土不分裂為宗旨」，並表示其「組織的存在期限，是根據『臺獨』之消長等客觀情勢而定」，該盟的成立得到美國、香港等地的中國人民間團體的「積極響應與支持」。此外，許多有識之士也紛紛發表政見，要求臺灣加快發展兩岸關係，從根本上消除臺獨勢力的泛濫。例如在十月二十九日立法院質詢中，林正杰呼籲說：「與其成天在臺灣高喊『反臺獨』，倒不如以具體行動大步開展與大陸關係的構想。」

在島內在野統派勢力這股強大聲勢的影響刺激下，國民黨內的非主流派也公開表示出對李登輝主導下的大陸政策的不滿情緒。十月二十九日，郝柏村在立法院回答立委林正杰等人有關兩岸關係問題時，以異乎尋常的口吻抨擊「政府」現階段對兩岸交流所採取的行動，說：「政府、情治單位總是以臺灣安全、中共慣用統戰手法等理由，來看待兩岸交流，在『杯弓蛇影』心態下，使大陸政策趨於謹慎、保守」，「謹慎是謹慎了，卻過於保守、緩慢！」對於林正杰的呼籲，則表示「值得慎重研究。」此後，儘管國民黨當局的一些顯要人物紛紛出動，在不同場合委婉地表示不能同意郝柏村對「政府」大陸政策的批評，而郝柏村也自知

「失言」，趕緊改口稱：「『不急不緩』是大陸政策的基本原則」，但在事實上，臺灣為緩和來自各方面的壓力，最近一個時期以來，明顯地正在調整它的大陸政策，加快了兩岸交流的實際步伐：十一月一日，馬英九表示，「兩岸不要經由第三地區直接通話，可望率先突破三通限制，毋需等到國統綱領中程階段才予以實施」；十一月三日，「海基會代表團」抵達北京，就兩岸合作打擊犯罪程序性問題與大陸有關單位展開協商；十一月八日，臺「經濟部」宣布，「近期將開放十五項大陸農工原料間接進口」；並表示，「『大陸出口、臺灣押匯』預定12月6日正式開始實施」；十一月二十一日，臺灣《工商時報》又報導，「交通部同意開放部分汽車服務業赴大陸投資」。十一月二十三日，「國統會」首度討論落實「國統綱領」近程計劃，「三通問題意外成為焦點話題」。林洋港、余紀忠、辜振甫、梁肅戎、高玉樹等紛紛在會上發表意見，或主張開放「通航」，或主張開放「通話」等等，並通過三十八項兩岸交流計劃。李登輝最後表示：文教類的交流活動可優先實施，行政部門應研究處理中共官員及共產黨員的入境問題，同時指示：「臺灣地區與大陸地區人民關係條例」盡速完成立法。

可見，事物的發展變化是複雜的，民進黨的質變、臺獨活動的升級，本身是件壞事，但經過人們的努力和鬥爭，卻可以變成好事，促使其向主持者所希望的反面不斷演變和發展，這就是歷史的辯證法！

（收入《當代臺灣研究》，與何磊合撰）

一九九一年臺獨問題綜述

一九九一年是臺灣政局、兩岸關係及國際形勢發生重大而深刻變化的一年，同時也是臺獨勢力急劇發展、活動空前頻繁而又遭受嚴重挫折、失敗的一年。

一、臺獨活動的主要特點

臺灣學者說：一九九一年「可以說是臺灣的『臺獨運動年』，一切主要政治議題都圍繞著臺獨打轉」。事實的確如此，如果說，一九八九年是臺獨活動的第一次高潮，那麼可以說，一九九一年則是臺獨活動的第二次高潮，而這次較之上次活動頻率更為密集，言論行動更加無所顧忌，所造成的影響也更為廣泛深遠，實屬前所未見，已達到無以復加的地步。

綜觀一九九一年的臺獨活動，大致可以歸納出如下幾個方面的主要特點：

（一）海外臺獨組織的活動重心已完成向島內的轉移，海內外臺獨勢力已合流，使島內的臺獨活動進一步升級。

八十年代以前，由於臺灣對臺獨活動嚴厲打壓，臺獨勢力難以在島內立足，因此活動重心始終都在海外。八十年代以後，隨著臺灣的政治轉型，島內政治氣候的變化，海外臺獨勢力不斷向島內滲透。在一九八九年的「三項公職」選舉中，海外臺獨人士紛紛闖關返臺，為島內臺獨勢力的競選積極造勢，從而在島內掀起空前規模的一波又一波的臺獨聲浪，這是海外臺獨活動重心向島內轉移的開始。經過近兩年來的不斷發展，到一九九一年的下半年，這種重心的轉移已基本完成，其主要標誌即是「臺獨聯盟」的遷臺。

一九八九年底島內臺獨人士在「三項公職」選舉中獲勝，使海外臺獨分子倍受鼓舞，但同時也感受到極大的壓力。特別是歷史最長、實力最為雄厚的「臺獨聯盟」，一向以「臺獨正宗」自居。他們強烈地意識到，如果再繼續脫離臺灣這個臺獨運動的「主戰場」，其保持了三十多年的「盟主」地位勢必為島內的臺獨組織所取代，於是選舉結束後，他們加緊了對島內的滲透和活動，祕密發展成員，與島內其他臺獨勢力搶奪政治資源，並積極進行遷盟回臺的籌備工作，計劃在一九九一年底實現「遷盟回臺的願望」。一九九〇年五月，由島內基督教長老教會、政治受難者聯盟總會、政治受難者北部基金會和部分民進黨成員所組成的「新國家聯盟」，被認為是「臺獨聯盟」遷臺的「先遣部隊」。同年八月，海內外臺獨骨幹分子在美國洛杉磯舉行「臺灣政局討論會」，重點討論了「臺獨聯盟」的遷臺問題，雙方達成共識：「互為利用資源，結合彼此力量，以具體行動共同追求臺灣獨立」，並決定聯合組成「政權過渡策略小組」和「建國藍圖小組」，具體負責研究和規劃如何奪取政權以及未來建設臺灣的實施方案。一九九一年三月，「臺獨聯盟」和島內各主要臺獨組織的頭面人物在菲律賓馬尼拉再度召開「獨派聯席懇談會」，共同聲稱：「以臺灣獨立為主導進行制憲運動，分階段達成獨立建國目標；參加年底的二屆『國代』選舉」；「支持由民進黨主導的臺灣反對運動」，「協助民進黨發展組織」，使其「成為臺獨運動的主力」，支持「臺獨聯盟」遷盟返臺等。這兩次會議所達成的協議，實際上是海內外臺獨勢力公開合流的「宣言書」和行動綱領。馬尼拉會議後，「臺獨聯盟」加緊部署遷盟工作。五月十六日，由陳婉真等人籌組的「臺灣建國運動組織」在臺中市正式宣布成立並「掛牌營業」，公開宣稱該組織為「臺獨聯盟臺灣本部辦公室」。六月六日，由「臺獨聯盟」美國本部主席郭倍宏率領的二十多名「臺獨聯盟」成員返回臺北，並將一面該盟盟旗帶進臺灣。當天下午，他們公然將盟旗懸掛在臺中市「臺灣建國運動組織」（即「臺獨聯盟」臺灣本部）的辦公樓頂上。陳婉真等人在講話中宣稱：「今天掛旗象徵著『臺獨聯盟』已成功登陸臺灣。」其後，「臺獨聯盟」分子在島內的活動日趨頻繁，不僅公然高舉盟旗參加街頭示威，召開所謂「盟員現身茶話會」，舉行該組織臺灣本部的成立大會，公開向國民黨當局挑戰，甚至成立所謂「敢死隊」，自製裝甲「戰車」、爆破器材等武器，砸毀警車，毆傷警員，襲擊國民黨臺灣省黨部等等，製造了一連串的惡性暴力事件。一時間，島內的臺獨活動陡然升級，氣氛十分緊張。

海外臺獨活動雖然以「臺獨聯盟」遷臺為標誌完成了重心的轉移，實現了海內外臺獨勢力的合流，但是由於臺灣迫於海內外愛國同胞的壓力，對「臺獨聯盟」在島內的非法活動採取了較為強硬的措施，並先後逮捕、通緝了一批潛回臺灣的該組織的首要人物如郭倍宏（美國本部主席）、李應元（總本部副主席）、林永生（「臺灣建國運動組織」總幹事、「臺獨聯盟」臺灣本部中央委員）、許龍俊（臺灣本部中央委員）、鄒武鑑（臺灣本部中央委員）、江世益（臺灣本部中央委員）、王康陸（「臺獨聯盟」祕書長）、郭正光（美國本部中常委，被遣返出境）、張燦洪（「臺獨聯盟」主席）、陳婉真（臺灣本部中央委員、「臺建」首領，次年二月被捕）、陳南天（總本部中央委員，被通緝）、陳榮芳（總本部中央委員，被通緝）、許世楷（日本本部委員長，被通緝）等人，使該組織企圖在一九九一年底將其總本部遷回臺灣的預定計劃遭受到嚴重挫折。

（二）進一步追求組織上的「整合」，加強協商溝通，彌合矛盾，統一行動。

一九九一年是臺灣憲改關鍵性的一年，年底舉行的二屆「國代」選舉，不僅關係到臺灣政壇的權力再分配，同時將對「臺灣前途」產生重大影響；加之近兩年來兩岸關係不斷發展，使海內外臺獨人士產生一種無可名狀的「危機感」，他們認為以往「反對運動長期以來缺乏組合，各搞各的，削弱了自己的力量」，痛感有組織「整合」、「團結合作」的必要性。早於一九九〇年六月，在美國召開的有四十多個獨派團體參加的「臺灣前途討論會民眾大會」上通過的決議中就提出：「臺灣人正處於存亡絕續的關鍵時刻，我們呼籲全體臺灣人必須團結起來，建立新而獨立的國家。」

基於以上認識，海內外臺獨勢力近一、兩年來不斷拚湊新組織，或搞各種形式、花樣翻新的雙邊或多邊「結盟」，由原來各自為政的分散活動向組織化的方向發展。例如，繼一九九〇年五月「新國家聯盟」成立後，島內一些打著「學運」旗號的學生又於同年十月組成「臺灣新生代主權運動聯盟」；十一月，「臺獨聯盟」前主席蔡同榮又集結部分長老會頭目、民進黨領導人以及一些「自由派」學者、原住民和企業主，成立所謂「公民投票促進會」；隨後，一批以「臺獨理論家」自居的所謂「自由派」教授又拚湊起一個「臺灣教授協會」。隨著島內統獨之爭情勢的不斷發展，進入一九九一年之後，臺獨勢力進一步趨向「整合」，新的臺獨組織繼續不斷出現，如「打破黑名單返鄉運動協調中心」、「臺灣人黑名單處理小組」、「保衛臺灣委員會」、「臺灣學生教授制憲聯盟」、「臺灣獨立建國聯盟」、「臺獨聯盟學生總本部」、「臺灣建國運動組織」（即「臺獨聯盟」臺灣本部）……其中以一九九一年四月份正式成立的「保衛臺灣委員會」涵蓋面最為廣泛，它以民進黨的「美麗島系」與海外臺獨組織「臺灣人公共事務會」和「亞太民主協會」的一些頭面人物為主導，集合了一批海內外同情、支持他們的著名學者和無黨籍人士，聲稱要在憲改和「兩岸政策」上與國民黨抗爭。此外，「臺灣學生教授制憲聯盟」和「臺獨聯盟學生總本部」的建立，表明了在臺灣知識界的臺獨勢力有了新的發展，值得重視。當然，新的臺獨組織雖然名目繁多，令人眼花繚亂，其實他們人數有限，人員互相重疊，在一定程度上帶有「虛張聲勢」的成分。

除了組織上的「整合」之外，一九九一年臺獨勢力在協商溝通、彌合矛盾、消除分歧、統一行動方面也有較大的進展。自一九九〇年十二月至一九九一年六月的短短半年時間裡，海內外臺獨組織連續召開了四次「溝通會議」。一次在海外（即馬尼拉「獨派懇談會」），三次在島內。其中在臺中平原興農山莊舉行的島內獨派第二次「溝通會」（一九九一年三月十六至十七日），三十多名臺灣各臺獨組織的頭面人物均到場參加，會議就臺獨組織的體制改革、「新憲法」主張、臺獨運動的開展進行了「熱烈的討論」，對今後臺獨運動的分工、組織整合等達成了一定的「共識」，並決定成立島內臺獨組織的「聯繫協調中心」。此後，人們看到，海內外臺獨組織果然在「臺獨聯盟」遷臺、「獨臺會案」、「人民制憲會議」、「公民投票進入聯合國」、民進黨「臺獨黨綱案」等一連串臺獨事件中互相配合，互相支持，協調統一行動，掀起了空前規模的臺獨聲浪。

民進黨是島內臺獨運動的主要「策源地」。以往該黨內部的「美麗島系」和「新潮流系」因路線和策略等方面的分歧，經常勢同水火，不斷發生爭鬥，嚴重影響了該黨的發展和戰鬥力的發揮。然而一年多以來，民進黨內兩派系間已比較注意講究相互妥協、溝通和合作，表示「要創造一種黨內不同派系間的良性競爭又分工合作的互動文化」，就連一向熱衷於搞派鬥的「新潮流系」領導人也表示：「幾年下來，學會了黨內不同意見如何合作」。一九九〇年十月民進黨四屆二全大會「事實主權獨立文」（即「一〇・〇七」決議文）的通過和隨後「臺灣主權獨立運動委員會」的成立，便是這種「妥協」和「合作」的產物。面對來自島內外反臺獨的強大壓力，當年十二月七日，「美麗島系」和「新潮流系」在當時代主席陳永興的主持下，舉行了「首度聚會」，檢討了幾年來兩大派之爭，達成了先搞民主，後搞獨立，以緩和社會批評的「共識」，並決定像這樣的聚會今後要經常地、不定期地舉行。進入一九九一年以後，這種溝通、合作的趨勢進一步發展。例如「四一七」行動前，兩派意見尖銳對立，但最終還是互相妥協，聯手走上街頭，連「新潮流」的核心人物也承認：「美麗島系拋棄成見，全力參與動員，是『四一七』活動成功的最大關鍵之一。」又如八月「人民制憲會議」通過「臺灣憲法草案」時，十月該黨五全大會討論是否將臺獨條款納入黨綱時，以及在隨後發生的「祕書長選舉風波」中，兩派的矛盾分歧都十分尖銳對立，但當提案表決通過後，少數持不同意見者均能服從，並以一致口徑對外講話，這表明民進黨內派系之間已能互相適應，在維護內部團結、避免分裂方面已較前成熟，有所長進。

當然，前述臺獨勢力的所謂「整合」和溝通合作是相對而言的。由於海內外各臺獨組織以及各臺獨組織內部的派系之間，在理念、路線、策略思想等各個方面都存在著深刻的分歧，再加上各自有不同的社會政治背景和領導者之間的私人恩怨等等複雜原因，因此，它們之間的爭鬥不僅是難以避免的，而且有時是十分劇烈的。一九九一年上半年，海內外各臺獨組織之間之所以如此頻繁地進行溝通、協商和「懇談」，固然說明臺獨勢力已注意組織上的「整合」和行動上的「合作」，但同時也正反映出它們之間存在著嚴重分歧、矛盾和隔閡，需要「捐棄前嫌」，一致對外。然而事實上在「整合」、「溝通」的背後，卻往往是勾心鬥角、各打算盤，其最終目的是為了爭奪臺獨運動的主導權，在臺灣政壇上占一席之地。例如，一向與「臺獨聯盟」矛盾很深的民進黨內「新潮流系」，表面上支持「獨盟」遷臺，因為他們唯恐得罪了「獨盟」而斷了海外金脈，同時也需要借助「獨盟」的勢力以壯大自己的聲勢；但對「獨盟」遷臺其實骨子裡卻是相當消極冷淡，至少是十分矛盾複雜的，因為他們更懼怕其遷盟成功後搶奪自己在島內苦心經營的政治資源，挖它的牆腳（事實上果真如此）。於是「新潮流系」便與「美麗島系」聯手，做出民進黨「有條件支持獨盟遷臺」的決議，要求「獨盟」公開宣布放棄一貫堅持的「暴力革命路線」。又如，圍繞著五全大會的召開，民進黨內各派系間在新任黨主席人選和中常委、中執委改選以及隨後在關於張俊宏是否留任祕書長等重大問題上，均展開了空前劇烈的明爭暗鬥，目的就在於爭奪民進黨中央的主控權。而爭奪民進黨的主控權，實質上也正是為了奪取臺獨運動的主導權，以提升本派勢力在臺灣政壇上的地位和影響。

（三）民進黨蛻變為「臺獨黨」，臺獨勢力開始以政黨面貌公開運作，實力和影響大為增強。

一九八九年九月成立的民進黨，是到目前為止唯一能與執政的國民黨抗衡的島內最大的反對黨。這個黨儘管在它成立開始即暴露出濃厚的分離意識和臺獨傾向，但幾年來它畢竟在反對國民黨的專制獨裁統治、追求民主政治、改善兩岸關係等方面做出了一定的貢獻，因而受到海內外愛國同胞和進步輿論的注目，並在制衡國民黨方面抱以熱切的期望。然而令人痛心的是，隨著島內政治轉型的向前推進，「憲政改革」的不斷深化，以及兩岸關係的逐步改善和國際政治格局的急劇變化，在上述諸多因素的影響刺激下，經過五年來的發展，民進黨內的分離意識和臺獨傾向不斷膨脹，它的運作、它的政治取向一步步背離了它的名稱——民主進步，終於蛻變為一個以建立所謂「臺灣共和國」的虛幻構想為主要訴求目標的不折不扣的「臺獨黨」。而民進黨質變的標誌，即是一九九一年十月在該黨五全大會上公然將明列「臺灣共和國」國名的臺獨條款納入黨綱。

事實上，從一九九一年四月「獨臺會事件」後，民進黨就已經走上了「臺獨黨」的不歸路，該黨內部核心人物中唯一反對臺獨、主張統一的林正杰毅然宣布退出民進黨，這便是一個明顯的信號。林正杰退黨時沉痛地說：「民進黨內已沒有不主張臺獨的自由。」其後，島內發生的一連串臺獨事件，如「五二〇」大遊行、「人民制憲會議」通過所謂「臺灣共和國憲法草案」、「臺灣加入聯合國赴美宣達團」、「九·八」公民投票進入聯合國大遊行、「一〇〇行動聯盟」反制閱兵、十月二十五日高雄「公民投票進入聯合國」大遊行……或由民進黨主導，或有民進黨積極參與、配合，把臺灣社會攪得雞飛狗跳，島內的統獨之爭空前白熱化。毋庸置疑，民進黨已墮落成島內臺獨運動的大本營和主要策源地，其最終的質變已是勢所難免。

民進黨蛻變為「臺獨黨」，是一九九一年島內發生的重大政治事件之一。它對臺灣政治、經濟、社會等各個層面乃至兩岸關係的發展均已產生並正在產生著重大而深遠的影響。由於民進黨的質變，使島內外臺獨運動不再僅僅是以分散的、一個個像「馬鈴薯」式的單獨的臺獨團體進行「單打獨鬥」，而是聚集在民進黨臺獨黨綱的旗幟下，以政黨的「合法」面貌公開在臺灣政壇上運作，目標一致地與國民黨抗爭。再者，經過五全大會中央機構的改選，民進黨內的急進獨派「新潮流系」和「臺獨聯盟」勢力，已取代溫和獨派「美麗島系」上升為主流派，主控了民進黨的決策權。這意味著今後島內臺獨運動的主導權已為急進獨派所掌握，從而給臺灣政局的未來發展帶來新的變數。

然而，臺獨勢力的發展和活動的日趨頻繁囂張，畢竟和臺灣民眾普遍要求社會安定、政局穩定、經濟繁榮發展的願望背道而馳。民進黨將臺獨條款公然納入黨綱，挑起島內劇烈的統獨之爭，原本在很大程度上是企圖以此吸引臺灣民眾，贏得年底二屆「國代」的選戰，然而卻事與願違、弄巧成拙，引起了臺灣民眾對民進黨的反感和對臺獨勢力發展的疑懼。正因為不顧民意，熱衷於搞臺獨，民進黨在年底的二屆「國代」選舉中慘遭失敗，獲票率由一九八九年三項「公職」選舉時的30%猛跌至這次的23.9%。再者，由於將臺獨條款納入黨綱，明顯違犯了「人團法」，使民進黨陷入了面臨遭到解散的困境。這不能不說是一九九一年臺獨運動遭受嚴重挫折、失敗的最為重要的標誌。

（四）已由言論鼓噪發展到具體落實推動所謂「獨立建國」的新階段，鬥爭的焦點是與國民黨爭奪憲改的主導權。

八十年代以來，島內的臺獨運動大體上經過了以下四個不同的發展階段：（1）一九八七年以前，是潛伏、隱蔽階段，鑒於當時的政治氣候，一九八六年民進黨成立時，也只能以所謂「住民自決論」把自己的臺獨面目包裝起來；

（2）一九八七年十月發生的蔡有全、許曹德公開主張臺獨的事件，標幟著島內臺獨運動進入「公開化」階段，急進獨派人士鼓動民眾走上街頭，首次公開喊出了「臺灣獨立萬歲」的口號。而民進黨一九八八年四月拋出「有條件主張臺獨論」（即「四一七」決議文），即是該黨臺獨面目的大暴露；（3）一九八九年以後，臺獨運動開始「綱領化」，具體表現為各種綱領性文件紛紛出籠，如三個不同版本的所謂「臺灣共和國憲法草案」、「民主大憲章草案」、「中國關係法」、「現階段中國大陸政策」以及一九九〇年十月民進黨四全二次會上通過的臺灣「事實主權不及於中國大陸和外蒙古」決議案（即「一〇・〇七」決議文）等等，拋出了「臺灣國際主權獨立論」、「臺灣事實主權獨立論」，妄圖將臺灣與大陸定位為兩個互不相屬的「獨立政治實體」，目的是為下一階段與國民黨爭奪「憲政改革」主導權、推動所謂「獨立建國」打基礎；（4）如果說，上述幾個階段尚屬「言論鼓噪」，即為了傳播臺獨理念、擴散臺獨思潮的話，那麼，一九九一年三月海內外獨派人士在馬尼拉溝通會上提出「制憲建國」口號，則使臺獨運動開始「實踐化」，也即進入具體落實推動臺灣「獨立建國」的新階段。正如前民進黨主席姚嘉文所稱：「『人民制憲會議』提出『臺灣共和國』國號是落實『制憲建國』口號，而整個建國運動現在才剛剛開始而已」，並直言不諱地說：「國民黨說民進黨是『臺獨黨』，其實這種說法已經落伍了，民進黨現在應該是『建國黨』才對。『臺灣共和國』國號正式提出後，整個臺獨運動已經進入了建國運動的階段。」

事實也確實如此，回顧一九九一年的臺獨運動，都無不圍繞著「制憲建國」這一根本主旨在有計劃有預謀地推進，而鬥爭的焦點，則是與國民黨當局爭奪憲改的主導權。臺獨人士認定，年底的二屆「國代」選舉，是奪取憲改主導權的關鍵一戰。因為根據臺灣的憲法規定，須有「國代」總額1／5提議、3／4出席代表通過，才能修改憲法。也就是說，起碼要贏得3／4以上的席位，才能主導修憲。臺灣的所謂憲法，乃是國民黨賴以維護其統治的「命根子」，當然要竭盡全力拚死維護。而以民進黨為代表的臺獨勢力，卻視之為眼中釘、肉中刺，認為唯有從根本上否定臺灣的憲法，打破國民黨「法統」的合法性，才能奪取政權，實現「獨立建國」的最終目標，因而極力主張「制定新憲法」，卯足了勁欲與國民黨一搏。許信良聲稱：此次選舉「關係臺灣歷史的轉變」，「是民進黨奪取政權的第一戰」，務必要「全力取得勝利」。黃信介則揚言，「有信心至少可以拿到五成以上席次，提前邁向執政之路」。為此，民進黨於年初即成立了「制憲運動委員會」，隨後又聯合其他獨派團體，成立「臺灣建國研討會」，負責統籌憲改事宜，研擬選舉策略，規劃人才，整合臺獨資源。此後，所謂「兩階段訴求」、「分進合擊」、「高額提名」等競選策略相繼提出並具體貫徹實施；「人民制憲會議」按期開場，所謂「臺灣憲法草案」出籠；「總統直選」、「反對老賊修憲」、「新國家」、「新憲法」、「公民投票加入聯合國」等等口號紛紛提出；以「制憲建國」為宗旨而拚湊起來的形形色色的臺獨聯盟，如「保衛臺灣委員會」、「新憲法聯盟」、「新國家聯盟」、「公民投票促進會」、「在野改革聯盟」等組織和團體空前活躍，在全島各地舉辦各種形式的座談會、演講會、說明會，極力向臺灣民眾鼓吹「制憲」主張；並組織發動了好幾起規模空前的臺獨大遊行。民進黨的立院黨團，則利用「合法」地位，在立法院議場不斷提出臺獨議案和質詢，統獨之爭愈炒愈熱，從而把臺獨運動推向了登峰造極的地步。

（五）調整鬥爭方式，講究鬥爭策略。

除上述幾方面主要特點之外，一九九一年臺獨運動在鬥爭方式、鬥爭策略方面也有新的變化。這主要表現在：

1.街頭運動與議會抗爭雙管齊下，相互配合。一九八九年以前，島內臺獨運動以劇烈的街頭運動為主，臺獨人士動輒發動群眾走上街頭，遊行示威、呼喊臺獨口號，是他們表達訴求、與國民黨抗爭的主要手段。一九八九年底三項「公職」選舉後，由於臺獨勢力在立法院、省、市、縣各級議會中的實力大增；再有，以往街頭運動過於頻繁，往往出現失控現象，不僅牽扯了臺獨人士過多的精力，而且影響了社會安定，引起民眾的普遍不滿和反感，從而引起不少獨派人士的反思；加上國民黨當局有意進一步推進西方式的「議會政治」。基於上述種種主客觀原因，一九九〇年島內臺獨勢力將主要注意力轉向了各級議場，加強議會抗爭，而街頭運動則相對大為減少。然而，隨著「憲政改革」的實施和深化，臺獨人士愈來愈強烈地感到，任何單一的抗爭方式，都難以進一步擴大臺獨運動的影響，更快地累積起臺獨資源，動搖乃至推翻國民黨的統治，早日走上執政之路。因此，進入一九九一年之後，他們重新調整了鬥爭方式，採取了街頭運動與議會抗爭雙管齊下、互相配合的新策略，向國民黨施壓，為年底的二屆「國代」選舉造勢。例如，四月上旬，獨派人士在「國大」和立法院和國民黨激烈抗爭後，藉故退出立法院，隨後便組織了「四一七」大遊行。一個月後，獨派立委重返立法院議場，並在以後的立法院八八會期中就是否廢除刑法100條的問題與國民黨激辯、抗爭。而與此同時，臺獨勢力則相繼組織了「五二〇」、「九·七」、「九·八」、「一〇·二五」等一連串的臺獨大遊行，形成議場內外臺獨聲浪互相激盪、互相支持的態勢，從而給國民黨當局造成了巨大的壓力。

2.保持與國民黨當局溝通、對話渠道，藉以緩和「朝野」緊張對峙的局面。一九九〇年，民進黨利用「三月學運」給國民黨造成的強大壓力，促使李登輝放下總統架子，首度恭請黃信介、張俊宏進總統府喝茶，實現了「朝野兩黨」高層領導人的溝通，並因此堂而皇之地走進了「國是會議」殿堂，與國民黨在「總統直選」等重要政治訴求方面「達成共識」。特別是由於這次「溝通」的成功，使黃信介、張俊宏、許信良、施明德等人獲得復權和釋放，這等於是給「美麗島事件」公開平反，正面肯定了過去反對派人士從事的「民主運動」，民進黨因此而聲勢大增。獨派人士首次嘗到了與國民黨「溝通」的甜頭，進入一九九一年之後，更加自覺地把它當作一種與國民黨當局鬥爭的手段來加以運用。以後人們不難發現，無論雙方如何對峙，關係如何緊張，但溝通、對話的渠道始終暢通，並確實造成了化解危機、緩和局勢的效果。比較重要的溝通對話至少有如下四次：四月，民進黨立院黨團退出立法院之後；十月，「一〇〇行動聯盟」反制閱兵事件；民進黨「五全大會」通過「臺獨黨綱」前夕；民進黨面臨「黨審會」解散困境之時。其中十一月四日下午，民進黨立委與行政院長郝柏村的對話最為重要。當時，民進黨因「臺獨黨綱事件」處於四面楚歌、面臨遭「解散」危機，被迫主動要求與國民黨內非主流派頭面人物、反臺獨最為堅決的行政院長郝柏村單獨「對話」，藉以緩和矛盾，度過危機。溝通結果，「雙方達成兩項共識：（1）行政院政黨審議委員會若決定解散民進黨，將造成社會的衝突與不安，雙方皆應避免發生兩極化現象；（2）黨審會在十一月一日針對民進黨黨綱所做成的限期改正決議乃行政指導，而非行政處分。」同時認為：「中共是我們目前最大的威脅」，「朝野的爭議應避免讓中共從中獲利」等等。事後，民進黨人喜形於色地宣稱：這次晤談「在臺灣政治史上是向前邁進了一大步」，「對朝野溝通是一次突破」。

3.加強對知識界的滲透，以拓展政治資源、壯大臺獨聲勢。一九九〇年的「三月學運」，顯示了知識界的實力，促成了國民黨當局召開「國是會議」，因此而大獲「漁翁之利」的民進黨及其它獨派人士，從此對知識界刮目相看，開始注意加強對其影響和滲透。一九九一年，這種傾向顯得特別突出，四、五月間，在知識界聯盟組織發動的一系列社會運動中，如「四一七」遊行示威、部分學生絕食抗議、「五・九」「獨臺會案」、「五二〇」臺獨大遊行等，「民進黨一直扮演著支持與配合的角色」。在民進黨主導的所謂「人民制憲會議」上，一批學術界、文化界、宗教界、社運團體的代表應邀參加，「而民進黨人士則有意抑制自己的意見，讓應邀與會學者充分發言，使得較無選舉包袱的學者意見成為會中較強烈的意見」，從而通過了明列「臺灣共和國」國名的所謂「臺灣憲法草案」。事後，民進黨中央便打著「不能違背民意」的幌子「照單全收」，很快追認「臺灣憲法草案」，並將其納入黨綱。事實上，由臺大教授陳師孟、林山田等出面組織的所謂「一〇〇行動聯盟」，也是在民進黨和其他獨派組織的支持、配合之下拚湊起來的。陳、林二人，即是民進黨剛剛在「人民制憲會議」前夕拉入黨的學者。這些知名學者的入黨及參與「臺獨活動」，在青年學生和知識界確實產生了比較大的反響，壯大了臺獨聲勢。臺灣報紙說：「就民進黨的立場而言，此時如果能夠結合一切可以團結的力量，包括學術界、教育界、新聞界、文藝界以及其它各種文化界人士，藉以開展黨務、拓展勢力、培植羽翼，甚至將之納入黨的組織體系，用來和執政黨對抗競爭，那是再理想不過的了。畢竟創黨不久的反對黨確實極待更多的知識分子投入，才能扭轉頹勢，發揮更大的功能。」民進黨代主席陳永興即說：「未來民進黨將進入開創期之後的轉型階段，大量吸收知識界人士參加制定公共政策，領導執政，並強化反對黨問政品質，成為相當重要的工作。」

4.妄圖將「臺灣前途」問題「國際化」，爭取國際社會的同情與支持。「臺灣問題國際化」，長期以來一直是臺獨人士努力追求的目標。謝長廷即毫不諱言地說：「臺灣的生存是愈多朋友愈好，把民主、人權這些國際問題加以延伸，使得臺灣的生存變成國際問題，那便不須恐懼中共的犯臺恫嚇，而加入聯合國正是一個目標。」一九九一年，臺獨勢力在這方面下的力氣特別多。九月中旬，獨派人士一行四十六人組成所謂「臺灣加入聯合國宣達團」，到美國紐約活動了整整一週；蔡同榮慘淡經營組織起來的所謂「公民投票促進會」及其發動的「九·七」、「九·八」、「一〇·二五」大遊行，其目的也在於此。臺灣報紙評論說：依據蔡同榮的理論，「公民投票對外可帶來國際輿論壓力，對內則人民會選擇臺灣獨立的投票結果，這是解決臺灣前途最佳和平手段。」為了「提升民進黨國際地位與舞台」，該黨還積極參與聯合國以外的組織，一九九一年二月以臺灣之名，加入「無聯合國席次國家及人民國際組織」，並於八月初參加了該組織在荷蘭海牙召開的第二次會議。海外臺獨分子也密切配合，如在美國的「臺灣人公共事務會」主席王桂榮即挾其財力，利用各種手段向臺灣施壓，欲迫其接受公民投票。並通過美國眾議院亞太小組主席索拉茲，在國會提案要求其通過一項「決定臺灣前途時，應經過公民投票的有效民主方式，以尊重臺灣住民意願」的決議。整個一九九一年，美國朝野的一批反華政客十分活躍，明目張膽地支持臺獨，既向國民黨當局施壓，又攻擊中共領導人「主權觀已經過時」，有的甚至親自跑到臺灣參加臺獨大遊行。然而事實上臺獨人士在這方面的努力收效甚微，公開支持臺獨的國家和人士仍然是「寥若晨星」，屈指可數。

二、臺獨運動的可能走向

眾所周知，臺獨運動的產生和發展既有深刻的社會歷史根源，又有複雜的國際國內背景，只要這些因素繼續存在，臺獨運動便仍然有生存發展的空間而不會自動退出歷史舞台。因此，在可預見的一個比較長的時間內，臺獨運動仍將會有較大的發展，並繼續成為臺灣社會、政壇的主要亂源和實現中國和平統一的重要障礙。在目前一兩年內，它的可能發展趨勢是：

（一）民進黨雖已蛻變為「臺獨黨」，目前仍未擺脱被解散的危機，但經過朝、野兩黨的溝通、對話，很有可能雙方做出讓步，各下台階，不了了之。即使萬一溝通失敗，雙方無法達成妥協，民進黨遭到解散，但臺獨人士絕不會甘心失敗，勢必改頭換面，另組新的政黨，重新集結島內臺獨勢力，繼續與國民黨抗爭。但從目前情勢看，對民進黨的所謂「處分」已經延期，隨著時間的推移、政局的不斷發展演變，這一問題很可能自行消失。而民進黨則以時間換空間，總結經驗教訓，不斷調整其鬥爭策略，變換手法，重振旗鼓，整合內部，聯合其他在野勢力，爭取在一九九二年底的「立、監委」選舉、第二年的省市縣長選舉中擊敗國民黨，取得較大的進展。但由於民進黨事實上已經走上了「臺獨黨」的不歸路，臺灣學者說，它「是個不走到臺獨黨的終點不會死心的政黨，也只有走到這個再也走不下去的終點，它才可能回頭去找它真正應該站住的地點」。因此，無論它如何更換「包裝」，都不可能獲得大多數臺灣民眾的擁護和支持，實現其所謂「獨立建國」目標。

（二）在未來一兩年內，臺獨勢力仍將繼續採取街頭運動與議會抗爭雙管齊下、交替使用的策略，並視情勢發展的需要在一個時期而有所側重，臺北的街頭和議場仍將會沸沸揚揚、動盪不安。但由於臺獨人士或許會接受以往的經驗教訓，為爭取民心，改變形象而盡量減少激烈的「肢體衝突」。當然也不排除在少數情況下出現失控的局面。但總體上來說，將會逐漸使各種形式的抗爭納入「法律允許的範圍內」運作而不至發生動亂。

（三）臺獨勢力為壯大聲勢，累積政治資源，仍將會繼續加強對知識界的影響、滲透，並爭取和其他各種在野勢力結成名目繁多的「聯盟」，以因應即將到來的各種選戰；同時將會較以前重視研究公共政策，提出一些民眾關心的訴求與國民黨當局抗爭，以籠絡中產階級和廣大民眾，爭取他們的同情與支持；與此同時，將採取各種方式和手段，繼續向臺灣各階層民眾散播臺獨思潮和理念，以擴張臺獨的社會基礎，逐漸使臺獨思潮「社會化」。有跡象表明，臺獨分子已決定「鼓勵臺灣子弟」投考軍校，讓他們成為未來從事「獨立建國」的武力後盾。當然，爭取國際社會對臺獨運動的重視、同情與支持，力圖將臺灣前途問題「國際化」，仍將是臺獨勢力今後努力的重要目標。

（四）臺獨與「獨臺」是美國對臺政策的一對「雙生子」。二者既有矛盾，又有明顯的同質性。近年來的許多事實說明，臺獨與「獨臺」這兩股分裂中國的勢力，雖然時常發生這樣那樣的爭鬥，但合流的趨勢正在逐步形成。在未來幾年之內，這種趨勢是否會隨著臺灣「憲政改革」的深化、中美關係的互動、兩岸關係的變化而繼續發展，成為實現中國和平統一大業前進道路上的強大阻力，值得我們認真探討，提出相應的行之有效的對策。

（《臺灣一九九一》，中國友誼出版公司）

簡評臺灣的「臺灣地區與大陸地區人民關係條例」

經過3年半之久的延宕，7月16日臺灣立法院終於三讀通過了「臺灣地區與大陸地區人民關係條例」（以下簡稱「兩岸條例」）。這是繼去年「國統綱領」公布後，臺灣所採取的又一次與兩岸交流有重大關係的綜合性「立法」行動。兩岸關係發展到今天這樣的深度和廣度，客觀形勢的確已迫切需要制定出相關的法律與法規，調整並建立兩岸人民關係之法律秩序，以便解決在兩岸交往中不斷衍生的許多法律問題。當然，這類性質的法規，若能事先經過兩岸有關部門心平氣和的談判協商再來制定，當更為完滿。但是考慮到在目前兩岸官方關係尚處於特殊環境和階段的情況之下，筆者對臺灣單方面制定該「條例」，仍持「樂觀其成」的歡迎態度。

由於該「條例」將成為臺灣今後相當長一段時間內處理兩岸交往的基本規範，勢必對兩岸關係的發展走向產生重大影響，因此，對於該「條例」的制定與公布，海內外一切關心中國和平統一的人士，理所當然地特別注目。

一、「條例」有靈活務實的積極面，客觀上有助於兩岸關係的發展

在海內外同胞的長期不懈努力奮鬥之下，近十年來，海峽兩岸關係已取得了重大進展。經貿關係日益密切，人員往來不斷擴大，各項交流活動與日俱增。特別是近一年來，在許多方面已衝破臺灣苦心設置的重重障礙，正以不可阻遏之勢向兩岸交流的縱深發展。「形勢比人強」，臺灣保守僵化的大陸政策越來越不得人心，不斷遭到島內外進步輿論的抨擊和詬病。正是迫於這種兩岸關係迅速發展的新形勢，迫於進步輿論的強大壓力，臺灣才不得不煞費苦心，制定出這樣一個「兩岸關係條例」，試圖以此規範、主導兩岸關係向對其有利的方向發展。

該「條例」共分六章凡九十六條。細讀完全部條文，筆者感到，平心而論，

其中確有不少值得肯定的積極因素。相對於臺灣以往的大陸政策，確實有所進步。

主要表現在：

（一）在兩岸交流方面，解除了一些民間往來的不合時宜的禁令。如有條件地開放通訊、通航、投資、貿易、勞務、技術合作及金融、保險往來；許可文物及出版、影視等文化交流；許可共產黨員入臺；按照所謂對等原則，許可大陸法人、團體或其他機構在臺設立分支機構等等。

（二）在民事領域部分，具體詳細地規範了兩岸人民之間在婚姻、繼承、收養、監護、認領、契約、物權以及無因管理、侵權行為等方面的法律衝突與法律適用問題。

（三）在對待大陸法律方面，原則上承認大陸的民事法律，有條件地認可大陸司法機關民事判決的效力、仲裁判斷得強制執行及大陸製作和文書有效等等。

（四）為因應兩岸關係主客觀形勢不斷發展演變的需要，一些重要條文（如「三通」問題）採取「委任立法」的方式，以便行政主管機關能審時度勢，隨時補充、修訂有關法規，適時調整大陸政策。

總之，「條例」進一步放寬了對兩岸交流的某些方面（主要是具體事務尤其是民事領域部分）的限制，解除了一些落後於現實的禁令，這在客觀上有利於兩岸交流的進一步發展，有助於解決兩岸間日益增多的民事糾紛，保障兩岸民眾在民事領域中的一些正當權益，因而值得肯定。

二、「條例」突顯了臺灣謀求「對等政治實體」即「一國兩府」的政治意圖

1991年2月「國統綱領」的公布與實施以及5月宣布「動員戡亂時期」的終止，標幟著臺灣的新大陸政策已成熟。這一政策的基本框架是：（一）在維護舊「法統」的前提下，承認大陸是一個「政治實體」，「中華民國治權實際上不及於大陸」；（二）以「一國兩區」的概念和以所謂「區際衝突」的理論來處理海峽兩岸的關係、解決兩岸交往中衍生的法律糾紛；（三）按「國統綱領」的「三階段論」來主導兩岸關係「循序漸進」地向前發展；（四）除非中共承認臺灣為

「對等的政治實體」，堅持「不接觸、不談判、不妥協」的僵硬立場，堅持拒絕開放直接「三通」。顯然，臺灣新大陸政策的核心仍是「一國兩府」，其實質是「兩個中國」或「一中一臺」。

綜觀「兩岸關係條例」全文，不難發現，該「條例」的基本宗旨實質上是具體貫徹推行上述臺灣的大陸政策。例如：

（一）臺灣將該「條例」定名為「臺灣地區與大陸地區人民關係條例」；其本身即在突顯臺灣的所謂「一國兩區」的概念；又在第一章「總則」中刻意界定：「臺灣地區指臺灣、澎湖、金門、馬祖及政府統治權所及之其他地區」，「大陸地區指臺灣地區以外之中華民國領土」。藉以表明「中華民國主權及於大陸」，而「治權實際上不及於大陸」。

（二）該「條例」中，自始至終著意強調臺灣與大陸之間的所謂「對等原則」，處處都企圖體現出臺灣標榜的所謂「法律主權」，藉以凸現海峽兩岸為兩個「對等」的「政治實體」。如「總則」第六條規定：「行政院得依對等原則，許可大陸地區之法人、團體或其他機構在臺灣地區設立分支機構」，宣稱如違反臺灣的「法令」如何如何、「非經」臺灣的「主管機關許可」又如何如何……此類條款充斥全文，不勝枚舉。

（三）該「條例」第四章七十七條規定：「大陸地區人民在臺灣地區以外之地區，犯內亂罪、外患罪，經許可進入臺灣地區，而以申請時據實申報者，免於追訴、處罰，其進入臺灣地區參加主管機關核準舉辦之會議或活動，經專案許可免於申報者，亦同。」這項規定，實際上是針對中共黨員入臺而特意設置的，它雖聲稱「據實申報者，免於追訴、處罰」，但其認定中共黨員犯有「原罪」，乃是對中國共產黨及其所屬四千六百多萬黨員的一種莫大汙辱，它充分暴露了臺灣「恐共」、「防共」的反共立場；此外，從「立法」的角度來講，該條文也前後自相矛盾，因為臺灣既認定所有中共黨員均犯有「原罪」，何以又許可一部分黨員「免於申報」？這豈非以「雙重標準」「立法」？再則，在臺灣對入臺的大陸同胞無法準確查證其真實身分的情況下，這種規定豈不是給某些不法之徒陷害入臺的大陸同胞提供了便利條件？眾所周知，自開放大陸探親以來，臺灣國民黨員進入大陸者不知凡幾，大陸政府從未刁難過他們，而張口閉口標榜兩岸「對等原則」的臺灣，卻蓄意作出這項不合情理的規定，恰恰說明臺灣最不講「對等」！

（四）該「條例」密切配合臺灣「國統綱領」「近程階段」有關反對兩岸直接「三通」的錯誤政策，從第二章第二十八條至第三十二條、第三十五條、三十六條以及第五章第八十條、八十一條、八十六條等條款，作出一系列嚴格而繁雜的規定：無論臺灣、大陸或外國之船舶、航空器及其他運輸工具，「未經主管機關許可」，均不得直航於兩岸港口、機場之間；臺灣人民、法人、團體以及其他機構，「非經主管機關許可」，均不得在大陸地區從事投資、技術合作、貿易以及其他商業行為；甚至連在臺灣以外的國家或地區設立的分支機構，也不得與大陸地區之法人、團體、其他機構或其在大陸地區以外國家或地區設立之分支機構有業務上之直接往來。違反上述各項規定者，視情節分別處以三年以下有期徒刑、拘役或科或並科新臺幣100萬元以上至1500萬元以下罰金以及其他各種名目繁多的處罰。企圖以這種嚴厲手段限制海峽兩岸日趨密切的經貿活動和人員往來，繼續將兩岸交流嚴格控制在單向、間接、民間這種低層次、低程度之上，並以此作為討價還價的政治籌碼，迫使大陸承認臺灣為「對等政治實體」、放棄「對臺使用武力」、允許其「拓展國際生存空間」即搞「兩個中國」或「一中一臺」。

總之，從總體上來說，很明顯，臺灣制定「兩岸關係條例」的「立法」目的，並非重在解決海峽兩岸交往中所衍生的法律糾紛，推動兩岸關係向前發展，而是繼續以僵化保守的「政治考量」出發，企圖通過單方面的立法行動，強迫對方在重大原則問題上讓步，獲取狹隘的政治利益。

三、「條例」踐踏「平等」原則肆意歧視、限制大陸人民

「兩岸關係條例」除存在上述嚴重問題之外，還打著「確保臺灣地區安全與民眾福祉」的幌子，肆意歧視、排斥、限制大陸人民。許多條款（主要在民事和刑事法律關係方面）作了不近情理的規定，損害了大陸同胞應有的權益。這種明顯踐踏「平等」立法原則的作法，無助於化解敵意、增進感情，促進兩岸關係的正常發展。例如：

（一）「條例」第三章第六十六條規定：「大陸地區人民繼承臺灣地區人民之遺產，應以繼承開始起兩年內以書面向被繼承人住所地之法院為繼承之表示，逾期視為拋棄其繼承權。」第六十七條又規定：「被繼承人在臺灣地區之遺產，由大陸地區人民依法繼承者，其所得財產總額，每人不得逾新臺幣二百萬元。超過部分，歸屬臺灣地區同為繼承人；臺灣地區無同為繼承之人者，歸屬臺灣地區後順序之繼承人；臺灣地區無繼承人者，歸屬國庫」。並規定「財產遺贈大陸地區人民、法人團體或其他機構者，其總額不得逾新臺幣二百萬元」及不動產「大陸地區繼承人不得繼承之」等等。總之，從申請繼承的期限、繼承的數額以及到繼承的內容、方式等方面，都明顯地表現了偏袒臺灣一方，嚴重地損害了大陸人民的感情和應享有的基本權益。

（二）除繼承權之外，該「條例」對於大陸人民的其他權利也一概漠視。如第三章第五十條規定：「侵權行為依損害發生地之規定，但臺灣地區之法律不認其為侵權行為者，不適用之。」也即説，衡量是否有「侵權行為」，可以不管大陸方面的法律如何認定，一切以臺灣制定的法律為唯一「標準」。而在第四章第七十八條中卻規定：「大陸地區人民之著作權或其他權利在臺灣地區受侵害者，其告訴或自訴之權利，以臺灣地區人民得在大陸地區享有同等訴訟權利者為限。」也就是説，即便依照臺灣的法律，大陸人民的權利在臺灣受到了侵害，其訴訟權也不一定受到應有的保障。這種規定實在是蠻橫不講道理！

（三）「條例」第二章第三十三條、第三十四條、第三十七條以及第二章第十一條、第十二條、第二十一條等許多條款，在謀職、結社、出版、發行、勞務、保險及其他各個方面設置重重障礙，限制兩岸人民和團體之間的交往聯繫，歧視、排斥大陸同胞。這反映了臺灣既不瞭解大陸同胞，也對臺灣民眾缺乏應有的信任。誠如臺灣學者朱新民教授所言：這些條文有很深的『恐共情結』，而且犯了「泛統戰病」。

總之，臺灣的「兩岸關係條例」嚴重違背兩岸人民應當「平等對待」的「立法」原則，筆者相信，這些不近情理的條款不僅大陸人民堅決反對，廣大臺灣同胞也不會贊同。

結語

從以上對臺灣「兩岸關係條例」的粗略剖析，似可得出如下幾點結論：

（一）「條例」具有明顯的兩面性：一方面，有部分條款反映了臺灣迫於形勢和海內外同胞強大輿論的壓力，不得不對兩岸交流的限制有所放寬，表現出一定程度的靈活與務實，因而客觀上對兩岸關係的發展有一定的積極作用；但由於臺灣囿於不切實際的政治幻想，至今未能擺脱歷史陰影和摒棄界線成見，因此「條例」中有許多重要的條款明顯落後於兩岸關係發展的客觀現實，阻礙兩岸交流向更高的層次和程度發展，並不近情理地歧視、敵對大陸同胞，表明臺灣仍不肯拋棄早已過時的保守僵化的大陸政策，具有明顯的落後性、消極性和不平等性，如果強制施行，勢必使兩岸關係的主要方面停滯不前甚至倒退。

（二）該「條例」制定的政治、法律基礎既然是臺灣的偽「法統」和「國家統一綱領」，因而「條例」自始至終都貫穿著這樣一條主線，即處處強調所謂「一國兩區」、海峽兩岸為「對等政治實體」和臺灣的所謂「法律主權」等概念，以具體的法律條文來兜售、體現臺灣所堅持的「一國兩府」即事實上的「兩個中國」或「一中一臺」，因而該條例又具有典型的分裂性。

（三）由於該「條例」逆時悖理，違反民意，違背國家民族和海峽兩岸人民的根本利益，因而其大部分不合時宜、不近情理的條款，勢必在現實政治運作中難以得到貫徹實施，它所設置的阻礙兩岸關係向前發展的重重障礙，終將會被歷史潮流所沖垮，徒增中國立法史上的又一個不光彩的汙點而已！

（「海峽兩岸關係學術研討會」論文）

一九九二年民進黨透視

經歷了一九九一年臺獨黨綱風波和在二屆「國代」選舉中慘敗的民進黨，在一九九二年中經過不斷調整策略、整合力量、組織運作，終於在今年底的二屆立委選戰中取得了前所未有的最佳戰績，以36.09%的得票率獲得了一六一席立委中的五十個席位。這一勝利，不僅使民進黨度過了「臺獨黨綱案」所造成的嚴重危機，進一步鞏固了它在臺灣政壇上第一大反對黨的地位，而且在很大程度上改變了臺灣政壇的力量對比，從而勢將對今後島內政局的走向、兩岸關係的發展等產生重大而深遠的影響。

一、民進黨活動的主要特點

概括地說，民進黨在一九九二年中的發展變化可以劃分為以下三個階段：

一月至五月民進黨五屆二全會議之前為第一階段。在這一階段中，民進黨處於臺獨黨綱風波和二屆「國代」選戰失敗後的氣餒、混亂和盲目掙扎之中。

第二階段為民進黨五屆二全會議召開至八月底止。在這一階段中，民進黨開始總結、反省、整合組織、調解內部矛盾，並逐漸形成新的抗爭策略，醞釀新的訴求重點。

九月以後為第三階段。在這一階段中，民進黨經過調適，以新的姿態重新登上政治競技場，並推出了一系列新的政策策略訴求和競選政見，全力投入二屆立委選舉，最終如願以償，實現了預定目標，取得了較佳戰績。

考察民進黨一九九二年的活動，有以下幾個特點：

（一）訴求重點由臺獨轉向「公共政策」。

海內外輿論普遍認為，民進黨之所以在二屆「國代」選舉中失利，主因於臺獨黨綱和激烈的臺獨訴求不得人心，嚇跑了許多中間選民。面對殘酷的政治現實，民進黨不得不改變策略。進入一九九二年以後，他們降低了臺獨聲調，開始尋求新的訴求目標。就連「急獨」的「新潮流」也聲稱：今後「要注重執政與建國的『公共政策』，特別是社會性、經濟性與文化性議題。」五月初民進黨退出「國大臨時會」後，開始著手研究年底二屆立委的宣戰策略。五月九日，「一位民進黨中央黨部的黨工表示，在國內政治結構逐漸走向合理化之際，過去選戰慣用的高度政治性訴求，如國會全面改選、臺灣獨立等，已不再適用於今年的選情，年底選舉將是以公共政策為主的競爭」。五月中旬召開五屆二全大會後，黨內對年底選舉改打「公共政策」、「財經牌」已達成共識，開始全力投入選戰準備。六月十四日，前黨主席黃信介表示：「年底立委選舉，民進黨候選人不能停留在批評國民黨的階段，選民們聽這些批評都麻木了，民進黨一定要以公共政策為主要訴求，才能贏得選舉。」中間派系以邱連輝、陳水扁為首的「正義連線」七月三十日也提出：「民進黨的政治努力應由以往純意識形態的民族問題和以反對、抗爭為主的民權問題訴求，轉化成落實經濟建設，為維護人民實利的民生問題而努力。年底選戰，民進黨應加強公共政策議題，並以『財經牌』為論證焦點。」八月十五日，黨主席許信良正式對外宣布：「財經與六年國建等公共政策問題，將是民進黨在年底立委選舉的訴求重點，」八月底，許信良再次宣布：「民進黨將在十月下旬推出一套以財經為主的政策白皮書與執政藍圖」，並宣稱，該黨在此次選戰中如得票率未達百分之三十，他將辭職以示負責。十月下旬，民進黨陸續推出了「經濟發展綱領草案」、「勞動政策綱領草案」以及「外交政策綱領草案」和所謂「現階段兩岸關係與對中國政策」等一系列「政策白皮書」。這套白皮書涵蓋面相當廣泛，涉及經濟發展、「六年國建」、勞工政策、社會福利、「國土規劃」、「國家安全」、「外交策略」、選舉文化、文化發展，社會運動、教育制度以及兩岸經貿等重要議題。這是民進黨成立六年來所制定的一套較為系統的以公共政策為主體的政策性文件。這套白皮書的公布，標幟著民進黨的訴求重點已開始轉變。

眾所周知，制定一套真正切中時弊而又符合實際、行之有效的公共政策，乃是一項極其複雜的系統工程，並非是輕而易舉的事情。然而民進黨在以往「從未運用組織能力主動規劃財經立委人選，更談不上有系統性的財經趨向選戰策略」的情況下，居然在如此短促的時間內便拚湊出這樣一套龐大的、包羅萬象的政策性文件，其草率和投機性是顯而易見的。這些政策綱領既非源於對島內外環境全面、正確的掌握與研判，亦沒有可靠、周全的可行性分析評估，更缺乏對訊息反饋的調控餘地。它所涉及的經濟、勞動、文化等方面的政策內容十分籠統、空泛，甚至自相矛盾，而所謂「外交」、大陸政策以及經濟、勞動綱領中的政治性議題卻十分明確、具體和不厭其詳，其特點是：臺獨貨色充斥其中，反國民黨的性格一覽無遺。可見，民進黨制定這套文件其著眼點仍重在反對統一、反對國民黨，而非真正放眼於島內的經濟、社會和文化建設、關心臺灣二千萬民眾的福祉。儘管如此，它說明統獨問題已不再是民進黨立委競選的主調，從某種角度來看，對於改變民進黨的形象確實造成了一定作用。

在推出「政策白皮書」的同時，民進黨又抓住國民黨若干受社會廣泛抨擊的弊案，如高速公路十八標工程、捷運三〇一標案及軍品採購弊案以及中韓建交等議題，針鋒相對地提出了「三反三要」（反軍權、反特權、反金權、要主權、要直選、要減稅），並搭配「一中一臺」等十七項訴求，作為二屆立委候選人的共同政見，向國民黨發起第一波競選文宣攻勢。

第二波文宣攻勢，原計劃主打「一中一臺」主張，但當廣告文稿交給黨主席許信良審閱時，許信良堅決反對，要求文宣幕僚人員繼續堅持打「財經牌」，「當場指示第二張政黨廣告主題——『減稅』。後再經幕僚人員研商修正，改為批判近年來發生的受人矚目的舞弊案」。許信良分析說：「民進黨通過臺獨黨綱及國代選舉，『臺灣共和國』意識形態主張的宣揚，臺獨意識形態的『鐵票』已經鞏固，不必要再去加強，民進黨應該加強中間選民的吸收，這是民進黨選舉勝負的關鍵。」

可見，經歷了臺獨黨綱的風波和二屆「國代」選舉的挫敗，民進黨確已「痛定思痛」，將訴求重點由臺獨轉向了「公共政策」。

（二）臺獨訴求的隱形化。

民進黨迫於形勢在轉變訴求重點的同時，對臺獨的主張也實行淡化處理。一九九二年上半年，民進黨幾乎停止了所有赤裸裸的臺獨宣傳。就連六月十四日成立的「新臺灣重建委員會」，亦未明確打出臺獨旗號。但事實上民進黨從未放棄過臺獨的基本立場，六月份，民進黨代理祕書長陳師孟即聲稱：「民進黨內部現在對『中國問題』的歧見已經不大。」《中國時報》記者楊憲村也評論說：「該黨自去年通過臺獨自決黨綱後，本質為臺獨主張的自決論已成為黨的指導思想，黨內的臺獨傾向已相當一致。」也就是說，經歷「臺獨黨綱」風波之後，使民進黨內各派在臺獨訴求上原本存在的分歧變小，並找到了共同能接受的「交匯點」。其具體表現即是六月以後臺獨訴求策略的隱形處理。

六月十二日民進黨成立了「對中國政策研擬小組」，專門負責收集大陸方面的訊息和兩岸關係發展變化的動向，研究因應策略。八月下旬中韓建交後，民進黨抓住機會再度掀起臺獨聲浪，所不同的是這次他們給臺獨更換了新的包裝，不再露骨地稱「臺灣共和國」而改以較為含混的「一中一臺」的口號代之。八月二十七日，民進黨「國大」黨團舉行記者會，公開發表「確定一中一臺、反對國共對談」的聲明，攻擊「一個中國」政策，並揚言將在下期「國大」臨時會上提出「變更國號」的「修憲案」。由此，「一中一臺」、「反對統一」成為民進黨在競選文宣中大肆渲染的新的臺獨訴求。同公共政策訴求比較起來，民進黨顯然更精於此道。十月八日，民進黨公布了在九月份「草案」基礎上修訂的「現階段兩岸關係與對中國政策」文件。該文件分為政治、國防、外交、兩岸關係專責機構、兩岸經貿投資、兩岸社會、文化交流幾個部分。前三部分的內容重彈了民進黨的臺獨老調，值得注意的是後幾個部分的內容。在「專責機構」部分中，民進黨主張裁撤「國統會」，改組「陸委會」，監督「海基會」，籌設「獨立運作之中國大陸政策研究暨資料中心」，表現出民進黨要介入兩岸事務的強烈企圖。在「經貿投資」部分，主張嚴格管束投向大陸的資金，強調以「兩國」方式進行貿易往來。在「社會、文化交流」方面，雖有「促進」交流的條款，但均以「依循準用國際間的法律、規定或慣例來處理相關事務」為前提。很明顯，民進黨正在將其一貫鼓吹的「兩國兩府」的臺獨理論進一步具體化、細緻化、政策化，並試圖積極介入兩岸事務，影響和阻撓兩岸關係發展的勢頭。在稍後公布的該黨政策白皮書中，上述主張亦被融入該黨制定的勞動、外交、經濟發展等相關的政策條文之中。十月四日，民進黨又積極參加了「一中一臺行動聯盟」組織的臺獨大遊行，把其「反對一個中國」、主張「一中一臺」的新的臺獨綱領推向了煽動群眾情緒的實際行動階段。與此同時，民進黨立委則在立法院中輪番上台向郝柏村發難，竭力反對「一個中國」政策，鼓吹「一中一臺」，從而形成了街頭、議場內外配合的態勢。

耐人尋味的是，在立法院總質詢中，國民黨籍立委、「集思會」幹將吳梓、陳哲男也赤膊上陣參與「圍剿」郝柏村，和民進黨立委一唱一和，指稱「一個中國」政策將把臺灣兩千萬人「帶向死胡同」，主張將國家定位問題應採行「一中一臺」或「兩個中國」之政策。可見，「一中一臺」這一經過包裝的新的臺獨主張，不僅使民進黨內各派系有了共同的「交匯點」，而且與國民黨內的「獨臺」勢力也找到了共同的「交匯點」，從而促成了島內政壇上這兩股分裂勢力的進一步趨向合流。

（三）抗爭策略開始轉變。

島內外進步輿論早就指出，民進黨之所以難有發展，除臺獨訴求不得人心之外，過多的街頭運動、議場上蓄意製造劇烈的「肢體衝突」也嚴重地損害了民進黨的社會形象。但民進黨領導層中的大部分人卻不肯正視現實，直到一九九二年初黨中央檢討「國代」選戰失利的原因時，還認為在策略上主要是「配票失當，組織經營不力」，並不認為以往的街頭運動和議場上的肢體抗爭有何值得反省、檢討之處。「新潮流」的洪奇昌在一月十九日發表的聲明中仍然宣稱：「在群眾路線方面，新潮流體會到，經過多年的實踐經驗，群眾路線必須再提升。」因此，民進黨在一九九二年的上半年，仍沿襲慣常手段與國民黨抗爭。例如，三月二十日「國大」臨時會召開後，民進黨一如既往，先是以無休止的「程序抵制」向國民黨發難，既而搶話筒、砸會場，造成「國大」議場毆鬥的火爆場面。由於只占24%的少數席位使其無法在「國大」議案的表決中成勢，於是民進黨再次訴諸大規模的街頭運動。四月中旬，民進黨決定發動以「總統直選」為主要訴求的「四一九」大遊行。然而社會輿論卻頗不以為然。遊行開始後，民進黨才發現民眾的響應程度遠比他們預估的要冷淡得多。幾經動員，參加人數仍不足一萬，堅持到最後的不過八百六十九人而已。拖延長達六天之久的大遊行，使臺北交通堵塞，許多商店被迫歇業，廣大民眾怨聲載道，輿論一致譴責民進黨「不顧民眾生活，擾亂社會秩序，犧牲民眾利益以求自逞」的不負責行為。這次街頭運動，民進黨不但沒有能收到預期效果，反而使它的形象再次受到嚴重損害。緊接著，民進黨「國代」又於五月五日藉故集體退出「國大臨時會」，企圖以此贏得民眾的同情與支持，迫使國民黨在修憲問題上作出讓步，但最終仍是一無所獲，不得不又重返議場，這是民進黨繼一九九一年底「國代」選戰失利後遭受的又一重大挫折。

經歷了上半年的連續挫折之後，面對年底二屆立委選舉的日益臨近，民進黨人才開始冷靜下來，認真思考抗爭策略的轉變問題。於是人們看到，自五月下旬五屆二全大會閉幕後的半年多時間裡，民進黨已不再動輒發動大規模的街頭運動造勢，議場上的抗爭也較以往「文雅」、克制了許多，包括一向迷信街頭運動的「新潮流」和「獨盟」在內，也都基本上轉向選舉路線，把主要精力投入到年底的選戰工作。

但是由於民進黨抗爭策略的轉變並非源於對以往經驗教訓自覺、深刻的反思，因而帶有很大的盲目性和不穩定性。故此，民進黨仍積極組織和參與了十月四日的「一中一臺」大遊行。在立法院總質詢中，民進黨立委的問政態度依然十分強悍激烈，雖未挑起「肢體衝突」，但「語言衝突」仍充滿「火藥味」。應當看到，民進黨長期以來在臺灣政壇上所處的弱勢地位，以及該黨骨幹人物狹隘、偏激、好鬥的性格和低劣的政治素養，都決定了它在與國民黨抗爭的策略運用上不可能是單一的、高層次的。總之，民進黨距離現代的成熟政黨還有很長的路要走。

（四）派系爭鬥的多元化。

「國代」選舉的慘敗，「臺獨黨綱案」所引發的危機，加之五全大會後中央權力核心的重組，「新潮流」勢力的急增以及祕書長改選風波等等因素的刺激，使民進黨內「美麗島系」和「新潮流系」兩派的矛盾衝突愈演愈烈。一九九一年底至一九九二年初，兩派大有分道揚鑣之勢。當時黃信介揚言：「萬一民進黨真的被解散也沒關係，民進黨趁機可以整頓內部問題，過去不和的趁此機會分開，一黨叫『民主黨』，一黨叫『進步黨』。」這種情況使夾在兩派之間的「泛」字號人物如謝長廷、陳水扁、江鵬堅、邱連輝等人頓生「危機感」。他們不甘心受兩大派系的要挾，開始串聯組合，累積自己的「山頭」。一月下旬，謝長廷、江鵬堅、張俊雄、李慶雄等積極運作，醞釀成立第三派系。臺灣報紙說：「由美麗島系與新潮流系之外的人士所結合的第三派系，將可能定名為『非派系聯盟』」；「據核心人士表示，『非派系聯盟』勢將在六月前成立，藉由立委選舉的部署完成整合。」其實這些人早在一九九一年「國代」選舉時就已私下串聯頻仍，只因後來受到黨內輿論的壓力才稍有收斂。與此同時，在「國代」選戰中由陳水扁、邱連輝為首組成的「正義連線」亦加強了組織化運作，形成了黨內新的次級團體。一月三十一日，該連線提出「十大制憲宣言」，內容雖無新意，但其代表派系觀點的用意則是很明顯的。在以後幾個月的發展中，「正義連線的成員不僅越來越多，聲勢上也是水漲船高，儼然有黨內第三派系的架勢」。然而「正義連線」的不斷發展卻又觸動了「謝系」的利益，尤其是當陳水扁將謝長廷的密友江鵬堅也拉入「正義連線」之後，謝長廷大為惱怒。於是九月上旬，謝長廷如法炮製，也集結了一批人組織起一個「臺灣福利國連線」，公開與「正義連線」爭奪區域立委候選人。臺灣報紙報導說：「某位黨中央幹部表示，謝長廷、陳水扁各組連線表示要對外開拓票源的本意，在目的末達成之前，就先造成黨內同志的緊張關係，其較勁意味，遠遠超過對外競爭的用意。」

新的派系產生後，立即沿襲了民進黨的內鬥惡習，而原有兩大派系在互鬥過程中，內部亦出現了新的分化跡象，從而使民進黨內的派系爭鬥愈加變得錯綜複雜。「美麗島系」自一九九一年五全大會上痛失中常會主控權和祕書長職位後，幾乎將一切希望都寄託在黨主席許信良身上。而許信良為尋求黨內派系的平衡，又不得不幾次置「美麗島系」的利益於不顧，因而引起「系內人士的強烈不滿」。這樣，在「美麗島系」內部就逐漸形成了以許信良為一方，以黃信介、張俊宏為另一方的兩個核心。九月份，「美麗島系」十一位立委候選人組成的「政治家連線」中，「幾位中堅幹部皆對外宣稱『我們已經不是美麗島系』」。而「美麗島系」內部的新生代亦在此時產生離心傾向。例如在九月份民進黨內的政黨比例及僑選立委候選人的預選中，「美麗島系」的新生代推出陳昭南公開與許信良、黃信介屬意的張旭成抗衡，即顯示出這一動態。至於「新潮流」方面，其內部矛盾與分歧亦已公開化。由於「新潮流」從運動路線向選舉路線轉變，引起派系內部的劇烈爭吵，其「剛性」組織路線因此而受到動搖，「出現第二代向領導團隊決策表示異議的反常現象」，「小弟爭相出頭的戰國時代即將到來」。此外，「獨盟」勢力的介入，也使得「新潮流」島內急進臺獨的領袖地位大受威脅。一方面他們需要和「獨盟」聯手與「美麗島系」爭奪黨內的主控權，另一方面又要防範「獨盟」蠶食其苦心累積起來的島內政治資源，這給「新潮流」帶來了很大的困擾。

特別值得注意的是，一九九一年角逐黨主席落敗而尚未加盟任何一派的重量級人物施明德，也於一九九二年六月十四日主控成立了一個「新臺灣重建委員會」，並公開表示他不能只定位在「中常委」的身分上，擺出了一副有朝一日要取黨主席許信良而代之的架勢。如果考慮到施明德的長老教會的背景和與文化、學術界的淵源，他不無可能成為新的一派領袖，並在未來民進黨內的權力之爭中扮演舉足輕重的角色。

總之，一九九二年民進黨的派系之爭明顯呈多元化，誠如臺灣《中國時報》六月十四日的一篇報導中所指出：「最近一年來，由於內外因素並發，民進黨派系出現分化發展，民進黨派系生態結構已從春秋時代進入戰國時代。」二屆立委選舉的勝利，暫時緩和了民進黨內派系分合的緊張情勢，但矛盾並未因此消除，裂痕依舊存在，可以預見，隨著島內政局的演變，民進黨今後仍將面臨複雜的派系鬥爭。

（五）加強「政黨外交」，尋求美國支持。

民進黨的生存與發展，在很大程度上是仰仗美國的撐腰。人們不難發現，每當民進黨處境不妙時，總要向美國尋求某種保護和支持，並美其名曰：「政黨外交」。二屆「國代」選舉失利後，處在內外交困中的民進黨於年內連續兩次由黨主席許信良親自率團赴美乞援，可謂異乎尋常。

第一次是一九九二年三月，這是民進黨成立六年來首次由黨主席帶隊赴美作正式公開訪問。行前，當年「黨外四人行」主角之一的黃煌雄接受記者採訪時宣稱：「民進黨作為臺灣最大的反對黨，有責任也有義務尋求美國的瞭解，讓國際知道民進黨的訴求。」剝開這段話的外交辭令，不啻是說：在當前民進黨面臨遭國民黨解散的危機之際，有必要尋求美國的保護和支持。許信良到美後除繼續鼓吹臺獨外，更以美國的在臺利益相引誘。他說：「國民黨多年來一直在排阻外人參與臺灣快速的經濟發展」，此舉等於「拒絕給予美國及其它外商得利於我們經濟成長的機會」，「這種情形尤其存在於保險、銀行、證券交易、電訊、訊息、公共建設等方面」。「而這些也正是美商保有高度競爭力的部門」。並滿口承諾民進黨將致力於消除關稅及非關稅貿易障礙。臺灣報刊評論說：「民進黨主事者在進行這種嘗試時，最好別以為經貿外交像基本民主政治理念那麼簡單，人人可無師自通，要知道，經貿外交如果玩得不好，不但可能搬石頭砸自己的腳，也可能使自己的角色扮演發生錯亂。」民進黨發動的『四一九』遊行開始後，美國參院外委會主席佩爾風塵僕僕遠道趕來助陣，民進黨人感激涕零，倍受鼓舞。當臺灣在美國「三〇一條款」威脅之下趕忙向立法院送交「著作權法修正案」時，民進黨立委一反以往對國民黨各種提案一概抵制反對的常態，在立法院賣力護航，使該提案得以很快順利通過。據臺灣報刊揭露，該提案提交立法院辯論時，民進黨籍立委魏耀乾竟然將美國稱之為臺灣的「宗主國」。不難想像，民進黨一旦執政，臺灣一旦真的「獨立」，那麼這種所謂的「獨立」將意味著什麼！

第二次訪美是七月份。當時正值民進黨內因「賄選」風波發生嚴重危機，許信良不顧黨內許多人反對黨主席此時出國訪問的呼聲，執意應邀率團赴美，出席美國民主黨年會。當布希不顧中國政府的強烈反對公然宣布「對臺軍售案」之後，一向主張減少「國防預算」的民進黨再次一反常態，對美此舉表示熱烈歡迎、衷心感謝！並趁此機會又一次掀起臺獨波瀾，毒化兩岸氣氛。

二、民進黨二屆立委選舉獲勝之原因分析

二屆立委選舉，國民黨受挫，僅獲得53.02%的選票及一六一席次中的九十六席；民進黨則取得了突破性的進展，獲得31.03%的選票及五十席立委，首度接近三分之一的席次。究其原因，主要有以下主客觀兩個方面。

從客觀方面來說：

（一）國民黨內鬥空前激烈，削弱了自身力量，使民進黨「坐收漁翁之利」。

二屆立委選舉是近幾年來島內最重要的一次選舉，它不僅關係到國、民兩黨在臺灣政壇上的實力消長，同時也直接影響到國民黨內部「主流派」與「非主流派」之間權力再分配的關鍵之戰。因此進入一九九二年後，國民黨內的兩大派就展開了愈來愈激烈的明爭暗鬥。選舉作業開始後，以李登輝為首的「主流派」利用主控黨中央的有利地位，採用限制提名人數、控制輔選系統等手段，極力壓制以郝柏村為首的「非主流派」，企圖通過這次選舉盡量削弱「非主流派」在未來立法院中的實力，以為一九九三年初行政院改組時除掉郝柏村，並為在隨後召開的國民黨「十四大」上全面掃蕩「非主流派」勢力奠定基礎；而處在「生死存亡」之秋的「非主流派」當然不甘任人宰割、自動退出歷史舞台，於是利用一切機會向「主流派」反擊。一九九二年中，在臺灣社會、政壇上曾引起強烈震撼的一連串事件，如所謂「十八標工程關說案」、「土地增值税案」、「證交税調降案」、「一中一臺違紀案」等等，實際上都是國民黨內兩派勢力較勁的具體反映。「財政部長」王建煊，特別是「環保署長」趙少康毅然辭去公職，自行參選，典型地反映了「非主流派」強烈的危機感和不惜「背水一戰」的決心。競選拉開序幕後，兩派立委候選人互相抨擊，互挖牆腳，使國民黨的選戰布局一片混亂，文宣攻勢頓挫，票源大為分散，無法發揮整體作戰的優勢，大大削弱了自身的力量。其結果，雖然有一批「非主流派」戰將以高票當選，但許多「主流派」屬意的候選人卻紛紛落馬，敗在民進黨人手裡。李登輝本想借這次選舉之機剷除黨內異己，結果卻事與願違，反而讓民進黨大獲「漁翁之利」。

（二）廣大民眾對國民黨腐敗統治強烈不滿，期望建立制衡體制，由於「第三勢力」難成氣候，民進黨遂成為這種民眾意願的受益者。

臺灣的政治轉型已初步上軌，廣大民眾在二屆「國代」選舉中雖然承認了國民黨統治的「執政地位」，但並不希望重新出現「一黨獨裁專制」的局面。特別是在一九九二年春召開的「國大臨時會」上，國民黨籍「國代」利用他們掌握修憲主導權的地位，爭權謀利，將原本「無給職」的「國代」改為「高給職」等等，引起廣大民眾的強烈不滿。爾後又出現一連串的如「十八標工程關說案」和「土地增值稅案」、「證交稅案」等，「金權政治」愈演愈烈，內鬥不息，廣大民眾深感失望，競選的大氣候本已對國民黨十分不利。然而國民黨高層人士卻仍陶醉於二屆「國代」選舉獲勝而罔顧民情，在立委候選人提名時反其道而行之，九十八名候選人之中，「金牛型」的人物竟然多達三十六人。加之競選期間國民黨籍的候選人「賄選」空前猖獗，花樣翻新，更招致選民的極大反感，普遍期望有一個強大的反對黨來制衡國民黨。而目前在臺灣政壇上，「第三勢力」勢單力薄，在這次選舉中雖然分別推出一百多人參選，但大都不具知名度，且一盤散沙，難成氣候，在選民心目中，唯有民進黨有能力充當制衡國民黨的角色，因此有相當數量的中間選票流向了民進黨。

從主觀方面來說：

（1）民進黨文宣造勢較為成功，抓住了國民黨的弱點，爭取到不少中間選票。

民進黨吸取了上一年二屆「國代」選舉失敗的教訓，在這次選舉中刻意淡化臺獨主張，轉變訴求重點，調整抗爭策略，在一定程度上使民進黨不良的社會形象得以改善。特別是文宣攻勢堅持打「財經牌」，並迎合選民心理，抓住國民黨「賄選」、「金權政治」等要害集中火力猛攻，「三反三要」的口號明確、尖銳，引起選民的強烈反響，收效很大。臺灣報紙評論說：「國民黨李登輝曾經對於三反與三要提出反駁，可是相當缺乏說服力」，民進黨以公共政策爭取選民認同，「雖然部分內容引起諸多爭議，也未能在一夕之間贏得民眾對民進黨具執政能力的信任，但對民進黨外在形象的提升，確有極大助益。」與二屆「國代」選戰時相反，這次立委選舉，國、民兩黨文宣攻防位置完全改變，國民黨始終被動挨打，而民進黨則咄咄逼人。

（2）民進黨「一中一臺」的主張模糊了臺獨訴求的急進性，對欺騙部分選民、拓展中間票源有一定作用。

一九九一年底二屆「國代」選舉的結果，反映出大多數臺灣民眾求穩怕亂、反對臺獨的心態。這次選舉民進黨改變策略，重新拉起溫和的面紗，在中韓建交後，利用臺灣「外交」挫敗之機，提出「一中一臺」這一含義較為模糊的臺獨訴求，並將這種訴求隱藏於該黨提出的一整套公共政策之中。由於「一中一臺」的主張很難與國民黨「主流派」推行的「獨臺」政策劃清界限，具有相當的迷惑性、欺騙性和可接受性。誠如臺灣學者説：「民進黨今年的一中一臺主張，系與外交政策、大陸政策銜接討論，人民的排斥率降低」，因而也吸引了一部分中間選民，拓展了民進黨的票源。

（3）民進黨「精鋭盡出」，取「名人效應」；加強組織運作，發揮「整體作戰」優勢，提高了得票率。

今年二屆立委選舉是島內近幾年來首次具有政權轉移可能的一次最重要的選舉，雖然民進黨目前尚無問鼎實力，但選舉結果對以後幾年舉行的省、市、縣長及立委乃至總統選舉都將產生重大的影響則是不言而喻的；而且立法院是未來臺灣政壇上的重鎮和最重要的「角鬥場」，一切重要議案均需立法院審議通過。因此，民進黨「視此次選舉為『臺灣民主成敗的關鍵』」之戰，較二屆「國代」選戰更為重視。於是它充分利用了臺灣民眾「選人不選黨」的選舉心理，全力推出黨內最具知名度、最有社會影響的「明星級」人物參選，如姚嘉文、黃信介、張俊宏、施明德、謝長廷、陳水扁、呂秀蓮、邱連輝、彭百顯、邱垂貞、林濁水、盧修一、洪奇昌、顏錦福、陳婉真……這些都是經常在媒體曝光，臺灣民眾「耳熟能詳」、「家喻戶曉」的民進黨各派系龍頭。臺灣報紙説，這次民進黨是「全黨菁英盡出」，「幾乎在每個選區都有強棒，氣勢大有別於去年的第二屆國代選舉」。民進黨由這批「重量級人物」牽線，組成所謂「政治家工作室」、「福利國連線」、「正義連線」等各種名目的「連線」或派系山頭、次級團體，強化了組織運作和輔選，發揮了「整體作戰」的優勢。選舉結果證明，民進黨的上述策略對於吸引選民、提高得票率和當選率確實造成了重要作用。

三、民進黨的未來走向

由於這次二屆立委選舉的勝利，民進黨在今後臺灣政壇上的實力和影響大為增長，黨內各派系對於通過「議會選舉道路」擊敗國民黨、走上執政之路，將進一步達成共識，信心大為增強。該黨的近期目標，將全力轉入一九九三年底的縣、市長選舉，以期奪取盡可能多的席位，形成所謂「地方包圍中央」的態勢；遠期目標，則是贏得總統選舉或謀取三屆立委超過半數以上的席位，取代國民黨的執政地位；而最終目標，則是謀求臺灣脫離中國而獨立。

為達成上述目標，民進黨在今後幾年內的可能走向是：

1.鑒於二屆「國代」選舉慘敗和二屆立委選舉獲勝這正、反兩方面的經驗教訓，今後民進黨將會繼續淡化臺獨訴求，關注公共政策，減少街頭群眾運動和議場上的「肢體抗爭」，以圖進一步改善社會形象，迎合臺灣民眾的心態，在今後的選舉中獲取更高的得票率和當選率。

2.由於民進黨立委席位已增到五十席，立法院內的十二個專業委員會中民進黨籍立委將占據相當數量的「召集委員」。而且僅差四票民進黨即可在立法院否決國民黨的各種提案。可以預料，今後民進黨必將進一步在立法院加強對國民黨的抗爭，以擴展其在臺灣政壇和社會上的影響力。所謂開放電子傳媒，總統和省、市長直選、軍隊「國家化」、打破國民黨黨營事業壟斷經營以及各種人事任免、預決算審查、大陸政策等方面，都將是民進黨抵制國民黨的主要議題。另外，也不排除民進黨在某種情況下拉籠無黨籍乃至少數國民黨籍立委，形成暫時的多數，否決國民黨執政當局的一些重大決策性提案。因此，在未來的立法院中，兩黨的鬥爭將愈加劇烈和複雜，溝通將愈加重要和頻繁，但同時也將會愈加困難。

3.為加強「問政」能力，並為日後的執政奠定基礎，民進黨將利用現有的人才組建「影子內閣」；同時將加緊向知識界、學術界、工商企業界滲透，盡可能多地吸收具有專業知識和素養的人才人黨，加強公共政策研究，為「影子內閣」提供問政和決策諮詢，並為日後執政儲備人才。

4.淡化臺獨訴求只是民進黨的策略調整，並不意味著它已放棄了臺獨主張。因此這種所謂的「淡化」是有限度的、不穩定的。由於民進黨在立法院中的實力大幅提升，可以預料，今後民進黨立院黨團一方面將極力抵制任何有利於兩岸關係發展的政策性法案，致使這類法案難以順利通過或久拖不決；另一方面將以該黨制定的所謂「現階段兩岸關係及對中國政策」為藍本，在立法院中提出各種提案或質詢，竭力推銷其「兩國兩府」為中心內容的「大陸政策」。

5.二屆立委選戰的勝利，暫時緩和了民進黨內各派系間的矛盾衝突，加之縣、市長選舉在即，極需一致對外，故在短期內不致發生組織分裂的危機。但矛盾的暫時緩和並不等於分歧的解決，相反，由於民進黨各個派系的代表人物均已進入立法院，特別是「中間派系」獲得了超過「美麗島系」和「新潮流系」的多數席位而竄升為民進黨立院黨團中的「主流派」，因此，民進黨各派系在未來的立法院中，立場的協調統一將會愈加困難，內部矛盾將進一步多元化、複雜化，一有風吹草動，新的派系爭鬥乃至分裂危機仍有可能發生。

6.由於民進黨在臺灣政壇上的地位和實力大為提升，從而增強了進行「政黨外交」和介入兩岸事務的信心和資本。可以預料，今後民進黨一方面將會進一步拉攏美國和西方政界中的反華勢力，爭取盡可能多的國際同情，擴大其國際影響，妄圖將臺灣問題「國際化」。以「臺灣」名義進入聯合國，將是民進黨今後努力奮鬥的既定目標。另一方面，為爭取臺灣工商企業界的支持，影響兩岸關係發展，民進黨有可能進一步採取步驟，試探與中共的接觸與交往。

（《臺灣一九九二》，與何磊合撰）

臺灣地方意識與國民黨當局的「憲政改革」

始於九十年代的臺灣「憲政改革」是國民黨當局「政治革新」的重大步驟。它將實現國民黨政權的臺灣化，對中國政治和兩岸關係產生重大影響。那麼臺灣的「憲政改革」何以能夠推行？廣大民眾在這個過程中表現出何種意向與特點？這種意向和特點又將對今後兩岸關係產生什麼影響？筆者就上述問題試作如下粗淺分析。

（一）

七十年代以後，隨著臺灣經濟的發展，地方財團迅速崛起，中產階級和知識分子階層迅速壯大，臺灣社會階級結構出現了重大變動。為了維護自身利益，這些新興的社會階層和集團強烈要求參與臺灣地方政治。他們這種因經濟實力的變化而產生的政治需求，又通過以認同臺灣為聚集地，要求掌握自己的命運，維護島內穩定與發展這種臺灣地方意識而強烈表現出來。

所謂「地方意識」主要是指人們對於其生活、居住地域的認同。從中國歷史的發展歷程看，千百年來人們以農耕為生，由於每家耕種面積小，需要水利，為了安全，以及中國宗法治度下的財產繼承制度，使人口在一個地方一代一代地聚集起來，並形成大小不等的村落。世代定居成為生活在這些村落中的人們的常態。因而，他們在活動範圍方面有地域上的限制，加之交通不便，區域間接觸往往相對較少，村落與村落之間相對隔離，各自保持著相對孤立的社會圈子。每當遇到天災、戰亂，部分農民便背井離鄉另謀生路，這樣便出現了基層人口的流動。對於處在遷徙中的農民來説，「同村」是相互信任、幫助、認同的最小地域單位。由此推及，在本鄉與外鄉，本縣與外縣，本省與外省，本國與外國的人員交往中，人們首先信任和認同的是本村、本鄉、本縣、本省、本國的人。所謂

「河北人」、「廣東人」；所謂「鄉里」、「鄉親」；所謂「月是故鄉明」、「低頭思故鄉」等等，就是這種地方意識（或曰地域意識）的反映。就生活在臺灣的人們而言，其獨特的地理環境與歷史際遇，又使得這種地方意識帶有不同於大陸其他地區的鮮明特點，即具有相對牢固的地域認同感，強烈要求主宰自己的命運，並願為此而奮勇抗爭，流血犧牲。

七十年代以來，伴隨著臺灣經濟的發展而急劇膨脹起來的臺灣地方意識，以強烈要求參與臺灣的政治生活為其重要特徵。這給國民黨政權的統治造成了強烈衝擊。為了適應這一變化，以鞏固國民黨在臺灣的統治地位，自1986年起，國民黨當局開始實行所謂「政治革新」。此後，解除「戒嚴」，開放「黨禁」、「報禁」等等。使得在國民黨三十多年高壓統治下所造成的民間積怨得以表達。臺灣地方意識迅速公開抬頭。

所謂「公開抬頭」，這裡主要是想強調，戰後，特別是1947年「二二八」事變後，臺灣地方意識作為臺灣民眾的一種地域認同觀念，它一直十分濃厚。1949年國民黨政權退據臺灣後，將其在大陸建立的那一套專制獨裁統治體制移植到臺灣。這一政權在政治上偏安一隅，卻又妄稱「代表全中國」；它依靠軍、警、憲、特和高壓手段維護自己的統治，與臺灣民眾尖鋭對立；它片面追求經濟上的發展，卻罔顧勞工利益，漠視環境保護與消費大眾的權益；致使臺灣在經濟高速發展的同時，付出了巨大的社會成本。因此三十多年間臺灣地方意識便在一定程度上通過對所謂「外來」的國民黨政權的不滿與反抗這一政治問題，以省籍矛盾的形式曲折地表現出來。儘管在國民黨當局的「戒嚴」體制下，臺灣民眾的這種不滿與反抗情緒遭到壓抑，但卻在不斷地積蓄。於是，當臺灣解除「戒嚴」、開放「黨禁」、「報禁」後，臺灣民眾久蓄於胸的這種對國民黨政權的不滿與反抗情緒便猶如開閘之水，夾帶著泡沫和泥沙奔流而出了。

一時間，政治受難者人權運動、原住民人權運動、老兵福利自救與返鄉運動、反汙染自力救濟運動、婦女運動、勞工運動、教師人權運動、校園自治運動等等，此起彼伏，一浪高過一浪，使得沉寂多年的臺灣社會喧囂不已。從這些運動所提出的綱領、口號與鬥爭目標來看，儘管有些運動提出了帶有明顯或若明若暗的分離主義傾向的綱領或口號，但這並不是八十年代中期以來臺灣社會運動的主流。這一時期臺灣社會運動的共同特點是：堅決維護自身權益，強烈要求主宰自己的命運，以改變其現有的不盡合理的生存環境或方式。這體現了臺灣地方意識的基本特徵。

如果説臺灣「政治革新」的推行，使得臺灣地方意識迅速公開抬頭的話，那麼，臺灣地方意識的抬頭又推動著臺灣的「政治革新」不斷向縱深發展，並在一定程度上規定和影響著其發展的進度與方向。

例如在臺灣政治權力的整合方面，繼國民黨當局調整所謂「中央民意機構」，採取強制「退職」辦法，迅速減少立法院、監察院和國民大會中大陸籍「資深代表」名額，大幅調整臺籍與年輕「增額民意代表」的比重後，1990年1月臺灣立法院通過「第一屆資深民意代表退職條例」；同年4月，國民黨中常會通過「黨籍資深立委二年三階段退職」辦法，要求「資深立委」兩年內全部退職；1991年4月「國大臨時會」召開，制定「憲法增修條文」，授給第二屆「國大」以必要的「法源」；1991年底舉行二屆「國大代表」選舉；1992年初召開二屆「國大臨時會」；1992年底對立法院進行遷臺四十多年後的首次全面改選……

經過這樣一番整合，臺灣政治權力機構發生了兩個重大變化：

第一，臺灣政治權力機構中，省籍結構由過去以大陸籍人士為主體變成以臺籍人士為主體；政黨結構由過去國民黨「一黨獨大」變為民進黨與國民黨在立法院中席位漸次接近；年齡結構則由老一代「資深民意代表」和「資深立委」占絕對優勢變為在臺灣政治權力機構中以中壯年為主導。

第二，進入臺灣政治權力機構的年輕一代，普遍接受過西方式的民主教育。其知識化、專業化程度高，獨立性強，對臺灣有較深的地域認同感。同時，他們經過競選而步入政權機構，因此在今後的問政、參政、行使職權過程中，他們為了塑造自己的形象，爭取選民，保證連任，將會較多顧及民意反應。

這樣，在未來臺灣政局的變化中，在海峽兩岸關係的發展方面，普遍存在於臺灣民眾之中的臺灣地方意識，又將作為一種潛在的力量，起著推動或制約的作用。

（二）

既然臺灣地方意識將對未來臺灣政局和兩岸關係發生重要影響，我們就有必要對現階段，特別是對臺灣所推行的「憲政改革」期間臺灣地方意識的具體表現進行分析。

根據臺灣各傳播媒介在「憲政改革」期間所做的民意調查、「國代」、立委候選人在競選過程中所發表的演講，以及報刊刊登的有關報導，我們似可對臺灣地方意識在目前的具體表現做如下概括：

第一，強烈要求參與臺灣的政治生活。

在1991年底二屆「國代」選舉期間，臺灣報刊登載了「二屆國代」候選人財經背景掃描的文章。這些文章說，在臺灣北部，臺北市的「國代」選情與財團掛鉤較不明顯，但仍可看出端倪；臺北縣和桃園縣則深為地方派系財團所把持。在臺灣南部，高雄市選情受各大企業變數影響，高雄縣則以派系為基礎，做輻射狀延展。文章將這種現象稱之為「臺灣工商界的政治投資學」，認為工商界之所以公開投資這些政治代言人，是因為「期望通過政治角力鬥場上的勝利，來保證他們的商業資源」。

不僅工商界，臺灣學界也積極投入選戰。《新新聞》週刊第247期曾以《學長學姊打選戰，學弟學妹來幫忙》為題，報導了臺灣學運成員大舉投入選舉參選及助選的情況。據作者統計，臺大、政大、輔仁大學、東吳大學、中興大學等校學生社團的學生，擔任候選人的「文宣策劃」，或擔任候選人的「助理」，或管理候選人的「行政事務」，或幫助候選人收集、分析政見。此外，還有不少知名學生為候選人助講。學生們認為，候選人之所以來找他們，主要是因為近一兩年學運引起大家注目，選民覺得大學生形象好、新鮮，所以想聽大學生演講。而他們之所以願意去助講，除理念認同外，都因為與該候選人認識或有合作運動的經驗。

這種參與意識在選民中較明顯地表現為「選人不選黨」。據《新新聞》週刊製作的「臺灣當前主要問題」問卷調查，民眾對於「如果現在舉行任何一種選舉，有下列幾個政黨的候選人參選，你比較願意投票給哪一黨的候選人」這一問題，回答「視候選人而定者」，1990年為66.4%，1991年為57.8%，1992年為62.4%。

民眾的參與意識在候選人方面則反饋為他們大多在競選過程中強調自己將作為民眾的代言人。例如，臺北縣第一選區候選人簡省三在其競選廣告中這樣說：「中央要有基層的心聲，方知土城的需求，簡省三，我們下情、上達的代言人！」南投縣第一選區候選人林光演表示：要「為弱勢農業爭生存」，「要以民意為依歸，與民共甘苦，民之所惡惡之，民之所好好之」。高雄縣第四選區候選人陳子欽則以做過河卒子自勉，表示要「為客家文化的延續發展，開創契機，為臺灣前途的開展，創造生機」。

民眾的參與意識與候選人的反饋二者之間互動的結果往往對選舉產生影響。例如，在二屆立委選舉中，國民黨的魏鏞選前並不看好，但選舉結果卻名列前茅。民進黨的沈富雄因臺北南區很多選民看中他是留美醫學博士而高票當選。至於民進黨的其他一些候選人，由於選民投票時首先考量的是其本人而非其政黨屬性，也因此能夠當選。

由此可見，存在於民眾之中的強烈的參與意識，一方面推動著他們積極參與臺灣的政治生活，一方面又促使他們根據自己的利益與價值取向去選擇臺灣政界人物。這預示著，經由選舉而步入政界的人將不得不在一定程度上兌現自己在競選中的承諾。於是臺灣地方意識便將作為一種長期起作用的因素，對今後臺灣政局和臺灣當政者的政策走向產生影響。

第二，對國民黨的統治體制與統治方式不滿。

《新新聞》週刊自1990年9月起，連續三年製作的《臺灣當前主要問題》抽樣問卷調查中，有五個題目從一個側面反映出這方面的情況。這就是：

40%以上的受訪民眾「非常同意」、「相當同意」或「有點同意」「法院不公正」這個看法。

60%以上的受訪民眾「非常同意」、「相當同意」或「有點同意」「民意代表只為自己謀利，沒有反映民意」這個看法。

近20%的受訪民眾「非常同意」、「相當同意」或「有點同意」「目前我們的國家缺乏好的領導」這一觀點。

40%以上的受訪民眾「非常同意」、「相當同意」或「有點同意」「高層政府人物忙於權力鬥爭，而不重視民意」的看法。

23%的受訪民眾對國民黨上半年的執政表現「有點不滿意」、「相當不滿意」或「非常不滿意」。

民進黨在「憲政改革」中充分利用了臺灣民眾的這一心態。例如他們在為競選「國代」而製作的電視宣傳片中有這樣一段解說詞：「四十年來，我們只能有一種想法、一個方向、一條道路」。「除此之外，你就會被扭曲、抹黑甚至消滅」。「你願意讓我們的孩子，也在同樣的道路上，走向一個模糊的終點嗎？」「我們相信你是一個有獨立思考能力的人」。「你能夠創建更多的想法、更多的方向和更多的道路，獨立思考，自主選擇，現在正是時候」。

國民黨則針對民眾心態以「您的老朋友」的身分走上螢幕，強調自己「有處理危機的能力」，表示自己執政，「政治要革新」、「社會要安定」、「經濟要繁榮」。

候選人亦毫無例外地針對臺灣民眾的上述心態提出各自的競選口號。例如，在二屆「國代」競選期間，高雄縣第二選區候選人簡茂松提出「要官意符合民意」，「要人權不要特權」。臺北市的陳安邦、臺中市的林俊義、臺南市的唐碧娥、臺北縣的陳忠作、桃園縣的鄭寶清等19人號召選民「請與我們一同拒絕賄選」。他們說：「醬油味精不會使自由更美味，肥皂牙膏不會使政治更乾淨。花錢買票就是要臺灣沒有出頭天！」

九個月後，當69.1%的臺灣民眾認為「民意代表只為自己謀利，沒有反映民意」時，來自國民黨和民進黨方面參加二屆立委競選的60位候選人以「中秋明月，鑑我清心」為題聯合發出誓言：「我等銘誓，於壬申年底，立委大選，必當杜絕賄選、暴力、誣告、謾罵、人身攻擊等不當之行為，並行監督檢舉之義務，務使大選公正於天下。天日昭昭，明月鑑我清心。如違誓言，有如天狗食月化為烏有。」

如果說上述材料還只是間接折射出臺灣民眾對於現實政治不滿的話，那麼在1992年底所進行的二屆立委選舉中，許多「金牛級」候選人紛紛落馬的事實就直接反映了臺灣民眾「要清流，不要主流、非主流」態度。第三，自身利益與本島利益第一。

生活在臺灣的民眾，希望自己的生活環境穩定，既有利益不受損害。因而他們十分關心島內涉及其社會生活各個層面的問題的解決。至於島內政爭、海峽兩岸關係問題，也都以不造成社會動盪為前提。這個特點在「憲政改革」期間表現得十分明顯。

首先，在「國代」、立委的競選中，「要福利社會不要暴力社會」、「要人民當家不要強人當政」、「要競爭不要政爭」、「要環保不要太保」、「要建國不要濫建」的競選綱領折射出臺灣民眾關心涉及自己切身利益問題的心態。

例如，臺北市第三選區「國代」候選人陳鴻基在競選過程中列舉臺北市施工、地下管道、垃圾、綠地、飲用水水質等9個直接影響市民生活的問題，並一一提出對策，表示自己「不僅關心憲政大業，更關心您的生活」。桃園縣第一選區「國代」候選人徐振興則在自己的政見中表示，「力求安定，促進社會和諧。提供安居樂業的生活環境」；「加強溝通，改善勞資關係，促進勞資合作，提高生產效率」；「發展科技，培養經濟發展高級人力資源，推動工業升級」；「善盡言責，探求民隱，反映民意，促使政府加速國家建設」；「健全金融法規，促進基層金融蓬勃發展」。臺北市第三選區「國代」候選人廖書雯更以「這就是我們喝的水嗎？」作為自己競選廣告的標題，以吸引選民。

其次，與關心其切身利益諸問題相聯繫，臺灣民眾「求穩」的心態也是顯而易見的。這不僅表現為只要臺灣地方政壇一有風吹草動，股票立刻暴跌，資金開始外移，而且表現為臺灣大部分民眾對臺獨主張不認同。

例如，在二屆「國代」競選過程中，民進黨公開提出了建立「臺灣共和國」

的主張，這使它的得票率從1989年臺灣「區域立委」選舉時的27.3%下降為23.9%；其得票數為2036271張，是國民黨得票數6053366張的33.6%。

例如，在二屆立委選舉過程中，臺灣朝野兩黨為贏得選舉的勝利，使出渾身解數。國民黨方面不僅提出了20條競選「共同主張」，採取對候選人員足額提名與實行小選區等策略，而且動員了包括李登輝在內自上而下有組織的強大宣傳攻勢。但是，其所獲席次和得票率都比預計的低。而其高票當選者的一大特色則是堅持「一個中國」，反對臺獨的候選人，如趙少康、王建煊、郁慕明、關中、李慶華、魏鏞等。

如果我們進一步分析這些高票當選者的競選綱領，那麼可以再次印證廣泛存在於臺灣民眾之中的本島利益第一的價值取向。例如，李慶華在競選演說中，抨擊金權政治扼殺社會正義，揭示「一中一臺」禍害；宣傳直航有理。他認為兩岸直航有利於臺灣人民，可以省時、省力、省錢；兩岸交流的目的在於維持兩岸和平。唯有兩岸和平，臺灣才能繼續安定、繁榮、進步。他指出，真正愛臺灣的人必須要把兩岸和平放在最優先的地位。他說自己不是「急統派」，而是「熱愛中華民國的『民主統一派』」。他呼籲人們「捍衛中華民國，反對一中一臺」。這一「捍衛中華民國的戰將」的形象，使他以高票當選為二屆立委。

同一時期，民進黨在二屆立委選戰中之所以獲勝，主要原因之一也是因為它吸取了二屆「國代」選戰慘敗的教訓，刻意淡化臺獨訴求，改打「公共政策」、「財經」牌，因而才吸引了不少中間選票。

上述現象的出現，正如臺灣報刊所評論：「臺灣已經是一個穩定和要求穩定的社會，意識形態遊戲的空間將會縮小，務實改革者的空間將會增大」，「以『理想』、『崇高』等虛妄的事務已不能吸引選民，選民要求的是比較負責、比較用功、比較有見識和有擔當的政黨及政治人物。」可以預見，這種現象勢必在1993年底縣市長選舉以及今後的一系列選舉中愈加清楚地顯現出來。

通過以上分析我們可以看出，當前普遍存在於臺灣民眾之中的地方意識，在保持其地域認同和要求主宰自己命運等基本特徵的同時，還帶有臺灣戰後歷史發展的特殊印記。這就是：對國民黨的統治方式與政策的不滿，特別是對國民黨政權在臺灣工業化過程中直接損害部分地區民眾利益的做法強烈不滿。這種不滿和對居住地域的認同，使他們在參與臺灣地方政治生活時，首先關注的是其自身利益、本島利益不受損害。因而求穩怕亂。同時，他們在保持其既得利益的前提下，又希望進一步擴大這些利益。於是求安定、求和平、求發展便成為他們考量涉及島內各種問題的出發點。

（三）

展望未來臺灣地方意識對臺灣政局和兩岸關係的影響。可作以下推斷：

第一，從「憲政改革」期間，特別是競選過程中，臺灣各派政治勢力相互鬥爭的狀況來看，島內黨派鬥爭已開始由過去以國民黨或民進黨劃線，表現為候選人的政治觀點、施政主張能否為民眾所接受。這不僅表現為在二屆「國代」選舉前有57.8%的受訪民眾表示要根據候選人而決定自己的投票行為；在二屆立委選舉前又有62.4%的受訪民眾表示要視候選人而決定自己的投票行為，而且表現為臺灣的受訪民眾認為，他們選總統、行政院長，首先考慮的因素不是其省籍，而是其本人的政治主張、行政能力和是否體察民情。由此我們可以看出，儘管目前在島內不同省籍的人們對於政治生活的感受尚不盡相同，對朝野兩黨的支持率亦有差異，但隨著時間的推移，省籍問題將會逐漸淡化。

第二，隨著島內「憲政改革」的逐步完成，臺灣政壇目前圍繞「憲政改革」而進行的政治鬥爭，將逐漸圍繞公共政策而展開。這在「國代」、立委競選的文宣攻勢中已初露端倪。而《新新聞》週刊所進行的問卷調查中，1992年有57.9%的民眾認為其生活沒有什麼改變，11.6%的民眾認為其生活變差的答案，又從另一個角度為人們提供了未來臺灣政治鬥爭內容變化的社會心理徵兆。由此可以預見，在這樣的社會背景之下，國民黨為了維護其統治地位，將有可能大幅度調整其統治政策和統治方法。

第三，就兩岸關係而言，臺灣的民眾從維護其自身利益出發，將會更加積極地參與其間。為求發展，他們將傾向於海峽兩岸在祥和的氣氛下，擴大各項交流；為求穩定，在今後一個時期內，他們對兩岸統一的要求不會很急迫；同時，他們也不會贊成建立「臺灣共和國」，以避免「刺激中共」，致使兩岸緊張、島內動盪。

這將使得民進黨在與國民黨爭奪對臺灣的執政權的鬥爭中，將會利用現階段臺灣地方意識中對國民黨政權的統治方式與政策的不滿情緒，給國民黨的統治造成更大的壓力與衝擊。但與此同時，迫於民眾的壓力，民進黨為走上執政之路也不得不對其臺獨主張的宣傳與推行有所收斂。並以更加積極的態度介入兩岸事務，以爭取選民的認同。

這對國民黨當局來説，在制定和執行其大陸政策時，將不得不顧及大多數民眾的意願。1993年5月號臺灣《遠見》雜誌所刊登的系列報導《三面高雄》可作為一個特證。這篇報導説，由於國民黨政權多年來實行「重北輕南」政策，高雄地區的政治人物和群眾對此憤憤不平。他們反對「大臺北主義」和「大中國意識」。其地域觀念、本土意識如怒濤拍岸，這使得李登輝幾度研擬重大決策時（如，總統選舉方式、土地增值稅方案）。在親自或委人南下巡訪後，每每政策大轉向。高雄市市長吳敦義也表示，「統一」在臺北獲得支持度如果是「10」，那麼愈往南部則愈淡漠。我們從這裡可以看出，今後上述狀況將會成為制約國民黨當局突破兩岸關係現狀的一個因素；同時也使他們有可能在未來兩岸關係中與大陸、在臺灣地方政治中與民進黨打「民意牌」。

因此，既反「急統」又反「急獨」將成為一個時期國民黨大陸政策的特點之一。而從求穩定求發展出發，不「統」不「獨」，不僅將成為一個較長時期內臺灣地方意識在海峽兩岸關係問題上的主要表現，而且將成為大部分民眾認同國民黨當局「一個中國」、「一國兩府」、「拓展國際生存空間」等項政策的社會心理基礎。

第四，在中國和平統一過程中，臺灣地方意識既有可能被分離主義意識所利用，又有可能抑制島內的分離主義傾向。

目前在臺灣存在於一般民眾之中的臺灣地方意識，與部分人士所鼓吹的分離主義意識交織並存。後者甚至時常以前者的面目來包裝其分離主義企圖。這種狀況，容易使人們誤認為臺灣地方意識的抬頭就是分離主義意識的抬頭。其實二者是不能等同的。

通過前面的敘述我們可以看出，地方意識主要是指人們對於其生活、居住地域的認同。而分離主義意識則是地方意識的無限膨脹，以至於將本地區的利益放在全民族的利益之上，並由此主張該地區與其所屬國互相分離。

就臺灣地方意識而言，它具有相對牢固的地域認同感。這使它與臺灣分離主義意識中對臺灣的認同有相同之處，也是後者得以借前者來鼓吹其分離主張的原因所在。

而分離主義意識之所以能夠在臺灣傳播，又與臺灣人民近百年來的特殊歷史境遇密切相關。以戰後臺灣的歷史發展過程為例。光復之初國民黨政權的所作所為辜負了臺灣人民脫離日本殖民統治，回到中國大陸懷抱後的深切期望。「二二八」事變的發生反映了臺灣民眾對國民黨統治的強烈不滿。其後不久，國民黨政權在大陸的統治崩潰退至臺灣，它不僅帶來了其政權機構，軍、警、憲、特組織，而且帶來了高壓統治政策，從而同臺灣廣大人民更加深了統治與被統治的階級對立關係。然而，對認同臺灣為其生活地域的一般民眾而言，國民黨政權是以外省籍人士為主導，從大陸敗退而來、並強加給自己的統治機構。它不能代表或保障自己的利益。這樣，在臺灣地方意識裡省際交往中認同本省的因素開始發揮作用。對廣大下層民眾而言，國民黨政權對臺灣人民反抗鬥爭的鎮壓，是外省人鎮壓本省人；而具有階級鬥爭性質的反抗國民黨政權的鬥爭，在下層民眾看來又無異於反抗外省人。於是省籍矛盾——這個存在於臺灣的非常敏感而特殊的矛盾，便在一定意義上掩蓋了臺灣的階級矛盾。在這樣的社會氛圍中，相當數量的下層民眾不難與「外來政權都是殖民主義政權」、「反抗殖民壓迫、爭取民族獨立」等分離主義主張發生某種程度的共鳴。於是，臺灣分離主義意識便夾帶著「反抗外來統治」的雨絲灑向民間。

儘管在臺灣地方意識中，認同本省的特點能夠在特定條件下與臺灣分離主義意識中地域觀念的無限膨脹產生共振，但是臺灣地方意識作為中國的地方意識，又有在國際交往中認同中國這個基本特點。這是它與臺灣分離主義意識的本質區別。

「憲政改革」期間，大部分臺灣民眾之所以不同意民進黨的臺獨綱領，固然與其求穩怕亂的心態有關，但若究其社會心理的深層原因就能看到，是臺灣地方意識中認同中國的這個特點在起作用。可以為此提供例證的是，在1992年9月20日—26日《新新聞》週刊所刊登的問卷調查結果中，儘管有36.1%的受訪民眾害怕戰爭；有31.6%的受訪民眾認為臺灣與大陸關係發展的速度過快；有50.6%的受訪民眾認為目前臺灣治安問題嚴重；48%的民眾認為「高層政治人物忙於權力競爭，而不重視民意」，但卻有69.6%的受訪民眾表示「如果有能力、有機會可以移民」，自己「絕對不會移民」；有6.3%的受訪民眾表示「會考慮，但不太可能移民」。

這75.9%的數字向我們提出了一個嚴肅的課題——今後如何發揮臺灣地方意識中認同中國這一特點的積極作用，以抑制島內的分離主義意識，促進中國的和平統一？這需要我們進行認真的思考和回答。

結論

通過以上考察我們可以得出這樣的結論：臺灣地方意識是帶有自己鮮明特色的地方意識。它推動著國民黨當局的「憲政改革」，並在一定程度上影響著「憲政改革」的深度與方向。現階段臺灣地方意識主要表現為臺灣的民眾對國民黨政權的統治政策與方式的不滿；強烈要求參與該地區的政治生活；為使自身利益不受損害，他們求穩怕亂，在處理有關島內外各種問題時，本島利益第一是其價值指向。這體現了臺灣地方意識中認同自己的生活地域、處理省際關係時認同本省的特點。雖然這一特點與臺灣分離主義意識中的地域認同觀念有相同之處，但是，臺灣意識作為中國的地方意識又具有在國際交往中認同中國的基本特徵。這是它與臺灣分離主義意識的本質區別。目前正確認識和評價臺灣地方意識中認同中國的特點，充分發揮其抑制島內分離主義傾向的作用，對於促進中國的和平統一有重要意義。

（臺灣研究會第三屆學術年會論文，與周大計合撰）

一九九三年民進黨政策與策略的調整

一、民進黨活動的主要特點及問題

綜觀民進黨一九九三年的全部活動，不難看出該黨無論在政策、策略上，還是在黨的體質、組織發展等方面均發生了許多變化。這些變化可以概括為如下幾個主要特點：

（一）以「公共政策」為訴求重點，向選民展示其執政能力。

由於國民黨當局「憲政改革」的不斷深化，使民進黨以往賴以和國民黨抗爭的大多數政治訴求失去了著力點，而一九九一年底「國代」選舉民進黨慘遭失敗，則充分證明激烈的臺獨訴求嚴重脫離社會現實而不斷給黨造成巨大傷害。誠如臺灣學者所言：「現階段臺灣政治民主化運動已走到終點，相對的，主權獨立運動也邁向終點。」客觀政治環境終於迫使民進黨內各派達成共識，體認到要想獲得選民的支持，就必須將訴求重點轉向公共政策。該黨立委陳水扁即指出：「民進黨要以福利、財經、環保等議題為重點，不能再停留在過去的意識形態。」基於上述認識，一九九二年十月立委選舉前夕，民進黨曾首度嘗試推出「公共政策白皮書」，並在競選文宣中刻意淡化臺獨主張，改打「財經牌」，這對於改善民進黨的社會形象，贏得二屆立委選戰的勝利，無疑造成了重要作用。為爭取更多選民的認同與支持，早日實現夢寐以求的執政目標，進入一九九三年之後，民進黨更著力於公共政策的研究，相繼推出了一系列的公共政策綱領和主張，竭力向臺灣民眾展現其執政能力，並以此為訴求重點，和國民黨展開激烈競爭。新年開始，民進黨即發表「國是建言」，就兩岸關係、「國家」定位、「六年國建」、「憲政改革」、地方自治、社會福利等各個方面，系統詳盡地闡明了該黨的政策主張，被視為民進黨的「執政藍圖」；二月，民進黨「立院黨團」在會見李登輝時又代表反對黨提出十五項政策主張及訴求，內容包括「開放電子媒體經營」、「推行福利國觀念，增設福利部、保障弱勢及全民福利」、「如期辦理老人及農民年金制度」、「全民健保如期辦理」、「成立農業部及勞工部」、「全面檢討六年國建」等；六月中旬，又推出「臺灣經濟發展藍圖」，從國際關係、產業結構、「國土」規劃、資本市場到金融政策、人才政策、福利政策以及政府決策、行政改革等七個方面進行了深入的探討，提出了相當具體的主張。與此同時，該黨立委許添財和彭百顯還公布了「經濟振業替代方案」，對「行政院經建會」版本的振興經濟方案提出「修正」。七月底，民進黨在臺北舉辦建黨以來的首次大型文化研討會，以所謂「捧起臺灣的泥土」為主題，分別就歷史、文學、美術、電影、電視等議題進行了為期四天的討論，回顧和反思了戰後的臺灣文化政策，並提出未來的發展方向，意圖改變以往民進黨「只談政治不談文化」的形象。八月二十七日，民進黨創黨七年來的第一個「勞動政策綱領」出爐，基本內容是：反對引進外籍勞工、公營事業民營化時要保障員工權益、制定基本工資標準、依勞工生活成本調整工資以及開辦失業保險等。十月，該黨又陸續推出「新臺灣地圖——邁向二十一世紀的國土規劃」、「鄉村發展策略」以及年底縣市長選舉的九項「共同政見」等，內容也全都是涉及「國計民生」的公共政策具體主張和訴求。

然而，島內有關專家學者在肯定民進黨這一轉變的同時，也紛紛指出：民進黨的政策建議「多半仍停留於理念層次或較籠統的觀念上」，在技術執行及目標設定的深化研究方面，「仍有許多複雜的困難需要面對」，而且有些政策訴求明顯自相矛盾而缺乏可行性，確實是「只為吸引媒體注意和討好選民而出發的」，因此，帶有很大的投機性和作秀成分在內。

（二）改變鬥爭策略，轉換黨的體質，發揮體制內強力制衡作用。

考察民進黨建黨七年來的發展歷程，可以看出該黨的鬥爭策略發生了很大變化。創黨初期，民進黨動輒發動群眾走上街頭，以激烈的抗爭手段來突顯其政治訴求和主張，給國民黨施加壓力，甚至不惜製造流血事件，藉以壯大聲勢，爭取民眾的同情和支持，累積政治資源。進入九十年代以後，隨著國民黨「憲政改革」的推展，島內政治環境發生變化，民進黨在政壇上的勢力有所增長，於是鬥爭策略也開始調整。到一九九二年五月該黨五屆二全大會召開之前，民進黨基本上實行的是體制內的議場抗爭和體制外的街頭運動雙管齊下、互相配合的所謂「雙軌」策略，即利用街頭運動的聲勢來彌補議場內抗爭實力的不足，迫使國民黨向其讓步。故此，民進黨在成立之初的二、三年時間裡，從街頭到議場，從社會到政壇，刻意製造了一個接一個的火爆毆鬥衝突場面，攪得島內不得安寧，朝野關係十分緊張，民進黨也因之付出了巨大的社會成本。然而，自五屆二全大會後，特別是從一九九二年底立委選舉後的一年多時間裡，人們發現，民進黨的鬥爭策略發生了很大變化：不僅大規模的街頭造勢運動已基本放棄，而且議場上的抗爭也較以往理性了許多，就連一向熱衷於街頭群眾運動的「新潮流」和「獨盟」在內，也都基本上轉向了體制內的選舉路線。總之，選舉路線已成為民進黨內各派系的共識，占據了主導地位。如今，民進黨的一切運作，包括政治運作和組織運作，均已完全轉向「選舉」，試圖通過贏得一次次選戰，最終打敗國民黨而走上執政。陳水扁所謂「三階段執政論」的提出，標幟著民進黨這一基本路線的確立。與此同時，隨著鬥爭策略的改變，民進黨的體質也隨之逐漸發生變化，即由原來具有「革命」屬性的政黨，開始向現代競爭性的「民主」政黨方向轉換。

民進黨鬥爭策略的改變和體質的轉換不是偶然的，它與島內政治環境的丕變和民進黨自身政治勢力的壯大發展直接相關：（1）經過一九九一年底二屆「國代」和一九九二年底二屆立委選舉，「國會」的全面改造已基本完成，國民黨政權已經「本土化」，民進黨再從體制外進行抗爭已失去了它的「合法性」和「正當性」；（2）民進黨在島內政壇上的實力和地位得到大幅提升，從而增強了它在體制內向國民黨抗爭和制衡國民黨的資本與信心；（3）伴隨著島內政黨政治格局的初步形成，臺灣已進入所謂「選舉時代」，選票將決定一切，在野勢力要想在政壇上占有一席之地並最終奪取政權，唯有通過體制內的理性問政和公共政策競爭，爭取選民，贏得選舉，才能不斷發展壯大，有所作為。民進黨內有許多人已體認到：「經過終年征戰的倥傯歲月，打出了半片江山，現在是應該脫下戎裝，好好靜下來研究發展公共政策了。」許信良即說：「民進黨在去年選舉勝利後，目前最重要的挑戰是如何努力扮演好一個有紀律、能團結的現代化國家反對黨角色，爭取老百姓的信任」，「以便能在本世紀結束前，達成執政的願望」，而「不應該再採取肢體語言這類激烈的方式」。一九九三年「國大」臨時會上，民進黨籍「國代」張川田掌摑「考試院長」提名人邱創煥，便遭到民進黨黨內的同聲譴責並作公開道歉，由此可以看出該黨的鬥爭策略確已發生變化。

民進黨鬥爭策略的改變和體質的轉換在立法院中表現得尤為明顯。在一九九三年立法院長達五個月的第一會期中，民進黨的五十一位立委表現出很強的「凝聚力」和相當的問政素質，可以說和往日相比不可同日而語。他們基本上能一致對外，合作行動，既大力宣傳了該黨的政見，充分展示了自己的公共政策，又與其他黨派（包括國民黨「非主流派」）合縱連橫，以主動進攻的姿態抑制住了國民黨「主流派」為代表的政治對手，「激進」但不失態。僅占立法院總席位百分之三十一點六的「少數黨」，卻成為主導議事的「多數黨」。結果使一些代表國民黨「主流派」意志的重要提案遭到否決，例如一九九四年度總預算被刪除四百二十億元；而針對國民黨「主流派」的一些重要提案，如「陽光法中的四大強制原則」、「有線電視法」、刪除「華山遷建預算案」、刪除「高速鐵路預算案」等卻被通過，較為充分地發揮了反對黨的強力制衡作用。

然而，由於歷史的和現實的原因，民進黨鬥爭策略的改變和體質的轉換仍面臨諸多矛盾和問題。首先，選舉總路線的確立，使民進黨與廣大勞工和弱勢族群原本存在的階級矛盾更顯突出。民進黨雖一向標榜其為「全民黨」，但實際上只要考察一下該黨的綱領主張以及它成立七年來所提出的政見訴求，便不難看出，該黨主要是反映臺灣中產階級（特別是本省籍中產階級）的利益、要求和願望，使得昔日與之並肩戰鬥過的並曾給予過它巨大支持的許多基層社運團體的關係已日漸疏遠，使其逐漸喪失了對社會運動的主導地位。尤其是近些年來，民進黨為早日走上執政，更頻頻向大、中企業和官僚資本招手靠攏，比以往更漠視廣大勞工和弱勢族群的切身利益，有不少人甚至認為民進黨事實上正在「國民黨化」。一九九三年五月，由民進黨邀集的包括島內環保、勞工、人權、農民、婦女、原住民和政治受難者等數十個社運團體參加的座談會上，與會代表對民進黨當前政策主張的諸項缺失提出了嚴厲的質疑，便清楚地表露出下層民眾對該黨的不滿情緒，發展下去勢將對民進黨今後鞏固和開拓社會資源十分不利。如何解決這一問題？民進黨內始終存在著不同聲音。縣市長選舉落敗後，有人公開主張民進黨仍應兼顧群眾路線，關注弱勢團體，堅持「體制內外相輔相成的理論」。然而眾所周知，政黨乃是階級利益的代表者，所謂「全民黨」在事實上根本就不存在，民進黨不可能既為資產階級而同時又為廣大勞工謀利益。因此可以預見，民進黨無法在兩者之間找到平衡點而真正解決這一矛盾。其次，黨內日趨嚴重的腐敗現像已逐漸侵蝕黨的機體，損害黨的形象。諸如黨員從政品德逐漸敗壞，許多公職人員明顯捲入政治交易的問政模式，並開始利用職權搞特殊化，有些甚至已涉入各種不當「關說」、弊案、醜聞或緋聞；大量花錢搞「賄選」的事情也已出現並有日漸加劇現象；「黨內對以『人頭黨員』作為初選標準的惡質化運作問題仍樂此不疲，且未見有任何改善的跡象」等等。臺灣報紙評論說：這「儘管只是少數的或局部的現象，但不能排除它在將來會慢慢變成整體的現象」。在這方面，民進黨的「國民黨化」恐怕也只是時間早晚的問題，這無疑將嚴重損害民進黨的社會形象，為其今後的發展帶來隱憂。再次，從組織發展的角度上看，民進黨的基層組織過於薄弱、黨員人數與選票之間不成比例以及「人頭黨員」泛濫、人才嚴重缺乏等諸多弊端，也將會嚴重制約民進黨的體質轉換，給日後執政預伏危機。

（三）調整大陸政策，積極介入兩岸事務。

民進黨建黨開始便存在濃厚的「分離意識」和臺獨傾向，一九九一年十月公然將臺獨條款納入黨綱後，更蛻變為貨真價實的「臺獨黨」。因此，從總體上、根本上說，民進黨的大陸政策不可能是積極的、進步的、符合時代潮流的。但相對而言，民進黨建黨七年來的大陸政策主張及其動作，前後比較，仍可明顯地看出其不同的發展階段和特點：建黨初期，民進黨以很大的勇氣，率先衝破國民黨的政治禁忌，公開主張放棄「反攻大陸」，終止兩岸對抗，以和平方式謀求兩岸關係的解決；要求開放探親、旅遊，並「以積極、主動、開放的精神」，開展兩岸學術、文化、體育和科技交流，「乃至通商、通郵、通航的溝通」。客觀地說，這一時期民進黨的大陸政策是比較積極進取的。但由於民進黨提出上述大陸政策訴求乃是出於其反國民黨的性格，並非源於對中國統一的關切。於是，當國民黨當局迫於島內外同胞的壓力，為維護自己的統治而不得不採取一系列實際步驟緩和及改善與大陸的關係之後，民進黨的大陸政策便很快地轉向保守和倒退。從一九八八年四月該黨臨時會開始到一九九二年年底二屆立委選舉前夕，民進黨通過了一系列的政策性文件（如「四一七」決議文、「一〇·〇七」決議文、「現階段中國大陸政策」、「民主大憲章」、「保衛臺灣綱領」、「臺灣憲法草案」、「兩岸關係與對中國大陸政策」等），成立所謂「臺灣主權獨立運動委員會」、「保衛臺灣委員會」、「一中一臺行動聯盟」等，公然鼓吹「臺灣主權獨立」，主張兩岸政府間「互相承認，和平共處」，「依國際法及慣例處理一切事務」，要求國民黨「廢除一個中國政策」，反對所謂「國共片面和談」，防止「中共吞併臺灣」等等，矛頭不僅針對國民黨，更針對大陸，甚至在黨綱中增列臺獨條款，掀起一波又一波的臺獨聲浪，成為島內阻撓兩岸關係發展、反對中國和平統一的主要分裂勢力。然而，二屆立委選舉後，民進黨在隱蔽臺獨訴求、改變鬥爭策略的同時，大陸政策也隨之重新作出調整，開始積極介入兩岸事務，並主動尋求與大陸改善關係。一年來在這方面的主要動作有：

1.加強對大陸的接觸瞭解，主動尋求與大陸改善關係。以往民進黨曾幾次試圖組團訪問大陸，但都因黨內意見分歧而未能成行，該黨前祕書長張俊宏還曾因此遭到「新潮流」的群起圍攻。但二屆立委選舉後情況發生了很大變化，民進黨內部在與大陸接觸並建立聯繫上已達成共識。一九九三年三月中旬，張俊宏主動赴深圳要求與大陸有關部門負責人接觸，返臺後即向該黨中央建議，組團在第三地與中共舉行兩黨會談，隨後，立委張旭成也提出由民進黨立委和黨工組團赴大陸訪問。黨內許多頭面人物如許信良、黃信介、謝長廷等均表贊成，認為民進黨應當改變以往的被動做法，建立「與中國充分溝通的管道」。「新潮流」和「獨盟」也改變了態度，雖反對與中共「黨對黨談判」，但對組團訪問大陸瞭解情況及黨員以個人名義赴大陸也表贊同。一九九三年中，除張俊宏先後兩次訪問大陸外，該黨其他高層人士如謝長廷、姚嘉文、蔡同榮及陳水扁「助理訪問團」，也分別組團赴大陸進行了首次考察。由謝、姚率領的「福利國連線」訪問團，七月十九日至二十八日考察了深圳、廈門、上海、北京等地。返臺後在記者會上稱：「此行突破了民進黨公職人員以個人身分前往中國的限制，收穫甚豐」，「不但有利於民進黨大陸政策的形成，並且有助於今後兩岸經貿互補」，同時還就兩岸關係發表五點呼籲，主張「降低兩岸的猜疑與敵意」，加強學術、科技、文化交流，為臺商在大陸提供「應有的奧援與保護」等，被臺灣媒體視為民進黨「在兩岸關係上歷來少見的新主張」。

2.開始重視對「大陸政策」的研究與規劃，向國民黨當局提出新的「大陸政策」訴求和主張。民進黨創黨以來，實際上從未真正認真研究和規劃過大陸政策，其大陸政策訴求與主張和急劇發展著的兩岸關係早已嚴重脱節，因而一再受到島內輿論的嚴厲批評和工商界特別是中小企業的壓力。一九九三年中，該黨中央和「國大」黨團分別成立了專門負責具體研商大陸政策的「兩岸關係政策小組」和「對中國政策小組」，廣泛收集資料並吸收與大陸關係密切的專家學者為其出謀劃策。同時，民進黨還邀集相關學者舉行了一系列的「中國政策研討會」，檢討該黨對兩岸關係的策略，研究如何在堅持「基本原則」的條件下形成一套新的具體、務實、可行的大陸政策。在此基礎上，三月二十二日民進黨「國大」黨團公布了兩岸關係和大陸政策的研究結論。有關兩岸關係，主張由總統在最短期內召開兩岸關係的「國是會議」；廢除「國統會」，由「國安會」及「陸委會」、「海基會」分層負責對兩岸關係政策及大方針的釐定與推行；考慮加速兩岸通航。並提出大陸政策的所謂「四項基本原則」：（1）「一中一臺」的臺灣法律主權獨立原則；（2）「臺灣安全」的優先原則；（3）「平等互惠」的實質原則；（4）「和平共存」的善意原則。根據上述原則，又提出了數項大陸政策的具體「要點」，要求國民黨當局採納施行：「應盡速尋求參與亞太市場共同集體防衛體系，以保衛臺海及西太平洋的安全與安定」；「對外經貿應朝『多元化』市場方向發展，以免過分倚重大陸市場而陷入中共『以商促政』的統戰陰謀」；「不可引進大陸勞工或讓大陸『流民』大量偷渡來臺，以免造成臺灣社會的不安定及治安上的憂慮」；「在『臺灣安全』能夠確保的考量下，可以考慮加速兩岸文化體育交流」。

3.積極要求參與國民黨當局大陸政策的決策過程和介入兩岸談判事務。幾年前國民黨當局相繼成立「國統會」、「陸委會」和「海基會」三機構，分別負責大陸政策的諮詢、決策和執行。對此，民進黨始終抱持冷漠、批判和拒絕參與的消極態度。進入一九九三年之後，民進黨卻一反常態，向國民黨當局主動要求加入「陸委會」和「海基會」，聲稱今後要以積極的態度介入對大陸事務的決策過程，在體制內發揮在野黨的「監督」作用，防止「黑箱作業」。此外，民進黨還提出在立法院增設「兩岸事務特別委員會」作為常設機構，民進黨依政黨比例參與其中，以便能利用這一「法治化管道」監督國民黨當局大陸政策的決策與執行。迫於民進黨的壓力，「國統會」聘請了民進黨四位人士出任諮詢委員，「陸委會」也同意吸納該黨人士作為制定大陸政策的諮詢對象，以示讓步。

對於兩岸四十多年來首次高層次接觸的「辜汪會談」，民進黨特別關注，反應十分強烈，會談尚在規劃階段，民進黨即公開表示反對，宣稱兩岸關係的解凍「不能躁進」、不能「急於一時」、「國民黨在國統綱領預設了統一立場的前提下會談，將一步步走入中共的陷阱」，認為會談「既無必要也不合時宜」。三月十八日「陸委會」公布《辜汪會談背景說明書》當天，民進黨立院黨團總召集人施明德發表談話，對會談是否涉及政治性問題提出質疑，要求與國民黨共組「立委觀察團」赴新加坡監督「會談」，以使「會談」透明化，「減輕人民對國共和談的疑慮，防止出賣臺灣」。隨後，該黨祕書長江鵬堅拜會「陸委會主委」黃昆輝，提出由民進黨派人以「海基會」隨行人員或顧問的名義參與「辜汪會談」的要求，並推薦「臺教會」會長林山田以學者身分代表民進黨擔任海基會顧問。民進黨聲稱：「辜汪會談是重大涉外事務，民進黨作為最大的反對黨，沒理由不介入，替人民監督。」當一切努力均告失敗後，民進黨氣急敗壞，大罵辜振甫是「臺奸」，發表聲明要求停止會談，甚至不顧一切，自行組織了一個所謂「辜汪會談監督團」，跑到新加坡大鬧會場，引起國際輿論的側目。

民進黨調整大陸政策、積極介入兩岸事務是島內政治形勢和兩岸關係發展所促成的。隨著「憲政改革」的大致完成，島內的政治問題已基本得到解決，國、民兩黨爭奪臺灣政局主導權的鬥爭焦點已轉移到有關臺灣前途和兩岸關係的問題上面。民進黨一方面擔心由於「兩岸關係的迅速發展造成有利『臺灣被統一』的政經環境」，從而使其發展空間大大壓縮；另一方面又懷疑李登輝真的有意「逐鹿中原」而有朝一日會「出賣臺灣」。因而民進黨急欲調整大陸政策，積極介入兩岸事務，與國民黨爭奪島內政局發展的主導權，並藉此監督國民黨，防止臺灣被「出賣」。其次，二屆立委選舉獲勝後，民進黨實力大增，執政前景看好，但同時也因此而給該黨消極僵化的大陸政策造成愈來愈大的壓力。民進黨體認到：不管他們主觀上是否情願，兩岸關係問題是無法迴避的，「必須做好有朝一日派代表與中共談判的準備」，如果「對中國事務沒有經驗的累積及瞭解，是非常危險的」。因此，民進黨改弦更張，試圖通過介入兩岸事務，加強與大陸的接觸交往，逐步累積經驗，培養人才，以因應兩岸關係的發展，並為日後一旦執政與大陸打交道預作準備。

（四）調整臺獨訴求，積極配合國民黨主流派推行「獨臺」路線。

近年來，隨著國民黨的「臺灣化」、國民黨政權的「本土化」以及李登輝在黨內的領導地位日益鞏固，國民黨主流派在有關臺灣前途的重大問題上已從「一個中國」的立場嚴重倒退，其「獨臺」真面目已日趨暴露出來，就連民進黨「新潮流」系的核心人物邱義仁都說：雙方「在對外關係上，並不是那麼容易區分的。」進入一九九三年以後，由於「李連體制」的建立，特別是通過十四大的召開，李登輝為首的國民黨主流派已在黨內流派鬥爭中取得了全面的、壓倒性的勝利，於是更加放心大膽、無所顧忌地推行其「獨臺」路線。對此，民進黨人心領神會，對國民黨主流派的「獨臺」言論和措舉，不僅大加讚賞，及時給予鼓勵和聲援，同時還不失時機地調整其臺獨訴求與策略，在具體行動上積極予以配合。臺獨與「獨臺」，這兩股分裂中國的勢力事實上已經合流，其中最為典型的事例，莫過於兩黨聯手推動「加入聯合國」。

一九九三年九、十月間，國民黨主流派利用聯合國召開四十八屆年會之機，用金錢買通中美洲七小國，企圖將臺灣加入聯合國的非法提案塞進大會議程，造成「臺灣問題國際化」的既成事實。對於國民黨主流派這一新措舉，民進黨大表歡迎並予全力支持。圍繞著所謂「參與聯合國」問題，國、民兩黨一唱一和，互相呼應，密切配合。首先，在加入聯合國的名稱和方式上，兩黨各作讓步，求同存異。國民黨原本堅持以「中華民國」名稱「重返聯合國」，而民進黨則主張以「臺灣共和國」名稱申請「加入聯合國」。一九九三年，國民黨主流派改用「中華民國在臺灣」的名稱申請「參與聯合國」。對此，民進黨相應作出讓步，表示如果臺灣能被接納為聯合國成員，「我們願意接受任何稱謂」，並公開聲稱要與國民黨在國際間扮演黑白臉的角色，「推動國民黨不便説，不便做的事情」。其次，民進黨緊鑼密鼓替國民黨主流派大造聲勢，進行各種輔助活動。例如，二月間由民進黨新科立委呂秀蓮籌組的「臺灣加入聯合國促進會」在臺北成立，隨後發起了長達三個月之久的簽名運動，於五月二十日將簽名呈交給李登輝，要求國民黨當局加快進軍聯合國的步伐；六月，國、民兩黨又聯手成立所謂「全國各界支持參與聯合國行動委員會」，共同推動加入聯合國的行動；與此同時，民進黨中央與立院黨團還分別設立加入聯合國的相關組織；九月聯大召開期間，許信良和黃信介等一大批民進黨高層領導親自出馬，分赴歐洲、美國等地進行遊説活動，尋求國際社會支持，與國民黨主流派的活動遙相呼應。上述事實表明，兩黨在拓展臺灣所謂「國際生存空間」、試圖將「臺灣問題國際化」方面，已經步調一致，不再遮遮掩掩了。

（五）加強內部整合，營造團結氣氛，大力發展組織。

民進黨內歷來山頭林立，內部矛盾和流派之爭並不亞於國民黨。二屆立委選舉後，黨內派系勢力重新分化組合，形成了「美麗島」、「新潮流」、「福利國連線」、「正義連線」和「臺獨聯盟」五大派系，使情況更為複雜。而且各派系的龍頭人物大都當選立委，進入了立法院。於是，如何求同存異，加強黨內團結，在立法院運作中一致對外，發揮整體作戰的優勢，制衡國民黨，爭取民進黨的最大利益，成為當務之急。針對這種情況，民進黨中央一方面強調團結的重要性和迫切性，指出：「選舉奏捷，首先應歸功於黨的團結」，「團結是民進黨獲得臺灣人民支持的關鍵」，要求黨籍立委團結一致，勉力問政，取得具體成效，共同樹立「理想、團結、有力」的反對黨形象。另一方面，又從組織上採取措施，預防流派之爭。一九九三年一月中旬，民進黨立院黨團修改了組織規程，決定增設四位副幹事長及十位立法院各委員會負責人，並規定黨團設「合議制幹部會議」，以加強內部團結，推動黨團運作。其後，在黨團「三長」（總召集人、副總召集人、幹事長）人事競逐中，各派系經過多次臺面下的協商，最後採取提前決定後兩年「三長」人選的辦法，圓滿完成整合。從立法院第一會期該黨立院黨團的表現以及年底縣市長選舉的情況來看，民進黨內各派系的確能基本上顧全大局，團結一致，共同對外，體現出該黨歷年來少見的團結氣氛，甚至在競選中打出「團結的民進黨對抗分裂的國民黨」的旗號，以爭取選民的認同與支持，這對轉變民進黨的社會形象，提高得票率，起了一定作用。

一九九三年中，民進黨在組織發展方面也大有起色。首先，在黨員人數方面，由二屆立委選舉前的四萬餘入猛增至年底的五萬多人，增幅在百分之三十左右；其次，社會基礎進一步擴大，黨員素質有所提高。據報導，新加入民進黨的黨員中，既有中小企業主和頗有知名度的商業社團成員，也有政府公職人員及鄉縣級「民意代表」，還有不少知識分子。截至一九九三年六月底，民進黨已擁有大專文化程度以上學歷者二千餘人，其中有九十七個博士、一百四十六個碩士。由此看來，經過一年來的大力經營，民進黨在組織發展方面確有顯著起色，使其抗衡國民黨的實力進一步增強。

但是，對於民進黨的上述變化也不可評估過高，因為：（1）從黨內團結方面來說，一年來黨內各派系只是由於二屆立委選舉獲勝，在體認即將走上執政的虛幻前景的鼓舞刺激之下，才表現得特別克制，呈現出空前團結的局面。其實，這種「團結」的局面在很大程度上只不過是暫時的假象，各派系間的矛盾和分歧事實上從未得到根本上的解決，一遇適宜的氣候，勢必會重新萌發，導致新的一輪派系之爭，從而使黨內關係再度緊張；（2）組織建設方面，黨員數量雖有大幅增加，素質也有相當程度的提高，但從總體上來說，與國民黨比較，民進黨的基層組織仍甚為薄弱，人才嚴重不足，不僅「人頭黨員」充斥，且投機者不乏其人。正如臺灣報紙所言：「加入民進黨的組成分子更趨複雜化，也有著濃厚機會主義性格，想循著民進黨管道謀取職位（如不分區『立委』、『國代』）的人愈來愈多，不僅商人有投資意願，連一些所謂學者、新聞工作者也都不乏興趣。」至於人才匱乏問題，就連民進黨高層人士都坦誠：假如國民黨很快將政權交給民進黨，就民進黨現有人才，恐怕很難有效執政。上述問題，勢必對民進黨未來的發展壯大帶來許多難以解決的問題。

二、民進黨的可能走向及對島內政局的影響

年底縣市長選舉前，民進黨氣勢如虹，聲稱要奪取半數以上的席位，為「三年內走上執政」邁出第一步。選舉結果，民進黨雖獲票率提升，但在席位方面卻

大失所望。不僅未能實現預期的目標，反而比原有的七席減少一席，使其提早「走上執政」的咄咄逼人的氣勢頓挫。面對這種形勢和即將到來的一連串重要選舉，民進黨將會在政策、策略上作何調整？在島內政壇上將會如何運作？其可能的發展趨勢及對島內政局和兩岸關係的發展將產生何種影響？

（一）在修憲問題上將與國民黨展開新的較量。

一九九四年四月，臺灣「國大」臨時會將要進行第三階段的修憲。核心議題一是決定總統選舉方式以及是否提前直選和提前到何時？二是確定「中央」政體究竟採取何種形式？由於上述修憲內容不僅涉及未來臺灣整個上層權力體制結構的設計與調整，且將連帶牽動到今明兩年內即將舉行的省市長選舉和立委、「國代」選舉的日程安排，這對於朝野各方的政權攻防以及今後在政壇上的實力消長，都將產生重大而深遠的影響。因此，國、民兩黨隨著修憲日期的日益臨近，勢將展開激烈的較量。鬥爭焦點有可能集中在未來臺灣「中央」政體結構設計（如「國大」的存廢、「國大」與立法院的地位、權限、總統與行政院長的權限等等），以及提前直選總統的時機上面。但由於民進黨在「國大」中僅占四分之一的席位，勢必難以扭轉國民黨主導修憲這一總體趨勢。

（二）在黨的「體質轉換」和「路線選擇」方面，有可能會作適度調整。

縣市長選舉失利後，許信良獲準辭去黨主席職務，其著力推行的所謂「內造化」議會選舉路線受到黨內其他派系的否定和質疑。有人認為，「根據現有的朝野競爭態勢，民進黨還必須兼顧群眾運動路線，不能急於以選舉路線掛帥」。謝長廷更是直截了當地說：「此次選舉，民進黨『地方包圍中央』的政策顯然受挫，黨中央必須再重新定位。民進黨因歷史背景、現況也已有群眾政黨的性質，要完全朝內造化政黨轉變有困難」，主張「走出議場，回到群眾路線」。施明德接替黨主席職後，立即重新調整中央領導團隊，並提出，「強化民進黨與社運團體的關係」，是該黨未來發展方向之一。由於民進黨內主張加強「體制外」抗爭的意見重新抬頭並占了上風，而民進黨在議場上特別是在「國大」與國民黨抗衡的實力又確實明顯不足，因此民進黨有可能今後在「體質轉換」和「路線選擇」方面會作適度調整，選擇適當時機，重新走上街頭。但考慮到社會成本，在頻率和形式上會盡量克制，不致因此而完全恢復到原來的激進街頭路線上去。

（三）與國民黨主流派的矛盾將不斷加劇，並與各派政治勢力形成複雜多變的互動關係。

由於島內政壇已進入「三黨多派」的戰國時代，今後民進黨將要面對比以往更加複雜的局面。自國民黨十四大之後，國民黨「臺灣化」已基本完成，民進黨與國民黨主流派之間的矛盾已轉變為島內政壇上的主要矛盾，具有強烈執政企圖心的民進黨，已開始檢討黨內的所謂「李登輝情結」。可以預見，在即將進行的修憲和未來的一連串重要選舉中，民進黨與國民黨主流派之間爭奪政權的鬥爭勢必會愈演愈烈，矛盾將不斷加深。但也應看到，由於國民黨內以林洋港為代表的「本土派」結合大陸籍的「元老派」所組成的「非主流派」仍有相當實力，再加上新成立的一再聲稱要「制衡」國、民兩黨的新黨，這兩派反對臺獨、主張「大中華理念」的政治勢力，無疑將是今後民進黨和國民黨主流派共同的、不可忽視的競爭對手。故而，民進黨與國民黨主流派今後在如何打壓新黨的發展、阻撓林洋港當選總統以及反對「一個中國」、拓展所謂「國際生存空間」、共同對抗大陸等這樣一些重要問題上，仍然需要互相利用和合作。因此，民進黨內的「李登輝情結」不可能完全消失。但另一方面，民進黨在與國民黨爭奪政權的鬥爭中，又需要借助新黨及其他政治勢力的支持。這樣，臺灣政壇上各派政治勢力之間的互動關係，必將呈現出前所未見的「朝秦暮楚」、「合縱連橫」、複雜多變的新特點。

（四）加強基層組織建設，改進提名制度，積極培養人才，爭取未來選舉的勝利。

縣市長選舉後民進黨檢討失利原因，認為「基層組織薄弱」、「提名全靠黨內初選確定候選人」以及「後備人才嚴重不足」，是其中三個重要原因。為此，民進黨中常會決定成立「黨務強化工作小組」，以革新黨務，強化黨的基層組織。此外，各縣市黨部主委會議也已決議，將改革地方黨部機構，改善與當地民眾的關係。但鑒於國民黨統治臺灣四十多年來已在地方上培植起與之利益相結合的、盤根錯節、根深蒂固的強大地方派系山頭，因此，民進黨欲加強地方基層組織的發展並非易事。可以預見，在未來幾年內的各項選舉中，國民黨在「組織戰」方面仍將占優勢。為杜絕「人頭黨員」充斥的現狀，「黨務強化小組」已作出決定，擬建立「預備黨員」及「黨籍與戶籍合一制」的方法，但效果如何還有待觀察。至於「人才不足」的問題，陳水扁等人也提出「建立黨的『人才庫』」、「舉辦各種理論、實踐研習班進行培訓」以及「協助、鼓勵新生代參選地方公職加以磨練」等措施，以培養各種後備人才。但人才的培養與成長非一日之功，因此，在未來幾年內，民進黨在與國民黨的競爭中仍將會受到這方面的很大侷限和制約。

（五）黨內意見分歧和派系爭權將轉趨激烈。

如前所述，民進黨內的派系矛盾和分歧並未從根本上得到解決，縣市長選舉落敗後，在有關黨的「體質轉換」和「路線選擇」的重大問題上已經產生分歧意見。另外，在修憲議題上，黨內高層也出現不同聲音。如許信良即公開表示他不同意民進黨通過的「臺灣憲法草案」所主張的「總統制」；陳水扁對民進黨推動總統提前直選也表異議，至於未來將要舉行的省市長選舉、總統直選以及一九九四年五月黨主席的換屆選舉，民進黨各派系龍頭都「情有所鍾」，無不瞄準其中一席，摩拳擦掌，志在必得。根據以往經驗，民進黨處理派系之爭和黨內權力分配問題已較為成熟，估計還不至於發展到不可收拾的地步。不過如此激烈的內鬥對該黨的形象和未來的發展將造成嚴重損害，則是不言而喻的。

（六）臺獨訴求將繼續隱形化，大陸政策不致倒退。

由於「美麗島」系影響力的式微，在今後相當長的一段時間內，急進或比較急進的臺獨勢力將主控民進黨中央。但是，「形勢比人強」，政治是現實的，只要民進黨還想爭取到更多選民的認同與支持，不斷發展壯大並最終從國民黨手中奪取政權，那麼，不論哪一派勢力在民進黨內掌權，都不能不顧及目前島內的政治環境和民眾的心態，不能不考慮大陸的強大政治影響力以及民進黨的「後台老闆」美國的對華政策。因此，筆者認為，今後民進黨仍將會繼續少談臺獨訴求而著重在島內公共政策上與國民黨展開競爭，其大陸政策也不致倒退，仍將會積極要求參與兩岸事務，與國民黨爭奪大陸政策的主導權，謀求與大陸接觸，改變形象、爭取選民的支持。當然，也不能排除在某種內外因素的刺激下，其臺獨訴求和大陸政策會出現一定幅度的搖擺，而時時露出其「臺獨黨」的真面目，重新掀起臺獨聲浪，毒化兩岸氣氛。

（七）有可能「走上執政」，但不是「單獨執政」。

依據以上分析，筆者認為，隨著島內政局的發展演變，在未來幾年內民進黨的政治實力有可能會進一步發展壯大，而國民黨的實力則將不可避免地繼續下滑。但是，由於國民黨目前在島內仍占據著大部分的政治、經濟、社會資源，其推行的政策又得到美國的贊同與支持，因此，在可預見的將來，國、民兩大黨在「政權攻防戰」的較量中，民進黨仍將繼續處於相對的劣勢地位；此外，民進黨自身所具有的諸多缺失和嚴重侷限性，其中特別是臺獨痼疾難以醫治，極大地制約了它的進步發展；再者，新黨及其它第三勢力經過一段時間的苦心經營，有可能會逐步提升其實力，成為民進黨的又一競爭對手。因此，筆者預測，民進黨今後有可能「走上執政」，但難以「單獨執政」，充其量只能與其他黨派（主要是國民黨）分享政權而已。

（《臺灣一九九三》，中國友誼出版公司出版）

「分裂國家模式」與兩岸關係和中國統一問題——評臺灣的《臺海兩岸關係說明書》

自80年代大陸方面提出「和平統一、一國兩制」解決臺灣問題的構想以來，臺灣一直在處心積慮地尋找一個能夠有效地反制這一科學構想的「模式」和理論架構，以抗拒統一潮流、擺脫內外交困的處境。李登輝主政後，先是提出「一國兩府」，繼而鼓吹「一國兩區」，去年11月又在西雅圖會議後公然拋出所謂「階段性的兩個中國政策」等等，但由於這些「理論」與「模式」都明顯地違背了一個中國原則，理所當然地遭到了大陸方面的嚴厲批評和海內外愛國同胞包括島內有識之士的強烈質疑，不僅未能擺脫困境，反而平添了許多困擾。於是在經過了近幾年來的不斷摸索與試探、調整與搖擺之後，臺灣終於從東西德統一中得到啟發，找到了一個它自認為較為滿意的、能夠抗衡中共「一國兩制」的理想「模式」，即所謂「分裂國家模式」，並在實踐中不斷加以系統化、完善化而逐步形成了一整套的理論架構。今年7月5日，臺灣「陸委會」對外公布的所謂「臺海兩岸關係說明書」（俗稱「大陸政策白皮書」），正是在這一理論架構下的典型產物。

一、發展與演變

如前所述，所謂「分裂國家模式」的理論架構源自於「東西德模式」，並有一個不斷演變發展和逐步系統化、完善化的過程。

據大陸已故臺灣問題專家李水旺先生的查證，「最先提出『德國模式』的是美國喬治大學戰略研究中心主任克萊恩。」1976年，克萊恩在美國國會作證時，首次提出了所謂「德國模式」，試圖以此「妥善解決」中美建交後臺灣在國際上的地位問題。同年9月，馬里蘭大學教授丘宏達發表文章，進一步闡述了

「德國模式」的具體內容：（1）雙方不放棄統一的目標，「唯一的限制是不得使用武力達到統一目的」；（2）在最終達成統一之前，「雙方獨立的憲政體制」維持不變；（3）「雙方都可與各國建立大使級外交關係；（4）雙方均可成為聯合國會員國」。很顯然，當時提出所謂「德國模式」，其主要著眼點並非要解決中國的統一問題，而是企圖使臺灣國民黨政權在被逐出聯合國後，能繼續獲得「國際法人」的資格，以擺脱「外交」困境。

進入80年代以後，隨著中美建交，以及大陸方面對臺方針政策的調整，「一國兩制」構想的提出和香港、澳門問題的相繼得到圓滿解決，臺灣日益感受到來自島內外愛國同胞要求中國早日和平統一的強大壓力，臺灣前途問題日形突顯出來。於是，臺灣朝野的一批「有識」之士絞盡腦汁提出了形形色色不下數十種的各種不同「方案」或「模式」，紛紛獻計獻策，以圖解決臺灣的出路問題。其中，「東西德模式」是常被提出來討論的幾種主要「模式」之一。

1990年，西德以「和平演變」方式一舉合併東德完成德國統一之後，島內主張以「德國模式」處理兩岸關係、解決中國統一問題的論調，顯然一下子占了上風。不僅在臺灣學者中鼓吹「德國模式」的言論陡然增多，聲勢日高，甚至連臺灣的某些高層人士也開始公開宣揚「德國經驗」具有「啟示性」和「借鑑意義」。1991年2月，在《中國論壇》雜誌上發表的臺灣「國策中心」研究員張五嶽先生的一篇署名文章，在鼓吹這一「模式」方面最具系統性、理論性和代表性。

該文題為《尋求兩岸關係最佳模式——分裂國家的出路》，首次將「德國模式」稱為「分裂國家模式」，把統一前的東西德作為分裂國家的典型代表，並將兩德間的政治互動關係視為所有分裂國家應當效法的「範例」。其主要論點是：

（一）「分裂國家模式」有以下六個方面的特徵：（1）雙方正視國家分裂狀態；（2）雙方遵守聯合國憲章揭示的和平解決爭端的原則；（3）雙方相互承認在有效管轄領土上擁有主權；（4）雙方承認與尊重對方的對等地位；（5）雙方在外交上接受雙重承認；（6）在上述基礎上，雙方致力於關係的正常化。

（二）「分裂國家模式」適用於海峽兩岸。

（三）以「分裂國家模式」處理兩岸關係能同時給兩岸帶來利益。就臺灣而言，有利於尋求正當的國際參與、拓展國際生存空間；就大陸而言，有利於「三通」的推行。

（四）採取「分裂國家模式」並不必然走向國家永遠分裂的道路。

從以上內容可以看出，至此，所謂「分裂國家模式」（也即「德國模式」），已基本上形成了一套完整的理論架構。臺灣不僅全盤接受了這一理論，而且在事實上始終不斷地試探和實踐著這一理論。然而，由於海峽兩岸的關係與東西德之間的關係有著本質上的區別，而這一「模式」和理論製造「兩個中國」又太過露骨，在實踐過程中一再引起島內外輿論的質疑和反彈，大陸方面也決不會接受，因此為了能自圓其說，在最近公布的「大陸政策白皮書」中，臺灣已不得不對「分裂國家模式」的基本內容作出調整，重新加以包裝。其要點大致可以歸納出以下幾個方面：

（一）「中華民國」政府堅決主張「一個中國」，反對「兩個中國」與「一中一臺」，「堅持追求中國統一的目標」。

（二）以「一個中國，兩個對等政治實體」作為兩岸關係定位的架構，所謂「一個中國」，是指「歷史上、地理上、文化上、血緣上的中國」；所謂「政治實體」，可以指「一個國家、一個政府或一個政治組織」。

（三）現階段兩岸應「暫擱置主權爭議」，「雙方應充分體認各自享有統治權，以及在國際間為並存之兩個國際法人的事實」，「在國際上互相尊重而非彼此排斥，以及雙方放棄以武力作為實現統一的手段。」

（四）解決中國統一問題的關鍵「在中國大陸制度的更張」，「加速大陸地區政治、經濟、社會的現代化發展，進而完成在民主、自由、均富下統一中國的神聖使命。」

顯然，所謂「分裂國家模式」經過臺灣的一番精心包裝之後，其理論架構已變得更加系統和完善了。

二、特點與實質

然而「萬變不離其宗」，只需稍加剖析，便可發現，「白皮書」仍堅持和鼓吹的「分裂國家模式」具有如下四個方面的鮮明特點：

（一）矛盾性：由於臺灣所面對的政治環境極為複雜，其大陸政策的制定與實施受到來自各個方面不同政治勢力的影響與牽制，既強烈感受到中共方面對臺方針政策的巨大影響力，和西方國家主要是美、日兩國對華政策的牽制，同時也不能不顧及島內主要反對黨——主張臺獨的民進黨以及國民黨內部主張統一、反對臺獨的非主流派乃至海外廣大愛國同胞的反彈，因此，缺乏真正的獨立性和自主性。於是，「為了取悅於所有的人，臺灣國民黨繼續採取他們相互矛盾的立場：臺灣既沒有獨立，也不是共產黨統治下的中國的一部分，然而仍然是中國」，「他們希望與北京保持目前的關係，同時又希望得到外界更多的注意」，「因此大陸政策報告不得不既強調一個中國的主張而同時也強調分離。」企圖用這種「模棱兩可」、「自相矛盾」、「曖昧不明」的折衷手法，「設法做到安撫島內的持不同政見者，而又不致激怒北京」，難怪路透社記者就臺灣的「大陸政策白皮書」發表新聞分析時說：「臺灣開始與中國玩一種複雜的遊戲！」

事實也正是這樣：「白皮書」重申臺灣「追求中國統一的目標」，堅決主張『一個中國』，反對『兩個中國』與『一中一臺』，這是說給大陸和海內外愛國同胞聽的；而強調中國目前的政治現實是所謂「分裂分治」，鼓吹海峽兩岸為「對等的政治實體」、「在國際間為並存之兩個國際法人」，要求允許其「加入聯合國」等等，則顯然主要是國民黨主流派和民進黨的主張；宣稱「中華民國自公元一九一二年創立以來，在國際間始終是一個具獨立主權的國家」，兜售所謂「以和平方式追求自由、民主、均富」制度的統一（也即「以三民主義統一中國」），則主要是反映了國民黨內大陸籍非主流派的觀點；而整個「分裂國家模式」（或曰「大陸政策」）的理論架構所內涵的「不戰不和、不統不獨」的戰略設計，又與美國政府現階段奉行的對華政策完全吻合。總而言之，在「白皮書」中，各種不同甚至自相矛盾的主張和觀點雜陳其間，令人眼花繚亂。

（二）分裂性：儘管「白皮書」各種觀點雜陳、「各類貨色俱全」，然而眾所周知，主導臺灣「大陸政策」的是主張「緩獨」的國民黨李登輝主流派，因此，其所販賣的主要貨色，當然只能是「分裂主義」。請看「白皮書」中的如下邏輯結構：（1）目前中國的「政治現實」是「分裂分治」，傳統觀念的中國現已分裂為「中華民國政府與中共政權兩個本質上完全對等的政治實體」，（2）所謂「政治實體」，「可以指一個國家、一個政府或一個政治組織」；（3）「中華民國自公元一九一二年創立以來，在國際間始終是一個具獨立主權的國家」。按照這種邏輯，只能得出如下結論：傳統觀念的「一個中國」，現已分裂為「兩個本質上完全對等」的政府和兩個具有「獨立主權」的國家，即「中華民國」和「中共政權」。這是不折不扣的「兩個中國」。同時，「白皮書」還鼓吹：「在兩岸分裂分治的歷史和政治現實下，雙方應充分體認各自享有的統治權，以及在國際間為並存之兩個國際法人的事實」，「雙方在國際上互相尊重而非彼此排斥」等等，並指責中共「百般阻撓」其「尋求參與聯合國」，說什麼「東西德統一的經驗顯示，分裂國家共同參與國際社會，並不會妨害統一的推展」云云。人所共知，按照國際法準則，一個主權國家在國際上只能有一個國際法人代表，聯合國及其所屬機構，是主權國家才能參加的國際組織，而東西德之所以能「共同參與國際社會」，那是因為德國統一前，東德和西德乃是國際社會普遍承認的互不相屬的兩個獨立主權國家，這顯然與海峽兩岸的關係有著本質上的不同，臺灣的上述說詞，恰恰暴露了他們企圖製造「兩個中國」的分裂陰謀。怪不得「白皮書」發表後，臺灣「外交部」官員拍手稱快，不加掩飾地宣稱：「這就是一個中國概念下的兩個中國」，真所謂「不打自招」！如果再聯繫對李登輝先生指稱國民黨是「外來政權」以及以「摩西」自喻，率領臺灣人「出埃及記」的言論，和近些年來臺灣鼓吹「雙重承認」、「階段性的兩個中國」、「統一只是浪漫的憧憬」等，那麼，我們對「白皮書」的「分裂性」將會有更加深刻的認識。

（三）虛偽性：「白皮書」的「虛偽性」根源於它的「分裂性」和「矛盾性」。因為臺灣既要堅持分裂中國的政策，而又擔心因此而觸怒大陸，遭到海內外同胞的反對，於是乎就不得不乞求於權術，大耍兩面派手法：或言不由衷，想的一套說的一套；或聲東擊西，顧左右而言他。試舉幾例：「白皮書」一方面信誓旦旦，表示「堅決主張『一個中國』，反對『兩個中國』與『一中一臺』，而另一方面又說什麼『一個中國』是指歷史上、地理上、文化上、血緣上的中國」。原來，這「一個中國」是看不見、摸不著的，充其量只不過是個歷史、地理名詞而已！相反，據說「中華民國」的存在卻是「不容否認的事實」。又如關於「主權」，一方面宣稱「現階段兩岸的互動，唯有暫擱置『主權爭議』的問題，才能解開四十年的結」，而另一方面卻又妄稱「中華民國自公元一九一二年創立以來，在國際間始終是一個具獨立主權的國家」。再如「白皮書」聲稱「任何一方並無法在對方地區行使治權，也不應該將其意志假主權之名強加於另一方」，但又說，「中華民國始終認為，徹底解決中國問題的關鍵在中國大陸制度的更張」，主張「統一中國唯一的道路是在全中國實行三民主義」，這不是將臺灣的意志強加於大陸嗎？在「白皮書」中，臺灣用盡了各種冠冕堂皇的詞句，諸如「理性」、「誠意」、「互信互惠」、「降低雙方敵意」等等。然而臺灣又是怎麼做的呢？至今仍將大陸視為所謂「具有敵意」的、「對抗性」的「政治實體」，繼續頑固堅持「反共國策」。李登輝在「千島湖事件」發生後，不問青紅皂白，大罵中共是「土匪」，甚至在出訪中美洲時，在外國人面前惡毒攻擊「中共政權沒有存在的必要」。「白皮書」甚至對中國政府和人民反抗外敵入侵、保衛中國領土主權的完整和悍衛民族尊嚴的正義鬥爭，也一概加以全盤否定，說什麼「中國大陸人民又何其不幸，在中共不斷對外進行武裝衝突，對內奪權整肅，實行共產主義統治之下，經濟落後，民生凋敝」，這些難道就是臺灣所標榜的所謂「理性」、「誠意」和「降低雙方敵意」嗎？再說早日實現海峽兩岸的「三通」和官方高層人物的接觸談判，乃是加深兩岸官方和人民的相互瞭解，消除敵意、促進中國和平統一的當務之急，而至今臺灣仍頂著不辦，對兩岸同胞的強烈呼籲裝聾作啞、充耳不聞，這難道也是臺灣對「謀求國家的富強與民族長遠的發展」的「誠意」？加強兩岸的經貿往來、人員互訪以及文化、科技等各方面的交流，這是為中國和平統一大業打基礎的重要一環，而臺灣卻以「安全」為藉口，頻踩剎車，給臺灣的「大陸熱」降溫，制定了數不清的清規戒律，加以種種不合情理的人為限制，這樣做難道也是為「促進」統一目標的實現？至於談到「平等相待」和「民族情誼」，應該好好反省改進的正是臺灣自己。大陸各級政府和大陸人民是如何善待來大陸投資、經商、探親、旅遊、避風的臺灣同胞的，臺灣同胞感同身受，心裡最清楚。臺灣又是如何對待大陸同胞的呢？它所制定的所謂「兩岸人民往來條例」，就連島內輿論也認為「明顯歧視大陸人民」。「千島湖事件」不幸發生後，臺灣大做文章，蓄意挑撥兩岸人民的感情，製造對立情緒；而人們也不會忘記，前幾年的「閩獅漁號」、「閩平漁號」等事件以及最近宜蘭外海的「海上旅館」事件是如何發生的？慘案發生後，臺灣又是如何「平等對待」大陸同胞的？有輿論憤怒抨擊臺灣「本是同根生，卻無手足情」。所以，臺灣愈是冠冕堂皇、花言巧語，愈在世人面前突顯它的「虛偽」面目。我們真誠希望臺灣在兩岸關係和中國統一問題上，少說漂亮話，踏踏實實地多做些實事、好事。

（四）空想性：「白皮書」中，要求大陸方面對其大陸政策「能積極善意的回應」，說唯有這樣，才能「使兩岸關係能良性互動，為中國的和平民主統一創造有利的條件」。所謂「善意回應」，還是那三條：（1）承認臺灣與大陸是「對等的政治實體」；（2）承認臺灣與大陸「在國際間為並存之兩個國際法人」，並允許其「參與聯合國各項組織與活動」；（3）承諾「放棄對臺使用武力」。大陸方面和海內外許多有識之士早已一再指出，臺灣的上述要求明顯背離了「一個中國」原則，假如答應了臺灣的這些條件，勢必將嚴重損害中國的主權和包括臺灣人民在內的中華民族的根本利益，無異於鼓勵島內的分裂勢力放心大膽、無所顧忌地搞臺獨。一旦出現外國侵略勢力染指臺灣的嚴重事態，中國政府將自縛手腳，面臨十分被動的局面，因而理所當然地遭到大陸方面的拒絕和海內外愛國同胞的反對。如今，臺灣重彈舊調，如果不是有意製造藉口，為統一設置障礙，至少也表明他們存在著不切實際的幻想。

關於「國際空間」的問題，事實上大陸方面所反對的只是臺灣與外國發展官方關係，但考慮到臺灣經濟發展的需要和臺灣同胞的實際利益，對臺灣同外國的民間經濟、文化往來，從未表示異議。1993年，臺灣進出口貿易高達1600多億美元，為世界第14大貿易區，可見臺灣的對外經濟聯繫並未受到影響。

特別應當指出的是，「白皮書」中，臺灣對其根本行不通的錯誤政策不僅不思反省，反而說什麼中共「只知用高壓手段在國際上排擠中華民國」，徒然「消耗了彼此許多寶貴的資源及精力」，刺激了臺灣的分裂意識，「阻礙了國家統一的進度」。這是典型的倒打一耙。「兩個中國」政策是「白皮書」的基本政策，卻嫁禍於中共，替臺獨張目，這只能造成助長臺獨氣焰的惡劣作用。

「以民主、自由、均富統一中國」（也即「以三民主義統一中國」），這是臺灣的又一個更大的幻想。眾所周知，所謂「以三民主義統一中國」這一「政治神話」，乃是冷戰後期蔣經國時代的產物，是早該進入博物館裡的東西了。如今臺灣何以重新鼓吹宣揚這一「政治神話」？顯然不是沒有原因的。概括言之，一方面由於他們頭腦膨脹，沾沾自喜於臺灣40多年來的經濟發展和所謂的政治「民主化」、「自由化」，過高地估計了「中華民國在中共改革開放過程中所能發揮的作用。」另一方面，他們又把蘇聯、東歐政局的劇變、國際共產主義運動和社會主義事業暫時受到的挫折，錯誤地看成是「馬列共產制度的徹底失敗」，把中國大陸在改革開放前進道路上遇到的暫時困難和問題，錯誤地認為是不可克服的矛盾，終有一天大陸會像蘇聯、東歐一樣，和平演變、土崩瓦解。屆時，他們便可捲土重來，收拾殘局，實現「以小吃大」的夢想。「時間站在他們一邊」，「我不相信中共能不改變。」我們要提醒臺灣：中共非蘇共，大陸非蘇聯；臺灣非西德，大陸也非東德。事態的發展，很可能會和你們所希望的相反；時間並不見得對你們有利，「拖」的結果，首先受到損害的是包括臺灣人民在內的全體中華民族的整體利益，而你們自己則將會成為真正的民族和歷史的罪人而載入中國史冊！

三、影響與危害

如前所述，所謂「分裂國家模式」，乃是臺灣這幾年來經過不斷摸索、試探，在實踐中總結出來，用以對抗大陸「一國兩制」統一攻勢的「新思維」。不能不看到，這一「新思維」在當前的政治氣候下確有其生存的土壤和推行的客觀條件。

首先從島內來看，這一「模式」的內容既反映了以民進黨為代表的臺獨勢力所提出的相當一部分政治訴求，同時也給反對臺獨的其他政治勢力預留了「統一」的空間；此外，還迎合了目前大多數臺灣民眾普遍希望海峽兩岸「維持現狀」和要求開拓臺灣「國際生存空間」的心態。也就是說，這一「模式」的欺騙性和迷惑性在一段時間內仍將會起作用，在這一理論架構下所制定的臺灣大陸政策，在島內還有相當的「民意」基礎和市場。

其次，從國際因素來說，一個統一的、強大的中國的崛起，並不符合以美國為首的西方國家的根本利益。他們樂於見到的是海峽兩岸繼續保持目前這種「不戰不和、不統不獨」的分裂狀態。同時，以美國為首的西方國家，更希望通過扶植臺灣國民黨政權，作為西方民主制度的政治櫥窗，以促使中國大陸早晚像蘇聯、東歐一樣和平演變，放棄走社會主義道路。因此，美國等西方國家從其全球戰略利益考慮，勢必會全力支持臺灣推行分裂中國的政策，以牽制和影響中國大陸。近些年美國朝野的一批政客一再發表十分露骨的反華言論（以李潔明為最），以及最近美國國會頻頻動作，如通過「與臺灣關係法」修正案，要求美國行政部門支持臺灣加入聯合國等等，均充分說明了這一點。

再次，就大陸而言，儘管10多年來的改革開放，經濟發展取得了舉世矚目的偉大成就，前途一片光明，但同時也確實存在著這樣那樣的困難和問題，不可能在短時間內得到解決。因此，只要中國大陸還不夠富強，人民的生活水平還不夠高，臺灣的欺騙宣傳就將還會在臺灣民眾中起一定作用，以美國為首的西方大國就還敢欺侮我們。

鑒於以上情況，不難意料，今後臺灣勢必會繼續頑固堅持其所謂的「分裂國家模式」，並在兩岸互動和外交鬥爭中，進一步具體貫徹落實「白皮書」中所制定的那一套分裂中國的大陸政策和「外交」政策，從而給島內政局和海峽兩岸關係的發展、中國的和平統一事業，帶來嚴重的危害和影響。

（一）兩岸關係在相當長時間內將難以有新的較大的突破。由於臺灣大陸政策的核心是企圖製造「兩個中國」或「一中一臺」，因此在與大陸的一切接觸交往中包括事務性談判在內，都將設法突顯其所謂的「獨立管轄權」，以「準國家關係」處處要求「對等」，堅持大陸方面要有「善意回應」。因而不可能建立起真正互諒互信的良性互動關係，目前的政治僵局將會繼續維持相當長一段時間而難以打破。但迫於海內外進步輿論的壓力，同時也為解決兩岸各項交流中迫切需要解決的許多具體問題，並藉以表示其「統一的誠意」。在某些功能性、事務性的議題上，臺灣也有可能會作一些有限度的妥協和讓步而與大陸達成某些共識和協議。如此一來，兩岸關係的發展，將會呈現出時鬆時緊、時好時壞、曲曲折折、搖擺不定和錯綜複雜、波浪式向前發展的態勢。這種十分脆弱和不穩定的關係，勢將難以承受住任何風吹草動和大風大浪的考驗。

（二）在國際舞台上，兩岸的外交鬥爭將日趨劇烈化、複雜化。由於臺灣事實上已放棄了「一個中國」的立場，千方百計地妄圖將臺灣問題「國際化」，打著開拓「國際生存空間」的幌子，收買拉攏一些國家支持其加入聯合國及其附屬機構，企圖製造「一國兩席」、「雙重承認」，實際上是製造「兩個中國」和「一中一臺」，並妄圖以此作為與大陸長期抗衡的籌碼，以實現其「拖以待變」的既定戰略構想。因此，外交領域的鬥爭，勢必直接影響到兩岸關係的正常發展，成為今後兩岸互動中的重要表現形式和特點。

（三）島內政局仍將持續動盪不安，經濟發展嚴重受損。道理至明：由於海峽兩岸關係對島內政局的發展和經濟的成長有著至關重要的影響，既然在今後相當長時間內，兩岸關係難以形成真正良性互動，那麼島內各派政治勢力之間圍繞著臺灣前途問題上的矛盾和鬥爭就仍將繼續存在，並有可能隨著時間的推移而日趨劇烈，從而引起島內政局的持續動盪；而動盪的政局和不穩定的兩岸關係，又勢必會嚴重影響到臺灣經濟的成長和發展。

（「海峽兩岸關係研討會」論文，與蕭敬合撰）

對新黨發展前景及島內政局走向的觀察與思考

（一）

新國民黨連線從國民黨內分裂出來另組「新黨」後，海內外輿論對第三勢力在島內是否有生存發展空間？新黨會不會像當年從民進黨分裂出來的工黨、社民黨一樣難成氣候？一直眾説紛紜、莫衷一是。年底縣、市長選舉揭曉，新黨「制衡聯盟」全軍覆沒，未能獲取席位，於是悲觀論者一時占了上風，但筆者對此不敢苟同，現試做粗淺分析，以便共同探討。

筆者以為，預測島內政黨政治的發展前景，首先，既要從「宏觀」也要從「微觀」角度進行綜合考察；其次，不能被一時的、表面的現象所迷惑，而要從長遠的、發展的觀點作深入細緻的分析。

從宏觀角度來看，不能否認，島內第三勢力的生存發展空間不僅客觀存在，而且相當廣闊。據1990年11月美國蓋洛普市場調查公司的民意調查顯示：有四成三的受訪民眾表示，他們有可能在未來的選舉中，把票投給國民黨和民進黨以外的第三黨候選人。這反映出有相當多的臺灣民眾對國民黨和民進黨均強烈不滿，他們「投國民黨票不甘心，投民進黨票又不放心」，希望出現一個既反對國民黨搞特權，又反對民進黨搞「臺灣獨立」，而真正能夠代表他們的切身利益，反映他們內心願望的、比較強勢的第三黨在野勢力。然而，近幾年來的幾次選舉，包括社民黨在內的第三勢力，無論得票率和當選率都相當低，並未能「填補」這一空間。這一現象又表明，廣大中間選民對第三勢力「沒信心」。原因何在？這就涉及到「微觀」方面的問題了。

從微觀方面而言，在新黨成立之前，國、民兩大黨以外的第三勢力如工黨、勞動黨、社民黨等等，雖為數眾多，但一盤散沙，各不相謀；其領導層除少數人物之外，大都是素質較差，缺乏知名度，每次選舉所推舉的候選人，一般都不被選民所認同，這在臺灣社會「選人不選黨」的選舉心理支配下，自然難有斬獲。就拿社民黨來説，朱高正當年從民進黨出走時，單槍匹馬，勢孤力單、儘管他個人知名度頗高，能量亦大，素質相當不錯，但無奈手下缺少一批得力幹部；加之其本身也難免有這樣那樣的弱點和侷限，故此，幾年來雖慘淡經營，左衝右突，但在國、民兩大黨的聯合夾殺之下，始終不見起色。於是，在經歷了二屆「國代」和立委這兩次選戰的連續挫敗之後，元氣大傷，從此一蹶不振，組織逐步渙散，難有作為也就勢所必然，不足為怪了。

然而新黨與社民黨不同。首先，「新連線」的出走，乃是「群體性」的出走。這一「群體」幾乎囊括了國民黨非主流派第二代中的佼佼者，組成了新黨的領導核心。這一核心的成員不僅受過高等教育，自身素質好，形象清新，且有較長時間的從政經驗和很強的問政能力。他們大都已連任立委，有的原任國民黨的中央委員，有的甚至在行政院和黨中央擔任過「部」一級的主管，經歷過多次政治風浪的考驗和磨練，活動能力強，知名度相當高，不僅與臺灣上層有深厚的淵源和密切聯繫，熟稔他們的運作方式等，而且在民眾中有相當廣泛的基礎。例如，1992年底二屆立委選舉，趙少康，王建煊等人在未獲國民黨中央提名而自行參選的不利情況下，仍然以最高票當選，便是明證。臺灣報刊評論説：「我們從新黨的發起人來看，趙少康、王建煊都是明星級的『立委』，郁慕明是『立委』中數一數二的議場鬥爭高手，李勝峰也曾是國民黨在『立法院』的重量級戰將，而周荃、陳癸淼、李慶華等人的口才都不弱。這一組人馬在議場中的戰鬥力和運用媒體的能力，絕不輸給民進黨明星級『立委』……單憑發起人的這項特色，就能讓新黨在國人心目中占有一席之地。」眾所周知，「政治路線確立之後，幹部就是決定因素」，新黨由這樣一批人馬組成領導核心，絕不至於和工黨、勞動黨和社民黨一樣，無聲無息，無所作為。其次，新黨的前身「新國民黨連線」早已在國民黨自成一派，6名立委的政治地位和影響力已非其他第三勢力可比，如今由於朱高正、謝啟大加入新黨，使新黨在立法院中的席位增至8席，隨著島內政局的演變，新黨立委的席位還有可能會繼續增加，成為立法院中的「關鍵少數」。事實上，在立法院第一會期中，僅有6名立委的「新連線」已經展現了若干「關鍵少數」的制衡效應。例如在行使「閣揆同意權」、「陽光法案」、「遷建華山車站」以及「高速鐵路」等重大提案的表決上，「新國民黨連線都是在『不等邊三角形』的實力運作中，發揮了『兩邊之和大於第三邊』的作用」。由此可見，至少在下一屆立委改選之前，新黨仍將會在臺灣政壇上繼續發揮這種制衡功能，而不會是個毫無政治影響力的「泡沫黨」，這是確定無疑的。誠然，臺灣社會目前已進入所謂「選舉時代」，任何政治勢力的生存與發展，主要取決於它是否能夠贏得選民的認同與支持，以及這種認同與支持的程度如何。新黨自不例外，如果僅憑少數幾個明星級的人物在臺灣政壇上苦鬥，而缺乏一定的社會基礎作為後盾，勢必會曇花一現，難有發展。

如前所述，島內第三勢力的生存發展空間乃是客觀存在，但問題的關鍵是新黨是否有能力爭取到這些中間選民的認同與支持而「填補」這一空間，不斷發展壯大？這就涉及以下兩個方面的問題：一是目前新黨在臺灣民眾中的形象如何？也即它是否有繼續生存發展的社會基礎？二是新黨的領導層是否有足夠的政治智慧？所採取的政策、策略是否得當？比較而言，後者顯然是根本的，它將對前者起著決定性的作用。

有人認為，由於新黨所具有的「外省人政黨」的強烈色彩，因而新黨的發展空間極為有限。表面看來，這種觀點似乎有其道理，但事實並非如此，因為它過低估計了臺灣選民的成熟度而片面地誇大了一般民眾的「省籍情結」。據《聯合報》報導：新黨在臺北區的支持率達四成四，在高雄地區為三成六；從省籍看，新黨分別獲大陸籍四成、本省籍三成四的支持。這一調查結果顯示：臺灣民眾對新黨的支持，「既無明顯的南北差距，也無嚴重的省籍情結」。另據《海峽評論》報導：新黨於8月22日下午在臺北縣板橋市舉辦首場群眾大會，「估計約有兩萬人參加，現場氣氛熱烈。當臺上手持麥克風的主持人大聲問道：『有人說新黨是外省人的黨，在座是本省籍的請舉手！』現場五分之四以上的人舉手，主持人又接著問道：『在座年齡四十歲以下的請舉手！』又有三分之二以上的人舉手」。可見，新黨在相當數量的臺灣民眾（包括「本省籍」民眾）尤其是年輕選民中的形像是好的，而這也正是新黨今後賴以生存和發展的社會基礎。當然，所謂「外省人政黨」的不利輿論，可能會在一定程度上對新黨的發展產生負面影響，但這並非「關鍵」因素，否則又如何解釋主要由「本省人」組成的工黨、勞動黨、社民黨都難以發展、難成氣候呢？隨著時間的推移，只要新黨的政策和策略符合臺灣民眾的利益，能夠反映他們內心的願望，那麼「新黨可以不須澄清，本身的行動與作法便可證明一切」，使所謂「外省人政黨」的不利形象逐步消失。

誠然，生存空間的客觀存在並不等於就是「選票」。由於經歷歷次選舉，臺灣選民的投票趨向已形成相對的「習慣性」，也即「穩定性」，認同和支持新黨的理念和主張，但選舉時並不一定就會將選票投給新黨。因此，如何將選民對新黨的「認同率」和「支持率」轉變成具有實際意義的「得票率」，還需要新黨領導人有足夠的政治智慧，要有相當長一段時間的艱苦努力和累積過程，不可能在短時間內看出成效。從新黨成立以來的一系列政治運作來看，筆者認為，在這方面基本上是成功的，已為今後的發展奠定了一定的基礎。主要表現在：

首先，從新黨的成立「宣言」來看，它明確自我定位為「小老百姓代言人」的政黨，以「革新政治、安定政局、制衡兩黨」為目標，宣稱認同孫中山的政治理念，並具體提出了八大基本主張：（一）以保障臺海安全為最高準則；（二）積極與中共展開談判；（三）確立權責相符、受「國會」監督的直選民選「總統制」，避免獨裁；（四）各族群一律平等，保障人權；（五）主張改徵兵製為募兵制；（六）設立直屬行政院的廉政總署，反貪汙，反腐敗，反特權；（七）反金權，不反商，全力支持中小企業；（八）照顧弱勢團體，保障小老百姓的生活。其中特別是在「大陸政策」方面，主張「開放兩岸直航，促進全面交流」；「保障臺商權益，爭取大陸市場」；「建立互利共生的大中華經濟圈」。該黨公開宣稱：其主要任務，一是不讓國民黨再腐敗下去；二是阻止民進黨執政，防止臺灣走上「獨立」道路，引發臺灣危機。筆者認為，新黨的上述理念和主張，擊中了國、民兩黨的要害，抓住了當前廣大臺灣民眾尤其是中間選民的心理，符合他們的切身利益和願望，有利於爭取中間選票。

此外，新黨採取所謂「柔性政黨」的組織形式，「以國會為中心，以民意為導向，以選舉為手段」，不設黨主席和黨的中央機構，只設「召集人」；參加新黨只需登記，不必宣誓，不用繳納黨費和開小組會議，並隨時可以退出，允許跨黨，凡不便登記入黨但認同、支持新黨者，為新黨的「精神黨員」等等。這種組織設計，一方面避開了權利義務關係，符合臺灣民眾追求民主自由的心態，另一方面也有利於吸納那些因感情上或工作職務上（現實的政治、經濟利益）的關係而不便加入新黨的相當一部分國民黨員認同和支持新黨，成為新黨的「精神黨員」。此外，也因黨的機構比較簡單精幹，從而大大減輕了財政支出，適應了新黨目前財源匱乏的現狀。據報導，新黨著手登記黨員的半個月內，填表入黨者就多達4萬餘人（尚不包括來不及處理的一大批黨員登記表）。而建黨已達7年之久的民進黨，目前黨員人數也才不過5萬餘人而已。對此，民進黨前主席許信良也不得不承認，「新黨已有基礎，不敢小看它」。

其次，從新黨立委在立法院第二會期總質詢中的表現來看，確能具體落實貫徹「宣言」中提出的理念和主張。趙少康、王建煊、李慶華、陳癸淼、周荃、郁慕明等人，以密集的「炮火」，分別就肅貪、環保、醫療衛生、教育、財政、兩岸談判、直航與文化交流、「金錢外交」——許多為「小老百姓」所普遍關心的問題，向國民黨執政當局發動了一連串的凌厲攻勢，展現了「小老百姓代言人」的姿態，民眾反應頗佳。

再次，積極整合第三勢力，並已初步取得進展。新黨成立前，國、民兩大黨以外的第三黨勢力如工黨、勞動黨、社民黨等，由於主客觀條件的制約，正面臨著發展瓶頸而苦無良策；而臺灣社會中日益滋長的對國、民兩黨的不滿情緒正呼喚著較為強勢的第三勢力的出現。顯然，第三勢力的整合已具備了客觀上的條件和可能。新黨的出現恰好造成了某種「催化劑」的作用，促進第三勢力整合的客觀社會環境得以迅速趨於成熟化。於是經過趙少康、王建煊、朱正高、林正杰等人的積極奔走串聯，11月初，新黨、社民黨、勞動黨的主要領導人正式會商，決議共同推動第三勢力的整合大計。1993年11月中旬，新黨與社民黨宣布決定合併，組成新的「新黨」。勞動黨和工黨也醞釀著稍後「跟進」，目前則以「合作」形式出現。新黨與社民黨合併後，確立三大理念；（一）大中華理念；（二）結合工、農、老兵、小市民等弱勢團體；（三）反對獨裁，並決定成立勞工、青年、中小企業及婦女委員會從事社會各階層的組織工作。同時強調，將在

1994年6月30日前，選擇全省10個縣、市，指定5個立委負責發展地方基層組織工作。兩黨合併後，雖然政治力量和基礎力量仍很薄弱，但卻意義重大，影響深遠。因為這不僅初步打破了為媒體所渲染的所謂新黨是「外省人黨」、「臺北黨」的形象，同時也標幟著第三勢力的聯合終於邁出了可喜的第一步，為今後第三勢力的進一步整合打下了基礎。臺灣報紙評論說：「第三勢力一旦完成整合，一個目前約擁有百分之十政治勢力，階級屬性涵蓋知識分子、小市民、農民、勞工，並兼顧省籍與南北地域均衡性的全新政黨即告誕生，不但可以彌補新黨在省籍及城鄉地域上的不足，更將成為號稱全民政黨的國民黨與民進黨的挑戰對手」。

第四，參與縣、市長選舉達到了「熱身」的目的。1993年底縣、市長選舉揭曉，新黨未能獲取席位，得票率也僅達成3.08%。於是不少輿論認為，第三勢力沒有發展空間，新黨前途堪虞。筆者對此議論不敢苟同。事實上，新黨對參加這次選舉從未抱過高希望。該黨成立時即已明確定出未來三年的發展目標：即1993年底縣、市長選舉先「熱身」；1994年縣、市議員選舉則是培養各地接棒的優秀人才，並與兩大黨爭省、市長席位；而真正展現實力是兩年後1995年底的第三屆立委選舉，力爭攻下二成以上席次，成為制衡國、民兩大黨的「關鍵少數」。按照上述設計，客觀地說，新黨參加這次縣、市長選舉基本上達到了預定的目的。因為通過選舉的「造勢」活動，宣傳了新黨的理念和主張，擴大了新黨的影響，並展現了一定的實力，為今後的發展奠定了一定的基礎：（一）競選期間，新黨製造了一連串的轟動事件。首先，新黨選擇在國民黨十四大召開前夕宣布出走另立門戶，立即引起了島內外的轟動；其後，新黨與數位因「違紀參選」而被國民黨開除黨籍的縣、市長候選人結成「制衡聯盟」，在各地召開了一系列的競選說明會、演講會，並將立委謝啟大吸納入黨；接著是與朱高正社民黨合併，投票前夕，又策動國民黨元老許歷農「反正」成功。在整個競選期間，新黨始終是臺灣新聞媒體關注的焦點，競相報導的對象，島內外輿論的重要話題。（二）若單從新黨在臺北縣、新竹市參選地區來看，得票率高達16%，這是第三勢力在歷次參選中獲票率最高的一次，並使得國民黨在這兩地的總獲票僅為38%和45%，未逾半數。就連國民黨高層也有人不得不承認，這次選舉國民黨志在必得的「淪陷區」臺北縣，之所以未能從民進黨手中「收復」，與新黨候選人李勝峰的「攪局」有很大關係。臺灣報紙說：「倉促成軍的新黨在這次選舉中的表現正如預期，未爆冷門，但也不可小覷，……不少人認為，新黨的初啼並不驚人，但在未來幾年的後勢卻不可低估」。顯然，這一評論還是比較客觀的。

除上述主客觀條件以外，新黨生存發展的有利因素至少還可列舉如下幾點：（一）國民黨內「非主流派」人士（包括本省籍在內）的同情與支持；（二）海外華僑社團（如國民黨「海外興中會」）的同情與支持；（三）以美國為首的西方國家出於其在臺灣推行西方式所謂「民主政治」的考慮，也樂見一個有能力制衡國、民兩黨的第三勢力的出現，以利於島內「政黨政治」的開展，並對中國大陸產生他們所希望出現的「櫥窗效應」，這顯然符合美國等西方國家的利益。

總之，筆者認為，島內第三勢力的生存發展空間乃是客觀存在，儘管新黨甫建，目前實力單薄，但已為今後的進一步發展壯大打下了一定的基礎，從長遠來看，不僅不至於成為「泡沫黨」，且有可能發展成為在臺灣政壇上有能力制衡國、民兩黨的舉足輕重的第三大黨。

當然，我們也應看到，在當前臺灣現實政治環境中，新黨的成長發展所面臨的困難也顯而易見不可能是一帆風順的，主要表現在：

（一）將面臨來自國、民兩大黨聯合夾殺的巨大壓力。政黨競爭，是理念和政策主張的競爭，但說到底是權力之爭，政治、經濟利益的分配之爭。由於新黨在一系列重大問題上的理念、政策和主張與國、民兩黨均存在深刻分歧，在爭奪島內政治、經濟資源上新黨與它們將不可避免的產生劇烈的矛盾衝突。毫無疑問，無論是目前在島內政壇上占據優勢地位的執政的國民黨主流派，還是一心謀求早日走上執政的民進黨，都不會願意看到新黨的勢力不斷發展壯大，從而在未來爭搶島內權力大餅中增加又一強有力的競爭對手。故此，國、民兩黨勢必在明裡暗裡聯合起來，共同封殺抑制新黨的發展。事實上新黨成立開始，這種壓力便接踵而來，從未間斷。國、民兩黨一些頭面人物的有關言論及其所影響控制下的媒體對新黨冷嘲熱諷的態度等等，均已說明問題。所謂新黨是「外省人政黨」、「臺北黨」和「急統派」的輿論，在很大程度上正是他們刻意渲染製造出來的用以挑撥本省籍民眾與新黨關係、企圖封殺新黨成長發展的諸多陰謀手段之一。一些民進黨立委甚至別有用心地散布新黨是「中共代言人」的論調，發表「聲明」，「促請新黨應與中國共產黨絕對劃清界限」。可以預見，隨著島內政局的演變發展，新黨勢力將面臨更大的壓力。處於弱勢地位的新黨，如何衝破這種壓力，在兩大黨的夾縫中求得生存與發展，將是對新黨的一個嚴峻考驗。

（二）基層力量太過單薄，與其他第三勢力的整合存在著實際上的困難與問題，將嚴重制約新黨的壯大發展。新黨立委大都是「吃國民黨奶水長大」，如今驟然斷了「奶水」，失去了原有可資利用的國民黨所擁有的龐大政治、經濟資源，一切均須白手起家，從頭做起，其困難程度可想而知。且不說財源匱乏，經濟拮据，沒有了媒體的協助造勢，更為重要的是失去了國民黨基層組織強有力的支持。國民黨統治臺灣40多年，已在島內各縣、市培植起了強大的地方勢力，就連「草根性」很強的民進黨苦心經營7年之久，其基層勢力的發展尚且有限，何況原本新黨立委的政治影響力主要在都市區（且主要在臺北地區），向來與臺灣地方勢力沒有淵源，恐更難在基層擴展其勢力。儘管這種侷限或可通過與本省籍為主的其他第三勢力如社民黨、勞動黨、工黨的整合而得到某種程度的彌補，但由於歷史和現實的原因，新黨與上述各黨在一些重要問題上也存在著這樣那樣的分歧和隔閡，整合起來並非易事，即便能整合成功，也可能會「貌合神離」，不斷出現矛盾而導致內耗；加之新黨採取「柔性政黨」的組織形式，不免會帶來負面後果，即在基層沒有真正強有力的地方組織，因此在未來的一系列重大選舉中，新黨勢必在組織戰方面很難與國、民兩大黨抗衡。這次縣、市長選舉，新黨及其「制衡聯盟」未能有所斬獲，其原因蓋出於此。

（三）主觀方面而言，新黨領導人潛意識中存在的「國民黨情結」和「省籍意識」若不能盡早消除，也將影響其進一步壯大發展。新黨開拓票源應將目光主要投向何方？島內有識之士認為，應是「中層、年輕，智識層的選民，較無省籍成見，也有兩岸、國際的宏觀想法，他們才是新黨要爭取的對象」。對此，新黨領導人心知肚明，採取了相應的策略和具體措施，並已初見成效。但若考察一下新黨自成立以來所提出的一些口號和採取的某些做法，仍有不少可議之處。例如，該黨從一開始便不適當地提出所謂「毀黨、造黨」的口號；爾後又有所謂新黨為「正統國民黨」之說；尤其是把大量精力用以遊說國民黨員（其中包括黨齡在50年以上的國民黨元老）加入新黨，趙少康甚至宣稱許歷農加入新黨「勝於百萬雄兵」，均自覺不自覺地反映出新黨領導人在潛意識中確實存在著「國民黨情結」和「省籍意識」。島內輿論認為，新黨「甚至是以外省族群的危機意識作為發展策略的構思起點」。如果這樣「情結」和「意識」不能盡早拋棄，勢必恰中國、民兩黨的下懷，使新黨難以真正融入臺灣本土社會之中，從而嚴重地制約其今後的壯大發展。

綜合以上主客觀方面的有利和不利因素，不難得出結論：新黨的實力今後將會有所提升，但不可過於樂觀；它將發展成為有能力制衡國、民兩黨的「關鍵少數」，但難以形成「三黨鼎足」之勢。臺灣政黨政治的發展前景，將會在相當長的一段時間內維持在國民黨——民進黨——新黨大、中、小「三黨競爭」的格局。

（二）

新黨的成立以及由此而出現的第三勢力的整合，對島內的政治生態、政黨政治格局已經並正在產生重大影響，給臺灣政局和兩岸關係的發展增添了新的變數。

（一）國民黨內部的流派之爭將因此而進一步加劇，有可能再次發生分裂。

「李連體制」的建立，特別是通過十四大的召開和年底的縣、市長選舉，李登輝主流派已在黨內的流派鬥爭中取得了全面的、壓倒性的勝利，李登輝的領導地位空前鞏固。但是，非主流派在黨內和立法院仍有相當實力，特別是以林洋港為代表的本土籍非主流派，在臺灣民眾中的影響力仍不可小視。新黨的成立及其實力的不斷提升，無異於在精神上是對他們的一大鼓舞，使他們感到在與主流派的鬥爭中更無後顧之憂，大不了步許歷農的後塵，加入新黨。因此可以預見，在未來諸如修憲、總統選舉以及大陸政策等一系列重大問題上，郝柏村、林洋港等非主流派頭面人物以及立法院中的非主流派立委，將會與主流派展開劇烈的較量，從而對主流派的政治運作起某種程度的牽制作用。事實上人們已經看到，這種較量目前已經拉開序幕。但總體而言，非主流派已不是主流派的對手，故而隨著島內政局的演變，在黨內流派爭鬥中落敗的一部分非主流派人物有可能會陸續脫離國民黨，或加入新黨，或另一樹一幟，從而使國民黨再次發生組織分裂，實力進一步削弱。

（二）國民黨在立法院中的優勢地位已經動搖，並潛伏著隨時有喪失主導權的嚴重危機。

本屆立法院161席中，國民黨原本占有102席的相當大的優勢，爾後，病逝和聲明脫黨者2席，如今新黨6名立委出走，僅剩94席，實力已大為下降，但比過半數的18席仍多出13席，表面看來，似乎仍有一定優勢。然而這種「優勢」已經動搖：這是因為，國民黨十四大以後，由於黨內權力結構的調整無法完全滿足黨籍立委的願望而引起強烈反彈，立法院內國民黨的一些次級團體如高育仁主導的「民意會」，已明確表示將加強「自主性」，不再完全配合黨團運作；而非主流派立委則因理念上的差異，原本就具有很強的自主性；此外，地方派系和財團背景的立委，也以各自的利益為取向；加之國民黨籍立委往往出席率不高，凡此種種，均使國民黨目前所擁有的94席多數地位，隨時有低於81席過半數的可能，這是國民黨「在臺灣執政40多年的歷史中前所未有的」。在新黨成立之前的立法院第一會期中，國民黨提出的議案就已經有多項被否決的記錄，因而被臺灣報紙譏為「多數在野黨」。如今立法院已形成「三黨五派」的複雜局面，往後執政當局的許多重大施政措施勢必更加難以通過。此外，倘若國民黨真的再次發生組織分裂，那麼將不排除其立委席位減少到不足半數而完全喪失在立法院主導權的可能。屆時，國民黨不待下屆立委選舉就將不得不拱手交出政權，被迫與民進黨或新黨合組新的聯合政府。

（三）第三勢力的進一步趨向整合，新黨實力的逐步提升，將成為制約民進黨「走上執政」的關鍵因素。

新黨成立之初，不少輿論認為，民進黨將「坐收漁翁之利」而提早「走上執政」。民進黨人也喜不自禁，宣稱「樂觀其成」。但筆者認為，從長遠來看，問題並非那麼簡單。在第三勢力不成氣候的情況下，為求制衡日益腐敗的國民黨，有不少選票流向了民進黨，因而近幾年來的選舉，民進黨的獲票率有不斷提升的趨勢。然而，新黨成立後，使這部分中間選民有了更大的選擇空間。可以預見，隨著新黨實力的不斷提升，中間選民對新黨的信心和向心力將逐步增強，在未來的選舉中，勢必會有不少選票改變流向而使民進黨得票率和當選率受到相當程度的制約。現成的例子，莫過於日本自民黨分裂後，最大的反對黨社會黨不僅沒有撈到任何好處，相反卻流失了大量選票便是明證。為防止這一事態的發生，民進黨今後勢必會採取各種措施與新黨爭奪中間選民，甚至不惜與國民黨勾結，共同夾殺新黨的發展成長，從而使新黨面臨困難處境，造成朝野三黨之間關係的緊張。

（四）「兩黨政治」的局面已被打破，「三黨競爭」、合縱連橫的政黨政治新格局已經形成。

新黨的成立，事實上已經打破了二屆立委選舉以來剛剛初步形成的「兩黨政治」的局面，向著國民黨一民進黨一新黨大、中、小「三黨競爭」的新的政黨政治格局演變發展。如果新黨整合第三勢力的努力進一步取得成功，那麼，即便國民黨不再發生新的組織上的分裂，新黨在下屆立委選舉時仍有可能實現奪取15%～20%左右得票率和當選率的預定戰略目標。屆時，國、民兩大黨都將難以獲得半數以上的席位和選票而無法單獨執政，由此，臺灣將進入多黨聯合執政的時代。由於三黨在許多政策主張，特別是國家認同理念上存在著頗大差異甚至是根本對立，因此，在這種基礎上建立起來的無論哪兩黨組成的聯合政府，都勢必不可能保持和諧的合作與長久的穩定，從而使島內政局有可能會呈現出持續動盪的局面。

（五）「統派」勢力趨向整合，「統獨」之爭呈現出新的特點，有利於兩岸關係的發展。

從另一角度來觀察，人們不難發現，新黨的出現以及隨之而來的第三勢力的趨向整合，其實是對近年來島內臺獨與「獨臺」這兩股分裂中國的勢力公開合流的一種帶有必然性的反彈。島內分裂勢力在合流、在發展，統派勢力同時也在聚集、在發展，並呈現出「統獨」陣營日趨分明的態勢。新黨公開表明「大中華意識」，追求民族統一，反對臺灣獨立，並明確主張「積極與中共談判」和「開放兩岸直航，促進全面交流」及「建立互利共生的大中華經濟圈」等等。由於新黨在立法院中擁有比以往任何時候的第三勢力都要多的席位，加之有非主流派立委的奧援，勢必使立法院中主張統一、反對臺獨，要求積極推動兩岸關係發展的呼聲增強。倘若第三勢力進一步整合，新黨在下屆立委選舉中果能達到預期目標，那麼島內統派在臺灣政壇上的實力和地位勢將進一步提升。顯然，這對抑制島內分裂勢力，改善兩岸關係，促進中國和平統一是有利的。當然，也不排除由於統派勢力的不斷提升，在政壇上的地位不斷增強以及兩岸關係的進一步發展，島內的急進臺獨勢力因此而產生日益嚴重的危機感，從而尋找藉口，蓄意製造事端，挑起劇烈的「統獨之爭」，掀起新的臺獨聲浪，從而造成島內局勢的緊張和兩岸關係的惡化。

（收入《當代臺灣研究》（三），華藝出版社）

一九九四年民進黨主要活動及其特點

一九九四年，民進黨接受上年底縣市長選舉失利的教訓，大力整頓組織、調整政策策略，通過年初的鄉鎮長和縣市議員選舉特別是年底的省市長選舉，在與國民黨爭奪執政權的較量中，取得了突破性的進展。

主要活動和特點

回顧和考察民進黨一九九四年的主要活動，大致可以歸納出以下幾個方面的特點：

（一）著力推行「黨務革新」。

縣市長選舉後民進黨領導層檢討失利原因，認為基層組織薄弱、提名全靠黨內初選確定候選人以及後備人才嚴重不足，是其中三個重要原因。為此，一九九三年底剛剛接替許信良出任民進黨主席的施明德，便立即著手推動黨務改革，並專門成立了一個「黨務強化工作小組」，強化黨的基層組織。該小組經過五次會議，於一月十三日擬定出了「黨務強化工作方案」，其主要內容有：（1）訂定黨員預備制度。規定黨員入黨須經「預備期間兩年」，預備黨員在預備期中至少要參加兩次訓練和兩次黨務活動；（2）辦理黨籍檢查；（3）整頓地方黨部；（4）公職候選人提名辦法之修訂；（5）強化黨紀評議制度。該方案出爐後，曾引起黨內少數派系的強烈質疑和部分「明星級」人物的反彈，但經過修改後，終於在二月十五日召開的臨時中常會上首先通過了其中的「公職人員初選提名辦法」。新的公職提名辦法決定採用兩階段：即第一階段由黨員、幹部投票，各占百分之五十；經第一階段初選後，若經協商仍無法產生提名人選，則舉行第二階段選民投票；前述兩項投票結果，各占全部提名人選的百分之五十。並規定了七條具體的實施方案和細則。隨後，在五月一日閉幕的民進黨第六屆全代會上，又通過了多項黨務改革案。當然，由於民進黨自建黨以來組織上和思想上均一貫渙散，上述黨務改革方案在實際運作中能否真正得到貫徹落實，仍不無疑問，但俗話說：「沒有規矩，不成方圓」，有這些「規矩」總比沒有這些「規矩」要好。其中新的提名辦法在年底舉行的省市長及省市議員選舉中首次實施，的確對緩和黨內紛爭、減輕內耗、改善黨的形象，造成了積極作用。張俊宏、謝長廷兩人在省長和臺北市長的第一階段黨內初選中分別輸給了各自的競爭對手陳定南和陳水扁之後，即自動宣布退出第二階段初選。

一九九四年民進黨在整肅黨紀、純潔隊伍方面也有一定起色。近幾年來，民進黨為能早日「走上執政」，不惜採取「招降納叛」的組織發展路線，大量接納國民黨的「叛將」，積極拉攏「策反」地方派系勢力，以爭取選舉的勝利。這種做法雖然有助於民進黨地方力量的壯大和選舉得票率的增長，但卻使黨的隊伍日益不純，魚龍混雜。此外由於民進黨在臺灣政壇上的實力大增，不少民進黨人士經不起喝彩捧場和金權、利益的誘惑而逐漸腐化變質。居功自傲我行我素者有之，以權謀私作奸犯科者有之，涉嫌不當「關說」、弊案、醜聞或緋聞以及大量花錢搞「賄選」者也有之，且大有愈演愈烈之勢。島內輿論早已對此議論紛紛，指稱民進黨正在日趨走向「國民黨化」。

進入一九九四年之後，民進黨便開始整肅黨紀，其中最引人注目者是三月間開展的大規模「查賄行動」。在這次「查賄」中，民進黨決定對在縣市議長選舉中涉嫌賄選的四十五名黨籍縣市議員進行嚴厲處分。開除了二十二人的黨籍並移送法辦，其餘二十三人分別處於「停止黨權」及「公開警告」的處分。受處分的人數約占民進黨縣市議員總數九十二人的一半。另一事例，是十月間民進黨籍立委侯海熊在洪福事件中，涉嫌為當事人——華隆集團老闆翁大銘說情並妨礙警方調查公務。事發後，輿論大嘩，民進黨中評會不顧黨內強烈反彈，毅然決定開除侯海熊黨籍。民進黨的這些舉動得到了島內輿論的肯定與支持，「黨務革新」收到了一定的成效。

（二）加強與工商企業界的溝通與聯繫。

近年來，隨著島內政局的演變和民進黨在政壇上的地位不斷提升，「選舉總路線」開始在黨內確立。為爭取早日「走上執政」，民進黨逐漸恢復了原先刻意隱藏起來的資產階級政黨的本來面貌。一方面盡量減少街頭群眾運動，逐漸疏遠昔日與之並肩戰鬥的基層弱勢團體；另一方面又調整公共政策訴求，頻頻向工商企業界示好，積極拉攏廣大中產階級，為贏得選舉而努力開發新的「票源」和「財源」。

事實上，早在兩年前許信良任黨主席時，民進黨就曾因中央財務困難而向大企業募款，據説「頗有收穫」。一九九三年底施明德接掌黨主席後，更積極地、有計劃地聯絡島內工商企業界人士，爭取他們的支持。為此，民進黨專門成立了一個「發展委員會」，負責這方面的具體工作。一九九四年一月一日，該黨首次邀集島內多家企業負責人舉行了「一九九四年臺灣經濟展望」懇談會。與會者多為島內舉足輕重的企業界頭面人物。施明德親率一大批民進黨的重要幹部，認真聽取了企業界人士的意見和建議，並在會上表示：民進黨「只是在經濟上反對政治、經濟的特權，絕非有反商的情結」，「希望藉此增進與工商界的互相瞭解」。

十一月二十四日，省市長選舉投票在即，民進黨又特意舉辦了一場針對中小企業的大型募款餐會。這場名為「祥和繁榮之夜」的募款餐會，當場募得新臺幣五百萬元。餐會上，民進黨副祕書長邱義仁向中小企業主分析了民進黨三位候選人的選情，懇請中小企業主「盡量支持民進黨的省長候選人」，並保證：「民進黨即使拿下三個省市長席位，臺灣自然也不會有太大的變化，影響不了李登輝的大政方針。」同一天，民進黨還公布了題為「再創臺灣中小企業活力」、「民主進步黨的中小企業發展策略」説帖，具體詳盡地提出了該黨對中小企業的「五大政策方向」和「十二項實踐策略」，極力拉攏中小企業主。

十二月十八日，投票剛剛結束，民進黨又立刻邀請島內的十三家重要企業負責人座談，請他們對民進黨此次選戰及未來發展提供建言。出席者「來頭」皆不小，有銀行董事長、前任「經濟部次長」、大型金屬工業負責人，甚至還包括親李登輝的重要企業領袖以及國民黨籍的重量級人物。施明德在次日舉行的記者會上表示：「民進黨絕不是反商、暴力政黨」，所以他「特別在昨天聽取企業界前輩的意見」，「以作為民進黨未來策略及方向參考」。新當選的臺北市長陳水扁則指出：「民進黨非但不反商」，未來他還會「將建設臺北成為國際工商都市列為施政重點」。此外，該黨還將責成各級議會黨團協助企業解決問題，以爭取今後工商企業界對民進黨的更大支持。

上述民進黨的政策策略的變化及其運作，已經並正在對國民黨構成相當大的壓力。

（三）爭奪執政權取得突破性進展。

一九九四年底舉行的臺灣首次省市長民選，是臺總統直選前的一次重要選舉，這不僅對於「一黨專政」執政了四十多年的國民黨來說是一個重大考驗，同時對於急欲早日「走上執政」的民進黨也是一次重大考驗。為此，民進黨志在必得，背水一戰，與國民黨開展了一場空前規模的「生死大搏鬥」。選舉結果，民進黨雖然輸掉了省長和高雄市長，但陳水扁卻一舉奪得臺北市長的寶座，並創下了省市一級政權政黨輪替執政的先例。民進黨奪得臺北市後，加上原由該黨執政的其它六個縣（即臺北縣、宜蘭縣、高雄縣、新竹縣、臺南縣、澎湖縣），執政地區人口已達到臺灣總人口的半數，在國民生產毛額方面，亦已占全臺灣的一半以上。而且，陳水扁作為「首善之區」的臺北市長，成為該黨第一位有資格進入臺行政院院會並獲得發言權的人；再加上「省縣自治法」和「直轄市自治法」的實施，這種情況標幟著民進黨對國民黨的制衡作用進入了新的階段：即由原來的以「國會」「立法治衡」為主，轉變為「立法治衡」與在行政系統的「行政制衡」雙管齊下、相互配合的態勢。表明了國民黨的統治基礎已從「量」的動搖進入了「質」的動搖，喪失執政權的危險性已大為增加。

造成這種選舉結果原因是多方面的，政黨的政經總體實力固然是關鍵，但策略的運用、訴求被選民認同的程度以及候選人的個人形象等諸多因素，也是成敗的重要原因。

對年底的省市長選戰，民進黨思想上高度重視，準備工作做得較早，也較充分。一九九三年縣市長選戰的硝煙尚未完全消散，他們便「人不卸甲，馬不下鞍」，立即投入了一九九四年初舉行的鄉鎮市長和縣市議員選舉。這場選舉雖屬層級較低的基層選舉，但卻攸關臺灣地方政治勢力的重組，被視為新政治鏈中的「樁腳」，實際上是年底省市長民選及日後總統直選的「前哨戰」。民進黨歷來基層組織比較薄弱，但在危機意識的驅動下，全黨動員，四面出擊，大挖國民黨的「牆腳」，策反成功了不少歷來支持國民黨的地方派系勢力，壯大了自己的基層力量。選舉揭曉，民進黨取得了自其參加基層選舉以來的最大勝利，鄉鎮市長和縣市議員席位，分別由上屆的六席和四十七席猛增到二十三席和九十二席，分別增長了三倍多和約一倍，從而一掃一九九三年底縣市長選舉失利的陰霾，鼓舞了民進黨全黨的士氣，增強了年底省市長和省市議員選舉獲勝的信心。

七月，朝野各黨中民進黨率先完成了省市長和省市議員的候選人提名，隨即轉入緊鑼密鼓的選戰準備工作。他們吸取了縣市長選舉受挫的教訓，在黨中央成立了「一九九四年省市長及省市議員選戰指揮中心」，由前黨主席許信良任總指揮，同時改組了「選舉對策委員會」，施明德親自掛帥。

在這次選舉中，應該說民進黨中央對省長候選人陳定南的輔選工作下的力氣最大，助選陣容也最為龐大、精銳。然而選舉結果陳定南卻輸給了國民黨候選人宋楚瑜將近一百五十萬張選票。

究其原因，是民進黨根深蒂固的臺獨理念及其追隨者的「劣根性」給陳定南幫了倒忙！選戰結束後，民進黨邀請島內企業界人士商談時，在座企業界代表即指出：民進黨「在選戰文宣中必須瞭解臺灣人追求安定的個性，此次臺灣省長選舉中打出『變天牌』令人有危機感，連帶影響選舉結果。」

反觀陳水扁，其所以能在臺北市勝選，關鍵在於訴求策略的得當而吸納了相當多的游離票：首先在政見方面，陳水扁抓住廣大臺北市民最為頭痛和關心的交通與環保等主要問題，把訴求主題標榜為：「走出悲情，達向希望」，強調「族群融合」，贊成「百分之百的言論自由」，反對「任何形式的暴力」，主張把臺北建成「快樂的城市，希望的城市」，並稱：當選後若兩年之內不能解決交通問題，他將「主動辭職」以示負責。其次，在臺獨問題上，陳水扁則極力迴避，甚至連競選使用的旗幟，也一改民進黨傳統綠色旗而換成橘黃色旗，可謂用心良苦！當施明德提出「金馬撤軍論」使陳水扁的選情陡然逆轉、支持率大幅下降時，他一方面公開表態不同意施明德的主張，另一方面又專程跑到金、馬等地區「消毒」，盡力將消極影響減至最低點。但最能說明問題的是，作為民進黨戰將的陳水扁竟然在投票前兩天，公開在臺北街頭接受了林正杰贈送的「中華民國國旗」，並共同簽署聲明，表示願意保證維持臺灣未來二十年的安定，除非經過公民投票，現在使用的「國號」、「國旗」二十年不變等。陳水扁還聲明，若能當選，他將把「中華民國」帶進市政府。陳水扁的競選策略，顯然比較符合臺北市選民的心理，其勝選不是偶然的。當然，陳水扁個人所具有的魅力，特別是他在立委任上所表現出來的很強的問政素質、敬業精神也頗獲選民的肯定和好評。此外，國、新兩黨「鷸蚌相爭」，同樣給他提供了絕好的機會，所有這些，也都是促成陳水扁勝選的重要因素。

這次省市長選舉的結果表明，臺灣民眾可以將「地方」一級政權交給民進黨人治理來「試試看」，但對更高一級（特別是「中央」）的政權交給民進黨則仍不「放心」。可見，民眾的心態並非民進黨刻意渲染的什麼「求新求變」，而是「既求新更怕亂」。這種心理同樣在臺北市議員選舉中得到印證：民進黨雖然奪取了市長的寶座，但在議員席位方面，朝野三黨卻均未能超過半數。也就是說，民眾要求制衡國民黨。但同樣，在民進黨執政的縣市，民眾也希望能制衡民進黨。

（四）調整臺獨策略，強化臺灣「實質獨立內涵」。

民進黨的臺獨主張與目標從未有所改變，但迫於島內外的政治現實，該黨在一九九一年底「國代」選舉慘敗後，即已開始淡化臺獨訴求，著手調整其激進的臺獨主張。經過近兩年來黨內的劇烈辯論以及實踐中的不斷摸索，到一九九三年底縣市長選舉時，民進黨內各派系已基本達成共識，並逐步形成了一整套新的臺獨政策和策略。這套新的政策和策略似可概括為以下幾個要點：（1）堅持臺獨的最高理想，但也不能脫離臺灣現實；先通過體制內的選舉奪取政權，再經由「住民自決」實現臺灣的「法理獨立」。（2）現階段的中心任務是：傾力與國民黨爭奪執政權。（3）現階段的主要目標是：採取各種手段不斷充實和強化目前臺灣「實質獨立」的內涵；推行「一中一臺」為核心的大陸政策，防止國共

「片面和談」；將臺灣問題引向「國際化」，阻擋中共「吞併」臺灣。（4）實現臺獨的基礎工作是：深入持久地推展「新臺灣運動」，向臺灣民眾灌輸「臺獨意識」，以營造臺獨的文化、心理、社會環境。人們不難看到，近些年來，民進黨的一切運作，都無不圍繞著上述設計在不遺餘力地向前推進。一九九四年，民進黨在這方面的主要做法是：

1.力爭在年底的省市長及省市議員選舉中有所突破，為日後贏得立委和總統選舉，實現全面奪權和「臺灣獨立」創造條件。

2.利用第三階段修憲之機，推動「實質制憲」，即在事實上廢除「中華民國憲法」。一九九四年五月，臺二屆「國大」第四次臨時會進行最後階段修憲，民進黨打著「全面修憲」的幌子，以該黨一九九一年制定的所謂「臺灣憲法草案」為藍本，一連拋出三十多項修憲案，其中包括「單一國會」、「總統直選」、「更改國旗、國號、國歌」等；另外又提出「拒絕統一條款」、「新憲法條款」、「臺灣正名條款」等十五項「修正案」，極力推銷臺獨主張，企圖達到「實質制憲」的目的，從法理上否認「中華民國」的存在，以充實和強化目前臺灣所謂「實質獨立」的內涵，造成事實上的「兩個中國」或「一中一臺」。為配合民進黨「國大」黨團在議場內的抗爭，臺獨人士在民進黨的鼓動和積極參與下，還在場外召開所謂「第二次人民制憲會議」，公然徵集「新國旗、國歌」。當民進黨的提案幾乎被國民黨全部封殺後，民進黨惱羞成怒，憤然宣布退出「國大」臨時會以示抗議，並發誓民進黨今後仍將為實現「制憲」而進行不懈鬥爭。

3.推出「一中一臺」為核心的大陸政策綱領，干擾破壞兩岸事務性談判，阻撓兩岸關係的正常發展。憲改基本完成後，有關臺灣前途和兩岸關係問題已成為國、民兩黨爭奪島內政局主導權的鬥爭焦點。進入一九九四年以後，圍繞著兩岸展開的事務性談判，民進黨頻頻運作，與國民黨進行了劇烈的較量，極力牽制、破壞兩岸關係的正常發展。二月初，首次「唐焦會談」在北京舉行。會前，民進黨中央「中國事務部」專門召開會議商討對策，「要求唐焦會談延期舉行」，企圖阻撓兩岸事務性商談。「唐焦會談」結束後，沈富雄等六名民進黨籍立委於二月八日又拋出了一個「大陸政策政治綱領」，宣稱要「拆穿唐焦會談雙贏的謊言」。該「綱領」提出了大陸政策的「五大進度目標、五大立法行動、十大法治主張」，要求臺灣廢除「國統會」和「國統綱領」，另設「超黨派的『中國關係委員會』主管兩岸談判事務」，制定「中國關係基本法」、「兩岸締約法」或「兩岸協議處理條例」、「海基會監督條例」等；宣稱「臺灣事實上領土與主權均不可侵犯，臺灣的前途由臺灣人民自決決定」等等。三月三十一日，大陸千島湖意外事件不幸發生後，民進黨藉機推波助瀾、火上加油，煽動敵視大陸的情緒；反對發展兩岸關係，甚至堅請李登輝「毅然宣布臺灣獨立」。八月四日至七日，第二次「唐焦會談」在臺北舉行，民進黨更趁機干擾破壞。在唐樹備抵達臺北及與焦仁和會談期間，民進黨接連組織了兩次極富挑釁性的「示威抗議」活動，甚至公然焚燒五星紅旗。民進黨立委呂秀蓮還發表公開信給唐樹備，要求「承認臺灣已非中國領土的事實」。此外，民進黨又分別於八月二日和七日，在會談地點國際會議中心連續舉行了兩次記者會，公布了題為在「臺灣是臺灣，中國是中國」的基礎上重構兩岸秩序的「大陸政策說明書」，大肆宣揚臺獨主張。

4.積極支持、配合臺灣「參加聯合國」的活動。臺灣近年來在有關臺灣前途問題上，打著「拓展國際生存空間」的幌子，積極謀求「加入聯合國」及其他國際組織，以突顯所謂兩岸「分裂分治」的「事實」。一九九四年，民進黨與國民黨再次聯手，大炒「參加聯合國熱」。九月間，朝野合組的「全民推動加入聯合國行動委員會」、民進黨中央「聯合國宣達團」等七個團體紛紛赴美，組織各種類型的研討會、記者招待會、示威及遊說活動，試圖以此對聯合國施加影響。施明德在華盛頓舉行的一次午餐會上即席演說，呼籲美國會支持臺灣加入聯合國的運動，並宣布民進黨將設立「駐美辦事處」，任命與美政界關係密切的該黨立委張旭成出任首任駐美代表。民進黨立委姚嘉文在美國舉行的一次記者會上則宣稱：民進黨推動「參與聯合國」運動的「主要目的有三：（1）激起臺灣人的建國意識。（2）打擊國民黨的大中國思想。（3）在國際上爭取臺灣的一席之地。」他認為「這項運動的前兩項目的已達到，第三項則已成為國際注意的議題」。有「臺獨之父」之稱的彭明敏更是一語道破了國、民兩黨大炒「參加聯合國熱」的玄機。他說：「每年向聯合國申請，造成『聯合國一開會，臺灣問題就會來』的勢頭，臺灣問題一旦炒成國際問題，就會有希望！」

5.大力開展所謂「新臺灣運動」，為公民投票決定臺灣前途預作準備。近幾年來，島內舉行的多項選舉及民意測驗無不顯示，反對「臺灣獨立」，主張「維持現狀」的臺灣民眾占絕大多數。這種情況對於侈談「民意」、動輒主張「住民自決」決定臺灣前途的民進黨來說，不僅是極大的諷刺，同時也令他們頗感憂心。張燦洪曾赤裸裸地宣稱：臺灣能否獨立，不在國民黨，不在民進黨，也不在中共，而在臺灣民眾！因此他主張「多在民間，通過運動，將目前已十分普遍的『臺灣意識』轉化為支持『臺灣主權獨立』的政治意識，為未來進行『住民自決』鋪路」。為此，近些年來民進黨大力推展所謂「新臺灣運動」，採取各種方法和手段，不遺餘力地向臺灣民眾灌輸「臺獨意識」。前述民進黨大肆宣揚各種「臺獨理論」、大炒「參加聯合國熱」、召開所謂「人民制憲會議」、徵集所謂「新國旗、國號、國歌」，以及將臺獨訴求千方百計滲透到「憲政」條文及大陸政策和公共政策之中等等，均是其推展的所謂「新臺灣運動」在政治層面的重要措舉。但是，「新臺灣運動」的主事者們在思想文化層面所開展的種種活動，則顯然更具陰險性：他們打著「本土化」和「主體性」的幌子，歪曲篡改臺灣歷史，聲稱要「清除中華文化」、「建立臺灣文化」，主張以「臺語」為「國語」，刻意製造所謂「臺灣人命運共同體」的社會、文化、心理大環境。例如，一九九四年底，臺「立法院教育委員會」在民進黨立委主導下，通過了名為「臺灣史應成為本國正統歷史」的臨時提案，要求「教育部」予以貫徹。在討論該提案的過程中，民進黨立委主張歷史教材「應分為臺灣史、外國史」，並「以臺灣史為主體」，改變過去教科書中把臺灣論述成「中國化、正統化、工具化、典範化」的狀況，建立「以臺灣為主體的歷史觀」。

（五）派系爭鬥空前劇烈，實力消長呈現新格局。

民進黨派系之爭其來有自，一向十分劇烈。即便是在一九九二年底立委選舉獲勝後，在「即將走上執政」的虛幻前景鼓舞刺激下，曾經一時表現出特別克制的假象，但也從未停歇。進入一九九四年以後，伴隨著黨內外一連串的選舉和黨務革新的推展，在爭奪權力大餅的私利驅動下，民進黨內派系之間的爭鬥舊態復萌。

第一波規模較大的爭鬥是圍繞著五月間黨中央權力機構的改選而引起的。由於能否獵取黨主席的寶座不僅對本派系實力的消長影響極大，且對個人日後的政治前途也關係甚巨，因而使這一次的「黨座」換屆選舉，出現了前所未有的「五路諸侯」（即美麗島、新潮流、正義連線、福利國連線和獨盟）合縱連橫、明爭暗鬥、劇烈廝殺的新景觀；居於同樣的原因，中執委、中常委、中評委席位的爭奪，也呈現白熱化的情景；而中央機構席位的爭奪，又連帶著牽動地方基層組織在黨代表產生的過程中也出現一場場「煮豆燃豆萁式」的惡鬥。幾經波折和反覆較量，由「新潮流」支持的施明德最終擊敗了由「美麗島」和「獨盟」推出的余陳月瑛而當選新一屆的黨主席。而在新的權力結構中，則出現了多元化的生態分布，各個派系在中常委、中執委和中評委內均有自己的代表人物，「各路人馬各占一方」，沒有哪一派占據優勢，使民進黨內的派系實力消長呈現出新的格局，這又為今後的爭鬥埋下了伏筆。

第二波大爭鬥，則是圍繞著黨內省市長候選人的提名而展開。由「美麗島系」的張俊宏出馬與無派系色彩實際上得到「新潮流」支持的陳定南角逐省長候選人；而爭搶臺北市長候選人提名者，則是「正義連線」的龍頭陳水扁與「福利國連線」的「大哥大」謝長廷，雙方各不相讓。幸虧有六全大會剛剛獲得通過的新的「遊戲規則」——「公職人員初選提名辦法」，於是經過派系之間的緊張溝通、整合，才終於化解矛盾，使候選人的提名得以確定下來。

此外，前文所述三月間因懲處涉嫌賄選違紀的黨籍縣市議員，也曾一度引發黨內的強烈反彈；因開除侯海熊黨籍，還導致一千多名基層黨員宣布集體退黨，這些事件其實都帶有派系爭鬥、較勁的濃厚色彩。

除了權力之爭外，民進黨內派系間理念、政策和策略方面的分歧依然存在，遠未得到解決，原本屬於急進「獨派」的「新潮流」和「獨盟」人士，並未忘情於街頭運動、暴力抗爭和急進的臺獨口號與訴求。一九九四年中引起島內動盪的幾次規模較大、影響較為惡劣的暴力事件（如「九．二五」高雄事件、圍攻大陸海協代表團成員的示威抗議事件等）以及所謂「人民制憲會議」，徵集「新國旗、國號、國歌」等等，均為民進黨內的這批人所為。省市長選舉結束後，「美麗島系」的張俊宏等曾務實地提出修改「臺獨黨綱」的建議，但卻遭到「新潮流」和「獨盟」人士的群起圍攻，就連黨主席施明德也揚言：「民進黨若放棄臺獨黨綱」，他將辭去黨主席一職。此外，在大陸政策方面，民進黨內部也存在明顯的歧見。例如該黨中常委邱連輝在八月十日的中執會上，提出「不必迴避與中共接觸」的主張。邱的主張得到祕書長蘇貞昌、文宣部主任陳芳明等多人的支持。

未來發展趨勢

依據以上次顧和分析，民進黨今後的可能走向是：

（一）努力耕耘目前已經奪取的「半壁江山」，特別是所謂「首善之區」臺北市，向廣大臺灣選民展現其執政能力，並在此基礎上，累積和擴展其政治、經濟資源，大力培養執政能力，籌組「影子內閣」，為日後全面奪取臺灣政權，「走上執政」預作準備。

（二）加速推動「黨務改革」步伐，改善黨的體質，加強從中央到地方的組織建設和思想建設，努力解決「人頭黨員」問題，大量吸收具有高素質的專門人才入黨。但在黨務改革中，估計會遇到來自黨內派系山頭的強烈反彈，從而引發內鬥。

（三）加強對公共政策的深入研究，提高「立院黨團」的問政能力；盡量減少街頭群眾運動，維護民進黨執政下的臺北市的社會秩序；加強與工商企業界的溝通聯繫，積極爭取其支持。

（四）繼續堅持臺獨的既定主張，但不刻意強調臺獨口號；積極支持、配合臺灣的「務實外交」活動，藉以「彰顯臺灣是一個主權獨立國家」，凝聚臺灣人的「主體意識」、營造臺獨的社會氛圍，為今後「住民自決」創造條件。

（五）加強「政黨外交」，爭取美、日等國對民進黨的支持；適度調整大陸政策，為日後同大陸打交道累積經驗。

（六）全力投入一九九五年底的三屆立委選舉，力爭超過半數席位或形成國、民、新三黨皆不過半的局面，如有可能將爭取組織某種形式的「聯合政府」，為一九九六年奪取總統民選的勝利，實現「全面奪權」創造條件。

（《臺灣一九九四》，北京出版社）

李登輝「獨臺」與民進黨臺獨之比較

近些年來，海內外一切關心中國統一前途命運的有識之士愈來愈清楚地看到，隨著島內政局的演變發展和國民黨內以李登輝為首的主流派權力的不斷鞏固，其「獨臺」面目也日益暴露，在分裂中國的錯誤道路上愈走愈遠。可以説，以李登輝訪美為標誌，臺灣國民黨執政當局在「一個中國」的原則立場上，已經走完了從動搖一後退一拋棄的三步曲，不僅與民進黨臺獨勢力同流合汙，而且實際上已經取代民進黨成為主導島內臺獨活動，勾結國際反華勢力，搞「兩個中國」或「一中一臺」、從事分裂中國陰謀活動的大本營和主要政治勢力。

以李登輝為首的國民黨內「獨臺派」的出現不是偶然的，既有複雜的歷史原因，也有深刻的現實政治背景，而美國為實現其稱霸世界的野心，戰後一貫頑固推行分裂中國的政策，則是諸多因素之中最主要的國際背景。可以這樣説，李登輝是長期以來美國推行其「循序漸進」的對臺「和平演變」政策的產物，是由美國一手精心挑選、精心培植起來的為其分裂中國政策服務的忠實代理人。隨著蘇聯的解體，冷戰的結束，美國對華政策的調整和李登輝羽翼的逐漸豐滿，這一忠實代理人終於派上了用場！

事實證明，以李登輝為代表的「獨臺派」，雖然他們嘴裡也不時高唱「統一」、堅持「一個中國」、反對臺獨云云，但「聽其言而觀其行」，其實他們骨子裡原本就是臺獨。臺獨與「獨臺」，其本質和共通之處就在一個「獨」字，所不同者，前者赤裸裸一絲不掛，而後者則身披一件薄薄的輕紗，讓人難以分辨其「性別」，故而更具有迷惑性、欺騙性，因而也就更具危險性。

李登輝「獨臺派」其所以更具危險性，除了讓善良的人們難以分辨其真實面目而容易上當受騙之外，更因為他們是島內的當權派，手中握有政治、經濟、軍事等各方面的大權，在很大程度上主導著臺灣的政治發展方向，是一群決定臺灣內外施政政策的頭面人物，他們的政策導向，關係著2100萬臺灣民眾的命運福祉，影響到海峽兩岸關係的發展走向。

試想，如果沒有李登輝的蓄意姑息、縱容，島內臺獨勢力能成氣候並發展到今天如此猖獗的地步嗎？如果不是李登輝的刻意排擠、打擊，島內的「統派」勢力會是今天這樣處境艱難嗎？如果不是李登輝一意孤行推行其一整套的「獨臺」路線，海峽兩岸關係和中國和平統一的前景會像今日這樣令人憂心忡忡嗎？

回顧近幾年來李登輝的言論行動、所作所為，不難發現，民進黨臺獨分子提出的一系列臺獨理念和臺獨主張，現在除了「住民自決」、「制定臺灣共和國憲法」、更改「國旗、國號、國歌」、公開宣布成立「臺灣共和國」之外，還有哪一條李登輝沒有接過來加以具體推動實施呢？——民進黨說：「臺灣主權不隸屬於中華人民共和國」；

李登輝說：「臺灣主權不屬於中共」，目前中國的政治現實是「分裂分治」。

——民進黨說：「臺灣人命運共同體」；

李登輝說：「臺灣人生命共同體」。

——民進黨說：臺灣與大陸是「兩國兩府」、「一中一臺」；李登輝說：海峽兩岸是「一國兩府」、「對等政治實體」、「階段性的兩個中國」。

——民進黨說：「國民黨是外來政權』」；

李登輝也說：「國民黨是外來政權」。

——民進黨說：「臺灣是臺灣人的國家」；李登輝說：「臺灣不是中華人民共和國的一部分」，「我們的國號叫『中華民國在臺灣』」。

——民進黨宣稱：「臺灣具有國際獨立主權」；

李登輝則說：「『中華民國在臺灣』是擁有獨立主權的國家」。

……

可謂舉不勝舉！李登輝與臺獨人士的言論有何實質的區別呢？

至於所謂「申請加入聯合國」、「突破外交孤立」、「開拓國際生存空間」、「臺灣問題國際化」等等，這些都是民進黨的一貫主張，但他們手中沒有權，喊了多年而沒有取得任何進展。而李登輝近些年來，正是花費了臺灣民眾大筆大筆的金錢，動用一切能夠動用的政經力量，全力推動所謂「務實外交」，妄圖在國際社會製造「雙重承認」、「階段性兩個中國」的局面。

在島內，李登輝打著「主權在民」的幌子，全盤接受了民進黨竭力推動的「總統直選」的主張，藉此取代民進黨太過露骨而更具風險的「住民自決」的臺獨主張，以便為其今後推行「獨臺」路線披上一件「合法」的「民意」外衣。特別值得注意的是，為培養分離意識，李登輝還接受了民進黨臺獨人士的主張，一改40多年來國民黨一貫推行的文化教育政策，修改歷史教科書，提倡講「臺灣話」，強調臺灣「本土性」、「主體性」，以強化所謂「臺灣人意識」和所謂「生命共同體意識」，並一有機會就惡意攻擊汙蔑大陸，蓄意挑撥兩岸人民的對立情緒，誤導臺灣民眾，營造分離氣氛，厚植臺獨的社會基礎。

總之，民進黨臺獨人士想做而做不到的事情，假李登輝「獨臺派」之手做到了或正在賣力地做，一旦時機成熟，丟掉「中華民國」的招牌，臺灣也就成了「臺灣共和國」。目前李登輝之所以還聲稱他主張「統一」、反對臺獨，唯一的顧忌是大陸「不放棄使用武力」。李登輝的如意算盤是：只要我不宣布臺獨，那麼中共就沒有藉口對臺動武。有位臺灣學者一針見血地指出：如果說民進黨推行的是「暴力邊緣政策」，那麼李登輝實施的則是「戰爭邊緣政策」。李登輝的這種政策，是以2100萬臺灣民眾的生命財產作賭注，全體中國人民不可不高度警惕，予以徹底揭露。

（在全國臺研會座談會上的發言）

美國對臺政策的演變與國民黨政權和臺獨——從「開羅宣言」到美蔣「共同防禦條約」的歷史考察

前言

許多有識之士早已指出：臺獨勢力的產生和發展，既有複雜的國內因素，也有深刻的國際背景，從國際背景而言，戰後美國推行的對臺政策則是具有無可置疑的關鍵作用。

回顧戰後半個世紀以來美國的對臺政策，給人印象最為深刻的一個顯著特點是「反覆無常、變化多端」。但無論如何變化，卻「萬變不離其宗」。其變化的依據是美國稱霸世界全球戰略利益的需要；其基本目標，則是妄圖分裂中國。而在美國眼中，國民黨政權也好，臺獨勢力也罷，全部都不過是他們戰略棋盤上的一顆「棋子」、分裂中國的工具。投靠外人、仰人鼻息的結果，只能喪失其獨立性和自主性，其命運也不能不隨著美國對臺政策的不斷調整的演變而時好時壞、跌宕起伏。

因篇幅所限，本文僅就1943年《開羅宣言》發表到1954年美蔣《共同防禦條約》簽訂這一段歷史，對美國對臺政策的演變及其與國民黨政權和臺獨之關係，作一粗淺考察。

一、「從遠東戰略小組」的預謀談起

美國覬覦臺灣的野心由來已久，有案可稽者，最早可以上溯到1850年代。1853年，美國商人奈伊曾寫信給美國駐華代辦巴駕，建議美國政府出兵占領臺灣南部的紅頭嶼，以為經營太平洋航線的基地。巴駕將此建議轉報美國政府後，1854年美國東方艦隊司令貝里即受命派遣兩艘軍艦馬其頓號和供應號由阿波特上校率領前往臺灣，實地調查臺灣各方面的情況。隨後根據阿波特的報告，寫成了《有力的美國人》一文，極力主張占領臺灣。他說：從地理位置上看，臺灣「可以和中國、日本、琉球、交趾支那、柬埔寨、暹羅、菲律賓以及附近所有島嶼建立交通。它能夠提供豐富的燃煤。」「它在海路軍事上占有優越的地位，……它不但可以瞰視而且能夠控制這些商埠和中國海面東北方的入口」。同時，他還提出應該占領琉球和小笠原群島，使之與臺灣連成一片，作為美國在東方建立基地網的第一步。同年，美國駐寧波領事哈里斯也寫了一份長達一百多頁的意見書寄給美國國務卿麥塞，主張用錢購買臺灣。此後，美國的一些冒險家如前述奈伊之流，紛紛潛入臺灣進行祕密活動。1857年的第二次鴉片戰爭期間，美國新任駐華公使巴駕又向美國國務院提出建議，力主出兵占領臺灣，變臺灣為美國的直接殖民地。並特別強調，這樣做是以爭霸太平洋為目標。1867年4月，美國駐香港領事阿倫又建議美國政府以「羅佛號」事件為藉口，派兵奪取臺灣。而另一位美國駐廈門領事李仙得，則多次深入臺灣各部落地區活動，調查情況，此人後來投入日本帝國主義門下，在1874年日本武裝入侵臺灣南部瑯嶠之役中，充當嚮導、出謀劃策、為虎作倀。1895年，在甲午戰爭中慘敗的清政府被迫與日本進行馬關談判。由一個叫科士達（一譯福世德）的美國前國務卿擔任法律與外交顧問。談判中，這位「顧問」卻吃裡扒外，自始至終幫助日本「規勸」李鴻章接受日本提出的喪權辱國條款，後來趕到北京催促清政府盡快批准《馬關條約》，隨後又「不辭辛勞」陪同李經方赴臺辦理割臺手續。50年後，同樣在臺灣問題上扮演了極不光彩角色的美國國務卿杜勒斯，就是科士達的孫子，這恐怕不能認為是偶然的巧合！

臺灣淪為日本的獨占殖民地後，美國並未忘情於臺灣。1941年12月太平洋戰爭爆發後，美國五角大樓即調集了一批熟悉遠東事務的戰略問題專家，成立了一個「遠東戰略小組」，專門負責為制定遠東戰略計劃出謀劃策。次年春，該小組的重要成員之一，曾任美國駐臺北領事館海軍情報官喬治·克爾提出一份「備忘錄」，「呼籲華府當局確立一明確的『臺灣政策』」。克爾聲稱：臺灣「這個海島潛在上太重要了」基於美國的遠東戰略利益，「難許我們輕易將臺灣交給中國人控制」，因此他極力主張戰後由美國「託管」臺灣並在美軍控制下，「舉行公民投票，決定他們的最後政治命運。」與此同時，美國軍方已決定從海上攻占臺灣，然後在臺灣成立「軍事臨時政府」，對臺灣實行「託管」。為此，美國陸軍部曾派飛機對臺灣全島進行戰略測量；而海軍部則「制定了十二套相當完備的民政手冊，打算作為登陸後軍政人員行動的原則。」可見，早在臺灣光復前好幾年，美國即有策動臺獨的預謀。而後來美國一些右翼反華和臺獨人士所竭力宣揚鼓吹的所謂「臺灣託管論」、「住民自決論」，始作俑者正是喬治・克爾的這份「備忘錄」。

二、美國簽署《開羅宣言》並非出於誠意

1943年11月，美國總統羅斯福、英國首相邱吉爾和中國當時的領導人蔣介石在埃及的開羅舉行會談，就對日作戰及戰後對日有關問題交換意見。11月23日，羅斯福同蔣介石簽署了一份《會談紀要》，宣布「日本以武力奪取的東北四省、臺灣和澎湖列島戰後必須歸還中國。」當時英國對此尚有保留，主張在《開羅宣言》中不就臺澎主權歸還中國問題表明態度，採取一筆帶過的含混寫法，但遭到中國方面的強烈反對，而美國則支持了中國。於是，1943年12月1日，中、美、英三國首腦終於正式簽署了《開羅宣言》。宣言中明確規定：「三國之宗旨在剝奪日本自1914年第一次世界大戰開始以後在太平洋所奪得或占領之一島嶼，在使日本所竊取於中國之領土，例如滿洲、臺灣、澎湖列島等，歸還中國。」

然而，美國之所以作此承諾卻另有其用意。據克爾透露，美國政府的真實考量是：（一）擔心已經「疲於睏乏」且內部嚴重不穩的蔣介石政府退出戰爭、單獨與日本媾和，使美國在太平洋戰爭中本已相當困難的處境「將益困危」，因而需要以此穩住蔣介石，讓其繼續與日本人打仗；（二）這種承諾在美國看來「僅是一種表意宣言」，因為《開羅宣言》中雖然答應戰後重劃日本占有的領土，但事實上「在當時沒有一地是在聯軍手裡」，同時也「沒有人知道戰局會發展到何方去。」也就是說，美國作此承諾只不過是一時的權宜之計，從未準備兌現。事實也確實如此，《開羅宣言》公布後美國軍方並未停止實施占領和「託管」臺灣的計劃，而美國政府則根據「遠東戰略小組」的建議，從1943年12月至1944年

11月，一直都在加緊培訓一批准備將來負責接收臺灣的行政人員。喬治・克爾本人就是參與這項培訓工作的「主管」之一。後來在八、九十年代布希政府時期擔任美國參議院外委會主席、被臺獨人士稱之為「可靠盟友」的佩爾，以及臺獨的「開山鼻祖」漢奸廖文毅，就是接受培訓的這批人員之中的兩個。但是「天有不測風雲」，美軍尚未來得及進攻臺灣，日本就已宣布投降；而且在1945年7月由中、美、英、蘇四國簽署的《波茨坦公告》中，又重申「《開羅宣言》之條款必須實施」。於是按照《開羅宣言》和《波茨坦公告》的有關規定，中國政府接收了臺灣，致使美國企圖單獨占領臺灣，策動臺灣脫離中國的陰謀未能得逞。

三、蔣介石差一點去不了臺灣

臺灣光復後，美國的一批右翼反華分子並未就此死心。例如，前述喬治・克爾於1946年初被任命為美國駐臺灣副領事後，即到處散布「《開羅宣言》無效論」；美國駐臺新聞處長卡度，也宣稱《開羅宣言》和《波茨坦公告》「無法律效力」、「臺灣主權歸屬在對日和平條約簽署前尚未解決」云云；而美國駐臺灣陸軍情報組組長摩根，則派人四處調查臺灣的資源、港口、軍事設施、工業布局、水文氣象等各方面的情報資料等等。1946年夏，克爾、摩根等人還在臺灣搞了一次非法的所謂「民意測驗」，得出結論說：「臺灣人不願中國管而願受美國管」。1947年「二二八」事件發生後，美國駐臺官員十分活躍，公然鼓動少數臺獨分子宣布「臺灣獨立」，表示：「臺灣如願脫離中國的統治，美國可以幫忙。」同年8月中旬，美國特使魏德邁到臺灣考察，在其後遞交給美國國務院的報告中聲稱：「我們看到一些跡象，就是臺灣人願意接受美國的領導和聯合國的託管。」

到1948年11月，此時遼瀋戰役已勝利結束，淮海、平津戰役正酣，國民黨政權處於風雨飄搖之中，為因應遠東時局的劇變，適時制定出符合美國利益的對臺政策，當時美國代理國務卿羅維特要求軍方，就臺灣一旦落入中共之手對美國「安全」有何戰略影響做出評估。很快，11月24日美國海軍上將、聯合國軍事幕僚長李海就密函美國國家安全會議，他認為：「臺灣及其鄰近島嶼一旦落入不友善政府之手，其戰略意義更為重大，……一旦戰爭爆發，敵方將可掌握日本至馬來西亞的海路；屆時敵勢大張，更可能將其勢力延伸至琉球、菲律賓。果真如此，將對中國安全產生極其不利的戰略影響。」「基於上述評估，參謀首長聯席會議認為，如果能夠運用適當的外交及經濟措施，確保臺灣對美友好，將對我們的國家安全利益，最具價值。」

一個多月後，淮海戰役結束，北平即將解放，國民黨政權在大陸的失敗已勢不可挽。1月14日，羅維特依據李海上將的上述評估，向杜魯門總統呈遞了一份「備忘錄」。建議：「如果臺灣要免於淪陷於共黨控制，或許美國必須採取軍事行動」，但「基於政治之理由，美國必須盡力避免片面干預，……它或許仍有可能鼓勵中國人成立一個非共的地方政府，自己促成臺灣免於淪陷於共黨控制。」即使美國不得不以武力干預，也「不宜公然以美國的戰略利益為基礎，而宜以國際上可受支持之原則，即臺灣人民自決之原則，進行干預。」並說：「如果島上中國政府明顯地已無法阻止臺灣陷共，則臺灣自主運動即可全面發動。」

僅僅過了5天，1月19日，美國國家安全委員會即向白宮交了一份《美國對福爾摩沙的立場報告》，該報告公然違反《開羅宣言》和《波茨坦公告》，否定中國對臺灣的主權，妄稱：「臺灣和澎湖目前的法律地位是，它們系日本帝國之一部分，有待和平條約之最後處置。」並假造「民意」，宣稱「臺灣本地人有強烈的地方自主意識，……臺灣人既反華，亦反日，將歡迎在美國或聯合國保護之下獨立」。該報告明確提出：「美國的基本目標是不讓臺澎落入共黨控制。現階段欲達成此一目標，最可行的辦法是，將臺澎與中國大陸隔絕。」同時主張「美國應即謀求發展與支持一個地方性的非華人政權，我們亦應運用吾人一切影響力，制止大陸人繼續湧入臺灣，美國亦應謹慎謀求臺籍領袖維持接觸，一旦時機成熟，有利於美國國家利益時，即可利用臺灣自主運動。」

這份報告出籠後，美國朝野政客便開始大肆活動，妄圖實現分裂中國的陰謀：

1949年2月，美國駐華使館參贊莫成德飛往臺北，代表美國政府企圖遊說當時的臺灣省主席陳誠和在臺負責新軍訓練的陸軍副總司令孫立人聯手，宣布脫離蔣介石而在臺灣另立政權，結果遭到陳、孫兩人的拒絕。

3月，麥克阿瑟（美國駐日遠東軍總司令兼盟軍總司令）在東京發表聲明，聲稱：「在對日和平條約簽訂之前，臺灣仍屬於盟軍總部」。

4月，美國國務院發言人麥克德莫亦宣稱：「臺灣之最後處置，須等締結對日和平條約後再定。」

6月，麥克阿瑟正式向國民黨政府建議，將臺灣交盟國和聯合國代管。

10月，美國國務院向總統杜魯門建議，由美國施加壓力，以使國民黨軍隊移駐海南島，臺灣則交聯合國託管。

上述情況表明，在國民黨政府逃臺前夕，美國為了確保其在遠東的戰略利益，防止中國人民解放軍趁勝揮師東渡解放臺灣、統一中國，真是絞盡腦汁、費盡心機，甚至企圖不惜採取「兩岸隔絕」政策，拋棄它長期以來曾經全力支持過的國民黨政府，阻撓蔣介石逃往臺灣。

四、廖文毅之流的「託管」鬧劇

如前所述，在二戰結束至國民黨逃臺前夕，美國一直都在違反《開羅宣言》和《波茨坦公告》，千方百計圖謀實現臺灣脫離中國。正是在這種背景下，戰後臺獨的「開山鼻祖」廖文毅主導下的「臺灣託管」鬧劇粉墨登場，風光熱鬧了好一陣子。

廖文毅出生在臺灣中南部的一個富有的地主家庭，可說是日據時代的「高等臺人」，受日本殖民者的「皇民化教育」影響甚深。由於廖的父母篤信基督教，於是在20年代，他與其兄廖文奎雙雙被父母送往美國留學，後兄弟二人分別獲得政治學博士學位和化工博士學位。因此，和「22歲以前一直是日本人」、後又到美國康乃爾大學讀書「深受美國自由民主價值觀影響」的李登輝一樣，廖文毅既有日本背景，更有美國背景。

前文提到，二戰結束前夕，美國為了準備託管臺灣而培訓了一批行政人員，廖文毅即是其中之一，從此與美國右翼反華分子、時任該培訓主任「主管」之一的喬治·克爾建立密切關係。臺灣光復後，廖文毅在克爾（美駐臺副領事）的授意下，打著從事「公共政治教育運動」的幌子，周遊全臺，到處鼓吹「臺灣法律地位未定」的謬論，竭力主張「臺灣應交給美國託管」。1946年9月，廖氏兄弟還合夥創辦英文刊物《臺灣雜誌》，以所謂「臺灣人」的名義遊説國際社會，鼓吹臺獨訴求。前文還提到，同年夏天，克爾、摩根等人在臺搞非法的所謂「民意調查」，得出結論説：「臺灣人不願受中國管而願受美國管」，實際上被測的對象不是別人正是廖文毅及其同夥。

1947年「二二八」起義爆發後，臺獨分子亦趁機混跡其中，企圖渾水摸魚，公然集結一些人在美國駐臺領事館召開所謂「臺灣人民代表大會」，勾結美國駐臺官員，企圖宣布「臺灣獨立」。後在遞交給馬歇爾的長篇請願書中，宣稱「臺灣地位未定」，要求「全部依靠聯合國在臺灣的聯合行政」也即「聯合國託管」，十足是一副美國右翼反華分子應聲蟲的醜惡嘴臉！

「二二八」起義被國民黨血腥鎮壓下去之後，廖文毅在上海與廖文奎會合。同年8月，廖氏兄弟在上海晉見美國特使魏德邁，向其遞交一份所謂《臺灣問題處理意見書》，要求臺灣脱離中國，轉交給「聯合國託管」。此即後來魏德邁向美國政府報告説：「臺灣人願意接受美國的領導和聯合國的託管」的主要依據。隨後，廖文毅就在美國的慫恿支持之下，集結了若干在上海的臺灣人組織了一個所謂「臺灣再解放同盟」（後遷往香港），胡説「臺灣人民系混血種，與其任何鄰近國家並無必然聯繫」，鼓吹「決定臺灣前途的民主方法為由聯合國監督舉行公民投票。」接著，廖文毅派其侄廖史豪返臺灣發展臺獨組織。

1948年5月，臺獨組織「臺灣民眾聯盟」在香港成立，廖文毅被推薦為主席。該盟的基本綱領公開宣稱：「推翻蔣政權在臺的反動統治，建立代表臺灣各階層人民利益的民主獨立政府，待整個中國政治已走向民主軌道之時，依人民投票之聯邦之一單位加入中國民主同盟。」

1948年底，因鼓吹臺獨遭到港人鄙視而難以在港立足的廖文毅一夥，被迫轉往日本，繼續從事臺獨活動。從1948年底到1949年秋，正當美國右翼反華勢力「託管臺灣」的陰謀活動甚囂塵上之際，廖文毅之流密切配合，頻頻向有關各方（如美國駐日遠東軍總司令麥克阿瑟、美國國務卿艾奇遜、美國會議員塔夫脫、聯合國祕書長賴伊、印度總理尼赫魯等）又是「請願」，又是寫信，要求聯合國「託管臺灣」，舉行所謂「公民投票」以決定「臺灣未來的主權歸屬」等等，掀起一股空前的臺獨惡浪。美國反華分子如獲至寶，不僅在幕後極力鼓動廖文毅之流從事上述臺獨活動，還妄圖把廖文毅裝扮成「臺人代表」，讓他出席聯合國大會，申述臺獨要求和「理由」。而廖文毅之流也忘乎所以，利令智昏，於1949年底宣布組成一支所謂「臺灣解放軍」，以為很快便可以跟在美國洋主子的屁股後邊打回臺灣去了。

可見，戰後初期廖文毅之流的臺獨鬧劇，完全是為適應美國妄圖分裂中國政策的需要，由美國一手導演出來的。

五、艾奇遜「以共制蘇」的戰略構想

然而，廖文毅之流錯估了形勢，高興得太早，1949年10月1日中華人民共和國的成立和國民黨政府的敗退臺灣，從根本上改變了世界政治版圖和力量對比，不能不促使美國政府決策圈中對於其全球戰略的思考發生重大變化，隨之，美國的對臺政策也相應進行調整。這就是艾奇遜所謂的「以共制蘇」政策的提出與實施。

1949年10月26日至27日，在新任國務卿艾奇遜親自主持下召開的遠東政策討論會上，作出了如下三項重要決定：（一）取消對國民黨政府及軍隊的一切軍事援助；（二）莫斯科與北京之間緊張局勢對美國有利，美國宜加意擴大而利用之，但只宜引其自然發展，勿過牽強、炫露痕跡，轉生中共擺脱蘇聯控制之困難；（三）放棄以外交承認獵取中共讓步之辦法，放棄以武力占領臺灣之企圖，亦放棄以臺灣民族自決為由，向聯合國申請託管之提議，但如他國作此建議，美國亦可讚同。

同年12月23日，美國國家安全會議的一份重要文件中亦説：「蘇俄是威脅美國安全的對象，……欲遏止蘇俄，須先奪取中共於蘇俄之手。」並預言：「蘇俄與倘用其對待東歐衛星國之方法，榨取中共之資源，中共與蘇俄之間，不久必生衝突。」「亞洲的人力與資源，自為美蘇鬥爭中所必爭取，……然非美國一國所能，故利用本地之民族心理反對蘇俄榨取，乃為上策，美國自亦使用適當之政治的、心理的一切辦法，造出蘇俄與中共間的衝突，……」

同一天，美國國務院向各駐外使館發出了一份《關於臺灣的政策宣傳指示》（史稱「第28號密令」）。該密令說：「臺灣在政治上、地理上和戰略上都是中國的一部分，它一點也不特別出色或者重要。」「大家都預料該島將陷落，在國民黨的統治下，那裡的民政和軍事情況已趨惡化，這種情況更加強了這種估計。」該密令還解釋了為什麼美國不能「在臺灣取得基地，派軍隊去、供應武器、派海軍船隻去，或者採取任何類似的行動。」因為：「（一）這種不能給國民黨政權帶來實際的好處；（二）這將使美國捲入長期的冒險中，弄得不好，可能捲入公開戰爭；（三）這將使美國遭受中國人民的敵視；（四）這將證實蘇聯的宣傳，分散美國的力量，從而合乎蘇聯的利益。」最後，密令指示各有關部門：「在對中國的宣傳中，強調臺灣在國民黨統治下的糟糕情況」，以使人們明白「國民黨為什麼在那裡像在其他地方一樣容易攻破。」

12月29日，美國國家安全會議討論臺灣的協防要求，參謀總長布萊德雷代表軍方主張美國應介入臺灣防務，而國務卿艾奇遜則表示反對，艾奇遜說：對於中共與蘇聯之間的關係，「我們必須有長期觀點，不能只看六至十二個月，而是要看六至十二年。……除非為了特別重要的戰略目的，否則我們決不採取某種行動，使我們代替蘇聯成為對中國的帝國主義威脅。」

以艾奇遜為代表的美國國務院的觀點得到杜魯門的首肯。於是，1950年1月5日，杜魯門公開發表了關於臺灣問題的重要聲明，重申美國政府遵守《開羅宣言》和《波茨坦公告》中關於臺灣問題的承諾，宣稱：「過去4年來，美國及其他盟國亦承認中國對該島行使主權。……美國對臺灣或中國其他領土從無掠奪的野心。現在美國無意在臺灣獲取特別權利或特權或建立軍事基地。美國亦不擬使用武裝部隊干預其現在的局勢。美國政府不擬遵循任何足以把美國捲入中國鬥爭的途徑。同樣地美國政府也不擬對在臺灣的中國軍隊提供軍事援助和提供意見。」

顯然，由於國際政治格局的演變，從「以共制蘇」爭霸世界的全球戰略需要出發；加之此時美國對臺灣國民黨已深感失望，估計它難以守住臺灣，而美國不能「因小失大」，在臺灣問題上觸怒中國，因此，杜魯門政府在「兩害相權取其輕」的情況下，遂決定「棄蔣」而準備接受「臺灣落入中共之手」這一可能即將發生的事實。

美國對臺政策的急劇轉向，使得仰人鼻息的臺灣國民黨當局和在日本的廖文毅之流立即陷入困境。1949年9月23日，美國國會曾經通過法案，答應援助國民黨政府7500萬美元，但實際上直到1950年6月朝鮮戰爭爆發前，國民黨政府1美元也沒有得到，這使本已極度困難的臺灣財政更是雪上加霜，難以為繼，面臨崩潰的危險局面。不僅如此，1950年5月26日，美國國務院甚至密令駐臺「大使館」，準備「在緊急情況下，應有秩序地撤出臺灣」。與此同時，美國政府與菲律賓政府進行祕密協商，要求菲律賓允許蔣介石及其政府要員在必要時到菲「政治避難」。但是1950年6月2日，美國國務院得到駐菲律賓大使梅朗・考溫的報告說：「菲律賓總統不歡迎蔣介石」。菲外長羅慕洛則說：「如果蔣介石到菲律賓，他必須在24小時內離境。」而廖文毅之流的處境更為悲慘，駐日美軍當局突然翻臉，以「非法入境」的罪名拘捕了廖文毅，並將其投入鴨巢監獄。昔日的「掌上明珠」，一夜之間竟成了同一個主人的「階下囚」！

美國政府翻手為雲、覆手為雨、背信棄義的帝國主義面目，真是令人嘆為觀止！

事實證明：挾洋自重、仰人鼻息，出賣國家民族利益，是不會有什麼好結果的！

六、風雲突變，美國改「棄蔣」為「扶蔣」

但是前文已述，美國的「棄蔣」政策，其出發點是「以共制蘇」，並不表明美國有愛於中共，更不表明美國已準備「痛改前非」，徹底放棄干涉中國內政，真心實意尊重中國主權，相反，卻處處留有餘地，保留其對臺政策的「選擇性」。例如，在遠東政策討論會上作出的三項決定中，雖然決定「放棄以臺灣民族自決為由，向聯合國申請託管之提議」，但又說：「如他國作此建議，美國亦可讚同，」這便露出了狐狸尾巴！又如，美國國家安全會議的重要文件中亦說：「亞洲的人力與資源，自為美蘇鬥爭中所必爭取」，而亞洲的「人力與資源」，最充沛、最值得美國去「爭取」的，自然是中國。再如，艾奇遜說：「除非為了特別重要的戰略目的，否則，我們絕不採取某種行動，使我們代替蘇聯成為對中國的帝國主義威脅」。換言之，假如美國認為有「特別重要的戰略目的」，它仍然是要「採取某種行動」而不考慮什麼「對中國的帝國主義威脅」的。其實呢，就在1月5日杜魯門的聲明之中，在動聽辭藻的背後，同樣也有「弦外之音」。他說：「現在美國無意在臺灣獲取特別權利或建立軍事基地。」也就是說，美國的承諾只管「現在」，至於「將來」如何，將來再說！

於是沒過多久，杜魯門的「將來」就到了！

艾奇遜發明的「以共制蘇」的「棄蔣」政策從一開始就遭到美國國內右翼反華勢力的強烈反對。首先發難的是前總統胡佛，1949年12月31日，他寫信給參議員婁蘭德，主張美國必須繼續支持國民黨政府，如果必要，應派海軍保護美國在該地區的利益。緊接著，一批共和黨參議員紛紛跳出來公開攻擊杜魯門政府的對臺政策。他們說：「臺灣是世界上唯一百分之百反共的地方，是世界上最熱愛美國人的地方，臺灣親美比美國人自己還親美國」，「拋棄對美國友好的國民黨政府是不名譽的行為」，繼續大肆鼓吹「《開羅宣言》無效論」、「臺灣地位未定論」，極力主張美國必須支持國民黨政權，並派兵占領臺灣，進行託管。婁蘭德還揚言要追究國務院對美國「丟失」中國大陸的責任，甚至要求追查美國對臺政策的制定者。

在右翼反華勢力的壓力下，加之1950年2月4日《中蘇友好互助同盟條約》簽訂，使艾奇遜「以共制蘇」的戰略遭到沉重打擊，於是杜魯門政府的「棄蔣」政策遂開始動搖。1950年5月25日，美國國防委員會批准了對臺軍援；5月30日，國務院助理次官臘斯克提出修改美國對臺政策的意見，主張支持臺灣，得到美國政府的同意。但是，促使杜魯門政府對臺政策迅速右轉的關鍵因素，則是朝鮮戰爭的爆發。

1950年6月25日，朝鮮戰爭正式大規模爆發，遠東局勢丕變。在美國看來，這是蘇聯對外進行「共產主義擴張」的重大步驟，於是「為了特別重要的戰略目的」，美國果然不惜「代替蘇聯成為對中國的帝國主義威脅」而採取「某種行動」了。6月27日，朝鮮戰爭爆發後僅兩天，杜魯門就自食其言，背信棄義，公開發表了與他在不到半年前（1月5日）的聲明內容截然相反的談話，公然否定臺灣是中國的領土，宣稱「臺灣未來地位的決定，必須等待太平洋安全的恢復、對日和平條約的簽訂或經由聯合國的考慮」云云，同時悍然宣布派遣美國第七艦隊入侵臺灣海峽，以武力干涉中國的內政，從而再一次暴露出美國帝國主義的猙獰面目。

如此一來，在臺灣的國民黨政府和在日本的廖文毅之流，又「時來運轉」了。美國改「棄蔣」為「扶蔣」，開始大力援助臺灣。據透露，從1950年8月到1951年4月24日，美國國防部派遣了500到600名軍事顧問到臺灣協助訓練蔣軍；從1951年到1953年的三個財政年度裡，美國對臺軍援高達4億7千8百萬美元，使國民黨政府很快渡過了難關。而廖文毅則在美國第七艦隊入侵臺灣海峽不久，即被釋放出獄。臺灣國民黨當局曾試圖引渡廖回臺治罪，遭到美國拒絕。美國還主動對廖表示，歡迎他赴美定居。但醉心於臺獨的廖文毅考慮到臺獨骨幹大多僑居日本，最終還是決定留居日本。1951年，廖文毅終於又集結了一批臺獨分子，在東京拚湊起一個新的臺獨組織——「臺灣獨立黨」，重操舊業，鼓吹在臺灣實行「在聯合國託管下的高度自治」，並進而建立所謂「獨立、中立的臺灣國」。

美國之所以既支持蔣介石同時又繼續保護廖文毅，目的無他，仍然是為了保留其對臺政策的「選擇性」。

七、「舊金山和約」——「臺灣地位未定論」正式出籠

美國改「棄蔣」為「扶蔣」，派第七艦隊入侵臺灣海峽，目的並非要支持蔣介石反攻大陸，而是為既阻撓中共進攻臺灣，統一中國，同時也阻止臺灣向中國大陸發動進攻。

1950年10月30日，杜魯門批准的一份國家安全委員會的文件（題為《國家安全的基本政策》）中說：美國要採取一切必要措施防止中國解放臺灣，即使「冒戰爭危險也在所不惜」，但出於各種考慮，美國又不能直接出兵占領臺灣。同時又不能支持國民黨反攻大陸，因為中共軍力強大，國民黨的殘兵敗將不是中共的對手。美國認為，國民黨打回大陸的前提條件是大陸的人民暴動，配合國民

黨軍隊反攻大陸。然而據美國掌握的情報，中共深受大陸人民的擁護，根本不存在發生大規模人民暴動的可能。

因此，美國派遣第七艦隊入侵臺灣海峽實際上是實行「兩岸隔絕」政策，美國則美其名曰：「臺灣海峽中立化」政策，這是明目張膽地以武力干涉中國內政的行徑。為了「師出有名」，於是美國又開始大肆販賣其「臺灣地位未定論」的謬論。1950年9月，美國曾試圖將所謂「臺灣地位」問題的提案塞進聯合國大會進行討論，因遭到中國政府的強烈反對，許多主持正義的國家也不予支持而未能得逞。一計未成，又生一計。1951年9月，美國又利用舊金山召開對日和會的機會，操縱會議，在排斥中國政府出席會議的情況下，非法簽訂了一個涉及中國臺澎地區主權這一重大原則性問題的所謂《舊金山和約》。該和約蓄意迴避臺澎地區的主權歸屬，別有用心地只寫明：「日本放棄臺灣及澎湖列島及南沙群島及西沙群島的一切權利、名義與要求」。其後，美國又指使日本與臺灣非法簽署所謂「中日和約」，同樣別有用心地在和約中將臺澎地區稱為「現在中華民國政府控制下的土地」，這等於不承認中國對臺澎地區擁有主權。從此臺獨分子就以「舊金山和約」和「中（臺灣）日和約」為「依據」，宣揚鼓吹「臺灣地位未定」論、「臺灣無主之地」論、「臺灣主權不屬於中國」論，從事分裂中國的陰謀活動；而美國則以此為藉口，賴在臺灣不肯撤走，以武力支持臺灣國民黨當局偏安自保，甘當人妾，對抗統一。

八、美蔣「共同防禦條約」——「兩個中國」政策的定型

美國政府悍然宣布派遣第七艦隊的強盜行徑，不僅中國政府和中國人民強烈抗議，也引起世界上許多主持正義的國家甚至包括美國的盟國英國的反對，因而杜魯門不得不表示：第七艦隊進駐臺灣海峽只是「保護在朝鮮作戰的聯合國軍的側翼行動」，戰爭一旦結束，「第七艦隊當然沒有留在臺灣海峽的必要」了。可是，1953年7月27日，朝鮮停戰協定簽字、戰爭已經結束，美國卻自食其言，拒絕將第七艦隊撤出臺灣海峽，而臺灣國民黨當局也害怕第七艦隊真的撤走，勢將難以抵擋大陸的武力統一，於是美臺一拍即合，狼狽為奸，於1954年12月2日在華盛頓簽署了一個所謂「中美協防條約」（即美蔣「共同防禦條約」），為美國

武力霸占臺灣製造新的藉口。

該條約規定：「中華民國政府給予、美利堅合眾國接受，依共同協議之決定在臺灣、澎湖及其附近為其防衛所需要而部屬美國陸、海、空軍之權利」。並說明：「本條約所使用的所有『領土』等辭，就中華民國而言，應指臺灣和澎湖。」這樣，臺灣和澎湖的「法律地位」似乎「定」下來了，美國承認其為「中華民國」的「領土」，而「中華民國」也就成了「主權國家」，美國在臺駐軍便有了「正當」的理由。但是，其後美國參議院在批准條約時卻特意做如下解釋：本條約只適用於外部的進攻，美國不允許臺灣進攻大陸。同時聲稱：「本條約不得被解釋為對本條約適用領土的法律地位或主權的影響與修改。」意思是說臺澎地區的法律地位仍然「未定」，這樣又否定了中華人民共和國對臺澎的主權。因此，該條約實際上是在製造「兩個中國」，暴露了美國的最終目標是妄圖把臺灣從中國版圖永遠分離出去。

事實上，美國製造「兩個中國」的陰謀，早在1953年4月2日把1949年以來駐臺北的「臨時代辦處」升格為「大使館」，就已露出端倪。美蔣「共同防禦條約」的簽訂則使「兩個中國」的政策定型。1954年，美國政府在制定從1954年到1956年的對臺政策時，明確強調：這一時期要「保持國民黨政府的存在，並宣布其為中國的合法政府；發展為一個在臺灣的中國國家。這個國家將日益強大並成為有吸引力的反共基地」。而且，美國認為，這個「反共基地」變得日益強大之後，國民黨及其政權就會有信心逐步推進「本土化」、「臺灣化」，而最終的結果是臺灣脫離中國而獨立。對此，美國國家安全委員會的一份絕密文件說得很清楚。該文件說國民黨將來在臺灣的作用會減少。除了其他原因外，一個重要的原因是國民黨會日益關心臺灣本省事務而不關心打回大陸。到那時，美國政府就難以再向全世界宣布誰是代表中國的政府了，因此它斷言：「臺灣一定會成為獨立的國家。」

此後人們發現，美國對臺政策的重心果然開始發生變化，從原來推動「聯合國託管」、「臺灣獨立」，轉而全力扶植國民黨政權，製造「兩個中國」。不僅從政治上，更從軍事上、經濟上為國民黨當局輸血打氣，同時又從意識形態方面加強對臺灣的滲透和影響，一步一步為實現這一分裂中國的新陰謀而努力。實際上李登輝的上台、國民黨內「獨臺」派的出現及其津津樂道的所謂「寧靜革命」，正是美國推行這一政策的「階段性成果」，這距離美國最終追求的目標——「臺灣獨立」只差一步之遙了！

在大力扶植國民黨政權對抗大陸武力統一臺灣的同時，為防止國民黨與大陸和談統一，美國又將臺獨作為「備用方案」，繼續支持海內外的臺獨勢力，以牽制國民黨。在這種背景下，50年代中期以後，廖文毅之流的臺獨活動再度活躍起來。1955年9月，廖文毅一夥在日本的神戶召開所謂的「臺灣共和國臨時國民會議」，接著又拚湊所謂的「臺灣共和國臨時政府」。60年代以後，各種牌號的臺獨組織在美國紛紛成立，活動日趨猖獗，並取代日本成為臺獨勢力的大本營和活動中心。到了90年代，隨著臺灣的政治轉型，臺獨活動的中心又從美國轉向島內，並達到今日如此猖獗的地步。

此外，不能不說當年艾奇遜確有「先見之明」：從60年代開始，中蘇關係果然急劇惡化，且愈演愈烈。於是50年代艾奇遜提出「以共制蘇」的「棄蔣」政策再次成為美國對華政策的主導思想。乃至1971年中華人民共和國取代臺灣進入聯合國、美國總統尼克森訪華，中美兩國先是互設「代辦處」，1979年兩國正式建交，美臺斷交並廢除「共同防禦條約」，但與此同時，美國又卻制定了一個所謂「與臺灣關係法」，繼續支持臺灣國民黨政權和海內外臺獨勢力，干涉中國內政，阻撓中國統一，這充分說明它並未真正放棄分裂中國的目標。這就是臺灣學者王曉波教授概括的美國對臺政策的連環套：「以獨制臺」—「以臺制共」—「以共制蘇」，乃至90年代初蘇聯解體，冷戰結束之後，美國認為：中國大陸的戰略價值已大大下降，於是柯林頓政府再次嘗試調整對華政策就成為順理成章、毫不奇怪的事情了。最近李登輝訪美事件的發生，正是基於這種背景。

歷史是一面鏡子，回顧戰後初期美國對臺政策的演變及其與國民黨政權和臺獨的恩恩怨怨、風風雨雨，我們應該從中得到什麼樣的歷史啟發和教訓呢？值此關鍵時刻，海峽兩岸的所有中國人（特別是以李登輝為首的國民黨「獨臺派」和以民進黨為代表的「臺獨派」人士）都應該深長思之！

（在江西廬山舉行的「臺灣史學術研討會」論文）

民進黨「七大」後未來發展趨勢爭議

一、從民進黨「七大」談起

引人注目的民進黨七屆「全代會」已於近日落幕。由於是次黨代會民進黨內各派系忙於爭權奪位、勾心鬥角，未能面對黨的發展危機，通過此次大會認真進行內部檢討，以開創新局，故而島內社會各界頗感失望，普遍認為民進黨是次黨代會「一事無成」、「乏善可陳」，撻伐之聲不絕於耳。但依筆者看來，對於民進黨而言，這種評論其實也並不盡然。民進黨是次黨代會有兩個主題任務：一是高層權力結構改組；二是黨章研修。在這兩個主題任務中，至少「高層權力結構改組」順利完成。從已選出的11名中常委、11名中評委及31名中執委的情況看，進一步確定了「務實獨派」在黨內的絕對主控地位，「臺獨基本教義派」已完全喪失了對該黨權力核心的影響力；而「美麗島系」的龍頭許信良以建黨以來歷屆黨主席選舉中從未有過的壓倒性高票重新當選黨主席，則意味著民進黨經過多年來的風風雨雨，終於湧現出一位全黨眾望所歸、實力超群的領袖人物。島內輿論普遍認為，許信良素負「大志」，善於謀略，在民進黨內的各派系間關係良好，具有無人可與之相比的調和能力。他的東山再起，對於處在困境之中的民進黨來説，或許能帶來一番新的氣象。

二、幾個重要的觀察點

由於民進黨「七大」在黨章研修方面，除了廢除公職人員提名中的幹部評鑑制度一案獲得通過外，其他一系列重大建議案均遭否決或擱置，至於社會各界特別關注的臺獨黨綱的修正問題更未觸及，因此僅從該次大會來探研民進黨的未來發展走向，頗為困難。不過，從總統大選後至該黨「七大」開幕期間，民進黨重要人物如許信良、張俊宏、邱義仁等對外發表的一系列言論，以及黨內「新世代」所發動的圍繞著黨的路線、體質轉換等問題開展的不尋常的「大辯論」和稍後公布的「新臺獨綱領」等，這些仍不失為考察民進黨未來發展趨勢的重要觀察點。

（一）新的戰略構想——許信良的「政黨重組論」

總統大選前後，島內新聞媒體的熱門話題之一是所謂「政黨重組論」。而這一論調的「源頭」即出自民進黨內的「美麗島系」，更準確地說是出自「美麗島系」的龍頭許信良。3月27日，也即「大選」後的第4天，《自由時報》刊登的記者對許信良的「專訪」，披露了許信良所鼓吹的「政黨重組論」的具體內容。許信良認為：由於臺灣是個「外有中共武力威脅，內有族群問題」的典型的「危機社會」，因此「人民希望現任領袖、執政黨來保持安全」；在這種情況下，「下次就算國民黨派連戰出來（競選『總統』），民進黨也一樣會輸。」如果民進黨再和國民黨鬥爭，「只會造成社會不安的感覺，不會像過去一樣得到人民的支持。」從這種觀點出發，許信良提出了民進黨今後的發展策略與步驟：短期內，經由「大聯合」和「聯合執政」，使國民黨喪失「執政優勢」。當然，「主導權」在李登輝手中，國民黨也不會「自動繳械」，但必須説服國民黨，只有與民進黨「合組強有力的執政聯盟，才能擺脱黑金勢力的要挾」；同時民進黨要「以實力讓李登輝瞭解，他不可能為所欲為」，「二月政改」（即今年2月立法院正副院長競選和行使「閣揆同意權」之爭）即是很好的例子。而遠期目標，則是由民進黨與國民黨這兩個同質性的政黨「合組」為一個新的「臺灣黨」（就如同戰後日本「危機社會」一樣，自由黨與民主黨這兩個性質相同的政黨合併成「自民黨」），「以確保臺灣社會的民主與發展，並且有足夠的力量來包容新黨等主張統一的聲音」（即讓主張統一的「中國黨」——新黨永遠處於「在野地位」）。據許信良説，只有這樣做，才能使臺灣政壇走上所謂「韓國模式」，而「這對民進黨反而有利」，就像盧泰愚結合金泳三組黨後，「反而是金泳三取得優勢。」

很顯然，這是許信良面對新的形勢，經過一番「深思熟慮」之後提出來的「新思考」、「新理論」和民進黨未來發展的「新戰略構想」。許信良一心想當臺灣「金泳三」，這便是他何以不惜與相交了30餘年的老戰友張俊宏「割袍斷義，各奔東西」，執意競選黨主席，並宣稱「大位不以智取，大責當仁不讓」的真意。

然而，許信良的上述「構想」要真正付諸實施並非易事。首先，許信良欲當「金泳三」而不等於李登輝也想當「盧泰愚」。要李登輝國民黨在這一重大問題上與之達成共識並願意下決心推動，至少需要具備以下三個前提條件：一是民進黨及其他在野勢力要有足夠實力，對國民黨的執政地位構成嚴重的威脅，而僅僅「讓李登輝瞭解，他不可能為所欲為」還是不夠的；二是民進黨需要修正其太過露骨的臺獨黨綱，在臺灣前途問題上與國民黨的「獨臺」路線「接軌」；三是許信良需要説服黨內其他派系及黨內外的支持者跟著他走。從目前情況來看，上述主客觀條件尚不具備。但作為長遠的「戰略構想」，許信良不會輕易放棄，勢必依據客觀形勢的變化，伺機推動實施。

（二）新的發展策略——張俊宏的「政黨聯合論」

4月初，代理黨主席張俊宏接受媒體「專訪」，就「民進黨未來發展策略」發表談話，他說：民進黨「單獨壯大的機會幾近於零」，若獨行獨往，只會「單獨凋敝」，所以只有與他黨聯合。他認為，民進黨的「上策」是與國民黨、新黨組成三黨「大聯合政府」，以一致對抗中共；「中策」是與國民黨聯合執政，建立穩定多數的政局；而「下策」則是與新黨組成針對國民黨的「制衡聯盟」。同時，張俊宏還對黨內的「臺獨基本教義派」提出批評，他說：臺獨是民進黨的利器，但應該在遇到最危險的時候才拿出來用，不宜動不動就喊臺獨，如果平時經常隨便使用，「只會使利器受損」。實際上是主張將臺獨黨綱「打入冷宮」、束之高閣。張俊宏的論調與許信良的「政黨重組論」如出一轍，只是他「三黨大聯合」的主張比起許信良「兩黨聯合」的主張更進了一步，但卻更具「空想性」。

（三）臺獨新取向——「新世代」的「臺獨新綱領」：

從4月上旬開始，一群自稱「反對運動新世代工作者」的民進黨新生代人士，在「務實臺獨派」大老們的支持鼓動下，在黨內發起了一場針對民進黨危機及未來黨的路線與體質問題的大辯論，矛頭直指黨內「臺獨基本教義派」。經過激烈辯論後，5月7日，「新世代」發表了「臺灣獨立運動的新世代綱領」，對民進黨的臺獨路線及未來發展走向作出了新的全面闡釋。

該「綱領」將臺獨區分為新舊兩種，説「舊世代」（即「臺獨基本教義派」）是為過去、悲情、民族而主張臺獨，而「新世代」則是為未來、希望、民主而主張臺獨。為此，「新世代」提出十大政治綱領，作為與「舊世代」相區隔的「新臺獨」主張：

（1）「臺灣獨立」不是什麼神聖的使命，而是務實的政治主張；（2）「臺灣獨立」不是因為臺灣人四百年來受到外來政權的壓迫，也不是基於臺灣人對中國的仇恨恐懼，臺獨不是對過去的反彈，而是對未來的展望；（3）「臺灣獨立」不是最優先的政治目標，而是為了實現社會改革理想的途徑；（4）「臺灣獨立」不一定「以臺灣為國家的名稱」，「國號、國旗、國歌」的變更不是「臺獨運動」的目的；（5）「臺獨運動」沒有正統性之爭，只有階段性的區別；（6）「臺灣獨立運動」不再是反對運動，而是「國家」的整體目標；（7）「臺灣獨立」可以在民進黨或「臺獨運動」團體的手中達成，「臺獨運動」的成功與否，與民進黨的執政與否，沒有必然的關聯；（8）「臺灣獨立運動」以凝聚兩千多萬人民的「國民」意識與認同為基礎、為優先目標，因此應該推行社會的大和解，沒有大和解，就沒有「臺獨運動」；（9）「臺獨運動」是一個團結的運動，不是分化、打擊的工具；（10）臺獨不是民進黨或任何團體黨派的私產，而是臺灣人民的公共財產。

從以上內容不難看出，「新臺獨綱領」所反映的乃是不折不扣的「務實臺獨派」的觀點和主張，這些觀點和主張與國民黨李登輝推行的「獨臺」路線已相當吻合，難分彼此。這場大辯論和「新臺獨綱領」的出籠，實際上是「務實臺獨派」對「臺獨基本教義派」的大對決、大攤牌。説明民進黨內的新生代在臺灣前途問題上的務實態度，他們對激進、僵硬的臺獨綱領和主張強烈不滿，要求「臺獨運動」無論在內涵還是方式上都要進行重新解釋與調整，以適應島內外客觀形勢的變化，擺脱民進黨目前的困境和發展危機。因此該「綱領」出籠後，立即受到「美麗島系」及其他「務實臺獨派」大老們的拍手叫好，而遭到以彭明敏為首的激進臺獨分子的仇視與攻擊。

（四）新方向的勾勒——民進黨頭面人物「七大」期間的言論：

代理黨主席張俊宏在民進黨「七大」開幕致詞時表示：民進黨的發展方向面臨三大挑戰：「第一挑戰是如何制定新的中國政策」。他說，通過總統直選的完成，「臺灣主權已經實質獨立，在明年香港九七之前，制定新的中國政策已經站在關鍵的位置」。「第二個挑戰是如何打贏明年的縣市長選戰，以扳回民進黨這段期間的困境和頹勢」。「第三個挑戰是如何制衡新時代的新強人李登輝」。他說，國民黨在立法院和「國大」都未具實質過半數，「民進黨應該開闢新戰場」，利用「國會」力量來制衡李登輝的「違憲」行為。與此同時，祕書長邱義仁在報告中也指出：「臺灣已經走向三黨政治，目前國民黨和民進黨都在調整，誰調整得快，誰較能符合整個國際及國內的政治局勢，誰就能在未來贏得臺灣人民的信任及主導政局的力量。」邱義仁乃是「新潮流系」的龍頭，儘管其報告內容與「美麗島系」龍頭張俊宏的開幕詞側重面有所不同，但對形勢的分析以及基本路線的主張並無多大差異，特別是民進黨面對新的形勢必須加速「調整」步伐這點上，更與「美麗島系」有高度共識。

民進黨「七大」黨主席改選投票前夕，許信良、蔡同榮兩位參選人分別發表競選政見，從中可以看出他倆在一些重大問題上存在嚴重分歧。「公投會」主席、「福利國連線」的蔡同榮宣稱，未來民進黨將面臨以下三大問題，即所謂「臺灣安全及國際地位問題，與社運界關係、黨財務問題等」，並明確反對和國民黨組「聯合政府」，他抨擊這種主張是「失敗主義和投降主義」。而許信良則表示，「新時代必須有新的作法」，「在對手已做調整和改變之際，如果民進黨不做改變，將只會漸漸衰頹」，「民進黨如果不能執政，就什麼都不是了」。投票結果，許信良以284票對蔡同榮的172票高出112票的高票當選。這種投票結果在一定意義上顯示了許的主張得到黨內多數的贊同，當然也有將近三分之一的黨代表並不認同和支持許信良的主張，這預示著未來許信良欲推行他的主張不能不打折扣。

三、未來可能發展趨勢

綜合以上幾個重要的觀察點，不難預測民進黨未來幾年之內的可能發展走向：

（一）民進黨「獨臺化」的趨勢已不可逆轉，再次「質變」，由「臺獨黨」變為「獨臺黨」將成為事實。隨著島內外政治環境的變化，「務實臺獨派」在黨內占據絕對主控地位。以及黨內要求調整臺獨路線的呼聲日益高漲，民進黨在臺灣前途問題上「獨臺化」將日趨明顯並不可逆轉，民進黨公開修改激進臺獨黨綱的時機正日漸成熟，再次「質變」，由「臺獨黨」變為「獨臺黨」將成為事實。由此可能產生以下兩個結果：一是「臺獨基本教義派」由對民進黨的不滿與失望轉而在組織上與民進黨公開決裂，另謀發展；二是民進黨與國民黨在臺灣前途問題上有可能會從目前的「思想合流」和「行動合流」逐步向「組織合流」的方向發展（長遠更有可能建立某種「執政聯盟」、「聯合政府」，甚至不排除建立「政黨聯盟」乃至兩黨合併之可能）。這樣，臺獨勢力將更為猖獗，使島內主張統一的勢力遭受更大的困難和壓力，同時也將給兩岸關係的發展帶來更多的變數。

（二）民進黨將會繼續聯合新黨及其他島內第三勢力，在立法院和「國大」利用一切可以利用的政治議題和民生議題，不斷抵制、制衡國民黨，給國民黨李登輝施加壓力、製造種種「麻煩」，以展現其實力而爭取民心，並引導臺灣政局向有利於民進黨的方向發展。

（三）改採較為務實、積極的大陸政策，加強與大陸的聯繫與溝通。在改善和發展兩岸關係的問題上與實行保守、僵化大陸政策的國民黨競爭，以收攬島內民心特別是爭取工商企業界的支持，為奪取未來選戰的勝利而努力開拓票源。

（四）繼續沿著選舉路線加快執政步伐。近期目標是力爭在明年底縣市長選舉奪取半數席位，動搖國民黨的統治地位，提升民進黨士氣，扳回民進黨目前的頹勢，並乘勝追擊，力圖在下一屆立委選舉中擊敗國民黨，即令不可能單獨執政，也要對國民黨的執政地位造成嚴重威脅，從而迫使其不得不接受民進黨「大和解」、建立「聯合政府」的主張，進而在可能情況下實現所謂「政黨重組」，從根本上改變臺灣的政治版圖，共同對付大陸，抗拒統一。

（五）由於權力核心中無一派系占據優勢，因此，「派系共治」現象仍將繼續存在，並更加明顯；內鬥仍不可避免，但隨著「臺獨基本教義派」的分裂出走，黨內派系間的矛盾與爭鬥將由原來的以理念分歧和路線鬥爭為主逐步轉變為策略上的分歧乃至純以無原則的爭權奪利為主要特點，這勢必給該黨造成嚴重危害，但民進黨不致因此而分裂。

總之，民進黨有可能通過一段時間的路線、政策和策略調整、改革（今年11月間的「臨全會」將是一個重要的觀察點），逐漸走出困境和危機，繼續在臺灣政壇上有所發展。

（臺灣研究論壇）

一九九六年民進黨活動綜述

一九九六年是民進黨建黨十週年。一年來，圍繞著島內的政治發展，民進黨表現得十分活躍。然而總體來説，它給予人最為深刻的印象，卻是在失敗和危機中苦苦掙扎。上半年參選總統的慘敗和下半年「建國黨」的分裂出走，突出地反映了民進黨所面臨的困境。但作為島內最大的反對黨，一年來民進黨在挑戰國民黨執政地位的較量中，仍顯示出相當的實力。年底「國發會」的召開，開啟了國、民兩黨「合作」的新時期，民進黨因此而有可能擺脱困境，變危機為轉機，上升為未來臺灣政壇上僅次於國民黨的「主流政黨」。

現將一年來民進黨的主要活動綜述如下：

一、參選總統慘敗，敗在臺獨訴求

總統直接民選，是一九九六年島內最大的政治事件。人們不會忘記，總統直選，乃是民進黨最先提出來的憲改訴求。當初民進黨之所以竭力鼓吹這一主張，除了臺獨考量之外，另一重要目的，即企圖以此作為其從國民黨手中奪取政權、早日「走上執政」的一條「快捷方式」。豈料選舉結果，民進黨卻遭受了空前的慘敗：朝野三黨、四組候選人經過半年多的激烈較量，三月二十三日選舉揭曉，代表民進黨參選的彭明敏、謝長廷獲票率僅有百分之二十一點一三，創近幾年來民進黨參選各項公職的最低紀錄。一般估計，選票流失率在百分之十四左右。

民進黨參選總統的慘敗，原因是多方面的：

（一）選舉事實上的不公平。由於國民黨候選人李、連配處在執政黨的有利地位，其他三組候選人無論哪方面都難以與之匹敵。

首先，在政治上，李、連配幾乎壟斷了島內所有的政治資源，黨、政、軍、情、特、財經、金融以及新聞媒體等各個方面均在國民黨的控制之下。李、連充分利用這些資源，組成了自上而下的強有力的龐大輔選架構，為其有效地拓展票源空間。僅散布在全島各個縣市的「民間後援會」就達一千多個、「輔選活動據點」一萬二千個。此外還有政大「國關中心」、「國策中心」、經濟研究院、綜合研究院、「國安會」諮詢小組等黨、政建制化的智囊機構，隨時為其出謀劃策。而情治部門則利用其特權，以「保護」候選人安全為名，公開或暗中監控、打壓對手，限制其他候選人與選民接觸，並無孔不入地收集對手情報，為其制定競選策略提供可靠依據；甚至指示軍方政戰部門，要求所有軍官寫保證書向李、連「效忠」等等。而其他三組候選人則相形見絀，雖然也成立有各自的輔選機構，但無論其規模、人員數量還是動員能力等各個方面，均無法與李、連配相提並論。

其次，從經濟上看，李、連配擁有雄厚的財力為後盾。據透露，李、連通過各種渠道聚斂的競選資金高達九百億新臺幣，其中僅國民黨黨營企業提供的資金就至少有一百五十億。其他三組候選人的競選經費卻捉襟見肘，根本不能與李、連同日而語。彭、謝配的競選預算開支僅三億元，主要靠發送紀念幣、舉辦籌款餐會等方式來籌集。其所依靠的民進黨，三千多萬元的「家底」，兩日內即已耗盡。三月中旬，正當「競選」進入白熱化之際，竟一度出現「斷炊」而不得已推遲發薪的尷尬局面。

上述情況表明，當前臺灣的政治現實，使處於在野地位的候選人，不可能與執政黨候選人進行真正「公平、公正」的競爭。

（二）林、郝配和陳、王配的參選，吸走了一部分原本支持民進黨的中間票源。

以往島內的歷次公職選舉，主要是國、民兩黨之爭，廣大選民在沒有更多選擇餘地的情況之下，有相當部分不滿國民黨的中間選票流向了民進黨。而這次總統選舉，在野陣營同時有三組候選人參與競爭，廣大中間選民有了更多的選擇餘地，從而使不少「既不滿國民黨，也不喜歡民進黨」的選票，流向了林、郝配或陳、王配。據悉，在陳、王配百分之十的獲票率中，即有很大一部分是屬於政治色彩較為淡薄的婦女和宗教信徒投的票。這種情況，自然也使得彭、謝配的獲票率明顯下降。

（三）從個人因素來看，彭明敏長期生活在海外，在島內特別是在中下層民眾中，知名度遠不及李登輝；其溫文爾雅的學者形象，也不若李登輝善於蠱惑人心而更具政治魅力。

（四）彭、謝配急進的臺獨訴求，是慘敗的主因。

前述三方面因素決定了彭、謝配不可能「勝選」，但還不致「慘敗」。彭、謝配「慘敗」的主要原因，在於其堅持急進的臺獨主張，不僅嚇跑了許多希望「維持現狀」的中間選民，同時也造成了民進黨內部的意見分歧和步調不一，從而使原本處於弱勢的力量更形分散。

民進黨內的「務實獨派」與「急進獨派」（又稱「臺獨基本教義派」），在如何打好一九九六年總統選戰的問題上，從一開始就存在尖銳分歧。鑒於一九九四年底省市長選舉陳水扁和陳定南這一正一反兩個典型的經驗教訓，「務實獨派」主張在未來「大選」中，「民進黨一定要揚棄炒作意識形態的做法。不能以政治訴求的模式來打『總統』選戰，更不能談『臺獨』議題」。而「急進獨派」卻荒謬地認為，臺獨訴求之所以不被多數選民所認同，乃是因為平日民進黨對「臺獨黨綱」「宣傳解釋不力」，因此他們堅持主張將獨統議題作為這次「大選」的主要政見訴求。彭明敏即認為，「臺灣的國家地位其實尚未明朗，『一中一臺』理念尚未深植人心」，因此他主張要「繼續闡明國家定位理念」，甚至認為「再談四十年也不為過」。

一九九五年九月底，彭明敏在黨內初選中擊敗許信良被確定為民進黨的總統候選人，這說明「急進獨派」在民進黨內一時占了上風，但同時也使「務實獨派」從此對總統選舉心灰意冷、興趣缺缺。十月間，陳水扁即在兩次不同場合的演講中，以「阿婆生子」相比喻，公開預言彭明敏勝選希望渺茫。以施明德為首的由「務實獨派」主控的民進黨中央，則熱衷於與新黨「喝咖啡」、「大和解」，而對彭、謝競選總統的輔選工作則虛以應付，從而激起了「急進獨派」的強烈不滿和反彈。總統選戰尚未打響，民進黨內已是炮聲隆隆，硝煙瀰漫。

當年底的三屆立委選舉，「激進獨派」人士紛紛落馬，再次證實了在競選中炒作臺獨訴求不會有好的結果。但「激進獨派」仍閉眼不顧現實，總統選戰打響後，面對大陸發動的空前規模的反臺獨反分裂的強大聲勢和臺灣民眾強烈要求緩和兩岸關係的呼聲，就連「獨臺派」李、連陣營都祭出反臺獨、主張改善兩岸關係的旗號以欺騙選民，唯獨彭、謝陣營利令智昏，依然不斷鼓吹臺獨濫調，企圖以此吸引選民，拉臺聲勢。

與彭、謝陣營的主觀願望相反，島內媒體幾次公布選情調查結果，彭、謝配的支持率始終低迷不振，甚至曾一度落在林、郝配之後而位居第三。但民進黨中央並未及時採取強有力措施為彭、謝助選，而將主要精力用於在新一屆立法院中和國民黨爭奪執政權。隨著選戰的白熱化，在大陸堅決反對臺獨的堅定立場和針對島內臺獨所進行的軍事演習的強大壓力下，臺獨市場進一步萎縮。「李登輝情結」在民進黨支持者中開始「發酵」並迅速蔓延，「棄彭保李」現象終於浮上檯面。關鍵時刻，竟接連發生好幾起民進黨籍縣市長公開替李、連站台助選的轟動事件，從而更突顯了民進黨內部的矛盾與分歧。據選前一週調查，民進黨內支持李、連的比例竟高達百分之四十。

總之，民進黨參選總統的慘敗原因固然很多，但關鍵在於急進的臺獨訴求嚇跑了中間選民。誠如《中國時報》社論所言：選舉結果，說明臺灣選民「對於彭、謝過於冒進的臺獨主張顯然有所保留。」因此，民進黨參選總統的慘敗，其實更確切地說是「臺獨基本教義派」的慘敗。它說明大陸發動的反臺獨反分裂鬥爭取得了預期效果，急進臺獨主張不得人心。「大選」後，民進黨士氣大挫，內部矛盾進一步激化，面臨建黨以來最大的發展危機。

二、與新黨結盟，挑戰國民黨執政地位「功敗垂成」

與參選總統慘敗相比，一九九六年民進黨立院黨團在新一屆立法院中的表現卻是「可圈可點」，令人刮目相看。

由於在新的一屆立法院中，國民黨僅以三席的微弱多數勉強過半，且因種種原因，其中部分立委黨團無法掌控，關鍵時刻隨時都有可能反戈一擊，倒向在野黨。民、新兩黨充分利用了國民黨在立法院中這種「實質不過半」的有利形勢，暫時擱置意識形態之爭，通過「喝咖啡」而實現了「大和解」，結成「在野制衡聯盟」。上半年，在立法院先後聯手發動了「二月政爭」和「六月政改」等一連串凌厲攻勢，挑戰國民黨的執政地位，使立法院議場幾度險象環生，搞得國民黨疲於奔命，焦頭爛額。

（一）「二月政爭」：所謂「二月政爭」又稱「二月政改」，是指新一屆「立法院正、副院長」競選和行使「閣揆同意權」之爭。民、新兩黨「大和解」後，隨即鎖定在二月一日立法院選舉正、副「院長」時聯合對抗國民黨作為短期目標。兩黨頻繁活動，分頭對部分國民黨立委進行祕密策反，最後以「副院長」一職為代價，公開拉走國民黨的二名原住民不分區立委，並推出施明德、蔡中涵搭檔，與國民黨推出的劉松藩、王金平競爭。為確保施、蔡二人上壘，民、新兩黨的幾乎所有立委均按事前約定，以「亮票」方式投票。結果，施明德以八十票對八十票戰平劉松藩。經緊急研商後，第二輪投票時，原本堅決反對在野黨「亮票」的國民黨，也不得不以「人盯人」的變相「亮票」方式投票。這才使劉松藩以一票之差險勝施明德，當選為「一票院長」。王金平則趁勢擊敗蔡中涵，也僅以五票優勢當選為「副院長」。

事後島內媒體紛紛發表評論，驚呼這場選舉實質上是「一項在野黨聯盟主導的幾乎成真的『政治奪權計劃』。過程千鈞一髮，令人膽顫心驚，距離國民黨丟失政權只差一線之隔」，「足令國民黨中央嚇出一身冷汗」。不過，在這場政權攻防戰中，在野黨畢竟實力不逮，故而功虧一簣；而國民黨幾乎翻船，主因是疏忽大意，因而有驚無險。

二月二十三日，朝野雙方又針對行使「閣揆同意權」問題，展開了第二波更為劇烈的政權攻防戰。依照憲法規定，新一屆立法院組成後，由總統李登輝提名的繼任行政院長人選連戰，須經立法院行使「閣揆同意權」方能繼續執政。民、新兩黨決定繼續合作，將連戰拉下馬來，迫使國民黨交出政權或與在野黨合組「聯合政府」。立法院開議前幾日，民、新兩黨即密集串聯，志在必得；而國民黨鑒於上次在立法院選舉中幾乎陰溝翻船的教訓，這次特別小心謹慎，高層召開專門會議，成立了專門機構，負責協助立院黨團進行固票工作，採取了一系列嚴密措施，務必全力護送連戰過關。是日，立法院氣氛極為緊張，在野黨陣營先是堅決反對連戰只做「書面審查」，甚至要求立法院退回總統諮文以示抗議。後經緊急協商，雙方在沒有必勝把握的情況下各讓一步：國民黨同意連戰接受立法院口頭審查，而在野黨則同意將審查時間縮短為六個小時。由於國民黨事先準備周全，固票成功，而在野黨擴展票源效果不佳，投票結果，低空掠過半數，立法院同意連戰繼任「閣揆」。民、新兩黨再次功敗垂成。

（二）「六月政改」：所謂「六月政改」，實際上是「二月政爭」的延續和發展，朝野雙方爭執的焦點依然是「閣揆同意權」，以及由此而衍生出來的「立法院長改選案」、「核四案」等一連串的政治風波。

眾所周知，「大選」期間，李登輝及連戰本人都信誓旦旦，公開表示當選後「副總統」不會兼任「閣揆」。豈料李登輝當選連任後，竟公然自食其言，再次提名連戰以「副總統」身分兼任行政院長，並以一紙「著毋庸議」的批示，企圖遏止島內各界的強烈質疑和反彈，從而引發在野黨再次聯手，發動了一連串的「倒連」運動。六月十一日，由民、新兩黨主導並在國民黨部分立委的倒戈相助下，立法院以懸殊票數順利通過了在野黨提出的「諮請總統盡速重新提名行政院長，並諮請立法院行使同意權案」。李登輝竟不以置理。民、新兩黨憤怒抨擊李登輝「藐視立法院同意權」，並以「切斷與行政院的對話」、「無限期停止總質詢及各部會首長的施政報告」，甚至以「不惜走上街頭抗爭」等激烈手段相威脅。在野黨的抗爭得到大多數民眾的同情，並已衝擊到「最高當局」在民眾心目中的形象。民調顯示：百分之五十七的民眾贊成立法院通過的提案，反對的只有百分之十七；李登輝的聲望一週內「滑落了九個百分點」，首度下滑到只有百分之六十二。而認為連戰適任「閣揆」的人也只剩下百分之三十八。可是一向標榜「主權在民」的李登輝卻「老神在在」，抱定「著毋庸議」的頑固態度拒絕妥協。

於是，民、新兩黨決定拉長戰線，提案要求改選「立法院正、副院長」，向李登輝進一步施加壓力。但由於各種因素的制約，加之國民黨全力固票。六月二十九日，立法院雖經多次表決，形勢跌宕起伏，但在野黨仍以一票之差慘遭敗北。

「六月政改」落敗後，民、新兩黨並未停止抗爭，又先後在「審查國營事業預算」、「部會首長施政報告」、「國大會議李登輝國是報告」以及「考、監人事案」、「核四復議案」和連戰「施政報告總質詢」等一系列問題上，進行強力抵制，形成了長達數月之久的「憲政」僵局。最後只好訴諸「大法官會議」「釋憲」。但「大法官」乃是由李登輝一手圈定的，於是「釋憲案」也就如同「泥牛入海」，杳無音訊。直到年底「國發會」召開，國、民兩黨達成憲改共識，「大法官會議」再公布所謂「釋憲」結論時，已純屬毫無意義之舉了。

從以上簡單回顧可以看出：（一）由於國民黨實力的大幅下滑，其在島內的執政地位確已嚴重動搖，岌岌可危，國民黨主導政局的能力已面臨嚴峻考驗；（二）在野黨的實力雖已今非昔比，但畢竟還沒有擴展到足以撼動國民黨的統治根基並取而代之的地步。故而，朝野雙方的較量，儘管表面上看起來如驚濤駭浪、扣人心弦，但每一次的較量又都以國民黨的有驚無險而作結。

三、「大和解」引來了「大分裂」——「建國黨」出走

正當「在野聯盟」在立法院中和國民黨鬥得不可開交之際，民進黨的後院卻著起了大火——經一番緊鑼密鼓的謀劃之後，十月六日，一百多名原本支持民進黨的「急進獨派」人士雲集高雄，舉行記者會，宣布正式成立新的「臺獨黨」——「建國黨」，從而造成了島內臺獨勢力的大分裂。

（一）「建國黨」成立的背景與過程：

「建國黨」的出走、臺獨勢力的分裂不是偶然的，是長期以來民進黨內部路線之爭和島內政治發展的必然結果。

眾所周知，民進黨內歷來存在「急進獨派」和「務實獨派」兩種不同的政治派別。兩者雖然在奪取國民黨政權、謀求「臺灣獨立」的根本問題上理念一致，但對於如何奪取政權、通過何種手段實現「臺灣獨立」，卻一直存在尖銳分歧。近幾年來，隨著政治環境的丕變，原本屬於「急獨派」的「新潮流系」已逐漸世俗化，與「務實獨派」「美麗島系」逐漸靠攏，並主控了民進黨中央。然而島內

知識界和宗教界中的獨派團體如臺教會、基督教長老教會和萬佛會等及其代表人物，仍頑固地堅持急進臺獨主張。他們聚集在彭明敏周圍，形成民進黨的壓力團體，人數雖然不多，但能量頗大，影響著民進黨的政策走向。這批死硬臺獨分子又被稱為「臺獨基本教義派」。

近年來，兩派之間的關係不斷惡化。一九九五年九月施明德在訪美時公開表示，「即使民進黨執政，不會也不必要宣布臺灣獨立」；隨後又提出「大和解」和「大聯合政府」的主張，均遭到「臺獨基本教義派」的強烈質疑和反彈。他們抨擊民進黨中央與主張統一的新黨「大和解」，實際上是放棄臺獨，違反了民進黨黨綱與建黨精神；提出「大聯合政府」主張則是想與國民黨「分贓政權」，喪失了道德與理想。如前所述，進入一九九六年後，民進黨與新黨結成「在野聯盟」，在立法院頻頻合作，而對於彭明敏競選總統則未傾力予以支持，雙方矛盾加深。二月四日，彭明敏「另起爐灶」，集結了一批「急進獨派」團體的部分成員，成立了「臺灣建國陣線」，為其開拓票源，與民進黨互別苗頭。「大選」慘敗後，兩派互相指責。四月九日，心懷不滿的彭明敏親自出馬，宣布成立由他出任會長的「建國會」，公開表示「臺灣要獨立建國，不能寄望於民進黨」，聲稱「建國會」的成立是對民進黨的「抗議與出走」。隨後，「建國會」又在各地設立分會，吸收會員，與民進黨分庭抗禮。至此，一個新的急進「臺獨黨」實際上已呼之欲出了。

兩派的矛盾由於民進黨新生代的介入更趨惡化。從四月上旬開始，在「務實獨派」大老們的支持下，一批民進黨內的新生代人士發起了一場所謂「反對路線大辯論」，攻擊矛頭直指「臺獨基本教義派」。五月七日，新生代又發表了「臺灣獨立運動的新世代綱領」。該綱領將臺獨劃分為新舊兩種，指稱「舊世代」（即「臺獨基本教義派」）是為過去、悲情、民族而主張臺獨，而「新世代」（即「務實獨派」）則是為未來、希望、民主而主張臺獨，並具體提出了十大政綱作為與「舊世代」相區隔的「新臺獨」主張。這場大辯論和「新臺獨綱領」的出籠，實際上是「務實獨派」對「臺獨基本教義派」的大對決、大攤牌。「臺獨基本教義派」氣急敗壞，抨擊「新臺獨綱領」「首先貶低臺獨、模糊臺獨、俗化臺獨，甚至醜化臺獨，然後脱下台獨舊衫」，「實際上就是『反臺獨宣言』」。

最終導致兩派分裂的是民進黨「七大」。六月份，民進黨「七大」要改選黨主席，「臺獨基本教義派」企圖將臺獨色彩強烈的蔡同榮擁上黨主席寶座，進而控制黨中央，扭轉民進黨的政策走向。然而選舉結果，「務實獨派」龍頭許信良以絕對優勢擊敗蔡同榮而當選。不僅如此，從新選出的黨中央權力核心來看，「臺獨基本教義派」幾乎已完全喪失了影響力。加之黨主席許信良上任當晚，便「夜奔敵營」，與李登輝密談「政黨合作」等事宜，並一再鼓吹「大聯合政府」。「臺獨基本教義派」的幻想至此已徹底破滅，於是加快了組黨步伐。十月六日，「建國黨」宣布成立，島內臺獨勢力的大分裂終成事實。

（二）「建國黨」出走的影響：

「建國黨」的出走、臺獨勢力的分裂，勢將對民進黨、對臺灣政局和兩岸關係產生重大影響：

（1）對民進黨而言，並非全然負面影響。一方面，急進臺獨勢力的出走，固然拉走了一部分民進黨的重要骨幹，分散了臺獨資源，從而削弱了民進黨作為島內第一大反對黨的實力，今後隨著政局的演變和黨內派系間的爭鬥，目前仍留在黨內的「急獨派」和一部分失意政客仍有可能陸續投靠「建國黨」，使民進黨遭到更大的損失，實力進一步下滑。但另一方面，由於「急進獨派」的出走，又有利於改變民進黨在臺灣民眾中長期形成的「暴力黨」、「臺獨黨」的不良形象，同時又可使「務實獨派」減少黨內阻力，從此可以放開手腳調整策略，轉變黨的體質，進一步將民進黨引向「獨臺化」道路，從而有利於爭取中間選民的認同與支持，突破發展瓶頸，壯大實力。但究竟是利大於弊還是弊大於利？尚有待觀察。

（2）將使島內政黨政治格局發生新的變化。一般估計，「建國黨」在未來的競選中有實力獲得百分之五的門檻選票，成為島內政壇上的第四大黨。如此，目前「兩黨對抗、三黨鼎立」的政黨政治格局勢將演變成「二大、二小」的局面。而且，隨著民進黨的進一步「獨臺化」，不排除國、民兩黨「合併」重組之可能，若果如此，島內政黨政治最終將會演變成為「一大二小」的新格局。再者，「新黨」和「建國黨」將形成「統」「獨」兩極，在未來政壇上勢將重新爆發劇烈的獨統之爭，從而造成島內政壇和社會的動盪不安。

（3）對兩岸關係的發展也將產生重大影響。民進黨的「獨臺化」，將使國、民兩大黨在制定大陸政策方面比以往更易達成共識，臺灣將變本加厲地推行其「中華民國式『臺獨』」，以對抗大陸的和平統一攻勢，從而使未來兩岸關係更為複雜，鬥爭更為劇烈。

四、參與「國發會」——臺獨與「獨臺」大合流

一九九六年民進黨活動中的另一件大事，是在年底積極參與了由李登輝一手導演的所謂「國家發展會議」。在短短的五天時間裡，國、民兩黨就「憲政體制與政黨政治」、「經濟發展」和「兩岸關係」三項議題，達成了總共一百九十二項共識。由於新黨的中途退出，這場所謂的「國家發展會議」實際上就成了國、民兩大黨的「政治分贓會議」、臺獨與「獨臺」大合流的會議。

（一）「國發會」召開的背景：

所謂「國發會」，其實是「體制外」的一次政黨協商會議。其所以在這個時候會召開這種性質的會議，是因為：

（1）從國民黨方面來看：由於一九九五年三屆立委選舉後，國民黨在立法院中的席位面臨「實質不過半」的嚴重局面，一年來使其在「體制內」無法順暢施政，吃盡了在野黨抵制的苦頭，主導政局的自信心已經動搖，因而不得不放下身段，試圖通過這種「體制外」的政黨協商方式，尋求今後在野黨在「體制內」的合作，以便能順利完成下一步的憲改目標，繼續維持其在島內的統治地位。

（2）從民進黨方面而言：一年來與新黨等在野勢力結盟，嘗試挑戰國民黨的執政地位均告失敗，自感實力不足；加之總統選戰的慘敗和「建國黨」的分裂出走，民進黨已面臨建黨十年來最嚴重的發展危機，故而也希望通過與國民黨的妥協與合作，擺脱困境，早日走上執政。

（3）至於實力弱小的新黨，對參加「國發會」態度猶豫，先是參加，後又退出，則典型地反映了該黨不得不在國、民兩大黨的夾縫中求生存的複雜心態和尷尬處境。

（二）一年來政黨互動關係的變化：

要進一步理解「國發會」召開的背景，還需簡要回顧一下一年來島內政壇三黨之間的互動情況。

稍稍留意一下便不難發現，以民進黨「七大」為分界線，一年來島內三黨之間的互動關係，上半年與下半年呈現出明顯不同的特點：一九九六年的上半年，「政黨合作」的主角是民、新兩黨；主導兩黨合作的是實力占優的民進黨；其主要代表人物是時任黨主席的施明德、祕書長邱義仁和立院黨團召集人張俊宏（「大選」後曾出任代理黨主席）。民進黨「七大」之後，情況發生了重大變化，「政黨合作」的主角變成了國、民兩黨；政黨合作的主導地位讓位於國民黨李登輝；而民進黨的領軍者則由新任黨主席許信良所取代。

何以會發生如此重大變化？

從表面上看，一九九六年的上半年，民、新兩黨合作無間，與國民黨勢同水火，在立法院中鬥得不亦樂乎。誠然，民進黨「務實派」與新黨合作，也有想一舉扳倒國民黨的僥倖心理，但他們骨子裡真正感興趣的其實是與國民黨的合作，以便能直接分享政權。也就是說，民進黨與新黨的合作，只不過是出於某種階段性的策略考量，是企圖利用新黨迫使國民黨讓步，其最終目標是要實現國、民兩黨的「合作」。四月初，代理黨主席張俊宏在接受媒體採訪時就曾一語道破天機，他說：民進黨「單獨壯大的機會幾近於零」，若獨行獨往，只會「單獨凋敝」，所以只有與他黨聯合。他認為，民進黨與他黨合作，「上策」是與國民黨、新黨組成三黨「大聯合政府」，一致對抗中共；「中策」是與國民黨聯合執政，建立穩定多數的政局；而「下策」則是與新黨組成針對國民黨的「制衡聯盟」。可見，在民進黨「務實派」的心目中，與新黨的合作只不過是民進黨的「下策」，在「上策」不可能實現的情況下，自然「中策」（即與國民黨合作）也就成了民進黨為之追求的奮鬥目標了。

在這一重大問題上，許信良更有其獨到眼光。他進一步提出了所謂「政黨重組」的新理論和新思維。許信良認為：臺灣是個「典型的危機社會」，人民希望現任領袖、執政黨來保持安全。因此，「下次就算國民黨派連戰出來（競選『總統』），民進黨也一樣會輸」。如果民進黨再和國民黨鬥爭，「只會造成社會不安的感覺，不會像過去一樣得到人民的支持」。從這種觀點出發，許信良提出了民進黨今後的發展策略：短期內，經由「大聯合」和「聯合執政」，使國民黨喪失「執政優勢」；遠期目標，則是由民進黨與國民黨這兩個同質性的政黨「合組」為一個新的「臺灣黨」，「以確保臺灣社會的民主與發展，並且有足夠的力量來包容新黨等主張統一的聲音」（即讓新黨永遠處於在野地位）。許信良說，只有這樣，才能使臺灣政壇走上所謂「韓國模式」，而「這對民進黨反而有利」，就像盧泰愚結合金泳三組黨後，「反而是金泳三取得優勢」。許信良的「政黨重組」概念，顯然只包括國、民兩黨，而將新黨排除在外。

李登輝看穿了民進黨人急於與國民黨分享政權的心態。為瓦解「在野聯盟」，穩定政局，早在「大選」前，即通過各種渠道頻頻試探，想要吸納民進黨菁英「入閣」。李登輝當選連任後，又公開表示要重新「調整政治生態」，「不分黨派延攬人才」。但民進黨中央擔心被國民黨分化、收編，堅持兩黨合作必須是以「黨對黨」的方式組成三黨或兩黨的「聯合政府」，甚至作出決議：「以個人身分接受延攬者予以開除黨籍處分」。眼見民進黨不肯上當，加之受到黨內中生代卡位戰的牽制，因此李登輝最後圈定的新「內閣」名單，依然是清一色的國民黨人馬。所謂「調整政治生態」、「不分黨派延攬人才」，只不過是聘請了幾位民進黨人士出任「總統府資政」、「國策顧問」和「考、監委員」而已。這說明，此時國、民兩黨的「合作」，時機尚未成熟。

民進黨「七大」許信良出任黨主席後，情況開始發生微妙變化。許信良當選的當天，即通過媒體向國民黨喊話，宣稱「政黨合作勢在必行」。他說，「民進黨不可能無條件支持國民黨執政」，如果政黨合作，就一定要籌組「聯合政府」，「這其中包括政策、人事的合作」。並預言，「在今後的十二年，沒有政黨合作，就沒有政府，聯合政府是必然的趨勢」。與此同時，許信良又向黨內喊話，說：「如果國民黨瞭解無法一黨有效執政，願意誠心誠意尋求黨對黨的合作，民進黨就要認真思考如何面對這個問題。如果民進黨拒絕，無政府狀態持續下去，人民是不能接受的，到時候民進黨會受傷。」這裡，許信良雖然沒有提他的「政黨重組論」，但他所強調的「政黨合作」對象，已由新黨轉向國民黨。

李登輝顯然注意到了民進黨「七大」後的這種新動向，並立即作出積極的響應。六月十八日，在會見民進黨「國大」黨團時表示：「為了凝聚社會各界對當前國是的共識」，他準備在九月「廣邀各界領袖與代表，召開一次跨黨派的朝野會議」，以化解目前存在的「憲政」僵局。李登輝所説的「跨黨派朝野會議」，就是後來在年底召開的「國家發展會議」。

七月一日晚，也即許信良宣誓就職民進黨主席的當晚，李登輝突然異乎尋常地邀請許信良赴其官邸晤談了近一個小時，「就政黨合作、憲政改革、兩岸關係、國防、外交等交換意見」。事後，許披露説：尤其論及政黨合作，「總統本人展現出極高的興致」，李登輝還特意告訴他：「我有一本厚厚的『政黨合作規劃』，都還未向部會首長提及，將來政黨合作時將逐次展開。」以此為標誌，島內政壇的政黨互動關係進入了新的階段。

此後，李登輝在不同場合一再指示國民黨要「轉變觀念」，強調「政黨間的互動，必須有新的定位和新的做法」，並指示將「擴大朝野協商、推動政黨合作」列為國民黨十四屆四中全會的重要議題。於是，國、民兩黨的合作開始提到議事日程。「建國黨」成立後，兩黨的合作步伐加快，並終於促成了年底「國發會」的召開和一九二項「共識」的達成。當然，這只是李登輝那本「厚厚的『政黨合作規劃』」戲碼的「序幕」，真正的好戲可能還在後頭。

（三）「國發會」後民進黨的可能走向：

如上所述，「國發會」的召開，乃是島內政黨政治發展的必然產物。儘管島內輿論並不樂觀，認為「國發會」上達成的這些共識「能否落實還有待觀察」，「更多的挑戰與險阻橫在前面」，「修憲是否依『國發會』結論進行，國人不敢抱以厚望」。然而，無論如何，「國發會」召開本身，即意味著國、民兩黨的「合作」已正式啟動，臺獨與「獨臺」已正式合流。由此，島內政壇的政黨互動關係進入了一個全新的歷史時期；國民黨在島內的執政地位在今後一段時間裡將得以相對穩定；而民進黨則有可能因此變危機為轉機，擺脱目前困境，上升為在臺灣政壇上僅次於國民黨的「主流政黨」。

在可預見的將來，民進黨的可能走向是：

（1）近期內，將盡力整合黨內不同意見，協助李登輝順利完成修憲工程，以落實「國發會」共識，實現國、民兩黨「政策上的合作」，從而使民進黨「獨臺化」、「國民黨化」的趨勢進一步加快。

（2）在「政策合作」的基礎上，不排除今年內國、民兩黨通過「內閣」改組，步入更高一級的「人事合作」階段，即建立國、民兩黨的「聯合政府」，從而實現民進黨夢寐以求的「走上執政」的願望。

（3）為增強在「聯合政府」中的政治地位和發言權，一方面，民進黨將改採更加積極、務實的大陸政策，重視兩岸關係的改善與發展，加強與大陸的聯繫與溝通，以爭取更多中間選民尤其是島內工商企業界的認同與支持；另一方面，將努力調整黨的體質，加強基層建設，穩定原有的支持隊伍並開拓新的票源，力爭打贏九七年底的縣市長選戰，以爭取更多的地方執政權，累積盡可能多的政治資源。

（4）經過一段時間的「磨合」之後，國、民兩黨既有可能因「貌合神離」、「同床異夢」而分道揚鑣，不歡而散，從而引發島內政局的動盪；也不排除因政治利益的驅動而兩黨合併「重組」，從而在島內出現一個新的對抗中國和平統一的「獨臺黨」。

（5）在上述黨的重大路線、政策、策略的調整與轉換中，黨內不同派系之間將不可避免地產生各種矛盾與分歧。因此，民進黨的內鬥不會因「建國黨」的出走而自然消失，相反，有時甚至會愈加劇烈；如若處理失當，不排除會導致新的一輪組織分裂。

（《臺灣一九九六》，九洲圖書出版社）

香港回歸對兩岸關係的影響

舉世矚目的香港回歸中國的盛典已圓滿落幕，歷經150多年英國殖民主義統治的香港終於回到中國大陸的懷抱，成為中華人民共和國中央人民政府直接管轄下的一個特別行政區。香港的順利回歸，是自80年代初鄧小平為解決臺灣問題提出「一國兩制」構想以來，首先在解決香港問題上進行的成功實踐，不僅具有深遠的歷史意義，同時也具有重大的現實意義。

本文擬就香港回歸後對海峽兩岸關係發展和解決臺灣問題可能產生的影響，作一粗淺的探討。

一、香港回歸後，將更好地發揮其在兩岸間的協調和緩衝功能，有助於促進兩岸的政治接觸與交往

眾所周知，「九七」前，香港因其特殊的政治環境和地理條件，成為海峽兩岸關係特殊的交集點。香港既與內地同時也與臺灣保持著密切的聯繫。港臺關係乃是一種特殊形式的兩岸關係，在缺少直接溝通管道的情況下，海峽兩岸利用香港這一特殊和理想的場所，進行間接的接觸和交往。因此，長期以來，香港作為兩岸關係的紐帶，發揮了重要的緩衝作用。在80年代以前東西方冷戰格局下，香港既是國共雙方進行劇烈政治角力的場所，同時雙方也通過香港這個特殊的地方，保持某種形式的必要的祕密接觸與聯繫。80年代中期以後，隨著冷戰格局的逐漸瓦解，海峽兩岸關係的逐步緩和與發展，香港在兩岸關係中的這種緩衝功能表現得尤為明顯。例如，1986年5月發生的、曾轟動一時的「華航貨機事件」以及其他一些事件，之所以能得到比較圓滿的解決，其中一個重要因素，就是充分利用了香港這一緩衝作用，降低了兩岸官方或半官方事務性接觸談判的政治敏感性。更為突出的事例是，在臺灣堅持「三不」政策，拒絕開放兩岸直接「三

通」的情況下，兩岸通過香港「第三地」才得以繞過臺灣設置的重要政策障礙，進行間接「三通」，從而使兩岸的經貿往來和各項交流活動，不斷推向前進。

不過，「九七」前，香港在兩岸關係中的緩衝功能有很大的侷限性。道理很簡單，因為香港在英國的殖民統治下，港英政府的對臺政策乃是英國對華政策的一個組成部分，港英當局在處理臺灣事務時，必須遵循英國政府對華政策的基本原則，即只承認中華人民共和國政府是中國的唯一合法政府，不與臺灣發生任何官方關係。因此，香港雖與海峽兩岸均保持密切聯繫，但就港臺關係而言，僅具民間性；而就兩岸關係而言，則由於中間橫隔著英國這一外國因素，使得香港在兩岸關係中不僅具有前述的「緩衝」功能，同時又具有某種程度的「制約」作用。這種「制約」作用，顯然不利於兩岸的直接接觸與交往。

「九七」香港回歸後，隨著香港成為大陸的一部分，港臺之間的關係在性質上發生了根本變化。英國這一外國因素已不復存在，大陸成為港臺關係的主導因素。但由於在「一國兩制」的框架內香港是在中央政府管轄下由港人高度自治的特別行政區，因此港臺關係是在兩岸關係中的「特殊組成部分」。這種關係有別於大陸其他省區與臺灣的關係。1995年6月國務院制定的《中央人民政府確定的處理「九七」後香港涉臺問題的基本原則和政策》（即「錢七條」）中明文規定：「臺灣現有在香港的機構及人員可繼續留存。」臺灣出於其在香港的利益所在，也已在1997年3月立法院三讀通過「香港澳門關係條例」中規定：「行政院得在港澳設立或指定機構或委託民間團體，處理臺港澳往來的有關事務。」目前，臺灣已在行政院大陸委員會下設立「香港事務局」，負責統籌其所有駐港機構，臺灣及其駐港機構的負責人一再表示，其駐港機構及其有關人員會尊重和遵守香港《基本法》和香港有關法律。如此，意味著在中華人民共和國中央人民政府的有效管轄範圍內——香港特別行政區，首次出現臺灣派駐的機構。這樣，香港回歸後將為兩岸政治和事務性接觸與交往，創造更為直接和便利的條件。

另外，根據「錢七條」的規定：「香港特別行政區與臺灣地區之間以各種名義進行的官方接觸往來、商談、簽署協議和設立機構，須報請中央人民政府批准，或經中央人民政府具體授權，由特別行政區行政長官批准。」而臺灣制定的

「港澳關係條例」也規定：「行政院得許可香港和澳門政府或其授權之民間團體在臺灣設立機構並派駐代表，處理臺灣地區與香港或澳門之交流事務。」這又意味著，在一定條件和前提下，港臺之間可以建立某種形式的官方關係，進行必要的直接接觸往來、商談、簽署協議和互設代表機構。7月3日，董建華與辜振甫在香港會晤時，港臺雙方已確定溝通渠道的具體人選（葉國華、鄭安國）。而所有這些，「九七」前都是不被允許的。很顯然，香港回歸後港臺之間的關係將提升到一個全新的、更高一級的層次，其發展空間更形擴大。

總之，香港回歸後，港臺關係更為密切，香港作為大陸的特別行政區，將會更好地發揮其在兩岸關係中的協調和緩衝功能。例如，許多政治敏感性較強、一時不便在兩岸間進行直接接觸商談的議題，可以先在香港進行；兩岸間一些難度較大、較為複雜的交流合作事宜，也可以在香港先行探索、試行，從而有助於增進雙方互信、促進海峽兩岸關係的良性互動。

二、香港回歸後，其在兩岸間的中繼站位進一步加強，有利於兩岸的經濟文化交流與合作

80年代以來，海峽兩岸的經濟文化交流和人員往來，雖然由於臺灣的政策限制，不能直接進行，但依然保持了逐年大幅度擴大增長的勢頭，其主要原因，就在於有香港這塊寶地作為「中繼」。眾所周知，香港是國際貿易、金融、航運和訊息中心，又兼地處海峽兩岸的中間地帶，有其他地方無法取代的得天獨厚的優勢條件。因此很自然地，香港成為兩岸間接貿易的「轉運站」、臺商投資大陸的「跳板」、兩岸人員往來的「中繼站」。

貿易方面：香港是臺灣這些年來貿易順差的主要來源。以1996年為例，據資料顯示，臺對港貿易順差額為250.8億美元，約等於其對美貿易順差額68.9億美元的3.6倍和其對外貿易總順差額135億美元的1.9倍。其中臺灣通過香港轉口到大陸所得的貿易順差為81億美元，約等於臺灣對香港貿易順差額的32%強。也就是說，臺灣對香港貿易的巨額出超中，約有三分之一是對大陸轉口貿易的出超。

投資方面：目前臺商在大陸的投資約3萬多家，協議投資金額已超過300億

美元，實際投資額約150億美元，其中有相當部分的臺商與兩岸間接貿易一樣，是通過香港這一「中繼站」轉往大陸投資的。為符合臺灣有關間接投資的政策，許多臺商還在香港設立公司，以作為進軍大陸的「跳板」，而香港則為投資大陸的臺商提供金融、訊息、航運等方面的服務，從而使臺灣、香港和大陸經濟關係日趨密切，互補互惠。

人員往來方面：據資料統計，自1987年臺灣開放大陸探親以來，到大陸探親、旅遊、經商及從事文化學術交流的臺灣民眾，到1996年底總計已近一千萬人次。大陸民眾近幾年赴臺探親及從事各種交流活動的人數也與日俱增。而兩岸人員的往來也都是經過香港中繼的。

金融方面：近年來隨著兩岸經貿活動的日益擴大，臺灣金融界也紛紛在香港設立分支機構，作為進軍大陸的據點，為兩岸經貿活動提供服務。

香港回歸後，其國際貿易、金融、航運、訊息中心的地位絲毫沒有改變，它仍然是兩岸從事經貿和交流活動可資利用的最理想的「中繼站」。「錢七條」明確表示：香港回歸後，「港臺兩地現有的各種民間交流交往關係，包括經濟文化交流、人員往來等，基本不變」；「鼓勵歡迎臺灣居民和臺灣資本到香港從事投資、貿易和其他工商活動」。其在香港的正當權益「依法受到保護」；港臺間的海、空航運交通「按『地區特殊航線』管理」，並依「雙向互惠原則進行」；臺灣居民「可根據香港特別行政區法律進出香港地區，或在當地就學、就業、定居」；香港的各類民間團體和宗教組織，「在互不隸屬、互不干涉和互相尊重的原則基礎上，可與臺灣地區的有關民間團體和組織保持和發展關係」。迄今為止，香港回歸已屆40多天，人們看到，海峽兩岸經香港進行的各項交流活動一如往常，並更加便捷、更為熱絡。

更為值得注意的是：「九七」之後，隨著內地與香港經濟關係的進一步緊密，中小企業在香港的進一步發展，臺灣與中資在香港將會有更多的合作機會。再者，臺灣對具有一定中資比例的香港企業赴臺投資的限制已逐步放寬，假以時日，中資進入臺灣投資的比例也勢必增加。如此，海峽兩岸經過香港「中繼」所進行的經濟雙向交流與合作，將會得到較快的發展，這不僅有利於促進兩岸經濟的共同繁榮，而且將推動兩岸關係向更高層次發展。

不過話又說回來，香港在兩岸經貿文化交流中的「中繼」作用固然值得肯定，但這畢竟是在臺灣保守、僵化的大陸政策設限下不得已而為之的非正常狀態。多年來，海峽兩岸同胞（尤其是島內工商企業界）因臺灣至今拒絕開放兩岸直接「三通」，阻礙兩岸經貿交流與合作向深度和廣度發展，延緩了整個中華民族經濟文化的振興與騰飛。特別是自去年8月以來，臺灣出於其政治需要，違背經濟規律，漠視廣大臺商的利益，強制推行所謂以「戒急用忍」為核心的限制兩岸經貿發展的倒退政策，並試圖擇地取代香港為兩岸經貿交流的中繼站，事實將會證明，這樣做是不可能行得通的。

三、「一國兩制」在香港的成功實踐，將對臺灣的分裂政策構成強烈衝擊，有助於促進中國和平統一的歷史進度

「一國兩制」構想實際上最初是為解決臺灣問題提出的。只是因為香港問題要提前解決，所以首先被用之於香港。世人將會看到，回歸後的香港和某些別有用心的人的蠱惑宣傳恰恰相反，將會更加穩定繁榮，這顆「東方之珠」不僅不會黯然失色，反而會愈加璀璨明亮。「一國兩制」在香港的成功實踐，勢必對臺灣問題的解決產生強烈的衝擊，從而有助於促進中國和平統一的歷史進度。

香港回歸後，臺灣至少在以下幾個方面將面臨巨大壓力：

首先是島內社會民心轉變的壓力。臺灣現行的拖延對抗統一的分裂主義政策之所以暫時還能推行下去，日子尚能勉強支撐，關鍵在於這種政策在島內還有相當的民意基礎。這是長期以來臺灣不遺餘力推行反共教育、對「一國兩制」方針蓄意歪曲宣傳的結果。香港回歸後，「馬照跑、舞照跳、股照抄」，人心安定，社會穩定，經濟持續繁榮發展，這一活生生的看得見摸得著的事實，不僅將使臺灣的歪曲宣傳不攻自破，而且將與臺灣社會脫序、政局動盪、黑道猖獗、綁票殺人等惡性案件層出不窮、民眾普遍缺乏安全感形成鮮明對照，對臺灣的歪曲宣傳產生反感和排斥心理，增強對「一國兩制」的認同感。這樣，海峽兩岸在爭取島內民心這一關鍵問題上，臺灣勢必陷入被動局面，面臨要求盡快突破政治僵局、改善發展兩岸關係，並最終以「一國兩制」模式解決兩岸和平統一問題的巨大社

會壓力。

當然，這種社會民心的轉變是漸進的、緩慢的、不知不覺之中進行的。由於兩岸關係的好壞直接影響到島內工商企業界的切身經濟利益。因此可以預料，在這股社會壓力下，臺灣廣大工商企業界將會扮演最重要的角色。事實上，在香港回歸前後，人們已經可以隱約感受到島內民心變化的某種徵兆。

其次是大陸方面的壓力。如前所述，香港回歸後，港臺之間的關係在性質上已發生了根本變化。港臺關係成為兩岸關係中的一個「特殊組成部分」，大陸是港臺關係的主導因素，「一個中國」是港臺關係的基本原則，「一國兩制」是港臺關係的基本內容。眾所周知，臺灣在香港有難以割捨的巨大的經濟利益：資料顯示，除巨額貿易順差之外，在投資方面，臺商在香港設立的大小公司超過3000家，投資總額約達60億美元。更不用說香港還是臺灣賴以和大陸乃至世界經濟聯繫的重要紐帶，港臺關係一旦受損，臺灣將陷入作繭自縛的困境，島內經濟會受到嚴重影響，社會穩定也將堪虞。因此，為維繫港臺間的正常關係，臺灣今後在處理與香港的事務時，勢必難以迴避「一個中國」的基本原則。也就是說，為因應「一國兩制」框架下的新的港臺關係，臺灣不得不對其現行的大陸政策中許多違背「一個中國」原則的錯誤政策進行一系列的調整。事實上，「港澳關係條例」的制定與實施，港臺間航運協定談判的達成共識、兩岸「定點直航」的開通以及最近臺當局駐港機構的調整等，均是這種發展趨勢的具體體現。

香港的順利回歸，極大地激發了大陸12億人民的民族自豪感，要求早日解決臺灣問題、實現中國統一和民族振興的呼聲日益升高；而「一國兩制」在香港的成功實踐，則增強了中共領導人以「一國兩制」方針解決臺灣問題的自信心。可以預料，隨著香港澳門問題的解決，經濟實力的不斷增長，中國大陸從中央到地方，勢必集中力量加強對臺工作的力度，臺灣如不改弦更張，將會感受到來自海峽對岸大陸的愈來愈大的壓力。

再次是海外華人社會的壓力。生活在世界各地的海外華人數千萬眾，歷來有光榮的愛國傳統。香港回歸前後，華人社會中的各種社團，無論其政治傾向如何，無不歡天喜地舉辦各種形式的活動，隆重慶祝香港回歸這一百年盛事，表現出熾熱的愛國感情。隨著港澳問題的解決，以「一國兩制」方針解決臺灣問題的認同感必定會在海外華人華僑中進一步增強，要求兩岸和平統一、早日實現民族騰飛與富強的願望必將日益強烈。這樣，臺灣在海外華人社會中的政治影響力勢必進一步削弱，其分裂中國的活動會愈來愈不得人心，失去原本不多的市場。眾所周知，海外親臺華人勢力的支持是臺灣賴以生存的重要因素之一，對於來自這方面的壓力，臺灣恐怕不能無動於衷。

最後是國際社會的壓力。香港是一個國際性的大都市，不僅有中國人的利益，同時也有國際社會尤其是歐美、日本等世界主要強國巨大的經濟利益。有報導說，在港英資有1000家，金額約400億美元。截至1996年6月底，香港設有分支機構的外國大公司、大企業和銀行總數有4523家，比1995年同期增加12%。除投資外，還有巨額的貿易利益。因此，國際社會並不希望香港動亂。香港回歸後，仍將保持穩定繁榮，作為世界的金融中心、航運中心、貿易中心和中國內地與國際經濟貿易界的橋樑和紐帶，仍將發揮重要作用。如此，國際社會將會逐步體認到「一國兩制」給香港以及世界帶來的巨大好處。除極少數別有用心者外，一些原本對「一國兩制」缺乏認識、持懷疑觀望態度的國際人士將會轉而認同「一國兩制」，國際輿論勢必將會愈來愈支持中國以「一國兩制」模式和平解決臺灣問題。在這種情況下，倘若臺灣仍然一味堅持拒絕接受「一國兩制」，勢將在國際社會日益陷入孤立境地，承受國際輿論愈來愈大的壓力。事實上，南非宣布將與臺灣「斷交」，轉而承認中國大陸，以及巴拿馬國際運河會議因李登輝出席而「變質」等等，均是香港回歸的「效應」。臺灣所謂「務實外交」，總有一天會到山窮水盡的地步。人們看到，在香港回歸前後的短時間內，臺灣高層領導人又是發表「聲明」，又是密集接受國際媒體「採訪」，不厭其煩地一再宣稱：「香港是香港，臺灣是臺灣」，「臺灣是主權獨立國家，絕不接受『一國兩制』」。顯然，他們已經感受到情況有些不妙了。

誠然，解決臺灣問題最重要的國際因素是美國，然而，海峽兩岸的統一唯有兩條路：「戰爭」抑或「和平」。美國當然希望選擇「和平」。美國學者黎安友（Andren Nathan）即曾說過：「我認為，和平解決臺灣問題對美國而言絕非口號，而是具有實際的利益。美國在臺灣具有重大的利益，如果此一問題可以和平解決，則許多利益將可以保持，而且和平解決臺灣問題本身就是一項重大的利益。」而選擇「和平」，除採取「一國兩制」模式外，別無良策。眾所周知，臺灣問題說到底是中美關係問題，是中美之間的實力較量問題。就如同香港問題的解決，實際上是中英兩國的實力較量一樣。可以預言，隨著香港的回歸，中國大陸改革開放的進一步深化，國家總體經濟實力的大幅提升，中美兩國的實力對比勢必此消彼長、逐漸縮小差距。人們不禁會問：目前臺灣「挾美自重」、仰仗美國干涉中國內政的「與臺灣關係法」拖延對抗統一的錯誤政策，究竟還能維持多久？支持「臺灣獨立」意味著戰爭；選擇和平則唯有「一國兩制」；而企圖永遠維持所謂「實質獨立」的現狀，中國政府和全體中國人民決不答應，同樣意味著戰爭。因此，權衡利弊的結果，美國出於自身利益，調整其對臺政策，轉而支持中國政府以「一國兩制」模式和平解決臺灣問題的可能性是客觀存在，並非天方夜譚。其實，「臺灣人接受在中國範圍內某種形式的自治地位」，本來就是美國中央情報局就臺灣問題給美國總統的報告中所提供選擇的模式之一。因此，臺灣不應該對美國有任何不切實際的幻想。

總之，「形勢比人強」，香港回歸後，兩岸關係的改善和發展是客觀趨勢；以「一國兩制」方針解決海峽兩岸的和平統一問題，儘管會有曲折的過程，劇烈的較量，但我們有理由相信，這一偉大構想終將變為現實。

（在臺北舉行的「開創與前瞻：後九七兩岸關係論壇」學術研討會論文，《海峽評論》）

一九九七年民進黨活動綜述

一九九七年是民進黨歷史上具有決定意義的一年。一年來，該黨在黨主席許信良的強勢領導下，依靠黨內兩大主流派系「美麗島系」和「新潮流系」的密切配合，積極推動黨的路線、政策和策略的轉型，與執政的國民黨既「合作」又「競爭」，在年中的第四次修憲和年底的縣市長選舉中取得了該黨歷史上前所未有的豐碩成果，從而不僅一舉擺脫了因一九九六年總統大選的慘敗和「建國黨」的分裂出走給該黨造成的嚴重危機和困擾，而且使其在島內政壇上的實力驟然增長，提升到「準執政黨」的地位。但圍繞著黨的轉型和面臨「即將走上執政」的新形勢，黨內的路線與權力之爭依然十分劇烈，並呈現出新的特點，派系互動關係出現新的變化，臺獨痼疾等諸多負面因素仍嚴重制約著該黨的進一步發展。在新的一年中，面對新一屆立委和北、高兩市選舉，民進黨能否在邁向執政的道路上有新的突破，在很大程度上仍將取決於民進黨自身的運作。

主要活動及其特點

與執政的國民黨既「合作」又「競爭」，是一九九七年民進黨活動中最為顯著的特點。而無論是「合作」還是「競爭」，其根本目標都是為奪取島內的執政權。

一、與國民黨主流派聯手勾結，強制實行第四次修憲。

一九九七年七月十八日，在國、民兩黨主流派的操控下，臺灣三屆「國大」二次會議歷經兩個多月的激烈爭吵、討價還價之後，第四次修憲終告完成。這次修憲以兩黨在九六年底「國發會」上達成的二十二項「憲改共識」為基礎，不顧新黨和島內各界許多有識之士的強烈反彈，對憲法中原十條增修條文的大部分都作了修改，並增列為十一條。其核心內容，一是調整「中央政府體制」：規定行政院長由總統任命，取消立法院的倒閣權；行政院對立法院法案的要求限期復議權等。二是「凍結臺灣省級選舉」：規定自本屆任期結束起，「省主席和省府委員、省諮議員」由行政院長提請總統任命。其他重要條文還有：取消行政院長的副署權；「立法委員」增額為225人；「司法院」設「大法官」並由總統提名經國民大會同意任命，正副「院長」由「大法官」兼任；「司法院」預算獨立等。七月二十四日晚，兩黨代表又簽署協議，同意將其他未能「入憲」的內容及爭議較大的總統選制、「公投入憲」和停止「國代」、鄉鎮長、鄉鎮市民代表三項選舉等內容留待下階段再修。

全面評價臺灣的第四次修憲並非本文主題，這裡僅從民進黨的角度，粗略剖析其何以和國民黨主流派聯手修憲。

1.從根本上來說，是民進黨推行臺獨路線的需要。

眾所周知，「中華民國憲法」舊法統，是國民黨遷臺後賴以維持其在島內統治的權力支柱和「看家法寶」，但同時也是島內一切分裂勢力從事分裂中國活動的一道障礙。民進黨成立後，即以廢除「中華民國憲法」為己任，曾先後提出所謂「民主大憲章」、「臺灣共和國憲法草案」等，不遺餘力地推動「制憲運動」。而國民黨方面則自李登輝上台後，逐步拋棄了「一個中國」的原則立場，推行所謂「中華民國在臺灣」的「獨臺」分裂路線。這種路線實際上是對民進黨臺獨主張的一種「變通」，更具虛偽性、迷惑性和欺騙性。具體表現在對待「中華民國憲法」的態度上，李登輝與露骨的民進黨人不同，所採取的是一種「偷梁換柱」的手法，即以修憲為名，行「制憲」之實。為此，在李登輝的強勢主導之下，國民黨執政當局打著所謂「政治民主化」的幌子，從一九九一年到一九九四年短短的四年時間裡，接連進行了三次修憲。這三次修憲，集中解決了與「中華民國在臺灣」相適應的「中央政府」的產生方式問題。如「全面改造中央民意代表」、總統直選、省市長直選等；同時，將「中華民國的實際統治區域」限定在臺澎金馬地區，從而初步確立起了所謂「中華民國在臺灣」的實質獨立的「憲政架構」。

三次修憲下來，民進黨人驚喜地發現，他們多年夢寐以求的「制憲」目標，假李登輝的修憲之手正在一個個得以實現。此後人們看到，臺灣政壇上曾喧鬧一時的朝野兩大黨的修憲與「制憲」之爭漸趨平息。特別是近幾年來，隨著島內外政局的演變發展，民進黨在臺獨主張上進行「務實轉型」，逐步接受了李登輝國民黨「中華民國在臺灣」的「獨臺」路線，國、民兩黨在解決臺灣前途問題上的理念和政策日益趨同。於是，兩黨相互勾結、聯手強制實行第四次修憲，便告登場。

與前三次修憲不同，第四次修憲的重點是調整「中央政府體制」，即集中解決「中央」權力的分配問題；此外是落實「國發會」上達成的另一項關於「凍結臺灣省級選舉」的重要共識。眾所周知，「五權分立」的「中央政府體制」和「臺灣省建制」，是「中華民國憲法」舊法統的象徵。然而從前述修憲結論來看，通過這次修憲，「五權分立」體制已面目全非、名存實亡；而臺灣省級選舉的被「凍結」，則意味著判處了「臺灣省建制」的死刑，實現了民進黨多年來要求對「臺灣國家定位」進行「國土規劃」的臺獨主張，其目的是企圖從「憲法層次」否定「臺灣為中國一個省」的事實。所以，經過第四次修憲後，實際上「中華民國憲法」已基本終結，國、民兩黨主流派所追求的「臺灣實質獨立」的「國家政權新體制」得以確立。無怪乎修憲落幕後，島內分裂勢力彈冠相慶：李登輝宣稱這次修憲「創下了朝野合作的先例」，「為鞏固民主建設留下亮麗的一筆」。許信良則認為這次修憲成功「雖只是臺灣憲改的一小步，卻是歷史的一大步」。更有少數臺獨人士狂妄地叫囂「臺獨萬歲」，其內心的喜悅之情絲毫不加掩飾。

2.是民進黨推動「政黨合作」、實現「轉型」、與國民黨爭奪執政權的需要。

所謂「政黨合作」肇端於施明德擔任黨主席時期。早於一九九五年下半年，以施明德為首的民進黨中央為打贏當年底的立委選戰，積極推動民進黨的「策略轉型」，提出「大和解」、「大聯合政府」的主張，並通過「喝咖啡」，首先與新黨實現了「大和解」，進而在新一屆立法院中組成「在野制衡聯盟」，挑戰國民黨的執政地位。然而，民進黨與新黨合作，只不過是利用新黨作為籌碼，迫使國民黨讓步，最終實現國、民兩黨合作的一種階段性的策略手段而已。

果然，許信良接掌黨主席後，國、民兩黨的合作很快便提上了議事日程。如果說，七月一日許信良在宣誓就任黨主席的當晚「夜奔敵營」，與李登輝密談近一小時，是國、民兩黨合作的前奏；那麼，當年底「國發會」的召開和一九二項「共識」的達成，則是兩黨在體制外合作的正式啟動；而一九九七年國、民兩黨聯手修憲則是兩黨合作在體制內的發展和具體落實。於是人們看到，整個一九九七年中，圍繞著修憲等問題，許信良在黨內外各種不同場合一再不厭其煩地推銷他的「危機社會說」和「政黨合作論」，並將其與民進黨的「轉型」、追求所謂「臺灣社會主流價值」和「執政」目標相聯繫。許信良說，由於臺灣屬於「危機社會」，民進黨唯有通過「政黨合作」，進而實現和國民黨的「聯合執政」，才能逐步解除民眾對「民進黨執政可能危及國家安全」的疑慮，並通過「聯合執政」的方式，展現民進黨的執政能力，累積執政經驗，為民進黨最終實現單獨執政創造條件。

國、民兩黨聯手修憲，正是李登輝、許信良聯袂導演的一出「政黨合作」的重頭戲。除臺獨考量外，按照許信良等民進黨主流派的如意算盤，是企圖借修憲之機推動民進黨的轉型，實現「聯合執政」，以改變民進黨在民眾中的不良形象，為其最終奪取島內的執政權架橋鋪路、掃清障礙。正因為許信良等民進黨主流派將這次修憲視為邁上執政的必經之路和千載難逢的良機，因此人們也就不難理解，當修憲正處在關鍵時刻，發生震驚島內外的「白曉燕命案」，並由此引發島內一場聲勢浩大的「倒連」政治風潮之時，民進黨何以一反常態，不惜模糊反對黨的角色立場，表現得如此消極和被動了。

3.從修改憲法條文入手，為民進黨爭奪島內執政權奠定基礎。

國、民兩黨相互勾結、聯手修憲，雙方在謀求分裂中國的問題上密切合作，表現出高度的共識，但在涉及各自政黨現實政治利益的「執政」問題上卻勢同水火、各不相讓。整個修憲過程充斥著國、民兩黨的「權謀較勁」和「利益交換」。競爭結果，民進黨雖然這次未能如願爭取到總統選舉相對多數選制、停止鄉鎮市級選舉以及「公投」等三項重要條款「入憲」，但「凍省」條款的「入憲」，卻成為民進黨此次修憲的最大斬獲。因為該條款的通過，不僅實際上實現了民進黨多年來要求「廢省」的臺獨主張，而且對國民黨政權造成了巨大衝擊，從而有利於民進黨早日邁上執政之路。這是因為：

（1）「凍省」造成了國民黨中生代的嚴重分裂，如果矛盾不能及早解決，鬥爭繼續惡化，勢必為兩年後的總統敗選種下禍根。

（2）停止省級議員選舉，勢必使一大批在地方上具有雄厚實力的國民黨省議員被迫轉換「跑道」，投入縣市長或立委選戰，造成國民黨票源分散。

（3）攪亂了地方派系的政治生態，削弱了國民黨對地方基層的控制能力，這等於拔掉了國民黨的選舉「樁腳」。

一九九七年底縣市長選舉民進黨大獲全勝，在很大程度上正是拜「凍省」效應之賜。

二、在縣市長選舉中與國民黨展開空前激烈的較量，並取得歷史性的突破。

一九九七年十一月二十九日，「修憲凍省」後的臺灣新一屆縣市長選舉宣告落幕。在這次被朝野各黨視為一九九八年立委和北、高兩市市長選舉和未來總統選舉「前哨戰」的重要選舉中，民進黨擊敗國民黨，取得了歷史上從未有過的重大勝利。包括金門、連江在內的二十三個縣市長席位中，民進黨獲得十二席，首次超過了半數，國民黨僅獲八席，且多為離島及邊鄉縣市，無黨籍三席。民進黨席捲了絕大部分的精華縣市，主政縣市的總人口、預算、稅收（含臺北市）分別占全島的71.53%、69.24%、83.12%。得票率也首次以43.3比42.1%超出國民黨一點二個百分點，成為地方政權的第一大執政黨。

民進黨之所以能獲得如此空前勝利，是由如下主客觀因素互動作用造成的。

從主觀因素來說：

1.近幾年來致力於政黨「轉型」取得了階段性的成果。民進黨的「轉型」實際上從一九九一年「臺獨黨綱風波」之後即已開始，迄今為止已經歷了如下三個階段：許信良首任黨主席時期為第一階段，其「轉型」的主要內容是「淡化臺獨」，將訴求重點轉向公共政策；第二階段是在施明德擔任黨主席時期，其「轉型」的主要特點是與新黨實行「大和解」，並首次公開宣稱「臺灣已經是主權獨立的國家」，民進黨若執政，「不必要也不會宣布臺灣獨立」；第三階段即為近兩年的許信良再任黨主席時期，其「轉型」的主要特點則是轉向與執政的國民黨進行「政黨合作」，追求所謂「臺灣社會的主流價值」，並謀求與國民黨的「聯合執政」。

上述民進黨的轉型是一個逐步發展深化的過程，並已取得了以下幾方面的顯著成果：（1）「激進獨派」「新潮流系」已逐漸轉向「務實獨派」，並與「美麗島系」結盟，主控了民進黨中央，從而保證了轉型大方向始終未曾改變；（2）「建國黨」的分裂出走和「臺獨基本教義派」在黨內影響力的全面式微；（3）形成了一整套新的較為溫和、隱蔽的臺獨政策和策略；（4）改造了黨的體質，增強了黨的凝聚力和競爭力；（5）「臺獨黨」、「暴力黨」、「反商情結」、「缺乏執政能力」等不良的政黨形像有所改觀。所有這些，均使民進黨一步步拉近了與民眾的距離，認同和支持民進黨的選民逐年穩步增長，以致在這次縣市長選舉中使民進黨的獲票率首次超過了國民黨。

2.執政縣市的良好政績發揮了「示範」作用。近幾年來，國民黨執政的縣市不斷發生貪汙舞弊等惡性案件：臺中縣長廖了以、臺南市長施治明、彰化縣長阮剛猛、屏東縣長伍澤元等多名國民黨籍縣市長均因涉案被判刑，桃園縣長劉邦友死於非命顯然也與黑金有關，而臺中市長林柏榕則因衛爾康西餐廳火災慘劇而被停職。據統計，從一九九四年以來的各項選舉中，國民黨籍的縣市長或議員、鄉鎮市長等，因賄選或貪汙被判刑者竟多達578人；自一九九六年九月至一九九七年十一月，因「治平掃黑」被檢肅到案的三十二名「民意代表」中，國民黨籍就占了二十二名，國民黨「掃黑」的結果是「愈掃愈黑」，島內民眾對此深惡痛絕。

與此形成鮮明對照的是，民進黨執政的縣市一般政績均較為良好，清廉、清新、勤政的作風普遍受到民眾的肯定。據島內《遠見》雜誌選前所作的民意調查顯示，施政滿意度前三名的縣市皆為民進黨執政的縣市。尤其是陳水扁主政的臺北市，其「親民」、「高效率」的外在形象對國民黨執政縣市的選民產生了相當大的吸引力和輻射力。這些實實在在的東西，比國民黨任何花言巧語和華而不實的競選文宣都起作用。

3.競選策略務實得當，文宣抓住了民心、擊中了國民黨的要害。首先，民進黨推出的縣市長候選人大都有較高知名度和從政經歷，且形象清新、有較強的問政或執政能力；其次，競選文宣一反以往的「悲情」訴求和以「反」為主的高亢口號，大都以「快樂」、「希望」、「安全」、「繁榮」等迎合選民心理期望的口號訴諸選民。民進黨中央還適時推出以「營造適宜生活環境」為主軸的「縣政改革白皮書」，提出各種與民眾日常生活息息相關的措舉，同時大力宣揚民進黨執政縣市的「政績」，突出所謂「綠色執政、品質保證」。尤其以陳水扁領銜自組的「寶島希望助選團」，巡迴全島，重點助選，現身說法，大力宣揚所謂「綠色執政經驗」，充分發揮了「阿扁效應」；三是大打「青年牌」、「婦女牌」。針對青年和婦女選票超過六成以上的選民結構，以及「白曉燕命案」、「彭婉茹血案」等諸多侵害婦女的惡性治安事件的實際情況，一方面，民進黨組織「酷哥辣妹助選團」，以「青春活力」為號召，贏得了不少年輕選民的支持。另一方面又提出婦女人身安全、托兒所等與婦女有關的各項具體政策，爭取婦女選票；四是針對國民黨的黑金形象，推出以「國民黨執政，貪汙保證」為口號的文宣廣告帶，揭露國民黨的公職人員及「民意代表」涉嫌貪汙舞弊案件及與黑道勾結的種種醜行。並著重抨擊李登輝為國民黨黑金政治背書，從而在很大程度上破解了廣大選民中長期存在的「李登輝情結」；五是加強對「建國黨」等「獨派」團體的攻勢，與「臺獨基本教義派」劃清界限。所有這些措施都不同程度地拓展了民進黨的票源，擴大了民進黨候選人的支持率。

從客觀方面來說：

1.李登輝的內外政策背離民意，執政當局政績不彰。近幾年來，李登輝疏於內政，置島內民眾要求安居樂業、提高生活品質的強烈願望於不顧，一心熱衷於從事分裂中國的「務實外交」，推行「戒急用忍」政策，拒絕開放「三通」，致使兩岸關係持續低迷，島內社會治安急劇惡化，黑金腐敗現象日趨嚴重，加之股市重挫、臺幣大幅貶值、金融風暴頻傳……如此等等，使望治心切的島內民眾對國民黨執政普遍喪失信心，「換黨換人做做看」的情緒普遍發酵蔓延，於是便用選票來發洩他們對國民黨執政的強烈不滿。誠如《中國時報》評論：「國民黨的敗選，關鍵在於背離民意」。

2.「修憲凍省」造成了國民黨的嚴重內傷，削弱了國民黨的整體競爭實力。如前文所述，「修憲凍省」不僅造成了國民黨中生代的分裂，更嚴重的是使地方派系勢力離心離德，動搖了國民黨基層選舉的傳統「樁腳」，不少人違紀或脫黨參選，更有陣前倒戈、「帶槍投靠」民進黨者。國民黨「鷸蚌相爭」、「同室操戈」使民進黨「漁翁得利」、坐收勝果。據島內媒體報導，這次選舉國民黨比民進黨少得九萬三千張選票，但如果加上違紀參選的選票，實際上「國民黨仍有百分之五十點三的支持率」。其中臺北縣、基隆市、新竹縣、臺中縣、臺南市五個縣市均因黨內違紀或脫黨參選，致使票源分散，國民黨候選人以極小差距而拱手白送給了民進黨，苗栗縣則為國民黨違紀參選者勝選。因此，有人評論此次選舉是「國民黨打敗了國民黨」。

3.新黨內訌，形象受損，實力下滑，使部分原本支持新黨的中間選票流向民進黨。

上述主客觀因素的互動，使國、民兩黨的整體競爭實力「此消彼長」，民進黨大勝、國民黨慘敗，勢所必然。實際上，在年初桃園縣長補選中，呂秀蓮大敗方力修，已是年底縣市長選戰這種結局的明顯徵兆。

三、黨內的路線與權力之爭依然十分激烈，並呈現出新的特點，派系互動關係正在變化。

民進黨內的路線與權力之爭由來已久，並未因「建國黨」的分裂出走而稍有減弱。一九九七年圍繞著黨的轉型、與國民黨合作修憲和縣市長選戰等，派系之間的鬥爭異常激烈。

（一）「務實獨派」與「基教派」的路線鬥爭。

民進黨內的「臺獨基本教義派」自一九九六年十月分裂出走另組「建國黨」後，其在黨內的影響力已全面式微。但由於種種原因，尚有部分「基教派」如

「建國會」、「獨盟」中的部分骨幹成員並未脫離民進黨。他們以彭明敏為首，繼續在民進黨內興風作浪，不時挑起黨內的路線鬥爭，攪得民進黨頗不安寧。

「基教派」對於「務實派」近年來積極推動黨的轉型，與國民黨搞「政黨合作」、主張「聯合政府」、聯手召開「國發會」、修憲等等恨之入骨，無一不強烈反彈。彭明敏猛烈抨擊許信良一再主張與國民黨合組「聯合政府」，「是放棄基本路線，把自己的角色模糊，失去監督政府的忠實反對黨角色」。認為「與國民黨合組聯合政府並不是執政，只可以解決部分人的個人出路」。為表達對「國發會」的不滿，二月中下旬，立委彭百顯、陳永興先後宣布退出民進黨「立院黨團」，並與早先已退黨的另三名原民進黨立委陳光復（建國黨）、許添財（無黨籍）、陳文輝（建國黨）在立法院另行組建了一個所謂「建立新國家陣線立院辦公室」，宣布以「認同臺灣主權獨立理念、建立臺灣新文化、新社會、新國家」為宗旨，與黨內的「基教派」裡應外合、互相呼應。其後，彭百顯、許添財二人以無黨籍身分分別參選南投縣長和臺南市長，給這兩地的民進黨籍候選人林宗男、張燦鍙在年底的縣市長選戰中造成了相當大的壓力，林宗男因此而高票落選。

在上半年的修憲過程中，「基教派」的反彈更為激烈。彭明敏抨擊許信良與國民黨聯手修憲是「貶低臺獨、模糊臺獨、俗化臺獨，甚至醜化臺獨」，並一再揚言要另組新黨。而立委葉菊蘭、李應元及「國代」陳婉真等人則指責許信良與國民黨合作是「放棄臺獨理念」，「只是為了從國民黨那裡要官」。「建國會」、「臺獨聯盟」等還召開所謂「臺灣共和國發起大會」，攻擊「務實派」與國民黨聯手修憲只是「延續中華民國體制」，與黨中央大唱對臺戲。該黨顧問、臺大歷史系教授張忠棟為表示不滿和抗議，宣布退出了民進黨。而另一位顧問林義雄則發起罷免黨主席許信良的黨內連署簽名活動。加上「務實派」內部的矛盾和鬥爭，在整個修憲期間，民進黨內簡直是狀況百出，無一日安寧。

更為嚴重的是，十一月五日，縣市長選戰正酣之際，彭明敏突然公開跳出來煞有介事地指控許信良早已「通共」，有「賣臺之嫌」，因此許的大陸政策「毫無價值，應立即停止發言」。指稱許信良認為時間對臺灣不利，臺應積極與中共談判，以免國際把臺視為「麻煩製造者」的看法完全是「胡說八道」，是「自己關在屋子裡的空想、夢想」。並指責民進黨已悖離過去的原則與理想，而非所謂的「轉型成功」，號召選民投票時應「選人不選黨」，「無須完全支持民進黨提名的候選人」等等。另一位因在修憲中實在鬧得太不像話而被民進黨開除黨籍的陳婉真也跳出來，以所謂「見證人」的身分，證實彭對許「曾在美國與唐樹備祕密會面」的指控。彭明敏這番異乎尋常的動作，猶如一顆重磅炸彈，立即引起了島內政壇的軒然大波，一時間不僅對許信良本人造成了很大傷害，而且給民進黨的縣市長選情帶來了相當大的衝擊。在整個競選期間，彭明敏、葉菊蘭、李應元等多位黨內「基教派」知名人士均賣力為民進黨脫黨參選者或「建國黨」提名人站台助選，公開與民進黨候選人爭奪臺獨鐵票。

（二）「務實獨派」內部的權力與路線之爭。

相對於「務實獨派」與「基教派」之間單純路線鬥爭而言，民進黨內「務實獨派」之間的矛盾與爭鬥愈加顯得複雜和激烈。派系與派系之間，乃至個人之間的矛盾分歧以及歷史恩怨互相糾纏，其中雖也有一定程度的理念、路線和策略之爭，但更多的實際上是在理念、路線和策略鬥爭掩蓋之下的權力之爭與權謀較勁。許信良與陳水扁之間的矛盾與爭鬥，大體上就屬於這種情況。

人所共知，陳水扁在「正義連線」成立之前是屬於「泛美麗島系」成員，在臺獨主張上一向以理性、務實而著稱，與許信良並無太多太大的矛盾與分歧。然而人們發現，自一九九六年許信良再次接掌黨主席以來，陳水扁卻幾乎事事都和許信良對著幹。在臺獨主張、兩岸政策、政黨合作、修憲、執政路線、產業政策等一系列問題上，陳水扁均一反往日「溫和」「務實」的常態，屢屢發表與許信良相左的言論，顯然有意要和許信良有所區隔。箇中緣由何在？分析家大都認為，關鍵在於許、陳二人均已瞄準了總統寶座，眼前的一切明爭暗鬥，實際上都是在為日後黨內總統候選人的初選中擊敗對手而提前卡位布樁、累積資源。

在整個一九九七年中，許、陳之間的「較勁」愈演愈烈。許信良不僅要對付前述「基教派」的明槍暗箭，還要不斷應付和破解來自陳水扁陣營的一波波責難與反彈，在黨內可說是身處「兩面作戰」的困難境地：

一九九六年接任黨主席後，許信良積極推動民進黨轉型，追求所謂「臺灣社會的主流價值」；而陳水扁則對此頗不以為然，公開批判許信良的「主流價值」只不過是「國民黨借長期執政的優勢通過各種媒體建構起來、並以自己的權威加諸於人的東西」。

在一九九七年六、七月間的修憲過程中，陳水扁採取一連串幕前幕後動作，幾乎使國、民兩黨聯手修憲的努力化為泡影：早在修憲之初，民進黨內爭論「總統制」與「雙首長制」孰優孰劣，形成兩派尖鋭對立。林義雄、施明德、謝長廷、葉菊蘭等人堅持「總統制」，遭到許信良、邱義仁等人的反對。林義雄憤而發動黨員連署，要求罷免黨主席許信良，葉菊蘭甚至公開表示「可以另立黨中央」。其實，主張「總統制」的最大幕後支持者不是別人正是陳水扁。其後，陳水扁又提出「兩階段修憲」主張，遭到否決後又指使市府官員陳哲男、張富美等人以及「正義連線」成員，向許信良發難作梗。國、民兩黨六月下旬達成以「總統選舉絕對多數制」和「雙首長制」為實質內容的「十四項共識」後，陳水扁又指使「正義連線」與「福利國連線」組成「總統制聯盟」，公開向黨中央挑戰。「正義連線」會長沈富雄甚至威脅要在修憲投票表決時「造反」；而陳則自己跳出來堅決反對總統選舉絕對多數制，並迫使民進黨中央成立九人修憲小組，提出兩階段修憲主張，以改變總統選製為籌碼，換取國民黨接受「公投入憲」，以此作為第二階段修憲重點。許、陳之間一度關係十分緊張。

在年底縣市長選舉中，陳水扁拒絕參加許信良組織的「中央助選團」而自組「寶島希望助選團」，故意與許互別苗頭，率領「陳家班」巡迴全島，為民進黨候選人助選造勢，出盡風頭，意在拉抬他個人的聲勢，為日後競選總統累積人脈。

縣市長選舉民進黨大獲全勝，執政前景看好，為爭奪黨中央主導權，選舉剛結束，許、陳二人又在一系列攸關民進黨未來發展的重要問題上展開了空前激烈的爭論：

(1)在大陸政策上，許信良主張「大膽西進」並盡早進行「三通談判」。陳水扁則認為，目前談判時機不成熟，應該「先交流接觸」，再進行「對話」，再往後才可以談判。並反對「大膽西進」，認為「三通」是臺灣的唯一「籌碼」，不到最後時刻不能開放兩岸「三通」。

（2）在如何對待「臺獨黨綱」上，許信良稱「臺獨黨綱是歷史文獻」，「公投臺獨」會使臺受到傷害。陳水扁則表示，「公民投票決定臺灣前途」是民進黨黨綱的明文規定，「至今沒有廢除」，民進黨執政後將通過公投「建立新而獨立的國家」。

（3）在執政路線上，許信良認為民進黨只有與國民黨建立「聯合內閣」，才能逐步消除民眾對民進黨的疑慮，進而邁上「單獨執政」。陳水扁則認為，「現在兩黨組聯合內閣只會延長國民黨的執政壽命，影響民進黨邁向執政之路」，表示堅決反對這種「長敵人威風，滅自己志氣」的做法，抨擊許信良「聯合內閣」的言論是「悲觀論調」、「匪夷所思」。

（4）在產業政策上，許信良反對新當選的民進黨籍臺中縣長廖永來以「公投」方式處理「拜耳投資案」，擔心此舉會被視為「反商」，不利於民進黨的「轉型」，並主張應藉機召開「公聽會」，由黨中央盡快制定出一套務實的產業政策，徹底改變民進黨的「反商」形象，實現「經濟轉型」。而陳水扁則公開表態支持新潮流系邱義仁等贊同廖永來「拜耳案公投」的立場，並認為「黨中央無權干涉地方行政」。

在這場鬥爭中，許信良顯然位居下風，其他派系不必説，就連與許合作經年的以邱義仁為龍頭的新潮流系，也公開揚言要和許信良「分道揚鑣」。新潮流原本在大陸政策方面與許存在分歧，對許信良在縣市長選舉中一再鼓吹「大膽西進」和「三通談判」十分不滿。選舉結束後，兩派又因「拜耳投資案」發生爭吵。於是洪奇昌公開宣稱「不再支持許信良連任黨主席」，邱義仁甚至以請辭祕書長職以表示對許信良的不滿，大有「割袍斷義」的味道。表面看來，這一波鬥爭似乎是路線之爭，其實更主要的是「黨權」之爭。誠如島內媒體評論：這場爭議，實際是「民進黨醞釀新一波權力重組的前奏」。在縣市長選戰中，陳水扁營造起來的無人可與之相匹的「人氣」，及其在臺北市龐大的行政資源，都決定了至少在可預見的一段時間內，民進黨內的「主流價值」在陳水扁一邊而不在許信良一邊，「西瓜偎大邊」的心態顯然起了決定作用。於是一時間「擁扁」聲浪在民進黨內日益高漲。十二月二十六日，當陳水扁在日本公開表態將「慎重考慮」參選黨主席後，剛剛率領民進黨打贏了「世紀選戰」而自己卻被本黨同志打得滿頭是包的黨主席許信良，也不得不公開表態「不參選九八年的任何黨職和公職」。

綜觀一年來民進黨內的派系之爭，可以看出如下幾個特點：

（一）「建國黨」分裂出走後，殘存在民進黨內的「臺獨基本教義派」雖仍不斷反彈，但已不具實際影響力；黨內的主要矛盾已發生實質性變化，從過去的「務實獨派」與「急進獨派」之間的路線之爭，轉變成「務實獨派」之間的權力之爭和政策、策略之爭。

（二）黨內兩大主流派系美麗島系和新潮流系的合作關係已出現嚴重裂痕；原有的政治生態和派系互動關係正在發生變化；新的派系組合隱然成型。

（三）許信良等老一代民進黨領導人的影響力下滑，以陳水扁為代表的第二代民進黨領袖在鬥爭中逐步成熟，影響力急劇攀升並急於接班，新的權力中心正在形成。

可能發展趨勢

從上述對民進黨一年來主要活動及其特點的回顧與分析，可大致預估該黨近期內可能的發展走向：

一、民進黨的「轉型」已不可逆轉，但速度將會趨緩並有可能出現曲折。由於島內外主客觀形勢所迫，加之在一九九七年底的縣市長選舉中嘗到了很大的「甜頭」，因此，民進黨內對於政黨「轉型」雖仍有雜音，但已基本上達成共識，未來無論哪一派主控黨中央，勢將繼續推動該黨的「轉型」。但由於在一系列具體政策和策略上各派系仍存在不同程度的分歧，特別是在如何對待「臺獨黨綱」的關鍵問題上難有交集，加之許信良為首的美麗島系在黨內影響力已經減弱，因此，「轉型」總趨勢雖不會改變，但可能會出現曲折，速度將會趨緩，難度也將愈來愈大，何時能從目前的「策略轉型」進入實質性的「路線轉型」尚難預料。然而，只要民進黨的臺獨轉型未獲成功，便難以消除島內民眾的疑慮，國、民兩黨的總體實力對比便不會發生根本性變化。因此，一九九八年的立委選舉乃至二〇〇〇年總統大選，民進黨的前景其實並不樂觀，即使因國民黨自身存在的問題而使民進黨僥倖奪取了「中央政權」，暫時走上執政，但也勢必難以穩定政局，並長久維持其執政地位。

二、民進黨縣市長選舉的勝利已從根本上改變了臺灣地方政權的政治版圖，隨著九八年底實施「凍省」，縣市政府的位階將大幅提升，勢必使未來「中央」與地方的互動關係發生重大變化。從選戰剛剛落幕民進黨籍縣市長便接連聚會、研擬對策，並聯合向「中央」要求擴張人事權、財權、警權，要求出席「行政院會」等動向來看，「地方包圍中央」的態勢事實上正在形成，並將與民進黨在「國會」中的勢力相呼應，形成對國民黨「中央政權」的強大制衡力量，從而對臺灣內外政策產生比以往大得多的影響力，國民黨的施政勢將面臨重大挑戰，島內政局有可能出現持續動盪的局面。

三、由於民進黨實力的急劇竄升，其對大陸政策的「發言權」和「參與權」也隨之提升，這對未來兩岸關係發展將會產生正面與負面的雙重影響：一方面，由於民進黨在臺獨問題上的轉型以及與國民黨爭奪執政權的需要，有可能會在大陸政策方面轉趨理性、務實，與國民黨爭奪大陸政策的主導權，果真如此的話，這對緩和發展兩岸關係有正面效果；但另一方面，由於臺獨與「獨臺」的同質性，國、民兩黨在與大陸打交道時，又很可能會互為奧援，分別扮演黑、白臉角色，共同與大陸對抗周旋，從而增加未來兩岸協商談判的難度和複雜性。

四、民進黨內圍繞著黨中央的主控權以及未來總統候選人的爭奪戰已提前登場。伴隨著一九九八年五月黨中央領導機構的換屆選舉和年底的立委、北、高兩市長選舉，黨內政治生態將會發生新的變化，新的派系組合有可能形成，鬥爭依然會十分劇烈。

（《臺灣一九九七》，九洲圖書出版社）

民進黨臺獨轉型已不可逆轉

香港《中國評論》編者按：大陸學界中研究臺灣民進黨的學者堪稱鳳毛麟角，而「南林北徐」是其中之佼佼者。「南林者」，廈門的林勁教授也。「北徐者」，即本文作者徐博東。徐博東教授自一九八九年開始，專攻民進黨研究，其研究不僅是資料研究，更多的是與民進黨人士的交流接觸的實際研究，所以，他的體會尤為深刻，思考也就能突破框架。

臺獨轉型至為關鍵

民進黨的「轉型」問題，是近年來關注臺灣政局發展的海內外人士談論較多的問題之一。一九九七年底民進黨在縣市長選舉中取得了前所未有的歷史性勝利，該黨主席許信良將之歸功於民進黨的「轉型成功」。儘管海內外輿論對這次民進黨勝選原因的分析見仁見智，説法不一，但都不否認民進黨近些年來致力於各方面的轉型確已收到了成效，而這次選舉的勝利則正是這些成效的具體體現。因此，平心而論，許信良所言確有其一定的真實性，並非虛妄之詞。

依筆者觀察認為，所謂民進黨的「轉型」包涵了以下四方面主要內容：

（一）在政治理念上，淡化臺獨訴求，重新解釋臺獨黨綱，以改變「臺獨黨」形象。

（二）在鬥爭策略上，放棄街頭抗爭和在「國會」議場上的「肢體衝突」，以改變「暴力黨」形象。

（三）在產業政策上，向工商企業界靠攏而與勞工和弱勢團體漸行漸遠，以改變「反商」形象。

（四）在組織發展上，推行黨務革新，加強基層組織建設和內部團結，以提高黨的競爭力。

其「轉型」的根本目的，是收攬島內民心，擴展票源，通過贏得一次次選舉，不斷蠶食國民黨政權，由量變到質變，由地方包圍中央，直至實現全面奪權，取國民黨而代之。

在民進黨上述四個方面的轉型中，由於臺獨問題的轉型是影響全面的結構性轉型，因而至為關鍵。然而正因為它是影響全面的結構性轉型，所以也最為困難。客觀而言，時至今日，民進黨的臺獨轉型雖已取得了階段性成果，但「轉型尚未成功，同志仍須努力！」

臺獨黨綱出籠之日，正是臺獨轉型之始

民進黨臺獨轉型始於何時？長期追蹤觀察民進黨走向的島內外人士不難發現，其實，臺獨黨綱出籠之日，正是民進黨臺獨轉型之始。

人們應還記得，一九九一年十月，民進黨在各種內外因素的交相刺激下，不顧各方的強烈反對，公然在該黨召開的「五全」大會上通過決議，將「臺灣共和國」條款納入黨綱，從而立即引發了一場自該黨成立以來島內政壇上最大的政治風波。當時，新任黨主席許信良為平息來自海內外各方的強烈反彈，曾出面宣稱：將臺獨條款列入黨綱，「只是表達一種政治信仰，並不一定就要這樣做，即使以後執政，也並不必然會推動『臺獨』」。儘管國民黨當局出於各種現實政治利益的考量，最終未按「人團法」的規定強制解散民進黨，「臺獨黨綱案」不了了之，但在當年底舉行的二屆「國代」選舉中，臺灣民眾卻用手中的選票狠狠地教訓了一下頭腦發昏的民進黨。而且十分有趣的是，這種「教訓」幾乎每隔一段時間便來一次，於是臺灣選舉便有了所謂「鐘擺效應」之說。

此後人們看到，面對殘酷的政治現實，民進黨開始淡化臺獨訴求，無論在「國會」議場抑或在街頭，民進黨人均已不再赤裸裸的叫囂「臺灣共和國」，而改以較為含混的「一中一臺」口號代之。在其後連續幾年島內舉行的各項選舉中，除一部分冥頑不化的「臺獨基本教義派」之外，競選公職的民進黨人大都將競選文宣的訴求重點由臺獨轉向了公共政策，而將臺獨訴求隱藏於該黨制定的各項公共政策的相關條文之中，以爭取中間選民的同情與支持（其中最為典型也是

最成功的，莫過於「正義連線」的龍頭老大陳水扁）。而在內政、「外交」和兩岸關係等問題上，民進黨則往往「退居二線」，轉而鼓勵、推動和配合國民黨主流派推行「獨臺」路線（如「國發會」、「修憲凍省」、大炒「參與聯合國熱」和「務實外交」等）。於是島內政壇上不時出現臺獨和「獨臺」同流合汙、一唱一和、密切配合，共同演出分裂中國、對抗和平統一的一齣齣鬧劇。民進黨因此而獲得了最大的政治利益，但卻不必承擔太多的政治責任和政治風險。

臺獨轉型並非一帆風順

當然，民進黨的臺獨轉型並非一帆風順。由於其轉型在很大程度上並非源於民進黨人對現實政治的理性思維，而是出於客觀形勢所迫。也就是説，這種轉型充其量只能算是「策略」轉型而非「理念」轉型；加之民進黨內派系複雜，權力與理念、策略之爭互相糾葛。因此，民進黨的臺獨轉型不免帶有很大的盲目性和不穩定性，一遇適當氣候，一有風吹草動，黨內的「臺獨基本教義派」便趁機興風作浪，向轉型挑戰，從而使轉型不斷出現搖擺，充滿坎坷和劇烈鬥爭。

回顧近幾年來民進黨臺獨轉型的過程，人們不難發現，這種搖擺和爭鬥往往在以下幾種情況時發生：

（一）兩岸關係明顯改善或惡化時（如「辜汪會談」、「唐焦會談」、大陸軍事演習期間）。

（二）中美關係惡化時（如「李登輝訪美」前後）。

（三）島內「中央政權」選舉時（如總統、「國代」、立委選舉期間）。

（四）民進黨內「務實獨派」提出務實主張時（如施明德提出「大和解、大聯合政府」，張俊宏建議修改臺獨黨綱，許信良主張「大膽西進」、「政黨合作」、開放「三通」等）。

（五）發生突發事件時（如「千島湖意外事件」發生時）。

每當上述情況出現，「臺獨基本教義派」必定掀起一陣臺獨濁浪，或引發民進黨內的一場劇烈辯論，從而使臺獨轉型面臨嚴峻考驗。但由於在民進黨中央權力機構中，「務實獨派」的勢力始終占優，因而儘管「基教派」不時向轉型發起挑戰，但一般而言，鬥爭的結果大都以「基教派」的落敗而告結束，「轉型」雖出現搖擺，但總趨勢始終未曾改變。一九九六年三月「彭謝配」在大選中慘敗、「建國黨」分裂出走，標幟著「基教派」在民進黨內的影響力已全面式微。由此，民進黨的臺獨轉型速度明顯加快。於是才有了許信良「夜奔敵營」與李登輝密商「政黨合作」，以及其後國、民兩黨主導的所謂「國發會」的召開，和「修憲凍省」等一系列的臺獨與「獨臺」的合跳探戈。

臺獨轉型已不可逆轉

經過六年來黨內的劇烈辯論，和在實踐中的不斷摸索總結，目前民進黨內各派系在臺獨主張上雖仍存在某些分歧，但在一些大的原則問題上已基本達成共識，並形成了一整套新的臺獨政策和策略。其要點似可概括為以下幾個方面：

（一）堅持臺獨黨綱，但民進黨若執政，將「不必也不會宣布臺灣獨立」。

（二）現階段的中心任務：是通過體制內的選舉，全力與國民黨爭奪執政權。

（三）現階段的主要目標：是採取各種手段不斷充實和強化目前臺灣的「實質獨立」內涵；推行「一中一臺」為核心的大陸政策，與國民黨主流派合作，共同對抗「一國兩制、和平統一」；將臺灣問題引向「國際化」，以阻擋中共「吞併」臺灣。

（四）現階段的基礎工作：是深入持久地推行「新臺灣運動」，從政治、思想、文化、教育等各個層面，向臺灣民眾灌輸「臺灣人命運共同體意識」即臺獨意識。以營造臺獨的文化、心理、社會大環境。

近些年來，民進黨的一切運作，都無不圍繞著上述這套新的臺獨政策和策略在不遺餘力地推進。顯然，這套臺獨政策和策略，距離許信良所說的「反映臺灣社會主流價值」相去甚遠，「轉型」遠未成功。然而我們有理由相信，民進黨的臺獨轉型已不可逆轉，島內外主客觀形勢將迫使其不得不繼續前行，因為道理至明：

（一）從島內因素來看，大多數臺灣民眾不贊成臺獨。

歷來島內的民意調查無不顯示，大多數臺灣民眾主張「維持現狀」而不贊成臺獨。日前，據《中國時報》報導，臺灣「陸委會」最新民意調查結果，主張「維持現狀以後再獨立」的民眾，只有百分之六點七，呈下降趨勢。可以預料，隨著香港澳門的回歸，「一國兩制」在港澳的成功實踐，以及中國大陸改革開放的順利進行和海峽兩岸各項交流的進一步深入發展，假以時日，島內民心勢必逐漸發生變化，贊成中國和平統一的臺灣民眾勢將日益增多，無論臺獨還是「獨臺」，在島內的社會基礎將日趨剝蝕，生存空間逐漸萎縮，難以為繼。

（二）從大陸方面來看，中國政府和中國人民決不允許臺灣永遠分離。

未來國與國之間的競爭是經濟實力的競爭、科技的競爭。一百多年來飽受列強欺凌的中華民族，目前正面臨著近代歷史上從未有過的發展機遇。全體中國人包括海外華人都極盼中國早日走上富強騰飛之路，不會容忍海峽兩岸長期對峙、繼續紛爭下去，因內耗而削弱自己的競爭實力。港澳回歸之後，要求早日解決臺灣問題、振興中華的呼聲將日益高漲。中國大陸政府勢必要順應民意，加強對臺工作的強度和力度。不難想像，隨著時間的推移，島內臺獨或「獨臺」勢力，將會感受到來自海峽對岸和海外華人世界愈來愈強大的壓力。

（三）從國際因素來看，臺獨和「獨臺」愈來愈沒有市場。

近幾年來，島內臺獨和「獨臺」勢力相互聯手、密切配合，又是大炒「參加聯合國熱」，又是風塵僕僕奔走於分裂中國的所謂「務實外交」，妄圖將臺灣問題「國際化」，以對抗大陸的和平統一攻勢，然而卻到處碰壁，收效甚微。近日南非與中國大陸的正式建交，實際上已宣告「務實外交」的徹底破產，走上了窮途末路。眾所周知，美國的扶植與支持，乃是臺獨與「獨臺」賴以生存的主要國際因素。人們只需稍加留意，便會發現：臺獨也好，「獨臺」也罷，其一切運作均與美國對華政策的動向有著密切的關聯；實際上民進黨當年質變為「臺獨黨」，以及近年來在臺獨問題上的「轉型」，大體上是和美國對華政策的調整同步進行的。然而一九九七年中美高峰會談，美國柯林頓政府公開承諾恪守中美間三個聯合公報，實行不支持「一中一臺」、不支持「臺灣獨立」、不支持臺灣加入聯合國的「三不政策」，宣布中美兩國致力於建立「建設性的戰略夥伴關係」。環顧全球，就連許信良也不得不哀嘆「國際現實的冷酷」！因此，唯美國馬首是瞻的民進黨，勢必會隨著美國對華政策的調整而加速其臺獨問題的轉型，以適應美國戰略利益的需要。近日許信良美國之行的一系列言論，便是明證。

（四）從民進黨本身來看，黨內存在著臺獨轉型的內在動因。

外因只是民進黨臺獨轉型的條件，內因則是這種「轉型」的基礎。民進黨是個投機性很強的政黨，它的一切政治運作無不以選舉為取向，以奪取政權為目標；對於大多數民進黨頭面人物而言，臺獨與其説是一種「理念」、一種「信仰」，毋寧説只是他們手中的一種「工具」而已。既然只是「工具」，自然，這種「工具」一旦失去功效也就成了「包袱」。如今，在多數民進黨領導人的心目中，臺獨這個工具雖然已經不大好使（所以需要「轉型」），但畢竟還有些許效用（因為還能吸引一部分臺獨鐵票），因此還不捨得丟棄。不過，「形勢比人強」，隨著前述客觀形勢的繼續演變發展，終有那麼一天，將迫使民進黨丟掉這個「包袱」。而一旦丟掉這個「包袱」，民進黨便可輕裝前進。

國民黨在縣市長選舉中的慘敗，已為民進黨前車之鑑。近十年來，李登輝國民黨疏於內政，熱衷於所謂「務實外交」，與大陸對抗，致使島內治安敗壞，黑金橫行無忌，經濟低迷不振，人心思治，殷殷若渴，這才是國民黨敗選的真正主因。對此，民進黨人士心知肚明，他們若想從國民黨手中奪取政權，並在奪取政權之後能長久保住政權，想必會從李登輝國民黨身上得到某種有益的啟發。

應該承認，民進黨內部的民主機制，較之民粹強人李登輝主導下的國民黨來説，要健全得多也有效得多。根據近幾年來的經驗，民進黨內部每經歷一次大的政策辯論，轉型便會向前邁進一步。縣市長選舉結束後，圍繞著所謂「拜耳投資案」等問題所引發的派系之爭，實際上在民進黨內部已開始了新的一輪包括臺獨轉型問題在內的大辯論。人們寄望民進黨通過自身民主機制的運作，在臺獨轉型這一關乎該黨政治前途的重大問題上，能「更上一層樓」，有新的進步。九七年縣市長選戰落幕後，臺灣《聯合報》的一篇社論說：「當民進黨越接近接掌政權的關頭，可能也就是越接近臺獨問題得以完成『轉型』的時機；或許，當民進黨真正接掌政權之日，也就是民進黨真正『轉型』成功之日。」果能如是，則臺灣幸甚！國家民族幸甚！

（《中國評論》、《臺灣研究論壇》，摘發於《中國時報》）

評民進黨的「中國政策」大辯論

一、辯論有重要參考價值

廣受海內外各界注目的民進黨「中國政策」大辯論，已於2月15日落幕。民進黨人將「大陸政策」稱之為「中國政策」，其本身已向世人標明了該黨的臺獨本質；而從辯論的情況看，所謂的黨內「四大派系」參與辯論，其實唱主角的只是「美麗島系」和「新潮流系」這兩大主流派系，另兩個派系「正義連線」和「福利國連線」充其量只不過是美、新兩派的「陪襯」而已。這種情況，典型地反映出目前民進黨內各派系實力的落差，同時也説明各派系平日對國際局勢的研判、對兩岸關係演變的觀察以及對大陸政策的研究，其用心程度相差甚遠。

民進黨的這次政策大辯論之所以受到各界的廣泛關注，除了它選擇的時機耐人尋味、辯論的主題和辯論的形式令人感興趣之外，更因為該黨的實力派人物除了正義連線的龍頭老大臺北市長陳水扁缺席之外，幾乎全部到場；而且按照規定，參與辯論者人人都必須提交論文、事先作認真準備，這就和以往三言兩語的即席發言或街頭演講作秀顯然有很大不同，可以真實、系統、全面地反映出民進黨內各派系及其重量級人物對大陸政策的觀點。無疑，這對評估民進黨未來大陸政策的走向、該黨未來的發展及其對島內政局和兩岸關係的影響，具有重要的參考價值。

二、辯論的背景分析

民進黨內之所以會在這個時候引發這場大陸政策大辯論，有其深刻的內外背景。

首先，從國際因素來看：1997年10月中美高峰會談後，中美關係明顯改善，隨之，美國對臺政策出現微妙變化：柯林頓政府除首次明確表態不支持「兩個中國」、「一中一臺」，不支持「臺灣獨立」，不支持臺灣加入聯合國的「三不政策」之外，還一改以往所謂對兩岸談判「不介入」的姿態，上至柯林頓本人，下至國務院發言人、國防部長科恩以及前國防部長佩里等，或是公開發表聲明，或是風塵僕僕地往來穿梭於海峽兩岸，不斷表達希望兩岸盡快恢復對話的強烈意向，而且是「愈快愈好」。中美臺三角關係的這種微妙變化，不僅使臺灣感受到了前所未有的壓力，同時也很自然地觸發民進黨內一部分較具政治頭腦的人物如許信良等對臺獨前途命運問題的戰略性思考。民進黨究竟應該推出什麼樣的「大陸政策」，方能適應美國戰略利益的需要，使民進黨能繼續得到「山姆大叔」的青睞與支持？這個至關重要的問題已突出地擺在了民進黨人的面前。

其次，從大陸因素來看：近幾年來，中國大陸改革開放和現代化建設事業取得新的重大進展，綜合國力進一步增強；香港順利回歸並承受住了東南亞金融危機的衝擊而繼續保持穩定繁榮，標幟著「一國兩制」構想取得了巨大成功；外交戰線不斷取得新的勝利，國際地位不斷提高，「一個中國」原則進一步得到國際社會和絕大多數國家的確認。所有這些，都極大地增強了中共領導人的自信心，為解決臺灣問題創造了新的有利條件。於是人們看到，以去年9月江澤民總書記在中共十五大報告中首次將臺灣問題列為專章詳加闡述為標誌，大陸明顯地加強了對臺工作的力度。江澤民訪美歸來後，隨即以政治談判為主軸，向臺灣發起了新的一輪和平統一攻勢。面對這一攻勢，內外交困的臺灣顯然缺乏自信，決策混亂，進退失據，而作為「命運共同體」的民進黨人也自感難以置身事外，不能不極謀因應之策，為國民黨「獨臺」勢力分憂解難，共同對抗大陸。

再次，從島內因素而言：自1997年底贏得縣市長選舉後，民進黨在島內政壇上的地位驟然提升，成為所謂「跨世紀的準執政黨」。然而，面臨著1998年底的新一屆立委和北、高兩市選舉，民進黨能否「更上一層樓」，並進而乘勝追擊，打贏2000年的總統大選，實現夢寐以求的全面執政？顯然，日益複雜難測的兩岸問題，已成為對民進黨的最嚴峻考驗。這是因為：一方面，民進黨長期以來專注於和國民黨爭奪執政權，甚少有人真正下工夫研究兩岸問題，大多數民進黨頭面人物可說對大陸一知半解甚或茫然無知，使該黨面臨訊息有限、人才嚴重匱乏等諸多難題，更遑論在行政部門參與大陸問題決策、操作的務實經驗，使得島內民眾對民進黨一旦主政後能否提出務實、靈活的兩岸策略不無疑問；另一方面，廣大選民對民進黨在臺獨黨綱大纛下，主政後能否穩定兩岸關係，也一直心存不放心、不信任的觀感。因此，民進黨如欲在島內爭奪執政權的政黨競爭中占據有利地位，也不能不在大陸政策上盡快給島內選民予明確的交代。

此外，從民進黨內部的派系矛盾來看：眾所周知，「美麗島系」向為民進黨內的「務實獨派」，而「新潮流」則原本屬於黨內的「急進獨派」勢力，只是在1992年經歷「臺獨黨綱」風波之後，該派迫於島內外的政治現實，才逐步向「務實獨派」轉變。於是此後才會出現美、新兩派合作主控民進黨中央的局面。然而，新潮流的轉變其實並不徹底，始終留有「急獨派」的尾巴，尤其在兩岸問題上與美系仍一直存在分歧。不過，由於近些年來民進黨所面對的急迫解決的主要是島內問題，即除了與國民黨爭奪執政權外，在推動臺獨方面則是積極配合已「獨臺化」的國民黨主流派完成修憲工程，以確立所謂「臺灣實質獨立」的「憲政架構」。在上述問題上，美、新兩派自然是情投意合、合作無間，然而兩派在兩岸問題上的矛盾分歧卻因此而被暫時掩蓋下來。當1997年「修憲凍省」大功告成、縣市長選舉大獲全勝後，民進黨已面臨「即將走向執政」的前景，於是美、新兩派在如何面對大陸的重要問題上的矛盾分歧便日益凸現出來，再也無法迴避和掩蓋下去了，兩派之間的一場大陸政策大辯論於焉爆發。

總之，民進黨內的這場大陸政策大辯論不是偶然發生的，乃是島內外主客觀諸多因素交相刺激、推擁與催逼的結果。

三、辯論的焦點和達成的共識

這場大辯論以「美麗島系」為甲方，「新潮流系」、「正義連線」、「福利國連線」為乙方，並按派系分為A、B、C三組，歷經3天共9場，分別就所謂「後冷戰時期國際新秩序對臺、中關係的影響」、「臺、中雙邊協商與互動關係的策略規劃」、「兩岸經貿關係發展與加入世界貿易組織的挑戰與因應對策」這三大議題展開激烈辯論。

（一）關於「國際新秩序」議題，雙方爭論的焦點在於「國際新秩序是否已經形成？」以及「是否存在國際對臺『促談』壓力？」。

許信良說：「所謂『國際新秩序』，即指國際社會正以集體強制力量來積極維護現有政經體系」。他認為，「在國際新秩序下，臺灣面對愈來愈強的國際促談壓力，臺灣不能靈活回應的話，將對臺灣愈來愈不利」。郭正亮、陳忠信也稱：「國際新秩序」確已形成，「對方正用國際包圍臺灣，使我方處境艱困，臺灣不能再敷衍推託」、流失籌碼。他們抨擊「新潮流」主張「強本漸進」，「根本是李登輝『戒急用忍』的另一種說詞」，所謂「以拖待變」，是「忽視國際情勢的演變，根本是『坐以待斃』！」而「新潮流系」的林濁水、劉進興等人，則從根本上質疑許信良的「國際新秩序」之說，他們針鋒相對地批評美系人士「誤判國際情勢，看不清美國與中共『既交往，又圍堵』的兩手策略」。他們認為，美國的促談壓力是對雙方的，並非單獨對臺灣，「國際情勢基本仍然對臺灣有利」，「雖然美方表示不支持臺獨的三不政策，但臺灣仍應審慎地尋求臺獨」。至於「福利國連線」的蔡同榮等人更認為，「美國對臺灣的態度並沒有改變，更沒有壓迫臺灣上談判桌」，「美國對中國仍然是圍堵重於交往」，抨擊許信良的觀點是「危言聳聽」。

顯而易見，在對後冷戰時期國際局勢的研判及其對兩岸關係影響的看法上，「美麗島系」與黨內其他派系可謂南轅北轍，相去甚遠。

（二）關於兩岸「協商與互動關係的策略規劃」議題，雙方爭論的焦點，曾一度集中在「美麗島系」的「全方位談判」策略，與「新潮流系」的「從哪裡中斷就從哪裡開始」即「事務性談判」策略，這兩種觀點的對立。

中美高峰會談後，許信良曾極力推銷其「三通談判」主張，遭到黨內其他派系的質疑和反對；辯論開始前，許信良將「三通談判論」修改為「三通」及「事務性議題」相結合的所謂「混合談判策略」；辯論開始後，許信良再次進行調整，提出「以經貿談判和社會交流為主軸，同時兼顧事務性議題」的「全方位談判策略」。至於涉及「主權」爭議的政治議題，許信良則認為「完全可以迴避」。他說，這樣可以「確保談判長期進行下去」，以轉移國際對臺促談的壓力，又可以這種「交往」的策略，「促成中國的和平演變」。郭正亮也認為，「國際新局勢雖有二元，但仍有主次之分，時間對臺灣不利，有經貿談判雙方才能有正常化的可能」。而「新潮流」的觀點則基本上與國民黨主流派的觀點相似。邱義仁、林濁水等人稱，「國際有兩股勢力在拉扯，身為小國必須特別靈活、彈性」。他們認為「辜汪會談應重新開始，『從哪裡斷，就從哪裡開始』」。這實際上仍主張從「事務性議題」談起，但又表示歡迎美系將「三通談判論」修正為「全方位談判」，並認為這種觀點與「新潮流」的看法「極為相近」，「新潮流」主張「除了主權沒得談之外，什麼議題都可以談」。而「正義連線」和「福利國連線」也認為，兩岸應該談判，並基本同意美系提出的「全方位談判策略」，但沈富雄等少數人卻對迴避「主權」爭議，仍表示異議。

由上觀之，經過辯論，在兩岸談判策略方面，雙方雖仍存在分歧，但已大同小異，逐漸趨於整合。

（三）關於兩岸「經貿發展的因應之策」議題，是突顯民進黨不同路線的關鍵，也是雙方爭論得最激烈的問題。爭論的焦點主要集中在「美麗島系」的「大膽西進」與「新潮流系」的「強本漸進」這兩種觀點的根本對立。

許信良認為：中國未來一、二十年將維持燦爛的發展，面對這樣一個「廣大新市場，各國企業家無不對之投以關注的目光，民間企業界更主張利用大陸發展臺灣」；「大膽西進」、擴大對大陸投資，「既接近臺灣企業家的立場，又可使兩岸形成世界共同市場」。因此他認為，臺灣應勇敢地「西進」並有「掠侵」中國市場的計劃。唯有「西進」，才能「固本」。郭正亮則抨擊新潮流的「強本漸進」和李登輝的「戒急用忍」一樣，「不但與市場邏輯相違背，也和臺灣的經濟現實脫節，導致臺灣自我設限逐漸流失機會」，因此是「完全錯誤」。而其他派系卻對與大陸的交往，特別是經貿往來，持保守態度。邱義仁等「新潮流」代表抨擊「大膽西進」忽略了「臺灣安全」因素，認為期待中國的經濟發展會帶動臺灣經濟的快速成長與轉型，是「過分樂觀」，因此，主張採取「強本漸進」方式發展兩岸經貿。蘇煥智也批評「大膽西進」是對市場機能的「盲目崇拜」。

經過激烈辯論，雙方最後各讓一步，歸納為「強本西進」的新提法，作為民進黨各派對兩岸經貿政策的一致共識。但在「強本」與「西進」孰先孰後、孰主孰次的問題上雙方仍有爭議。

綜合三天的辯論情況，出乎各界事先意料之外，與會各方雖然在許多重要問題上仍存在分歧，但在以下幾個方面已基本達成共識：

關於兩岸談判問題：主張（1）兩岸應該談判；（2）談判內容：除了「主權」議題以外，「什麼問題都可以談」；（3）談判方式：實行「政府對政府談判」，反對「黨對黨談判」；（4）談判前提：「不接受『一個中國』政策」；（5）談判手段：「可沒完沒了談下去，即使中斷也無所謂」。

關於兩岸經貿往來問題：主張實行「強本西進」政策。

四、對辯論的觀察與評析

綜觀民進黨的這場大陸政策大辯論，筆者有如下初步觀察與評析：

（一）應該説，對國際局勢的感受和研判不同，乃是美、新兩派對兩岸問題有不同思考的最根本也是最原始的歧異點。首日辯論結果表明，雙方對後冷戰時期國際情勢的觀察研判仍各持一端、並無交集。然而令人意外的是，3天辯論下來，雙方竟能在有關兩岸政策的一些具體問題上達成不少共識，原因何在？其實，人們只要稍加分析便不難發現，所謂「雙方各讓一步」，並不是對等的，美系的讓步是屬於實質性的讓步，而新潮流的讓步乃是虛的讓步。換句話説，主要是美系向新系的主張靠攏而不是相反。平心而論，許信良對國際局勢的研判更符合事實，他所持的大陸政策主張，無論是「三通談判」還是「大膽西進」，相比較而言，顯然均要比「新潮流」及其他派系的主張更具前瞻性和務實性，當然也更符合島內民眾的切身利益，同時對推動民進黨的「轉型」也更具意義。然而，這些主張卻被其他派系指稱為「不切實際」、「危言聳聽」，而難以成為黨內主流意見。政治現實迫使許信良不能不對自己的「在黨內超前」主張作出所謂「務實」的調整和修正，以避免自己和「美麗島系」在黨內陷於孤立而更難有所作為。這既是許信良的「無奈」，也是許信良的「聰明」之處。事實上，由於派系共治的政治生態所決定，民進黨以往的所有政策主張基本上都是黨內各派系經過劇烈鬥爭後相互妥協折中的產物，民進黨歷來的大陸政策主張同樣如此。這次大辯論雖然暫時緩解了黨內的矛盾，但僅僅經過一次大辯論沒有也不可能消除所有分歧。可以預計，今後，這些矛盾分歧一遇適當氣候仍會再次尖鋭激化，從而導致新的一輪黨內路線之爭。

（二）這次民進黨內的大陸政策大辯論，在很大程度上仍然脱不出為因應選舉而蓄意「作秀」的投機成分，而且所達成的諸多共識仍嫌模糊、零碎而不成系統，但畢竟給世人勾勒出了民進黨未來大陸政策的一個大致輪廓。從這一輪廓不難看出，民進黨即將出爐的新大陸政策，從總體上説，仍不折不扣地反映了該黨的臺獨本質，其政策核心依然是其一貫堅持的「一中一臺」理念。它實際上是以「在『一中一臺』前提下，什麼問題都可以談」的一種策略手段。其分裂性和保守性與國民黨當局現行的大陸政策如出一轍，並無二致。由此也可説明，民進黨的臺獨痼疾甚難醫治，轉型遠未成功。這種政策主張，仍難以消除島內大多數選民對民進黨上台執政後的疑慮，當然更無助於兩岸關係的穩定發展和中國和平統一。這是民進黨新大陸政策主要的、本質的一面。

然而我們也應看到，民進黨的新大陸政策較之該黨以往「不接觸、不談判」的兩岸政策主張畢竟有了明顯進步，即使與國民黨當局現行的大陸政策比較，至少從字面上來看，也略顯積極、務實，有可資肯定的成分。如主張「兩岸應當談判」、「什麼問題都可以談」，總比臺灣一味堅持恢復「事務性商談」，阻撓、拖延兩岸政治談判要相對「務實」；又如「強本西進」，也比李登輝根本不提「西進」的「戒急用忍」政策明顯「積極」。事實上，民進黨的這場大辯論，已對臺灣保守僵化的大陸政策造成了一定的壓力和衝擊，對打破目前兩岸僵局，重開協商談判有正面影響。辯論結束當日（2月15日），行政院長蕭萬長即一方面詭稱：民進黨辯論後的結論「與政府目前做法相去不遠」，另一方面不得不承認：「民進黨的這些共識對未來兩岸協商有好處」；次日，「陸委會主委」張京育也急忙表示：「為因應未來兩岸談判的需要，正積極規劃超黨派的大陸政策」。2月20日，蕭萬長在臺立法院答詢時又辯稱：民進黨辯論獲致的「強本西進」結論，「和現在政府的大陸政策是一致的」，並稱，「唯有國內達成政策共識，才能與大陸談協商的事」云云，企圖以此紓解來自島內外各方的壓力。近日，臺灣對兩岸協商談判似乎表現出較前務實積極的姿態，這恐怕與民進黨的這場大辯論不無關係。

（三）民進黨的這場大辯論，標幟著由國民黨當局完全掌控大陸政策的局面已經嚴重動搖，朝野協商、共同規劃和主導大陸政策的時代即將來臨。因為道理至明：這場大辯論所達成的共識，將不僅有助於民進黨制定出一套黨內各派均能接受的大陸政策綱領，同時民進黨必定會以此為籌碼，進一步向臺灣要求提升其在制定大陸政策時的「發言權」以及在未來兩岸談判中的「參與權」。也就是說，民進黨今後對臺灣規劃大陸政策的影響力將會大為提升，而未來大陸所面對的談判對手，也將不僅僅是原來的單純國民黨一方。事實上，這種情況目前正在發生：辯論結束後，許信良已數度公開呼籲，希望臺灣盡快設立由朝野人士組成的「兩岸政策最高諮詢機構」：郭正亮也表示：「未來政府大陸政策決策體系應該相應調整，陸委會應該考慮加入政黨代表」；2月19日，許信良還「主動出擊」，拜會海基會董事長辜振甫，要求多讓民進黨「參與未來兩岸談判事務」；林濁水則更進一步建議拜會李登輝，以「凝聚朝野共識」。而國民黨當局也已作出了積極正面回應：辯論結束後，「陸委會」即稱，「未來的大陸政策將超越任何黨派」；海基會高層也表示，「為因應兩岸政治談判的最新情勢，以及在野黨逐步要求參與談判決策的壓力，決策部門研究在海基會之下成立一個『談判諮詢小組』，廣納各黨派人士進入談判體系，藉以凝聚談判時的共識。」許惠祐對此稱，「今後談判隊伍將不排斥邀請有關人士參與，並將依議題組團，一切依功能性而彈性組合。」不難預料，今後國、民兩黨在共同對抗大陸方面將會互為奧援，分別扮演黑、白臉角色。如此一來，勢必會增加兩岸談判的複雜性和難度，不過從好的一面來說，談判一旦達成某種共識，其權威性和可行性也將隨之相應提高。

（四）民進黨首次在島內運用大辯論這種民主方式來處理黨內分歧，凝聚共識，調整自己的政策主張，儘管仍有「作秀」之嫌，而且在未來處理兩岸關係的具體運作中該黨究竟表現如何，仍有待觀察，但不管怎樣，這場辯論確已使它收到了「一箭三雕」的效應：一方面，使該黨在島內民眾心目中樹立了一個「民主」、「透明」的良好政黨形象；同時反過來又突顯了其主要競爭對手李登輝國民黨決策機制的獨裁、不民主；另一方面還因這場大辯論引起了外國駐臺機構和新聞媒體的高度關注，紛紛派人到場旁聽、採訪，從而擴大了該黨的國際知名度和影響力。這些都無疑會有助於促進民進黨的進一步「轉型」，並對其在1998年底的立委選舉乃至往後的總統選舉贏得更多選民的支持產生正面效果。辯論會召開首日，有人便在《中時晚報》上發表「時論」稱：「至於國民黨，不要説辯論，連討論都嫌費力氣，萬一口沫橫飛辯論出一套和大老闆迥然不同的説法，八九不離十會被打入冷宮！」次日，國民黨中央委員魏鏞也發表現場旁聽觀感：「通過這種辯論形式，也讓外界看到民進黨不是一個只會罵人的政黨，他們的表現的確比以前更穩健，已經是一個可以和國民黨競爭執政的政黨」，並表示「對國民黨內部未能有類似的政策辯論感到遺憾」。另一位新黨的重量級人物姚立明，更對民進黨各派系「有風度公開辯論黨內的歧見，感到高度佩服」，並認為民進黨「在中國政策上的確已有明顯的改變，即使這樣的轉變是為了選票，新黨也樂見民進黨能以更務實的態度處理兩岸問題」。辯論結束後，島內媒體紛紛發表社論表示肯定：《聯合報》認為，「民進黨能以如此高度民主的研討會來探究高度敏感而高難度的議題，本身即是一個極為重大的民主成就」，「本次會議後，民進黨的社會形象顯然又有進益」；《臺灣新生報》也認為，民進黨勇於面對內部的衝突，是「成熟的表現」；《中國時報》更稱讚民進黨此舉「不能不説是令人刮目相看的歷史性創舉」。由此可見，大辯論在島內確已產生了相當大的影響。這種政治氣氛勢必對國、新兩黨的高層造成一定程度的心理壓力，從而有可能推動國、新兩黨內部的決策機制向民主化方向轉型。近日，新黨首腦王建煊已表示，將仿照民進黨大辯論的模式，解決因部分新黨人士倡言所謂「一中兩國」所引發的黨內紛爭，便是明證。因此有人預言：1998年將會成為島內的「大陸政策辯論年」。實際上，這場大辯論現在才剛剛開始，領頭的是民進黨，新黨即將跟進，國民黨將如何動作？人們正拭目以待。

（五）民進黨這場大陸政策大辯論對於人們觀察、預測民進黨內未來的派系互動關係和政治生態的走向，也不失為一個重要的難得的機會和指標。眾所周知，1997年縣市長選舉結束後，「新潮流系」因對許信良一再推銷其「大膽西進」和「三通談判」論強烈不滿，公開宣言要與美系「分道揚鑣」，不再繼續合作；並表示不再支持許信良繼任黨主席，邱義仁甚至以請辭祕書長職的強硬態度表達自己的立場。當時，兩派勢同水火、形同陌路，人們普遍認為，美、新兩派

「割袍斷義」已難挽回，兩年來許、邱親密合作主控民進黨中央的「蜜月期」已成歷史。然而，經過這場硬碰硬的政策大辯論，人們發現，美、新兩派的靈魂人物包括許、邱等人互相吹捧、把手言歡，邱義仁還向媒體記者表示：將考慮收回祕書長辭呈。由此觀之，美、新兩派已重新建立起合作基礎，近期內是否真的會「分道揚鑣」？顯然已不無疑問。不過，經過3月底黨內的立委初選和5月底中央機構的換屆選舉，以及年底的立委選舉，民進黨內的派系互動和政治生態有可能會重新分化組合，出現新的變化。至於黨主席一職，經過一番激烈競爭，擁戴出像林義雄那樣的派系色彩相對較淡而又能為各派接受的中性人物出任黨魁可能性最大。

（六）在這次所謂「世紀大辯論」中，最大的輸家無疑是陳水扁。近年來，陳水扁在島內的一系列政治角力中屢出敗招：「國發會」他判斷失誤，表現消極；修憲他採取與美、新兩大派不合作態度，差點壞了李登輝和許信良的「好事」。這兩件事下來，陳水扁已引起黨內外的側目。只是因為他在97年底的縣市長選舉中為民進黨候選人賣力助選立下大功，才使其「人氣」大旺，在民進黨內的影響力如日中天、無人可比。但由此也助長了他的自負與傲慢。這次如此重要的黨內政策大辯論，他居然拒絕出席，自然引起島內輿論的議論紛紛：有人揣測他有意問鼎下屆總統，不願過早在選民面前公開暴露其兩岸政策的真實主張而處於不利地位；有人認為他顯然對這次大辯論的意義再次作了「誤判」，預料不會辯出什麼結果而懶得出席；更有其黨內同志乾脆認為他對兩岸問題毫無研究心得可言，根本沒有勇氣也拿不出像樣的貨色，在眾目睽睽之下走上真刀真槍的辯論臺……總之，陳水扁的形像已大受其損。然而依筆者看來，陳水扁近年來一再鼓吹「公投入憲」、頑固堅持民進黨臺獨黨綱、反對兩岸「三通」和政治談判，甚至聲稱自己甘願做李登輝的「馬前卒」，不惜與中國和平統一潮流相對抗，這才是他的最大「失策」和對政局演變發展的嚴重「誤判」。儘管目前陳水扁看似聲望正隆，大有「捨我其誰」之慨，但俗話説：「風水輪流轉」，現在距離2000年島內總統大選尚有兩年光景。在這兩年時間裡，島內外政治風雲瞬息萬變、複雜難料，即使聰明如陳水扁者，如不能審時度勢、妥善因應，也難保不「馬前失足」；何況「人氣」如流水，隨著時光的流逝，「人氣」也難保不會流失和轉移。由此觀之，陳水扁的仕途是否真的如現在這樣看好？恐怕還有得瞧！

（臺灣研究論壇）

民進黨臺獨轉型「五階段論」——回顧與前瞻

一九九七年底縣市長選舉獲勝後，民進黨在島內已成為名副其實的地方政權的第一大執政黨。然而，客觀而言，民進黨欲奪取「中央政權」，取代國民黨而走上「全面執政」，仍面臨著諸多元待解決的問題；民進黨近幾年來著力推動的所謂「政黨轉型」，雖已取得了令人注目的「階段性成果」，但還遠談不上已經「成功」。島內外有識之士咸認為，在民進黨需要面對而極待解決的諸多問題之中，影響全局的具有關鍵意義的是如何務實地面對兩岸關係和妥善處理臺獨黨綱問題，也即如何最終實現該黨在臺獨問題上的「轉型」問題。本文擬對民進黨在這一重大問題上的演變發展軌跡作一粗淺的回顧與前瞻，試圖以此探討民進黨的未來發展前景及其走上「全面執政」的可能性。

一、民進黨的兩次臺獨轉型

今年是民進黨建黨十二週年。在民進黨十二年的歷史中，事實上該黨臺獨主張已經歷過兩次性質完全不同的「轉型」。

毋庸置疑，民進黨建黨之初即已暴露出濃厚的「分離意識」和臺獨傾向。在該黨成立後不久制定的「基本綱領」中，最突出的主張即是公開宣布「臺灣前途應由臺灣全體人民決定」。不過平心而論，民進黨在其成立後的頭幾年時間裡，反對國民黨的專制獨裁統治、追求政治民主，仍是其主要政治訴求和政治運作。也正因為如此，民進黨在臺灣政壇上確曾起過相當程度的積極作用。然而隨著政局的演變，在島內外各種因素的交相刺激下，民進黨內的臺獨傾向日益膨脹擴展，並終於在一九九一年十月該黨召開的「五全大會」上，公然將「臺灣共和國」條款納入黨綱，從而蛻變為貨真價實的「臺獨黨」。「臺獨黨綱」的出籠，實際上就是民進黨在臺獨主張上的第一次「轉型」。

回顧民進黨臺獨第一次轉型，不難發現其具有以下四個方面的顯著特點：

（一）轉型乃是一個緩慢的、漸進的過程。它始於民進黨建黨之初，完成於一九九一年該黨的「五全大會」，中經六年時間，大體上經過了「住民自決論」（一九八六年十一月「基本綱領」）→「有條件主張臺獨論」（一九八八年四月臨時全代會「四一七決議文」）→「事實主權獨立論」（一九九〇年十月四屆二全大會「一〇・〇七決議文」）→「臺灣獨立建國論」（一九九一年十月五全大會「臺獨黨綱」），這層層遞進、不斷明朗深化的「四步曲」。

（二）轉型每一階段的完成，均與民進黨的選舉造勢活動有關；更與島內外政局的演變發展（其中包括國民黨的「本土化」和「獨臺化」進度、蘇聯東歐政局的劇變和美國對華政策的調整，以及兩岸關係的發展等）有著密切的關聯。其投機性、分裂性與反國民黨專制壟斷等特點表露得特別突出。

（三）轉型的具體表現形式，是黨內的兩大派系「溫和獨派」「美麗島系」與「激進獨派」「新潮流系」之間的不斷內鬥而又相互妥協（妥協的主要一方為「美麗島系」）、相互適應並最終實現某種程度的「合流」。

（四）在轉型過程中，民進黨逐步排斥、淘汰了黨內的少數「統派」同盟者（如費希平、朱高正、林正杰等人），一步步提高了該黨在臺灣前途問題上的理念、訴求和政策策略上的純潔度。

關於民進黨臺獨問題上的第一次「轉型」，七年前筆者在拙著《論民進黨的質變》一文中已有詳細論述，這裡不再贅述。

那麼，民進黨第二次臺獨轉型又始於何時並經歷了哪幾個發展階段呢？其未來走向又可能如何呢？對此，各方面的意見並不一致，依筆者的觀察研判認為：一九九一年十月「臺獨黨綱」出籠之日，正是民進黨第二次臺獨轉型之始。至今大體上經過了三個不同的發展階段，轉型雖已取得令人注目的階段性成果，但還遠未成功。而且筆者認為，民進黨如欲實現第二次臺獨轉型的最終成功，仍須至少經歷兩個必不可少的發展階段，這也就是本文的命題：《民進黨臺獨轉型「五階段論」——回顧與前瞻》之由來。另外，應該說明的是，為論述方便起見，本文以下所稱民進黨的臺獨轉型，係指該黨臺獨的第二次轉型。

二、回顧：民進黨臺獨轉型的前三個階段

迄今為止，民進黨臺獨再次轉型大致可以劃分為以下三個階段：

第一階段為「淡化臺獨黨綱」階段，大體上是在許信良首任黨主席時期（一九九一年十月至一九九三年底）：這一階段轉型的主要內容和特點是「淡化和隱蔽臺獨」，將訴求重點轉向公共政策。

一九九一年十月「臺獨黨綱」的出籠，意味著民進黨已將臺獨主張推進到最高階段。從而立即引發了島內外政壇、社會和輿論界的強烈震撼。一時間，民進黨的處境幾乎到了「過街老鼠，人人喊打」的地步。為緩和來自各方的強烈反彈，當時剛剛出任黨主席的許信良不得不出面宣稱：將臺獨條款納入黨綱，「只是表達一種政治信仰，並不一定就要這樣做，即使以後執政，也並不必然會推動『臺獨』」。影響所及，民進黨面臨被國民黨當局按「人團法」規定強制解散的嚴重威脅，並使該黨在當年底舉行的二屆「國代」選舉中慘敗，獲票率僅有23.94%，較之一九八九年「三項公職」選舉的30%整整下滑了六個百分點。

殘酷的政治現實深刻地教訓了民進黨領導人，於是臺獨主張的再次轉型也由此而肇端。進入一九九二年之後，民進黨明顯地降低了臺獨聲調，開始對臺獨黨綱實行「淡化處理」。人們看到，無論在「國會」議場抑或在街頭，民進黨人均已不再露骨地宣揚「臺灣共和國」，而將臺獨訴求隱藏於公共政策之中。在當年底舉行的二屆立委選戰中，文宣攻勢也不再以統獨議題為主調而提出所謂「三反三要」（反軍權、反特權、反金權；要主權、要直選、要減稅）等項訴求，作為該黨立委候選人的共同政見。可見，其訴求重點已由臺獨轉向公共政策。

由於民進黨改變策略，重新拉起「溫和」面紗，有助於吸引選票，加上其他因素的作用，終於贏得了二屆立委選戰的勝利，以36.09%的獲票率奪取了一百六十一席立委中的五十一個席位。

正反兩方面的經驗教訓，既堅定了黨內以「美麗島系」為代表的「務實獨派」對臺獨轉型的信心和決心，同時更具意義的是促使原本為「激進獨派」的「新潮流系」開始向「務實獨派」轉變。由此，淡化臺獨主張、將訴求重點轉向公共政策，逐漸成為民進黨內各派系的主流意見。

第二階段為強化「實質獨立內涵」階段，大體上是在施明德出任黨主席（後期由張俊宏代理三個月）時期（一九九四年初至一九九六年六月）：這一階段轉型的主要內容和特點是，充實和強化臺灣所謂「實質獨立」內涵，提出「大和解」、「大聯合政府」的主張，同時首次明確宣稱，民進黨若執政，「不必要也不會宣布臺獨」。

施明德接任許信良出任黨主席後，經過近兩年黨內的劇烈辯論和在實踐中的不斷摸索，逐步形成了一整套新的臺獨政策和策略。其要點可以概括為：（1）堅持臺獨的最高理想，但也不能脫離臺灣現實；先通過體制內的選舉奪取政權，再經由「住民自決」實現臺灣的「法理獨立」。（2）現階段的中心任務是傾力與國民黨爭奪執政權。（3）現階段的主要目標是採取各種手段不斷充實和強化目前臺灣的「實質獨立」內涵；推行「一中一臺」為核心的大陸政策，防止國共「片面和談」；將臺灣問題引向「國際化」，阻擋中共「吞併」臺灣。（4）實現臺獨的基礎工作是：深入持久地推行「新臺灣運動」，從政治、思想、文化、教育等各個層面向臺灣民眾灌輸「臺灣人命運共同體意識」也即「臺獨意識」，以營造臺獨的文化、心理、社會大環境。之後，民進黨的一切運作，均無不圍繞著這套新的臺獨政策和策略在不遺餘力地推進。及至一九九五年九月，施明德在美國公開宣稱：臺灣是主權獨立國家，民進黨若執政，「不必也不會宣布臺灣獨立」。在當年底的立委改選中，又提出「大和解、大聯合政府」主張，並在選戰結束後，首先與新黨領導人「喝咖啡」，實現了「大和解」，而在一九九六年三月總統選舉中則繼續淡化臺獨訴求。而所有這一切均遭到黨內外「臺獨基本教義派」的強烈反對。雙方圍繞上述一系列重大問題，展開了激烈的鬥爭。以致彭明敏在一九九六年四月成立「建國會」，擺出一副「另起爐灶」的架勢。在張俊宏代理黨主席期間，雙方的矛盾鬥爭達到白熱化。從而使臺獨轉型經歷了嚴峻考驗，並出現了一定程度的搖擺。但由於黨中央掌控在「務實獨派」手中，轉型的總趨勢始終未曾改變。隨著「彭（明敏）、謝（長廷）配」在大選中的慘敗和以發表「臺灣獨立運動的新世代綱領」為標誌的黨內新生代的成長與崛起，「基教派」在民進黨內的影響力已全面式微。

第三階段為追求所謂「臺灣社會主流價值」階段，大體上是在許信良再次出任黨主席時期（一九九六年七月至一九九八年六月）：這一階段轉型的主要內容和特點是，民進黨將「政黨合作」的對象由新黨轉向了執政的國民黨，以追求所謂「臺灣社會的主流價值」為黨的政策與策略取向，並謀求與國民黨的「聯合執政」。

一九九六年六月民進黨中央換屆選舉，許信良以壓倒優勢擊敗「基教派」屬意的蔡同榮，再次當選黨主席。在新選出的黨中央權力核心中，「基教派」幾乎完全喪失影響力。同年十月，黨內外的「基教派」與民進黨分道揚鑣，另立「建國黨」。由此，民進黨臺獨轉型的速度明顯加快，並顯現出新的特點。

許信良向為民進黨臺獨轉型的倡導者和推動者。面對大陸對臺發動「兩反鬥爭」（反臺獨分裂鬥爭）和民進黨總統大選慘敗之後出現的新形勢，許信良在施明德「大和解」、「大聯合政府」的基礎上，一度提出所謂「政黨重組」的新思維和新理論。許認為，臺灣是個「典型的危機社會」，人們希望現任領袖、執政黨來保持安全，因此，如果民進黨再和國民黨鬥爭，「只會造成社會不安的感覺，不會像過去一樣得到人民的支持」。從這種觀點出發，許信良提出了民進黨的發展策略：短期內經由「大聯合」和「聯合執政」，使國民黨喪失執政優勢；遠期目標，則是由民進黨與國民黨這兩個同質性的政黨「合組」為一個新的「臺灣黨」，以確保臺灣社會的民主發展。

許信良「政黨重組論」出籠後遭到黨內外的普遍質疑，爾後遂調整為「政黨合作」的新提法繼續加以鼓吹。許信良當選黨主席當天，即向國民黨喊話，宣稱「政黨合作勢在必行」，如果政黨合作就一定要籌組「聯合政府」，「這其中包括政策、人事的合作」。同時又向黨內喊話：「如果國民黨瞭解無法一黨有效執政，願意誠心誠意尋求黨對黨合作，民進黨就要認真思考如何面對這個問題。如果民進黨拒絕，無政府狀態持續下去，人民是不能接受的，到時候民進黨會受傷」云云。許信良將他的這一主張，稱之為「追求臺灣社會的主流價值」。

果然，許信良接掌黨主席後，國、民兩黨的合作便很快提上了議事日程。如果說，七月一日許信良在宣誓就任黨主席的當晚，「夜奔敵營」與李登輝密談近一個小時，是國、民兩黨合作的前奏；那麼，當年底「國發會」的召開和一九二項「共識」的達成，則是兩黨在體制外合作的正式啟動；而一九九七年上半年國、民兩黨聯手修憲，則是兩黨合作在體制內的發展和具體落實。於是人們看到，整個一九九六年下半年和一九九七年中，圍繞著「國發會」、修憲等問題，許信良在黨內外各種場合，一再不厭其煩地推銷他的「危機社會說」和「政黨合作論」，並將其與民進黨的「轉型」、追求所謂「臺灣社會主流價值」和「執政」目標相聯繫。許信良認為，由於臺灣屬於「危機社會」，民進黨唯有通過「政黨合作」，進而實現和國民黨的「聯合執政」，才能逐步解除民眾對「民進黨執政可能危及國家安全」的疑慮，並通過「聯合執政」的方式，展現民進黨的執政能力，累積執政經驗，為民進黨最終單獨執政創造條件。很明顯，民進黨近年來積極參與「國發會」、與國民黨聯手修憲，其重要目標之一正是試圖通過這種所謂「政黨合作」的方式推動民進黨的「轉型」，進而實現「聯合執政」，以改變和消除民進黨在民眾中的不良形象與疑慮，為其最終奪取島內的執政權掃清道路。

調整大陸政策，是民進黨臺獨轉型的重要內容之一。面對一九九六年總統大選以來兩岸關係持續低迷、臺灣民眾特別是工商企業界迫切要求緩和和發展兩岸關係的強烈願望，以及江澤民訪美後美國調整對華政策的現實情況，民進黨中央也適時地相應調整其保守的大陸政策，加強對大陸的溝通聯繫和政策研判。針對島內民眾對臺灣頑固拒絕兩岸協商談判和開放「三通」、堅持實行「戒急用忍」政策日益不滿的情緒，許信良針鋒相對地提出盡早進行兩岸「三通談判」，並一再宣揚早於一九九五年即已提出的「大膽西進」的主張。縣市長選舉結束後，民進黨中央又組織了黨內各派系參加的「中國政策」公開大辯論，達成了「兩岸應該談判」、「強本西進」等一系列重要共識，在島內外產生了重大影響，對國民黨當局的現行大陸政策造成了一定程度的衝擊。尤為值得注意的是，縣市長選舉結束後，許信良在訪美期間公開宣稱「臺獨黨綱」只是民進黨的「歷史文獻」。

顯然，在許信良再任黨主席時期，民進黨的臺獨轉型已進入了一個新的重要發展階段。

然而，許信良對臺獨轉型的強勢領導，同時也引發了黨內空前劇烈的矛盾爭鬥。首先，殘存在黨內的以彭明敏為首的少數「基教派」人士仍不斷挑起路線鬥爭。彭明敏攻擊許信良主張與國民黨合組「聯合政府」，「是放棄基本路線，把自己的角色模糊，失去監督政府的忠實反對黨角色」。認為「與國民黨合組聯合政府並不是執政，只可以解決部分人的個人出路」。為表達對「國發會」的不滿，一九九七年二月，彭百顯、陳永興宣布退出民進黨「立院黨團」，並與早先退出民進黨的三名立委另行組建了一個所謂「建立新國家陣線立院辦公室」，宣布以「認同臺灣主權獨立理念、建立臺灣新文化、新社會、新國家」為宗旨，與黨內的「基教派」裡應外合、互相呼應。在修憲過程中，「基教派」的反彈更為激烈。例如，彭明敏抨擊許信良與國民黨聯手修憲是「貶低臺獨、模糊臺獨，俗化臺獨，甚至醜化臺獨」，並一再揚言要另組新黨。相對於「務實獨派」與「基教派」之間的單純路線鬥爭而言，民進黨內「務實獨派」之間的矛盾與爭鬥愈加顯得複雜和激烈。派系與派系之間，乃至個人之間的矛盾分歧以及歷史恩怨互相糾纏，其中雖也有一定程度的理念、路線與政策策略之爭，但更多的實際上是在理念、路線和政策策略鬥爭掩蓋之下的權力之爭與權謀較勁。許信良與陳水扁之間的矛盾與爭鬥，大體上就屬於這種情況。

由上可知，民進黨的臺獨轉型是何等地艱難。然而，回顧七年來民進黨在臺獨問題上三個階段緩慢而又艱苦的轉型，筆者認為，至少已取得了以下幾方面的階段性成果：（1）民進黨由原來「體制外抗爭型」的政黨，轉變成「體制內改革型」的政黨；（2）促使「激進獨派」「新潮流系」轉向「務實獨派」，並與一向務實的「美麗島系」結盟，主控了民進黨中央，從而保證了臺獨轉型的大方向始終未曾改變；（3）臺獨理論和訴求的逐步「務實化」，迫使「臺獨基本教義派」分裂出走，從而減少了民進黨日後在臺獨問題上進一步轉型的阻力。黨內的主要矛盾已從過去的「務實獨派」與「激進獨派」之間的路線鬥爭，轉變為「務實獨派」內部的權利與政策策略之爭；（4）民進黨在臺灣民眾中的「政黨形象」有所改觀，認同和支持民進黨的選民呈逐年上升趨勢。筆者認為，從一定程度上說，一九九七年底民進黨之所以在縣市長選舉中取得如此戰績，可以視為臺灣民眾用選票表達了他們對民進黨近幾年來致力於政黨轉型的某種肯定與鼓勵。

三、兩次臺獨轉型之異同

根據以上次顧與分析，如果我們對民進黨的兩次臺獨轉型稍作比較，便不難發現，兩者既有共同特點，更有其明顯差異。

從共同特點來說：

1.轉型皆為緩慢的、漸進的、逐步發展深化的過程，絕非一朝一夕之功。

2.轉型既與島內政局發展息息相關，同時也與國際政治格局特別是與中美關係的演變發展緊密相聯。實際上民進黨當年質變為「臺獨黨」，以及近年來在臺獨問題上的再次「轉型」，大體上是和美國對華政策的兩次調整同步進行的。

3.轉型的每一階段均伴隨著一波波劇烈的黨內鬥爭，並有一批重量級人物分裂出走。

從差異方面而言：

1.兩次轉型的性質和大方向恰好相反。第一次轉型愈「轉」愈「獨」，而第二次轉型則是逐步「淡化『臺獨』」。

2.第一次轉型過程中，分裂出走的皆為黨內的少數「統派」人士；而第二次轉型分裂出走的則是一批死硬「臺獨基本教義派」或某些失意政客。這種現象顯然與兩次臺獨轉型的性質和方向恰好相反直接相關。

3.第一次轉型是「務實獨派」「美麗島系」向「激進獨派」「新潮流系」不斷妥協，而第二次轉型則是「激進獨派」「新潮流系」逐步向「務實獨派」轉變。這種現象也恰好說明了兩次轉型不同的性質與方向。

4.第二次轉型顯然比第一次轉型更為艱難曲折，鬥爭更加尖銳激烈甚至充滿「痛苦」（郭正亮語）。迄今為止轉型已癒七年之久，但還遠未成功，目前仍處於「策略轉型」（或曰「形象轉型」）的低級階段，而尚未進入更高一級的「理念轉型」（或曰「實質轉型」）。且種種跡象表明，隨著許信良的下台，進一步轉型已面臨困境。

5.第一次轉型每一階段的完成，皆先經過黨內的激烈辯論，爾後再以黨的正式決議的形式以體現黨內各派系的「共識」，從而形成全黨一致的行動，因而具有較為牢固的基礎；而第二次轉型則多由黨的極少數政治領袖抛出突破性的理念或作為，「既未發展成黨的長期議程，也未形成黨的正式決議」，在很大程度上屬於民進黨領袖的單純的「個人行為」，並未形成全黨的共識和共同行動，因而轉型基礎十分脆弱。這一特點正是轉型出現搖擺和鬥爭特別劇烈的重要原因之一。

四、前瞻：「轉型」成功仍須經歷兩個必不可少的階段

民進黨在一九九七年底的縣市長選舉中取得了前所未有的歷史性勝利。表面上看來，民進黨氣勢逼人，似乎問鼎「中央」、走上「全面執政」已是指日可待。然而冷靜思之，事情似乎並非如此簡單。以往島內的歷次選舉均已證明，對於「中央政權」和「地方政權」這兩個層級不同的選舉，臺灣選民的投票取向顯然有很大差別。從「中央」一級的選舉來看，一九九六年總統選舉民進黨慘敗自不必説，歷次「國代」、立委選舉，民進黨的獲票率始終無法突破百分之四十的瓶頸，一九九二年二屆立委選舉為36.09%、一九九五年三屆立委選舉為33.17%、一九九六「國代」選舉僅為29.85%。而在地方選舉中，民進黨的獲票率卻一向超過40%：一九九三年縣市長選舉為41.03%、一九九四年陳水扁勝選臺北市長獲票率為43.67%、一九九七年縣市長選舉為43.03%，首次超過國民黨一點二個百分點。在「中央」一級（實際上還包括「省級」）選舉中，民進黨始終不能戰勝國民黨。原因何在？島內外有識之士均認為：關鍵就在於民進黨的臺獨黨綱難以讓臺灣民眾放心。

近幾年來，民進黨雖然致力於推動臺獨轉型，並確已取得了不少階段性成果。然而，如前所述，這種「轉型」充其量只能算是「策略轉型」。這種轉型並非源於民進黨人對現實政治的理性思維，更何況並無任何民進黨的正式決議加以肯定和認可，因而帶有很大的投機性和不穩定性。顯然，這種性質的「轉型」根本無法取信於廣大臺灣選民。因此可以設想：如果民進黨不下決心妥善處理其「臺獨黨綱」，並在實際政治運作中調整其一系列臺獨政策與策略而最終實現真正意義上的「實質轉型」，那麼，民進黨人就難以實現其夢寐以求的「全面執

政」。即便因為國民黨「自毀長城」、太不爭氣（如一九九七年底的縣市長選舉）而將政權拱手相讓，使民進黨僥倖上台，那也勢必難以穩定政局、有效施政並長久維持其執政地位。

那麼，民進黨最終實現臺獨實質轉型的可能性如何呢？如果這種可能性確乎存在的話，民進黨臺獨轉型還將經歷哪些發展階段呢？要回答這一問題，需要對民進黨臺獨進一步轉型的主客觀條件作一大致的分析。

應該承認，如前所述，種種跡象表明，臺獨的進一步轉型目前已面臨困境：

首先，有「轉型發動機」之稱的許信良的被迫黯然下台，而臺獨色彩相對濃厚的林義雄卻被擁上黨主席寶座，這從某種意義上意味著民進黨內大多數人對許信良前一階段急於推動臺獨實質轉型的反彈與否定。說明在臺獨轉型的認識上，許信良等少數民進黨菁英與廣大民進黨員之間，存在著相當大的落差。「臺獨黨綱」已儼然成為民進黨的「圖騰」，很少有人敢去碰它。不難意料，在新任黨主席林義雄的引領之下，民進黨的臺獨轉型勢必會受到相當程度的影響。

其次，近幾年來民進黨臺獨轉型的主要推動力來自於黨內兩大主要派系——「美麗島系」與「新潮流系」的結盟。然而實踐證明，原本屬於「激獨派」的「新潮流系」其轉變並不徹底，始終留有「激獨派」的尾巴。因此，在「策略轉型」階段，美、新兩派尚且能夠精誠合作，而當許信良欲將轉型推進到關鍵性的「實質轉型」階段時，兩派的矛盾分歧便立即突顯出來，合作基礎已發生動搖。美、新兩派聯盟的瓦解，使最具「務實」色彩的「美麗島系」目前在黨內已陷於孤立，從而使民進黨的臺獨轉型頓失原本相對雄厚的推動力。

再次，陳水扁從本質上來說毋庸置疑是典型的「務實獨派」，但與許信良相比較，顯然格局過小，更缺乏應有的國際觀和兩岸觀。陳水扁在民進黨內地位和影響力的急速竄升，取代許信良而成為民進黨內的「主流價值」，也勢必會對民進黨臺獨的進一步轉型產生負面影響。

由上觀之，顯然目前民進黨尚未具備推動臺獨實質轉型的思想基礎和組織基礎。因此，轉型有可能在一段時間內將停滯不前，甚至會受到一定程度的挫折。但筆者認為，從長遠來看，民進黨進一步轉型的可能性仍客觀存在：

首先，從民進黨本身來看，雖然存在上述諸多對臺獨進一步轉型的不利因素，但同時也應看到：（1）民進黨是個投機性很強的政黨，它的一切政治運作無不以選舉為取向，以奪取政權為目標；對於絕大多數民進黨頭面人物（其中陳水扁尤為典型）而言，臺獨與其説是「信仰」，毋寧説只是他們手中獵取政治利益的「工具」。一旦這種「工具」失去效用甚或成為「包袱」，他們勢必將之棄之如敝屣。（2）應當承認，民進黨的民主機制較之目前李登輝主控下的國民黨要健全得多，假以時日，隨著政局的演變，黨內以許信良、施明德等為代表的一批較具政治頭腦的領袖人物，仍有可能通過民主機制的運作而重新崛起，主控引領民進黨繼續推動臺獨向實質轉型方向發展。（3）民進黨內一批更具理性、「務實」色彩的新生代的成長，其影響力也不可忽視。

其次，從島內因素來看，大多數臺灣民眾主張「維持現狀」，對臺獨心存戒備和恐懼，迫切要求緩和和改善兩岸關係。在「選票決定一切」的現實政治面前，除非民進黨人不想上台執政，否則臺灣選民勢必迫使民進黨不得不在臺獨轉型問題上繼續前行。此外，隨著「後李登輝時代」的到來，國民黨中生代面對即將喪失政權的可能性，「危機意識」勢必促使他們擺脱李登輝的陰影，捐棄前嫌，一致對敵（如此次馬英九在關鍵時刻毅然重新出山、宣布競選臺北市長即為一例）。如此一來，民進黨若在臺獨轉型問題上停滯不前，勢將在未來的島內政黨競爭中繼續處在弱勢地位而難有更大作為。

再次，從大陸因素來看，隨著港澳問題的順利解決，勢必進一步加強對臺工作的強度和力度。綜合國力日益增強的中國大陸，是臺獨不可踰越的障礙，只要民進黨一天不肯放棄臺獨（或變相臺獨），中國政府和中國人民便不會停止對民進黨的批評並保持對民進黨一旦上台執政後可能惡化兩岸關係的高度警惕。面對來自中國大陸日益強大的壓力，民進黨也不能不在臺獨問題上三思而後行。

最後，從國際因素來看，隨著柯林頓的首次訪華，中美關係的進一步改善、「建設性的戰略夥伴關係」的逐步建立，將使民進黨臺獨訴求的國際生存空間進一步萎縮。如果民進黨不改弦更張，在臺獨主張上實行「實質轉型」，繼續充當海峽兩岸「麻煩製造者」的角色，勢必損害美國的戰略利益而失去其在國際上最主要的靠山。

如此觀之，急於早日踏上執政之路的民進黨，除了繼續推動臺獨進一步轉型這條路之外，已別無它路可走。

誠然，正如郭正亮所説，民進黨的轉型是「痛苦」的，也是漫長的。筆者預測，民進黨如欲臺獨轉型成功，至少仍須經歷以下兩個必不可少的發展階段。即：

第四階段：「擱置『臺獨黨綱』」階段。可能的選擇方案有：（1）公開宣布「『臺獨黨綱』只是民進黨的歷史文獻」，但必須是以民進黨正式決議的形式才有可能取信於民；（2）通過某種決議案，以取代黨綱中的臺獨條款。

筆者認為，民進黨只有將臺獨轉型推進到這一階段，才有可能在立委選舉中擊敗國民黨，主控立法院。但在這一階段，民進黨尚難「單獨執政」，勢必如許信良所言，要與國民黨或其他黨派合組「聯合政府」，通過聯合執政方式進一步取信於民，並獲得足夠的執政經驗，為日後過渡到「全面執政」打下基礎，準備必要條件。

第五階段：「修改『臺獨黨綱』」階段。臺獨轉型的第四階段，已可視為民進黨的臺獨轉型已進入「實質轉型」，但這顯然並不徹底。筆者認為，民進黨只有痛下決心修改臺獨黨綱，公開放棄臺獨訴求，並在具體的實際政治運作中調整其一整套臺獨政策和策略（尤其是大陸政策），才能使各方對民進黨真正「放心」。如此，民進黨才有可能真正代表臺灣社會的「主流價值」而最終走上「全面執政」。

俗話説得好：「解鈴還須繫鈴人」，民進黨臺獨轉型愈往前推進難度亦愈大，能否成功，衡量民進黨人的勇氣、智慧與判斷，沒有人可以給它「打包票」。筆者認為：「困難與希望同在，成功與失敗並存」；「形勢比人強」，或許聰明的民進黨人再經過一兩次大的挫折之後，才會真正「痛定思痛」、「浪子回頭」！誠如臺灣《聯合報》社論所言：「當民進黨越接近掌握政權的關頭，可能也就是越接近『臺獨』問題得以完成『轉型』的時機；或許，當民進黨真正接掌政權之日，也就是民進黨真正『轉型』成功之日；從另一個角度來看，在民進黨的『轉型』未能真正取信於臺灣民眾之前，則民進黨取得政權的時機也許就未必會實現。」因此，民進黨如若不完成真正意義上的臺獨轉型，該黨距離「走上執政」儘管看起來似乎僅差「一步之遙」，但實際上恐怕仍然是「咫尺天涯」、可望而不可及！即或依靠國民黨自身的分裂而「漁翁得利」，僥倖奪取了政權，也勢必難以穩定政局，長久保持其執政地位。

（《臺灣研究》、《現代臺灣研究》，全國臺聯《第七屆臺灣民情研討會論文集》）

論民進黨臺獨轉型之困

民進黨致力於「政黨轉型」，如果從許信良首任黨主席時期開始算起的話，至今已有七個年頭了。七年來，隨著島內外政局的演變發展，民進黨的臺獨理論不斷進行調整，臺獨訴求逐步趨向「務實」。民進黨已從原來「體制外抗爭型」的政黨，轉變成「體制內改革型」的政黨。在臺灣民眾心目中，其「臺獨黨」、「暴力黨」的不良形像已大有改觀，認同和支持民進黨的選民在逐年增多。一九九七年底民進黨在縣市長選舉中之所以能一舉戰勝國民黨，成為島內地方政權名副其實的第一大執政黨，從一定程度而言，可以視為臺灣民眾用選票表達了他們對民進黨近幾年來致力於「政黨轉型」的某種肯定與鼓勵。

然而，地方選舉的勝利，並不表明民進黨已有足夠的實力奪取「中央政權」。分析家大都指出，民進黨近幾年來致力於政黨轉型雖已取得了令人注目的階段性成果，但還遠談不上「成功」。民進黨仍面臨著諸多元待解決的困難問題，而其中影響全局的具有關鍵指標意義的是如何妥善處理「臺獨黨綱」問題，也即如何最終實現該黨在臺獨問題上的「實質轉型」問題。因為道理至明：如果不妥善處理「臺獨黨綱」，民進黨就不可能真正務實地面對兩岸關係，從根本上改變「臺獨黨」的刻板形象，消除島內民眾對民進黨執政的恐懼和疑慮。那麼，民進黨夢寐以求的「全面執政」，恐怕就只能永遠停留在夢境之中。誠如《臺灣時報》的一篇社論所言：「民進黨所最不能為人民放心的，非執政的能力或人才的形象，而是所謂的臺獨黨綱。」就連民進黨主席許信良也坦承：縣市長選舉獲勝，「證明臺灣人民已放心把地方政府交給民進黨，但人民還不放心把中央政府交給民進黨，因為只要一旦涉及國家安全問題，人民對民進黨就不放心。」然而，面對一九九八年底的「三合一」選舉和二○○○年的總統大選，民進黨顯然並未從政治上、思想上、組織上做好必要的準備，種種跡象表明，在攸關該黨未來發展前途的臺獨轉型問題上，目前已陷入困境，至少存在以下四大矛盾難以解決。

困境之一：臺獨轉型與民進黨支持者的矛盾

所謂「民進黨支持者」，包括民進黨黨員以及島內認同、支持民進黨的一般民眾。從歷次選舉民進黨的獲票率來看，這部分民眾大約占島內選民的35～40%之間。誠然，在投民進黨票的民眾中，有相當一部分是出於對國民黨執政的不滿，並非認同民進黨的臺獨主張，但至少有半數以上的民進黨支持者具有不同程度的「臺獨意識」，其中有約10%的支持者「臺獨意識」極其強烈，是民進黨「臺獨黨綱」最忠實、最死硬的擁護者。毋庸置疑，對於大多數認同臺獨的民進黨支持者而言，「臺獨意識」其實只不過是臺灣「鄉土意識」的一種「異化」而已。其「鄉土意識」之所以會異化為「國家認同」問題，國民黨治臺政策的失當固然是主要原因，但同時也不可否認，長期以來民進黨人為推行其臺獨路線，擴大臺獨的社會基礎，營造臺獨的文化、心理、社會大環境，採取了一切可能採取的手段，從政治、思想、歷史、文化、教育等各個層面，極力向臺灣民眾灌輸所謂「臺灣人命運共同體意識」也即「臺獨意識」，不能不說這也是其中的一個十分重要的原因。為此，民進黨人甚至不惜訴諸「大福佬沙文主義」，煽動、挑撥臺灣社會族群間的對立情緒。因此，從某種角度上可以說，這一大批臺獨的死硬支持者正是由民進黨菁英們一手培養造就出來的。這批民進黨的堅定支持者，視民進黨的「臺獨黨綱」為他們心目中神聖不可侵犯的「精神牌位」，和幻想中未來「臺灣國」的象徵與希望，任何人敢於觸碰它，都會被視為「大逆不道」而激起他們的強烈反彈。

事實的確如此。人們應還記得，早於四年前一九九五年省市長選戰結束後，鑒於分別代表民進黨參選省、市長的陳定南（競選臺灣省長失敗）、陳水扁（競選臺北市長成功）一正一反的經驗教訓，張俊宏即曾務實地提出過修改「臺獨黨綱」的建議，但立即遭到黨內的群起圍攻；三年前施明德在訪美期間首次宣稱：「民進黨若執政，不必也不會宣布臺灣獨立」，也被指稱為違背民進黨的「建黨精神」而在黨內引起普遍反彈；去年縣市長選戰獲勝後，許信良在美國宣稱：

「臺獨黨綱」已是民進黨的「歷史文獻」，同樣引起黨內的強烈質疑。迫於壓力，返臺後許信良不得不違心地改稱他只講過「臺獨黨綱」是民進黨的「歷史性文獻」云云。很明顯，近幾年來民進黨菁英們在臺獨主張上雖然已紛紛進行務實轉型，但民進黨的社會基礎卻並沒有隨之而同步轉型，兩者之間在認知上存在著相當大的落差。於是人們看到，民進黨內真正較具國際宏觀視野的領導人，大都難以在黨內得到普遍認同。例如，素有「轉型發動機」之稱的許信良，即因其在臺獨轉型問題上不斷提出大異於其他民進黨人的「超前」主張而在黨內備受爭議。三年前，在總統候選人的黨內初選中，慘敗於「臺獨基本教義派」大老彭明敏手下自不必説，去年底當許信良率領民進黨打贏了「跨世紀選戰」後，竟也不得不在黨內的強大壓力下，黯然宣布一九九八年他將「不競選任何黨職和公職」。而臺獨色彩相對濃厚得多、且並無任何黨務經驗的林義雄，卻以絕對優勢戰勝黨內的另一位「務實獨派」代表人物張俊宏，被擁上黨主席的寶座。民進黨轉型的另一部「發動機」——前任黨主席施明德，則在年初舉行的黨內立委初選中「敬陪末座」，險些出局。而深知「臺獨是票房毒藥」但卻工於權術、最具投機性的陳水扁則不同。他一方面反對修改「臺獨黨綱」，另一方面又一再強調「臺獨黨綱」的所謂「公投」原則以及「公投」的時機與議題，聲稱不會「拿臺灣2100萬人民的生命財產開玩笑」，既不得罪廣大中間選民，又可免於民進黨支持者的反彈，首鼠兩端。於是加之其他各種因素，陳水扁的政治聲望和地位急速竄升，取代許信良等多位美麗島時代的領導人，成為民進黨內的「主流價值」。

作為島內的一股社會思潮，民進黨支持者的「臺獨意識」不是一朝一夕形成的，當然也不會輕易退潮而具有相對的穩定性。因此不難意料，民進黨菁英與其支持者之間在臺獨轉型問題上存在的這種認知上的落差，還會持續相當長一段時間。如何盡快擺脱這一困境，將直接關係到民進黨的發展和臺獨轉型的成敗。

困境之二：臺獨轉型與民進黨體質的矛盾

政黨轉型乃是一項艱鉅而複雜的系統工程，需要有堅強的領導和全黨上下的通力合作、密切配合方能克盡其功，而民進黨政黨體質的先天不足和後天失調，卻給該黨的臺獨轉型設置了重重障礙，造成了諸多難以克服的困擾。

首先是缺乏領導權威和全黨眾望所歸的領袖。眾所周知，目前民進黨領導菁英主要由以下兩部分人組成：一是以許信良、施明德為代表的美麗島時代的政治人物；二是後來崛起的以陳水扁、謝長廷為代表的黨外律師群。由於所處的島內政治環境不同，比較而言，美麗島時代的民進黨菁英長於思考，較具宏觀戰略眼光，但卻往往「眼高手低，徒具理想而缺乏步驟，動輒造成曲高和寡、寸步難行的領導窘境」。後來崛起的第二代民進黨菁英，則精於戰術攻防和媒體造勢，而缺乏宏觀戰略頭腦，顯得格局過小，喜歡追求急功近利。當然，兩代民進黨菁英若能取長補短，精誠合作，或許有可能在鬥爭中逐漸形成堅強有力的領導核心，率領民進黨不斷繞過暗礁險灘，早日邁上執政。然而情況並非如此，由於民進黨內歷來缺乏正常有效的溝通機制，加之派系和個人私利所驅動，因而不僅不同世代菁英之間經常因見解相左造成不必要的誤解而勢同水火，即便在同代菁英之間也是矛盾重重，難以整合。因此，民進黨建黨十二年來，時至今日，始終無法形成黨的堅強領導核心，也難以湧現出一個全黨眾望所歸的領袖人物。「施明德復出時的道德光環，歷經『大和解』和建國會的衝撞，早已消失殆盡。許信良回臺時的群眾魅力，歷經臺獨轉型和中國政策的衝擊，早已消失無蹤。」本應是最受全黨尊崇的民進黨主席，卻成了「全臺灣最容易挨罵的職業，因為黨內各說各話到了最後，總會以黨主席當作共同的出氣筒」。

民進黨根深蒂固的「反權威」情結及其相應的黨中央權力體制設計，是造成民進黨難以湧現出全黨眾望所歸的領袖人物的另一個重要原因。民進黨是在戒嚴時期島內專制獨裁高壓下破繭而出的，以追求西方式的所謂「民主」、「自由」為最高價值，歷來對「權威」有一種感同身受的逆反心理。建黨之初在制定黨章時，在黨的權力結構設計上力圖防範「獨裁」和「權威」的出現，從黨主席的任期、職權到中常會、中執會的構成等各個方面，作了許多不近情理、脫離實際的嚴格限制。例如，規定黨主席一任一年，不得連任；黨中央權力機構採「合議制」，黨主席職權除了任命黨的祕書長和一級主管外，和其他中常委完全相同等等。這種權力體制的設計，顯然是「把民主等同於制衡，只著重對權力集中的消極防弊，卻忽略了領導權威在積極推動政務上的必要性」。其結果造成黨主席的頻繁異動，職權過小，黨中央代表性明顯不足，政治整合能力有限，黨的政策缺乏必要的連續性和權威性等諸多弊端。

近幾年來，民進黨雖然在這方面不斷進行調整改革（如黨主席的任期延至二年，可連任一次等），但並未從根本上解決問題。由於缺乏領導權威和全黨眾望所歸的領袖，民進黨如同一盤散沙，缺少凝聚力，從而使轉型顯得特別費力。

其次是權力結構的分散化。由於歷史的原因，民進黨內向來派系林立，山頭主義盛行。幾經分化組合，目前黨內主要有美麗島、新潮流、正義連線和福利國連線這四大派系，另有進步連線、「臺獨聯盟」兩個較小的派系。這些大大小小的派系成為民進黨最重要的構成單位和利益集團，而民進黨菁英則大多分布於這些大小派系之中，成為各派系的龍頭老大。大家共同瓜分民進黨有限的政治資源，形同「諸侯割據」的局面，造成民進黨權力結構的嚴重分散化。而且，為了爭取本派系的最大政治利益，這些大小派系又往往結成派系聯盟，爭奪黨中央的主控權。更有甚者，近幾年來隨著民進黨政治版圖的擴大，黨籍立委和縣市長席次的不斷增加，具有很大影響力的立院黨團和手中握有行政資源的縣市長，又分別形成各自的利益集團，從而使民進黨權利結構的分散化更趨嚴重。由於臺獨轉型乃是影響全面的結構性轉變，不僅牽涉到黨的政治信仰、政治目標和黨的路線、政策、策略取向，而且還直接影響到各個派系、各個利益集團的生存發展、利益再分配，以至領導菁英個人在政壇上的生涯規劃等切身利益問題，故而，他們對轉型的態度，往往取決於對本派系或個人是否有利為轉移，很少甚至根本不考慮黨的整體利益，更遑論他們平日口口聲聲掛在嘴邊的所謂「2100萬臺灣人民的利益」！因此，民進黨內的整合愈加困難，常常政出多門，朝令夕改，「一人一把號，各吹各的調」。

以近年來民進黨推動的所謂朝野「政黨合作」為例，即令人眼花繚亂：一九九五年施明德任黨主席初期，在立委選舉中民進黨與國民黨聯手痛批新黨；到了一九九六年初，民進黨卻又改與新黨「大和解」，鼓吹「大聯合政府」，與新黨聯手發動「二月政爭」和「六月政改」，挑戰國民黨的執政地位；一九九六年七月許信良接任黨主席後，民進黨又改與國民黨聯手召開「國發會」和推動修憲，主張「聯合政府」。從聯合國民黨到聯合新黨，又從聯合新黨到聯合國民黨，最後又被陳水扁的「單獨執政」所推翻，民進黨如此朝秦暮楚，「確實造成了不少選民的困惑」，從而極大地損害了民進黨自身的形象。其中最為典型的莫過於一九九七年修憲，民進黨內部分裂成以許信良為首的「內閣制派」和以陳水扁為代表的「總統制派」，雙方各不相讓，鬥得不可開交。由於內部無法整合，最後民進黨不得不向國民大會同時提出兩個修憲版本，鬧出了世界政黨政治發展史上難得一見的大笑話。

從表面上看，民進黨內的修憲之爭是出於對「憲政體制」的不同思考和選擇，但骨子裡實際上是不同派系和個人之間的權力角逐。正義連線之所以堅持「總統制」，乃是因為該派系龍頭陳水扁已躍居為民進黨的超級政治明星，未來最有希望成為該黨的總統候選人；而與許信良一起力主「內閣制」的新潮流，「則與新潮流一貫強調集體領導，不鼓勵超級明星，不認同民粹政治有關」。

人們看到，近年來民進黨內部的流派之爭並沒有因為「臺獨基本教義派」的分裂出走、另組「建國黨」而稍有緩和，相反卻有愈演愈烈之勢。其中許信良與陳水扁之間的矛盾與爭鬥，則特別引人注目。人所共知，陳水扁原本在臺獨主張上一向以理性、務實而著稱，和許信良並無太多的矛盾與分歧。然而奇怪的是，自從一九九六年許信良再次接掌黨主席後，陳水扁卻幾乎事事都和許信良對著幹。在臺獨主張、政黨合作、「國發會」、修憲、兩岸政策、執政路線、產業政策等一系列重大問題上，陳水扁均一反往日溫和、務實的常態，屢屢發表與許信良相左的言論，明顯蓄意要和許信良有所區隔，並最終迫使許信良放棄競選連任黨主席，向其變相交出「黨權」。其所以如此，原因無它，關鍵在於許、陳二人均已瞄準了總統寶座，眼前的一切明爭暗鬥，實際上都是在為日後總統候選人的黨內初選中擊敗對手而提前卡位布樁、累積資源。至於黨的整體利益，則對不起，非我陳某所慮之事！誠如郭正亮所言：「群雄並起的騷動，不但造成民進黨的決策困頓，同時也造成同志倫理的蕩然無存。影響所及，領導菁英不再受尊重，同儕菁英難以形成團隊，世代菁英也不再互相禮讓⋯⋯。」目前，這種狀況還看不出有任何改善的跡象。

民進黨體質與轉型的矛盾當然還遠不止這些，例如人頭黨員問題、基層組織鬆弛渙散問題、部分菁英腐敗墮落問題、與社會弱勢團體漸行漸遠問題……都無不對民進黨的臺獨轉型造成程度不同的困擾。而上述諸多問題又都不是一朝一夕可以輕易解決的。

困境之三：堅持「臺獨黨綱」與破解國民黨「安定牌」的矛盾

郭正亮在其最近出版的《民進黨轉型之痛》一書中說：「國民黨的安定牌本質上即靈活操縱民進黨的臺獨論，使國民黨得以在對內選舉和對外談判的兩種競爭中左右逢源。在對內選舉競爭中，國民黨痛批民進黨的臺獨論，指控將挑釁中共武力犯臺，以此煽起臺灣人民的恐懼不安。因此即使黑金弊端積重難返，人民仍因為恐懼中共武力而無奈支持國民黨。但在對外談判競爭中，國民黨卻訴諸民進黨的臺獨論，表示將難以向國內在野勢力交代，以此作為協商破裂的擋箭牌。因此即使兩岸僵局持續無解，國民黨仍可將部分責任推到民進黨的不顧現實。」郭正亮指出，民進黨為了突破上述困局，近兩年來採取了四種因應策略：即「重新詮釋臺獨」、「淡化衝突取向」、「重組安定選民」和「柔化政黨形象」。特別是一九九八年二月民進黨「中國政策」大辯論所達成的「積極面對兩岸談判，展開有條件的正面交往」共識，有力地回應了國民黨「安定牌」的最大質疑：「主張臺獨的民進黨，如何避免中共武力犯臺？如何與中共正面交往？」認為從此可以破解國民黨安定牌「內外有別」的兩手策略，並使兩岸事務「從此不再是朝野鬥爭的政黨本位議題，而是朝野團結、一致對外的臺灣本位議題」。

郭正亮的上述論述前半段甚為中肯深刻，但對於民進黨破解國民黨「安定牌」的說法則顯然過於樂觀，以目前民進黨的作為，真的足以破解國民黨的「安定牌」嗎？恐怕未必！

誠然，應當承認，近幾年來民進黨的臺獨主張和兩岸政策經過不斷調整確已較前理性、務實，毫無疑問，這對爭取島內選民的認同和改善民進黨與大陸的關係確有正面效果。然而，這種充其量只能算是低層次的「策略性」的調整，沒有也不可能從根本上消除島內民眾對民進黨臺獨的恐懼與疑慮，當然也難以實現民進黨與大陸的「正常交往」。因為這種性質的「轉型」，就連郭正亮本人也坦承

「相當脆弱」，其「政治聲勢遠超過政治實質」，因而具有明顯的隨意性和不穩定性。這是因為：

其一、既是「策略」轉型，便可隨時依據主客觀形勢的變化而不斷調整、改變「策略」，並帶有某種「權謀」的味道。

其二、民進黨近幾年來拋出的各種形形色色的所謂「新臺獨論」，無論是施明德的「不必也不會宣布臺獨論」、林濁水的「臺灣主權已經獨立論」，還是許信良的「臺獨黨綱歷史文獻論」、新世代的「新臺獨運動綱領」等等，正如郭正亮自已所說：均不過是「喧騰一時的短期事件」，「既未發展成黨的長期議程，也未形成黨的正式決議；既未凝聚黨的共同願景，也未深化黨的基層運動」。也就是說，在很大程度上屬於「個人行為」，缺乏必要的嚴肅性和權威性。

其三、種種跡象表明，經過民進黨「八全大會」的換屆選舉，即便是這種低層次的「策略」轉型會不會「回潮」，也已有待觀察。島內有評論說：臺獨色彩濃厚的林義雄，以高票當選黨主席，「使得民進黨又回歸到該黨的基本面，間接否定了所謂『民進黨轉型成功』的說法」，打贏縣市長選戰後的民進黨，「反而在黨內掀起一股逼迫許信良下台的強大壓力，似乎又在告訴人們，民進黨內確有相當大的反對轉型的勢力存在，……民進黨要想完全讓臺灣人民放心，顯然還有待努力。」果然，林義雄剛剛當選，便在接受日本《產經新聞》記者專訪時公開宣稱：「臺灣獨立建國必須由公民投票決定。」擺出一副堅持「臺獨黨綱」的架勢。更值得關注的是，最有望成為下屆民進黨總統候選人的陳水扁，不僅近年來一再鼓吹「公投臺獨黨綱」，反對兩岸談判和直接「三通」，而且近日在一次研討會上公開表示，他與「建國黨」的「理想目標一致，要實現『臺灣中國，一邊一國』」，並稱，「年底選舉後，民進黨主導建立聯合內閣，對像是建國黨並不是國民黨、新黨」云云。

如此觀之，認為目前民進黨臺獨轉型已足以破解國民黨的「安定牌」，確實有盲目樂觀之嫌。對於民進黨的臺獨轉型究竟該打多少分？廣大臺灣選民心中有一把尺，而大陸方面也非可以輕易矇騙。可以意料，只要民進黨一天不痛下決心妥善處理「臺獨黨綱」問題，並調整其一整套具體的臺獨政策和策略，那麼民進黨便難以真正取信於民，而民進黨欲與大陸進行「正面交往」也不可能。至於所謂「朝野團結、一致對外」，恐怕更是一廂情願。因為道理很清楚，只要民進黨仍不肯放棄臺獨立場和主張，島內的統獨爭議便不可能停止，而且在未來的島內政黨競爭中，特別是在爭奪大陸政策主導權方面，民進黨仍將繼續處於不利地位。

年底的「三合一」選舉在即，二〇〇〇年的「大選」也已為期不遠，民進黨能否走出怪圈，有效地破解國民黨的「安定牌」，將是對民進黨的嚴峻考驗。

困境之四：堅持「臺獨黨綱」與美國「三不政策」的矛盾

民進黨不光是被國民黨李登輝的「奶水」餵大的，其實同時也是被美國山姆大叔的洋麵包養大的。在今年六月北京中美高峰會談中，美國總統柯林頓親口向江澤民主席重申「三不政策」。即「不支持臺灣獨立，不支持『一中一臺』或『兩個中國』，不支持臺灣取得以國家身分加入的國際組織的會籍」。其中第三條較去年美國政府宣布的「不支持臺灣加入聯合國」顯然更進了一步，因此被外界稱之為柯林頓政府的「新三不政策」。再有，白宮國家安全顧問伯傑在記者會上更間接指出：美國不支持臺灣民選「政府」宣布臺獨，亦不支持臺灣經「公民投票」嘗試臺獨。臺灣《聯合報》社論説：「如此一來，所謂『三不支持』，儼然已經變成『五不支持』。而這五個『不支持』，每一點都等於『不支持』民進黨的基本政策。」因此，柯林頓的「金口」一開，立即對民進黨產生了強烈震撼，有香港媒體評論説，美國出於其全球戰略利益，已經結束了它近幾年來那種徘徊於「圍堵」與「接觸」之間的對華外交混亂，「讓美中關係不但走回常軌，甚至更有開創性」。那麼，長期以來民進黨以美國為最大「保護傘」的考量下所演繹出來的種種臺獨理論和兩岸政策，頃刻之間便都成了「無源之水」和「無本之木」。民進黨將如何自處？是繼續頑固堅守「臺獨黨綱」？抑或加速臺獨轉型？這一攸關民進黨生存發展的重大問題，已急迫地擺在了民進黨人面前，必須盡快抉擇。

對此，民進黨內部顯然有不同回應。許信良公開表示，民進黨已「面對國際社會期待民進黨修改『臺獨黨綱』的壓力」，並認為民進黨不能隨便舉行公投，因為「任意公投等於是向中國宣戰」。郭正亮也認為大陸的「一個中國」已成為國際趨勢，臺方應放棄「主權牌」的「外交語言」，改用「國際主流語言」。民進黨中常會則發表了三項聲明，要求在總統府設立跨黨派的「兩岸事務諮詢委員會」，作為整合島內共識的機制；加強對美關係多元化；全方位與大陸對話，建立「平等」互動關係。這一聲明看來還較為理性、務實。然而候任黨主席林義雄卻宣稱：美國和大陸的交往，不能影響臺灣的利益，臺灣所有的事，也絕不能任由美國和大陸說要怎樣處理就怎麼處理。而陳水扁對美的「新三不」則另有解讀，竟稱：「『不支持』不等於『反對』，臺灣的未來，不在於美國的立場，中共的原則，而是臺灣住民自己決定」云云。對於陳水扁的這種阿Q式的說法，臺大教授張麟徵女士無可奈何地發表評論說：「真是無可救藥！」

從以上四個方面的粗淺分析看來，民進黨在臺獨轉型的困境中還須痛苦地掙扎相當長的一段時間——如果還不是真的「不可救藥」的話。

（「第七屆海峽兩岸關係學術研討會」論文，發表於《臺灣研究論壇》1，摘發於《臺港澳情況》）

民進黨執政之可能性及其對兩岸關係的影響

一、民進黨能否執政將取決於三大因素的互動

民進黨在一九九七年底舉行的新一屆縣市長選舉中擊敗國民黨，取得了該黨成立十一年來從未有過的重大勝利。包括金門、連江在內的二十三個縣市長席位中，民進黨獲得十二席，首次超過了半數。國民黨僅獲八席，且多為離島及邊鄉縣市；民進黨席捲了大部分精華縣市，加上台北市，執政總人口、預算、稅收分別占全島的71.53%、69.24%、83.12%；得票率亦創新高，首次以43.3%比42.1%超出國民黨一點二個百分點，成為島內名副其實的地方政權的第一大執政黨。

通過這次選舉，使國民黨長期以來對臺灣地方政治、經濟的傳統支配地位已然成為歷史，而民進黨所掌握的地方政經資源則急劇膨脹。沒有人可以否認，國民黨的執政危機已經顯現，民進黨上台執政的可能性已大增。

然而，執政「可能性」的大增並不等於執政的「現實」很快就會到來。島內外輿論大都認為，國民黨之所以在這次選舉中慘敗，「主要還是敗在自己手上」，「國民黨摧枯拉朽，是因為國民黨自己渙散了」。客觀而論，島內朝野兩大黨的實力對比，並沒有因為這次地方選舉而發生實質性的逆轉。「民進黨的獲勝，一時之間尚不足以影響國民黨中央的執政地位」。其根本原因，乃是因為地方政權的選舉，主要是圍繞著地方建設和民生福利等公共政策議題進行競爭，選民比較注重候選人的個人形象、操守和能力，所謂「選人不選黨」。由於長期以來處於執政地位的國民黨早已腐敗不堪，積重難返，因而面對選民久蓄於心、普遍希望「換人做做看」的投票心態，國民黨自然愈來愈處於下風。加之「修憲凍省」造成了國民黨的嚴重內傷，削弱了國民黨的整體競爭實力，因而，其敗選勢所必然。而「中央政權」的選舉則有很大不同，由於臺灣政黨政治所具有的特殊

性，統獨問題也即國家認同問題始終成為政黨競爭中無法迴避的核心議題。公共政策固然十分重要，但民意的依歸主要取決於哪一個政黨較能維護臺灣社會的安全、安定和繁榮。因而各政黨的獲票率，較為客觀真實地反映出該黨的政治實力和在島內所擁有的民意基礎。

九十年代以來島內的歷次選舉結果，證明了上述判斷之不謬。在地方政權選舉中，民進黨的獲票率一向超過40%：一九九三年縣市長選舉為41.03%，一九九四年陳水扁勝選臺北市長獲票率為43.67%，一九九七年縣市長選舉為43.3%。而在「中央」層級的選舉中，一九九六年總統選舉民進黨慘敗自不必說，歷次「國代」、立委選舉，民進黨的獲票率始終都無法突破百分之四十的瓶頸：一九九一年「國代」選舉為23.94%，一九九二年二屆立委選舉為36.09%，一九九五年三屆立委選舉為33.17%，一九九六年「國代」選舉則僅為29.85%。上述事實不僅表明，對於「地方政權」和「中央政權」這兩個不同層級的選舉，島內民眾的投票取向的確有很大差別，同時也反映出國、民兩黨的獲票率雖有浮動，但已相對穩定。如果島內政壇的政治生態和政黨的政治取向不出現實質性的變化，國、民兩黨所擁有的政治實力和社會基礎發生戲劇性突變的可能性不大。

端看島內政局的演變發展，筆者認為，民進黨能否突破目前臺灣政壇的這種「動態平衡」，早日實現夢寐以求的全面執政，將主要取決於以下三個方面主客觀因素的互動：

（一）民進黨自身的「政黨轉型」能否成功。

（二）國民黨是否致力於改革，以及中生代是否成功整合。

（三）新黨能否擺脫困境，在日後的政黨競爭中繼續起「關鍵少數」的作用。

在上述三方面因素中，主觀因素也即民進黨自身「政黨轉型」能否成功，將起決定性作用。

二、民進黨「政黨轉型」已面臨瓶頸

民進黨致力於「政黨轉型」已有經年，其主要內容包括以下四個方面：

（一）在政治理念上，淡化臺獨訴求，重新解釋「臺獨黨綱」，調整大陸政策，以圖改變「臺獨黨」形象。

（二）在鬥爭策略上，放棄街頭抗爭和在「國會」議場上的「肢體衝突」，實行「政黨合作」，緩和族群矛盾，以圖改變「暴力黨」形象。

（三）在產業政策上，向工商企業界靠攏而與勞工和弱勢團體漸行漸遠，推出一整套發展經濟的政策訴求，以改變「反商」形象。

（四）在組織發展上，推行黨務革新，制定黨內「遊戲規則」，以加強黨內團結，提高黨的凝聚力和競爭力。

平心而論，民進黨上述四個方面的轉型確已收到了不同程度的正面效果。一九九七年底縣市長選舉民進黨取得勝利，即表明了島內民眾對民進黨近幾年來致力於「政黨轉型」的某種肯定與鼓勵。然而島內外有識之士也無不指出，民進黨的轉型尚處在低級階段，還遠談不上已經成功，距離許信良的所謂臺灣社會「主流價值」還相去甚遠。其中特別是影響全局、牽涉到民進黨結構性轉變的臺獨轉型，也即如何妥善處理「臺獨黨綱」這一重大問題，種種跡象表明，目前已面臨瓶頸，短時間內難望突破：

跡象之一：自從四年前張俊宏鑒於陳定南、陳水扁參選省、市長一正一反的經驗教訓，務實地提出修改「臺獨黨綱」的建議遭到黨內的群起圍攻之後，民進黨內就再也沒有人敢於觸碰「臺獨黨綱」。一九九七年縣市長勝選後不久許信良出訪美國，只不過宣稱「臺獨黨綱」已是民進黨的「歷史文獻」，便立即引起黨內的強烈反彈。迫於壓力，返臺後許信良不得不違心地改稱他只講過「臺獨黨綱」是民進黨的「歷史性文獻」云云。

跡象之二：有「轉型發動機」之稱、率領民進黨打贏了一九九七縣市長「跨世紀選戰」的黨主席許信良，不僅未能得到全黨上下的一致肯定和擁戴，相反，卻在黨內的強大壓力下，不得不黯然宣布一九九八年他將「不參選任何黨職和公職」。而臺獨色彩相對濃厚得多、且在民進黨「轉型」過程中幾乎事事都和許信良對著幹的林義雄，卻以絕對優勢擊敗黨內的另一位「務實獨派」代表人物張俊宏，被擁上黨主席寶座。此外，民進黨「轉型」的另一部「發動機」——前任黨主席施明德，則在年初舉行的黨內立委初選中「敬陪末座」，險些出局。

跡象之三：二月中旬曾經轟動一時的民進黨「中國政策」大辯論，雖然最終達成了「強本西進」、「全方位談判」等多項共識，但在五月中旬的民進黨中常會上，這些共識並未被通過而形成該黨的政策，僅僅作為大陸政策的「參考性」文件而已。再有，七月下旬祕書長邱義仁的首次大陸之行計劃曝光之後，「各方『關切』電話不斷，有人委婉相勸，有人破口大罵」，黨內責難之聲不絕於耳，使邱義仁備受困擾。更有甚者，不久前「林滴娟事件」發生後，民進黨竟然大作「政治文章」，要求大陸方面作出各種不切實際的承諾，「否則將降低與大陸文化、體育交流層次」，甚至有人揚言要與大陸「全面斷流」。

跡象之四：林義雄剛剛當選黨主席，便在接受日本《產經新聞》記者專訪時公開宣稱：「臺灣獨立建國必須由公民投票決定。」擺出一副與前任黨主席許信良迥然相左、堅持「臺獨黨綱」的架勢。並在八月一日新舊黨主席交接典禮上，聲稱民進黨應「對臺灣和中國的關係保持高度謹慎」，鼓動「所有居住在臺灣的人民……共同創造一個屬於自己的國家」。更為值得關注的是，最有望成為下屆民進黨總統候選人的陳水扁，不僅近年來一再鼓吹「公投臺獨黨綱」，反對兩岸談判和直接「三通」，更於近日在一次研討會上公然表示，他與「建國黨」的「理想目標一致」，要實現「臺灣中國，一邊一國」，並稱，「年底選舉後，民進黨主導建立聯合內閣，對像是建國黨並不是國民黨、新黨」云云。

跡象之五：今年六月下旬柯林頓在上海重申美國「新三不」政策後，民進黨內反彈強烈，林義雄宣稱：美國和大陸的交往，不能影響臺灣的利益，臺灣所有的事，也絕不能任由美國和大陸說要怎樣處理就怎麼處理。而陳水扁竟稱：「『不支持』不等於『反對』，臺灣的未來，不在美國的立場、中共的原則，而是臺灣住民自己決定。」仍頑固堅持「住民自決」的臺獨主張。

上述情況表明，近幾年來民進黨菁英在臺獨主張上雖然已紛紛進行務實轉型，但民進黨的社會基礎並未隨之而同步轉型，兩者之間在認知上存在著相當大的落差，黨內反對轉型的保守勢力仍相當強大。而民進黨內各派系和菁英之間，在臺獨轉型的具體政策、策略考量上，也存在著程度不同的分歧。加之派系之間乃至個人之間的利益之爭相互糾纏，造成內鬥不休、步調不一，從而使轉型大打折扣。因此，可以預料，民進黨在短期內難望其妥善處理「臺獨黨綱」，實現臺獨主張的實質性轉型。

島內輿論早已指出，民進黨是否放棄臺獨立場，已成為該黨能否走上執政的關鍵。《中國時報》社論說：「民進黨愈接近執政，愈須對兩岸關係和大陸政策做出負責任的政策定位，這一關亦是民進黨突破執政框限的主要因素。」《臺灣時報》社論也說：「民進黨所最不能為人民放心的，非執政的能力或人才的形象，而是所謂的臺獨黨綱，雖然此一臺獨黨綱有公民投票的前提，但國民黨乃至中共或美、日等國莫不視『臺獨』為臺海和平威脅的『引信』」，雖然「各派系龍頭均已多次宣示『民進黨執政不會也不必再宣布臺灣獨立』，但這些宣示並未化解上述的臺獨疑慮。」就連許信良也坦承：縣市長選舉民進黨獲勝，「證明臺灣人民已放心把地方政府交給民進黨，但人民還不放心把中央政府交給民進黨，因為只要一旦涉及國家安全問題，人民對民進黨就不放心。」因此，如果從這一角度來看，民進黨在短期內難以獲得島內多數民眾的認同和支持而走上全面執政。

三、國民黨的改革和中生代的整合不容樂觀

民進黨能否走上執政的另一重要觀察指標是，國民黨面對執政危機是否能真正痛下決心、洗心革面、重整再造，以及中生代能否成功整合。

眾所周知，國民黨由於長期執政而背負著十分沉重的「包袱」。所謂「包袱」，即國民黨在執政過程中的諸多失誤所造成的在內政、「外交」、兩岸關係等各個方面的種種弊端。在激烈的政權攻防戰中，所有這些失誤和弊端，都將不可避免地成為在野黨攻擊的「箭靶」，而使執政的國民黨處於不利地位。但是，國民黨更有其令在野黨無法望其項背的優勢，也即正因為國民黨長期執政，使其累積起了龐大的政治、經濟資源。國民黨若能善用這些資源優勢，同時又能審時度勢，調整其錯誤政策，銳意革新，並凝聚全黨力量，那麼按理說，尚未完成「政黨轉型」的民進黨，是難以在短期內從根本上撼動國民黨的執政地位的。

然而，在李登輝主控下的國民黨實際情況並非如此。面對日益嚴重的執政危

機，李登輝雖然也一再高喊「改革」，但李登輝的所謂「改革」，只不過是其用來排斥異己、任人唯親、鞏固權力的代名詞而已。近年來，李登輝主導下的最大膽的「改革」措施，莫過於強行「修憲凍省」，其結果卻造成了國民黨中生代的分裂和基層「樁腳」的嚴重分化、離心離德。近幾年來，李登輝內政不修，致使島內金權政治日盛一日，掃黑「愈掃愈黑」，惡性治安事件層出不窮，人心惶惶，經濟低迷不振，環保問題日趨嚴重，行政效率不彰，民眾怨聲載道，不滿情緒日增。李登輝一心熱衷於所謂「務實外交」，聲稱要「向不可能的事物挑戰」，其結果卻造成了海峽局勢的急劇動盪，「外交」空間日趨萎縮，被國際社會視為亞洲地區的「麻煩製造者」。在兩岸關係方面，則頑固堅持倒行逆施的「戒急用忍」經貿政策，拒絕「三通」和政治談判，致使兩岸關係持續僵化、難以突破。

如前所述，一九九七年縣市長選戰國民黨之所以慘敗，主因並不在於民進黨有多強，而在於國民黨自己的失策與渙散。然而時至今日，面對年底的「三合一」選舉和二〇〇〇年總統大選，人們看到，李登輝國民黨卻依然故我，毫無長進。如此，尚未轉型成功的民進黨短時期內雖然在「理論上」難以走上執政，但在「實踐上」卻並非沒有趁虛而入、撿國民黨「便宜」而奪取政權之可能。

在危機意識的驅動下，原本「不知為何而戰」、於去年退出政壇的馬英九，在最後時刻宣布「重披戰袍」，出馬競選臺北市長。而對李登輝滿腔怨恨、正在猶豫不決的吳敦義，因此也隨之跟進宣布參選連任高雄市長。這「北馬南吳」最佳搭配的最終形成，一時間著實使國民黨低迷的選情為之大振，而給民進黨造成了相當大的衝擊。然而，種種跡象均表明，馬、吳二人宣布出山，並不表明國民黨的裂痕已得到彌補、中生代已停止爭鬥整合成功。況且，從島內最新民調分析，馬英九勝選的前景並不十分看好，而吳敦義雖有一定優勢，但欲擊敗謝長廷也難免會有一番苦戰。

影響全局的關鍵性戰役是臺北之戰。倘若陳水扁敗選，民進黨勢必士氣頓挫，二〇〇〇年總統大選可以說基本上已提前出局，因為屆時民進黨無論推出任何一組人馬，恐怕都已不是國民黨的對手。相反，假若馬英九真的敗下陣來，國民黨前景則極其不妙：因為按照目前態勢，很明顯屆時國民黨唯有推出宋楚瑜才有望擊敗陳水扁而保住政權。但李登輝會支持宋楚瑜嗎？國民黨黨內的「擁連派」會善罷甘休、輕易退選嗎？答案顯然是否定的。如此一來，國民黨總統候選人的黨內初選定會有一番你死我活的惡鬥，其結果中生代極有可能發生公開分裂。如同一九九六年「大選」時那樣，國民黨系統分別擁出兩組乃至兩組以上人馬參與「大選」。鷸蚌相爭的結果，國民黨原本占有優勢的票源，將會分散流失，而民進黨則勢將坐收漁翁之利，恐怕不僅不會再重演一九九六年「大選」時李登輝高票當選的結局，而只能將政權拱手讓給民進黨了。

不過，「塞翁失馬，焉知非福？」如果從另一角度來思考，或許年底的「三合一」選舉正是促使國、民兩黨失敗的一方痛下決心進行政黨轉型改革的機會：倘若國民黨失利，屆時在「覆巢之下無完卵」的危機意識下，也可能會促使中生代捐棄前嫌，攜手合作，共禦大敵，並設法盡早擺脫李登輝陰影，逐步調整內外政策，推動國民黨的重整再造。那麼，即便暫時丟失政權，也有望早日重新奪回。而民進黨如若敗選，則將對其堅持的臺獨主張產生強烈衝擊，或許屆時才有可能迫使該黨重新思考、真正認真嚴肅面對「臺獨黨綱」問題。否則，民進黨靠國民黨的腐敗而暫時撈到「便宜」，只會延緩其處理「臺獨黨綱」，從長遠來看，這對民進黨自身的發展並沒有任何好處。

四、新黨面臨困境但不致變成「無用少數」

由於國、民兩黨的聯手夾殺，以及近年來黨內持續不斷的嚴重內訌，目前新黨的生存發展已面臨困境。一九九七年縣市長選舉這一重振新黨雄風的大好時機已經痛失，如今面對年底的「三合一」選舉，儘管趙少康等重新出山，苦心孤旨，奮力經營，但迄今為止，各種指標均無不顯示：新黨未戰而敗局已定，充其量只是敗多敗少、敗得是否太難看的問題。

不過話又說回來，新黨雖面臨困境，但並不等於已失去「關鍵少數」的作用。舉一個現成的例子：如果年底王建煊在關鍵時刻宣布退選臺北市長，那麼，陳水扁就必定敗在「小馬哥」手下無疑！而今馬英九之所以選情不被看好，在很大程度上便是因為王建煊的堅不退選。島內輿論普遍預測，陳、馬二人，勝敗之間僅差幾萬張票而已。

據各方評估，年底選舉新黨仍有望得到百分之四至九的獲票率。何況未來島內外政局變量仍多，新黨菁英若能痛定思痛、全黨一心、銳意改革，也並非全然沒有重新崛起的機會，至少在短期內還不致淪為「泡沫黨」而變成所謂的「無用少數」。因此，在未來的新一屆立法院中，以及在二〇〇〇年「大選」中，新黨與國、民兩黨的互動關係仍不可忽視。就發展趨勢而言，隨著後李登輝時代的到來，國、新兩黨之間的矛盾分歧有可能會趨於緩和乃至逐漸減弱，從而使兩黨的合作空間增大。而由於民進黨在短時間內難望其放棄臺獨訴求，主張統一的新黨在國家認同問題上仍將與民進黨存在難以調和的根本矛盾與對立。因此，民、新兩黨未來合作的空間相對較小。從這一角度來說，新黨的存在與發展對民進黨謀求走上執政顯然弊大於利。

綜合以上三方面主客觀因素及其互動，似可得出結論：民進黨雖然「理論上」在短期內走上全面執政的可能性較小，但從「實踐上」來看並非完全沒有可能；一九九八年底的立委和北、高兩市長選舉將是關鍵的觀察指標，目前的任何預測似乎都還言之過早。

五、民進黨執政對兩岸關係的影響

由上所述，「理論上」民進黨短期內難望走上執政，但「實踐上」民進黨卻有可能僥倖取得勝利，那麼，堅持臺獨主張的民進黨一旦上台執政，將對兩岸關係產生何種影響？這是近年來海內外各方十分關注的問題。對此，筆者有如下初步觀察與評析：

（一）主導和影響兩岸關係演變的關鍵因素是什麼？一是中國大陸的穩定與發展；二是臺灣民眾求穩怕亂、反對臺獨、要求「維持現狀」的普遍心態；三是國際社會特別是美、日等國對「一個中國」立場的支持。只要上述三方面因素所營造的大環境沒有變化，則無論島內哪一個政黨上台執政，也不論何人登上總統寶座，儘管可能會有曲折和鬥爭，但兩岸關係的緩和發展、中國和平統一的總趨勢是不可能逆轉的。事實上，近幾年來民進黨在臺獨主張上不得不進行「務實」轉型，正是居於這一大的背景。而且可以預料，只要民進黨仍想上台執政，或僥倖奪取政權後欲穩固其執政地位，今後該黨的臺獨轉型就必須繼續前行。

（二）有輿論認為，「主張臺獨的民進黨絕對比主張統一的李登輝要容易溝通得多」，「民進黨的大陸政策更為合理，也更具彈性」。表面看來此論似乎有其一定道理，但稍加思量卻未免失之偏頗。因為：

其一，民進黨近年來調整大陸政策，主張「強本西進」和「全方位談判」，各派系龍頭紛紛訪問大陸，在緩和和發展兩岸關係以及謀求與大陸接觸溝通方面，確實表現出較前「靈活」、「務實」和「積極」的姿態。應當承認，這對國民黨保守僵化的大陸政策也確實是造成了一定的衝擊，對兩岸關係的發展有正面效果，值得歡迎和肯定。但同時也應當看到，只要民進黨仍然堅持「臺獨黨綱」，其大陸政策從本質上來說就不可能是真正「積極」的、「務實」的，更不能說是「合理」的。民進黨人將「大陸政策」稱之為「中國政策」，其本身即已標明該黨將兩岸關係定位為所謂「國與國」之間的關係。試想，如果民進黨一旦上台執政，勢必在「臺灣主權獨立」方面比國民黨更無轉圜空間，兩岸間的談判和接觸交流，必定比目前更難有實質進展和突破。那麼，民進黨在上台執政之前為討好選民、與國民黨爭奪執政權所制定的大陸政策，無論是「強本西進」、「全方位談判」也好、「三通」也罷，都會因缺乏「操作性」而變成一紙空文，難以貫徹實施。

其二，目前兩岸僵局固然與李登輝個人剛愎自用的性格有直接關係，但李登輝的僵化的大陸政策之所以得以推行至今，關鍵在於這種政策在島內還有相當的社會基礎，否則恐怕它一天也難以維持。因此，如果推行這種政策的社會基礎不發生根本上的變化，即便換了另外一個黨或另外一個人主政，兩岸關係表面上或許會有所改善，但可以預料，總體上、實質上卻難望有重大突破。這也正是中國和平統一何以要「更寄望於廣大臺灣民眾」，而不是寄望於某個政黨或「賢人智者」的道理之所在。

（三）民進黨是個「草根性」很強的臺灣本土政黨，大多數民進黨領導人「島民意識」濃厚，格局過小，眼光短淺，容易偏激走極端。加之長期接受國民黨的反共仇共教育而又缺乏大陸經驗，對大陸一知半解、心存偏見，更談不上處理兩岸關係的實際經驗，政治上還很不成熟而又堅持臺獨。因此，民進黨如上台執政，在與大陸打交道的過程中難免對形勢研判錯誤、處置失當，從而人為地給兩岸關係帶來負面影響。此次民進黨在處理「林滴娟事件」過程中所表現出來的「手法簡單、過分、目的不良」，便是明證。

（四）十多年來，民進黨為落實臺獨理念，始終不遺餘力地推行所謂「新臺灣運動」，從政治、思想、文化、教育等各個層面向臺灣民眾拚命灌輸「臺灣人命運共同體」意識也即臺獨意識，企圖以此割斷海峽兩岸血肉相連的中華文化臍帶，營造臺獨的文化、心理、社會大環境，擴大臺獨的社會基礎。試想，如果民進黨全面執政，勢必會利用他們手中掌握的公權力，採用各種行政手段，愈加肆無忌憚地繼續推行其「新臺灣運動」，從而不僅會引起島內統派勢力的強烈反彈，加劇臺灣內部的統獨之爭，同時也難免惡化兩岸氣氛，造成臺海局勢的緊張。

總之，倘若民進黨在臺獨轉型尚未成功的情況下僥倖上台執政，儘管兩岸關係緩和發展的總趨勢不致發生逆轉，但勢必會增加變數，平添曲折，從而使兩岸關係愈加呈現出複雜性和不穩定性，這決非兩岸同胞之福。

（臺灣夏潮基金會在臺北舉辦的「一個中國面面觀」學術研討會論文，發表於《臺灣研究論壇》，摘發於《臺港澳情況》）

一九九八年民進黨述評

打贏了一九九七年底縣市長選戰的民進黨，以「跨世紀準執政黨」自許，滿懷信心地跨入一九九八年。一年來，民進黨為早日邁上執政，相繼頒布了一系列引人注目的政黨轉型新措舉；經過中央權力機構的換屆選舉，黨內的政治生態、派系互動及權力分配等各個方面均發生了重大變化；然而在年底「三合一選舉」的關鍵一戰中，民進黨卻遭受嚴重挫敗，從而使該黨「邁上執政」的勢頭頓挫。由此，民進黨進入其發展的「盤整期」。

一、「政黨轉型」措舉引人注目，但「治標」不「治本」實質效果有限

「政黨轉型」是民進黨一九九八年活動中的重要內容，一年來該黨相繼推出了一系列引人注目的新措舉。

（一）「中國政策」大辯論

進入一九九八年後，民進黨活動中的頭一件大事，即於二月十三日至十五日舉辦了該黨成立十二年來的首場「中國政策」大辯論。

民進黨選擇這個時候舉行「中國政策」大辯論有其深刻的內外背景：從島內因素來看，是為打贏年底的「三合一選舉」，試圖破解國民黨「大陸政策安定牌」、奪取島內執政權的需要；從黨內因素來看，是面臨執政前景、急欲整合派系矛盾的需要。同時也是黨主席許信良與臺北市長陳水扁爭奪黨內主導權的反映；從國際因素來看，是為因應一九九七年十月江澤民訪美後美國調整兩岸政策、以適應美國戰略利益的需要；而從大陸因素來看，則是為配合國民黨「獨臺」勢力、對抗中共十五大後新的和平統一攻勢的需要。

這場大辯論以「美麗島系」為甲方，「新潮流系」、「正義連線」、「福利

國連線」為乙方，分別就所謂「後冷戰時期國際新秩序對臺、中關係的影響」、「臺、中雙邊協商與互動關係的策略規劃」、「兩岸經貿關係發展與加入世界貿易組織的挑戰與因應對策」，這三大議題展開了為期三天的激烈辯論。

辯論結果，雙方達成以下四項基本共識：（1）兩岸應該談判，但不能將「主權」作為談判標的；（2）採取「全方位談判」策略；（3）實行「政府對政府談判」，反對「黨對黨談判」；（4）兩岸經貿往來實行「強本西進」政策。

這場大辯論受到島內外的普遍關注和好評，達到了預期目的：

1.民進黨開島內政壇之「先河」，首次運用這種公開大辯論的方式來處理黨內分歧，收到了「一箭三雕」的效應：一方面使該黨在島內民眾心目中樹立起了「理性、務實、民主」的良好政黨形象；同時反過來又突顯其主要競爭對手國民黨決策機制的獨裁與不民主；另一方面還因這場大辯論吸引了不少外國駐臺機構和新聞媒體到場旁聽採訪，從而擴大了民進黨的國際知名度。會後，島內媒體紛紛發表評論表示肯定，認為：「民進黨能以如此高度民主的研討會來探究高度敏感而高難度的議題，本身即是一個極為重大的民主成就。」稱讚民進黨勇於面對內部衝突，是「成熟的表現」，「是令人刮目相看的歷史性創舉」。

2.民進黨內各派系間長期以來在兩岸政策主張上的矛盾分歧，經過這場為期三天的坦誠激烈的正面交鋒和理性溝通與探討，互相啟發、互相補充修正，最終達成了多項重要「共識」，使該黨的大陸政策主張得以初步整合，從而暫時修補了裂痕，加強了黨內團結。

3.辯論達成的多項「共識」，較之民進黨以往消極的兩岸政策主張有了明顯進步，從而對國民黨當局保守僵化的大陸政策造成了一定的壓力和衝擊；同時也有助於民進黨以此為籌碼，向臺灣進一步要求提升其在制定大陸政策時的「發言權」和在兩岸事務中的「參與權」。

然而，這場大辯論的嚴重侷限性也是顯而易見的：

1.辯論是在絲毫不觸動海內外輿論最為關注的「臺獨黨綱」的前提下進行

的。也就是說，它所取得的多項「共識」，無論是「全方位談判」也好、「強本西進」也罷，都不過是為了對抗中國大陸的和平統一攻勢、應付國際社會的「促談」壓力以及島內民眾迫切要求緩和、發展兩岸關係的壓力所作出的一種策略性的調整而已。其政策核心仍然是該黨一貫堅持的「一中一臺」理念，因而具有典型的分裂性和保守性。

2.這場大辯論雖暫時緩解了黨內矛盾，但沒有也不可能從根本上消除在兩岸問題上派系間長期以來存在的嚴重分歧。加之因黨內最具影響力的臺北市長、正義連線龍頭陳水扁拒絕出席，而其他黨籍民選地方首長也未與會，使這場辯論會所達成的「共識」大打折扣。因此，辯論會所達成的「共識」在會後不久召開的民進黨中常會上，並未形成黨中央的正式決議而僅僅作為「政策參考」。

（二）產業政策研討會

一九九八年民進黨推動「政黨轉型」的又一項重大措舉，是在四月二十四日至二十六日舉辦了另一場大型的重要會議——「產業政策研討會」。不言而喻，如果說民進黨舉辦「中國政策」大辯論是意在消除外在對民進黨「沒有大陸政策」的刻板印象、以破解國民黨的「大陸政策安定牌」，那麼，舉辦「產業政策研討會」，則是為了扭轉島內工商企業界長期形成的民進黨「沒有產業政策」和「反商」不良形象所做的努力。

平心而論，自從民進黨致力於政黨轉型並將訴求重點轉向公共政策之後，對於和工商企業界的溝通以及產業政策的研究與制定，一直比較重視。而且事實上在民進黨執政的縣市，大都比較重視鼓勵工商投資，維護工商企業界的利益。因此，簡單地質疑民進黨「反商」，說該黨「沒有產業政策」，其實並不公允。然而問題在於：「民進黨可以無爭議地訂定產業基本主張，但落實到具體個案時卻出現爭議。」也就是說，儘管民進黨主觀上很重視制定產業政策，但一遇到具體的產業問題時卻往往意見分歧，從而使民進黨的「反商」形象始終揮之不去，難以取得島內工商企業界對其執政的信任。一九九七年縣市長選舉民進黨獲勝後的第一個星期一，臺灣股市暴跌，即典型地反映了島內民眾的這種心態。而隨後不久，因「濱南開發案」和「拜耳投資案」所引發的民進黨內的劇烈爭議，更進一步強化了工商企業界對民進黨執政的疑懼。於是，平息黨內紛爭、凝聚黨內共識、制定出一套能夠被工商企業界普遍認同的產業政策，特別是在處理具體產業問題上的行之有效的方法，顯然已成為民進黨走向執政必須嚴肅面對並極待解決的問題。

與「中國政策」大辯論不同，出席這場研討會的人員範圍很廣，不僅有民進黨中央領導人、各派系頭面人物、黨籍立委和縣市長，而且還特別邀請了島內工商企業界和學術界人士參加。會議主要就「臺灣的經貿走向」、「臺灣產業升級」和所謂「國土規劃及產業政策」這三大議題進行了為期三天的辯論和研討。

會議最終達成以下九項共識：關於「臺灣經貿走向」：（1）「國家」在產業政策中扮演重要角色；（2）臺灣發展為亞太市場整合者，是現階段對臺灣高科技及中小企業的最佳策略；（3）解除特許及「國營」事業的壟斷局面，使臺灣服務業得以迅速升級。關於「臺灣產業升級」：（1）民進黨將推動「環評法」的修正；（2）以市場公平競爭機制促進產業升級轉型；（3）創造新的經濟誘因以追求高附加值低汙染低耗能的產業為臺灣未來產業發展的主軸。關於「國土規劃及產業政策」：（1）「國土」規劃不是為了配合產業發展；（2）民進黨主張建立規劃與發展的總責機構。建構「國土」的總體政策，以整合制度法令的規劃與執行；（3）落實城鄉均衡發展。

會議召開首日，許信良宣稱：舉辦是次研討會的目的，是「終結反商情結，確立務實產業政策」。然而會議結果表明，民進黨並未達到預期目的：

1.對於民進黨舉辦的這場研討會，島內工商企業界反應冷淡，大多數重量級人物並未到場，黨內各方面人士出席也不踴躍，一些場次甚至出現「媒體記者比與會者還多」的怪現象，與兩個月前召開的「中國政策」大辯論那種熱烈情景不可同日而語。島內媒體對於研討會的報導也興趣缺缺，因此未能引起社會各界的廣泛關注而形成研討會組織者所希望達到的「轟動效應」。

2.儘管提交研討會的論文或書面報告數量不少，但真正有份量的為數不多，大都空喊口號或重複國民黨當局以往宣示過而因種種原因尚未實施的產業政策而已。為期三天的研討會既未對當前臺灣經濟發展中存在的諸多弊端及其產生的原因，以及面臨的挑戰與機遇進行深入的探討和系統的分析，更未提出一套真正切中時弊而行之有效的對策性建議。會議本身及其所達成的共識，更多的是給人予空泛的「政策宣示」和作秀之感。難怪島內媒體評論說：「迄今為止民進黨似乎還沒有準備好執政，拿不出具體的產業政策。」

不過，民進黨通過舉辦此次研討會也有所收穫：

1.研討會召開本身及其所達成的諸多共識，向島內民眾特別是工商企業界表明了民進黨對產業發展的重視，這對於扭轉該黨「反商」、「沒有產業政策」的不良形象確有一定的積極作用。

2.研討會的召開加強了民進黨與工商企業界的交流、溝通、瞭解與聯繫，有助於促進民進黨內部各派系對產業政策的重視與研究，給該黨未來凝聚共識，制定出一套能得到工商企業界普遍認同與支持的「產業政策」打下了基礎。

（三）「七一聲明」

一九九八年中民進黨在「政黨轉型」方面更值得重視的乃是該黨發表的「七一聲明」。

六月下旬，柯林頓訪華期間在上海公開重申美國政府的對臺「三不政策」，即：「不支持『臺灣獨立』，不支持『兩個中國』或『一中一臺』，不支持臺灣取得以國家身分加入的國際組織會籍。」美國政府的這一宣示猶如一顆重磅炸彈，立即在臺灣政壇特別是對民進黨造成了強烈震撼。為因應這一重大變局，七月一日民進黨召開中常會並隨即發表聲明，其要點為：（1）臺灣為獨立主權國家的事實有利於臺灣的生存發展，必須建立共識，努力維持；（2）任何改變「臺灣獨立」現狀的要求都必須經由臺灣全體住民以公投方式認可；（3）民進黨將繼續推動臺灣加入聯合國及附屬國際組織活動；（4）「一國兩制」根本不適用於臺灣；（5）盡快在總統府下成立跨黨派的兩岸事務諮詢委員會作為整合「國內」共識的機制；（6）全力加強美臺關係；（7）全方位與「中國」展開對話，建立平等互動關係，民進黨應充分參與對話。

民進黨的「七一聲明」之所以值得高度重視，乃因為：

1.該文件以民進黨中常會的名義對外公開發表，它系統全面地反映了民進黨內各派系對臺灣前途及兩岸關係政策主張上的「共識」，這和以往民進黨領導人「自說自話」、片言隻語地解釋「臺獨黨綱」或單方面表達個人對兩岸關係的政策主張有本質上的區別。因此，該文件更具權威性和嚴肅性。

2.七點聲明中最值得注意的核心主張是其第二點，即所謂「任何改變臺灣獨立現狀的要求都必須經由臺灣全體住民以公投方式認可」。該主張認定「臺灣獨立」已是「現狀」，「維持現狀」就是「維持臺獨」。也就是說「民進黨已不必也不會宣布臺獨」，這等於將前主席施明德三年前提出的並曾在黨內引起強烈質疑的有關主張予以肯定並提升為黨的共識。再者，該主張認為要「改變臺灣獨立現狀」才需要「公投」，這種提法已和民進黨黨綱中的臺獨條款——「建立主權獨立自主的臺灣共和國暨制定新憲法，應交由臺灣人民以公民投票方式選擇決定」，有著實質上的差異。實際上表明民進黨已由「黨綱」中的「臺獨公投」轉向「統一公投」。即由「破壞現狀」轉變為「維持現狀」；由「進攻」轉為「防禦」。

誠然，民進黨的「統一公投」主張淡化了原有的「臺獨公投」訴求的「激進性」，但從本質上來說並未真正拋棄其一貫堅持的臺獨理念，因此，對其改變「臺獨黨」的形象、爭取島內民眾的認同與支持仍效果有限。

（四）加強與大陸的接觸交流

「中國政策」大辯論之後，民進黨即已開始加強與大陸的接觸與交流。二月中旬，該黨「中國事務部」主任顏萬進隨海基會副祕書長李慶平率領的法政代表團赴大陸參訪。四月，陳水扁市府團隊重要幕僚羅文嘉也訪問了北京、西安、上海等地。「七一聲明」發表後，面對新的形勢，民進黨內主張與大陸全面接觸已成為共識，公職與派系大老紛紛走訪大陸。七月上旬，新潮流總幹事、曾參與起草「臺獨黨綱」並一向反對公職人員訪問大陸的黨籍立委吳乃仁、洪奇昌等來大陸參訪。七月下旬，黨中央祕書長邱義仁等一行七人又力排眾議，應邀赴廈門參加兩岸經貿問題研討會。由於邱義仁是近五十年來臺灣朝野政黨中訪問大陸的「現任黨職最高人員」，更是民進黨創黨近十二年來訪問大陸的「最高層級主管」，因此引起了海內外輿論的普遍關注，臺灣媒體稱之為「歷史性的突破」。此外，黨主席許信良、文宣部主任陳文茜也表示卸任後將參訪大陸。而臺北市長陳水扁則通過各種渠道，多次表達訪問大陸的意願。就連候任黨主席林義雄也表示贊成黨內人士以私人身分訪問大陸，並稱如中常會決議，他也願在任內率團往訪。辜振甫參訪大陸確定後，民進黨中常會作出決議，向臺灣表達了參加「辜汪會談」的強烈意願。

上述情況表明，民進黨已不甘心在兩岸事務中繼續充當消極的「缺席者」，正擺開積極的姿態與國民黨競爭。

然而，民進黨畢竟是政治上很不成熟的政黨，在短時間內欲擺脫意識形態的束縛並消弭黨內派系乃至菁英之間對策略認知上的歧異與惡性競爭更非易事。因此，七月下旬當民進黨籍高雄市議員林滴娟在大陸遇害事件發生後，剛剛決定要與大陸展開「全方位交流」的民進黨，竟然在黨內菁英之間又引發了一場是否要與大陸「全面斷流」的爭論，從而突顯了民進黨內在「中國政策」上的「共識」極其脆弱。再有，十二月五日，民進黨籍臺南市長張燦鍙在該市舉行的立委選舉投票中，公然以「是否贊成被中華人民共和國統治」為題，同步進行非法的所謂「公民投票」。該事件雖然影響有限，但卻典型地反映了民進黨內確實存在著一股抵制轉型的逆流。

由以上敘述可知，民進黨在一九九八年中推出的一系列轉型措舉雖然引人注目，但由於「治標」不「治本」，存在很大的侷限性，因而實質效果有限。

二、黨中央權力機構換屆選舉，黨內政治生態、派系互動與權力分配發生重大變化

民進黨一九九八年活動中的另一件大事，是黨中央權力機構的換屆選舉。

（一）黨主席爭奪戰空前激烈，林義雄高票當選

在派系林立的民進黨中，黨主席一職歷來是各派系及實力人物覬覦的目標。特別是近幾年來，隨著民進黨在島內政治版圖中的勢力範圍日趨擴展，執政前景看好，各派系及實力人物獵取黨主席寶座的慾望也隨之「水漲船高」。黨主席寶

座的爭奪戰已儼然成為黨內重量級人物之間通向「總統之路」的「前哨戰」。近年來許信良與陳水扁之間的明爭暗鬥，其源蓋出於此。

一九九七年底縣市長選舉民進黨獲勝後，陳水扁為達到掌控黨機器的目的並為日後競選總統鋪路，不惜採取各種手段終於迫使許信良宣布退出下屆黨主席競選。此後，他又採用「模糊戰略」，始終不肯明確表態究竟是否參選黨主席，而將黨內其他有意角逐黨主席的蔡同榮、張俊宏等人玩於股掌之中，以至引起黨內外的側目。一直拖到二月二十五日，陳水扁才正式對外表態「不參選黨主席」，但卻轉而全力支持林義雄參與角逐黨主席，以達到日後間接掌控黨中央的目的。

經過反覆折衝之後，最終正式登記參選黨主席者計有林義雄、張俊宏、顏錦福、呂秀蓮、陳文茜和黃富六人。但其中真正有實力問鼎者其實只有林、張二人。在其後舉辦的三場候選人電視辯論會上和在整個競選過程中，各候選人一方面違心地「推崇」對方，以虛偽的「君子風度」包裝自己；另一方面又自吹自擂，向黨員極力推銷自己是黨主席的「最佳人選」。而各派系龍頭雖宣稱「尊重黨員的自主意識，不支持特定人選」；實際上卻互揭傷疤、明裡暗裡支持自己屬意的特定候選人，從而使這場權力爭奪戰呈現出「外表冷漠，內心狂熱」的奇異景觀。

五月二十四日投票日，民進黨內選舉惡質化的本性終於原形畢露：一些地方派系頭目，或一人拿著數十人的黨證代他人投票；或花錢買票，甚至傳出以五百萬元買「團體票」的醜聞；更有人在短時間內連換幾套衣服多次投票，以至選戰重鎮高雄市引發了一起砸毀票箱的惡性事件。民進黨中常會不得不作出決定：由中央黨部直接操作，於六月七日在高雄市重新投票。

六月七日，歷經半年之久的激烈較量，民進黨第八屆黨主席直選終於塵埃落定：林義雄以三萬一千六百七十四票對張俊宏一萬四千九百七十三票的絕對優勢勝選。

（二）召開「八全大會」，改組中央領導機構

七月十八日至十九日，民進黨接著又舉行了為期兩天的第八屆黨代表大會。會議的重頭戲是改組黨中央權力核心，選舉下任中執委、中常委、中評委。這次

共計六十六人搶攻三十席中執委，再由中執委選舉產生十席中常委。各派系實力人物經過一番緊張的固票、拉票、換票之後，權力核心順利改組。十位中常委中，美系有張俊宏、林豐喜、邱儀瑩；正義連線有陳水扁、余政憲、陳哲男；新系有劉世芳、吳乃仁；福利國連線有蔡同榮、張俊雄。加上直選出的黨主席林義雄，民進黨第八屆中央領導機構的換屆選舉至此宣告完成，並於八月一日正式就職。

（三）對中央權力機構改選的觀察與評析

1、民進黨將黨主席選舉方式由歷屆的黨代表間接選舉改由全體黨員直選，本意是想藉此樹立該黨民主、公平、公正、透明、團結的良好政黨形象，為年底的「三合一選舉」造勢，結果卻事與願違、弄巧成拙，反而使民進黨的形象受到嚴重損害：（1）在投票過程中發生的「人頭黨員」、「賄選」等醜聞，使民進黨一向自我標榜的所謂「反賄選」、「清新」、「乾淨參選」的神話不攻自破；（2）高雄市發生的「砸票箱事件」，使民進黨近幾年來一直致力於改變該黨「暴力黨」形象的種種努力一夕之間幾乎盡付東流；（3）競選過程中各派系及實力人物之間的明爭暗鬥所造成的諸多後遺症，使民進黨內原本存在的矛盾與裂痕雪上加霜。「許陳之爭」的負面影響自不必說，張俊宏與許信良之間在上屆黨主席競選時就已留下很深的心結，此次許信良對張俊宏角逐黨主席又態度冷漠、未予支持，終於促使張俊宏敗選後另立山頭，正式與許分道揚鑣。總之，此次黨主席選舉進一步暴露出民進黨內的「民主」素質仍相當低下。加之在民進黨立委初選中爆發了臺北市議員「廖彬良涉嫌偽造身分證案」以及其它「賄選」及人頭問題，在很大程度上抵消了該黨通過「中國政策」大辯論和「產業政策研討會」才好不容易樹立起來的良好形象。

2.眾所周知，新任黨主席林義雄一向以臺獨色彩濃厚著稱。遠的不說，在近幾年來民進黨的轉型過程中，林義雄始終都持反對立場：他認為與新黨合作是「與狼共舞」，與國民黨合作是「政治分贓」，而國、民「兩黨聯手修憲」則是放棄了民進黨的一貫理念，因此在黨內發動連署主張罷免黨主席許信良。在這次競選黨主席的公開辯論中，林義雄仍聲稱應以「臺獨黨綱」及相關決議來處理兩岸關係，因而被「臺獨基本教義派」視為目前民進黨內少數堅持臺獨基本理念的「人格者」。林義雄以高票當選黨主席，而有民進黨轉型「發動機」之稱的許信良卻被攆下台。這一上一下，實際上是反映了民進黨內反轉型勢力的抬頭，預示著民進黨將在相當程度上調整「許信良路線」。果然，林義雄剛剛當選，便立即登門拜訪「建國黨」，尋求改善兩黨關係；並在接受日本媒體專訪時宣稱：「臺灣獨立建國必須由公民投票決定。」擺出一副堅持「臺獨黨綱」的架勢。

3.中央權力機構改組後，民進黨內的政治生態、權力分配和派系互動關係發生了重大變化：首先，黨主席從本屆起雖改由全體黨員直選產生，較具黨意基礎，但基本上仍以每週三的中常會決議為主。而中常會採「合議制」，黨主席的權力仍然有限，再加上林義雄凡事講求「尊重中常會決議」，與前任許信良、施明德的強勢領導風格迴然不同。因此，中常會的重要性更形加大。其次，新一屆中常會雖仍然維持原有的「派系共治」局面，表面上看，美系和正義連線各占三席，似乎勢均力敵、平起平坐，但其實不然，這是因為：（1）陳水扁頭頂臺北市長光環，在中常會中的發言有舉足輕重的份量；（2）黨主席林義雄是「當然」的中常委，而他之所以勝選在很大程度上是得益於陳水扁的鼎力支持，日後在流派鬥爭中林義雄恐怕很難保持「中立」；（3）新系的劉世芳被陳水扁延攬為臺北市府的環保局局長。因此，在新一屆中央權力核心中，主流意見顯然已從上屆的「美、新聯盟」變成正義連線，而其他派系僅能起制衡作用。

由以上分析可知，中央權力機構改組後，民進黨內派系鬥爭仍將會十分激烈，轉型勢將受到相當程度的影響，這顯然不利於年底民進黨的「三合一選舉」乃至該黨早日「邁上執政」。

三、「三合一選舉」鎩羽而歸，「邁上執政」氣勢頓挫

一九九八年民進黨活動中最重要的一件大事，是傾全力衝刺年底的「三合一選舉」。然而，在這場被民進黨人視為「邁上執政」的關鍵一戰中，民進黨遭受重挫。

（一）選舉結果

首先，臺北市長「保衛戰」被民進黨視為是此次選舉中具有指標意義的最重

要一戰，選前黨主席林義雄、祕書長邱義仁均表示：立委席次增加幾個並不關鍵，主要是臺北市，臺北市輸了，就是輸。選舉結果，陳水扁果然以近八萬票之差，被馬英九拉下馬來。雖然謝長廷以四千五百票的微弱多數「奇蹟」般地險勝現任市長吳敦義而榮登高雄市長寶座，但也遠遠不能消民進黨人丟失臺北市長的心頭之疼！其次，在立委選舉方面，民進黨原本規劃要奪取八十席，冀望成為立法院中的多數黨，俾主導「聯合內閣」，但結果僅得七十席。而國民黨奪得一百二十三席，實質過半，民進黨「聯合內閣」的幻影破滅。至於得票率僅29.56%，是建黨十二年來參加四次立委選舉中次低的一次；席次比率也由上屆的32.92%降為31.11%。至於在市議員選舉方面，也未能達到選前的預定目標。

（二）失敗原因分析

首先，從外部因素來看，無論島內外的大環境均對民進黨不利：

1.中美關係的改善，中國政府反臺獨的堅定立場，以及美國柯林頓政府公開宣示對臺「三不」政策，對島內以民進黨為代表的臺獨勢力造成了巨大的壓力和衝擊，使臺灣民眾認識到要想「維持現狀」，維護島內政經穩定和發展，只有拒絕臺獨，發展兩岸關係。正如日本媒體所言：「美國明確地宣布奉行『三不政策』，中國國家主席江澤民在訪日時強調『對臺獨不能放棄使用武力』，這些都巧妙地給臺獨派以打擊」；臺灣「多數居民認為，在把『執政的權力』委託給致力於『臺灣獨立』的民進黨的情況下，臺灣內政和臺灣同大陸關係的『穩定』就都有可能遭到破壞」。

2.辜振甫先生成功訪問大陸，僵持了兩年多的兩岸關係得以緩和與改善，使民眾感到在島內政壇中有能力主導大陸政策、有辦法穩定兩岸關係並給臺灣帶來安全的，仍然是國民黨而不是民進黨。選民的這種心態，對民進黨的選情也造成了負面影響。

3.國民黨一九九七年縣市長選戰丟失了大半江山，淪為地方政權的「少數黨」，在「覆巢之下無完卵」的危機意識的驅動下，無論是主流派或非主流派，還是從「中央」到地方，都暫時擱置了他們彼此間的矛盾與心結，團結一致，共同對敵，充分發揮了國民黨在島內政經、人才資源上的整體優勢，使實力相對弱小得多的民進黨難以匹敵。

4.「修憲凍省」後遺症持續發酵，一大批具有雄厚地方實力的國民黨籍省議員轉換跑道，角逐立委，給民進黨造成始料不及的強大壓力。誠如《聯合報》社論所說：「民進黨與國民黨合謀修憲，結果竟使國民黨的『二軍』湧入立法院，恢復了多數黨的地位。民進黨爾今回顧修憲種種，實屬毀憲也毀了自己」。據島內媒體報導，此次由省議會轉攻立法院成功的國民黨籍新科立委竟多達四十四人。

5.從經濟層面而言，一年多來亞洲金融風暴對東南亞乃至韓國、日本均造成了劇烈的衝擊，而臺灣竟能在逆境中勉力維持經濟5%左右的穩定成長，這「無疑鞏固了民眾對執政黨的信心，也讓在野黨無法對施政提出有力的抨擊」。

其次，從內部因素來看，既有「結構性」問題，也有「技術性」原因：

1.所謂「結構性」問題，一是「臺獨黨」的形象使民進黨難以消除民眾的疑懼而擴展票源。例如臺北市長選舉，選後民調顯示，有79%的新黨支持者選擇了「尊王保馬」，對馬英九的勝選起了關鍵作用，其主因即在於此。這正如香港媒體所分析的：「馬英九的當選並不全然是國民黨的勝利，而是臺灣都市中產階級對民進黨的『臺獨』訴求抱持強烈的質疑；而在這個問題上，陳水扁又無法給他們中間相當比重的外省籍族群以足夠的安全感。」二是民進黨原本人才匱乏，加之一九九七年縣市長選舉民進黨的一批菁英已當選地方首長，此次立委選戰只好七拚八湊，所謂「低額提名」策略，實乃有不得已之苦衷，這和國民黨人才濟濟，帳下「猛將如雲」不可同日而語。

2.所謂「技術性」原因：（1）與國民黨「團結一致，共同對外」形成鮮明對照，實力原本不濟的民進黨在這場至關重要的選戰中，竟各自為戰、互不相統。黨主席林義雄本不稔選戰，而黨內四員最有經驗的選舉戰將，其中陳水扁、謝長廷均因各自選情吃緊，自顧不暇，無法騰出手來替其他候選人助選，而另兩位許信良、張俊宏則各自率領「助選團」實際上是為自家人馬助選。所謂「北扁南長」、互相呼應拉臺選情的構想，變成了被國民黨「分割包圍」的態勢。至於其他候選人只好「聽天由命」、「自求多福」了。難怪島內有評論說：和一九九七年縣市長選戰恰好相反，這次「三合一選舉」是「團結的國民黨打敗分裂的民進黨」；（2）競選策略失當，最典型的是陳水扁。馬英九的突然參選，使陳水扁陣營方寸大亂，一改四年前「快樂、希望」的文宣訴求，祭出「省籍情結」險招：一面大造陳水扁與李登輝有所謂「特殊關係」的輿論；另一面又攻擊馬英九是「新賣臺集團」，鼓吹臺北市長選舉是所謂「兩個中國人打擊一個臺灣人」、「不要讓中國人入主臺北市」，公然煽動族群分裂，從而激起了臺北市外省族群強烈的危機意識。在最後關頭又訴諸「悲情牌」，不料卻被李登輝拋出「新臺灣人論」殺了個「回馬槍」。島內《工商時報》選後對此發表社論説：「目前民進黨幾已全面掌握地方政權，是地方的強勢執政者，早就不是弱勢政治團體，但是民進黨公職候選人在選情危急時，往往打的還是傳統的悲情牌，以被壓迫者的姿態作為訴求，這樣狹隘的思維邏輯及自我退縮的政治格局，如何能夠獲得更廣泛選民的認同？如何能夠開拓更寬廣的空間呢？」（3）陳水扁本人平日施政風格粗糙、行事專横，致使不少下層支持者大量流失。同時與省議會的關係也十分緊張，甚至連多數民進黨市議員也對其心存芥蒂。又兼選戰緊急關頭掀起「澳門風波」，並相繼傳出馬永成「喝花酒醜聞」和發生羅文嘉「撕《聯合報》事件」，使陳水扁陣營的形象大受其損。而其競爭對手、被香港媒體稱為國民黨「鎮山之寶」的馬英九則形象、操守、政績俱佳，「無可挑剔」，相形之下陳水扁自然也不免吃虧。

所有這些內部和外部因素相互影響、相互作用，民進黨輸掉這場選戰也就毫不足怪了。

四、未來發展趨勢

從選後種種跡象觀察，在可預見的時間內，民進黨的可能走向是：

（一）有可能著手處理「臺獨黨綱」問題。近幾年來，民進黨每經歷一次重大選舉的挫敗，黨內都會引發一場有關是否修改「臺獨黨綱」的爭論；而每一次爭論過後，「臺獨黨綱」雖然仍被原封不動地保留下來，但民進黨在有關臺灣前途問題和兩岸政策的具體主張上，都會做某些務實的調整，從而使該黨的臺獨轉型艱難地向前邁進一步。此次「三合一選舉」落敗後，黨內再次掀起新的一輪修改「臺獨黨綱」的爭論。陳水扁陣營率先提出修改「臺獨黨綱案」，而新潮流則堅持一貫立場，反對修改「臺獨黨綱」。爭論結果，該黨「黨綱、黨章研修小組」實際上接受了美麗島系的折中方案，即不直接修改「臺獨黨綱」，但在「臺獨黨綱」之外，以「解釋文」方式重新加以解讀。究竟如何？一九九九年五月即將召開的黨代會將見分曉。筆者預測，該「解釋文」的基本內容很可能會參照「七一聲明」，即將「臺獨公投」轉向「統一公投」。若果真如此，雖然民進黨的臺獨轉型會向前邁進一步，但如前所述，這依然是「治標」不「治本」，難以從根本上消除多數臺灣民眾對民進黨上台執政的疑懼。

（二）「三合一選舉」後，黨內最大派系美麗島系由於張俊宏、周伯倫連手拉走部分立委，另立「新世紀辦公室」，實力已大為削弱；新潮流則因邱義仁辭去黨祕書長職，在中央權力機構中的影響力下降；而福利國則因謝長廷當選高雄市長，依黨章規定可列席中常會而實力提升；至於正義連線，陳水扁雖已失去公職，但其「超人氣」並未因此而減弱，加之其「政治同盟」林義雄仍留任黨主席職，而「扁系」大將游錫堃接替邱義仁任祕書長職等因素，因此正義連線在黨內的實力仍首屈一指。目前，圍繞著總統候選人的黨內初選，「許、陳之爭」已重新登場並將逐漸進入白熱化，但如不出意外其結局將會是「陳勝而許敗」。陳水扁代表民進黨角逐下屆總統是否有機會勝出，筆者認為，關鍵要看國民黨中生代的整合成功與否。

（三）鑒於「三合一選舉」挫敗的沉痛教訓，為因應二〇〇〇年總統大選，民進黨勢將進一步推動「政黨轉型」。除了「臺獨黨綱」之外，大陸政策和產業政策的研究與制定將會優先受到重視；與工商企業界的接觸、溝通與交流將會進一步加強；此外，黨的體質改造將提上議事日程。諸如黨主席擴權問題、中央權力體制設計問題、基層組織問題、人頭黨員問題以及黨的組織紀律等一系列與黨的體質相關的重要問題，有可能會在五月份召開的黨代會上得到廣泛討論並著手研究解決，以圖增強黨的競爭力。總之，民進黨已進入其「盤整期」。但由於上述諸多問題已積重難返，民進黨在短期內恐怕不可能順利解決這些難題。

（四）在立法院議場，由於民進黨等在野勢力在立法院中的席次比率下滑，制衡實力已非上屆可比；加之不少民進黨籍新科立委進入立法院後將會急以表現自己的「問政」能力等因，民進黨將會加強對國民黨「法案」的抵制，「肢體語言」有可能會重新使用，不排除立法院議場重現往日的火爆場面。不過隨著民進黨的轉型，為扭轉「暴力黨」的不良形象，民進黨人也可能會盡量約束自己；此外，由於國民黨籍新科立委中有一大批地方實力派代表人物，他們湧入立法院後將形成大大小小的利益團體，這勢必使立法院中的「黨際分野」弱化，從而使民進黨仍有可能採用「合縱連橫」的策略在某些議題上與國民黨周旋並獲得成功。

在「國大」議場，民進黨將會充分利用李登輝急欲完成第五階段修憲的心態，在總統選制、「單一國會」和「公投條款」這三個重要議題上與國民黨討價還價，進行激烈的較量。

（五）民進黨將進一步加強與美國、日本及其他國家的所謂「政黨外交」，以爭取國際社會的瞭解、同情與支持。

總之，迫於政治現實，敗選後的民進黨將會重新啟動轉型步伐，調整路線、政策和策略，試圖逐步向「中間路線」靠攏。但由於民進黨意識形態包袱沉重，又兼黨內派系利益和實力人物之間的權力之爭互相牽制，致使其轉型步伐仍將會十分艱難。這樣，除非國民黨中生代整合失敗而發生分裂，使當前臺灣政黨政治生態相對穩定的情況發生重大變化，否則民進黨在「中央」層級的重大選舉中將很難戰勝國民黨而走上執政；冀望國民黨的分裂而不是依靠自身的實力取得執政權，即使夢想成真，也難以穩定執政。

（收入《臺灣一九九八》，九洲圖書出版社）

析臺獨產生與發展的歷史根源

1999年7月，李登輝提出分裂中國的「兩國論」，猖狂挑釁兩岸關係現狀，引起了臺海局勢的劇烈動盪，使大陸人民對臺獨分裂勢力有了真切的感受。但大多數人還是有些困惑：海峽兩岸都是中國人，為什麼非要鬧到如此箭拔弩張、幾乎兵戎相見的地步？臺獨究竟是什麼東西？它是如何產生和發展起來的？鬧分裂的都是些什麼樣的人？他們為什麼連自己是中國人都不願意承認？

臺獨意識的產生和臺獨思潮的形成與發展不是偶然的，是臺灣特殊的歷史遭遇，特殊的政治、經濟、文化發展的必然產物。

臺獨：中華民族貧弱時代的產物

1945年10月臺灣光復之前，臺灣島內並不存在臺獨思潮和臺獨組織。但是應該承認，「臺灣是臺灣人的臺灣」，這種居於「地域觀念」而產生的具有主體性的「臺灣意識」卻早已形成，並且在少數臺灣同胞中出現了某種「異化」現象。

作為一般意義上的也即地方觀念的「臺灣意識」，它的產生與形成可以上溯到更久遠的歷史時期——應該説早在數百年前大陸人民東渡臺灣、開發寶島之初就已經開始產生與形成。這種一般意義上的「地方觀念」或者說「地方意識」是很正常的、自然而然的現象。

所謂具有「主體性」的臺灣意識，產生於1895年甲午戰敗、馬關割臺。當時，腐敗無能的清政府無力抵抗外國侵略，被迫把臺灣割讓給日本，使臺灣同胞背負了中國近代國弱民貧的惡果。不甘當亡國奴的臺灣人民「無天可籲，無主可依」、「無人肯援」，僅憑臺灣一島之力，抗拒日本侵略者的武裝割占，其悲憤無助之情，可想而知。當時，由於人們還不可能把「賣國政府」與「中國」的觀念加以科學的區分，難免使一部分臺灣同胞對大陸產生某種怨恨情緒。

此後，日本對臺灣實行了長達半個世紀之久的殘酷的殖民統治。「二等公民」的悲慘生活，使臺胞很自然地形成了一種與日本殖民者相對立的、帶有強烈主體性的「臺灣意識」。

再有，臺胞在長達半個世紀之久的艱苦的反抗日本殖民統治的鬥爭中，由於當時中國大陸尚處於分裂割據狀態，內憂外患、自顧不暇，沒有也不可能給予臺灣同胞應有的支持和援助。由此，也很自然地發展和強化了「臺灣意識」的主體性。

客觀來說，這種帶有主體性的「臺灣意識」具有兩重性：一方面，從主流來看，對外有反抗日本殖民統治的積極的正面的意義，應該給予充分的肯定和讚揚；但另一方面，這種帶有主體性的「臺灣意識」，同時又隱含有對大陸失望乃至怨恨的消極成份在內。如若處置失當，這種消極成份很容易轉化為「分離意識」。當然，在尚未轉化之前，這種意識畢竟仍屬於「地方觀念」中的消極因素而已，這和「分離意識」、「臺獨意識」有著本質上的區別，不能相提並論、等同視之。

事實也確實如此，在臺灣光復之前，在廣大臺胞中，占主導地位的意識始終是「中國意識」：

甲午戰敗、馬關割臺後，臺灣民眾悲憤欲絕，強烈的中國感情難以割捨，聲稱：「臺灣屬倭，萬姓不服，如赤子之失父母」，他們不計成敗，自立臨時性的抗日保臺政權——「臺灣民主國」，紛紛組織義軍，奮起反抗日本的入侵，並電奏清廷，表示「永戴聖清」；在其後日本統治臺灣的半個世紀裡，臺灣人民從來沒有停止過反抗，從來也沒有忘記自己是中國人。持續五十年的反抗鬥爭，臺灣同胞犧牲了65萬人；30～40年代，在日本侵略中國大陸期間，有相當數量的臺灣同胞冒著生命危險，內渡中國大陸，投身於抗日陣營；1945年日本投降、臺灣光復，臺灣同胞奔走相告、焚香祭祖，興奮之情無以言表。所有這些，都是明證。

不過，我們也不應忽視，五十年之久的日本殖民教育，特別是後期推行的

「皇民化運動」，日本統治者在一定程度上成功地「分化」了臺灣社會，培養出了一批認同日本、中國意識和民族意識已嚴重「弱化」乃至「異化」的「皇民」。如今在臺灣政壇上仍然十分活躍的死硬臺獨分子如李登輝、辜寬敏、金美齡之流，正是其中最典型的代表。這批民族敗類大都是日本殖民統治時期的「既得利益者」，他們人數雖然不多，但卻是「臺灣意識」最早「異化」的一批人，而且能量很大，影響十分惡劣。

早期臺獨：日據時代的既得利益者

如前所述，在整個日據時代，在廣大臺胞中，占主導地位的意識始終是「中國意識」；臺灣光復之前，並不存在臺獨思潮和臺獨組織。然而，臺灣光復後不久，臺獨卻隨之產生，並不斷發展壯大，原因何在？

首先，從國際背景來看，臺獨是戰後覬覦臺灣的外國反華勢力推行分裂中國政策的產物。

1945年8月15日日本宣布無條件投降後，日本軍國主義勢力不甘心失敗。當時，一些日本駐臺少壯派軍人以中宮悟郎、牧澤義夫為首，暗中勾結少數日據時代的臺灣敗類和既得利益者，圖謀對抗天皇的投降詔書，發動臺獨活動。但日本懾於國際輿論，這一圖謀還沒有來得及付諸實施，就被當時的駐臺日軍司令兼臺灣總督安藤利吉下令取締而胎死腹中。此後，流亡日本的辜寬敏之流，勾結日本右翼政客組織所謂「臺灣青年獨立聯盟」，自任「委員長」，繼續從事分裂中國的活動，這是日本系統的臺獨活動，也是戰後臺灣最早的臺獨活動。它反映了一些不甘心戰敗的日本軍國主義勢力，妄圖以「臺灣獨立」的形式，繼續維持日本在臺灣的殖民利益的野心。我們之所以稱之為「活動」而不稱之為「運動」，乃因為它並不具備必要的群眾基礎或者說社會基礎。

當然，應該特別指出的是，戰後六十年來，隨著經濟的發展，日本財閥勢力不斷向臺灣滲透擴張，儼然把臺灣變成了它的「經濟殖民地」。為維護其在臺灣的經濟利益，同時更為了保護其南下獲取能源的對外通道，日本某些財閥很不情願看到中國的統一，而日本軍國主義殘餘勢力也在不斷復活，他們從未忘情於臺灣，企圖捲土重來。有種種證據表明，它們採取各種手段，或明或暗地慫恿、支持島內外的臺獨分裂勢力，對抗大陸，阻撓中國的統一。而且近些年來，日本右翼保守勢力抬頭，對臺獨的支持愈來愈變本加厲、明目張膽。

不過，戰後臺獨運動的產生和發展，更主要的國際因素是美國反華勢力的鼓動和扶植。

事實上，早在臺灣光復前好幾年，美國就有策動臺獨的預謀。1941年12月太平洋戰爭爆發後沒多久，美國政府就蒐羅了一批熟悉遠東事務的戰略問題專家，成立了一個所謂「遠東戰略小組」，負責為美國政府制定遠東戰略出謀劃策。次年春，這個小組成員之一的柯喬治提出了一份「備忘錄」，聲稱：臺灣這個海島「潛在戰略上太重要了」，基於美國的遠東戰略利益，「難許我們輕易將臺灣交給中國人控制」，因此，他極力主張戰後由美國「託管」臺灣，並且在美軍的控制之下進行所謂「臺灣民族自決」，成立「臺灣共和國」。

1943年11月《開羅宣言》發表後，由於這一「備忘錄」所提出的主張與美國在《開羅宣言》中所宣示的承諾相違背，於是「遠東戰略小組」不得不重新制定計劃，主張立即以軍事手段從日本人手中奪取臺灣，戰後再經過「民族自決」，實現臺灣「獨立」。為預作準備，美國政府還著手培訓了一批將來負責接管臺灣的行政人員，可是美軍還沒來得及進攻臺灣，日本就宣布投降了，並且按照《開羅宣言》的規定，中國政府接收了臺灣，使美國的圖謀再一次落空。

但美國並未就此罷休，臺灣光復後，轉而鼓動留學美國的臺灣士紳廖文奎、廖文毅兄弟從事「臺灣託管運動」。1947年「二二八」事件後不久，廖氏兄弟跑到上海晉見美國將軍魏德邁，迎合美國的對華政策，提出所謂「臺灣問題處理意見書」，主張「臺灣獨立」。次年二月，廖文毅就在美國的慫恿支持之下，在香港成立所謂「臺灣再解放同盟」，隨後派他的侄子廖史豪返回臺灣發展臺獨組織。後來，廖文毅又轉往日本，組織「臺灣民主獨立黨」，宣布成立所謂「臺灣共和國臨時政府」，自封為「大統領」，掀起了一股臺獨惡浪。這是戰後初期美國一手導演的臺獨活動。

臺獨：美國遏止新中國的僕從

國民黨政府敗退臺灣後，美國不肯放棄其遠東戰略利益，繼續奉行分裂中國的政策。早在1949年1月，美國眼見蔣介石軍隊在大陸節節潰退，為防止中國人民解放軍乘勝揮師東渡，解放臺灣，美國國家安全委員會提出了一份《美國對福爾摩沙的立場報告》。該報告宣稱：「美國的基本目標是不讓福爾摩沙和佩斯卡多爾群島（即臺灣和澎湖列島）落入共產黨手中，為達此目標，目前最實際可行的辦法就是把這些島嶼與中國大陸隔離開來」。這份報告還主張，美國應該採取支持「臺灣自治」的政策。事實證明，此後美國的歷屆政府一直都在不遺餘力地奉行這一報告確立的基本方針。於是，各種形形色色分裂中國的論調和「方案」，諸如「臺灣地位未定」、「臺灣中立化」、「聯合國託管」、「劃峽而治」以及「兩個中國」、「一中一臺」等等便相繼出籠、甚囂塵上。「為達此目標」，美國竭力推行對臺「雙軌政策」，即一方面支持國民黨當局與中國大陸對抗，另一方面又扶植臺灣本土包括臺獨人士在內的「反對勢力」牽制國民黨，防止國共和解，以維持海峽兩岸一種「不戰不和、不統不獨」的分裂局面。美國始終認為，這種局面最符合其「國家利益」。

美國對臺獨勢力的支持是全方位、多層次的：在美國本土，為臺獨分子提供活動基地、資金和講壇。於是從六十年代開始，海外臺獨活動的中心從日本轉向美國，各種品牌的臺獨組織如「臺獨聯盟」、「臺灣建國委員會」、「世界臺灣人同鄉會」等等紛紛在美國成立，招搖過市，十分活躍。美國名副其實的成了海外臺獨分子的大本營和庇護所。在臺灣島內，則通過各種渠道或明或暗地支持一些具有分離傾向的黨外反對勢力，打著要求「民主」、「自由」、「人權」的旗號向國民黨施壓，以促使臺灣政權向美國所希望的方向「轉型」。

七十年代初聯合國恢復中國的合法地位後，美國更加緊推行其上述政策。1971年6月，美國中央情報局給美國總統提出報告，建議「首先要推出一個得到美國充分支持的、循序漸進的臺灣化計劃，建立一個由臺灣人控制的代議制政府，進而美國運用這個政府，設法就臺灣的最終法律地位問題與中國對話，造成一種政治局勢，使中國人同意一個友好的臺灣獨立，或臺灣人接受在中國範圍內某種形式的自治地位」。三十多年來，美國始終都在「循序漸進」地推行這一「臺灣化計劃」，不放過任何一次機會插手干涉臺灣的內部事務。即使在中美正式建交後，美國仍制定了一個「與臺灣關係法」，以美國國內法的形式繼續支持臺灣和海內外臺獨勢力，阻撓中國的統一。而八十年代末李登輝的上台及國民黨內「獨臺派」的出現和得勢，以及主張臺獨的民進黨不斷發展壯大並最終取代國民黨上台執政，其實就是美國長期以來推行「臺灣化計劃」的結果。

上述事實充分説明，國際反華勢力特別是美國分裂中國的政策，是戰後臺獨運動產生與發展的總根源和總後台。

臺獨的產生：國民黨難辭其咎

從島內背景來説，臺獨則是蔣介石、蔣經國父子主導下的國民黨長期以來在臺灣實行專制獨裁統治、推行反共拒和偏安政策的必然結果。

如前已述，臺灣社會原本沒有滋生臺獨的土壤，但在日據時代逐步形成的具有主體性的「臺灣意識」，卻隱含有某種對大陸失望乃至怨恨的消極成份在內，假如處置失當，這種具有主體性的「臺灣意識」很容易轉化為「分離意識」。很不幸的是，國民黨接收臺灣之後，恰恰在一系列治臺政策方面嚴重「失當」，從而極大地催化和刺激了臺獨的產生與發展。

光復之初，臺灣人民歡呼雀躍、張燈結綵、簞食壺漿迎來的「國軍」卻紀律敗壞。國民黨陳儀政府的各級官吏橫徵暴斂，把在大陸統治人民的那一套手段全都搬到臺灣並且有過之而無不及，致使物價飛漲，民不聊生。臺胞對國民黨政權由盼望到失望，由失望到絕望，短短不到一年半時間便激起了震驚中外的「二二八」事件。國民黨當局對事件採取血腥鎮壓政策，許多同胞遇害，從而更激化了國民黨政權與臺灣人民之間本已相當尖鋭的矛盾。由此，「臺灣意識」的異化現像在部分臺胞中迅速發酵，有美、日背景並具有一定社會基礎的臺獨分離運動因之產生。

1949年國民黨從大陸敗退臺灣後，為鞏固其在島內的統治，更打著所謂「動員戡亂」的幌子，在臺灣強制實行了古今中外絕無僅有的長達38年之久的「戒嚴令」。在整個戒嚴時期，臺灣製造了數不清的政治事件和政治冤案。僅在五十年代的頭5年時間裡，被處死的所謂「共黨」分子便多達2000人左右，關押達3000人左右，重要的是，在被殺害、關押的「政治犯」當中，有許多是日據時代的抗日愛國志士（如李友邦等人）。他們的犧牲或入獄，使臺灣人民的抗日鬥爭史成了臺灣政治上的禁忌，得不到應有的肯定和褒揚，「無法哺育下一代臺灣青年的民族精神」，使臺灣的愛國傳承在一定程度上出現了某種「斷層」現象。而與此形成鮮明對照的是，前述日據時代的民族敗類和既得利益者，這批「臺灣意識」最早異化的「皇民」，不僅沒有得到應有的懲罰和打擊，相反卻有不少被國民黨奉為座上賓甚至成為依靠勢力而委以重任。

更為嚴重的是，國民黨當局人為地斷絕了海峽兩岸同胞的任何往來長達近40年之久，而且這種斷絕無論從深度和廣度來説都較之日據時代更加徹底。這無異於「割斷了臺灣與大陸母體聯繫的臍帶」，從而使戰後成長起來的臺灣年輕一代對中國大陸產生日益嚴重的「疏離感」。另一方面，在冷戰格局下，由於臺灣全面倒向以美國為首的西方陣營，使西方文化大舉入侵臺灣，新的價值觀、人文觀漸進充盈於臺灣青年的頭腦，他們往往唯美國馬首是瞻，言必稱美國。

與此同時，國民黨當局則極力向臺灣民眾進行無所不用其極的反共、恐共、仇共宣傳教育。把中國大陸稱為「匪區」，大陸的消息稱為「匪情」，大陸的書籍、貨品稱為「匪書」、「匪貨」，「匪諜就在你身邊」的標語口號隨處可見，小孩子哭鬧時大人們則以「共匪來了」相恐嚇……如此不一而足，簡直把中國大陸醜化為「人間魔窟」，使臺灣民眾「談共色變」。久而久之，似乎「中共」等同於「中國」，「反共」即等同於「反中國」。

再者，臺灣實際上視大陸為「外國」，動輒稱臺灣一省為「中國」。如稱「中國位於西太平洋鏈島防線的中央環節」、「中國人口2000萬」、「中國被迫退出聯合國」云云，並將臺灣一省的體育運動成績稱之為「國家紀錄」……

如此數十年宣傳教育下來，潛移默化，使相當一部分臺灣民眾特別是年輕一代「中國意識」不知不覺地逐漸弱化、淡化，而具有主體性的「臺灣意識」則不斷強化、異化。由此，臺獨的社會基礎得以擴展，一遇適當氣候，便迅速滋生、蔓延開來。而李登輝上台後推行一系列分裂中國的臺獨路線和政策，正是為臺獨的滋生、蔓延和發展提供了最適宜的氣候與溫床。

就此而言，臺獨的產生與發展，兩蔣時期的國民黨也難辭其咎！

李登輝：臺獨泛濫的罪魁禍首

雖說兩蔣時期的國民黨對臺獨的產生與發展難辭其咎，但它畢竟還堅持一個中國立場，對臺獨始終都採取嚴厲打壓的政策。因此，臺獨思潮雖然早在五十年代初就已暗流湧動、時有冒頭，但卻在島內無法立足。部分主張臺獨的人士只好亡命海外，在國際反華勢力的卵翼下苟延殘喘，勉強生存；而潛伏在島內的臺獨人士則改頭換面，韜光養晦，等待時機。

進入八十年代之後，隨著國民黨「政治革新」的開展，島內政治活動的空間稍有寬鬆，於是獨派人士便開始活躍起來。他們打著「政治民主」、「言論自由」的幌子，公開喊出「自決」的口號。1983年黨外反對派競選公職，首次把「自決」列入共同政見參與競選。從此，「自決」訴求開始與選舉相結合，成為獨派人士競選造勢、爭取選票的一種重要手段。

不過，八十年代中期前後國民黨的「政治革新」尚處於醞釀起步階段，「戒嚴」還沒有解除，「黨禁」、「報禁」也還沒有開放，所謂「戡亂時期」更沒有宣布終止，國民黨當局仍然對臺獨實行嚴厲打壓政策。因此，臺獨在島內的活動空間十分狹小。他們未敢輕易造次，公開亮出臺獨的旗號。1986年9月民進黨成立，在稍後所制定的黨綱黨章中便刻意迴避了急進臺獨的主張，而改以「住民自決」這種較為溫和、含混的提法作為替代，就連黨名也刻意迴避使用「臺灣」還是「中國」二字而直呼「民主進步黨」。這種情況典型地反映出當時臺灣的政治氣候。

1988年初蔣經國病逝、李登輝上台主政後，情況開始發生變化。李登輝以「政治多元化」為藉口，改變了兩蔣時代對臺獨嚴厲打壓的政策，對臺獨勢力採取姑息、縱容的態度。1988年4月民進黨「二大」臨時全會通過「有條件主張臺獨」決議文，李登輝主導下的國民黨當局不僅不加遣責，相反還公然稱讚其「務實路線可以肯定」。這給臺獨人士以莫大的鼓舞。從此臺獨思潮逐步在島內蔓延泛濫。海外臺獨組織和臺獨人士紛紛闖關返臺，及至發展到1989年，島內外臺獨勢力已經公開合流，其活動重心從海外轉向島內，從隱蔽走向公開。當年底臺灣舉行「三項公職選舉」，他們密切配合，積極造勢，掀起了一股空前的臺獨惡浪，而李登輝當局並沒有採取任何有力措施予以制止，以致使不少臺獨人士高票當選。海內外臺獨分子欣喜若狂，彈冠相慶。此後，臺獨在島內從非法變成了「合法」，從社會走上了政壇，活動愈加肆無忌憚。

李登輝上台後何以對臺獨改採寬縱政策？如果說十年前人們還難以作出準確判斷的話，那麼現在事情已經十分清楚明了——李登輝原本就是一個暗藏在國民黨內部的不折不扣的臺獨分子。事實上早在李登輝上台主政後不久，國民黨當局的內外政策就已經開始發生根本性的變化：在對外關係上，公開推行所謂「彈性外交」、「雙重承認」，企圖以此謀求「臺灣的獨立國際人格」、「重返國際社會」，這實際上就是製造「兩個中國」或「一中一臺」；在兩岸關係上，則公開提出並堅持實行所謂以「一國兩府」為中心內容的新大陸政策，對抗大陸，抗拒統一；而在島內，則是加緊推行所謂「憲政改革」，圖謀從憲法層面建構兩岸主權分裂的「法律框架」等等。

李登輝推行的上述一系列內外政策具有濃厚的「獨臺」傾向，與臺獨異曲而同工。就連民進黨內的臺獨人士也評論說：國民黨當局雖然口頭上強調「臺灣前途不能獨立於統一的中國之外」，但他們「以正式建交的形式來確定臺灣海峽兩岸為兩個主權的事實」，「突顯臺灣地區的獨立性」，正充分顯示了「臺灣的前途是能夠獨立於統一的中國之外的」。

1991年初李登輝正式當選總統後所做的第一件大事，就是以「特赦」的名義釋放了一大批臺獨骨幹，並且還公開延攬包括彭明敏、蔡同榮在內的一批流亡海外的著名臺獨領袖為「國是會議」的座上賓。於是在李登輝國民黨的「奶水」餵養之下，臺獨勢力得以不斷壯大，氣焰日趨囂張。1991年10月13日，臺獨人士在民進黨「五全大會」上公然通過決議，明目張膽地把「臺灣共和國」條款納入黨綱。當時，臺灣統派團體——勞動黨發表《緊急聲明》，一針見血地指出：「『臺獨』是由於國民黨的『獨臺』政策所促成，這一年來『臺獨』與『獨臺』互為表裡，朝野在分離中國的作為上互相呼應已是有目共睹……」。

不過，李登輝在剛剛上台之初，自知權力尚未穩固，所以不敢過於造次，而是採用兩面派的手法：一方面他悄悄地、不動聲色地調整兩蔣時期的內外政策，「只做不說」；另一方面卻又信誓旦旦地一再宣稱他「反對臺獨」，並曾多次在重要場合表示：「中華民國的國策就是一個中國政策，而沒有兩個中國的政策」，「一個中國是最高原則」。1991年2月，李登輝還成立了「國家統一委員會」，主持制定了《國家統一綱領》，裝出一副真的有心要追求國家統一的樣子。然而，當他採用各種陰謀手段排除了黨內異己、逐步鞏固了權力之後，其分裂主義的真面目便日益暴露了出來。

1993年以後，李登輝製造「兩個中國」、「一中一臺」的分裂活動達到了高潮。他一再強調，以後不能再盲目堅持「一個中國」，否則將掉入「中共設置的陷阱」。當年二月，李登輝公開扯謊，説他「主張中華民國在臺灣，從來沒有講過一個中國」。此後，「中華民國在臺灣」成了他的「口頭禪」，幾乎到了「天天講、月月講」的地步。同年六月，李登輝當局接受了臺獨人士多年來堅持的主張，決定開始爭取「參與聯合國」，宣稱即使一時無法達成這一目標，也要爭取加入聯合國的下屬機構，並圖謀參加亞太經合組織領導人的非正式會議。十一月二十一日，臺「經濟部長」在美國召開的亞太經合組織會議期間公然聲稱：「中華民國和中華人民共和國是兩個互不隸屬的主權國家。臺北是以『一個中國』為指向的階段性的兩個中國政策」。至此，李登輝試圖製造「兩個中國」的底牌終於大白於天下。

此後，李登輝的分裂言行愈來愈肆無忌憚。1994年3月，他在與日本右翼作家司馬遼太郎的對談中，説什麼「中國這個詞也是含糊不清的」，把國民黨説成是「外來政權」，聲稱「臺灣必須是臺灣人的東西」等等。

同年7月，臺灣發表「臺海兩岸關係説明書」，把兩岸關係説成是「兩個對等且互不隸屬的政治實體」，「在國際上互為兩個平行的國際法人」，也就是説，海峽兩岸是「兩個互不相干的國家」。

1995年6月，李登輝訪美，在他的母校康乃爾大學發表演講，利用美國提供的講壇大放厥詞，公開挑戰一個中國，鼓吹「中華民國在臺灣」，宣稱要「向不可能的事物挑戰」，把他上台執政後在國際上製造「兩個中國」的分裂活動推向了高峰，從而引發了1979年中美建交以來兩國關係的嚴重倒退和自1949年以來的第三次「臺海危機」，正在籌備中的第二次「辜汪會談」也因此遭到破壞。

及至1999年7月9日，李登輝在臺北接受「德國之聲」記者採訪時，抛出「兩國論」，公然聲稱海峽兩岸為「國家與國家，至少是特殊的國與國的關係」，再次掀起軒然大波，釀成了第四次的「臺海危機」。

就這樣，十多年來，李登輝從所謂的「階段性兩個中國」，到不倫不類的「中華民國在臺灣」，再到赤裸裸一絲不掛的「兩國論」，走完了他從「暗獨」到「明獨」的全過程。

為了阻撓兩岸統一，達到分裂中國的目的，在這一過程中，李登輝主要採取了以下一系列陰謀手段：

其一，打著「民主化」的旗號，加緊推行「憲政改革」，實行所謂「寧靜革命」，打造「中華民國在臺灣」的法律框架，為臺獨奪權搭橋鋪路。如總統直選、省市長直選、「中華民國」實際統治區域的限定、修改「選罷法」、凍結臺灣省級選舉等等。

其二，推行以「去中國化」為中心內容的「文化臺獨政策」。如修改歷史教科書、提倡講「臺灣話」，強調所謂臺灣的「本土性」、「主體性」等等。

其三，蓄意製造兩岸對立，煽動仇恨大陸的民粹情緒。如要求加入聯合國等國際組織、推行「務實外交」，在國際上製造「兩個中國」，營造所謂「大陸打壓臺灣」的社會氛圍；利用諸如「千島湖事件」等，挑撥臺灣民眾對大陸的不滿與對立，以強化所謂「臺灣人意識」和「臺灣生命共同體意識」。

其四，極力限制、阻撓和破壞兩岸交流。如拖延開放兩岸直接「三通」、實行「戒急用忍」的兩岸經貿政策、拒絕採認大陸學歷、破壞海協海基兩會的協商談判等等。

其五，打擊島內統派勢力，千方百計分化國民黨。例如逼迫新黨出走、逼迫宋楚瑜退黨參選總統等。

應該特別強調的是，李登輝上述所有這些陰謀手段的推行與實施，都是在和民進黨臺獨勢力裡應外合、相互勾結之下進行的。於是在李登輝國民黨奶水的餵養下，民進黨為代表的臺獨勢力不斷發展壯大，並通過島內一次次大大小小的選舉，無孔不入地大肆宣傳臺獨主張，毒化臺灣社會，誤導臺灣民眾，擴大臺獨的社會基礎，蠶食國民黨政權。

1994年，陳水扁在李登輝的暗中幫助下，擊敗新黨的趙少康當選臺北市長。使民進黨在全臺23個縣市中執政的縣市達到7個，執政地區人口占臺灣總人口的一半，國民生產毛額也占全臺灣的一半以上；1997年，民進黨在新一屆的縣市長選舉中進一步擊敗國民黨，獲得12個席位，首次超過國民黨，而且絕大多數是精華縣市；而國民黨僅獲8席，而且多數是離島和邊鄉縣市；得票率也首次超過國民黨，提升為地方政權的第一大黨；1998年，民進黨雖然在「三合一選舉」中失利，但經過十多年的發展，臺獨勢力已具備了「問鼎中央」、取代國民黨在臺灣執政的實力。

事實充分證明，李登輝主政後與臺獨勢力相勾結，推行對抗統一的分裂路線，是造成臺獨惡性發展、蔓延泛濫的總根源和罪魁禍首。

結語

從以上的敘述和分析不難得出結論：戰後臺獨運動的產生與發展，既與甲午中國戰敗、清廷割臺及其後日本對臺實行五十年的殖民統治有關；也與二戰結束後國際反華勢力特別是美國妄圖分裂中國的圖謀有關；同時也與國共內戰、國民黨敗退臺灣後在臺灣實行專制獨裁統治和反共偏安政策有關；更與李登輝上台執政後推行一整套的臺獨分裂路線有關。總之，既有深刻的歷史根源，也有複雜的國際、國內背景。

然而，不論臺灣人在中華民族孱弱之時受過什麼樣的委屈，不論本在大陸就統治腐敗的國民黨敗踞臺灣後給臺灣人帶來多麼大的苦痛，也不論當今海峽兩岸的意識形態和政治制度有何差別，都構不成分裂中國的所謂「理由」。因為臺灣屬於臺灣人，更屬於全體中國人。在中華民族致力於富強復興的今天，如果把一島之利和一黨一己之私看得高於一切，乃至借重外國反華勢力圖謀分裂中國，因此而重新撕開十三億中國人的百年民族創傷，那麼將沒有誰會獲得饒恕！

（《視點》）

一九九九年民進黨活動綜述

一九九九年是臺灣政局和兩岸關係劇烈動盪的一年，同時也是民進黨在各個方面發生重大變化的一年。一年來，民進黨的主要政治運作無不圍繞著二〇〇〇年即將舉行的島內總統大選而展開。上半年，民進黨集中精力調整黨的路線、政策和策略，重新詮釋臺獨黨綱，加大了臺獨轉型的幅度與力度，並與李登輝的「兩國論」相呼應，完成了國、民兩黨在分裂中國路線上的全面合流；而許信良與陳水扁之間，則為爭奪總統候選人的黨內提名展開了空前激烈的較量，並最終以許信良的退黨參選而落幕，從而造成了民進黨自建黨以來最為嚴重的一次分裂危機。經過劇烈爭鬥和艱苦調適之後，下半年民進黨各派系重新整合力量，傾全力投入總統大選。為爭取更多中間選民的認同與支持，代表民進黨參選總統的陳水扁標榜所謂「新中間路線」，相繼推出了一整套新的內外政策綱領和施政藍圖，在新世紀即將來臨之際，向國民黨的執政地位發起了又一次猛烈衝擊。在這場關係到民進黨自身生存發展乃至臺灣前途命運的「世紀之戰」中，民進黨能否抓住千載難逢的機遇，利用國民黨中生代的嚴重分裂而「漁翁得利」、一舉扳倒「百年老店」國民黨而圓執政之夢？人們正拭目以待。

臺獨轉型幅度加大，國、民兩黨「兩獨」全面合流

一九九九年民進黨活動中最為引人注目的是加大了臺獨轉型和政策訴求調整的幅度與力度，通過重新詮釋臺獨黨綱，並由總統參選人陳水扁推出所謂「以國家安全為主軸」的「新中間路線」，向國民黨李登輝的「中華民國式臺獨」靠攏；而與之相對應，行將退出歷史舞台的李登輝，則因擔心卸任後其分裂中國的路線難以為繼，公然拋出「兩國論」，並企圖將這一分裂路線不僅明朗化，而且固定化、法律化，這實際上則是向民進黨的臺獨路線靠攏。於是，國、民兩黨主

流派在分裂中國的道路上達成了前所未有的高度共識與交集。兩黨「兩獨」全面合流，聯手共同推動臺獨，挑戰中國主權，便成為一九九九年臺灣政治發展中特別突出的現象，嚴重地衝擊著兩岸關係。

（一）「臺灣前途決議文」的提出

1.提出背景與經過：

一九九八年底民進黨在「三合一」選舉中受挫，證明了近幾年來該黨在臺獨主張上的策略性轉型未能取信於民，於是選後再次引發了黨內對是否需要修改臺獨黨綱的激烈爭辯。甫從臺北市長選戰中敗北而有意角逐下屆總統寶座的陳水扁，暗中授意本派系龍頭正義連線會長沈富雄，率先提出修改臺獨黨綱的主張，並得到前民進黨政策執行長郭正亮的支持。然而，這一主張卻遭到當年臺獨黨綱的主要起草人新潮流系的骨幹林濁水和民進黨前祕書長邱義仁等人的堅決反對。經過一段時間的爭論，「反修派」逐漸占據了上風，新潮流系和福利國連線決議反對，美麗島系和新成立的新世紀辦公室也大多持反對意見，而陳水扁、沈富雄所在的正義連線內部也難以達成共識。最後，民進黨黨綱研修小組決定採納許信良、陳文茜等人提出的折衷方案，即不直接修改臺獨黨綱條文，但在臺獨黨綱之外，以「解釋文」的方式對臺灣現狀和民進黨的主張重新加以解釋。此後，經過數月之久的反覆醞釀修改，在一九九九年五月八日民進黨召開的八屆二全大會上終於通過了一份所謂「臺灣前途決議文」，正式對外公布，重新詮釋臺獨黨綱。

2.主要內容評析

作為全代會正式通過的文件，該「決議文」具有現階段民進黨政治綱領的性質，其權威性和重要性不言而喻。與臺獨黨綱相比較，「決議文」關於「臺灣前途」的主張主要有以下三點變化引人注目：

（1）從原來拒絕接受「中華民國國號」、主張建立「臺灣共和國」，調整為階段性地間接承認了「中華民國國號」。決議文稱：「臺灣，固然依目前憲法稱為中華民國，但與中華人民共和國互不隸屬」。這是在民進黨正式發布的文件中首次公開承認所謂「中華民國」稱號。這顯然是具有重大象徵意義的轉變。

（2）對「公民投票」的功能與取向重新作了界定。決議文稱：「臺灣是一主權獨立國家，任何有關獨立現狀的更動，必須經由臺灣全體住民以公民投票的方式決定」。這表明該黨已由原來臺獨黨綱中追求「獨立建國」的進攻性的「臺獨公投」，調整為維護所謂「獨立現狀」的防禦性的「統一公投」。

（3）在大陸政策方面，主張兩岸進行「全方位對話」。決議文稱：「臺灣與中國應通過全方位對話，尋求深切相互瞭解與經貿互惠合作，建立和平架構，以其達成雙方長期的穩定與和平」；「創造共生共榮、互信互利的美好前景」云云。

可以看出，上述三點變化除第一點外，其餘二、三兩點實際上是對一九九八年民進黨中常會發表的「七一聲明」中有關內容的肯定與背書。應當承認，這些變化說明了民進黨迫於內外形勢的壓力，為因應即將舉行的大選爭取中間選民的需要，在臺獨轉型方面又邁出了一大步。

不過，更為重要的是，與上述三點變化相對應，決議文卻有以下三點明顯的「不變」：

（1）臺獨的基本理念和最終目標沒有變。首先，決議文雖然承認了所謂「中華民國」的稱號，但這種承認是以認定「臺灣是一主權獨立國家」為前提的；其次，決議文界定所謂「中華民國」的主權領域「僅及於臺澎金馬及其附近島嶼，以及符合國際法規定之領海與鄰接水域」，這顯然也與所謂「中華民國憲法」規定的領土主權涵蓋中國大陸與外蒙古的範圍有很大差別；再有，決議文對「中華民國」稱號的承認語義模糊、閃爍其詞，明顯地預留了將來重新解釋的空間。例如，決議文稱：「臺灣，固然依目前憲法稱為中華民國」，並稱，「臺灣應盡速完成公民投票的法治化工程，以落實直接民權，並於必要時藉以凝聚國民共識，表達全民意志」云云。何謂「依目前憲法」？「必要時」要借公民投票方式「凝聚」何種「國民共識」？「表達」什麼樣的「全民意志」？弦外之音，無非就是要等待時機成熟，利用「公民投票」方式修改「目前憲法」，最終實現臺灣法理上的獨立。

（2）以「一中一臺」為核心的分裂中國的大陸政策沒有變。決議文視兩岸為「兩國」，通篇用語均稱「臺灣與中國」如何如何，將兩岸關係的改善與發展定位在臺灣與中國「兩個國家」的框架之下。雖然提出了所謂「全方位對話」和尋求兩岸「互惠合作」這種表面上看起來較為務實積極的主張，但卻又聲稱「臺灣應揚棄『一個中國』的主張」，號召「臺灣朝野各界應不分黨派，在對外政策上建立共識，整合有限資源，以面對中國的打壓及野心」，也即團結起來共同對抗大陸。

（3）圖謀「臺灣問題國際化」的目標沒有變。決議文公開主張「臺灣應廣泛參與國際社會，並以尋求國際承認、加入聯合國及其它國際組織為奮鬥努力的目標」。

3.目的與性質：

從以上分析可以看出，決議文的提出雖然表明民進黨在臺獨轉型上確實前進了一步，但卻仍然只是治標不治本的策略性的調整而已。其主要考量，一是為改善「臺獨黨」的不良形象，為二〇〇〇年總統大選中爭取中間選民的認同和支持、破解國民黨的「安定牌」預作準備；二是試圖藉機向大陸以及美日等國際社會做出某種姿態，以降低其對民進黨上台執政的疑慮。而實際上民進黨的臺獨立場並沒有改變，民進黨仍然是一個貨真價實的「臺獨黨」。對此，該黨主席林義雄也不否認，他在大會致詞中坦承：「臺灣的獨立，是民主進步黨長期堅持的目標」，「我們的目標絕不因外在環境而稍有更易」。決議文通過後，多位民進黨頭面人物也一再強調：「民進黨提出決議文只是陳述事實，並非放棄臺獨基本主張與建國理想」，「臺獨黨綱仍然是民進黨的基本立場」。既然如此，民進黨恐怕很難達到它拋出「決議文」所欲達到的目的。誠如島內媒體所評論的：「民進黨企圖通過決議文方式，迴避該黨政治路線與主流民意的落差，正好說明了該黨依舊停留在轉型的困境中」，「在這種情況下，人們會輕信萬變不離『臺獨黨綱』宗旨的『決議文』嗎？」

（二）「新中間路線」的提出

一九九九年，民進黨在臺獨轉型方面另一個值得重視的，是該黨總統參選人陳水扁所提出的所謂「新中間路線」。

1.提出背景：

陳水扁在島內歷來以「善變」而著稱。民進黨成立之初，陳水扁作為「泛美麗島系」的成員，在黨內與當時急進獨派新潮流系的臺獨論戰中，長期扮演著溫和、務實獨派的角色，特別是在一九九四年競選臺北市長時，更是刻意表現出認同「中華民國」的態度，曾引起黨內外急進獨派的強烈不滿與反彈。但是，此後為了與黨主席許信良爭奪民進黨的主控權，競爭第二屆總統直選候選人的黨內提名，陳水扁卻一反常態，站到溫和獨派的對立面，竭力反對許信良主導下的民進黨的臺獨轉型，從而博得黨內外急進獨派的喝彩和擁戴，並最終迫使許信良不得不宣布放棄競選連任下屆黨主席。一九九八年底，陳水扁在競選臺北市長落敗後，曾以所謂「學習、反省」之名沉潛了一段時間，實際上是為角逐下屆總統寶座、扭轉其「急獨」形象、調整其政策主張進行過渡和作輿論上的準備。果然，經過一番「學習、反省」之後，一九九九年三月十九日，陳水扁首次向新聞界提出他的所謂「新中間路線」，重新把自己喬裝打扮成溫和、務實獨派的代表。

2.主要內容：

（1）由來、內涵與目的：

近幾年來，不少西方國家的左派執政黨為因應西方社會政治經濟演變發展的新形勢，鞏固其執政地位，往往注重吸收在野右派政黨的政見，兼採改良主義與保守主義、自由主義與社會主義的許多政策主張，標榜所謂「中間路線」或「第三條道路」。陳水扁認為，西方的這股政治思潮已然成為世紀末的「主流思考」，臺灣不可以自外於這一世界「主流價值」；民進黨如欲取得二〇〇〇年年總統大選的勝利，順利走上執政，就必須有「超越黨派」的思考，走所謂「新中間路線」，使選舉成為一種「社會運動」。

經過「學習、反省」之後陳水扁宣稱，「新中間路線」是一種新思維、新潮流、新方向，其重點在於「新」而不在「中間」兩字。也即「包容多元、尊重多數、突破創新、追求進步」，「化解對立、異中求同」。具體到臺灣社會而言，陳水扁說，臺灣「新國民意識」雖已出現，但「我們的社會還沒有百分百地達成共識。統獨問題依然存在，社會矛盾還沒有百分之百化解。」針對這一問題，他主張以「新中間路線」來解決。陳水扁說，「新中間」並不單純的「中間」，「它不是要在國家認同與定位的問題上擺盪」。他承認，「國家認同與定位是沒有『中間』的」，因為它是「基本價值」。但他認為，「在如何實踐價值的方法上卻可以有中間，因而存在著中間策略，我們才可以求取公約數，這個公約數就是『國家安全』」他說，「不論主張統一或獨立，都要以臺灣的安全為前提。只有這樣，不同立場的人才有對話空間，不同的族群才能共處，才不會無限上綱為價值衝突。這就是『新中間路線』的真義」。陳水扁特別強調：「國家安全」是「新中間路線」的主軸，其最高原則是亞太區域的「戰略安全」；「新中間」不是無目的、無方向的「中間」。而是有基礎、有原則的「中間」，「它站在臺灣是主權獨立國家的基礎上，努力追求社會和諧、經濟繁榮與國家發展」。此外，陳水扁還不斷解釋他的「新中間路線」有所謂「三個角點」、「三個面向」、「五大政治哲學」等等，洋洋灑灑。

（2）核心內容與具體政策主張：

陳水扁的「新中間路線」儘管內容龐雜，涉及面很廣，但核心內容實際上主要集中在臺灣前途與兩岸關係方面，而具體的政策主張則主要體現在其正式宣布參選後發布的「跨世紀中國政策白皮書」和其他與兩岸政策相關的所謂「憲政」、「國防」、「外交」、「兩岸經貿」等一系列白皮書以及在各種不同場合發表的演說中。

關於兩岸定位和臺灣前途的主張：一九九八年底，陳水扁在臺北市長卸職演說中提出兩岸是「兩個華人國家」的主張，引起各方的普遍關注；一九九九年四月下旬赴美訪問期間，陳水扁再次重申這一立場，並公開承認自己是「中華民國國民」，主張海峽兩岸「未來應尋求發展出一種新的國家特殊關係」。陳的上述宣示，實際上為五月上旬民進黨「臺灣前途決議文」的提出定下了基調。七月九日李登輝拋出「兩國論」後，民進黨中常會隨即發表聲明，吹捧李此舉是所謂「務實的作法」；陳水扁則舉行記者會，聲稱李登輝的「兩國論」與民進黨和他本人的長期主張「不謀而合」。進而主張廢除「國統綱領」，並將「兩國論」「入憲」。十一月十五日，陳水扁發表「跨世紀中國政策白皮書」，依循「決議文」的基本立場和觀點，宣稱「臺灣是一個主權獨立的國家，依目前憲法稱為中華民國」；將兩岸關係定位為「兩個國家的特殊關係」，與李登輝的「兩國論」相呼應；並重申「任何有關獨立現狀的更動，必須經由臺灣全體住民的公民投票的方式決定」。十二月上旬，陳水扁在訪英期間宣稱，「『兩國論』不能收回，不能讓步」。十二月二十日，陳水扁發表所謂「憲政白皮書」，再次明確主張將「兩國論」和「公投」條款納入憲法，聲稱：「未來憲法應確立臺灣主權獨立，明確規定中華民國領土包括臺澎金馬及其附屬島嶼以及其它國家權力所及之地區；同時，臺灣主權獨立狀態之變更應經臺灣人民公投決定」云云。

關於兩岸對話、談判的主張：九月二十日，陳水扁在黨內發表題為「年輕新臺灣，正常新關係」的重要演説，首度提出了完整的兩岸政策。其中有關兩岸對話、談判，陳水扁提出：歡迎並接受任何議題、包括政治性議題進行談判；希望建立制度性的互訪與對話；希望以軍事互信機制來降低軍事衝突的風險；兩岸在大陸承認臺灣的對等國家地位、和平解決爭端、不預設未來走向等三項前提下，簽訂基礎條約或和平條約；表示他當選後就職前願率團訪問大陸。

在十一月十五日發布的「跨世紀中國政策白皮書」中，陳水扁對上述主張作了進一步的具體補充與闡述，提出了四項具體主張：（一）積極展開對話與協商：臺灣應積極與中國展開對話與協商；目標在於培養互信，進而達成關係正常化；國家主權不應成為談判目標；談判結果應獲得「國會」或人民同意。（二）議題的開放性：打破事務性協商和政治性協商的區隔；各項雙邊經貿事宜、軍事信心建立措施、和平條約等議題均可納入協商談判範疇；攸關雙方人民權益的事項應優先進行協商談判；新一輪對話不一定要從「辜汪會談」重新開始，也不需要接續其未完的議題；兩岸應盡早就「信心建立措施」展開協商，並可以就簽訂和平協議的可行性進行長期對話。（三）溝通管道的多元化：積極與中國內部各種組織與團體對話；正式協商談判必須由政府主導；推動雙方正式協商管道，從兩會體制邁向官方參與；以第二軌道強化雙邊對話機能，設立各類「專業論壇」等等。（四）鼓勵中國政治民主化。可謂包羅萬象。

關於兩岸經貿關係的主張：陳水扁在九月二十日的演説中即曾提出「在不危

害國家安全的前提下，依市場、比例、互惠、對待原則，開放通航、通商、投資的限制」。十一月七日，陳又在民進黨主辦的「二十一世紀的中國」研討會上發表題為「跨世紀的兩岸經貿關係」的專題演講，具體闡述了他的兩岸經貿政策主張。他認為，兩岸經貿不是只有「戒急用忍」或「大膽西進」可供選擇；主張以「經貿安全發展戰略」來兼顧「經濟利益」和「國家安全」兩大目標，並作為具體落實民進黨「強本西進」共識的政策措施；其原則是，用「發展」來解消「風險」，用「發展」來鞏固安全；並提出「在國家安全與對等互惠的前提下，與大陸就航運議題展開協商」。海運方面，臺灣開放高雄、基隆兩大國際港口，大陸開放廣州、大連、上海、青島、天津等國際港，「以雙方直航、權宜輪先行為原則」。空運方面，由臺灣航空公司負責經營，利潤「雙方共享」等等。在其後發表的「跨世紀中國政策白皮書」中，陳水扁更進一步地對上述所謂「經濟安全發展戰略」作了詳盡的論述與規劃，並增列了有關如何「妥善因應中資來臺問題」的內容。

3.實質與效果評析

從以上介紹不難看出，陳水扁「新中間路線」標榜所謂「新思維、新潮流、新方向」並不是什麼新東西，只不過是其在堅持臺獨基本理念和立場的前提下，為因應「大選」騙取選票所玩弄的一種「新權謀、新手法、新策略」。其主要特點有三：

（1）分裂性：

其實，陳水扁自己說得很清楚：作為「基本價值」觀念的「國家認同與定位」是沒有「中間的」，「新中間」並不是「要在國家認同與定位的問題上擺盪」。那麼，陳水扁不能「擺盪」的「國家認同與定位」是什麼呢？即他一再宣揚的「臺灣是一個主權獨立的國家」、海峽兩岸是「兩個華人國家」、兩岸關係是「兩個國家的特殊關係」。陳水扁說，這是他的「新中間路線」的「基礎」和「原則」，說白了就是臺獨基本理念和立場。

然而，陳水扁認為，「基本價值」上雖沒有中間，但在「如何實踐價值的方法上」卻可以有中間，可以有「中間策略」。這個「中間策略」不是別的，就是陳水扁一再強調的「新中間路線」的主軸——「國家安全」，也即「求取」和借助臺灣社會內部統獨、族群對立矛盾各方的所謂最大公約數「國家安全」，來凝聚共識，團結起來，共同對抗大陸，以維護其「基本價值」——「臺灣主權獨立國家」的地位。而且，陳水扁自知臺灣一隅實力不濟，難以抗衡大陸，於是他又宣揚「國家安全」的最高原則是所謂「亞太區域的戰略安全」，試圖引進外國勢力來共同「遏止中國」。可見，陳水扁鼓吹的所謂「中間策略」，說穿了就是「臺獨策略」，其分裂性昭然若揭，難以掩飾。

（2）虛偽性：

陳水扁為表示其「路線」確已走向「中間」，於是在兩岸談判和經貿議題上提出了一大堆五花八門表面上看似頗具「創意」和「善意」的改善發展兩岸關係的政策主張。但「通過現象看本質」，其臺獨馬腳便一覽無遺，不僅不具有任何可行性，而且極其虛偽。例如，他表面上承認「中華民國國號」，承認自己是「中華民國國民」，但他所說的「中華民國」，其領土範圍僅及「臺澎金馬」，並不涵蓋「中國大陸與外蒙古」。可見陳水扁的心目中，所謂「中華民國」只不過是「臺灣共和國」的代名詞和同義語而已；他承認自己是「中華民國國民」，但從不承認自己是「中國人」，而只是「臺灣人」或「華人」。又如，陳水扁表示「歡迎並接受任何議題包括政治性議題的談判」，甚至主張和大陸「簽訂基礎條約或和平協議」，但陳水扁說得很清楚，他主張兩岸對話談判是有三個前提條件的：（一）「對等國家地位」（即要大陸承認兩岸是「兩國」，「臺灣是一主權獨立國家」）；（二）「和平解決爭端」（即大陸必須承諾放棄對臺使用武力）；（三）「不預設未來走向」（即不能把統一當作唯一選項）。有此三項前提條件，可以預計，兩岸對話談判根本不可能啟動，陳水扁的一切所謂的「善意」和「創意」便都成了一紙空文而不具任何實際意義。可見這種政策主張十分虛偽。

（3）欺騙性：

陳水扁的臺獨理念雖然絲毫未變，但應當看到，他所提出的一系列洋洋灑灑的具體政策主張，也確實在一定程度上迎合了島內民眾要求擴大兩岸交流、改善發展兩岸關係的願望；同時還響應了大陸要求兩岸進行政治性對話談判以及以美國為首的國際社會希望穩定臺海局勢的主張，因此不能不說它具有相當大的欺騙性。然而，陳水扁的「善變」卻使其效果大打折扣。在此次大選中陳水扁的「善變」可謂表演得淋漓盡致！他可以在不同的時間地點、不同的場合、面對不同的聽眾講出完全不相同的話，反覆無常，前後矛盾，唯一的目的，就是迷惑世人，撈取選票。例如，他在競選文中宣稱要和大陸「善意和解、積極合作、永久和平」；表示要「打拚不打仗、開放不開戰、競爭不鬥爭」。但面對「臺獨基本教義派」的場合，他卻又高喊「臺灣獨立萬歲萬萬歲」，勸說他們「要忍耐」，「等民進黨執政，才有可能慢慢達到理想」；並反覆強調他和獨派團體的「理想和目標都一致」，只是「達到目標的手段有些地方不一樣」而已。

由以上分析可知，陳水扁所標榜的「新中間路線」其本質仍是「舊臺獨路線」；他的兩岸政策主張，其基本邏輯思維仍不脫民進黨的「臺獨黨綱」；陳水扁宣稱要走「新中間路線」，恰恰說明了民進黨所走的並不是「中間路線」。正如許信良所說：「雖然陳水扁的說法對他本人或許是一大進步，但觀其實際內容，卻可得知民進黨以模糊、取巧方式，端出漂亮的宣傳菜單，內容卻完全空洞，無法落實」。難怪島內媒體評論說：如今的民進黨已經「走向了『附庸化』、『邊緣化』、『權謀化』，這不但是民進黨的挫折，也是臺灣民主政治的莫大傷痛。」由此可以肯定，無論這次總統大選陳水扁是輸是贏，他的所謂「新中間路線」都不可能引領民進黨步入正途，也非臺灣人民之福。

（三）與國民黨聯手通過「國代延任案」

在分裂中國的道路上，李登輝國民黨向前「邁進一步」，公然拋出「兩國論」，向民進黨靠攏；而陳水扁民進黨則暫時「後退一步」，承認「中華民國」，標榜「新中間路線」，向國民黨靠攏。於是國、民兩黨「兩獨」全面合流，勾結起來共同推動臺獨。最典型的事例，莫過於兩黨聯手推動第五次修憲，並合謀通過「國代延任案」。

九月四日凌晨，在國、民兩黨「國代」黨團的強勢運作下，「國大」第五次修憲三讀通過「憲法增修條文」，悍然通過了備受朝野各方爭議的「國代延任案」。按照該「增修條文」規定，本屆「國代」將延任兩年一個月。消息傳出，全島嘩然，立即引發了一場空前規模的政治風暴。該案表決時為表抗議而退席的新黨發起大遊行，揭露這是由李登輝幕後導演的臺獨陰謀，聲稱要為民眾討回公道。輿論強烈譴責國、民兩黨「國代自肥」、是強姦民意的「政治流氓」的行徑，呼籲罷免「國代」。面對輿論的強大壓力，國、民兩黨相互「檢舉」，互相推諉責任。國民黨一方面歸罪於「國大議長」蘇南成「自作主張」，另一方面又稱「延任案」是民進黨提出的版本，民進黨應負主要責任；而民進黨則稱這全是李登輝的意思。兩黨中央黨務系統表示要嚴肅處理「失控國代」；而「國代」則又稱這全都是為本黨總統候選人更好地輔選云云。至於李登輝本人，則保持沉默，僅由「近側人士」放話稱李對此事「全不知情」。最後為平民憤，國民黨被迫開除了蘇南成的黨籍。

種種跡象表明，「國代延任案」絕非單純的「國代自肥案」，而是國、民兩黨主流派試圖利用「國大」第五次修憲之機，從法理上分裂中國的整個臺獨陰謀的重要一環。

證據之一：事實上早於五月間，李登輝即在其出版的新作《臺灣的主張》一書中宣稱：「為確立臺灣的存在……更必須在法理上奠定無可辯駁的論據。因此，我希望在卸下總統職務之前，能集國際法學者之力，就臺灣的國家定位問題，提出更完整的解釋。」在這本書中，李登輝明目張膽地主張把中國分成「七塊」。

證據之二：據島內媒體透露，六月間，李登輝曾授意國民黨「國大」黨團書記長陳明仁向民進黨傳話，提醒民進黨把修憲的格局放大一點，包括總綱都可以修，甚至可以參考「兩德模式」制定基本法。

證據之三：七月九日，李登輝在接受「德國之聲」記者專訪時公然將兩岸關係定位為「國家與國家的關係，至少是特殊的國與國的關係」。此論一出，民進黨立即隨聲附和，主張「臺灣應以『兩個國家的特殊關係』界定臺灣海峽的現況」。陳水扁等人進而公開要求將李登輝的「兩國論」納入憲法。另據島內媒體披露，七月間，張俊宏和蘇南成曾私下達成共識，「讓本屆國代延任至二〇〇二年，讓延任國代推動制定『臺灣基本法』，徹底完成憲政改革」。

證據之四：據因「延任案」而名聲大噪的民進黨「國大黨團」幹事長劉一德事後披露，八月間他從蘇南成處獲悉，國民黨「上面那邊」非常支持這一構想（註：指張、蘇二人達成的「國代延任」共識），李登輝的智囊田弘茂也親口對他提過這件事，他相信蘇、田二人不會假傳「聖旨」。而新黨「國代」李炳南也證實，蘇南成曾向他們證實，李登輝贊成「國會改革」方向朝向總統、立委、「國代」同時延任規劃。

證據之五：九月四日凌晨，「國大」三讀通過「國代延任案」後，張俊宏欣喜莫名，稱「這和新世紀規劃的方向完全一致」，「現在可以開始推動『臺灣基本法』的事了」。六日，當島內輿論譴責「延任案」風頭正勁之時，蘇南成竟還敢頂風而上，強詞奪理地為「延任案」辯解，說可讓「延任國代」利用兩年多的時間整理出一套可「長治久安」的「根本大法」，檢討「國家定位」與「國家制度」。而民進黨則應聲「接招」，宣稱要利用「國代」制定「基本法」，創造「中華民國第二共和」。邱義仁甚至表示：修憲確定「中華民國第二共和」，這比明年誰當選更重要。幕前或幕後推動「延任案」的國、民兩黨要員均異口同聲宣稱，「國代延任」是所謂「憲政改革」的「必要之惡」。他們認為，現實環境中，唯有「國代」延任才能有機會推動最後一波修憲，若「國代」不延任，明年三月後，一則新科「國代」難以駕馭，二則可能有相當程度的宋系人馬湧入，時機稍縱即逝。

可見，「國代延任案」的確暗藏玄機，並不單純，乃是國、民兩黨「兩獨」聯手勾結承包「新臺灣修憲工程」、欲將李登輝的「兩國論」納入所謂「根本大法」、從法理層次確立「臺灣主權國家」地位這一臺獨陰謀的重要一環。然而「機關算盡太聰敏」，在國內外的強大壓力下，國、民兩黨畢竟難售其奸。於是李登輝被迫暫時改變原定計劃，退而求其次，在八月底召開的國民黨十五次二全會上將「兩國論」強制寫進了「決議文」。

許、陳總統候選人提名之爭，造成黨的嚴重內傷

許信良與陳水扁之間為爭奪總統候選人的黨內提名，早於一年多前即已開始

了明爭暗鬥。進入一九九九年之後，兩人之間的爭鬥更進入公開化、白熱化的階段，並由此而引發了黨內派系間的激烈衝突。鬥爭結果陳勝許敗，許信良被迫黯然宣布退黨參選，從而給民進黨造成了嚴重的傷害。

（一）鬥爭過程及其結局

在當今臺灣政壇上，許信良可說是命運多舛。他從不諱言自己自幼便想當總統，而且一生都在為當總統做準備。然而現實政治卻對他如此殘酷無情：一九九六年臺灣首屆總統直接民選，他在爭取黨內提名的競爭中，偏偏碰上了剛剛從海外歸來正值炙手可熱的「臺獨教父」彭明敏而敗下陣來。四年後他的對手卻又換了個人氣正旺的臺獨後起之秀陳水扁。許信良雖然打七十年代開始就是臺灣黨外運動的領袖人物，論輩份、論資歷比八十年代初才涉入政治的陳水扁要老得多；論對臺灣主客觀環境的觀察與思考，陳水扁則更難望其項背。但是，陳水扁卻擅長利用媒體造勢，並在其四年的臺北市長任上累積起了豐沛的人脈，集結了一支頗具活力的年輕市府團隊，營造出超人氣的政治聲望，而這些卻又都是許信良所望塵莫及的。陳水扁正是利用他的這種優勢，在一九九七年底縣市長選舉後迫使許信良放棄競選連任黨主席。而且，陳水扁的旺盛人氣並未因在一九九八年底的臺北市長選舉中落敗而減退，相反卻在黨內外持續發酵，並逐漸形成一種輿論，似乎民進黨的下屆總統候選人非陳莫屬。然而，許信良從其個人政治生涯規劃考量，此番大選不論勝敗如何都將「義無反顧」，決不可能退讓。顯然，許、陳之間的角逐已勢不可免。有趣的是，許、陳之間的爭鬥在相當長的一段時間裡兩人並沒有進行面對面的交鋒，而只是通過黨內派系之間的放話過招、利用媒體大肆炒作；而爭論的焦點則是圍繞著「四年條款」的存廢問題而展開。

所謂「四年條款」，是指一九九七年許信良尚在黨主席任上時，利用其掌控黨機器之便所通過的「公職提名條例」第七條。該條款規定：四年內民進黨員只能就總統、「副總統」、省長、直轄市長擇一參選。按此規定，陳水扁因一九九八年底已代表民進黨參選臺北市長，因而自動喪失了參加這屆黨內總統初選的資格。可見，許信良及其親信為防止陳水扁「包山包海，搞三位一體」，與他競爭黨內總統候選人提名，早已埋下了伏筆。

可是時過境遷，「人算不如天算」，陳水扁雖然以高票落選臺北市長，但超人氣勢不墜，再加上由陳水扁的「政治盟友」林義雄、游錫堃等人主控的黨中央有意偏袒陳水扁，全黨上下形成擁陳態勢，要求修改「四年條款」、為陳水扁參選總統掃除障礙的聲音日漸增強。為挽回逐漸失去的優勢，許信良轉守為攻。一九九九年一月中旬，他在一個私下場合放話説：「陳水扁的格局已定，臺北市長一役敗選就是明證」，「陳水扁目前沒有時間爭取游離票，民眾對他的刻板印象已形成，雖然他嘗試修正其性格與主張，但對結果影響不大」，「陳水扁絕對不會當選下屆『總統』」。此言一出，立即引起民進黨內的強烈震撼，使原本已暗潮洶湧的許、陳之爭公開化、表面化。黨內五大派系除許信良為龍頭的「美麗島系」之外，其餘各派系都紛紛表態主張修改「四年條款」，支持陳水扁參選。

二月底，「新潮流系」負責人、「總統勝選小組」召集人吳乃仁公開放話説，許信良如爭取黨內提名失敗，將會脱黨參選總統，更激起民進黨內的軒然大波。「美麗島系」要求吳公開向許道歉，並在中常會上提議懲處吳乃仁，後經許信良出面制止，這場風波才算平息。

進入三月份後，許、陳之爭進一步升級。三月二日，許信良的親信陳忠信、許丕龍公開表示反對修改「四年條款」，主張以協調的政治手段「來處理」，否則「一切後果應由黨中央負責」。陳陣營則攻擊許陣營反對修改「四年條款」一是為了拖延時間，營造對自己有利的態勢，二是增加許日後脱黨參選的正當性。三月五日，陳水扁一改此前幕後操縱的低調作風，親自披掛上陣，公開指責許信良把總統只當作「權位」在爭取，未免「格局太小了點」。三月七日，雙方人馬在民視電視臺舉辦的系列辯論會中進行唇槍舌劍式的激辯，使民進黨的形象大受其損。三月十日，支持陳水扁的「新潮流系」與「正義連線」強力運作，促使民進黨中執會通過決議，決定將原定於七月份才召開的「全代會」提前於五月八日在高雄舉行，試圖以此破解許信良的拖延戰術，使修改「四年條款」的可能性相應提前。三月中旬，黨內大老黃信介曾兩度出面安排許、陳會面，居間調停，但陳、許兩人都只是坦率表達各自立場，互不相讓。面對這種不利局面，許信良深感失望，於三月十五日公開表示：「我已經做了斷送自己政治前途的完全準備」，「通過參選的過程，傳遞臺灣邁向新世紀的強烈訊息，就是我參選的最大意義」。實際上這已暗示他將不惜退黨參選到底。及至三月二十八日，許信良的親信、前文宣部主任陳文茜突然宣布退黨，聲稱她對民進黨轉型失敗感到失望，並批評陳水扁「一直在衝突的焦點上，不是價值的整合者」，再次引起黨內的強烈震動。事後有人認為，陳文茜的退黨，實際上是許信良在下決心脫黨參選之前所施放的一個「試探氣球」。

在許、陳之爭的整個過程中的另一個有趣現像是，陳水扁自始至終並未公開表態自己究竟是否參選。他一方面挾其「超人氣」的優勢，誘使急於走上執政的民進黨自動修改「四年條款」為其解套，對於來自各方的協調努力置之不理，一一化解，擺出一副不逼退許信良誓不罷休的姿態；另一方面則又緊鑼密鼓地加緊他的參選部署工作。三月十九日，他拋出醞釀已久的所謂「新中間路線」作為他未來參選的文宣主軸，並先後出訪日本、韓國、蒙古和美國，進行所謂「溝通之旅」，大造參選輿論。陳水扁的權謀手段和「鴨霸」作風，逐漸引起民眾的反感，陳的支持率開始出現下滑的趨勢。於是陳水扁自美返臺後，突然提出不修改「四年條款」的主張，並煞有介事地建議黨代會推薦許信良參選下屆總統。但他並沒有採取推舉許信良的連署行動，而且迴避表態自己是否退出總統提名競爭，這顯然是一種「以退為進」逼退許信良的狠招。眼見事態已無轉圜餘地，許信良可說對民進黨已萬念俱灰，徹底喪失了信心。於是在經過一番追隨媽祖的「宗教之旅」和「閉關」的痛苦掙扎之後，五月七日，在民進黨八屆二全大會召開前夕，終於被迫正式宣布退黨參選。經過長達半年之久的劇烈的許、陳之爭，於焉落幕。

五月八日，民進黨八屆二全大會在高雄如期舉行，大會表決通過了「二〇〇〇年總統、副總統候選人提名條例」。規定：是屆總統黨內提名改採推薦、黨員投票制度；凡現任黨主席、中執委、中評委、立委、「國代」、直轄市長、縣市長均可推薦一名候選人；必須有四十人以上推薦才能成為候選人；沒有人推薦時由中央徵召；如被推薦人只有一名，可不必舉行黨員投票初選，並經黨代表二分之一出席並有五分之三同意，即正式成為候選人。這一明顯為陳水扁參選解套的「提名條例」，儘管在討論時遭到部分黨代表的猛烈抨擊，質疑其為陳水扁「量身定做」、「有辱黨的民主精神」，但已大勢所趨、於事無補。

截止於五月二十六日，陳水扁在有資格參與連署的一百九十九人中獲得一百六十八人連署。次日，陳水扁正式宣布接受黨的推薦參選。七月十日，民進黨召開臨時全代會，以三百九十一票全數通過提名陳水扁為黨的總統候選人。

（二）對許、陳之爭及許信良退黨參選的評析

許信良和陳水扁為爭奪民進黨的總統候選人提名，進行了一場空前激烈和殘酷的鬥爭。黨內、島內一時間吵得沸沸揚揚，路人皆知。最後，民進黨雖然如願推出了「超人氣」的陳水扁，但也導致了許信良退黨參選，留下了許多後遺症，對民進黨未來的發展產生了極其不利的影響。

首先，許、陳之間的鬥爭反映了民進黨內權力鬥爭的惡質化，雙方為爭權奪利不擇手段，無情打擊，吃相難看，輿論嘩然，損害了民進黨的社會形象。許信良歷任兩屆民進黨主席，為民進黨的轉型，為民進黨贏得一九九七年縣市長的選舉和邁向全面執政奠定了基礎，做出了重大貢獻。然而，許信良不但得不到黨內應有的尊重和禮遇，反而遭到黨內各派系的圍剿和攻擊，在任內就被迫宣布不再競選黨主席的職位。如今，為了阻止他出來競選總統，捧出陳水扁而不惜破壞原有的制度，並為其個人修改黨內制定的遊戲規則，反映了民進黨內缺乏起碼的行政倫理和政治道德，使其支持者為之心寒。

其次，曾經兩任民進黨主席的許信良被迫退黨，對民進黨產生了巨大的震動和衝擊，使民進黨面臨分裂的危機。民進黨基隆市長李進勇說：「在民進黨即將邁入執政之際，元老級前輩突然退黨，令人遺憾，對民進黨傷害影響很大、也很深遠。」高雄市長謝長廷也表示：「許信良參選下屆總統，對民進黨的傷害不在他得票數的多寡，而在他對民進黨動員、號召支持者的影響程度」。一般評估，許信良的出走，尤其對桃、竹、苗等客籍票集中的地區，將會有較大影響。

再次，許信良在民進黨內終無立足之地，也表明了民進黨內對於許信良較具前瞻性、務實性的觀念不但難以接受，而且是極端排斥。因此，許信良的出走，實際上意味著許信良推動臺獨實質轉型路線的重大挫折，說明了民進黨的臺獨本質很難改變。

陳水扁勝選之可能性分析

在確定由陳水扁為二〇〇〇年臺灣總統候選人後，民進黨便全面投入了輔選工作。

全臺灣的「阿扁之友會」早在年初就已經開始啟動，這類團體極多，數不勝數。陳水扁確定參選之後，馬上由他的原臺北市府親信及正義連線的人馬組成了競選團隊。八月，民進黨中央成立「選戰指揮中心」，黨主席林義雄為總指揮，張俊雄為總幹事，邱義仁為執行總幹事，各地方黨部也陸續成立了競選總部。經過一番曲折，年底，陳水扁正式宣布呂秀蓮為他的「副總統」搭檔，民進黨也展開百日決戰大行動，在各縣市舉辦二十多場的所謂「告別黑金，飛躍兩千」的造勢晚會。民進黨中央還要求民進黨籍的縣市長辭去各縣市選委會的職務，全力輔選。在各大專院校組織「阿扁同學會」，在各個行業也成立了後援會。

儘管民進黨上上下下團結一致，使出渾身解數，但在宋楚瑜的「興票案」爆發之前，陳水扁的聲勢始終低迷不振。各種民調顯示，陳水扁的支持率雖然略高於連戰，但卻遠遠落在宋楚瑜的後面，看好率更一直是倒數第一，甚至一度被判定已提前出局。及至「興票案」爆發之後，選情出現重大逆轉，宋楚瑜氣勢急劇下降，陳水扁的氣勢才開始上揚。直到近期以來，民意調查顯示其支持率已與宋楚瑜不相上下，連戰的支持率則變化不大。那麼陳水扁的勝算如何呢？

回顧一下近十年來島內的歷次重大選舉，可以發現：儘管從總體發展趨勢來看，國民黨的實力在不斷下滑，而民進黨的實力在不斷攀升，但在「中央」層級的選舉中，民進黨總也難以突破三成左右獲票率的瓶頸。

民進黨之所以在「中央」層級難有突破，不外乎有以下兩點原因：

首先是實力。從政治和經濟的角度來看，國民黨和民進黨的實力相差懸殊。在政治上，國民黨擁有現任的優勢：行政院是國民黨的一統天下；在立法院，國民黨與民進黨的「立法委員」的比例是110：70；在國民大會，兩黨的比例是180：99。在地方，國民黨和民進黨的縣市長比例是7：12，民進黨占優勢，但地方派系大多數支持國民黨或宋楚瑜，國民黨和宋楚瑜陣營掌握著絕大多數的鄉鎮長，民進黨的鄉鎮長則寥寥無幾。連戰的競選團隊包羅了國民黨在各個政權機構中的主要人物，正是刻意突顯其在政治上的實力。在經濟上，兩黨的差距更大。國民黨擁有上千億的黨產，對於選舉，可以說有取之不盡用之不絕的經濟資源。反之，民進黨只有區區幾千萬的資產，確實難以和國民黨相抗衡。同時，國民黨作為大資產階級的利益代表，與臺灣的大資本家、大財團有著十分緊密的聯繫，連戰本身就是大資本家。臺灣的三大工商團體都先後表態支持連戰。所有的民意調查顯示，在「誰最能發展臺灣經濟」的問題中，連戰總是名列前茅，陳水扁則總是殿後。正是這種實力對比的差距太大，所以民進黨自成立以來的十幾年中，屢次向國民黨的「中央政權」挑戰，欲尋求取代國民黨而執政，但總是以失敗而告終。臺灣的政治轉型持續發展，民進黨卻始終與臺灣的「中央政權」無緣。

其次是臺獨。自從民進黨於一九九一年通過臺獨黨綱之後，墮落成為「臺獨黨」，從此背上了沉重的臺獨包袱。臺獨不見容於國際社會，不見容於兩岸關係，不見容於臺灣社會。對於大多數臺灣民眾來說，不管對統獨有何看法，都希望臺灣社會與兩岸關係能夠和平、穩定和發展。然而臺獨必然引起兩岸之間的戰爭，因此，對臺獨的恐懼使臺灣民眾一直無法放心讓民進黨執政，這是民進黨難以在臺灣「中央」層級的選舉中獲勝的主要原因。在「誰最有能力穩定兩岸關係」的各種民調中，民進黨歷來是敬陪末座。正因為如此，許信良把臺灣社會稱為「危機社會」。每到選舉，民進黨都要大張旗鼓地來一次臺獨「轉型」，千方百計地淡化臺獨，以解除臺灣民眾對民進黨執政的不安和疑慮。

從以上的分析可以看出，就民進黨和陳水扁自身而言，其實並無足夠實力挑戰國民黨的「中央政權」。然而這一次卻和以往不同，外在環境的變化為陳水扁提供了千載難逢的機會。

其一是國民黨中最具民望的宋楚瑜從國民黨出走，使國民黨從上到下出現了和以往性質完全不同的大分裂，實力大大地被削弱了。代表國民黨參選的連戰卻像是扶不起來的阿斗，氣勢一直無法抬高。而且，「興票案」所揭示出來的國民黨黑金政治，使宋楚瑜和連戰兩敗俱傷，一些中間選民開始向個人形象比較清新、被視為反黑金旗幟的陳水扁移動，使陳水扁的民意調查支持率迅速上升。種種跡象表明，這次大選民進黨突破其固有的實力瓶頸是完全有可能的。

其二是陳水扁此次盡量淡化自身的臺獨色彩。如民進黨通過了「臺灣前途決議文」，首次承認「中華民國」。陳水扁則大肆鼓吹其所謂以「臺灣安全」為主軸發展兩岸關係的政策主張，如調整「戒急用忍」政策、盡快實現「三通」、讓「中資」入島等，極力標榜他的所謂「新中間路線」，淡化臺灣民眾對臺獨的疑慮，這對中間選民有一定的欺騙作用。而且，這些年來，李登輝採取漸進的辦法，逐步推行他的分裂政策，直到最後提出「兩國論」，臺獨與「獨臺」全面合流，也逐步降低了臺灣民眾對臺獨的疑慮。國民黨打「安定牌」對臺灣民眾已經沒有太大的說服力。

外在環境的變化為本無勝選可能的陳水扁帶來了生機，但生機要想轉化為勝機，還需要有更多的條件配合。如美國的因素，以及在關鍵時刻李登輝是否會引發「棄保效應」等等。總之變數仍多，不到最後時刻，恐怕沒有人可以斷定誰輸誰贏。

（收入《臺灣一九九九》，與楊毅周合撰）

陳水扁當選之可能性及其對島內政局和兩岸關係的影響

距二〇〇〇年臺灣總統大選尚有近三個月的時間，但各組候選人之間的激烈競爭已呈白熱化的程度。由於備受爭議的李登輝時代行將壽終正寢、退出歷史舞台，廣大臺灣民眾對新人新政寄望甚殷；兼之連、陳、宋三強鼎立、各具優劣，使這次大選與一九九六年的大選完全不同，充滿了懸念和不確定性，究竟「鹿死誰手」，恐怕不到最後關頭沒有誰敢斷定；更為重要的是，由於連、陳、宋三強各具不同的政治背景和政策理念，施政風格也迥異，究竟由哪一位最終勝出，勢將對未來島內政局的演變和兩岸關係的發展，分別產生很不相同的影響。可以説，這場選戰結局如何，在很大程度上將事關臺灣的前途命運。故此，海內外各方人士特別關注。

那麼，「三強」之一、代表民進黨參選的陳水扁有機會勝出嗎？倘若陳水扁真的勝選，將對臺灣政局和兩岸關係產生何種影響？本文擬對上述問題作一粗淺探討。

一、「歷史的經驗值得注意」

預測二〇〇〇年臺灣總統大選，有必要回溯一下過去十年來島內歷屆重大選舉的結果，並從中總結出某些帶有規律性的東西出來。請見下表：

年份	內容	得票率		
		國民黨	民進黨	其他
1989	「立委」縣市長	59.1%	30.2%	10.1%
1991	「國代」	71.2%	23.9%	5%
1992	「立委」	53%	31%	16%
1993	縣市長	47.5%	41.1%	3.1%

「國代」

年份	內容	得票率		
		國民黨	民進黨	其他
1994	省市長	47.3%	41.2%	11%
1995	「立委」	46%	33%	21%
1996	「國代」	50%	30%	20%
	「總統」	54（李連配）%	21（彭謝配）%	25（林郝配+陳王配）%
1997	縣市長	42%	44%	14%
1998	「立委」、北高市長	46.4%	29.6%	20.5%

從上表不難看到，十年來島內重大選舉呈現出以下基本特點和發展趨勢：

從總體趨勢來看，國民黨的實力不斷下滑，而民進黨等在野勢力挑戰國民黨政權的實力則不斷攀升。

在地方層級的選舉中，民進黨獲票率均超過百分之四十，其中特別是一九九七年的縣市長選舉，獲票率高達百分之四十四，首次超越國民黨兩個百分點，成為名副其實的地方政權的第一大黨。然而在「中央」層級的選舉中，民進黨卻遠不是國民黨的對手，最高獲票率僅為百分之三十三（一九九五年立委選舉），而一九九六年總統大選獲票率更是退至僅有二成的超低程度。

總體來說，國、民兩黨的民意支持率大約分別為45%和30%左右，而其他政黨及無黨籍的支持率則很不穩定，最好的年份也才只有20%左右。這說明國民黨的實力仍相對雄厚；民進黨雖有三成選票的基礎，但卻難以突破三成選票的瓶頸；在一般正常情況下，其他政黨或超越黨派訴求的參選人，在總統選舉中難有突破政黨封鎖之可能。

環顧國際政治，其他眾多從「權威體制」向「民主制度」轉型的國家，在野反對勢力一般經過三、五年的時間積蓄力量，便可一舉奪取政權、走上執政。唯獨臺灣的民進黨，迄今已整整奮鬥了十三年時間，卻尚未能走上全面執政。人們不免會問：民進黨何以在爭奪執政權的道路上會如此艱辛？究其原因固然很多，但其中最根本的原因就連包括陳水扁在內的民進黨領導人也不諱言：臺獨主張是民進黨的「票房毒藥」。為此，曾任民進黨兩屆黨主席的許信良早就提出臺灣是所謂「危機社會」的理論，並在其任上竭力淡化臺獨，主導民進黨轉型，試圖消除臺灣民眾對民進黨執政的疑懼，引領民進黨早日圓執政之夢。然而，「儘管推動轉型的旗手，提出正確的轉型問題，同時也指出合理的轉型方向，但由於只付諸少數討論和媒體政治，因此並未凝聚出共同的轉型願景，也未形成強大的轉型團隊，更未發展成全面的轉型運動」。民進黨菁英們的轉型理論無法取得民進黨基層支持者的認同和呼應，加之黨內派系利益和個人恩怨的糾葛，激烈的路線鬥爭的結果，使民進黨在其轉型道路上如鵝行鴨步、一步三搖，雖有緩慢進展，但卻始終無法突破瓶頸，實現實質性的轉型。最終，就連有民進黨「轉型發動機」之稱的許信良也深感失望，不得不黯然宣布退出民進黨，另謀出路。

一九九八年底「三合一」選舉民進黨的重大挫敗，再次引發了民進黨內有關如何處理臺獨黨綱問題的劇烈爭論。但從一九九九年五月抛出的「臺灣前途決議文」，到年底出籠的所謂「跨世紀中國政策白皮書」，卻明白無誤地告訴人們：民進黨仍然頑固堅持其既定的臺獨立場；陳水扁標榜的所謂「新中間路線」，只是騙人的口號而已；「放不下左邊，走不向中間」，臺獨問題仍將是民進黨二〇〇〇年總統大選中的最大罩門。

然而，上述結論是就一般正常情況下而言的。也就是說，如果二〇〇〇年總統大選依然是以國、民兩黨對決為基本態勢的話，那麼，相信國民黨仍將穩居不敗之地，而民進黨將毫無機會勝出。但由於種種因素的作用，此番大選卻出現了迥然不同於以往的態勢：

低人氣的國民黨候選人連戰；

超人氣的民進黨候選人陳水扁；

不僅超人氣，且超政黨、超族群的國民黨「叛逆者」無黨籍候選人宋楚瑜。

國、民兩黨對決的局面不復存在，這種全新而微妙的態勢，是否預示著臺灣政局在新千年來臨之際，注定不可避免地會發生重大變動？李登輝主政十二年後，真的成了葬送國民黨政權的「臺灣戈爾巴喬夫」？而充當「臺灣葉爾辛」者，會是宋楚瑜抑或陳水扁？人們正在拭目以待。

二、「生機」並不等於「勝機」

由於李登輝剛愎自用，國民黨中生代整合失敗，分裂為連、宋兩個對立陣營投入此次大選，使國民黨相對雄厚的票源因此而一分為二，這給原本因陷入轉型困境、毫無勝選希望的民進黨候選人陳水扁帶來了一線生機，加之「中興票券案」對宋楚瑜選情所造成的強烈衝擊，使其成為「三強」鼎立之中的一強。但「生機」並不就等於「勝機」，陳水扁能否勝選，筆者以為，以下三方面的因素將起關鍵作用：

（一）政黨政治能否發揮作用，使宋楚瑜難以突破國、民兩黨的聯合夾殺？

在西方較為成熟完善的政黨政治制度下，相對而言，競爭較為公平、公正、公開，因此無黨籍參選人能夠發揮的空間很小，很難脱穎而出。但是，臺灣的政黨政治剛剛起步，遠還未達到成熟的階段，不僅漏洞百出、弊端叢生，且帶有威權時代強人政治的濃厚色彩，因而政黨功能相對弱化，給無黨籍參選人預留下很大的揮灑空間。

具體表現在：

首先，經李登輝幾次強制主導修憲後，臺灣的憲政體制已逐漸變成了「半總統制」，總統有權無責，在政治體制中的角色日益突出而政黨功能卻相對弱化；而且，總統選舉採「相對多數制」，沒有規定總統當選的門檻，這使得類似像宋楚瑜這樣，雖沒有強大政黨奧援卻有競爭實力的獨立參選人，大大降低了當選的難度，從而增加了他們勝選的信心和機會。

其次，臺灣的所謂「民主選舉」實施才不過十年，廣大選民對兩蔣時代「強人政治」的依賴與需求心理還遠未徹底消除，在政黨與個人權威、能力、魅力之間，他們往往更看重後者而不是前者，特別是最高層級的總統選舉，情況更是如此。於是，所謂「選人不選黨」，便成了臺灣選舉文化中經常出現的突出現象。

再次，由於臺灣政黨內部尚未真正形成一套民主、公正、公開的決策機制和競爭機制，特別是李登輝強勢主導下的國民黨，以黨主席的好惡為好惡，黨內頗具民意基礎和競爭實力的宋楚瑜一再遭到打壓，難有出頭之日，而超低人氣的連戰卻被欽定為總統接班人，這不僅使宋楚瑜及其追隨者無法心服口服，分裂出走具有「逼上樑山」無可非議的「正當性」，而且還博得了黨內外普遍的同情與支持，一時間形成了臺灣政壇和社會上特有的所謂「宋楚瑜現象」——脫黨參選、無任何政黨奧援的宋楚瑜，民調支持率遙遙領先、一枝獨秀，最高時竟達五成以上，相當於國、民兩黨候選人連、陳二人民意支持率的總和。

面對「宋楚瑜現象」的強烈衝擊，國、民兩黨主流派曾採取各種手段，對宋陣營實施聯合「圍剿」：

先是李登輝抛出分裂中國的「兩國論」，目的之一就是企圖逼宋楚瑜對兩岸定位和統獨問題提前表態，以此攪亂其難以掌控的選情，達到重新洗牌、使選戰向對國民黨有利的方向發展。

繼而李登輝親自披掛上陣，痛斥宋是「背離分子」，「選民若不注意，臺灣被賣掉了還不知道」；針對宋以無黨籍身分參選和提出的「超黨派」政治理念，國民黨則危言聳聽地指控其一旦當選，將導致政黨政治的崩解，「極權政治將再起」，臺灣政局將立即陷入大亂。而陳水扁也不甘落後，與李登輝國民黨一唱一和，指責宋心目中沒有政黨輪替的民主政治理念，將個人放在政黨之上，要犧牲政黨，搞隨時都可以「落跑」不負責任的「一人政治和跑單幫政治」云云；並質疑宋楚瑜在兩岸關係上「態度曖昧、模糊不清」，言下之意有「賣臺之嫌」，試圖以「安定牌」、「民主牌」和「統獨牌」挑撥廣大選民與宋劃清界限。

「九· 二一」大地震發生後，國民黨趁機「冷凍」宋楚瑜，打著「救災」的幌子，大肆進行「政策綁樁」，收攬人心，挖宋陣營的牆腳，竭力拉臺連戰低迷的選情。緊接著，國民黨又祭出「黨紀」大棒，宣布開除宋楚瑜及其核心幕僚和一批擁宋立委、「國代」的黨籍，「殺雞給猴看」，企圖嚇阻更多的國民黨公職擁宋。

然而，所有這一切似乎效果都不明顯，直至十二月初「中興票券案」爆發之前，宋的民意支持率雖有波動且小幅下滑，但仍居高不下，以三成以上遙遙領先於陳、連的二成左右而穩居第一名。其間，當宋宣布選擇張昭雄為其競選搭檔後，支持率甚至一度竄升至接近四成。這是否表明，在目前臺灣選舉中，「政黨政治」尚難以發揮作用、有效封殺雖沒有任何政黨奧援但確具有實力的獨立參選人？

舉一個現成的例子：十一月初雲林縣長的補選，雖然與二〇〇〇年的總統大選不可同日而語、等量齊觀，但國、民兩黨幾乎頃全黨之力為各自推出的候選人輔選，其結果卻都出乎意料地敗在了無黨籍參選人張榮味的手下。這至少驗證了在今日臺灣，政黨的影響力和組織動員力並非靈丹妙藥、包治百病，獨立參選人在沒有政黨憑藉的不利情況下仍然有很大的發揮空間。更何況，總統大選乃是全島範圍內的大規模選舉，不若地方層級的選戰，政黨能夠著力之處甚少，既無法對散居於廣大農業區和邊遠山區為數眾多的選民普遍進行買票、綁樁，在選民集中而文化素養較高的都會區，則更是難以採用類似非法的輔選手段來擴張票源。

如此觀之，在政黨政治尚不成熟健全的今日臺灣，不是憑藉候選人的綜合實力，而企圖僅僅仰仗政黨資源優勢的輔選，恐怕難以僥倖取勝。只要策略得當，宋楚瑜依靠個人實力突破國、民兩黨的聯合封鎖而戰勝連、陳，贏得大選，並非天方夜譚。

（二）「興票案」會否持續發酵，使宋楚瑜已大幅下滑的支持率難以回升？

如果說，突如其來的「九二一」大地震曾給選情低迷的國民黨候選人連戰提供了一個絕好的擺脫困境的天賜良機，只是由於李連陣營的表演太過拙劣，未能抓住機會而被輕易喪失。那麼，十二月初「中興票券案」的突然爆發，則人為地給同樣低迷的民進黨候選人陳水扁的選情，適時地注入了一劑不可多得的強心劑，從而使整個選情帶來了很大的變量。

的確，「興票案」給宋楚瑜造成了嚴重內傷，使其賴以維持高民意支持率的主要資本——清廉、反黑金、誠信等良好的道德形像在一夕之間幾乎蕩然無存，受到質疑。截止於一九九九年十二月底，多項民調顯示，宋張配一枝獨秀、遙遙領先的態勢已被打破，宋的民意支持率已急速下滑至百分之二十五上下；而陳呂配的支持率則小幅爬升，接近甚至有超越宋張配之勢，形成「雙雄並峙」的局面。至於連蕭配卻並未從「興票案」中得到任何好處，民調支持率仍在百分之二十上下徘徊而繼續敬陪末座，這或許是該案的幕後主導者李登輝所始料未及的。然而道理至明：在廣大臺灣選民的心目中，國民黨原本就是臺灣黑金、腐敗政治的始作俑者和大本營；如果把曾任國民黨祕書長的宋楚瑜說成是「賊」，那麼長期擔任國民黨黨主席、副主席的李登輝、連戰豈不是不折不扣的「老賊」和「大賊」？故此，鷸蚌相爭，必然是「扁」翁得利。

那麼，「興票案」的發展趨勢將會如何？會不會持續發酵，使宋陣營從此一蹶不振甚至全面崩盤？而陳呂配能否趁機脱穎而出、變「生機」為「勝機」？對此，筆者有以下幾點觀察與分析：

首先，從近日多家民調來看，「興票案」對宋陣營的確造成了嚴重傷害，使宋張配已流失了大約一成左右的支持票源，但目前似已到達谷底，25%上下的支持率仍居三強之前列，並可視為今後不致輕易動搖的「鐵票」。而且在流失的一成左右的票源中，僅有少部分轉向支持陳呂配，其餘大部分則變成了「觀望票」，隨著下一步選情的變化，這部分觀望票仍有部分回流之可能。人們不禁會問：具有如此震撼力的「興票案」竟然未能一舉摧毀宋陣營，原因何在？這除了宋陣營因應較為得當（如將「興票案」與國民黨李登輝掛鉤、主動向選民認錯道歉，以及請出頗具公信力的新黨立委謝啟大出面為其擺平等措施）之外，關鍵還在於支持宋陣營的選民結構相對穩定，分布較為理想。根據一九九九年八月下旬的各種民調顯示：宋楚瑜的支持者就政黨傾向來看，國民黨的傳統票源分裂為擁連與擁宋兩派，二人各瓜分約50%的選票；而民進黨的支持者有60%以上是陳水扁的鐵票，但也有二成左右倒戈支持宋楚瑜。至於新黨的支持者挺宋的比例則高達80%。政黨傾向不明顯者，60%支持宋，20%支持陳，擁連者僅15%。從年齡結構而言，宋在各個年齡段的支持者相當均勻，特別是在二十九歲以上至六十歲以下各年齡段中，支持者的比例經常接近50%；陳水扁在六十歲以上的支持者最弱，約有20%，而年輕選票最強，占40%；至於連戰的支持者，六十歲以上的老年人最多，占40%以上，三十九歲以下的支持者較弱，僅占15%左右。再有，以族群分布來看，外省族群（占總人口約13%）表態支持宋楚瑜者超過70%，連戰獲得20%以上的認同，而表示支持陳水扁的則微乎其微；在閩南族群方面（占總人口約75.5%），宋、陳二人各獲得近40%的支持，連戰則只有20%的支持率；客家族群（占總人口約10.8%），擁宋者占40%左右，擁連者30%，挺陳者約20%。以上統計數字表明，宋楚瑜的民意支持率幾乎在各個選項上都全面領先於連、陳二人。這種相對穩定的選民結構和較為理想的選民分布，對選情的變化顯然造成了某種程度的抑製作用，從而使「興票案」對宋陣營的衝擊力減至最低點。進一步而言，宋楚瑜這種跨黨派、跨族群且較被中壯年選民認同的選民結構與分布，也有利於爭取目前尚未表態的約三成以上的中間票源，從而有可能在穩定鐵票的基礎上，進一步擴大支持率。相反，連、陳二人的選民分布則過於集中，結構也不夠理想，因而穩定性相對較差，爭取中間選票的能力也較弱。

其次，由於前一階段宋張配氣勢如虹，民調支持率居高不下，而連陣營的選情卻始終低迷不振，眼見國民黨內部人心浮動、嚴重不穩，使李登輝產生了強烈的危機感，因而不顧一切，提前引爆了「興票案」。但事實證明，「興票案」的提前引爆對宋陣營來說既是壞事卻同時也是幸事。何以言之？說是「壞事」已如前所述；說是「幸事」乃因為提前引爆，使宋陣營得以有充足的時間從容應對而逐步擺脫困境。經住這次嚴峻考驗後，宋陣營的「抗壓力」勢必大大增強。而對於李連陣營來說，拿國民黨自身最經不起檢驗的「黑金」議題做文章來攻擊宋陣營，事實證明實屬不智。因此國民黨方面在下一步的選戰中有可能會接受教訓，在類似這種會傷及國民黨自身的議題上或許會投鼠忌器、謹慎從事，試圖與宋陣營心照不宣地保持某種微妙的「恐怖平衡」。至於陳水扁陣營，則顯然處於兩難境地：一方面，因擔心宋陣營會恢復元氣、支持率回升，希望看到連、宋陣營繼續自相殘殺、兩敗俱傷，以便坐收漁翁之利；但另一方面也擔心宋陣營會因此而崩盤，使國民黨的傳統票源向連陣營全面回流，又重新回到國、民兩黨對決的不利局面。因此，在「打宋」的問題上，陳水扁陣營必須掌握分寸、仔細拿捏，方能使自己立於不敗之地。如此高難度的競選技巧，陳水扁要能夠運用自如實屬不易。

再次，可以預料，選戰的下一階段勢必會轉入涉及臺灣民眾切身利益的國計民生的政策議題辯論。而在這一領域宋陣營顯然具有優勢。因為宋陣營既無須背負執政黨因長期執政所帶來的沉重包袱，也不若民進黨陳呂配必須面對其他各組候選人對其臺獨主張所提出的質疑。因此，宋陣營必然會轉守為攻，設法盡快擺脫「興票案」的陰影，重新拉抬自己的選情。事實上，宋楚瑜的支持率之所以會長時間居高不下，甚至在「興票案」發生後仍能在「三強」之中保持前列的位置而不墜，在很大程度上正因為他兼具「改革」與「安定」的雙重形象，這與當前臺灣社會普遍存在的「穩中求變、變中求穩」的主流民意是相吻合的。誠如陳水扁陣營的重要幕僚郭正亮所分析的：「國民黨傳統的安定牌，主攻民進黨的臺獨訴求；民進黨傳統的改革牌，則主攻國民黨的黑金政治，但在脫黨過程的重新包裝後，宋夾處在安定（求安）與改革（求變）的拉鋸之中，卻逐漸形成雙重的比較優勢。他沒有臺獨包袱，也較少黑金包袱；他比民進黨安定，比國民黨改革。」那麼，連蕭配有能力有魄力擺脫李登輝路線的桎梏、提出一套讓臺灣民眾滿意的改革內政和改善兩岸關係的政策主張嗎？陳呂配有決心有辦法從臺獨枷鎖中掙脫出來、消除廣大選民對民進黨執政的普遍疑懼嗎？如果不能，連、陳陣營勢必會在即將到來的政策議題的激烈較量中難以占上風而繼續處於不利地位。更何況，另兩組代表新黨參選的李敖和獨立參選人許朱配，在這類議題的辯論中顯然是宋張配的「同盟軍」。尤其當「安全」問題一旦成為選戰的主軸時，則將對陳呂配特別不利。

根據以上分析，如不出意料，宋陣營有望從「興票案」中脫困，使已經下滑的支持率止跌回升，不致因此一蹶不振，更不會全面崩潰。

（三）關鍵時刻會不會出現有利於陳呂配的「棄保效應」？

「棄保效應」是臺灣選舉文化中的「特產」，根源於選民中普遍存在的統獨對立和族群矛盾。本屆大選，民進黨自知實力不濟，於是陳水扁陣營從一開始就為自己設計了以下競選策略：選戰後期，力爭民調支持率緊隨宋楚瑜之後保持「老二」位置，給選民造成連戰已提前出局的強烈印象；然後利用省籍情結，製造「棄保效應」，一舉戰勝宋楚瑜，重溫一九九四年臺北市長選舉「棄黃保陳」的舊夢。

陳水扁真的能如願以償嗎？試作以下分析：

其一，「棄保效應」必須是在參選人的民調支持率前兩名十分接近，而第三名與第一名差距又較大，已無望勝選的情況下才有可能發生。如果「三強鼎立」，民調支持率相差不多，誰都有希望勝選，那麼各自的支持選民勢必會「死拚到底」，不可能出現所謂的「棄保效應」。而據最新民調顯示，宋、陳、連三位候選人的民意支持率僅差三、二個百分點；而且，連蕭配雖然支持率敬陪末座，但「看好率」卻在絕大多數的民調中始終保持三成以上而高居榜首，陳呂配卻一直不到二成而敬陪末座。假如照目前情勢發展下去，陳陣營所盼望的「棄連保陳」效應恐怕很難出現。更何況隨著選戰的白熱化，陳、呂二人的臺獨立場勢必成為各組候選人的主攻目標，「臺灣安全」議題一旦突顯出來，中間選民會投向何方？陳呂配還能不能穩坐民調支持率「老二」的位置？尚不無疑問。陳呂配一旦殿後，且相距第一名較遠的話，可以想像，無論連、宋誰居首位，被棄者就恐怕不是別人而恰恰是陳水扁自己了。

其二，退一步説，即使如陳水扁所願，到選戰後期，果然民調支持率宋一陳二且十分接近，連被甩在後面而篤定敗選，那麼支持連蕭配的選民是不是就一定會「棄連保陳」呢？恐怕也未必！因為據民調顯示，連蕭配的支持者大多數是國民黨的傳統票源，中間選民並不多；而國民黨的傳統支持者具有很強的「中華民國情結」且大都敵視主張臺獨的民進黨。如果連戰已無望勝選，究竟會「棄連保陳」還是「棄連保宋」都還很難説。至於宋張配，按其實力斷然不致殿後而淪為被棄對象，故略去不再討論。

其三，宋楚瑜畢竟不是當年的趙少康，「省籍情結牌」對其是否有效也不無疑問。對此，郭正亮也有如下分析：「歷經李登輝在臺北市長選戰中標舉『新臺灣人』，以及宋楚瑜四年的勤走基層，宋即使身為外省人，在不少本省人心目中，他早已比不知民間疾苦的連戰更加可親。事實上，宋的本土化程度，恐怕還高於連，連戰投入本土化攻勢的結果，不但可能徒勞無功，甚至還可能適得其反。」連戰如此，陳水扁恐怕也難如願。不過，宋陣營顯然並未放鬆警惕，為防止對手利用「省籍情結」蓄意製造「棄保效應」，採取了一系列的相應對策：如積極呼應李登輝的「新臺灣人主義」，特意將自己的競選團隊冠名為「新臺灣人服務團隊」；選擇本省籍的醫界名流並和民進黨陳水扁關係密切的張昭雄為其「副總統」搭檔；參選基調則始終不脱「尊李肅奸」，亦即不正面批李和與李發生直接衝突，而把黨內對自己的打壓歸因於「小人當道」，以盡量避免觸動本省人的「李登輝情結」，積極爭取本省人的認同與支持，等等。應當承認，宋陣營的這些措施已收到相當成效，其中特別是選擇張昭雄加盟，並委其專責研擬大陸政策，確是一出高招，使日後無論任何競爭對手試圖以「賣臺」來攻擊抹黑宋陣營，都將顯得蒼白無力、大打折扣。

如此看來，陳陣營寄望於「棄保效應」贏得大選，顯然也不可靠。

綜合以上幾方面的分析，似可得出如下結論：由於國民黨的分裂和「興票案」對選情的衝擊，使原本篤定敗選的民進黨候選人陳水扁漁翁得利、絕處逢生，當選的可能性已大為增加。但隨著選舉進入決戰階段，選情有可能會發生新的變化，民進黨的臺獨包袱，勢將成為制約陳陣營爭取中間選民、進一步擴張票源的致命弱點。故此，在本屆大選中，「宋、陳對決」的態勢已定，陳水扁最終勝選的機率不小，但並無十足的把握。

三、陳水扁勝選對島內政局和兩岸關係的可能影響

既然陳水扁有勝選的可能性，那麼他一旦當選，將會對島內政局的演變和兩岸關係的發展產生何種影響？我們不能不預作評估。

（一）臺灣政壇有可能會逐漸步入國、民兩黨「輪替執政」的新階段。

目前在臺灣，包括臺北市、高雄市和金門、馬祖地區在內的二十五個地方政權中，非國民黨籍已掌握十七個席位（民進黨十三席，無黨籍四席），國民黨僅占八席，陳水扁一旦當選，等於非國民黨勢力已同時握有從「中央」到地方的執政權，意味著臺灣的在野反對勢力經過多年的奮鬥，終於將「百年老店」國民黨政權扳倒，首次出現「政黨輪替執政」，可以想見，這勢必引起島內政局的重大質變：

首先，由於民進黨缺乏執政人才，陳水扁將不得不落實競選承諾，設法結合國民黨及無黨籍人士，在民進黨主導下組織跨黨派的「聯合政府」。民進黨雖然在立法院中不占多數席位，但由於總統無須經立法院同意即可任免行政院長，更何況陳水扁很可能會任命一位非民進黨籍「閣揆」，再加上「西瓜偎大邊」效應，國民黨、無黨籍立委中以利益取向、見風使舵者頗多，故陳水扁組成「聯合政府」應不會有太大困難。但新黨則可能拒絕參加。

其次，陳水扁一旦當選，臺灣政權全面轉移，國、民兩黨主客易位，民進黨勢必士氣大振，臺獨氣焰必將空前囂張，加入民進黨的人數將會劇增，民進黨的

資源迅速膨脹，將取代國民黨成為臺灣政壇社會的主流政黨。而民進黨的臺獨轉型也將就此打住，其「實質轉型」的前景將變得更加渺茫。相反，遭受敗選重挫的國民黨，將會因追究敗選責任而展開黨內新一輪的劇烈爭鬥，並有可能會因此而發生嚴重分裂，實力進一步削弱。黨內的改革派則可能趁機崛起，拋棄李登輝路線，銳意改革，重整再造。而以新黨為代表的統派反李勢力，則有可能會在強烈危機感的促使下重新整合，並與國民黨改革派和宋陣營合作，甚至不排除重返國民黨陣營，或與國民黨改革派以及宋陣營另組新黨。當然，也不排除島內統派勢力會因此而士氣頓挫，從此愈加一盤散沙、處境愈加艱難。由此，島內的政治生態和政黨實力將作重大調整，各黨內部派系勢必重新分化組合，而島內的統獨矛盾與鬥爭也將進入新的發展階段。

再次，由於國、民兩黨實力的一升一降，勢必拉近兩黨的實力差距，這為今後臺灣政壇逐漸過渡到國、民兩黨對峙競雄、互有勝負、輪替執政的較為成熟穩定的政黨政治新時期打下了基礎。但這一成熟穩定的政黨政治新局面不會很快形成，仍須有一個劇烈較量的過程。由於民進黨政治上還很不成熟，有可能在勝利面前衝昏頭腦，兼之缺乏執政經驗，臺獨痼疾難除，在民進黨主導下的跨黨派「聯合政府」，很可能會因內部矛盾重重，「一人一把號，各吹各的調」，難以正常有效運轉；再加上立法院內也將會因政治生態的變化，而使矛盾變得愈加錯綜複雜，鬥爭愈加劇烈，致使島內政局混亂，族群矛盾重新激化，兩岸僵局難解，經濟形勢惡化，社會動盪不安，民進黨無法繼續穩定執政，國民黨得以趁機東山再起，重新奪回丟失的政權。

（二）兩岸政治關係難有突破性進展，不排除持續僵化乃至惡化之可能。

一九九八年底「三合一」選舉受挫後，為因應本屆大選，民進黨及其參選人陳水扁相繼拋出「臺灣前途決議文」、「跨世紀兩岸經貿關係白皮書」、「跨世紀中國政策白皮書」、「國防政策白皮書」、「外交政策白皮書」、「憲政白皮書」等一系列涉及臺灣前途和兩岸政策的宣示性文件。此外，一年來民進黨頭面人物林義雄、陳水扁等人在不同場合也發表過不少相關言論。從上述文件、言論內容來看，恐怕沒有人可以否認，民進黨的臺獨轉型仍然停留在低層次的「策略轉型」階段打轉，其臺獨的基本立場和主張絲毫也沒有改變。那麼，堅持臺獨的陳水扁一旦當選，民進黨全面執政，兩岸關係勢必會面臨新的嚴峻考驗：

首先，陳水扁上台後為展現其處理兩岸關係的能力，與大陸爭奪兩岸關係的主導權，很可能會採取攻勢，爭取主動，不斷提出各種五花八門的比李登輝有彈性得多的兩岸政策主張。例如適度調整「戒急用忍」政策，有條件分階段開放兩岸直接「三通」，宣稱要和大陸共建「關稅同盟」、「自由貿易區」甚至「共同市場」；施放恢復兩岸政治對話甚至政治談判的「氣球」、要求赴大陸進行所謂「和平之旅」、甚至要與大陸簽訂和平條約或基礎條約等等，頻頻向大陸表達所謂「善意」和「誠意」，以緩和島內民眾迫切要求改善發展兩岸關係的壓力，並對美國為首的國際社會的期待有所交代。然而，陳水扁的上述政策主張和宣示，表面上雖十分熱鬧，但卻不僅毫無實際意義而且十分虛偽。這是因為：（1）事實上李登輝的「戒急用忍」和阻撓兩岸直接「三通」的錯誤政策，因嚴重損傷了島內工商企業界的切身利益和島內經濟的發展而受到各方詬病，早已不是臺灣的什麼「籌碼」；而且兩岸加入WTO之後，這類問題理應順理成章地得到解決，並非是臺灣方面對大陸的妥協和讓步。（2）民進黨陳水扁堅持臺獨立場，反對「一個中國」，宣稱「臺灣是主權獨立國家」、海峽兩岸是所謂「兩個國家的特殊關係」，主張在「不預設未來走向」（即統一走向）等前提下發展兩岸關係，實際上比李登輝的「兩國論」還「兩國論」。既然如此，兩岸的「政治對話」也好，「政治談判」也罷，便都不可能啟動；所謂「和平之旅」、「關稅同盟」之類，也將無從談起，變成一句空話。這樣，兩岸的政治關係仍將會僵持無解，難望有實質進展和突破。

其次，由於民進黨政治上很不成熟而又堅持臺獨，大多數民進黨領導人格局過小，眼光短淺，容易偏激走極端，加之對大陸一知半解而又往往心存偏見，缺乏應有的國際觀和兩岸觀，更談不上處理兩岸事務的實際經驗，一旦上台執政，難免對日愈複雜的兩岸情勢研判錯誤，處置失當，人為地給兩岸關係帶來新的變量和衝擊。

再次，陳水扁一旦當選，民進黨全面執政，勢必會充分利用其手中掌握的公權力，採取各種手段，從政治、思想、文化、教育等各個層面加強向臺灣民眾灌輸臺獨意識，以圖進一步營造和擴大對抗大陸和平統一攻勢、從事臺獨分裂活動的「民意」基礎和社會氛圍。此外，還有可能會宣布廢除《國家統一綱領》、解散「國統會」、修改「兩岸關係條例」、裁撤「蒙藏委員會」、研製或要求加入戰區導彈防禦系統、發展中、短程導彈等，甚至不排除從金、馬地區撤軍。再有，「務實外交」、加入聯合國等圖謀「臺灣問題國際化」的活動也將會愈加猖獗。所有這些，都勢必會毒化和惡化兩岸氣氛，進一步破壞兩岸互信，嚴重損傷兩岸關係。更有甚者，還不能完全排除民進黨人在他們認為形勢對其有利時，公然將「公投」條款和「兩國論」入「憲」、入法，挑戰中國主權，破壞東亞和世界和平。

總之，堅持臺獨的陳水扁如果真的勝選，民進黨上台執政，無論對島內政局或兩岸關係都將會產生結構性的重大影響。尤其是對兩岸關係，儘管在經貿和「三通」等方面可能會有所突破，但政治關係在可預見的時間內仍將會持續僵化甚至惡化。由於變量增加，將會使臺海局勢愈加呈現出複雜性和不穩定性，甚至還增加了大陸方面不得不採用非和平手段解決臺灣問題的危險性和可能性。對此，我們不能不保持高度警惕，做好充分的應變準備。

（《中國評論》，《臺灣「大選」鹿死誰手》）

陳水扁的「就職演説」與未來兩岸關係展望

三種訊息，一個主意

陳水扁在五二〇正式上任之前的兩個月時間裡，面對來自各方的壓力，曾先後向外界施放出以下三種不同的訊息：

起初他強調說：對五二〇「就職演説」不要有「過高的期待」，「國民黨五十年、李『總統』十二年未能解決的問題，不能寄望阿扁的一篇演説就能解決」。顯然，此時陳水扁尚未找到應付大陸、擺脱兩岸關係危機的辦法，心中無數，缺乏信心。但他這樣説，卻也透露出他將會延續李登輝的既定路線，並不想在兩岸關係問題上有任何作為。

不久之後，陳水扁卻信心滿滿地向外界宣示：他的五二〇「就職演説」「保證讓美國滿意，國際社會肯定，中共雖不滿意但找不到藉口」。這説明經過他的謀士們一番冥思苦想、精心策劃之後，已為他的演説定下了基調，並自以為找到了對付大陸的「萬全之策」。

由於陳水扁的上述宣示遭到島內外進步輿論的強烈批評，於是在臨近五二〇之際他又施放出新的訊息，改口稱他的「就職演説」會對大陸表示出最大的「善意」和「誠意」，並信誓旦旦地宣稱：五二〇之後兩岸關係將會「柳暗花明」云云。

然而事實説明，陳水扁的所謂「柳暗花明」之説，完全是一種言不由衷的欺騙宣傳。

不必諱言，大陸方面對具有濃厚臺獨色彩的陳水扁懷有強烈的不信任感，對其當選後是否會推動臺獨保持著高度的警惕，故有「聽其言，觀其行」、「拭目以待」的提出。三一八之後，大陸曾通過各種方式一再向陳水扁傳遞堅定而明確的訊息：唯有接受和承認一個中國原則，兩岸的緊張關係才有可能得到緩和。對此，陳水扁心知肚明。但他既已打定主意延續李登輝路線，拒絕正面響應一個中國原則（即不會讓中共滿意，不要有「過高的期待」），卻又企圖推卸由此可能帶來的兩岸關係持續緊張的後果，於是他便向外界施放出樂觀訊息，拋出所謂「柳暗花明」之説。可見，陳水扁玩弄政客手腕確已達到了爐火純青的地步。

一個要害，三種手法

在海峽兩岸同胞和國際社會注目之下，陳水扁的五二〇「就職演説」如期登場。綜觀陳水扁這篇長達四千五百字的演説，就有關兩岸關係部分，其本質與特點可以概括為簡單的一句話：「一個要害，三種手法」。

如前所述，五二〇之前，大陸方面曾一再向臺灣新領導人傳遞堅定而明確的訊息：兩岸關係能否緩和發展，端看臺灣方面是否接受和承認一個中國原則。那麼，陳水扁的這篇演説對一個中國原則究竟抱持什麼態度呢？

從表面上來看，陳水扁的這篇演説語氣溫和、用詞謹慎，盡量不用臺獨語言刺激大陸，但在一個中國原則這一關鍵問題上卻採取極力迴避、模糊的態度，暴露出他一再表示的要和大陸「善意和解」缺乏起碼的誠意。這篇演説洋洋灑灑數千言，通篇不脱李登輝「兩國論」的基調，説明他仍在頑固堅持臺獨理念和立場，這就是陳水扁五二〇「就職演説」的要害。如果要説與李登輝有何不同，那就是李登輝是「硬獨」而陳水扁是典型的「軟獨」。然而，「軟獨」、「硬獨」都是「獨」，而且「軟獨」比「硬獨」更具迷惑性和欺騙性，因而也更具危險性。

既要堅持臺獨，又想矇騙世人，於是在五二〇演説中，陳水扁及其謀士們展現出他們高度的「智慧」，玩弄起以下三種手法：

一曰：「軟中帶硬、話中有話、綿裡藏針」。

例如，他説什麼「兩千三百萬人民以無比堅定的意志，用愛弭平敵意，以希望克服威脅，用信心戰勝了恐懼」，「勇敢地站起來」！説什麼「威權和武力只能讓人一時屈服，民主自由才是永垂不朽的價值」云云，拐彎抹角、含沙射影地攻擊汙蔑海內外同胞反臺獨、反分裂的正義鬥爭，企圖挑撥兩岸同胞之間的民族感情。

演說中所承諾的「五不」：「不會宣布獨立，不會更改國號，不會推動兩國論入憲，不會推動改變現狀的統獨公投，也沒有廢除國統綱領與國統會的問題，」最被某些人士所稱道，認為是陳水扁對大陸的最大「善意」與「讓步」。其實稍作剖析便不難真相大白：

（1）人們往往忽視了在這長長的「五不」前面，陳水扁預設了一個文字雖短但卻極其關鍵的前提條件，即所謂「只要中共無意對臺動武」。言下之意，只有大陸方面放棄對臺使用武力，他這「五不」才會生效，否則一概作廢。其實大陸說得再清楚不過：搞臺獨，大陸才會動武。也就是說，「獨」是因，「武」是果，道理至明。陳水扁蓄意倒因為果，不僅不合邏輯，更表明其為日後時機成熟時廢棄「五不」、實行「五要」預留了迴旋餘地和政策調整空間。

（2）不說「我要做什麼」而光說「我不會做什麼」，難以取信於人。李登輝是最典型的例子。他從未宣布過要搞臺獨，甚至據他自己說還講過一百三十多次的「反臺獨」，他也沒有更改「國號」，也沒有敢公然將「兩國論」入憲，更沒有推動過「統獨公投」，甚至「國統綱領」和「國統會」還是在他上台執政後由他親自主持制定和設立的，但是李登輝卻從未真心實意地搞統一，而一心一意地搞分裂、搞臺獨。因此，陳水扁承諾「五不」，並不表明其不會搞臺獨。

（3）假若進一步深究，「五不」絕大部分並非陳水扁的權力所能為，更非他這位弱勢總統（包括他所在的民進黨）所能說了算的。

從以上簡要分析可知，陳水扁的「五不」承諾，只不過是一疊並不準備兑現的、不具任何實際意義的空頭支票而已。請問，這是一種什麼樣的「善意」和「讓步」呢？

再舉一例：演說中陳水扁說：「海峽兩岸人民源自於相同的血緣、文化和歷史背景」，呼籲雙方「秉持民主對等的原則，在既有的基礎之上，……共同來處理未來『一個中國』的問題」。這段話寓意深刻。首先，陳水扁迴避了海峽兩岸之間的政治和法律關係，只承認雙方有「相同的血緣、文化和歷史背景」，等於間接地否定了「一個中國」；其次，何謂「民主對等」原則？陳水扁沒有明說，但證實他以往的一貫主張和說法，這裡所說的「民主」、「對等」，實際上就是「任何臺灣獨立現狀的改變，都必須經由全體臺灣人民以公投方式決定」，以及要大陸方面承認臺灣「對等國家地位」這兩項「臺獨原則」的縮寫語。至於「在既有的基礎之上」究竟所指為何？陳水扁也含糊其辭不肯明說，但從前後文聯繫起來看，只能解讀為「在『兩國論』或曰『兩個華人國家』的基礎之上」。而「一個中國」則是過去沒有，現在沒有，至於將來有沒有還是一個需要雙方共同來「處理」的「問題」（即需要討論的「議題」）。這種表面模糊實則話中有話、綿裡藏針的宣示，不是臺獨又是什麼？

二曰：「李代桃僵，偷梁換柱」。

演說中，陳水扁不僅極力迴避「一個中國」原則，甚至不承認自己是「中國人」，否認臺灣文化是中華文化的一部分。

例如，他說：「臺灣人民用民主的選票完成了歷史性的政黨輪替。這不僅是中華民國歷史上的第一次，更是全體華人社會劃時代的里程碑」；聲稱「我們多麼希望海內外的華人都能親身體驗、共同分享這一刻的動人情景」；並稱要「讓立足臺灣的本土文化與華人文化、世界文化自然接軌」云云。這裡，除了「臺灣人」、「臺灣文化」就是「華人」、「華人文化」。在陳水扁的心目中，臺灣人顯然不是「中國人」，而只是和生活在新加坡、泰國、馬來西亞、印度尼西亞以及全世界各地的華人、華僑一樣，與大陸人民有著「相同的血緣、文化和歷史背景」的「華人」而已。臺灣的本土文化也不是「中華文化」的一部分，而是和中華文化、世界文化相並列的「華人文化」。這不是陳水扁兩岸是「兩個華人國家」的臺獨主張又是什麼？

在通篇演說中，陳水扁只有一處提到「中國」，但那只是和「臺灣」並列的「互不隸屬」的中國。他說：「過去一百多年來，中國曾經遭受帝國主義的侵略，留下難以磨滅的歷史傷痕。臺灣的命運更加坎坷，曾經先後遭受到強權的欺凌和殖民政權的統治。」也只有一處提到「中國人」，即所謂「中國人強調王霸之分，相信行仁義必能使『近者悅、遠者來』、『遠人不服，則修文德以來之』的道理。這些中國人的智慧即使到了下一個世紀，仍然是放諸四海皆準的至理名言」。這段話讓人聽後誤以為是從外國人嘴裡講出來的，並不能感覺到他所說的「中國」包括「臺灣」、「中國人」也包括「臺灣人」。其花言巧語、玩弄辭藻至此，令人嘆為觀止！這充分說明陳水扁只有強烈的「臺灣心」而並無絲毫的「中國情」。

三曰：「打民主、自由、人權牌」。

讀罷演說全文，給人予一個十分強烈和深刻的印象，即通篇貫穿著這樣一個主軸：宣揚西方的民主、自由、人權的價值觀。

例如，宣稱「中華民國第十位總統選舉的過程讓全世界清楚地看到，自由民主的果實如此得來不易」；「我們用神聖的選票向全世界證明，自由民主是顛撲不滅的普世價值」；並稱「中華民國不能也不會自外於世界人權的潮流」，表示要「在臺灣設立獨立運作的國家人權委員會」，制定「臺灣人權法典」，邀請國際法律人權委員會和國際特赦組織「協助我們落實各項人權保護的措施」；並說什麼「不論目的何在，理由多麼冠冕堂皇，戰爭都是對自由、民主、人權的最大傷害」等等。陳水扁高唱「民主」、「自由」、「人權」，固然反映出他所推崇、信仰的意識形態，但他「醉翁之意不在酒」，目的在於討好以美國為首的西方社會，意思是說我們臺灣和我陳水扁本人是西方價值觀最忠實的捍衛者和實踐者，以博得他們的同情、讚揚和支持（即所謂「讓美國滿意，國際社會肯定」）。把兩岸的「統獨之爭」歪曲為「意識形態之爭」、「制度之爭」，企圖將臺灣問題引向「國際化」，用以對抗中國大陸的統一攻勢，這實在是一種「引狼入室」的不明智之舉。

總之，陳水扁的五二〇「就職演說」，絕非某些輿論所吹捧的那樣，是什麼對大陸的最大「善意」和「讓步」，只不過是迫於各方壓力，耍小聰明、玩小權術，用花言巧語對其臺獨理念和主張進行策略性的包裝而已。

迴避「一中」原則，何來「柳暗花明」

臺灣「大選」揭曉後，大陸方面發表聲明，嚴正指出：「和平統一是以一個中國為前提的，任何形式的『臺獨』都是絕對不允許的，對臺灣新領導人我們將聽其言、觀其行，對他將把兩岸關係引向何方，拭目以待。」

上述宣示，表達了大陸捍衛一個中國原則的堅定立場，反映出大陸方面對陳水扁的當選、民進黨的上台懷有強烈的不信任感，保持著高度的警惕。顯然，兩岸關係已面臨著新的十字路口。不言而喻，兩岸關係的緩和、改善與發展，必須在一個中國的前提下重建兩岸互信。大陸方面提出「聽其言、觀其行」、「拭目以待」，正是理性務實地為重建兩岸互信提供了條件，給陳水扁一個寶貴的「觀察期」。然而，事實證明，陳水扁的新政府團隊並不珍惜這樣的機會，相反，視大陸的忍讓為軟弱可欺，並不打算做絲毫的妥協與讓步。

例如，自三一八以來，當選「副總統」呂秀蓮一再口出狂言，變本加厲地鼓吹臺獨，挑戰中國主權；而李登輝時代的一些親信幕僚則紛紛被陳水扁選入「內閣」，出掌要職，擺出一副要延續李登輝路線的架勢。其中特別是「兩國論」的主要炮製者蔡英文，被內定為「陸委會主委」之後，在接受媒體採訪時一再放言為「兩國論」辯解。這些都已使大陸方面對陳水扁的戒心有增無減。如今，在最具指標性意義的五二〇「就職演説」中，陳水扁又對大陸玩弄權術、大耍花槍，在一個中國原則的關鍵問題上拒絕做出明確的正面回應，實際上已錯失了在「言論上」與大陸重建互信的絕好機會。五二〇當天，大陸「兩辦」再次發表聲明稱：臺灣新領導人的講話，「在接受一個中國原則這個關鍵問題上採取了迴避、模糊的態度。顯然，他的『善意和解』是缺乏誠意的」。同時再次重申：「一個中國原則是兩岸關係和平穩定發展的基礎……是否接受一個中國原則，是檢驗臺灣領導人是維護國家主權與領土完整，還是繼續頑固推行『臺獨』分裂政策的試金石。」並嚴正指出：「我們注意到，臺灣還有人頑固堅持所謂『臺灣是主權獨立國家』的分裂立場，……如果有人膽敢把臺灣從中國分割出去，重新挑起中國的內戰，他們必須對此承擔歷史的罪責。」警告陳水扁：「我們有最大誠意爭取和平統一的前景，也有堅決阻止『臺獨』及一切分裂活動的堅定決心和必要準備。」

「兩辦」的聲明表達了大陸方面對陳水扁的強烈不滿，五二〇之後兩岸關係依然處於緊繃的危機狀態，何來陳水扁所預言的「柳暗花明」？事實上，既然陳水扁從一開始就為自己的「就職演說」定下了「讓中共雖不滿意但找不到藉口」的基調，那麼人們也就不能奢望五二〇之後兩岸緊張關係會有實質性的緩和。

「聽其言」的良機已被陳水扁輕易錯過，這是陳水扁主觀上根深蒂固的臺獨理念使然，同時也是錯綜複雜的客觀政治環境所致。實際上，大陸方面對此也從未抱過不切實際的幻想。如今新當局已正式就職運作，更重要的「觀其行」階段已經開始，陳水扁新當局將會如何表現？兩岸關係將被引向何方？對此，我們實在難表樂觀。

這是因為，既然兩岸關係的緩和發展必須在一個中國原則的前提下重建兩岸互信。然而，欲使陳水扁明確正面響應一個中國原則，勢必需要形成以下三種強大壓力：

（一）在島內形成一股強烈要求陳水扁接受和承認一個中國的主流民意。這是最重要的條件。

（二）以美國為首的國際社會的壓力。

（三）中國大陸的壓力。

上述三種壓力交互作用，互相影響。目前這三方面的壓力如何呢？從島內來看，主流輿論對陳水扁當選後處理兩岸關係問題的做法，肯定遠多於批評，支持更甚於否定，這是十二年來李登輝蓄意誤導臺灣民眾所造成的惡果，絕非輕易可以轉變的結構性問題。而美國方面，則不問「一中」，只問「對話」；不問「統一」，只問「和平」，不僅一再表揚陳水扁「理性、務實」，對兩岸問題有「建設性善意」，甚至進一步加強對臺軍售，這實際上是姑息縱容陳水扁堅持臺獨立場。至於大陸方面的壓力雖然客觀存在，但卻被某些輿論錯誤地解讀為「紙老虎」。正因為如此，陳水扁、呂秀蓮才會有恃無恐，不肯改弦更張，放棄臺獨立場。

根據上述分析，如果不出現重大變數，可以預見，陳水扁當局在短期內不會採取實質性步驟來緩和、改善兩岸關係。海峽兩岸之間的政治僵局難以打破，仍將會持續相當長一段時間。由於不穩定因素大為增加，兩岸不排除發生軍事對抗乃至武裝衝突之可能。總之，臺灣海峽已無寧日，除非前述三項條件的前兩項發生根本性的變化。

（《文匯報》，《統一論壇》）

評陳水扁的「新中間路線」

陳水扁在競選連任臺北市長落敗後，經過一番潛心「學習、反省」，於一九九九年三月十九日首次向新聞界提出了他的所謂「新思維、新潮流、新方向」，也即「新中間路線」。

一年多來，陳水扁不斷地為他的「新中間路線」加以補充和詮釋，逐步豐富其內涵，試圖建構其理論框架。競選過程中，「新中間路線」是陳水扁陣營的文宣主軸；大選獲勝後，「新中間路線」更常常掛在陳水扁的嘴邊，成為他「治國立政」特別是處理兩岸關係問題的政策出發點。誠如陳水扁所言：「新中間路線」是他的「政治哲學與政治理念」，可見其重要性。因此，欲瞭解陳水扁的政治路線特別是其推行的大陸政策的實質，準確把握其未來走向，有必要對陳水扁的「新中間路線」作一認真的探研。

一、「新中間路線」的由來與內涵

所謂「新中間路線」源自於西方，並非陳水扁首創。

眾所周知，近幾年來，不少西方國家的左派執政黨為因應西方社會政治經濟演變發展的客觀形勢，鞏固其執政地位，往往注重吸納在野右派政黨提出的許多政見，兼採改良主義與保守主義、自由主義與社會主義的政策主張，標榜所謂「中間路線」或曰「第三條道路」，如美國總統柯林頓的「中間路線」、英國首相布萊爾的「第三條道路」和德國總理施羅德的「新中間路線」等等，形成一股不大不小的新的政治思潮。

在這股西方新的政治思潮的啟發下，甫從臺北市長選戰敗退下來的陳水扁，總結檢討了敗選的經驗教訓，並結合臺灣現實的內外政治環境進行反思之後，照貓畫虎地提出了他的臺灣版的所謂「新中間路線」，試圖用以解決島內長期存在的社會政治問題，使民進黨早日走上執政。

陳水扁認為，西方的這股政治思潮已然成為世紀末的「主流思考」與價值，臺灣不可以自外於這一世界「主流潮流」；民進黨如欲取得二〇〇〇年總統大選的勝利，順利走上執政，就必須有「超越黨派」的思考，走所謂「新中間路線」，使選舉成為一種「社會運動」。可見，陳水扁的「新中間路線」確實源於西方，是陳水扁試圖「洋為臺用」的產物。正如民進黨正義連線祕書長陳其邁所說：「新中間路線」是在總結美、英、德「新政策」後提出來的。

那麼，陳水扁的「新中間路線」內涵為何？

陳水扁稱：「新中間路線」是一種「新思維」，是有別於國民黨與過去民進黨的傳統模式的新路線，是尋求社會主流價值的第三個定位坐標；「新中間路線」的重點在於新思維、新潮流、新方向的「新」字，而不在「中間」兩字；「新中間路線」就是「包容多元、尊重多數、突破創新、追求進步」；就是採取「化解對立、異中求同」來因應挑戰。

具體到臺灣而言，陳水扁說，臺灣「新國民意識」雖已出現，但「我們的社會還沒有百分之百地達成共識。統獨問題依然存在，社會矛盾還沒有百分之百地化解」。針對這種情況，他主張用「新中間路線」來解決。陳水扁說，「新中間路線」強調以全新的眼光建立「政治中間派」，以多元、包容的觀點來建立新思維，不再走任何極端，而是在左右之間（臺灣雖不存在左派與右派的衝突，但卻有省籍、族群、政黨、統獨的矛盾），尋找出另一條通道。

陳水扁強調說：「新中間」並不單純的「中間」，「它不是要在國家認同與定位的問題上擺盪」。他承認，「國家認同與定位是沒有所謂中間」的，因為它是「基本價值」。但他認為「在如何實踐價值的方法上卻可以有中間，因而存在著中間策略，我們才可以求取公約數，這個公約數就是『國家安全』」。他說，「不論主張統一或獨立，都要以臺灣的安全為前提。只有這樣，不同立場的人才有對話空間，不同的族群才能共處，才不會無限上綱為價值衝突。這就是『新中間路線』的真義」。

陳水扁還指出：「新中間」不是無目的、無方向的「中間」，而是有基礎、有原則的「中間」；其基礎與原則就是，「它站在臺灣是主權獨立國家的基礎上，努力追求社會和諧、經濟繁榮與國家發展」。

陳水扁特別強調：「國家安全」是「新中間路線」的主軸。而所謂「國家安全」，包括國防、政治、社會、能源等方面的安全。最高原則則是亞太區域的「戰略安全」。

為增強「新中間路線」的學術性和理論色彩，陳水扁解釋他的「新中間路線」是一種所謂「新三角關係」，還包括了「五大政治哲學」。

何謂「新三角關係」？陳水扁說，就是「跳脫傳統的兩極思維而站在三角的頂衡量統獨、意識形態和政黨關係」。他說這是一種「立體思考」，目的是為「化解以往統獨、黨派、族群和意識形態的衝突」。其內涵是：以「國家安全」為主軸；以「責任政治」、「人民信賴」、「國家願景」為三個角點；以「公民社會」、「市場經濟」、「民主政治」為三個面向。而「公民社會」是由人文臺灣、知識臺灣、志工臺灣所組成；「市場經濟」是終結黑金、金融改革、振興經濟；「民主政治」則是建立全民政治與全民政府。並稱，他的這個「三個面向」是所謂「基礎工程」，要與對岸（指大陸）建立「信心建立措施」，與軍方建立「信心對話措施」，使臺灣在「安全、尊嚴」下邁向二十一世紀。陳水扁還說，「新三角關係」代表了新的領導力。並特別指出：在亞太區域安全方面，「新三角關係」就是臺灣、日本與韓國；「國際戰略」就是臺、日、美三國關係。

那麼，「五大政治哲學」又是什麼呢？即：（1）無責任就無權利；（2）無民主就無真正的公權力；（3）有自由就必須有自律；（4）尊重多元主義；（5）強調社會正義。總括起來，就是責任、民主、自律、容忍和公義。在政經上，必須實踐國家安全、經濟安全和社會安全，建立夥伴關係、希望產業和綠色矽島，等等。

三一八勝選後，陳水扁對他的「新中間路線」更一再提及，並在原有的內容和意涵上又有所發展。例如：

五月二十三日，他在會見泰國「阿扁之友會」成員時說，「臺灣是多元民主的社會，對於兩岸問題的看法也最分歧」，「不偏不倚、不走旁門左道」的「新中間路線」是他的「政治哲學與政治理念」，也就是「以中道原則，找出符合全體臺灣人民最大利益的『第三條路』來」。他一再強調「國家的整體安全極為重要，包括國家安全、社會治安，乃至整個亞太地區的安全都必須嚴肅面對，尤其是臺海和平」，因為「有安定的環境才有穩定的經濟，有穩定的政局，才能從事改革」，「安全中推動改革，穩定中循序漸進」，是他處理「國政」的基本方針。

六月六日，陳水扁在會見訪問臺灣的美國戰略和國際問題研究中心新任會長約翰·哈姆爾時重申，新政府「未來將走『新中間路線』的政治」。他説：「在多元民主社會下，大家對很多問題看法未必一致，但我們要在眾多利益衝突之中，尋求共同的利益及意見的交集，為國家的長遠發展，大家應超越意識形態及政黨考量，以找到可接受的方案。」

六月十四日，陳水扁在「接見」世界臺灣商會聯合總會重要幹部時說：在「尊嚴、民主、善意」的大前提下，「柔弱勝剛強」，這就是他處理兩岸事務的基本思維。他強調，他所謂的「新中間路線」，為的就是要「維護臺灣的安全與利益」，而他的使命是「維持臺海安全與永久和平」。所以他向大陸「伸出友誼的手」，他是「以柔軟但堅定的態度」來處理。但「柔軟不代表投降，更不代表軟弱，而是有智慧、有創意、有理性，決不會輕啟戰端」。

同日，陳水扁在出席「無邦交國家」駐臺代表致賀宴會時又稱：他將以「新中間利益」為主軸，處理兩岸事務，為維護臺灣「主權、尊嚴與安全」而努力。

從以上介紹可知，陳水扁所倡導的「新中間路線」內容龐雜，涉及面很廣，但其意圖概括起來只有簡單的一句話：化解矛盾，凝聚共識，團結一致，對抗大陸（所謂「柔軟勝剛強」），以維護臺灣的「主權獨立」地位（所謂「國家安全」）和追求臺灣的經濟繁榮與「國家」發展。

二、「新中間路線」下的大陸政策及其實踐

陳水扁的「新中間路線」儘管涉及面很廣，但其核心內容卻側重在臺灣前途和兩岸關係方面。而具體的政策主張，則體現在其競選過程中對外發布的一系列政策白皮書以及一年多來他在各種不同場合發表的重要演講之中。五二〇之後，

陳水扁新當局正式運轉，其中有些政策主張已開始進入實踐階段。另外，由於現實政治環境等因素的制約和影響，我們也發現，陳水扁的許多政策主張往往搖擺不定，忽左忽右，若明若暗，前後並不一致。

以下我們僅就陳水扁「新中間路線」下的大陸政策，從三個層面對其具體政策主張及其演變情況作一概述與回顧：

（一）關於兩岸關係定位和臺灣前途的主張

一九九八年底，陳水扁在臺北市長卸職演說中首次提出「兩個華人國家」的主張，引起各方的普遍關注。一九九九年四月下旬赴美訪問期間，陳水扁再次重申這一立場，並公開承認自己是「中華民國國民」，主張海峽兩岸「未來應尋求發展出一種新的國家特殊關係」。陳的上述宣示，與五月上旬民進黨通過的「臺灣前途決議文」調子相符，這顯然與一九九八年六月美國總統柯林頓訪華，在上海公開提出對華「三不政策」有直接關聯。美國「三不政策」的提出，對民進黨的臺獨立場產生了很大的衝擊。「七一聲明」的發表，標幟著民進黨各派系對黨的路線從原來進攻性的「臺獨公投」轉向防禦性的「統一公投」已達成共識，維護臺灣的所謂「獨立主權現狀」，已成為民進黨內的主流價值。「三合一選舉」後，陳水扁陣營的骨幹人物沈富雄率先提出修改「臺獨黨綱案」，引發了黨內新一波的激烈爭辯，並最終以在黨的八屆二全大會上通過「臺灣前途決議文」的折衷方式收場。「決議文」在肯定「七一聲明」的基礎上更往前邁進了一大步，首次公開承認了「中華民國國號」，這顯然是具有重大象徵意義的轉變——儘管民進黨對「中華民國」領土範圍的界定與國民黨有很大差別，而且這種承認語義模糊，明顯地預留了將來重新解釋的空間。

一九九九年七月九日李登輝拋出「兩國論」後，民進黨中常會隨即發表聲明，肯定李此舉是所謂「務實的作法」。陳水扁則聲稱李登輝的「兩國論」與民進黨和他本人的一貫主張「不謀而合」，是對他宣布參選總統的「最好禮物」，並進而主張廢除「國統綱領」，將「兩國論」入憲。

十一月十五日，陳水扁發表「跨世紀中國政策白皮書」，依循「決議文」的基本立場和觀點，重申「臺灣是一個主權獨立的國家，依目前憲法稱為中華民國」；將兩岸關係定位為「兩個國家的特殊關係」，與李登輝的「兩國論」相呼應，並再次強調「任何有關獨立現狀的更動，必須經由臺灣全體住民以公民投票的方式決定」。

十二月上旬，陳水扁在訪英期間宣稱：「『兩國論』不能收回，不能讓步。」

十二月二十日，陳水扁發表「憲政白皮書」，公開主張「未來憲法應確立臺灣主權獨立，明確規定中華民國領土包括臺澎金馬及其附近島嶼以及其他國家權力所及之地區；同時，臺灣主權獨立狀態之變更應經臺灣人民公投決定」。這份「白皮書」發表後，遭到大陸《解放軍報》評論員文章的嚴詞抨擊，稱之為「實質上是『臺獨』的宣言書」。

二〇〇〇年一月二十八日，錢其琛副總理在紀念「江八點」發表五週年座談會上發表講話，嚴厲警告「臺灣獨立只能意味著兩岸之間的戰爭」；國臺辦主任陳雲林更針對陳水扁的臺獨言論進行了「不點名的點名」批評。為減緩其對自己選情所造成的衝擊，一月三十日，陳水扁發表「新春談話」，提出兩岸關係的七項主張予以回應，除了仍堅稱臺灣是「主權獨立國家」外，首度表明他當選後「沒有宣告獨立或變更國號的問題，也沒有『兩國論』入憲的問題」，並將原有的「公投入憲」訴求，修改為「任何有關現狀的改變都必須由全體臺灣人民來共同決定」。選戰後期，上述宣示更被概括為所謂「四不」承諾：即不宣布臺獨、不將「兩國論入憲」、不更改「國號」、不搞「公投入憲」。

在三一八「當選感言」中，陳水扁面對來自各方的壓力，對臺灣前途和兩岸關係定位問題迴避正面表述，改用曲折、隱晦的手法，表達其海峽兩岸只是兩個有「血緣和文化」特殊關係的「華人國家」的臺獨立場。

三月二十日，陳水扁向大陸喊話，首次表示只要一個中國不是前提，不是原則，一個中國的議題，也可以坐下來討論。

五二〇就職演說，陳水扁雖然重申了「四不」承諾，並表示在他的任期內「沒有廢除國統綱領和國統會的問題」，但對一個中國原則卻採取迴避、模糊的態度，聲稱「在既有的基礎上」，雙方共同來「處理」「未來一個中國」的問題，繼續堅持其「一個中國議題論」。在新政府就職滿月舉行的六二〇記者會上，陳水扁更公開否認海協、海基兩會一九九二年達成的各自以口頭方式表述「海峽兩岸均堅持一個中國原則」的共識，宣稱這是「沒有共識的共識」，故意混淆一個中國「原則」與一個中國「涵義」的概念。關於未來兩岸關係走向，陳水扁在講話中重申其「開放性」的立場，稱「我們沒有預設立場，也沒有預設前提，也沒有預設結論」，並稱：「所謂邦聯，只是對未來海峽兩岸的關係可能發展方案中的一個基本思維。到底可行不可行」，「最後是聽人民的。只有臺灣人民才有權利決定臺灣未來的最後走向」。六月二十七日，陳水扁首次表示願意接受所謂一九九二年兩會達成的「一個中國、各自表述」的「共識」，但當晚便由蔡英文出面加以否認。

（二）關於兩岸對話、談判的主張

一九九九年九月二十日，陳水扁在黨內發表題為「年輕臺灣，正常新關係」的重要演説，首度提出了完整的兩岸政策。其中有關兩岸對話、談判，陳水扁提出：「歡迎就任何議題進行談判」；「希望建立制度性的互訪與對話」；「希望以軍事互信機制來降低軍事衝突的風險」；「主張在中國承認臺灣的對等國家地位、遵守聯合國『和平解決爭端』原則、不預設未來走向等三項前提下，與中國簽訂和平條約或基礎條約，作為暫時規範兩岸關係的架構」。並表示他當選後就職前願「前往中國訪問」，以謀求兩岸關係的正常化。

在十一月五日發布的「跨世紀中國政策白皮書」中，陳水扁對上述主張作了進一步的補充與闡述，提出了四項具體主張：（1）積極開展對話與協商：臺灣應積極與中國展開對話與協商；目標在於培養互信，進而達成關係正常化；國家主權不應成為談判標的；談判結果應獲得「國會」或人民同意。（2）議題的開放性：打破事務性協商和政治協商的區隔；各項雙邊經貿事宜、軍事信心建立措施、和平條約等議題均可納入協商談判範疇；攸關雙方人民權益的事項應優先進行協商談判；新一輪對話不一定要從「辜汪會談」重新開始，也不需要接續其未完的議題；兩岸應盡早就「信心建立措施」展開協商，並可以就簽定和平協議的可行性進行長期對話。（3）溝通管道的多元化：積極與中國內部各種組織與團體對話；正式協商談判必須由政府主導；推動雙方正式協商管道，從兩會體制邁向官方參與；以第二軌道強化雙邊對話機能，設立各類「專業論壇」等等。（4）鼓勵中國政治民主化。內容極其具體細緻，可見確實是動了很多腦筋。

在二○○○年一月三十日發表的所謂「陳七項」中，陳水扁為了拉抬自己低迷的選情，除了重申主張「推動兩岸關係全面正常化，建立全方位互動機制」，呼籲「雙方盡快恢複制度性的互訪與對話」，表示願意當選後「積極推動兩岸領導人互訪」之外，還將前述「憲政白皮書」中有關兩岸進行協商對話、簽訂和平條約的三個前提條件模糊化地縮寫為「在和平解決、平等對待的前提下……」，並刪去了「不預設未來走向」的這一前提條件。

在三一八「當選感言」中，陳水扁再次表示「願意以最大的善意與決心」，與大陸「進行全方位、建設性的溝通與對話」，並表示「誠摯的歡迎」江澤民、朱鎔基、汪道涵等大陸領導人訪問臺灣，而他和呂秀蓮也願意在就職前「前往中國大陸進行和解與溝通之旅」。此後，他在三二○、五二○等一系列講話中一再向大陸喊話，重申上述類似主張，特別是在五二○演講中，他表示要以南北韓領導人為「學習的榜樣和效法的對象」，呼籲江澤民「不拘形式、不限地點、也不設前提」和他坐下來「握手和解」，共同「改寫歷史、創造歷史」。

（三）關於兩岸經貿關係的主張

在一九九九年九月二十日的演講中，陳水扁即曾提出「在不危害國家安全的前提下，依市場、比例、互惠、對等原則，開放通航、通商、投資的限制」。十一月七日，陳又在民進黨主辦的「二十一世紀的中國」研討會上發表題為「跨世紀的兩岸經貿關係」的專題演講，具體闡述了他的兩岸經貿政策主張。他認為，兩岸經貿不是只有「戒急用忍」或「大膽西進」可供選擇；主張以「經貿安全發展戰略」來兼顧「經濟利益」和「國家安全」兩大目標，並作為具體落實民進黨「強本西進」共識的政策措施；其原則是用「發展」來解消「風險」，用「發展」來鞏固「安全」；並提出「在國家安全與對等互惠的前提下，與大陸就航運議題展開協商」。海運方面，臺灣開放高雄、基隆兩大國際港口，大陸開放廣州、大連、上海、青島、天津等國際港，「以雙方直航、權宜輪先行為原則」。

空運方面，由臺灣航空公司負責經營，利潤「雙方共享」等等，即所謂「單向直航，利潤共享」的構想。在稍後發表的「跨世紀中國政策白皮書」中，陳水扁更進一步地對上述所謂「經濟安全發展戰略」作了詳盡的論述與規劃，並增列了有關如何「妥善因應中資來臺問題」的內容。在二〇〇〇年一月三十日發表的七項主張中，陳水扁呼籲對「有關兩岸經貿往來所衍生的問題，例如臺商生命財產安全的保障、有關三通的具體協議等等，盡快展開協商，謀求解決。」

三月二十日即當選後的第三天，陳水扁召開記者會再次重申，「願依比例互惠原則，檢討目前僵化不合理的三通政策」，表示他正式就職後，將設立由李遠哲主導下的「兩岸跨黨派小組」，「凝聚朝野共識，立即與『中國』展開包括三通議題協商、談判，特別是在直接通航、通商、投資都是協商重點」。此後他又多次談到開放兩岸三通問題。但出乎意料的是，在五二〇就職演說中，陳水扁卻對三通問題隻字未提。由於受到島內外的強烈質疑，陳水扁在六二〇記者會中解釋說：三通的議題，「在國家安全可以確保的大前提下，我們願依市場法則的比例原則與互惠原則，來作全面的檢討與推動。五二〇就職演說為什麼不提三通呢？主要是因為我知道三通也好，甚至小三通也好，如果兩岸沒有接觸，沒有對話，沒有協商，就不可能有小三通，遑論大三通」云云。而事實上，自從陳水扁宣布由李登輝「兩國論」的主要幕僚蔡英文出任「陸委會主委」之後，他在對外講話中便已開始對開放「三通」和調整「戒急用忍」政策悄悄降溫，不再多提了。此後人們發現，陳水扁新當局無論對「宗教直航」風波的處理還是有關「小三通」的規劃，均採取保守僵化的態度，與李登輝的政策如出一轍，並無二致。

三、「新中間路線」的本質與特點

從以上介紹可以看出，陳水扁雖然自詡他的「新中間路線」是所謂「新思維、新潮流、新方向」，但其實只不過是在堅持臺獨基本理念和立場的前提之下，為了在選前獲取選票、選後為穩定兩岸關係和島內政局、鞏固其執政地位所設計的一種「新權謀、新手法、新策略」而已。其本質和特點可以概為以下幾個方面：

（一）分裂性：陳水扁說得很清楚：「『新中間路線』並不是單純的『中

間』，它不是要在國家認同的問題上擺盪。國家認同是沒有『中間』的。為什麼？因為它是基本價值。你只能認同這個國家，或是認同那個國家，不可能有雙重認同，也不可能都不認同」。那麼，陳水扁不能「擺盪」的「基本價值」也即「國家認同」是什麼呢？即「臺灣是一主權獨立國家」、「臺灣就是臺灣，臺灣是一個獨立的國家」，而海峽兩岸是「兩個華人國家」，兩岸關係只是有「相同血緣、文化和歷史背景」的「兩個國家的特殊關係」，臺灣人並不是「中國人」。兩岸同胞只是和世界各地的華人、華僑一樣，是「遠親近鄰」的關係（註：「遠親近鄰論」的發明權並非呂秀蓮而是陳水扁，早於二〇〇〇年一月三十日，陳水扁在其發表的「亞太和平新世紀，兩岸歡喜看未來」新春談話中，即宣稱：「兩岸經歷了各自發展的一百年，儘管政治與經濟的發展截然不同，仍然無法割斷海峽兩岸作為『遠親近鄰』的緊密關係。」）陳水扁說，這一「基本價值」是他的「新中間路線」的「基礎」和「原則」，因此是不可動搖的。故而，當選後陳水扁儘管承受的壓力不可謂不大，但是始終拒絕承認和接受一個中國原則，乃是意料中的事。

可是，陳水扁又說雖然「在基本價值上」沒有中間，但在如何「實踐價值的方法上」卻可以有中間，可以有很多「中間策略」。正因為存在著「中間策略」，才可以求取「公約數」——「國家安全」。說白了，就是「求取」和借助臺灣社會內部統獨、族群、省籍、政黨等對立矛盾各方的所謂「公約數」——「國家安全」，來凝聚共識、「一致對外」（對抗大陸的統一攻勢）。而且，陳水扁自知僅靠臺灣一隅的實力難以和大陸抗衡，於是他又宣揚「國家安全」的最高原則是所謂「亞太區域的戰略安全」、「國際戰略」是臺、日、美的「三國關係」，試圖引進外國勢力來共同「遏止中國」，這也就是陳水扁為什麼要把他五二〇就職演說的基調界定在「保證讓美國滿意、國際社會肯定，中共雖不滿意但找不到藉口」，並且在演說中大打「民主牌」、「自由牌」、「人權牌」，將海峽兩岸的統獨之爭，歪曲為「意識形態之爭」、「制度之爭」的根本原因之所在。可見，陳水扁提倡的「新中間路線」，與李登輝倡導的「新臺灣人主義」和「東亞安全體系」，實有異曲同工之妙。所謂「中間策略」，其實就是「臺獨策略」，其分裂性是不言而喻的。

（二）權謀性：陳水扁為讓外界感受到其「路線」確已走向「中間」，當選之後他一方面在兩岸定位和臺灣前途問題上「暫退一步」，向李登輝的「兩國論」即「中華民國式臺獨」靠攏，宣誓「遵守中華民國憲法」，承認「中華民國國號」，甚至高呼「中華民國萬歲」、「三民主義萬歲」；不再露骨地宣稱「臺灣是一主權獨立國家」；公開承諾在其任期內保證「五不」；並調整其以往一貫堅持的「國家主權不能做為談判標的」的立場，表示願意把「一個中國」當作「議題」談談看，稱在「既有的基礎上」，與大陸共同「處理未來『一個中國』的問題」等等。對大陸的稱謂也加以適度調整，不再像以前一樣稱大陸為「中國」而改稱「中國大陸」。其目的就在於試圖「化解」島內的統獨、族群、省籍、政黨之間的矛盾衝突，以求取「國家安全」這一最大的公約數，穩定其在島內的執政地位。而陳水扁授權李遠哲籌組「兩岸跨黨派小組」，則是為其日後推動兩岸政策背書。

另一方面，在兩岸談判和經貿議題上則「暫進一步」，在大選過程中，讓他的謀士們展開想像的翅膀，提出了許多頗具「創意」的兩岸政策主張；三一八陳水扁當選之後，更一再伸出「和平之手」向大陸頻頻示好，釋放出一個接一個緩和兩岸關係的充滿「善意」的氣球（如領導人「高峰會」倡導、支持北京申辦二〇〇八年奧運）等等，表現出特別「柔軟」的身段和「委曲求全」的姿態。但「通過現象看本質」，陳水扁「退一步」也好，「進一步」也罷，都充滿了濃厚的「權謀」味道。試舉幾例：

其一，他表面上接受了「中華民國國號」，承認自己是「中華民國國民」，但他所說的「中華民國」按其「憲政白皮書」所界定，其「領土」範圍僅涵蓋「臺澎金馬及其附屬島嶼以及其它國家權力所及之地區」；他承認自己是「中華民國國民」，但卻不承認自己是「中國人」而僅僅是「福爾摩沙子民」、「臺灣之子」或曰與大陸同胞是「遠親近鄰」關係的「華人」而已。可見在陳水扁的心目中，所謂「中華民國」只不過是「臺灣共和國」的代名詞而已。

其二，他承諾「五不」值得肯定，但卻預設了「只要中共無意對臺動武」的前提條件，不僅倒因為果，不合邏輯，同時也為其日後調整政策預留了空間；更何況，按陳水扁等民進黨人士所說：「臺灣事實主權已經獨立」，當然「不必也不會」宣布臺獨；更無須自找麻煩，去推動「改變臺灣獨立現狀」的「公投」；至於「國統綱領」和「國統會」，將之束之高閣、打入冷宮可也，並不妨礙其推動「實質臺獨」，又何必「廢除」、自尋煩惱「招惹」大陸呢？故而，陳水扁的「五不」不具任何實際意義。

其三，陳水扁一再呼籲兩岸重啟對話談判，這比他在臺北市長任內反對兩岸對話談判的僵硬立場前進了一步。但由於他極力迴避一個中國原則，那麼兩岸對話也好，談判也罷，便都失去了基礎，無法啟動。陳水扁明知大陸領導人不可能在「不設前提」的情況下和他會晤，協助他在國際間製造「兩國論」，但他仍一再發出類似呼籲，其目的無非是企圖推卸兩岸關係無法緩和和改善的責任。

陳水扁耍這種小聰明，不僅於事無補，而且只能給兩岸關係帶來更大危害，誠如許信良所言：「兩岸關係的嚴重性並未因陳水扁總統的善意言論而緩解，陳水扁不應把兩岸問題當成表演政治，這不但解決不了問題，還可能加深兩岸的誤解。」並說，「在兩岸關係上，陳水扁其實都是說些人民愛聽的話，這與解決兩岸僵局是兩回事」。宋楚瑜也評論說：「新當局的大陸政策必須摒除舊思維，不能再沉迷於『政治表演』或『選舉語言』中，『以理想要求別人，以現實原諒自己』」，希望他「拿出具體可行的辦法」出來。

（三）迷惑性：陳水扁的「基本價值」——臺獨理念和立場雖然從未「擺盪」，但不可否認他在實踐其價值的「方法上」所施展的上述種種權謀手段卻也的確迷惑了不少人，在很大程度上收到了他預期的效果。

例如，他為了化解島內矛盾、穩定政局，三一八當選後，他出人意料地任命原「國防部長」國民黨籍的唐飛出任行政院長，籌組所謂「跨黨派的全民政府」。聲稱他是「全民總統」不是「民進黨總統」，表示他絕對會把「全民的利益」和「國家利益」放在政黨利益和個人利益之上。為此，他特意辭去民進黨中常委，宣布今後不再參與民進黨的活動。同時，他密集拜訪各黨派各界「大老」級人物，向他們「請益」，甚至對曾經被他「修理」過的前行政院長郝柏村「誠懇道歉」，一改往日「鴨霸」作風，擺出一副「禮賢下士」的謙恭姿態。

又如，在競選過程中，陳水扁極力淡化、模糊其臺獨色彩，提出了一整套改善發展兩岸關係的具體政策主張，也在相當程度上扭轉了長期以來在臺灣民眾心目中陳水扁缺乏「兩岸觀」、民進黨「沒有大陸政策」的不良形象。一時間島內輿論紛紛評述，認為連、宋、扁三強的大陸政策「大同小異」，沒有多大區別。三一八之後，陳水扁更一改李登輝對大陸強硬對抗的態度，在對外發言中盡量不在言辭上刺激大陸，採取所謂「柔弱勝剛強」的策略，頻頻向大陸喊話，呼籲盡快恢復兩岸對話談判，表示願與中共領導人「握手和解」等等。

上述種種姿態，的確迎合了島內民眾求和平、求安定、求發展的普遍願望。不僅有助於暫時緩解民眾對民進黨上台執政的疑懼（最新民調顯示，臺灣民眾對陳水扁上台執政後的「滿意度」高達七成以上），而且還得到以美國為首的西方社會的讚許，認為陳水扁比預料的要「理性」、「務實」，稱讚他的五二〇演說充滿了「建設性的善意」。然而，不是用紮紮實實的政績，而主要是用權謀手段獲取的高滿意度是很不可靠也不會持久的，正如許信良所說：「陳水扁政府還在享受民眾給他們的蜜月期，但問題還等著他」。雖然多數人認為陳水扁處理兩岸問題很小心，也釋出了不少「善意」，「但小心謹慎解決不了問題，要解決問題，就必須對兩岸的發展有正確的歷史觀」。美國中國問題專家何漢理則認為：「我想，現在華府才開始瞭解兩岸問題的根本已出現了變化」，「美國與中共關係的基礎是上海公報，是奠定於我們認知兩岸都秉持一個中國的原則。如果臺灣不願接受一個中國的原則，那問題才剛剛開始」；「美國現在才逐漸瞭解這個問題的複雜性，有關一個中國的共識正在瓦解」。可以預料，一旦陳水扁新當局與臺灣民眾的「蜜月期」一過，一旦美國發現他的對華政策的基礎已經遭到陳水扁的破壞而發生動搖，那麼，陳水扁的真正麻煩也就到來了。

（四）搖擺性：陳水扁聲言：他的「新中間路線」在如何實踐價值的方法上是可以「擺盪」的。於是人們發現，一年多來，陳水扁在策略上的「擺盪」的確幅度很大，選前為爭取選票，選後為穩定島內政局和兩岸關係，他可以在不同的時空、環境，面對不同的對象講出完全不相同的話，喊出完全相反的口號，其政策主張缺乏應有的穩定性，往往給人以反覆無常、前後矛盾的強烈印象。總之，「利益和需要就是一切」。試舉幾例：

在「大選」期間，他在中間選民居多的場合，信誓旦旦地保證一旦當選「不會宣布臺獨」，但面對「臺獨基本教義派」時，陳水扁卻又高呼「臺灣獨立萬歲萬萬歲」；五二〇就職演説，他宣誓效忠「中華民國」、遵守「中華民國憲法」，但卻喊「臺灣站起來了」，不承認自己是「中國人」而僅僅是「華人」，因而遭到島內外輿論的質疑。幾天之後，他在軍方場合即改口高呼「中華民國萬歲」、「三民主義萬歲」；他在「大選」關鍵時刻為拉抬選情，承諾當選後「四不」，但勝選後，在五二〇就職演説中重申「四不」時，卻又加上一個倒因為果、明知大陸無法接受的前提條件；在選前選後他一再主張開放兩岸三通、調整「戒急用忍」經貿政策，但新當局開始運作後，卻連「小三通」和「宗教直航」都加以阻撓；在一個中國原則問題上，他時而宣稱是「議題」而不是「前提」，時而又稱一個中國是「未來」需要雙方「共同處理」的「問題」；最為典型的是對於一九九二年兩岸兩會達成的口頭共識，陳水扁在六二〇講話中剛加以否認，説是「沒有共識的共識」，轉眼間卻又表示他願意接受一九九二年達成的所謂「一個中國，各自表述」的共識。當遭到民進黨內反彈之後，他又立即指使蔡英文出面加以否認。如此反反覆覆，難怪宋楚瑜在「大選」中曾諷刺陳水扁的兩岸主張是「忽而臺獨，忽而中間路線，根本就是『搖擺如一』的『隨便總統』」。

結論

綜上所述，可得出如下結論：

（一）「新中間路線」不僅是陳水扁陣營在「大選」期間的文宣主軸，而且是陳水扁勝選後「治國立政」特別是處理兩岸關係問題的政策出發點，因而不可忽視。

（二）陳水扁倡導所謂「新中間路線」的目的，在於化解島內矛盾、凝聚共識、團結一致、共同對抗大陸的統一攻勢，以維護臺灣的所謂「主權獨立」地位，追求經濟繁榮與「國家」發展。但由於「新中間路線」並非真正的「中間」，從本質上來説仍然是「舊臺獨路線」，其基本邏輯思維仍不脱民進黨的「臺獨黨綱」，因而它不可能實現其倡導者所欲達到的目標，為臺灣開創真正美好的未來。

（三）就「新中間路線」的倡導者陳水扁「個人」而言，一方面由於他有相對堅持的臺獨基本價值，又善耍權謀，頗具迷惑性和欺騙性，因而也就具有相當大的危險性；但另一方面也應看到，陳水扁畢竟是個「使命感」相對較弱的「政客」，而「利益和需要就是一切」的政客心態和律師性格，又決定了他的政治行為具有典型的搖擺性，當島內外政治環境的演變發展對其不利時，有可能會被迫調整其政策主張，甚至在一定程度上不得不鬆動其固有的理念和立場，因而又具有明顯的可塑性。「危險性」與「可塑性」，這就是臺灣新領導人陳水扁的突出特點。而這一特點，顯然與其前任李登輝有很大不同。對其「危險性」保持高度的警惕，進行必要的揭露與鬥爭；同時又對其「可塑性」善加引導和利用，勢必有助於兩岸關係的緩和、改善與發展，有利於中國的和平統一。

（「第九屆海峽兩岸關係學術研討會」論文，刊發於民進黨中央機關刊物《中國事務季刊》和福建省社科院《現代臺灣研究》）

評李遠哲的「九· 二」講話

由「中央研究院院長」李遠哲領軍、共有二十五名成員、被定位為「總統府諮詢機構」的「兩岸跨黨派小組」，於九月二日在臺北召開第一次會議。臺灣新領導人陳水扁親臨講話，強調「跨黨派小組」與「國統會」的功能並行不悖，並呼籲在野黨捐棄政治成見，握手言和，「共商國是」。擔任跨黨派小組召集人的李遠哲，作了題為「從當家作主到和平繁榮民主的未來」的專題演講。這篇長達五千字的演講稿，重點描述臺灣政治生態的歷史背景、臺灣與大陸的歷史淵源、臺灣同胞當家作主的願望、當前兩岸問題的癥結所在與解決之道等。從字裡行間可以看出，李遠哲對中國與中華文化有相當程度的認同感，更強調兩岸應以一九九二年的共識為基礎進行復談，進而展開兩岸之間的合作與互補。然而，李遠哲在講話中又強調臺灣應有「國際尊嚴」，並將國家統一與政治制度、經濟程度對立起來，更漠視中共一貫同情支持臺灣同胞反抗國民黨專制獨裁統治的事實。平心而論，李遠哲的這番說辭，儘管有值得肯定的積極因素，但他在一些重大問題上顯然認知混亂、存在誤差，他所扮演的角色，他所傳遞的訊息真實意圖究竟為何？都還有待人們進一步的觀察與分析。

承認自己是中國人，認同中華文化

李遠哲在今年總統大選的最後關鍵時刻，公開表態支持民進黨的總統候選人陳水扁，對陳水扁的勝選起了關鍵作用。從政治學的一般概念來分析，李遠哲在作了政治表態之後，外界都認為李、陳政治理念志同道合，在事關臺海安全、臺灣社會安定繁榮的大陸政策上應有相當的默契。不過，李遠哲九月二日在「兩岸跨黨派小組」上的講話，卻表明其在大陸政策與國家認同上與陳水扁有明顯不同。李遠哲表示，「兩岸的中國人，都受過帝國主義的壓迫、侵略，百年來也都希望在自己的土地上站起來」，「二次世界大戰後，經歷戰爭的劫難與五十年殖民統治痛苦的臺灣人民終於回歸中國懷抱，這樣的前景帶給臺灣人民極大的興奮與期待」，「在臺灣這塊土地上，除了原住民之外，大多數居民或他們的祖先都來自中國大陸，因此血緣文化如出一轍，只不過移民有先後之別罷了」。而陳水扁至今不承認自己是「中國人」而僅僅是「華人」，並將臺灣本土文化說成是與「中華文化」並列的「華人文化」。兩相比較，很明顯，李遠哲還有「兩岸都是中國人」的中國情懷，也即他認同中國，認同中華文化。

正因為對中國與中華文化有相當程度的認同感，李遠哲對臺灣歷史發展與異族入侵，和一向美化日本殖民統治的臺灣前領導人李登輝也有很大距離。他說，「一八九五年，臺灣被清廷割讓給日本，在日本的殖民統治下，臺灣人民深感異族統治的痛苦，受人壓迫、歧視與機會的不平等，使臺灣人民心靈深處共同渴望『趕走外來統治者』。當年，日本統治者在臺灣厲行『皇民化』，臺灣本土的語言與文化受到相當的壓制。臺灣的原住民文化以及明末清初從大陸移民到臺灣的閩南、客家族群文化都受到抑制，也因此留下深刻的文化傷痕」。

此外，對於近年來有部分政治人物為達到個人的政治目的，不斷挑起族群矛盾，特別是以「外省人」與「本省人」來劃界，李遠哲亦持批判態度。他在演說中說，「老百姓之間並沒有族群之分，只有『好人』與『壞人』之別」，「多年來少數政治人物並沒有體會族群對抗的危險及不幸，反而在選舉競爭中激化族群摩擦，使得臺灣的民主化過程出現尖銳的對抗」，他呼籲「臺灣所有的人民都必須超越族群摩擦的痛苦歷史。」李遠哲的上述認識值得充分肯定。

兩岸以「九二共識」為基礎展開復談

自「三一八」陳水扁當選以來，大陸除表示要對陳水扁「聽其言、觀其行」之外，中臺辦和國臺辦又於五月二十日授權發表聲明，強調兩岸可以「在一個中國原則基礎上進行對話與談判，實現雙方高層互訪」，「當前，只要臺灣明確承諾不搞『兩國論』，明確承諾堅持海協會與臺灣海基會一九九二年達成的各自以口頭方式表述『海峽兩岸均堅持一個中國原則』的共識，我們願意授權海協與臺灣方面授權的團體或人士接觸對話」。大陸領導人多次表示，只要承認一個中國原則，「兩岸什麼都可以談」。

然而，政黨輪替後的臺灣表現如何呢？儘管新領導人陳水扁在五月二十日的「就職演説」中表示，不會宣布「臺灣獨立」，也不會搞「兩國論入憲與臺灣前途的公投」，也沒有廢除「國統會」與《國統綱領》的問題，而且強調了兩岸進行「全方位、建設性的溝通與對話」的重要性，選前宣稱要以「善意」與「誠意」改善兩岸關係，維持臺海和平與穩定。可是，對於一個中國原則與「九二共識」，陳水扁卻極力迴避、模糊。如先是在「就職演説」中刻意否認兩岸曾有的「一中」共識，説兩岸兩會一九九二年沒有達成任何共識，繼而又説是「沒有共識的共識」，後來又提出「九二年精神：交流對話、擱置爭議」；更有甚者，公開宣稱「統一不是兩岸的唯一選項」。聯繫到臺灣新領導人不就任「國統會主委」，矮化「國統會」功能，通過「總統府發言人」表示要修改《國統綱領》，並將一個中國描述成「未來」需要討論的「議題」等等説辭，可以看出臺灣試圖通過各種方式拋棄一個中國原則、在兩岸主權分裂的前提下與大陸進行和談的用心。臺灣方面的這種立場與做法，大陸方面當然不可能接受，兩岸僵局自然無法化解。

面對陳水扁迴避、棄置一個中國以及兩岸僵局的持續，曾經表示要為兩岸的和平而努力的李遠哲，表現出與他支持者明顯的落差。李遠哲在兩岸跨黨派小組會議的致辭中明確表示，「我一直認為，臺灣應該繼續表達和平的善意與決心。在尊重臺灣兩千三百萬人民的國際尊嚴與根本利益的前提下，我們應該回到一九九二年『各自以口頭聲明的方式表述一個中國原則』的共識，承認在此共識下達成的協定與結論，並在既有基礎上恢復協商」。他還強調，「在不久的將來，海峽兩岸的人民都要面對能否永續發展的嚴峻考驗，大家必須也應該共同合作，尋找一條出路。許多問題，如能源的有效使用與生態環境的維護、農業的改革、知識經濟的發展等等，將愈來愈迫切地影響兩岸人民的生活。目前，兩岸應該尊重、承認歷史與現實，放下政治上不易釐清的部分，開始交流對話」。

相對於陳水扁相繼提出的「沒有共識」、「沒有共識的共識」和一個中國「議題論」，以及「九二精神」等定調説法，應該承認，李遠哲在如何處理「一個中國」的敏感問題上，顯然要比陳水扁理性務實得多。如果臺灣決策層能夠接受李遠哲的上述建議，兩岸政治僵局自當化解，恢復協商與談判可望在即。

在「統」與「獨」立場上仍呈現矛盾

李遠哲在血緣、歷史、文化等方面的國家認同上，表現出與臺獨人士明顯不同的一面，也與新執政的陳水扁政權有相當的區隔；特別是他主張「兩岸應回到九二年共識，在既有基礎上恢復協商，共同建設一個和平、繁榮、民主的中國」，應該說對兩岸關係的發展頗具積極意義。然而，不能不指出，李遠哲「九二」講話在下述幾個重大問題上的認知卻明顯存在誤差。

其一，將中共主張實行「國共談判」與昔日執政的國民黨協商統一的做法，說成等同於中共支持國民黨專制獨裁統治，支持暴政，顯然違背事實，沒有任何根據。他在演講詞中說，「大陸政權開始對仍在實施戒嚴的國民黨政權招手，企圖進行所謂『國共第二次合作』，更使許多長期被壓迫的臺灣老百姓大失所望。當年大陸對國民黨政權提出的『回歸祖國』，被認為只是中共對臺灣高壓統治者的片面召喚。中共似乎不在意臺灣當權派永遠維持他們的威權統治，繼續主宰臺灣人民。而當時臺灣的高官的確也在利用『大陸』與『統一』來維持他們的既得利益」。李遠哲的這種說法，至少是對歷史的無知。事實上，中共一貫同情與支持臺灣人民的正義鬥爭，譴責國民黨在臺灣的專制獨裁統治，無論是四〇年代的「二二八事件」、五〇年代的「白色恐怖」，抑或七〇年代發生的「高雄事件」，中共都公開站在臺灣同胞一邊，聲援臺灣人民。例如，一九四七年「二二八事件」發生僅數日（三月八日），中共中央即通過延安電臺發表了題為《支持臺灣人民的地方自治運動》的長篇廣播。三月二十日又在《解放日報》上發表社論稱：「臺灣的自治運動是完全合理的、合法的、和平的，它的所以變成武裝鬥爭，完全是由於蔣介石逼出來的」，「臺灣人民的武裝自衛，因此乃是被迫的，是必要的，是正義的，是正確的」，並稱：「你們的鬥爭就是我們的鬥爭，你們的勝利就是我們的勝利，解放區軍民必定以自己的奮鬥來聲援你們，幫助你們！」對臺灣人民的「二二八」給予了充分的同情支持和高度的評價。「高雄事件」發生時，中共也曾發表聲明，表示對國民黨鎮壓「黨外」人士「決不坐視」。事實上，當年在「二二八」起義中，還有不少中共黨員與廣大臺灣民眾並肩戰鬥，並在此後反抗國民黨黑暗統治的鬥爭中造成了中堅骨幹作用，許多中共黨員為此而獻出了自己寶貴的生命。李遠哲先生在講話中對上述歷史事實不僅隻字不提，還不顧事實，說什麼「中共似乎不在意臺灣當權派永遠維持他們的威權統治，繼續主宰臺灣人民」，這決不是一位科學家所應有的科學態度。再者，國民黨的專制獨裁統治確曾給臺灣同胞造成了數不清的苦難，但在國民黨執政臺灣時期，中共既然要以和平的方式謀求國家統一，那麼，請問李遠哲先生，不與執政的國民黨打交道又該和誰打交道呢？

其二，將國家的統一與制度的差異、經濟程度的高低對立起來。李遠哲在演講詞中指出，「雖然在血緣、文化、歷史傳承上，我與許多臺灣人民一樣，自認為是個不折不扣的中國人，但這並不表示我們會因而對自由民主的期待有任何妥協」，「如果民主自由的發展也能伴隨著大陸經濟而提升，到那個時候，兩岸的統一也才會有實質的意義」。誠然，兩岸的確在政治制度與經濟發展程度上存在差異，但這並不能成為不能統一的藉口，更不能作為「臺灣獨立」的理由。香港和澳門同樣與內地存在政治制度與經濟程度上的差異，但「一國兩制」模式不是很成功地解決了這些矛盾與差異嗎？為什麼李遠哲先生視而不見呢？

其三，把臺灣同胞要求當家作主與「臺灣獨立」攪混一團。李遠哲演講時表示，「當家作主是臺灣人民的心願」，「臺灣人民雖然脫離了異族的統治，可是他們並沒有機會自己當家作主」，「在扭曲的歷史環境裡，許多臺灣的老百姓開始警覺：如果在這種情況下，『統一』似乎等於是『被壓迫』的延續，那麼『獨立』就成了能夠苦海翻身、追求生存自保的機會」，「如果有人對臺灣人民有不必要的偏見，不認真瞭解問題的癥結，以為用片面的威脅，或以為只要訴諸愛國主義與民族情感，而不追求社會的理想與兩岸人民最大的幸福，就能夠迫使臺灣人民一步一步屈服，放棄我們追求自由、民主、均富的理想與堅持，那就未免太低估百年來臺灣人想當家作主的歷史感與志氣了」，並稱，「目前，『統一』的社會基礎在臺灣其實是非常薄弱的」。不錯，我們也一向認為，「當家作主」應該是包括臺灣民眾在內所有中國人的共同願望，但無論怎樣辯解，它不應該成為某一個地區、某一群體另立國家的藉口。事實上，中共方面一再強調，充分尊重臺灣人民「當家作主」的願望，以「一國兩制」模式解決臺灣問題，正是中共和大陸方面尊重臺灣人民的選擇，不將大陸的制度強加於臺灣人民。在此，我們也需要對李遠哲先生不客氣地講：如果臺灣有人以追求所謂「自由、民主、均富」為藉口，堅持分裂中國，以為大陸政府和人民會忍氣吞聲、坐視不管，那麼同樣也未必太低估了大陸政府與大陸人民維護中國統一的「歷史感」與「志氣」了！

其四，混淆全球化與國家之間的關係。李遠哲致詞時指出，「世界經濟全球化之後，國家政治界限的概念自然會變得愈來愈淡薄。世界共通的網絡與貿易，將會逐漸使全球人民有更多共同的地方。不同地區的人民或不同國家之間，相互依賴的程度定會加深，而地球村的理想在不同層面也將慢慢展現」。所謂「地球村」觀念，李遠哲在「大選」期間表態支持陳水扁時也曾提及，也的確屬於十分現代、比較時髦的社會學觀點。但它並不能取代當前國際法中的國家與民族分際，當然也就不能解決兩岸之間的政治分歧。所謂「地球村」的概念與美好幻想，事實上早已被美國等西方霸權主義的侵略行徑擊得粉碎了！

另外，李遠哲在承認「九二共識」的情況下，又提出了兩岸復談的前提條件之一，即尊重臺灣的「國際尊嚴」，這也是他無法解決的矛盾之一。我們很難理解，承認一九九二年的「一中共識」，究竟與「尊重臺灣的『國際尊嚴』」有何必然聯繫？

李遠哲的角色有待進一步釐清

李遠哲以「兩岸跨黨派小組召集人」身分作以上宣示，但他究竟在多大程度上代表臺灣官方的意見？「跨黨派小組」會作出怎樣的結論？他作這種表態的意圖又是如何？這些疑問，都有待李遠哲與臺灣決策層作出進一步的釐清，特別是解決這些問題的另一要角大陸也還要作深入的觀察與分析。

陳水扁在「跨黨派小組」第一次會議致詞時強調，「國統會與跨黨派小組可以互補，並行不悖」，隱含之意，除了提升「跨黨派小組」的地位、矮化「國統會」功能之外，還包括借「跨黨派小組」未來達成的所謂「全民共識」來替自己的大陸政策解套。因為，陳水扁在是否接受「九二共識」和「一個中國原則」問題上已陷入兩難境地。因此，被他本人視為廣泛代表性的「跨黨派小組」就成為陳水扁未來作出適當選擇的有力憑藉，如果「跨黨派小組」像李遠哲那樣作出接受「九二共識」的結論，陳水扁就好向支持他的獨派勢力作出交代了。對此，新黨全委會召集人郝龍斌表示，為了安撫民進黨內反彈與壓力，陳水扁目前只需要一個台階下，李遠哲的說法將為陳水扁解套，作為在野黨願意支持這樣的和解。

然而，不知何故，李遠哲發表談話後，總統府方面當天就作出反應，聲稱「李遠哲在（跨黨派小組）第一次會議的致詞，應只是提出建立共識的方式，並不是跨黨派小組的共識」、「李遠哲的相關認知不能代表跨黨派小組的整體立場」。「跨黨派小組」發言人之一的蕭新煌教授也強調，這是「李院長個人意見或期望」，在小組討論做成「共識」前，不能說是小組的研議基調。兩方面的反應表明，李遠哲在臺灣的大陸政策決策中到底充當何種角色，一時還難以判定。

李遠哲對「一個中國」敏感問題沒有迴避，能務實地面對兩岸政治癥結，或許表明了他有意使「跨黨派小組」擺脫作為陳水扁政權大陸政策「傀儡組織」的嘲諷。然而，人們也很難排除他與陳水扁唱雙簧的可能。因為畢竟李、陳二人以往有過相當程度的默契，陳水扁在當選後的政權籌組與就職後的施政中倚重李遠哲甚多，在兩岸僵局難解的困境下，兩人完全有可能在大陸政策上以不同的角色再次合演政治戲碼。如果這種猜測屬實，那麼陳水扁與李遠哲就是在以不同的身分與不同的方式試探大陸。難怪有人評論說，李遠哲的講話試探意味濃厚，可信度卻不高。

對於李遠哲「九二」講話所傳遞的訊息，大陸方面肯定會做審慎評估，因為他畢竟對「中國人」與「九二共識」作出了正面和積極的回應。但可以斷言，兩岸關係並不會因為李遠哲的這次講話而出現戲劇性的突破，大陸方面更看重的是臺灣的具體行動。

（《海峽評論》，與朱顯龍合撰）

陳水扁兩岸政策的困境與出路

五二〇前夕，陳水扁曾信誓旦旦地向臺灣民眾公開承諾：新政府就職後，兩岸關係將會「柳暗花明」云云。人們原以為，陳水扁如此信心滿滿，似乎對未來兩岸關係的緩和和改善有十足的把握，上台執政之後，或許會真的以二千三百萬臺灣民眾的福祉為念，改弦更張，在兩岸政策上會做出像樣的調整，比其前任有所作為，有所突破。

然而，時至今日，陳水扁新政府上台執政已過去整整五個月的時間了，「聽其言、觀其行」的結果，使善良的人們愈來愈感到失望。人們看到，陳水扁除了採取所謂「柔弱勝剛強」這種他自以為得計的新策略，在言辭上、身段上表現得比其前任李登輝要謹慎、克制和柔軟之外，其他一切照舊，甚至有過之而無不及，在分裂中國、對抗統一的本質上並沒有什麼不同。所謂「一中無心、臺獨無膽、依美抗統、拖以待變」，推行「沒有李登輝的李登輝路線」，乃是陳水扁新政府執政五個月來在兩岸政策上的最大特點。正因如此，兩岸危機不但未能解除，反而在表面的平靜中聚集著愈來愈大的衝突能量。

將兩岸問題當政治表演

事實上，兩岸關係之所以會發展到今天這種地步勢所必然，因為道理至明：既然陳水扁在其就職之前就已為他的兩岸政策方向預設了「讓中共雖不滿意，但找不到藉口」的基本思路，那麼人們也就不應奢望他上台之後會在兩岸問題上做出什麼實質性的讓步和突破。進一步而言，陳水扁「讓中共雖不滿意，但找不到藉口」的兩岸政策，說穿了，其實就是「危險政策」，或曰「戰爭邊緣政策」，推行這種政策的危險性，並不亞於李登輝的「兩國論」。

對此，對兩岸關係發展觀察細微、頗有見地的前民進黨主席許信良，早在六月下旬就有如下評論，他說：「在兩岸關係上，陳水扁其實都是說些人民愛聽的話，這與解決兩岸僵局是兩回事」，「兩岸關係的嚴重性並未因陳水扁總統的善意言論而緩解。陳水扁不應把兩岸問題當成表演政治，這不但解決不了問題，還可能加深兩岸的誤解」。並預言：「陳水扁政府還在享受民眾給他們的蜜月期，但問題還在等著他。」果然，伴隨著「八掌溪事件」的發生，陳水扁政府與臺灣民眾之間的「蜜月期」提前結束，於是所有原本存在的問題便都一一浮現出來，並愈演愈烈而一發不可收拾。

自陳水扁上台以來發生的以下幾件事，突出地反映出陳水扁新政府的兩岸政策已陷入左右為難、進退維谷的困境：一是由陳水扁授權李遠哲出面主導的所謂「跨黨派兩岸小組」的難產與變質，以及李遠哲的講話所反映出來的陳、李二人在國家、民族認同與兩岸政策上的矛盾分歧的表面化。可以預期，隨著時間的推移，如果陳水扁仍然頑固堅持其臺獨立場，不肯調整其分裂的兩岸政策，李遠哲勢必會因難以自處而不得不和陳水扁漸行漸遠甚至分道揚鑣；其次是朝野各黨派圍繞著陳水扁本人應不應該接掌「國統會主委」一職，以及「國統綱領」要不要修改，乃至九二年兩岸兩會究竟有沒有達成過「一中」口頭共識的激烈爭辯；三是陳水扁與謝長廷之間先是關於謝要不要參訪廈門，爾後是有關所謂「統一選項」問題的不同說法所引發的民進黨內部派系之間的激烈過招和政治風波。至於核四廠續建問題造成唐飛的去職和所謂「全民政府」的垮台，以及近期股市的暴跌等等島內政經局勢的動盪和混亂，表面上看來是臺灣的「內政」問題，但從深層次分析，都無不與兩岸問題有著直接或間接的關聯。總之，依照筆者的觀察研判，目前陳水扁兩岸政策的困境，可以概括歸納為以下「五不」，即：「獨不敢、統不願、拖不成、談不了、憋不住」。

不敢公開搞臺獨

所謂「獨不敢」，是指其迫於來自島內外各方的強大壓力，不敢冒天下之大不韙，明目張膽地公開搞臺獨，從而挑起臺海戰爭。眾所周知，陳水扁雖然屬於民進黨內的「溫和獨派」，但是一位不折不扣的臺獨分子則是確定無疑的。直到這次「大選」，陳水扁還多次在公開場合露骨地高呼「臺獨萬萬歲」，聲稱他的

「理想」與「臺獨基本教義派」一樣，只是在如何實現「理想」的「方法」上和他們「不完全一樣」而已，並公開拋出所謂「憲政白皮書」，主張「未來憲法應確立臺灣主權獨立；明確規定中華民國領土包括臺澎金馬及其附近島嶼以及其它國家權力所及之地區；同時，臺灣主權獨立現狀之變更應經臺灣人民公投決定」等等，其臺獨面目一目瞭然。然而，陳水扁在勝選後的五二〇就職演說中，卻一改往日露骨的臺獨論調，不僅隻字不提「臺灣主權獨立」和「臺灣前途公投」等主張，而且公開向世人承諾所謂「四不一沒有」，暫時藏起了他的臺獨尾巴。原因無他，只因大陸曾一再發出嚴正警告：臺獨即戰爭，分裂沒和平。於是面對一觸即發的臺海危機，為了「讓美國滿意，國際社會肯定」，同時也為了消除多數臺灣民眾對其上台執政的恐懼，穩定島內政局，陳水扁才不能不強抑其臺獨理念和主張，暫時向政治現實低頭。這也足以說明，臺獨是何等地虛弱，何等地不得人心和昧於政治現實。

臺獨本性根深蒂固

所謂「統不願」，是說陳水扁雖然不敢公開露骨地搞臺獨，但並不等於他願意和大陸搞「統一」，相反，出於其內心深處根深蒂固的臺獨本性，同時也擔心失去其權力基礎——至今仍死抱著臺獨黨綱不肯放棄的民進黨及其「臺獨基本教義派」的支持，因而他對於兩岸統一，可說是一百個不情願也不感興趣，勢必千方百計地軟拖硬抗。人們應還記得，在這次「大選」後期，在連、宋、陳「三強鼎立」、選情膠著的關鍵時刻，陳水扁為騙取選票，拉抬選情，曾大談他的所謂「臺灣心、中國情」，並曾呼籲兩岸「中國人不打中國人」，甚至授意其親信把他與當年打破中美關係堅冰的美國前總統尼克森相比擬，似乎唯有陳水扁勝選，兩岸僵局才有望打破、統一可期。然而一旦他當選之後卻立即變臉，時至今日，他不僅拒絕承認一九九二年的「一中」共識，說是「沒有共識的共識」，甚至連自己是「中國人」都不肯承認，把臺灣同胞說成是和生活在世界各地的華人、華僑一樣，僅僅與大陸人民「歷史上、血緣上和文化上」有相同背景的「華人」而已。一個中國也只是「未來」海峽兩岸需要「處理」和「討論」的「議題」而不是「前提」，更不是「原則」。至於兩岸的「統一」，也只不過是臺灣前途的諸多「選項之一」，而不是「唯一的選項」。當然，以統一為唯一選項的「國統綱領」和為此而設置的「國統會」，也就成了陳水扁政府的眼中釘、肉中刺，雖然不敢公開予以「廢除」，但卻被他指稱為「不是不可以修改的神聖圖騰」。為此，陳水扁在體制外另設「跨黨派兩岸小組」，並至今拒絕出任「國統會主委」和拖延改組、召開「國統會」，企圖利用李遠哲的聲望，利用這一御用的「跨黨派小組」製造假「民意」，為其日後推行分裂的兩岸政策鳴鑼開道，從而達到對抗統一的目的，其「司馬昭之心」，可謂「路人皆知」矣！

越拖延籌碼越少

那麼，何謂「拖不成」？陳水扁既不敢「獨」又不願「統」，唯一的辦法當然就只有「拖」，拖一天算一天，能拖多久拖多久，「拖以待變」。「變」者何？一是期待大陸「變」，變得「政治民主化」之後，大陸自上而下的「民族主義情緒」會逐漸「淡化」，會允許一個「友好的臺灣獨立」，或者是「變著變著」，大陸會發生內亂，自顧不暇，而臺獨也就可趁機而起；二是幻想著大陸經濟發展富裕起來之後，「變」得怕打仗，怕喪失好不容易才取得的經濟建設成果，從而會容忍臺灣「獨立」或海峽兩岸永遠「維持現狀」；三是盼著以美國為首的國際社會有一天早上會「變」得放棄一個中國政策，轉而支持臺灣脫離中國。

的確，無論臺灣、中國大陸還是國際社會，無時無刻不在「變」，但是不是朝陳水扁民進黨人士所期盼的方向變，則是另一回事。事實上，大凡頭腦還算清醒的人都不否認：時間並不站在臺獨人士一邊，越拖下去對臺獨、對民進黨越不利。拖的結果，臺灣籌碼盡失，路愈走愈窄。

不過，臺獨人士卻有另類思維，近日島內傳來消息，民進黨中央某位高層主管宣稱：「時間是站在臺灣這一邊」，其理由是「過去沒有一中的原則，還不是撐了那麼久」，甚至斷言：「只要臺灣不主動挑釁，相信美國會維持東亞地區的和平與安全，不會發生戰爭」云云。此言差矣！不要忘記，過去在國民黨執政時期，儘管大陸方面對李登輝主流派推行「明統暗獨」的分裂路線十分不滿，並進行了必要而嚴肅的鬥爭，但不管怎麼說，國民黨畢竟還搞了個「國統會」和「國統綱領」，而且從未敢否認「九二年共識」和排除兩岸未來的「統一前景」。因此，不可諱言，大陸方面總還對國民黨抱有某種程度的期待。而如今民進黨有什麼呢？有的只是臺獨黨綱，中共領導人耳邊所聽到的，盡是民進黨人一波接一波的臺獨鼓噪；大陸人民所看到的，只是陳水扁新政府在「一中」原則和「九二共識」上在不斷玩弄文字遊戲。

人所共知，大陸方面原本就對民進黨陳水扁無任何信任度可言，而今可說是「雪上加霜」。再者，識者無不看到，近年來大陸人民的民族主義情緒，已因美國轟炸中國駐南使館事件以及堅持臺獨立場的陳水扁上台執政，受到了強烈的刺激而空前高漲。要求中共領導層採取強硬措施，早日解決臺灣問題，完成國家統一的呼聲從未像今天這樣強烈和急迫。民進黨人士須知：企圖無限期地拖延兩岸統一談判，就是對中國主權的挑戰，就是搞臺獨。大陸人民在美國人面前從來不是「軟腳蟹」，美國也決不會為保衛臺獨而戰，民進黨人士切不要以為有美國人的撐腰就可以有恃無恐、高枕無憂。近來，中共領導人一再發出警告：「臺灣問題不能久拖不決！」此話涵意甚深，決非戲言，島內臺獨人士萬不可誤判形勢，鑄成大錯。

民進黨政權日子難混

至於「談不了」，則不言自明。五二〇中共中央臺辦和國務院臺辦曾受權發表聲明強調：兩岸可以「在一個中國原則基礎上進行對話與談判，實現雙方高層互訪」，「當前，只要臺灣明確承諾不搞『兩國論』，明確承諾堅持海協會與臺灣海基會一九九二年達成的各自以口頭方式表述『海峽兩岸均堅持一個中國原則』的共識，我們願意授權海協會與臺灣方面授權的團體或人士接觸對話。」大陸領導人多次表示：只要承認一個中國原則，「兩岸什麼問題都可以談」。大陸方面對於恢復兩岸對話談判的立場和態度是十分堅定和明確的。

然而時至今日，儘管陳水扁一再向大陸呼籲，希望盡快恢復兩岸的對話談判，甚至表示要以南北朝鮮領導人為「學習的榜樣和效法的對象」，呼籲中共領導人江澤民和他坐下來「握手和解」，共同「改寫歷史、創造歷史」云云。但空話說了一遍又一遍，卻偏偏迴避了「一個中國」原則這一關鍵問題，矢口否認兩岸兩會一九九二年曾達成過「一中」的口頭共識，而一味侈談什麼「九二年精神」等等；雖然承諾不會將「兩國論」入「憲」，但事實上卻仍在頑固推行不說「兩國論」的「兩國論」分裂路線和政策。在這種情況下，恢復兩岸的接觸對話和協商談判，當然也就無從談起。近日，就連國民黨陸工會主任張榮恭也說：李遠哲主導下的跨黨派小組在執政者推翻「九二共識」的政治指導下，只能就陳水扁總統所謂「九二精神」進行闡述，難有創意空間，小組雖然可協助政府短期性地拖延兩岸問題，但無助兩岸重啟復談。不過，前述民進黨的那位高層主管卻一語道破了天機。十月十七日他在接受媒體採訪時聲稱：「我方不斷呼籲中共恢復對話是『做給美國人看的』，但民進黨的基本態度是：中共要談，很好；不談，也無所謂。」「不談」真的是「也無所謂」嗎？我們倒要看看，兩岸僵局持續無解，對話遙遙無期，民進黨政府如何穩定島內政局、安定民心？民進黨政府還能混得了多久？

已到「尿褲子」臨界線

最後是「憋不住」。何謂「憋不住」？對於目前海峽兩岸的這種政治僵持狀態，臺灣王曉波教授曾發明一種所謂「憋尿理論」來加以形容。其大意是說：兩岸官方互不妥協、中斷接觸對話和協商談判，如同實行「憋尿政策」，看誰的膀胱大，誰就憋得住，誰的膀胱小，誰就「尿褲子」（即最終不得不向現實低頭，調整政策）。王曉波教授的這一比喻雖不太雅，但卻頗為生動形象。事實上，自一九九九年七月李登輝拋出「兩國論」以來，兩岸便已進入了「憋尿」階段，迄今已達一年多時間了。陳水扁新政府上台之後，並未履行競選承諾，只知空喊政治口號，不僅未採取任何實際步驟來緩和改善兩岸關係，相反仍罔顧臺灣主流民意，堅守臺獨立場，做「民進黨的總統」而不是「全民總統」，致使僵局依舊，「憋尿」繼續，而且隨著時間的推移已愈「憋」愈「急」。臺灣的「膀胱」畢竟比大陸的「膀胱」小得太多，以十月初唐飛的突然去職，所謂「全民政府」的垮台為標幟，海內外有識之士均已預感到臺北新政府已經快「憋不住」了。近幾個月來，臺北股市一路下跌，十月十九日已暴跌至接近五千點大關，演出了全面崩盤的走勢，則預示著民進黨少數政府已面臨「尿褲子」的臨界點。一向自視甚高的陳水扁近日已不得不放下身段，邀請在野黨黨首，密集召開「圓桌會議」，開始尋求與在野黨的合作，並緊急約見李遠哲，寄望於李遠哲的「跨黨派小組」早日達成某種「共識」，為其已走入死胡同的兩岸政策解套。

「執政」畢竟與在野時代的「政治作秀」有本質上的不同，它是實實在在的東西，來不得半點浮誇、投機和虛妄。面對目前島內仍在急劇惡化的政經亂局，陳水扁政府已是焦頭爛額，嘗盡了甜酸苦辣的滋味，上台之初在八成左右民意支持度下的那種沾沾自喜和狂傲已經蕩然無存，但從目前島內傳來的訊息看，陳水扁仍在歧路上躑躅徘徊。「放不下兩邊，則走不向中間」，陳水扁政府唯一的出路，就是真正趨從臺灣的主流民意，放棄脫離現實的臺獨立場，盡快改弦更張，毫不含糊地承認九二年兩岸兩會達成的「一中共識」，重啟兩岸對話談判大門。若果如此，兩岸關係自當「柳暗花明」，島內政經亂象也才有可能一掃陰霾，步入穩定發展的正常軌道。被陳水扁錯過的機會已經太多了，現在已到了真正考驗陳水扁及其親信幕僚們政治智慧和勇氣的關鍵時刻了。

（《文匯報》）

「綠色執政，品質沒保證」——民進黨執政一週年總評

到5月20日，民進黨上台執政已整整屆滿一週年了。人們不會忘記，當年民進黨為和國民黨爭奪島內執政權，爭取選民的認同與支持，叫得最響的一個口號是：「綠色執政，品質保證」。如今民進黨執政一年過去了，結論如何？就連民進黨人恐怕都無法否認：「綠色執政，品質沒保證！」

一年來，臺灣在民進黨的「綠色執政」之下，可做如下概括性的總體評估：政局混亂、兩岸關係持續緊張、經濟大幅下滑、社會動盪不安，臺灣不僅沒有「往上提升」，反而在不斷「向下沉淪」。

一年前新政府成立之初，陳水扁以所謂「全民總統」、「全民政府」和「新中間路線」相標榜，選用國民黨籍的前「國防部長」而且是「外省人」的唐飛當行政院長，並放下身段密集地拜訪各界大人物，擺出一副「禮賢下士」、「以全民利益為依歸」的假象；而對於民眾最不放心的兩岸問題，則採取「柔弱勝剛強」的策略，一再釋出諸如「四不一沒有」、「握手和解」、「對話交流」、「積極合作」等等所謂的「善意」和誠意，著實是矇蔽了許多人。一時間，陳水扁騙得了民意滿意度高達八成以上，就連「李摩西」（登輝）對自己選中的這位「約書亞」也甚表讚賞，聲稱「阿扁比我做得好」！不過還是許信良最瞭解陳水扁。6月下旬，新政府剛剛上台滿月，正當阿扁沉醉在高民意支持度而沾沾自喜之際，許信良卻一針見血地指出：「不應把兩岸問題當成表演政治」，「陳水扁政府還在享受民眾給他們的蜜月期，但問題還在等著他」。

政局混亂，無力主導

果然，許信良的話音剛落，7月22日震動全島的「八掌溪事件」發生。以此為標誌，扁政府與臺灣民眾之間的「蜜月期」提前結束。此後，臺灣政壇、社會

早已存在的各種固有矛盾和問題在新的政治環境下接二連三地爆發出來。朝野之間，乃至執政黨與行政部門之間以及執政黨內部，始終政爭不斷，一波未平，一波又起。據有人不完全統計，一年來涉及「內政」問題的政爭就有12次以上，有關兩岸政策的爭吵也不下10次之多，幾乎到了「無事不吵，遇事必爭」的惡質化地步。搞得政壇、社會雞飛狗跳，扁政府焦頭爛額，窮於應付，根本無暇問政。其中爭吵時間最長、朝野對抗最烈、所造成的損失和影響最為慘重、惡劣者，莫過於「核四廠工程」停續建案。因為這一事件，造成了行政院長唐飛的被迫辭職、「全民政府」的垮台、「新中間路線」的破產；導致「連宋合作」，促成了國、親、新三黨共組「在野聯盟」共同對抗民進黨，並在立法院提出「倒閣案」、「罷免總統、副總統案」，連帶著還扯出了「總統府緋聞案」、「呂秀蓮狀告《新新聞》誹謗案」等等政壇風波。這場政爭持續時間長達3個多月，僅帳面上可估計的經濟損失就高達數千億元新臺幣，至於在社會心理、國際形象等層面所造成的負面影響，則更是無法用金錢來計算。可以說，「核四」之爭，是使民進黨「綠色執政」傷筋動骨的帶有全面性、轉折性惡劣影響的最重大的政治風波。由此，扁政府一蹶不振，臺灣急劇「向下沉淪」。

在政治風暴的強烈衝擊下，一年來扁政府曾先後被迫進行過一次「行政院副院長」的異動和兩次「內閣」改組；決策機制也曾進行過重大調整（唐飛下台後有所謂「九人小組」的設立）。但由於種種原因，民進黨中央與扁政府之間以及總統府、行政院與立法院之間的互動關係始終無法理順；決策始終搖擺不定，朝令夕改、政出多門、雜亂無章；不要說扁政府始終無法有效控制政局，就連「九人小組」內部也矛盾重重、難以整合，「各唱各的調，各吹各的號」。致使施政管道嚴重滯礙，政令幾乎不出總統府和行政院。執政當局在立法院提出的各種法案和行政命令，往往被「在野聯盟」強力抵制而難以通過。據島內媒體統計，到今年4月上旬，民進黨「立院黨團」和行政院提出的法案和行政命令，在立法院程序委員會連續16次被封殺；有112件法案被立法院擱置和積壓；至於未獲立法院查照的行政命令竟有350件之多。近日立法院會，「在野聯盟」又一次封殺民進黨當局的法案200多件，真是「情何以堪」！難怪有位民進黨的重量級人士哀嘆：「民進黨有執政之名，並無執政之實！」試想，無法主導政局，如何有效行政？又怎麼可能拿得出漂亮的執政成績單？

兩岸關係，持續低迷緊張

兩岸關係自李登輝訪美特別是他拋出臭名昭著的「兩國論」之後，一直處於緊張、僵持、極不穩定的狀態。去年3月18日，主張臺獨的陳水扁當選後，臺灣民眾心存恐懼，而大陸方面則提出了「聽其言、觀其行」的因應對策，期待他上台後能迷途知返，拋棄李登輝的分裂路線，接受一中原則，承認「九二」共識，重啟兩岸對話談判，緩和發展兩岸關係。然而一年過去了，兩岸僵局依舊、危機未解，根本原因是陳水扁繼續奉行李登輝「兩國論」的分裂路線，把兩岸問題當作政治表演。

五二〇之前，陳水扁曾向臺灣民眾承諾，說他上台之後兩岸關係將會「柳暗花明」，並宣稱新政府的兩岸政策方向是「讓美國滿意、國際社會肯定，讓中共雖不滿意但找不到藉口」；其策略是所謂「柔弱勝剛強」。實際上，設定這樣的「政策方向」，採取這種「策略」，就足以表明陳水扁根本沒有誠意緩和改善兩岸關係，也不可能會有什麼「柳暗花明」。誠如許信良所言：「在兩岸關係上，陳水扁其實都是說些人民愛聽的話，這與解決兩岸僵局是兩回事。」

事實的確如此。一年來，陳水扁雖然一再向大陸呼籲希望盡快恢復兩岸對話談判，表示要以南北朝鮮領導人為「學習的榜樣和效法的對象」，與大陸領導人「握手和解」、「共同改寫歷史、創造歷史」云云。空話說了一大堆，卻偏偏在一個中國原則的關鍵問題上始終採取迴避、模糊甚至否定的態度。時而說一個中國是「議題」而不是「前提」，是「未來」雙方需要處理的「問題」；時而又稱一個中國「原本並不是問題」（言下之意現在是「問題」）。至於1992年兩岸兩會達成的各自以口頭方式表述「海峽兩岸均堅持一個中國原則」的共識，陳水扁更是矢口否認，一會兒說「是沒有共識的共識」，一會兒又侈談什麼「對話、交流、擱置爭議」的所謂「九二精神」，和大陸大玩文字遊戲，耍小聰明。扁政府不承認一中原則、否認「九二共識」，兩岸對話談判當然也就失去了政治基礎，一切無從談起。

在五二〇就職演說中，陳水扁雖然表示「沒有廢除『國統綱領』與『國統會』的問題」，但他至今拒絕召開「國統會」，拒絕接任「國統會主委」，甚至公然表示「統一不是臺灣的唯一選項」，「國統綱領也不是不可以修改的神聖圖騰」；雖然他表示「不會推動『兩國論入憲』」，但他卻任用當年「兩國論」炮製者之一的蔡英文出掌新政府的「陸委會」。蔡一上台，就多次公開為「兩國論」辯護，甚至聲言「兩國論現在不說，但仍是事實」。近日有臺灣學者指稱陳水扁政府是「兩國論只做不說」，可謂一語中的。

是否兑現調整「戒急用忍」、開放兩岸直接「三通」、開放中資入島等競選承諾，這是檢視陳水扁有無真正誠意緩和發展兩岸關係的又一重要指標。然而迄今為止，一年已經過去，這些「承諾」全部跳票，無一兑現。相反，對兩岸民間的各項交流日趨熱絡、間接經貿往來迅速發展，扁政府卻一再大潑冷水。動輒以「國家安全」、「根留臺灣」等藉口阻撓臺商前往大陸投資，甚至揚言要徵收「國安捐」。兩岸城市交流、宗教直行、各界人士參訪大陸，扁政府也怕得要死，極力反對阻撓。去年7月陳水扁公開站出來放話說：「國人對大陸熱過了頭」，「應有憂患意識，敵我意識」云云。凡此種種，都一再說明扁政府並無誠意推動兩岸關係的發展。

與此形成鮮明對照的是，陳水扁政府卻不遺餘力地與島內外的各種分裂中國的勢力相勾結。一方面，縱容諸如金美齡之類的海外死硬臺獨分子返臺，與島內臺獨勢力集結在一起，召開所謂「世臺大會」，大造臺獨聲勢。陳水扁親自到會致詞，聲稱自己是「臺灣總統」，鼓吹「臺灣人站起來，走出去」；批准長期從事分裂中國活動的西藏「流亡分子」達賴喇嘛以「弘法」為名訪臺，進行「兩獨交流」。另一方面，又與美、日右翼反華勢力眉來眼去，投懷送抱，密切勾結，大搞所謂「實質外交」、「過境外交」、「人權外交」，近日又與李登輝合謀發明了「醫療外交」，挑戰中國主權，製造兩岸敵意；更應引起人們高度警惕的是，為了與大陸對抗，扁政府繼續推行「以武拒統」路線，聲稱要「決戰境外」，向美國訂購大批先進武器，積極配合美國全球戰略的調整，甘當國際反華勢力「遏止」中國的馬前卒。

民進黨當局推行上述「不說兩國論的兩國論」分裂路線，使原本不多的兩岸互信已蕩然無存；兩岸恢復對話談判愈加渺茫、遙遙無期；臺海局勢愈加嚴峻、充滿變數。然而近期以來，陳水扁卻大肆渲染「兩岸關係已經穩定」，並吹噓這是他執政一年來的主要政績之一，「令人非常欣慰」，這完全是自欺欺人之談！

經濟大幅下滑，社會動盪不安

再來看「綠色執政」一年來臺灣的經濟和社會狀況。

由於政局的混亂，政治風暴層出不窮，以及政策的搖擺不定和施政管道嚴重滯礙；加之兩岸關係持續緊張、僵局無解，扁政府頑固堅持「戒急用忍」、阻撓拖延兩岸直接「三通」等錯誤的大陸政策，一年來臺灣的投資環境迅速惡化，股市大跌、外資縮手、金融危機時隱時現、大批產業倒閉外移，造成失業率和民生痛苦指數節節攀升，經濟大幅衰退下滑，整個臺灣社會普遍瀰漫著嚴重的信心危機。於是搶劫成風、自殺成潮、殺人縱火等惡性案件頻頻發生，社會日趨動盪不安。

以下統計數字令人觸目驚心！

去年大選期間，陳水扁為騙取選票，曾吹牛說「選阿扁，股市萬點」。其實在大選前一個月（2月18日），臺灣股市確曾創下10393點的高紀錄。3月18日陳水扁當選後到上台前的一段時間裡，臺灣股市仍維持在9000多點的高位。但5月20日扁政府正式上台後，股市即開始一路下跌，一發不可收拾，半年後竟跌破5000點心理關卡，最低時僅4500點，幾近崩盤，至今仍在5100點上下徘徊。據統計，到今年3月底，臺灣「國安基金」和其他四大基金因護盤虧損已高達1400億新臺幣。一年來因股市暴跌，臺灣民眾人均財富較去年2月份縮水25萬元新臺幣以上。許多人多年的積蓄，就這樣不明不白地沒有了。島內有民眾悲憤地說：「全臺灣這一年損失了多少財富，就是一張一張地燒錢，也沒這麼快燒完！」更有人形象地打比方說：「簡直是元寶變成了水餃。」

長期以來臺灣經濟的增長主要靠進出口貿易，但據官方統計，今年4月出口值比去年同期減少了11.3%，進口減少了13.5%，預計全年出口值將比去年減少5%，進口值將萎縮7%。另外，金融機構的逾放比率卻一再升高，出現大批的呆帳壞帳。去年一季度臺灣的經濟增長率高達7.92%，而今年一季度據「中華經濟研究院」測出的增長率僅為3.69%，跌幅驚人！

由於經濟形勢持續惡化，在過去的一年裡，倒閉的廠商多達5000多家，而今年第一季度就已超過2100家。失業率因此而急劇攀升。據官方公布，去年5月新政府上台時失業率為2.7%，到今年2月份飆升至3.7%，4月底已突破4%，失業人口達40萬人以上，這是臺灣26年來失業率首次超過經濟增長率。但民間認為，實際失業率遠高於官方公布的數字，應在8%～10%之間，連帶受影響的人口高達數百萬人。民調還顯示，現在有工作的人，也有近7成擔心自己會失業而心生惶恐。

經濟的大幅衰退下滑、失業人口劇增，使許多家庭喪失生計、嗷嗷待哺，以至民怨沸騰，日甚一日。一年來街頭抗議、示威事件明顯增加；搶劫、殺人、縱火洩憤、自殺的案件劇增。據報導，扁政府執政以來的一年間，全島自殺的人數達2600人，平均每天7人，創9年來之最，而自殺的原因大多是因為失業。

民進黨和陳水扁一向標榜「為2100萬臺灣人民謀福祉」，張口閉口「愛臺灣」、「臺灣優先」、「經濟發展優先」。然而。政黨輪替一週年了，「綠色執政」給臺灣人民帶來些什麼呢？就連呂秀蓮也哀嘆說：「執政一年來，我的心情愈來愈沉重，現在已經笑不出來了！」面對事實她不得不承認：「綠色執政」的結果，造成了「信心、倫理、忠誠、財經、安全五大危機」。近日島內有民調顯示，有4成過去支持阿扁的民眾表示，「將來不會再投票給他」。

「綠色執政」何以失敗

民進黨執政一年來臺灣何以會如此亂象叢生，急劇向下沉淪？原因是多方面的。

從客觀方面講：一是國民黨長期執政，特別是李登輝主政12年來，臺灣在政治、經濟、社會各個方面累積了大量的結構性矛盾（如「憲政」體制矛盾、統獨矛盾、族群對立、黑金問題、泡沫經濟問題等等），政黨輪替後由於權力的再分配，使原本存在的這些矛盾在新的政治環境下迅速被激化而爆發出來；二是臺灣的政治、經濟和社會的轉型尚處於初級階段，遠未完成，特別是政黨政治遠未成熟，舊的制度已被破壞而新的遊戲規則、新的規範尚未真正完備建立，即使已經建立起來的也未受到應有的尊重而缺乏權威性，虛有所謂「民主制度」而政治人物卻缺乏「民主素養」，驟然的政黨輪替必然會導致劇烈的政經和社會動盪。

從主觀方面講，民進黨自身的因素是執政失敗的主要原因：首先，民進黨並不是靠自己的本事而主要是靠國民黨的分裂取得執政權的；再有就是靠淡化、包裝臺獨騙取一部分中間選票而以微弱多數勝選。這就造成了以下兩方面的問題：一方面它在心理上、體制上、人才上並未做好執政準備便倉促走上執政，不是什麼「新手上路、跌跌撞撞」，而是「不良少年飆車，亂衝亂撞」，自然使臺灣社會不免蒙受重大損失。另一方面，由於民進黨的臺獨理念和主張尚未完成實質性的轉型便走上執政，因此民進黨執政的社會基礎相對薄弱，執政後又由於意識形態的侷限使它沒有能力趁勢利用手中掌握的資源來擴大民意基礎。少數民意支持的總統（39.3%）、少數席位的「立法院黨團」（不足30%）、少數人認同的臺獨主張（約20%）；即使在民進黨內部，陳水扁所在的派系正義連線也居少數。因此，扁政府不僅無法反映、主導、利用民意，壯大執政聲勢，甚至連民進黨也非舉黨一致地擁戴陳水扁、支持陳水扁，相反還不斷製造麻煩，掣肘其執政。如此「少數執政」，自然內外交困，難以政通人和。

其次，陳水扁格局有限，缺乏擔當「大任」的能力。鑒於上述主客觀因素，陳水扁上台後的正確策略理應是：（1）讓出部分權力給在野黨，共組「聯合政府」，實行黨對黨的合作；（2）真正走「中間路線」，拋棄只有少數民眾認同和支持的意識形態，爭取主流民意的支持。然而陳水扁卻正道不走偏走旁門左道：捨「聯合政府」不搞而搞騙人的所謂「全民政府」，企圖「包山包海」、獨攬大權；捨「中間路線」不走而頑固堅持「臺獨路線」、「反核路線」，死抱著民進黨的這兩塊「神主牌」不放，以權謀「治國」和意識形態「治國」。其結果，只能是使自己孤立起來。故此，扁政府執政一年來內外交困、焦頭爛額，拿不出像樣的成績單向臺灣人民交代，這完全是咎由自取，勢所必然。

然而令人遺憾的是，從近些日子臺灣媒體報導的消息來看，包括陳水扁在內的大多數民進黨人士至今仍執迷不悟，不肯改弦更張，把一年來執政失敗的責任要嘛推給在野黨搗亂，要嘛歸因於國際經濟大環境不好，千錯萬錯，唯獨自己沒有錯，毫無自省能力。而一個缺乏自省能力的政黨或個人，是決不會有光明前途的！

（《文匯報》）

對臺灣年底立委與縣市長選舉的預測評估

二〇〇一年十二月一日即將舉行的臺灣新一屆「立法委員」與縣市長選舉，是去年政黨輪替民進黨上台執政後島內舉行的首次選舉。這場選舉至關重要，不僅關係到選後臺灣政治版圖的重新劃分、朝野各政黨的實力消長，以及島內政局能否穩定，而且直接牽涉到兩年之後的總統選舉，對未來兩岸關係的發展也勢必產生重大影響。因而島內外各方對這場選舉特別關注。

一、目前選情分析

這場選舉呈現出與歷屆不同的特點：

其一，歷屆島內的立委與縣市長選舉，主要是國民黨與民進黨兩黨的競爭和對決，選情相對單純；而此番選舉選情要複雜得多，除了國民黨、民進黨這兩大主要政黨的激烈競爭之外，又添了一個實力不可小視的親民黨。至於新黨和剛剛成立的「臺聯黨」，實力雖然弱小，但這兩個政黨的「爆發力」和「攪局力」均足以影響選情發生變化。而且，以理念和政策主張相近而組成的所謂「泛藍軍」和「泛綠軍」，各自內部既相互奧援，又互相排擠，使選情愈加顯得錯綜複雜。

其二，參選人數創新高、當選率創新低。據島內媒體報導，選舉候選人登記於10月11日截止，總計有多達90人角逐23個縣市長寶座，458人角逐總數168席區域立委和8席原住民立委。當選率分別僅有25%（縣市長）和38%（立委），不僅參選人數創下歷史紀錄，當選率也將是歷史新低。

以下是島內各主要政治勢力參選的分布情況和競爭態勢：

（一）縣市長選舉方面：國民黨維持該黨歷來的選舉傳統，是唯一在23個縣市都推薦候選人的政黨；本屆贏得過半縣市長席次的民進黨，這次則推出22

人參選，僅連江縣因實力不足而棄選；親民黨推薦6人，新黨、綠黨則各推薦1人；連同政黨屬性尚有爭議有待確認的臺北縣長參選人王建煊（登記國、親、新三黨推薦）在內，無黨籍參選人多達37人。

23個縣市長席次的競爭戰況最混亂的首推南投縣，出現「七搶一」的亂局；彰化縣、臺南市、金門縣各有6人出馬角逐：新竹市、嘉義縣市和花蓮縣則各有5人參選；4人爭鬥的選區也有臺北、宜蘭、苗栗、臺東等4縣。「如以選舉人數區分，臺北縣、桃園縣、臺中縣、彰化縣、高雄縣、臺南縣等逾百萬人口的6縣市選情，仍頗受各方矚目。其次，基隆市、新竹市、臺中市、嘉義市、臺南市等五大都會核心，若不是延續傳統民、國兩黨對決的形態（如基隆市），就是儼如『三國鼎立』（臺中市）、『春秋五霸』（嘉義市）及『戰國七雄』（臺南市）的戰況」。（臺灣《中國時報》10月12日報導）

（二）立委選舉方面：在合計應選176席的區域暨原住民立委部分，各主要政黨推薦參選人數依多寡次序如下：國民黨98人、民進黨83人、親民黨61人、「臺聯黨」39人、新黨33人。另有其他小黨及無黨籍144人，總計458人。

區域立委選舉，臺灣省部分參選最爆炸者首推臺北縣第三選區，有27人角逐9席；臺中市應選7席，參選人數多達20人，當選率都只有三分之一。桃園縣應選13席，有26人登記；臺北縣第一選區、桃園縣、彰化縣及臺南縣參選人數都超過20人，當選率僅過半。而臺東、澎湖、金門應選名額均只有1席，卻各有5人參選。「直轄市」部分，臺北市仍然是戰況劇烈的超級選區，第一、二選區各有22人、37人搶奪各應選的10席，當選率還不到三分之一；高雄市第一、二選區應選名額分別為6席、5席，參選人數也多達各為17人和19人，呈現出「僧多粥少」的局面。

由以上可知，這屆立委與縣市長選舉的確選情十分複雜、競爭空前劇烈，變數很多，這就給我們預測評估選舉結果增加了難度。

不過，依據目前所能掌握的情況來看，這場選舉的基本態勢已漸趨明朗，各主要政黨以及所謂「泛藍軍」和「泛綠軍」的整體表現、利弊得失也已一一呈現出來。以下分別作一剖析：

（一）國民黨選情依然嚴峻，但近來氣勢有所上升，仍有望保住第一大黨地位。

這屆選舉國民黨的不利因素主要在於：（1）去年大選落敗後「革新再造」效果不彰，未能從根本上扭轉廣大選民對國民黨腐敗、黑金等刻板印象；（2）經過去年大選宋楚瑜的出走以及政黨輪替後，一些地方派系和基層樁腳改換門庭不再支持國民黨，有些傳統支持國民黨的大財團或猶豫不決或轉而投靠執政的民進黨；（3）缺少年輕、活力和具有廣泛民意基礎的本土政治明星，對青年、婦女和本省籍民眾仍然缺乏吸引力；（4）國、親兩黨合作破局，票源嚴重分散；（5）「臺聯黨」的成立和投入選戰以及撤銷李登輝的黨籍，流失了一部分本省籍親李選票；（6）民進黨攻擊國民黨「逢扁必反」、「在野黨搗亂」造成臺灣政局混亂、經濟下滑對部分民眾有煽動性；（7）經濟衰退、股市暴跌使國民黨黨產大幅縮水，競選經費不如往日充裕。由於上述諸多不利因素，這屆選舉國民黨的立委席次肯定會大幅減少，鐵定不可能過半。

不過島內外輿論普遍認為，「瘦死的駱駝比馬大」，國民黨在這屆選舉中仍有望保住第一大黨的地位。這是因為：（1）民進黨執政一年半不僅乏善可陳，拿不出像樣的成績單，更使臺灣經濟急速衰退、治安日趨惡化、兩岸關係僵持無解，以致民心思治，不少民眾懷念國民黨執政時期政經局勢的相對穩定與繁榮，認為「新政府不如舊政府」；（2）國民黨人才濟濟，不少高知名度的原政務官轉換跑道參選；推薦的98名區域立委候選人中有現任立委66人，是各黨候選人中最多的，他們的高知名度在今年選情相對冷清的情況下有利於出線；（3）大多數傳統的地方派系和基層樁腳仍然支持國民黨，而且國民黨近千億元新臺幣的龐大黨產仍是其他政黨難以匹敵的，「組織戰」仍然是國民黨的優勢；（4）李登輝背叛國民黨轉而攻擊國民黨、為「臺聯黨」站台，雖然拉走了一部分親李的本土票源，卻也因李登輝過度傷害國民黨，促使國民黨內大多數原本與李登輝關係密切的本土派勢力與李關係逐漸疏遠，並進而與連戰的關係貼近，從而增強了國民黨的凝聚力。同時，還使一些過去因對李登輝不滿而出走、脫黨的政治菁英和不少忠貞黨員大量回流，8月份國民黨黨員總數已突破一百萬人，而且數量還在增加。（5）黨主席連戰經過一年多的歷練和徹底擺脫李登輝的陰影後已漸入角色，其言談舉止儘管仍嫌剛性不足，但給人予忠厚老實、穩重可靠的良好印象，不像扁、宋二人那樣擅於權謀。

整體上來看，最近國民黨的元氣有所恢復，氣勢有所上升，目前臺灣政治、經濟、社會以及兩岸關係等方面出現的種種問題，在一定程度上對國民黨的選情造成有利形勢。正因為如此，連戰的行事風格近來明顯發生變化，信心增加，開始變得強硬起來，站台助選的鼓動性和魅力都在提升。

（二）民進黨有喜有憂，欲擊敗國民黨奪取立法院第一大黨的地位有相當大的難度。

此番選戰，對民進黨而言，有利與不利因素都很明顯。從有利因素來看：（1）「中央」執政權和半數以上的地方執政權均掌握在民進黨手中，龐大的執政資源使該黨占據了選舉的有利地位，這是民進黨成立10多年來所不曾具備的優勢，當然要善加利用；（2）民進黨執政以來儘管面臨著嚴重的政、經和社會等問題，使島內民眾對該黨的執政能力的信任度明顯降低，但多數本省籍的民眾（其中特別是中南部的中下層民眾）仍然願意支持陳水扁和民進黨，他們從「本土意識」出發，認為臺灣人做總統總比外省人做總統要好，「阿扁做得再不好也還是我們臺灣人的總統」，即使平時他們對阿扁、對民進黨不滿意，但仍能諒解他們，一到選舉時，多數人還是會把票投給民進黨；（3）民進黨擅長打文宣戰。這個黨雖然執政人才缺乏，治「國」無方，但卻一向擅長打選戰。早在一年前民進黨就開始反覆宣傳，把其執政績效不彰以及種種政策上的失誤和弊端，要嘛歸因於在野黨搗亂，「逢扁必反」，民進黨在立法院不占多數，難以順利施政；要嘛就是推給國民黨舊政府，說是國民黨留下的爛攤子民進黨再有天大本事也不可能在短時間內扭轉過來；要嘛把臺灣經濟的惡化，說成是國際經濟大環境不好拖累的結果，即使其他政黨執政也不見得搞得好等等。這些宣傳具有相當的迷惑性，在一定程度上減輕了執政無能對民進黨選情的負面影響。

從不利因素來看：（1）民進黨執政以來臺灣經濟急劇下滑衰退，失業率和犯罪率不斷攀升，民生痛苦指數創新高，使民進黨背負沉重包袱，部分過去支持民進黨的中間選票可能流失，「非臺獨票」部分縮水；（2）民進黨執政後快速腐敗，派系之間爭權奪利日趨劇烈，「清廉」、「團結」形象已大打折扣，也將使部分對民進黨失望的選票流失；（3）「臺聯黨」以李登輝為精神領袖，吸納了兩股勢力，一股是「臺獨基本教義派」（包括「建國黨」、「建國陣線」）等激進臺獨勢力；一股是親李登輝的本土勢力。前者過去主要支持民進黨，現在絕大多數轉而支持「臺聯黨」，使民進黨的臺獨鐵票受到一定程度的衝擊；（4）由於受到經濟不景氣低迷的影響，傳統上支持民進黨的許多中小企業自顧不暇，民進黨籌集競選經費特別困難。

綜合以上有利和不利因素，民進黨欲衝擊立法院第一大黨地位，難度的確不小。近些日子來，阿扁又是出書大肆攻擊島內所有政敵，又是以強硬姿態，公開否定「一中原則」和「九二共識」，並利用上海APEC領導人非正式會議，在代表人選上與大陸較勁，試圖轉移選戰主軸，掩蓋其執政的種種缺失，但弄巧成拙，不僅未能扭轉民進黨的不利選情，相反給在野黨提供了難得的攻擊民進黨和阿扁政府的箭靶。到目前為止，民進黨在這場選戰中始終處於被動挨打的守勢，與在野時期咄咄逼人的氣勢不可同日而語。

（三）親民黨壓力倍增，氣勢減弱，難以實現預期目標。

親民黨在去年大選過後及該黨成立之初，由於宋楚瑜高票落選的政治光環和國民黨的內訌，親民黨聲勢日隆，力量不斷壯大，被輿論普遍看好為有可能發展成為與國民黨、民進黨三足鼎立的大政黨，有人甚至認為親民黨未來有可能取代傳統國民黨的角色，成為與民進黨爭鋒的主要政治力量。然而一年下來，事實並非如此樂觀：（1）宋楚瑜大選中所擁有的460萬張選票，無法全部轉移給黨籍候選人。親民黨一直被外界定位為宋楚瑜的「一人黨」。該黨資源有限，組織鬆散不完善，人才難覓，內部矛盾重重難以擺平，競選經費嚴重不足，候選人知名度普遍不高，這些都是親民黨十分不利的因素；（2）隨著國民黨揚棄李登輝路線，連戰擺脫李登輝陰影，國民黨內部的凝聚力增強，傳統支持國民黨的票源大量回流，國民黨氣勢有所提升，親民黨的角色開始變得模糊，氣勢有所下降；（3）宋楚瑜過於「權謀」，特別是在處理「扁宋密會」的問題上前後說法不一，加上「興票案」的後遺症，使宋在民眾中的形象受到嚴重傷害，對其信任感減少；（4）「泛藍軍」合作破局，相互間產生排擠效應，而李登輝及「臺聯黨」、陳水扁及民進黨重批宋楚瑜，對宋與親民黨的傷害也較大。親民黨處於國、民兩大黨的夾縫中，面臨巨大壓力，目前氣勢有所減弱，顯得後勁不足。不過親民黨上升勢頭減弱，卻有利於國民黨保住立法院第一大黨的地位。

（四）「臺聯黨」聲勢不小但實力不足，僅能邁過5%政黨門檻

「臺聯黨」挾李登輝餘威，強化「本土化」政策，集結了一批「臺獨基本教義派」和親李登輝的本土派勢力，表面上一時聲勢如虹，但選情並不樂觀，這是因為：（1）「臺聯黨」雖有李登輝的強力站台助選，但該黨所推出的候選人大多為知名度不高、缺乏競爭力的二、三流選手，大有「重在參與」的味道，出線的機率不大；（2）李登輝的光環畢竟已大為褪色，其政治影響力已十分有限。另外，李蓄意煽動省籍矛盾，挑起統獨衝突，以及對他昔日所領導的國民黨和刻意栽培的連戰惡意攻擊謾罵的惡劣作法，也不被多數選民所認同；（3）選舉經費不足，倉促成軍，缺乏組織等。因此，「臺聯黨」難有作為，但該黨有可能超過5%政黨門檻。

（五）新黨仍面臨生存危機，能否邁過5%政黨門檻令人存疑

自親民黨成立以來，新黨就面臨泡沫化的嚴重危機，即能否過5%政黨門檻的危機。為了過門檻，新黨在這屆立委選舉中採取高額提名的策略，目標不在席次多寡而在盡量衝高得票率，並希望借重王建煊代表「泛藍軍」出馬競選臺北縣長來帶動立委選情，以圖最大限度地吸納選票，保持該黨在未來立法院中發揮「關鍵少數」的作用和地位。但是，由於新黨自身基礎薄弱，以及始終無法擺脱「外省黨」的陰影：如今再加入「泛藍軍」之間的排擠效應，不少原本支持新黨的票源被國、親兩黨吸走，因而這次立委選舉新黨欲邁過5%的政黨門檻難度相當大。新黨最終的泡沫化已在所難免。

（六）「泛藍軍」整合失敗，但整體實力仍將超過「泛綠軍」

由國民黨、親民黨、新黨組成的「泛藍軍」，即認同一個中國原則、反對臺獨與民進黨政權的「在野黨聯盟」，雖然它們對抗民進黨目標一致，但出於各自政黨利益的考慮，又各有盤算，三黨在年底這次選舉中力量的整合與協調基本失

敗。立委選舉部分各自為戰；縣市長選舉部分，也只有臺北縣和桃園縣整合成功，分別共同推出王建煊和朱立倫參選。三黨的同根、同質，加之高額提名帶來的互相排擠效應，對三黨的立委選情，尤其是親民黨的選情造成衝擊，而衝擊更大的是「泛藍軍」的縣市長選舉。至於由民進黨和剛成立的「臺聯黨」所組成的「泛綠軍」，同樣也有因同質性而票源重疊、相互排擠的效應，但比較而言，「泛藍軍」排擠效應的嚴重性要高於「泛綠軍」。不過，綜合評估，「泛藍軍」的整體實力，仍然要超過「泛綠軍」。

（七）今年底選舉投票率有可能降低

近10年來，臺灣的歷屆選舉投票率均相當高，這反映了臺灣民眾一旦擺脫了國民黨長期獨裁統治的桎梏所釋放出來的高昂的參與政治的熱情，以及他們「出頭天」的強烈願望和「民主意識」的提升。然而今年底的新一屆立委與縣市長選舉，投票率卻有可能會比以往偏低。主要原因是：

（1）民進黨上台執政後的表現實在太差，特別是經濟大幅衰退下滑，民眾財富大幅縮水，失業率、犯罪率大幅提升，使許多「本土意識」較強、原本期望政黨輪替民進黨執政後能徹底掃除國民黨黑金政治、腐敗現象的本省籍民眾大失所望，對他們所一向熱情支持的民進黨產生失落感、不穩定與不安全感。但他們長期形成的對國民黨（包括整個「泛藍軍」陣營）所謂「外來政權」的反感、不滿與不信任，又使他們不願意把自己手中的選票投給「泛藍軍」中的任何一個黨，於是這部分選民在徬徨之後有可能選擇放棄投票。

（2）近幾年來臺灣政壇上各政黨之間以及政客之間的惡鬥早已使臺灣民眾日生反感，特別是去年政黨輪替民進黨執政之後，這種惡鬥愈演愈烈，一發不可收拾：「退而不休」的李登輝翻手為雲、覆手為雨、陳水扁與宋楚瑜玩弄權謀及他們之間的黑幕交易、勾心鬥角以及其他政治人物之間的互揭醜聞、緋聞，立法院的上演「全武行」競選造勢時的帽子滿天飛和口水大戰，政客們只知一黨一己之私，全然不顧民眾疾苦，致使許多選民對這種畸形的所謂「政黨政治」心生厭惡而有可能在這次選舉中放棄投票。

總投票率下降，將形成由選票取向比較明確的選民來決定選舉結果的態勢，這對各政黨的選情都會造成衝擊，但從造成投票率降低的上述兩方面原因來分析，很顯然，總體來說對民進黨的負面影響會比較大。當然，也可能會出現另外一種情況，即使部分原本支持特定政黨的票源流向無黨籍，從而使以無黨籍身分參選的候選人當選的機率增大。這樣，勢必會強化「三黨不過半」和選後政黨紛爭、合縱連橫的格局。

二、選舉結果預測與分析

綜合以上選情分析，年底立委與縣市長選舉可能出現以下結果：（一）「立法委員」部分：

1.「泛藍軍」：115-127席（不算無黨籍）

國民黨：80-85席

親民黨：30-35席

新黨：5-7席

2.「泛綠軍」：82-90席（不算無黨籍）

民進黨：75-80席

「臺聯黨」：7-10席

3.無黨籍：10-15席（其中分屬「泛藍軍」或「泛綠軍」及「中立」者）

如果上述預測不出太大意外，可知：（1）國民黨為立法院第一大黨，民進黨為第二大黨，親民黨屬老三，「臺聯黨」和新黨實力相對弱小，未來在立法院呈現出「兩大一中二小」的新的政治格局；（2）國民黨與民進黨實力在伯仲之間，席次相差在5席以內，且都未能超過半數，無法單獨主導立法院議事；（3）「泛藍軍」實力明顯超過「泛綠軍」，且「泛藍軍」席位肯定可以超過半數，而「泛綠軍」即使選得再好，席位也難以超過100席。（加上無黨籍部分）（4）「泛藍軍」中的新黨和無黨籍立委席次雖然不多，但假若國民黨、親民黨在這屆選舉中所得席次偏低，兩黨席次相加不能超過半數，那麼它們仍可造成「關鍵少數」的作用。

（二）縣市長部分：

由於目前民進黨主政的縣市政績大都受到肯定，有掌握行政資源的現任優勢，再加上「泛藍軍」除了在臺北縣、桃園縣整合成功，勝選把握較大之外，其他縣市的整合均告失敗，各自推出候選人參選，形成「自相殘殺」的不利局面。因此，縣市長選舉「泛藍軍」頗不樂觀，民進黨占據優勢，有望保住10上縣市長的席位，國民黨難以實現重新奪回「地方政權」第一大黨的位置。但如果「泛藍軍」能夠一舉收復臺北縣，勢必士氣大振，在縣市長選舉這部分戰績也還算差強人意。而且臺北縣若被「泛藍軍」收復，具有重要指標意義，因為它有助於激發「泛藍軍」基層的整合，並對兩年後下一屆的總統大選「泛藍軍」的進一步合作創造有利氣氛。

三、選舉結果對島內政局及兩岸關係的影響

基於「泛藍軍」有望超過半數，「泛綠軍」無法獲得穩定多數，加上各政黨及各政黨領袖之間的惡質對立，以及陳水扁的強硬態度，選後臺灣政局及陳水扁政權的大陸政策可能出現如下態勢：

（一）朝野政黨圍繞「組閣權」問題爭執不休，臺灣政局持續動盪。首先，挾總統而執政的民進黨，其在選後與國民黨，或與親民黨合組「執政聯盟」的可能性大為降低。這是因為，李登輝在選後將會繼續攪局，而國民黨有相對多數的優勢，特別是民進黨與國民黨在競選過程中呈現高強度對抗，因此民進黨及陳水扁所期望的選後民進黨與國民黨合作將難以實現。另一方面，陳水扁與宋楚瑜撕破臉，以及李登輝從中作梗，民進黨與親民黨未來難做權力交易，兩黨合組「聯合政府」可能性亦大大降低。

其次，國民黨堅持由多數黨及多數政黨聯盟「組閣」，民進黨與陳水扁只好硬拗。因為有相對多數與同質在野黨超過半數的優勢，再加上徹底擺脱李登輝的束縛和有了新民意的本錢，國民黨有很大可能堅持由最大政黨與多數黨聯盟「組閣」，並有可能放開手腳與民進黨在立法院進行政治對抗。另一方面，民進黨與陳水扁除了「臺聯黨」及部分無黨籍力量之外，無法結合其他在野黨力量組成「多數執政聯盟」。但陳水扁與民進黨像過去一樣，不願將「組閣權」交給在野黨，它們將利用「臺聯黨」及親民進黨的無黨籍力量組成「少數執政聯盟」進行硬拗。

在以上情況下，臺灣政局不僅會繼續動盪不安，而且有可能比過去更亂。

（二）民進黨的臺獨立場很難改變，陳水扁接受「一中」與承認「九二共識」的可能性更低，但也不排除在政權難保的情況下陳水扁調整大陸政策的可能性。由於在野黨整體實力超過執政黨，陳水扁與民進黨不敢動「臺獨黨綱」這塊神主牌，否則它們不僅無法爭取中間選票，無法穩定臺獨鐵票，也無法凝聚民進黨內部共識。而陳水扁的接受一中原則與「九二共識」是「出賣臺灣」的講話，將其大陸政策迴旋餘地縮小，臺灣在一中原則下與大陸復談的可能性減少。在這種情況下，兩岸關係難有好轉。

不過，選後如果出現超過多數的在野黨聯盟強力阻止民進黨執政、臺灣經濟惡化至崩潰邊緣、臺灣社會發生動盪等局面；如果臺海形勢趨於高度緊張，民進黨無法保住執政地位，陳水扁可能被迫調整包括大陸政策在內的內外政策，接受一中原則與「九二共識」、與大陸進行政治談判或可成為其緩和內外矛盾、保住執政權的唯一途徑。

（北京市臺辦調研課題，與朱顯龍合撰）

「九一一」事件對中美關係及兩岸關係的可能影響

「911」恐怖襲擊事件，改變了美國同時也改變了世界。經過「911」事件的強烈衝擊，美國的政治、經濟乃至社會、文化生活等各個方面均受到了深刻影響。其中衝擊影響最大的莫過於美國的國家安全發展戰略、全球軍事戰略和外交政策。而美國對華政策作為其全球戰略的一個重要組成部分，勢必又面臨新的調整。隨之，作為中美關係中最敏感神經的海峽兩岸關係，也或遲或早將發生微妙變化。誠然，「911」事件才剛剛過去一個月，目前小布希政府正傾全力忙於應付對阿富汗發動的所謂「反恐戰爭」，無暇它顧，事態的發展尚未完全明朗，今後中美關係究竟會如何變化？對兩岸關係的影響如何？現在下定論似乎還嫌過早，但種種跡象均已清楚地表明了發生這種變化的現實可能性。本文試圖就上述問題作一粗淺探討。

一、「911」事件發生前小布希政府的對華政策

美國的對華政策向來十分靈活，它根據其全球戰略變化的需要，以維護美國的國家利益為最高原則，適時地、不斷地進行調整。70～80年代冷戰時期，美國為與蘇聯爭霸世界，利用中蘇之間的矛盾裂痕，不惜拋棄它多年的「老朋友」臺灣國民黨政權而轉與大陸建交，改採所謂「聯中制蘇」的對華政策。90年代初蘇聯崩潰、冷戰結束後，依照美國的思維邏輯，「聯中制蘇」既已成為歷史，中國在美國全球戰略上的利用價值已大大下降；與此同時，因推行鄧小平倡導的改革開放路線而迅速崛起的中國，卻大有後來居上發展成為取代前蘇聯阻礙其獨霸世界的最大障礙之可能。於是自老布希執政後期及至兩屆柯林頓政府時期，美國的對華政策即已著手進行策略性的局部調整。這就是為什麼在整個90年代，在美國的主流媒體上「中國威脅論」甚囂塵上，以及中美兩國之間在諸如臺灣問

題、貿易最惠國待遇問題、武器擴散問題、人權問題、西藏問題等等一系列重大問題上爭執不休、摩擦不斷的最根本原因。今年初小布希上台、共和黨取代民主黨再次走上執政後，在各種主客觀因素的交相刺激影響下，更促使美國對華政策的調整加快了步伐。小布希政府對華政策的調整是全方位的：

首先，在中美兩國戰略關係定位上，將柯林頓時期確立的致力於與中國建立「建設性的戰略夥伴關係」，重新定位為在政治上是所謂「戰略性的競爭對手」，在經濟上則是「建設性的合作夥伴關係」，試圖將中美兩國的戰略關係分割為政治與經濟兩個不同的層面區別處理。既要在政治上、軍事上遏止中國，又想從中國的經濟發展中繼續撈取實惠。

其次，在全球軍事戰略方面，決定把戰略重心從歐洲轉向亞洲，並拉攏日、韓、印度等國和臺灣，共同「圍堵」中國，擺出一副在必要時不惜與中國進行軍事對抗的架勢。

第三，在國家安全發展戰略方面，不顧各方反對，圖謀單方面退出《反彈道導彈條約》，堅持大力研發導彈防禦系統，企圖抑制和削弱中、俄兩國對美國的「核威脅」。

第四，調整對華外交戰略，不再承認中國的「大國地位」，將中美關係置於與其盟國的關係之後，蓄意在外交日程安排和派遣外交人員等方面「冷落」中國甚至「羞辱」中國。

第五，調整臺海政策的傾斜方向，以「戰略清晰政策」取代自中美建交以來歷屆美國政府一貫奉行的「戰略模糊政策」，公開宣稱「竭盡所能」協防臺灣；「虛化」一個中國政策，卻大幅提升美臺實質關係，在對臺軍售、美臺軍事合作、安排臺灣領導人「過境」以及支持臺灣加入國際組織等各個方面均明顯地轉而傾向臺灣。

此外，為配合上述五個方面對華政策的戰略性調整，小布希政府還利用人權、法輪功和西藏問題等加強對中國的施壓力度，試圖「妖魔化」中國，為其「圍堵」和「遏止」中國製造輿論以及「合理性」和「合法性」。

總之，在「911」事件爆發之前，種種事實無不表明，以「圍堵」和「遏止」中國為基本目標的美國對華政策的結構性調整，正在緊鑼密鼓中進行；中美關係正面臨新的嚴峻挑戰與考驗。以4月初發生的中美軍機擦撞事件為標誌，兩國關係曾一度跌入谷底，呈現出空前緊張的態勢。「911」事件發生前小布希政府對華政策的結構性調整，既是冷戰結束後美國謀求獨霸世界的全球戰略調整的一個重要組成部分和合符邏輯的延伸與發展，同時也是小布希共和黨執政團隊「冷戰思維」、「軍人性格」和迷信「實力外交」的典型反映。這種政策主要代表了美國軍人、軍火工業集團的利益。其特點是唯我獨尊、我行我素的「單邊主義」和蠻不講理、咄咄逼人的「西部牛仔」作風。其思維盲點則是「美國萬能」、理應「主宰世界」。由於這種政策嚴重脱離國際政治現實，因而不免在實踐過程中處處碰壁、自食惡果。

二、「911」事件後小布希政府對華政策可能重新調整

「911」恐怖襲擊事件，其實説到底是冷戰結束後美國謀求獨霸世界的全球戰略的必然產物。而如果僅從中美關係的角度而言，這一驚爆全球的慘痛事件則至少可以使人們從中得到以下幾個方面的深刻啟發：

其一，正在崛起中的中國並不必然是美國的「潛在敵人」或所謂「戰略性的競爭對手」。誠如美國有識之士所言：對於一個正在快速發展的中國，「你要使它成為美國的敵人，它就將成為美國的敵人」。也就是説，未來的中國會不會成為美國的敵人，端看美國推行何種對華政策。「圍堵」、「遏止」中國不會成功，只能把中國推向不得不與美國對抗的道路，不會有別的結果。而中國的崛起則是歷史的必然，是任何力量也無法「圍堵」和「遏止」得了的。「911」事件恰恰證明，至少在當前，美國的頭號敵人不是中國而是恐怖主義。相反，中國一貫反對各種形形色色的恐怖主義活動，在反對恐怖主義方面，中美兩國有著共同的立場和利益，完全可以結成「戰略性合作夥伴關係」。

其二，號稱世界「超級強權」的美國，恐怖分子用非常規的、最簡單、原始的方式，在其金融、政治和軍事心臟狠狠地戳了一刀，搞得美國如此狼狽不堪。美國不僅事前毫無察覺防範，而且事後面對恐怖分子再次以「炭疽生化戰」相威

脅仍一籌莫展、束手無策，成為「最不安全」的國度，充分暴露出美國「超級強權」極其虛弱的一面，戳穿了「美國萬能」的神話，說明拒絕國際合作的「單邊主義」此路不通。中國是聯合國的常任理事國，而且是世界上最大的正在崛起的發展中國家，在反對恐怖主義、維護地區與世界和平等國際事務中發揮著不可替代的重要作用。中國的「大國地位」不容忽視，中美關係是當今世界最重要的國際關係之一。一個穩定良好的中美關係不僅符合中美兩國的根本利益，同時也有利於世界的穩定、繁榮與和平。美國小布希政府將其全球軍事戰略重心轉向亞洲，矛頭對準中國，並試圖和中國搞對抗，「911」事件證明，美國這樣做顯然是把勁用錯了地方，所推行的乃是一種很不明智的短視政策。

其三，美國小布希政府打著防範「流氓無賴國家」的幌子，堅持大力研發部署導彈防禦系統（NMD或TMD），骨子裡實際上是把中、俄兩國的長程洲際導彈視作為美國國家安全的最大威脅，以為花大錢搞起了NMD或TMD之類的東西，美國便可安全無虞，放心大膽地在世界各地橫衝直撞、欺小凌弱、謀求霸權而不受懲罰。如今不對了！「911」事件表明，這種「禦敵於國門之外」的國家安全發展戰略已經過時，未來戰爭的概念已完全改觀；恐怖主義的非常規手段較之長程洲際導彈更具威懾力和破壞作用；任何絕對優勢的武力也難起支配作用；再強大的武力也不可能使自己絕對安全；為所欲為的霸權主義行徑必將付出慘重代價。「911」慘劇發生已經過去一個月了，至今美國朝野上下仍沉浸在報複賓拉登恐怖主義的亢奮之中，小布希政府在對阿富汗發動的所謂「反恐怖戰爭」中的作為，仍有不少可議之處。但種種跡象表明，美國面對這場慘痛事件，正在吸取教訓，重新審視評估其全球戰略。其中在涉及對華政策方面，我們也不難發現其正在進行適度調整的一些蛛絲馬跡。中國領導人十分敏銳地抓住機會，迅速作出反應，以配合和促成小布希政府對華政策任何可能出現的積極轉變。

9月12日，江澤民主席應約與小布希通話，表示中國強烈譴責發生在華盛頓和紐約的恐怖活動，指出這「不僅給美國人民帶來了災難，也是對世界人民嚮往和平的真誠願望的挑戰。」並表示願意協助救援工作，願意與美國與國際社會「加強對話、開展合作」，打擊「一切恐怖主義暴力活動」。而小布希則感謝江主席的慰問和哀悼，並說他期待與江主席和世界上其他領導人一起，加強合作，共同打擊恐怖主義。當日，美國國務卿鮑威爾也說，美國希望在全世界範圍內展開合作，聯手打擊「恐怖活動」，這一合作不僅包括北約國家、俄羅斯和中國，還包括穆斯林國家。對此，香港《明報》發表評論認為，「今年4月中美軍機相撞事件發生後，國家主席江澤民和美國總統布希是到了事件要解決的最後時刻才通了電話，顯示當時的中美關係相當冷淡。但此次美國遭遇恐怖襲擊兩人則不然，可見中美關係確實是明顯改善了。」美國《基督教科學箴言報》也發文說：「恐怖襲擊發生過後，中國人已經表明，這場大災難可能為美國同中國之間加強合作提供一條途徑。這兩個國家此前一直不和。」此後幾日，中美兩國領導人又數次通話，表達雙方加強合作的誠意。其後證實，小布希表示他將如期出席10月在上海舉行的APEC會議，透露出美國在恐怖襲擊事件後對維持和改善與中國關係的重視。

9月21日，中國外交部長唐家璇到訪白宮，會晤小布希並與鮑威爾舉行會談，就中美兩國合作打擊恐怖主義具體交換意見。會後美國官員表示，「在以賓拉登為頭號疑犯的反恐怖主義戰爭中，中國可以證明是一個有益的朋友」。9月25日，根據唐家璇和鮑威爾日前在華盛頓會談達成的協議，中國情報和執法專家組成的代表團抵達華盛頓，與美國各機構的情報和執法人員進行協商。雙方就情報、執法和恐怖分子團體的財務活動交換資訊。此前，中國並已從金融、情報等領域採取步驟，切斷恐怖分子同中國所屬銀行的關係，以實際行動配合美國的反恐怖主義鬥爭。

10月8日，日本首相小泉純一郎訪問中國，就日本的侵略歷史正式向中國道歉，使一度緊張的中日關係得到緩和。據日本《產經新聞》透露：小泉純一郎是「在美國政府的強烈要求下」才決定訪問中韓兩國的。並說，「在美國核心機構遭到一系列恐怖襲擊後，對美國來說，除了需要獲得日本和中國等國的支持外，還需要加強東亞地區的穩定。」

10月9日，中美兩國在華盛頓恢復了自1999年美國轟炸中國駐南斯拉夫大使館中止的人權對話。10月18日，美國總統小布希在對阿戰爭烽煙正緊之際，仍如期抵達上海出席APEC高峰會議。行前小布希在白宮接受中、日、韓三國新聞媒體的採訪時說：「中國是一個非常重要的國家」，「我希望我們之間建立良好的關係」，並明確表示：「我支持一個中國政策」。

在此期間，美國媒體一反「911」之前的輿論主流，刊發了不少美國智囊撰寫的主張調整對華政策的文章。試舉兩例：9月15日，美國戰略預測公司網站發表題為《中美關係被重新定義》的文章稱：中國提出願意幫助美國對付恐怖主義，「這為華盛頓和北京這對在東南亞爭奪政治和經濟影響的對手創造了合作機會。這樣的合作——即把中國重新定義為一個地區合作夥伴，而非競爭對手——也許有助於改善中美關係」。9月21日，美國《國際先驅論壇報》發表題為《布希應該抓住機會重新安排美中關係》的署名長文，為小布希政府獻計獻策。該文寫道：「就在布希總統為他下月的第一次亞洲之行做準備的時候，他應該抓住機會使美國同中國的關係建立在一個新的基礎之上，紐約和華盛頓發生的破壞襲擊已經使這一點變得更為重要，因為兩國在打擊恐怖主義方面有著共同的利害關係，而且同這個亞洲人口最多，可能也是最強大的國家保持強有力的合作關係也是必要的」。文章批評了「中國是一個戰略對手」，「有實現它自己在地區的，甚至全球的野心」的觀點，主張「布希總統首先應把強權政治的說法放在一邊，並建議制定一項計劃，逐步實行謀求同中國建立相互信任關係的措施。這些措施首先應該是共同打擊恐怖主義」；「同時，兩國應該恢復早些時候在朝鮮半島問題上的合作，並共同探索為彈道導彈的預警問題制定一項聯合行動計劃」；並建議「盡早開始（同中國）就減少對臺灣的導彈威脅舉行武器控制會談」等等。

從上述並不完整的訊息，透露出「911」之後美國小布希政府確實正在醞釀調整對華政策。中國古語云：「禍兮福所倚」，「911」慘劇的發生，竟成為中美關係緩和改善的契機和轉機。這是人們始料未及的。

誠然，在小布希政府中抱持冷戰思維的保守派仍具有相當大的影響力，中美之間在一系列原則問題上的分歧，並不會因「911」事件的發生在一夜之間便告煙消雲散。今後中美關係仍將會在曲折中發展，不可盲目樂觀。據媒體10月2日報導，美國國防部10月1日發表的四年一度的修改國防計劃的報告中，其主要特點即是「針對中國軍事力量的抬頭，把加強西太平洋地區的戰力作為核心內容之一」。報告中雖然沒有指名，但宣稱「在亞洲地區可能出現有強大資源基礎的軍事競爭者」，這明顯是在影射中國，「表明對中國的警惕」。又據香港《太陽報》10月3日報導，近日美臺軍方正密切協商，一旦兩岸發生戰爭，「美國將開放其太平洋關島空軍基地予臺灣空軍」，允許臺F-16戰機借駐關島。

三、「911」事件對兩岸關係的可能影響

目前從表面上看，由於臺北陳水扁政府仍拒絕承認一中原則和回歸「九二共識」，海峽兩岸關係依然僵持難解，恢復對話談判仍遙遙無期。但「911」事件發生以來國際大環境的巨大變化，特別是美國對華政策的可能調整、中美關係的改善，則或遲或早將對兩岸關係產生微妙而重大的影響。這是因為：

（一）從政治層面來看，由於美國至少在未來幾年內將傾全力對付國際恐怖主義，為了爭取中國的支持與合作，一方面它勢必把在人權等問題上與中國的分歧暫時置於次要地位，以避免造成中美關係的再度緊張與惡化。另一方面，在中美關係中最敏感、最關鍵的臺灣問題上，美國也不能不對北京有所交代，以進一步緩和與中國的關係；同時也不希望臺北當局值此關鍵時刻向大陸挑釁，給它增添不必要的麻煩，而有可能會在明裡暗裡設法敦促臺北回應一個中國原則，早日與北京恢復對話談判，緩和兩岸目前令人擔憂的僵持局面。誠如臺灣張麟徵教授所預測的，美國為了爭取北京支持其反制及消滅恐怖主義，「如果體會到中共對臺海問題的立場，則美國現行明顯偏向臺灣的兩岸政策天秤，可能也會受到修正」。香港《明報》也發表署名文章認為：雖然美國國務卿鮑威爾日前表示，「美中合作對抗恐怖主義，絕不會以犧牲臺灣為代價，臺海安全也不會受影響。這似乎排除了美國在臺灣問題上與北京做交易，以換取北京全力支持其反恐怖行動的任何可能」，但「只要中國始終對美國的反恐怖行動採取支持立場，且在實際行動中予以配合，美國回報中國也是遲早的事。」

10月中旬在上海召開的APEC會議，可說提供了一個十分難得的觀察點。在這次重要的國際場合，臺北當局為達到某種政治目的，在出席領導人非正式會議代表人選的問題上大做文章，蓄意與大陸較勁。但臺北的小動作，並未得到包括美國在內的其他成員國的同情與支持。泰國《亞洲時報》評論說：北京拒絕接受臺北的代表，「如果是在過去，這樣一場糾紛本來是會使所有其它問題黯然失色的，然而，這一次美國一句話都沒有講，因為它更關心的是取得對一項反恐怖聲明的一致支持。」香港《東方日報》則說：臺灣被迫缺席APEC領導人非正式會議，「身為臺灣長期支持者的美國卻沒有為臺灣抱不平，只派出國務院發言人包潤石說了幾句無關疼癢的話，顯示美國需要大陸時，臺灣便沒有立足之地」。

（二）從經濟層面來看，「911」事件爆發之前，美國經濟即已開始衰退，包括臺灣在內的全球經濟均受到相當嚴重的影響而欲振乏力。只有中國大陸的經濟發展保持強勁勢頭，所受到的影響最小。「911」事件發生後，美國經濟遭受空前重創，不僅景氣復甦勢必推遲，甚至已出現衰退跡象，連帶使世界經濟包括臺灣經濟因此而雪上加霜。據聯合國在「911」事件後進行的預測說：2001年世界經濟將增長1.4%比原來預期的2.4%減少一個百分點。其中美國將從1.8%下降到1%、歐盟將從2.7%下降到1.8%、日本從0.7%下降到0.5%。至於臺灣經濟，根據英國《金融時報》的預測，其經濟增長將從去年的5.9%下降到今年的2%左右。由於全球科技產品的需求劇降以及美國經濟的萎縮，僅9月份臺灣的海外訂單就劇減了26.8%，反映出「911」之後臺灣的經濟前景正在迅速惡化。而中國大陸今年的經濟增長仍將超過7%的高水準。目前，「一枝獨秀」的中國大陸市場被視為國際資本的避難所，加上加入WTO、舉辦奧運以及西部大開發取得階段性成果等，中國的經濟勢必躍上一個新的台階，將成為亞洲乃至世界經濟復甦的強大推動力。

在上述世界經濟的大環境下，勢必產生以下兩方面的連帶效應：

一方面，誠如臺灣媒體所言，「由於『911』事件，美國景氣復甦勢頭延緩，因而極賴外在市場擴張出口來刺激景氣復甦，這時，中國大陸廣大市場便提供了最大的希望。大陸市場無限的商機對於美國誘惑無窮……，而其中的若干利益交換將提供北京當局許多政治操作空間。臺灣處在兩強過招之中，自是一番掙扎」。在這種情況下，臺北當局目前「以拖待變」的兩岸政策還能夠維持多久，顯然不無問題。

另一方面，由於臺灣經濟的繼續惡化，勢必愈加依賴大陸市場尋找出路；而正在處於內外交困之中的陳水扁政府，已難以阻擋臺灣工商企業界日益高漲的「大陸投資熱」。不出數年，兩岸經濟勢必融為一體。屆時，臺灣民進黨執政當局如果仍再死抱僵硬的意識形態立場，堅持與大陸對抗，將難以穩定島內政局，繼續維持其執政地位。

總之，「形勢比人強」，儘管目前臺灣陳水扁政府仍在「硬拗」，但恐怕已經拗不了太久了。海峽兩岸關係的改善與發展乃至中國的最終統一，畢竟是由兩岸絕大多數中國人的意志為轉移的。

（《中國評論》）

民進黨發展趨勢及執政前景展望

二〇〇〇年三月十八日，只有十四年黨齡的民進黨以微弱多數擊敗在臺灣有五十年執政歷史的國民黨，成為臺灣政權的執政黨，臺灣政治出現了首次政黨輪替。在二〇〇一年十二月三日的「第五屆立法委員」選舉中，民進黨再次打敗國民黨，成為立法院中的第一大政黨，民進黨政權趨以穩定。依據目前島內政局發展初步研判，二〇〇四年的下屆總統大選，如不出現重大變數，陳水扁連任的可能性較大，亦即民進黨將有可能至少連續執政到二〇〇八年；當然，也不能排除國民黨與親民黨在下屆大選中合作打敗民進黨的可能。影響民進黨能否保住執政黨地位的因素包括國、親兩黨是否能真誠合作、臺灣經濟與社會形勢的變化、兩岸關係和國際因素特別是中美關係的變化等。民進黨執政後，仍然堅守「臺獨黨綱」，至今也沒有調整臺獨立場的跡象，而且民進黨在二〇〇四年總統大選前也不可能修改「臺獨黨綱」。如果陳水扁能夠成功連任，其動向我們研判維持現狀繼續「拖以待變」的可能性較大。

一、民進黨執政後的基本狀況

二〇〇〇年五月二十日，靠獲得總統選舉勝利而取得執政地位的民進黨，正式接管臺灣的權力部門，臺灣政治步入了新的歷史階段。近兩年來，民進黨政權跌跌撞撞，經歷了不少風雨，但總體來説是逐步走向穩定。變換角色後的民進黨，黨內仍然維持「派系共治」也即派閥體制，但派系生態發生變化，黨政關係和決策模式正在摸索中醞釀調整。主張臺獨的民進黨迫於政治現實，上台後不敢宣布「臺灣獨立」，但依然堅守「臺獨黨綱」，拒絕承認「一中原則」和「九二共識」，並加快腳步推行漸進式臺獨，致使兩岸政治僵局依舊，至今看不出有可能打破的跡象。

（一）政權逐步穩固，但不穩定因素仍然存在

民進黨上台後至二〇〇一年十二月立法院改選期間，其執政地位危機四伏。民進黨好不容易取得政權，卻又命運多舛，日子難熬。其根本原因是「少數執政」。陳水扁只獲得了39%的選票，是弱勢總統；由執政變為在野的國民黨在立法院中仍擁有半數以上的席位，而民進黨在立法院則只有不足30%的席位，是弱勢「黨團」。這種政治生態決定新政權權力基礎脆弱，施政面臨巨大阻力；而民進黨與陳水扁施政經驗不足，缺乏圓融的政治手腕，更促成在野黨結盟，形成更強大的政敵。標榜「全民政府」的唐飛「內閣」，因民進黨少數黨的政治生態和缺乏施政經驗，不僅政出多門，政策搖擺不定，政績平平，受到在野政黨及社會各界的批評，而且因「核四」問題只存在了四個多月就被迫下台。民進黨於二〇〇〇年十月四日組成張俊雄新「內閣」而單獨執政後，朝野政黨又圍繞行政院停建「核四」問題展開了權力攻防戰，在野黨不僅結盟提案要罷免陳水扁、呂秀蓮，而且要求實行「雙首長制」，實際上就是要分權，而「大法官」的「核四釋憲」明顯對民進黨不利，民進黨方寸大亂。

由於政治前景不明朗，政策多變，加之兩岸僵局難解，民眾對新政權信心嚴重不足，經濟問題重重，社會動盪不安，致使臺灣股市從總統大選前的一萬點一度慘跌到二〇〇一年七月十九日的4190點。股市急挫，導致股民財富大量縮水，臺幣貶值，進而引發許多企業經營陷入困境甚至破產，外資和民間投資大幅減少，失業人口大增，本土性金融危機若隱若現。經濟形勢的惡化，加上對政治前景發展不看好，島內產業與民眾只好外移，以致興起新的一波大陸投資熱和移民潮。

政經情勢的惡化，特別是切身利益得不到保障，使那些支持政黨輪替與民主政治、讓寄望於新政權的眾多選民變成失望，導致陳水扁及其班底的民意支持度由上任初期的80%，急挫至二〇〇〇年十二月底的40%，呂秀蓮只有20%，張俊雄只有30幾%。民意支持度的大幅滑落，助長在野黨向新政權發難，「總統罷免案」、「雙首長制」、承認「九二共識」、兩岸「三通」等相繼提出，民進黨政權面臨巨大衝擊。

民進黨拿不出良策，只好在惶恐狀態中苦撐。好在李登輝出面支持陳水扁及民進黨政權，國民黨的內訌削弱了該黨對民進黨政權的壓力以及國、親兩黨為了各自利益未能真誠合作，再加上美國背後為民進黨政權撐腰和僵持但未升級的兩岸關係使陳水扁得到喘息機會，民進黨的「少數政府」才硬撐到了二〇〇一年十二月的立法院改選。

二〇〇一年十二月三日，臺灣舉行「政黨輪替」後的第一次立法院改選，結果原為第二大政黨的民進黨從原來的70席增加到87席，占225個總席位中的38.7%，比上屆多了17個席位和7.6個百分點，成為臺灣政壇第一大政黨，掌握了「組閣」主導權。加之奉李登輝精神領袖的「臺聯黨」站在民進黨一邊，以及部分無黨籍立委或傾向於民進黨、或倒向陳水扁，執政的民進黨可掌控105席左右的立委，接近225席的「半數」，比過去70幾席的被動局面有很大程度的改善。正因為如此，在野黨已不能輕言「倒閣」和「罷免總統」，國民黨也不再提「雙首長制」，民進黨的執政地位基本得到穩固，陳水扁的日子比過去好過得多了。

不過，民進黨政權的處境並未因該黨成長為第一大黨而徹底改觀。

首先，由民進黨、「臺聯黨」組成的「泛綠軍」總共只100席，加上無黨籍立委及後來投入「綠軍」陣營的國民黨立委，「泛綠軍」也只能掌握105席左右，離113席的半數優勢尚有一段距離。

其次，由國民黨、親民黨與新黨組成的「泛藍軍」，儘管有兩名國民黨立委在選後退出了國民黨，但有兩名無黨籍立委加入親民黨，「泛藍軍」仍然保持115席總席位，若加上傾向「泛藍」的一些無黨籍立委，「泛藍軍」在立法院的席位至少在116席以上，超過了半數，理論上控制了立法院的議事。

第三，立委選舉過後，國民黨、親民黨與新黨等在野黨展開密集協商與合作，共同制衡執政的民進黨。正因為如此，陳水扁未能組成旨在分裂在野黨陣營和穩定民進黨政權的「多數黨執政聯盟」，被迫由民進黨組成單一的「少數政府」，民進黨政權仍如履薄冰。如在立法院的正、副院長選舉中，民進黨被團結、合作的「泛藍軍」打敗。另外，陳水扁在立委選舉過程中說了許多過頭的話，不利其與連戰、宋楚瑜的和解，臺灣政壇將繼續陷於政黨之間、政治領袖之間的口水戰。當然，更為重要的是「泛藍」與「泛綠」兩大陣營之間在「統獨」等意識形態方面存在難以調和的嚴重分歧，再加上李登輝等臺獨勢力蓄意挑動省籍情結等原因，因此，可以意料，今後臺灣政局仍難以保持穩定。

臺灣「憲政體制」規定行政院長由總統提名，無需立法院同意；立法院罷免總統提案需有三分之二立委投票贊成。因此，無論在野黨怎樣團結，仍然無法扳倒執政的民進黨。何況在野黨在立法院的多數只是一種微弱優勢，容易被執政黨以利益作為交換條件來瓦解，如近日行政院提出的「財劃法」復議案，「泛綠軍」戰勝了「泛藍軍」即是明證。不過，畢竟在野黨在立法院占有相對優勢，民進黨的施政受到在野黨的諸多牽制，民進黨的任何政策均須與在野黨溝通、協商。如果協商不成，朝野政黨之間的對立與對抗無可避免，臺灣政局也將因此動盪不安。

（二）整體實力繼續上升，黨內開始新的世代交替

民進黨於一九八六年九月宣布成立後，通過參加歷屆選舉，整體實力不斷提升。到一九九七年底的縣市長選舉結束後，民進黨的實力已大幅成長，構成了對國民黨政權的嚴重威脅。在這次島內的重大選舉中，民進黨擊敗國民黨，取得了歷史上從未有過的重大勝利：包括金門、連江在內的二十三個縣市長席位中，民進黨獲得12席，首次超過半數，國民黨僅獲8席，而且民進黨主政地區絕大部分為重要縣市，其總人口、預算稅收（含臺北市）分別占全島的71.53%、69.24%、83.12%，得票率也首次以43.3%比42.1%超出國民黨1.2個百分點，成為地方政權的第一大政黨。由於取得了絕大多數的基層政權，民進黨不僅黨員人數增加，而且掌握了地方政治、經濟與社會資源，為其二〇〇〇年總統大選打下了堅實基礎。

在一九九九年春天即已展開的第十屆總統角逐戰中，除了李登輝暗中支持民進黨外，一批大財團與中小企業主也轉向陳水扁，特別是臺灣中南部的民眾普遍同情、支持本土色彩濃厚的民進黨及陳水扁，再加上連戰與宋楚瑜的分票效應，特別是「興票案」所產生的對宋楚瑜的殺傷力，使陳水扁最終得以39%得票率的微弱多數當選臺灣新領導人，民進黨則取代國民黨，成為臺灣的執政黨。民進黨

取得總統大選的勝利，使黨內士氣大振，同時其資源劇增，湧現了一股入黨風潮。一個多月內，有五萬人完成入黨程序，其中年輕人占大多數，主要在中南部縣市。選後加入民進黨的還有部分國民黨籍人士，其中不少是鄉鎮市長，「西瓜偎大邊」的效應在各地基層發酵。到二〇〇〇年底，民進黨黨員已急增到三十多萬人。

由於長於選舉的民進黨文宣得力、配票成功，而「泛藍軍」提名過多，內部失和等因，民進黨在二〇〇一年十二月舉行的「第五屆立法委員」選舉中再次獲勝，首次成長為臺灣政壇的第一大政黨。立委選舉的勝利，不僅使民進黨的政權趨以穩固，而且使其對臺灣政治、經濟、社會的控制進一步加強。目前民進黨的黨員人數已突破四十萬，不少工商企業界人士、地方派系勢力也紛紛靠向民進黨，民進黨的整體實力繼續上升。

從投入政壇的時代特點與個性特點來分析，民進黨的政治人物大致經歷了三代。第一代主要指一九七九年「美麗島事件」前便投入黨外活動的黨內元老，主要包括兩大部分：一是島內部分知識分子因不滿國民黨統治而投身政治反對運動，成為黨外理論家與組織者，如黃信介、施明德、姚嘉文、林義雄、張俊宏、呂秀蓮、陳菊等；一部分是通過各項選舉，突破國民黨政治夾殺後崛起的政治人物，其中最重要的一次是一九七七年臺灣「五項公職」選舉，當時黨外勢力取得重大勝利，包括許信良、余陳月瑛等人。第二代是民進黨的中生代，主要有三類人物：一是以為「美麗島事件」被起訴人辯護的律師團為代表，如陳水扁、謝長廷、蘇貞昌等人；二是以黨外「編聯會」為主體的當年反對運動的追隨者，如邱義仁、吳乃仁、林濁水、洪奇昌等人；三是早年為黨外活躍分子助選起家的一批成員，包括游錫堃、蕭裕珍、范巽綠等人。第三代指民進黨成立前後由社運、學運起家的新生代，包括羅文嘉、馬永成、邱議瑩、郭正亮、李逸洋、游盈隆、陳其邁、李文忠、陳明通、顏萬進、蕭美琴等人。

隨著時間的推移，民進黨第一代元老已脫離權力核心，如黃信介已病故，施明德、許信良已退出民進黨，余陳月瑛、姚嘉文、林義雄任「總統府資政」，呂秀蓮擔任的是有名無實的「副總統」，張俊宏屈就「不分區立委」，現任民進黨十一位中常委已沒有一位大人物。民進黨的第二代在該黨取得二〇〇〇年三月總統大選勝利和同年七月的第九次黨代表大會後，全面掌控黨、政大權，如陳水扁為總統，謝長廷任黨主席，游錫堃任行政院長，吳乃仁任中央黨部祕書長，邱義仁任「國安會」祕書長，蘇貞昌為臺北縣長等，民進黨現任中常委三分之二為中生代人物。不過二〇〇一年十二月的「第五屆立法委員」選舉過後，民進黨的新生代，即第三代紛紛躍上政治舞台，如羅文嘉、陳其邁、李文忠、郭正亮、蕭美琴、王雪峰、卓榮泰、段宜康、周雅淑、賴勁麟、陳金德、陳宗義、張學舜、魏明谷、蔡煌瑯、賴清德、唐碧娥、葉宜津、李俊毅、林岱樺、余政道、邱議瑩、劉世芳、高志鵬、鄭貴蓮等二十多位六十年代出生的新生代成為「新科立委」。在民進黨政權中，馬永成、李逸洋、游盈隆、陳明通、顏萬進等新生代也位居要職。新生代的崛起，表明民進黨已開始新的世代交替。

（三）黨內派系生態發生變化，決策模式醞釀調整

民進黨是由多個派系組成的政黨，長期以來形成了「派系共治」體制，帶有明顯的派閥政治色彩。民進黨在黨外時期就存在派系紛爭。民進黨成立後至一九九九年該黨推出總統候選人之前，民進黨的派系變化可分為兩個階段。第一階段是從「新潮流系」與「康系」勢均力敵到「美麗島系」和「新潮流系」平分天下。第二階段派系走向多元化，五大派系共存。這五大派系分別為「美麗島系」、「新潮流系」、「正義連線」、「福利國連線」、「臺獨聯盟」，其中以「美麗島系」和「新潮流系」實力最強，「美麗島系」長期把持黨主席席位，「新潮流系」則控制民進黨中央黨部。

一九九九年初，「美麗島系」的龍頭許信良在爭取黨內總統候選人提名失利後，憤然退出民進黨，加之張俊宏早於一九九八年底另外成立「新世紀辦公室」脫離「美麗島系」，以及黃信介於當年十一月去世，部分成員轉投實力不斷壯大的「正義連線」，致使「美麗島系」已名存實亡，而「臺獨聯盟」則在激進臺獨勢力於一九九六年成立「建國黨」後，其在民進黨內的影響力亦日漸下降。

民進黨於二〇〇年三月取得總統大選勝利成為執政黨後，黨內的派系實力又開始了新的消長。「正義連線」因其領袖陳水扁當選總統並掌握全部行政資源與

部分經濟、社會資源而坐大，許多原屬「美麗島系」的成員，以及部分無派系背景的黨員紛紛靠向陳水扁，「正義連線」發展成為民進黨的最大派系；長期控制民進黨黨務系統的「新潮流系」則繼續操縱黨機器，而且在二〇〇一年底的立委選舉中成為最大贏家；「福利國連線」在民進黨執政後，由其大家長、現任高雄市長謝長廷於二〇〇〇年七月出任黨主席，另一代表人物張俊雄則於二〇〇〇年十月出任行政院長，也算是民進黨打完總統選戰勝利後的獲益者，但其氣勢顯然不如「正義連線」和「新潮流系」；部分「美麗島系」的成員在民進黨第九次全代會後又成立了「新動力辦公室」，至此該派系已不復存在；「臺獨聯盟」則因不少激進臺獨勢力加入李登輝的「臺聯黨」，在民進黨內已顯得勢單力薄、名存實亡。

民進黨長期處於派系共治的局面，其重大決策與政策的頒布，既反映最大派系的意志，又是各大派系妥協的結果。民進黨的這種派閥政治，一方面有利於黨內的民主決策，防止專權，但另一方面也往往引發內鬥，削弱黨的整體實力，給黨的發展帶來許多負面影響。特別是民進黨執政後，總統、黨主席、祕書長分屬於不同派系，上下不協調、黨務與政務脱節甚至相互掣肘的現象十分嚴重。唐飛「內閣」垮台後，雖然在總統府內成立「九人決策小組」，但一年多來的實踐表明，黨政之間的協調仍無法順暢。為了適應新的形勢，民進黨於二〇〇二年初開始醞釀黨務改革，三月擬定改革方案，五月提交第九次黨代會討論和通過。民進黨黨務改革的大方向為：重新調整「黨政關係」，由總統兼任黨主席，祕書長由黨主席任命，黨主席可指定部分中常委。這實際上是實行「黨政合一」或曰「以政領黨」，回到當年國民黨的老路。這種模式能否解決目前存在的問題，尚待觀察。

（四）堅守「臺獨黨綱」，推行漸進式臺獨政策

儘管民進黨絕大多數菁英早就認識到激進臺獨訴求不利於該黨開拓選票，有礙該黨走上執政舞台，因而自九十年代初期起就開始所謂大陸政策的轉型。然而，民進黨的大陸政策轉型，只是對「臺獨黨綱」進行淡化、修飾、包裝而已，並沒有從根本上解決問題，即沒有切掉「臺獨黨綱」這塊毒瘤。即使有部分黨員

在民進黨執政之前多次提出修改「臺獨黨綱」，但因黨內多數成員反對而只好作罷。民進黨取得政權後，其「臺獨黨綱」不僅明顯與「中華民國憲法」相抵觸，而且也阻礙其與大陸展開直接的互動。這就決定了民進黨修改「臺獨黨綱」較之以往更具有現實性和緊迫性。因此，在二〇〇〇年三月大選之後，民進黨內又有人提出修改「臺獨黨綱」的動議，民進黨第九次全代會前亦有人提出過類似議案，但都遭到黨內「臺獨基本教義派」的強烈反對而使修改「臺獨黨綱」的主張每一次都無疾而終。至今「臺獨條款」已然成為無人敢以觸碰的民進黨的「神主牌」。

作為民進黨主要代表的陳水扁，為了贏得權力寶座，在總統競選期間以「新中間路線」來淡化自己的臺獨色彩，欺騙了不少選民。當選後，為了控制和穩定政權，也為了取得美國人的歡心與支持，陳水扁在「就職典禮」中宣示遵守「中華民國憲法」，宣稱任內不會宣布臺灣獨立，不會更改「國號」，不搞「兩國論入憲」，不搞臺灣前途公投，也沒有廢除「國統會」與「國統綱領」的問題。

然而，陳水扁在標榜改善兩岸關係、緩和兩岸局勢的同時，又拒絕承認「一個中國」原則和否認「九二共識」，並處心積慮地推行「漸進式臺獨」政策。陳水扁當選後就在「一個中國」問題上做文章，提出「兩岸對一個中國是原則或是內涵，並沒有共識」，但可將「一個中國」作為兩岸談判的「議題」。在「520就職講話」中，陳水扁不僅迴避、模糊「一個中國」，而且將「一個中國」說成是「未來處理的問題」；而臺「陸委會」更是將「一個中國」解釋為「一個虛擬的中國」。在二〇〇〇年六月二十日的記者會上，陳水扁公開否認「九二共識」，說「兩岸從來沒有就一個中國原則有過共識」，「所謂九二年共識，是各說各話，是各自表述，所謂海峽兩岸均堅持一個中國的原則是大陸單方面的詮釋，是大陸創造的東西」。同年八月十日，陳水扁又將「九二年共識」解釋成「擱置一中爭議的精神」，藉以打破和取代「一個中國原則」。八月十七日，他在接受記者採訪時說，「國統綱領」是否必須以統一為唯一及最後選項，也值得進一步探討。後來他又在多種場合一再強調「統一並不是唯一選項」。二〇〇一年十月二十一日，陳水扁在花蓮為民進黨立委候選人助選時又宣稱，臺灣絕對不能接受「一個中國」，說承認「九二共識」等於否定「中華民國」、否定「臺灣主權獨立」，就是「出賣臺灣」。

在否認「一個中國」原則的同時，陳水扁及民進黨政權還在政治上、思想上、文化教育上大搞「去中國化」，企圖採用打一錘、進一尺的漸進式手法，一步步走向「臺灣獨立」。其具體做法為：陳水扁及一些民進黨黨政高層人物不承認自己是中國人而僅僅是「華人」；推行「臺語」教育，拚湊「通用拚音」，拒絕國際通行的「漢語拚音」；歪曲歷史，聲稱臺灣「四百年以前是無主之地」，將鄭成功收復臺灣和日本強占臺灣同樣歸類為「進取臺灣」；對臺北故宮博物院進行「三化一改造」，即所謂「去蔣介石化」、「去國民黨化」、「去政治化」和「改造成為『臺灣共和國』的文化標誌」；開展「正名運動」，清除凡是象徵中國和「中華民國」的各種口號、標記、符號、特徵、圖案和名稱，如「新聞局」的局徽由原來帶有中國版圖和「中華民國國旗」的圖樣改為GIO（Government Information Office），在「護照」上加注英文「臺灣」，一些外事場合由「梅花」圖形取代「國徽」，變相將「臺幣」變為「國幣」，新鈔上不印孫中山與蔣介石頭像，「駐外使領館」與辦事處的「中華民國」或「臺北」頭銜改為「臺灣」等；加速軍隊本土化，清除軍營中「反臺獨，要統一」的口號、標語、宣傳欄，對軍人展開「敵視大陸」教育，還聲稱要對大陸「決戰境外」等等。陳水扁及臺灣的上述種種做法，其目的就是要在無法公開宣布臺灣獨立的情況下，採取迂迴前進、小步快跑、步步為營的辦法，以「母雞孵蛋」的方式，以時間換取「臺獨空間」，積「量變」為「質變」，積「小獨」為「大獨」，等待時機、「破殼而出」。

二、民進黨面臨的挑戰

民進黨執政後，不僅控制了行政系統，而且官營企業、事業單位以及行業組織也快速綠化，不少地方派系勢力、民營企業家也倒向民進黨。儘管丟失政權後的國民黨未能阻止組織分裂、實力下滑的態勢，而且至今仍看不到下滑的谷底；儘管親民黨肩扛「外省人政黨」的包袱，其發展前景並不十分樂觀，然而由於在野黨的整體實力超過執政黨，加上民進黨自身存在的諸多弊端以及島內外形勢的變化，民進黨目前和今後仍有眾多必須面對和加以解決的難題與困擾，其中包括該黨內部關係與政策走向不確定、政治體制與政局錯亂、經濟與社會不穩、大陸政策走向、大陸促統壓力、國際環境變化等方面的問題。

（一）民進黨由在野轉為執政後，眾多前臣後將爭食執政利益大餅，已搶到食物者為得多得少而吵嚷不均，未搶到食物者忿忿不平，加上陳水扁重用親信和部分「正義連線」的人馬，原屬於「黨外」中生代和民進黨建黨功臣的「美麗島系」及其他派系人馬獲利甚微，甚至連掌控黨務系統的黨內第一大派系「新潮流系」以及非核心的「正義連線」成員也受到排擠，再加上陳水扁因當選總統而成為民進黨的實際最高領導人，並形成以他為中心的決策核心後，黨內其他政治人物的權力空間被相對壓縮，從而使民進黨內反扁情緒有所發展。這次為參選「立法院副院長」，蔡同榮、許榮淑、沈富雄等多位黨內大老有意參選，但陳水扁為安撫「新潮流系」而支持洪奇昌為黨團提名人，結果引起黨內反彈聲浪大起，洪奇昌僅以一票險勝蔡同榮，這是黨內反扁情緒的第一次公開表現。接著在「立院黨團」三長選舉中，反扁情緒再次爆發。陳水扁的子弟兵居然一半跑票，結果使陳水扁屬意的「正義連線」核心骨幹陳其邁意外落選，目前離黨中央權力機構改選還有幾個月的時間，但黨主席謝長廷就已對黨務工作「興趣缺缺」，使黨中央提前進入「看守」狀態；至於一向以對外發言犀利著稱、曾被外界譏評為「民進黨實際黨主席」的祕書長吳乃仁，近期以來更是「噤若寒蟬」，不再輕易對外發言，並公開表示無意再出任祕書長一職。再有，以第一高票當選「立院黨團」書記長的許榮淑，則公開把攻擊矛頭指向扁系人馬，聲稱權力「不該被少數自以為是嫡系人馬的人把持」。

由於陳水扁獨攬行政資源，只重用親信人馬，這不但引起了黨內的反扁聲浪，同時也使黨中央和「立院黨團」爭奪權力大餅的矛盾爭鬥加劇。例如，「立院黨團」好不容易才投票選出的「三長」許榮淑、柯建銘、王拓，緊接著又為爭奪「總召」一職而僵持不下、互相攻擊。最後不得不由三人互相投票指定職務，才確定柯建銘出任「總召」，許榮淑當場拂袖而去，不歡而散。又如，謝長廷雖為民進黨贏得去年十二月「立法委員」選舉立下戰功，但他的黨主席寶座卻岌岌可危，「總統府資政」姚嘉文、福利國大老顏錦福、新潮流要角洪奇昌等黨內元老都紛紛跳出來表示有意角逐黨主席寶座，甚至在黨內多數意見已傾向由陳水扁兼任黨主席的情況下，他們也無意退選。

總之，民進黨內部的矛盾與爭鬥正在加劇，如果處理不當，勢必影響民進黨的形象和黨的整體發展，同時也會對民進黨政權的施政造成負面影響。

（二）政治多元化與民進黨自身實力不足，使陳水扁難以成為蔣經國、李登輝式的政治強人，民進黨也難有昔日國民黨的一黨獨大，加之政治體制中固有的「府院」（總統府與行政院）、「府會」（總統府與「國會」）、「院會」（行政院與「國會」）責權衝突、「總統制」與「雙首長制」的「憲體之爭」、「中央」與地方的權力之爭，以及「泛藍軍」仍然擁有立法院的些微多數等原因，民進黨掌權下的臺灣政局仍將會長期處於對抗與不穩定狀態。本為一體的國民黨與親民黨在民進黨取得政權後結成「在野黨聯盟」，共同對抗執政的民進黨；國民黨立委選舉的再次挫敗以及民進黨成長為第一大政黨，使國民黨、親民黨危機意識陡然增強，體認到「泛藍軍」必須團結合作才有出路，這次兩黨合作取得了「立法院正、副院長」選舉的勝利，更激勵了他們今後進一步合作的信心；國民黨仍然有比較扎實的基層力量，如在今年年初的鄉鎮市長及縣市議員、縣市議長選舉中，國民黨繼續占有絕對優勢；在野黨在立法院的發難，使民進黨無法集中精力施政，導致民進黨政治理念難以實現，政績難以顯現，政黨形象受損；政局長期動盪，施政難以展開，必然影響臺灣經濟發展與社會穩定，造成選民對民進黨與陳水扁的信心不足，加上政權變天後民眾對民進黨的同情心相應減少。上述種種狀況，都勢必會對民進黨的執政地位構成嚴重挑戰。

（三）兩岸關係不僅是臺灣政局穩定與經濟發展的關鍵，同時也是民進黨政權能否穩固的重要因素，因此處理和穩定兩岸關係是民進黨無法迴避的頭等大事。陳水扁及民進黨高層均深知兩岸自一九九九年七月以來的持續政治僵局與關係緊張，是造成目前島內政經亂象的主要原因，因此陳水扁一上台便宣布「四不一沒有」，爾後又有限度地開放「小三通」，拋出「統合論」等，試圖欺騙島內民眾和國際社會，為其大陸政策解套。但由於大陸方面堅守一個中國原則，要求扁政府承認「九二共識」，以及臺灣各界強烈要求開放兩岸「三通」、鬆綁「戒急用忍」政策、臺灣民眾接受「一國兩制」的比例持續上升，民進黨政權面臨來自島內外的巨大壓力。可以預見，隨著大陸整體實力逐年增強，對臺綜合實力優勢不斷擴大，對臺獨軍事威懾明顯加重，加上大陸國際地位逐步提高，民進黨將面臨來自大陸的愈來愈強大的反「獨」促統以及島內在野黨迫其明確承認「一中」原則、回歸「九二共識」的壓力。但另一方面，民進黨和陳水扁在沒有信心和把握爭取到更多中間選民的情況下，又不想丟失臺獨鐵票的支持，從而矛盾重重，難以穩定兩岸關係，與大陸展開良性互動。

（四）經濟的好壞與社會的穩定與否，是關係到民進黨政權能否穩定的又一重要因素。如前所述，民進黨上台後，臺灣經濟出現明顯下滑，臺灣民眾對陳水扁及民進黨的滿意度從其上台初期的80%左右，直線下滑到40%左右，且長期不見好轉，特別是民進黨在南部的基本票源受到了相當程度的衝擊。陳水扁政府和民進黨如果長期無法解決經濟下滑、失業增多、生活品質下降的困局，將很難再以「全球經濟衰退」、「在野黨對抗」等藉口來推卸自己執政無能的責任。

三、民進黨未來發展趨勢

民進黨的未來發展，取決於民進黨自身演變、在野黨能否合作、島內經濟的好壞、兩岸關係會否和緩、國際形勢變化等眾多因素。但一般估計二〇〇四年陳水扁連任、民進黨繼續執政的可能性較大。

（一）陳水扁絕對有意尋求連任下屆總統，民進黨也篤定會推陳水扁參選。

從執政優勢角度來看，陳水扁在二〇〇四年的總統大選中有連任的有利條件。但這並不是絕對條件，陳最終能否連任，還要看島內局勢、兩岸關係與國際形勢的變化。

第一，從島內局勢來看，主要是民進黨能否穩定政、經局勢，以及國民黨與親民黨能否精誠合作。

在民進黨方面，為了維護執政地位和既得利益，在下次總統大選中，各派系必定會團結一致，盡全力替陳水扁助選拉票。在「泛藍軍」的合作方面，本為一體的國民黨與親民黨確有合作空間。痛失執政權的國民黨和以微弱劣勢敗給陳水扁、對國民黨還有一份眷情的宋楚瑜，在不涉及根本利益衝突時還是有可能走到一起共同對敵的。例如，二〇〇〇年十月，在陳水扁誤判和戰術錯誤的情形下，行政院強行宣布停建「核四」，促使連戰、宋楚瑜不計前嫌握手言和，組成「在野黨聯盟」，刮起了陣陣旋風，使民進黨政權受到很大衝擊；二〇〇二年一月，國、親兩黨合作取得了「立法院正、副院長」選舉的勝利。在二〇〇二年年底的臺北、高雄市長與市議員選舉中，國、親兩黨仍然有可能合作。但是，對涉及兩黨根本利益的二〇〇四年總統大選，兩黨能否精誠合作則就很難說了。因為國民黨儘管其實力已大不如往昔，但作為島內政壇的第一大在野黨，該黨不會放棄四年才有一次的重新奪回執政權的機會，勢必拚死一搏；而善於權謀的親民黨主席宋楚瑜，對二〇〇〇年這次大選僅以2.5個百分點惜敗於陳水扁更不甘心，敗選後之所以成立親民黨，目的就是瞄準二〇〇四年的大選而來。宋楚瑜自認為是「泛藍」陣營中最具民意基礎、最有實力挑戰陳水扁的「不二人選」。且陳水扁上台後的臺灣政、經亂象對己有利，因而宋楚瑜也要做最後一搏。因此兩黨在二〇〇四年大選中合推一組總統候選人的困難度相當大。除非兩黨的基層支持者呼聲強烈，要求他們必須整合，否則有可能仍然是分裂的「泛藍軍」對抗「保皇衛權」的團結的「泛綠軍」。進一步而言，即使屆時「泛藍軍」能夠整合成功，共推一組人馬出戰，整體形勢也與上屆大選時有很大不同，並無必然勝算，充其量五五波有一搏而已。

第二，從兩岸關係與國際形勢的變化來看，陳水扁與民進黨必須面對我反獨促統和國際社會要求臺海和平的壓力。

在兩岸關係方面，到二〇〇四年，大陸隨著經濟體制改革的深化，各種經濟關係基本理順，沿海經濟跨上新的台階，西部開發也取得階段性成果，加上加入WTO和北京申辦奧運成功等諸多有利因素的強刺激，經濟將繼續保持高速發展的良好勢頭，國民生產總值和國民生活水平將會進一步提升，綜合國力將進一步增強；伴隨經濟的快速發展，大陸在高科技領域將取得長足進步，軍事力量也會有明顯增強，對臺軍事鬥爭準備也更為充分。總之，隨著大陸整體經濟實力的增強，兩岸力量對比將會進一步朝有利於大陸的方向轉化，臺灣在經濟、科技等方面的優勢不再；而且大陸經濟與科技快速發展，勢將對臺商及臺灣民眾形成愈來愈大的「磁吸效應」，要求改善兩岸關係、開放兩岸直接「三通」的呼聲將會愈加強烈。在這種形勢下，不排除陳水扁民進黨為「拚選舉」而不得不在堅持臺獨立場的基礎上適度調整其大陸政策，特別是在兩岸經貿交流方面適度放寬限制，同時也不排除與大陸進行民間性質的「三通」談判。若能如此，兩岸關係將得到一定程度的緩和，陳水扁將會得到較多臺灣中間選民的支持，進而利用執政優勢獲得連任。

在國際方面，隨著中國經濟實力的增長和軍事力量的增強，中國大國地位不斷提高，國際影響力不斷提升，加之在反恐以及在朝鮮半島等問題上美國有求於中國，美國和日本目前傾向臺北的不明智之舉有可能會適度調整，從而對陳水扁及民進黨的現行大陸政策構成壓力，迫使扁政府不得不在緩和兩岸關係方面採取某些實際步驟。

（二）陳水扁若能在二〇〇四年的總統大選中獲得連任，民進黨政權將進入相對穩定時期，其大陸政策仍有可能是「拖以待變」。

有人預測，陳水扁連任後，民進黨政權處於相對穩定狀態，陳水扁會如同李登輝主政後期一樣，以強勢作為，在大陸政策、「外交」政策、臺灣前途等方面表現出強硬姿態。特別是有可能利用二〇〇八年北京舉辦奧運之機進行臺獨冒險，公開挑戰中國主權，從而引起臺海局勢的急劇動盪。從陳水扁及民進黨的臺獨本性來分析，當然不排除這種可能。但筆者更認為，陳水扁及民進黨在兩岸問題上仍將會採取「軟拖策略」。這是因為：第一，陳水扁沒有李登輝當年那樣的實力，特別是受到強大在野黨的牽制；第二，屆時中國大陸的國際地位乃至經濟、軍事實力已非昔日可比；第三，臺灣主流民意將發生有利於統一的變化；第四，美國及國際社會不會允許其公開向大陸挑釁，破壞臺海和平，破壞北京奧運。因此，陳水扁在處理兩岸關係問題上沒有強硬的本錢，必不敢輕舉妄動，仍將採取「拖以待變」的策略與大陸繼續周旋。當然，也不要幻想陳水扁會輕易放棄臺獨立場，和大陸談統一，因為他既沒有這種勇氣和魄力，更不具備這種格局與情懷。

（三）如果陳水扁仍推行「拖以待變」的錯誤路線，二〇〇八年總統大選，民進黨有可能會丟失執政權。

這是因為：（1）陳水扁長達八年的主政，造成民進黨新人才難以浮出檯面，謝長廷、游錫堃、吳乃仁、邱義仁等實力型人物均與陳水扁同代，他們或曝光過久，或已六十多歲的高齡，不能讓選民有清新、活力的感覺；相反，在野黨因發揮監督角色、強調公平競爭，將會產生出重量級政治明星。從目前來看，臺北市長馬英九，已成為民進黨保權的最大威脅；（2）由於長期執政，民進黨「衛主保權」意識將會逐漸淡化，黨內的權力、派系、路線鬥爭激化，不排除發生內訌與分裂。更重要的是，民進黨執政八年後，臺灣本省人「出頭天」的意識和「省籍情結」也已逐漸淡化，省籍矛盾趨於緩和，民眾不再對該黨同情，反而會因其缺乏政績、腐敗日甚而心生反感與失望；（3）除非民進黨放棄臺獨立場，否則陳水扁及民進黨沒有能力處理好兩岸關係，這勢必引起臺灣民眾的普遍不滿而要求民進黨下台反省。屆時，政黨輪替將會成為臺灣民意主流。因此可以預料，即使二〇〇四年民進黨能夠勉強保住執政權，但在二〇〇八年的總統大選中也勢將處於被動局面，鞠躬下台、再次淪為在野黨的可能性比較大。

（國臺辦調研課題，與朱顯龍合撰）

析民進黨人在兩岸問題上的思考盲點和認識誤差

致力於中國統一，才會有臺海和平

北京「和平統一、一國兩制」的對臺方針，自1970代末、80年代初提出並正式實施以來，二十年過去了，海峽兩岸同胞都已習慣於過和平安穩的日子，以為戰爭已然成為歷史，和平乃是天經地義的常態，很少有人會體認到兩岸的內戰狀態實際上並未結束；更少有人去思考過這種和平得以維持的真正原因究竟是什麼。事實上，這二十年的臺海和平之所以得以維持是有條件的、有前提的。這個條件和前提不是別的，那就是海峽兩岸都承認「一個中國」，兩岸人民都承認自己是「中國人」，兩岸當局都承諾要致力於未來「中國的統一」。臺灣方面一九九一年制定的《國家統一綱領》，和兩岸兩會一九九二年達成的「一中共識」，均清楚地表明了這一點。正因為存在這一前提條件，兩岸才建構起了和平的基礎和框架，北京方面也才始終堅持「和平統一」的政策，九十年代的辜汪會談和海協與海基兩會一系列的事務性協商談判才得以進行。因此，平心而論，這二十年的臺海和平，兩岸雙方都做出了各自的努力和貢獻，都承擔了應有的責任和義務，並非只是北京的功勞。

然而在李登輝主政的最後幾年，臺灣方面卻逐漸背離乃至拋棄了一個中國原則。一九九四年李登輝與日本右翼作家司馬遼太郎的談話、一九九五年李登輝在美國康乃爾大學的演講，公開挑戰一個中國原則。北京方面一再提出嚴重警告，甚至不惜以軍事演習和導彈試射來表達自己捍衛「一中原則」的決心和意志，但李登輝卻置若罔聞，堅持「向不可能的事物挑戰」，在危險的道路上愈走愈遠。及至一九九九年七月九日，公然拋出「兩國論」，徹底暴露了他分裂主義的真面目。臺海和平的基礎遭到了臺北當局單方面的粗暴踐踏和破壞，這也就是何以在李登輝主政中後期，兩岸對話談判數度中斷擱淺，關係日趨緊張惡化的根本原因之所在。

李登輝搞臺獨，是其本性使然

一直以來都有一種說法，說是李登輝搞臺獨「是被中共逼出來的」。誠然，北京與李登輝打交道十多年，的確有不少經驗教訓值得總結和反省，但至於說李登輝搞臺獨是被中共「逼」出來的，則未免罔顧事實。只需回顧一下十多年來兩岸關係演變發展的曲折歷程，人們便不難發現，每一次海峽兩岸關係的緊張，無一例外都是李登輝主動出招挑戰一中原則在前，北京則是為維護一中原則而被動反彈在後，怎麼可以倒因為果，說李登輝搞臺獨是被中共「逼」出來的呢？再說，李登輝下台之後退而不休，組織「臺聯黨」，迫不及待地公開跳出來，與死硬臺獨分子金美齡、彭明敏之流沆瀣一氣，變本加厲、肆無忌憚地從事臺獨活動，煽動臺灣民眾對抗大陸，那麼請問這又是被誰「逼」出來的呢？「景陽岡上的老虎，你打牠要吃人，不打牠也要吃人」，李登輝搞臺獨，乃是其本性使然，不讓他搞也難。近年來李登輝相繼推出的幾本書，已經把他仇視中國、追求臺獨的心機表露無遺，難怪他主政期間講了一百三十多次「反臺獨」的假話沒有多少人相信。坦白地說，李登輝的分裂行徑，假若不是遭到北京方面的強烈反彈和海內外同胞的同聲譴責，以及國際社會的普遍反對而不得不有所收斂的話，那麼海峽兩岸恐怕早已是戰火熊熊、後果不堪設想了！當然，中國的統一或許也早已在兩岸同胞付出慘痛代價之後就此達成。因此，從這一角度而言，李登輝「急獨派」其實才是真正的「急統派」，——是迫使北京不得不調整和平統一方針，採取斷然措施，以武力完成國家統一的「急統派」。

民進黨否認「一中原則」，臺海和平堪憂

時序進入二〇〇〇年，臺灣政權終於在李登輝的強力主導下有計劃、有步驟地從國民黨手中「和平轉移」給了主張臺獨的民進黨。陳水扁上台執政後，面對一觸即發的臺海危機，為穩住陣腳，他採取所謂「柔弱勝剛強」的策略，表面上一改以往李登輝對大陸的強硬姿態，釋出種種所謂「善意」和「誠意」，但骨子裡卻堅守臺獨立場毫不動搖。執政兩年了，至今不僅拒絕接受「一中原則」，否

認「九二共識」，聲稱「統一並非唯一選項」，甚至不肯承認自己是中國人，推行只做不說的李登輝「兩國論」路線。致使兩岸僵局無解，互信蕩然無存，和平統一的基礎進一步坍塌，臺海上空的戰爭陰霾愈聚愈濃，有識之士為此憂心如焚。然而陳水扁卻自以為得計，在他執政一週年的感言中聲稱，他的大陸政策「雖沒有得分但也沒有失分」，並把所謂「兩岸關係的穩定」說成是他執政一年來的「主要政績」之一，表示「令人非常欣慰」。某位民進黨高層主管更認為，「時間站在臺灣一邊，中共願意談很好，不談也無所謂」。嗚呼！這就是民進黨和陳水扁極其危險的「兩岸觀」。

看來，陳水扁和民進黨過於自信，他們並不真正瞭解，對於民進黨這樣一個標舉臺獨黨綱的政黨和陳水扁這樣一個長期從事臺獨活動的人，一旦奪取臺灣政權上台執政，北京方面究竟作何感受；同時，對於臺灣政局的這種劇變，究竟會對兩岸關係造成何種程度的衝擊和影響，顯然也缺乏足夠的估計和認識。

毋庸諱言，二〇〇〇年三月臺灣大選，北京最不願意看到的結果正是主張臺獨的陳水扁勝選和民進黨的上台。這種選舉結果，對於近幾年來一直致力於領導全球華人進行「反分裂、反臺獨」鬥爭的北京而言，無疑是一種挫敗；而挫敗過後所產生出來的那種無奈感與挫折感便可想而知；而這種無奈感和挫折感在很短的時間內更轉化為早日解決臺灣問題的危機感和緊迫感。百感交集的北京高層雖然出於種種因素的考量，很快作出了對陳水扁「聽其言，觀其行」的因應對策，給了陳水扁一個寶貴的「觀察期」，也即政策調整的時間和空間。但實際上在大陸內部，無論是政府涉臺工作部門抑或臺灣研究界，要不要全面檢討乃至調整已貫徹執行了二十年之久的「和平統一」方針，一時間已然成為無可迴避的熱門話題和爭論的焦點。而且隨著時間的推移，在陳水扁和民進黨執政當局堅守臺獨立場、拒絕調整政策的僵硬態度日趨明朗化、甚至變本加厲地搞「去中國化」之後，坦白地說，這種爭論已經沒有多大意義了。道理至明：既然臺北民進黨政府堅持拒絕承認「一中原則」，否定「九二共識」，試圖打破兩岸關係原有的基本框架而重新建構所謂兩岸為「國與國」關係的新的框架，那麼，實際上就是臺灣方面要改變對自己原有的定位和國家的認同。換句話說，臺北當局意圖單方面推翻兩岸原有的遊戲規則，取消「和平統一」的必要前提條件，在兩岸戰爭與和平這一重大原則問題上，自覺不自覺地、愚蠢地選擇了「戰爭」。「天要下雨，娘要嫁人」，面對這種劇變，堅持國家必須統一的北京，也就不得不相應地作出自己新的選擇，調整自己的國家統一政策——這只是時間早晚的問題了。除非臺北方面有一天幡然醒悟，改弦更張，浪子回頭！

民進黨人的思考盲點與認識誤差

十多年來，本人一直致力於對民進黨的跟蹤研究，並曾先後五次訪臺，接觸過不少民進黨各派系的菁英，老一代的新世代的都有。他們之中不乏具有專業素養、頭腦靈活、勤於思考、能言善辯的十分優秀的人物。但不客氣地説，由於自身的侷限，他們大都缺乏對大陸、對中共乃至對國際問題真正深入透徹的瞭解。在兩岸問題上他們往往一廂情願，視野偏於臺灣一隅，存在著許多思考盲點和認識上的誤差。這是他們誤判形勢，盲目樂觀，難以調整不切實際的臺獨立場與主張的癥結所在。

誤差與盲點之一：認為中共是「紙老虎」，捨不得放棄經濟建設的成果，更怕美國的介入，如今北京又申奧成功，因而「不願、不敢也不會」攻打臺灣。

首先，臺獨人士須知，在「經濟建設」和「中國統一」這兩大問題上，中共歷來都是把「中國統一」視為國家民族的最高利益而放在首位，中國的領土主權一旦受到威脅和侵犯，寧可推遲「經濟建設」，也要維護國家領土主權的統一與完整。這一堅定的立場，乃是中共建黨立政的根本，並不會因時空的變化而有所動搖。遠的暫且不説，回顧自一九四九年中共建國以來，先有抗美援朝，爾後有中印邊界、中蘇邊界和中越邊界等一系列的「自衛反擊戰」，都是明證。這也是中共執政半個多世紀以來，儘管施政上多有失誤，但仍然能夠得到大陸人民衷心擁戴與支持而立於不敗之地的諸多因素之一。可以肯定，如果臺獨人士執迷不悟，敢於公開挑戰中國主權，或以種種藉口拒絕接受一個中國原則，企圖無限期拖延兩岸統一談判，那麼大陸必定不會手軟。同理，在舉辦奧運與制止臺獨這兩件事情上，倘若發生衝突，自不待言，「舉辦奧運」必定要讓位於「制止『臺獨』」，這是確定無疑的。試想，假如臺灣跑掉了，舉辦奧運還有何意義？所以，舉辦奧運並沒有給臺獨買下「保險單」，陳水扁與所有的臺獨人士切不可有任何幻想和誤判。

至於說到美國的軍事介入，美國真的會為支持臺獨而不惜與中國打一仗嗎？恐怕連臺獨人士也不敢說有把握！退一步說，即使美國真的幫助臺獨而與中國為敵，那麼中國大陸斷不是南聯盟，更不是阿富汗和伊拉克，不會任人宰割而毫無反擊之力；亞洲也不是歐洲，不存在願意充當美國打手的北約；中國和美國曾數度交手，朝鮮戰爭和越南戰爭，這兩場戰爭美國人應該不會不記取必要的教訓。說白了，美國支持臺灣對抗大陸，挑撥海峽兩岸保持適度的緊張關係，目的無非是向臺灣推銷他們的剩餘軍火物資，並以此牽制中國的經濟發展和中華民族的統一富強而已，並非真的有愛於臺灣也。歷史上有太多的事例都充分證明美國並不可靠。

誤差與盲點之二：認為中國大陸經濟發展富強起來特別是「民主化」之後，「民族主義情緒」自然會逐漸「淡化」，從而會允許一個「友好的臺灣獨立」。這是一種天真的期待。

從歷史的角度而言，中國的「民族主義情緒」何以會如此強烈？這正是帝國主義列強一百多年來欺凌中國的結果。香港、澳門回歸之後，近代中國歷史上因為帝國主義侵略、干涉所遺留下來的重大問題中只剩下一個「臺灣問題」尚未得到解決。而臺灣問題一天不解決，中華民族的屈辱就一天得不到真正徹底的洗雪；中國人民的這塊「心病」在真正徹底醫治之前，中國的所謂「民族主義情緒」便不可能「淡化」。

從現實的角度來說，臺灣問題何以會久拖不決？乃是由於以美國為首的國際反華勢力插手、干涉的結果。誠如香港問題的解決，是中英之間實力較量的結果一樣，臺灣問題能否解決以及何時得以解決，說到底是中美兩國的實力較量問題。中國富強的標誌是什麼？其中一個不可或缺的重要「標誌」，就是看中國是否有能力排除外國勢力的干涉，妥善解決臺灣問題，最終實現國家的完全統一。換言之，如果連臺灣主權都沒有能力捍衛，那麼中國又談何「富強」？至於說到大陸「民主化」之後「民族主義情緒」會不會「淡化」？請看當今世界，美國算是夠「富強」了吧？而且按照西方的標準，美國也夠「民主化」了吧？但我們看到，「九一一」恐怖襲擊事件發生之後，美國的「民族主義情緒」是多麼的強烈！試想，假設現在世界上有哪一個國家試圖煽動夏威夷人民和美國本土鬧獨立，並且制定一個《與夏威夷關係法》，大量售武給「夏獨」人士，後果將會如何？

再者，未來世界的競爭是科技的競爭，是尚待開發的「處女地」——廣闊的海洋資源之爭。臺灣是中國大陸面向海洋的必經通道，戰略地位極其重要，它不僅攸關中國的國家安全，而且是未來中華民族生存、發展的生命線。臺灣一旦從中國分離出去，可想而知，中國在未來世界的激烈競爭中必將受到極大的制約，處於一種十分不利的戰略地位。這對於擁有十多億龐大人口而耕地面積又相對狹小、資源相對貧乏的中國來說，其生存發展影響甚巨。因此，從地緣政治、經濟的戰略角度而言，中國也絕對不會允許臺灣分離出去。

由上觀之，中國大陸的任何一個政黨和任何一屆國家領導人，都無法承擔喪失臺灣領土主權的歷史責任。誰丟掉了臺灣，誰也就喪失了統治和領導中國人民的正當性和資格，誰就是現代的「李鴻章」，成為中華民族千夫所指的歷史罪人。同樣，臺灣的任何一個政黨和任何一屆領導人，如果想維持其在島內的執政地位，也就不能挑戰中國對臺灣的主權，否則也勢必江山不保，成為中華民族的千古罪人。

誤差與盲點之三：認為臺灣已是「民主社會」，臺灣人民「有權力」通過「公民投票」的民主方式來決定臺灣要不要與大陸統一。這是一種似是而非的荒謬說法。

首先，中國對臺灣擁有主權，這不僅是歷史事實，同時國際法上也有明確定位，《開羅宣言》和《波茨坦公告》即清楚地證明了這一點。一九四五年日本戰敗投降後，當時的中華民國政府已從日本國手中完整地收回了自一八九五年清政府被迫簽訂《馬關條約》割讓給日本的臺灣領土主權；即使目前仍在臺灣適用的、而且陳水扁上台時也曾經舉手宣誓要效忠的所謂「中華民國憲法」中，也明確規定臺灣是中國固有領土不可分割的一部分。而且，世界上所有的國家（實際上也包括與臺北「建交」的國家），也都無不承認臺灣是中國的一部分。大陸與臺灣同屬於一個中國，是無可辯駁的事實，這與臺灣是不是「民主社會」毫無關係；就如同八年抗日戰爭時期，中共治理下的「陝甘寧邊區」實行與「蔣管區」不同的民主制度，但並不能否定「陝甘寧邊區」是當時中華民國領土不可分割的一部分一樣。因為民主本身並不能「創造出」主權，它只能改變一個國家或地區的「生活方式」；即使臺灣社會再「民主」，也無法改變「臺灣是中國不可分割的一部分」這一事實。

其次，關於「公投」與行使「民主」權力的問題。誠然，我們應當充分尊重臺灣人民當家作主的願望和民主權力的行使，但任何民主方式和民主權力的行使，都必須以確保國家領土主權的完整為前提，否則就必然會走向民主的反面而侵犯大多數人民的根本利益。眾所周知，臺灣是海峽兩岸同胞世世代代共同開發、建設和保衛的神聖領土。遠的不說，一九四五年臺灣的光復便是兩岸同胞共同浴血奮戰的結果。臺灣同胞為反抗日本的殖民統治，「五十年間，犧牲了六十五萬人」（據「臺灣革命同盟會」一九四五年四月十七日發表的《馬關條約》五十週年紀念宣言）。而大陸同胞在八年抗日戰爭中也蒙受了巨大的損失，軍民傷亡達二千一百萬人，財產損失和戰爭消耗約一千億美元。所以，就如同大陸不僅僅是十三億大陸人民的大陸，同時也是二千三百萬臺灣人民的大陸一樣，臺灣不僅是二千三百萬臺灣人民的臺灣，同時也是十三億大陸人民的臺灣，臺灣的領土主權屬於海峽兩岸全體中國人民所共同擁有。退一步說，即使要體現「民主」而對臺灣的地位與前途問題舉行「公投」，那麼也必須在海峽兩岸所有的中國人中進行，而不能只是在二千三百萬臺灣人民中進行，不然的話，就等於剝奪了大陸十三億人民的「民主權力」，反而變成了無視絕大多數中國人意志的「反民主」之舉了。

承認「一中原則」，重建兩岸和平架構

陳水扁和其他民進黨人士關於兩岸問題上的思考盲點和認識誤差還可以舉出許多，限於篇幅不可能一一加以討論。問題的嚴重性在於：陳水扁已非一個僅僅治理臺北市的「市長」，民進黨也已不是一個只能在立法院打打鬧鬧、抵制國民黨施政的「在野黨」了。經過多年的打拚，陳水扁和民進黨如今已如願以償地從

國民黨手中奪取了臺灣政權，上升為二千三百萬臺灣人民的統治者，而且經過去年底的立委換屆選舉，民進黨已成為臺灣政壇的第一大黨。也就是說，民進黨政府實行什麼樣的兩岸政策事涉重大，不僅關乎著二千三百萬臺灣人民的切身利益，同時也勢必對中華民族的振興與騰飛產生重大影響。然而令人擔憂的是，陳水扁和民進黨執政兩年來，在兩岸問題上仍無法擺脫意識形態的迷思，至今仍在臺獨的泥潭中打轉而難以自拔。我們要誠懇地奉勸民進黨朋友們，兩岸形勢依然嚴峻，時乎已迫，美國人是絕對靠不住的，「拖以待變」也決非良策，唯有認清形勢，早日拋棄臺獨立場，重新建構兩岸和平基礎——承認一個中國原則、回歸「九二共識」，才有可能重啟兩岸對話談判，避免兩岸同胞骨肉相殘，只有這樣，才是真正的「愛臺灣」、真正的「臺灣優先」。

海內外同胞攜起手來，共鑄中華民族新的輝煌！

（《世紀交峰——民進黨如何與共產黨打交道》序言）

鄧小平「和平統一、一國兩制」的基本內容和實踐意義

在2000年3月的臺灣大選中，標舉臺獨黨綱的民進黨奪取了臺灣的執政權，統治臺灣長達半個多世紀之久的國民黨政權一夕垮台，具有濃厚臺獨色彩的陳水扁成為臺灣首次政黨輪替後的新一屆領導人。臺灣政局的驟變，使海峽對岸的中共執行了20年之久的和平統一解決臺灣問題的方針政策，受到了前所未有的強烈衝擊，兩岸關係也因之進入了一個撲朔迷離、捉摸不定的新階段，中國統一的前景平添了更多更大的變數。

迄今，民進黨上台執政已屆兩年。兩年來臺海局勢表面平靜，波瀾不興，實則暗潮洶湧，潛伏著令人不安的深刻危機。兩岸圍繞著要不要堅持一個中國、要不要最終走向統一這一重大原則問題上進行劇烈的較量。這一較量目前仍在繼續著，政治僵局至今仍看不到一絲打破的曙光，結果將會如何？中共和平統一的對臺政策會不會重新作出調整？兩岸關係將被引向何方？所有這些都已成為海內外各界人士普遍關注的焦點。

一、「和平統一、一國兩制」是新時期中共對臺基本政策

古語有云：「溫故而後知新」，要探討上述問題，有必要首先對中共自建國以來的對臺方針政策的演變發展，作一簡要的回顧與概述。

眾所周知，中共自1949年建國以來，始終都把實現臺灣與大陸的統一，作為自己神聖的歷史使命，並依據國內外形勢的發展變化，適時地制定、實施和調整對臺方針政策。半個多世紀以來，中共對臺方針政策的發展脈絡，大致可以劃分為「武力解放臺灣」——「和平解放臺灣」——「和平統一、一國兩制」這三個相互銜接的歷史階段。

(一)「武力解放臺灣」階段(40年代末～50年代中)

1946年6月，國共內戰爆發。及至1949年1月，經過遼瀋、淮海、平津三大戰役的戰略決戰，國民黨最後失敗的命運已成定局。此時，中共中央已預見到國民黨勢必退踞臺灣，遂開始抓緊對解放臺灣的戰略部署。1949年3月15日，中共新華社發表題為《中國人民一定要解放臺灣》的時評，首次公開提出「解放臺灣」的口號。時評強調指出：美國妄圖「攫取中國的一塊領土——臺灣作為將來對中國大陸發動侵略戰爭的跳板」；「以蔣介石為首的國民黨反動派，也夢想托庇於美國帝國主義的軍事保護下，把臺灣作為最後掙扎的根據地」；同時還特別提到，中國不統一，臺獨勢力就會猖獗。中共明確表示：「中國人民解放鬥爭的任務，就是解放全中國，直到解放臺灣、海南島和屬於中國的最後一寸土地為止。」

1949年7月，劉少奇訪問蘇聯，在與史達林商談建國問題時，首次披露了武力解放臺灣的時間表。他說：「人民解放軍在1949年夏秋兩季，可以基本上結束對國民黨的戰爭。剩下臺灣、海南島、新疆和西藏。西藏用政治方式解決，臺灣、海南島與新疆待明年解放。」這說明，此時中共中央已經擬定了武力解放臺灣、統一全中國的戰略部署。

此後，中共一方面通過各種方式一再表明解放臺灣的決心，另一方面開始著手進行武力解放臺灣的實際準備。

1949年10月1日中華人民共和國成立後，中共更抓緊瞭解放臺灣的軍事部署，並成立了由粟裕任總指揮的「前線指揮部」。12月31日，中共中央發表了《為祝賀新年告前線將士和全國同胞書》，提出：中國人民解放軍和中國人民在1950年的戰鬥任務，就是「解放海南島、臺灣和西藏，全數殲滅蔣介石集團的最後殘餘勢力。」這是中共建國後明確提出「武力解放臺灣」的方針。次日，《人民日報》又發表元旦社論，把「肅清中國境內的一切殘餘敵人，解放臺灣、西藏、海南島，完成統一全中國的大業」，作為中國人民在1950年要完成的四項任務中的頭一項。這標幟著中共建國後，「武力解放臺灣」的方針至此已經形成。

隨著戰爭向東南沿海的順利推進，到1950年6月，人民解放軍渡海攻臺已是箭在弦上、蓄勢待發。坐困臺北的蔣介石如驚弓之鳥，隨時準備逃離臺灣。值此關鍵時刻，6月25日，朝鮮戰爭爆發。27日，美國第七艦隊開進臺灣海峽，空軍第十三航空隊進駐臺灣。不久，美國又向越南派去軍事顧問團。面對形勢的突變，中共衡量自身的實力，為避免同時在三個戰場上與美國作戰，遂決定將人民解放軍的戰略重點由東南沿海轉向東北，集中力量在朝鮮同美軍較量。10月19日，中國人民志願軍入朝作戰，由此，武力解放臺灣的方針被迫暫時擱置下來。

朝鮮戰爭的爆發，對臺灣問題的解決產生了深遠的影響。從此，美國正式介入臺海衝突，對臺政策也由「棄蔣」轉向「扶蔣」，國民黨當局因此而絕處逢生，不僅在臺灣站穩了腳步，而且形成與大陸長期隔海對峙的嚴重局面。此後，美國開始鼓吹「臺灣地位未定論」、「臺灣中立化」、「兩個中國」、「劃峽而治」等各種分裂中國的論調。從而極大地增加瞭解決臺灣問題的複雜性、長期性、曲折性和艱鉅性。

1953年7月，朝鮮戰爭結束，美國繼續從軍事上、經濟上、外交上全方位支持臺灣，阻撓中國的統一。鑒於此，1954年7月，中共再次提出「解放臺灣」的口號，並於9月間兩次炮擊金門，以軍事行動表示不能承認美國的軍事干涉和對臺灣的占領，此即所謂「第一次臺海危機」。12月2日，美國無視中共的強烈反對，與臺灣簽訂了醞釀多時的《共同防禦條約》，正式把臺灣置於它的軍事「保護傘」之下。對此，12月8日，中共發表聲明，指出該條約「根本是非法的、無效的」，表示中國人民一定要解放臺灣，完成國家完全統一。此後，中共採取了一系列「武力解放臺灣」的實際行動，並於1955年1、2月間發動了渡海戰役，先後攻占了一江山島和大陳島。

大陳島的攻占，標幟著東南沿海的海島爭奪戰已基本結束，國共兩黨內戰、海峽兩岸的武力對抗有所緩和。伴隨著國內外局勢的變化，中共適時地調整政策，提出了「和平解放臺灣」的新的對臺方針。

（二）「和平解放臺灣」階段（50年代中～70年代末）

「和平解放臺灣」的方針，是在50年代中期，中共根據國際國內形勢的變化而確立的。

從國際形勢來說，1953年7月《朝鮮停戰協議》的簽訂、朝鮮戰爭的結束，使中國的國際地位得到提升，大國的形象得以確立。1954年4月，中華人民共和國首次以五大國（中、美、蘇、法、英）之一的身分和地位，應邀出席在日內瓦召開的以討論朝鮮問題和印度支那問題為內容的國際會議。

同年7月，印度支那停戰協議在日內瓦簽訂，中國南部邊陲的安全得到了鞏固，打亂了美國企圖從朝鮮、臺灣到越南三條戰線上包圍中國、威脅中共政權的戰略部署。

1955年4月，亞非會議在印度尼西亞萬隆成功召開，這標幟著亞非國家開始登上國際政治舞台，成為二戰結束後維護世界和平的一支重要力量，同時也預示著國際緊張局勢開始趨向緩和。

就國內形勢而言，1953年中共開始實施發展國民經濟的第一個五年計劃，經濟建設成為整個國家生活中壓倒一切的中心任務。大規模的經濟建設，一方面需要有一個和平安定的國際國內環境作為保證；另一方面，也需要調動國內外一切積極因素，甚至化消極因素為積極因素，團結一切可以團結的力量，為社會主義建設服務。

鑒於上述國際國內形勢的變化，中共決定調整對臺方針政策，採取靈活措施，以衝破美國為首的西方反華勢力的封鎖包圍，積極爭取一個有利於中國經濟建設的國際國內環境。

此外，值得注意的是，50年代中期，臺灣海峽局勢也發生了微妙變化。美臺雖然簽訂了《共同防禦條約》，但卻各有盤算。美國只想控制臺灣，「劃峽而治」，製造「兩個中國」或「一中一臺」，最終使臺灣從中國分裂出去，並不想助蔣反攻大陸，使自己過深地捲入與中共對抗，損害美國的國家利益；而臺灣國民黨當局則堅持「漢賊不兩立」的「一個中國」立場，一心想「反攻復國」，對美國圖謀「臺灣問題國際化」，限制其反攻大陸，搞「兩個中國」極度不滿。雙方矛盾分歧十分尖銳，不斷發生摩擦。在此期間島內先後發生的吳國楨、王世杰、孫立人等事件，典型地反映了美蔣之間的這種矛盾和爭鬥。中共中央洞悉上述情況，認為既然國共兩黨均堅持「一個中國」的原則立場，反對「兩個中國」

或「一中一臺」，那麼就有可能利用美蔣矛盾，在維護國家統一的前提下求同存異，以和平方式解決臺灣問題。

基於上述分析，中共首先調整了對美政策，敦促美國政府就解決臺灣問題與中國談判。1955年4月，萬隆會議（即亞非會議）召開期間，周恩來總理發表聲明指出：「中國人民同美國人民是友好的。中國人民不要同美國打仗。中國政府願意同美國政府坐下來談判，討論緩和遠東緊張局勢問題，特別是緩和臺灣地區緊張局勢問題。」這一聲明得到美國政府的響應，當年8月1日，中美大使級會談在日內瓦（後改在華沙）舉行。一直到1970年，歷時15年之久，談判達136次，核心議題即為臺灣問題。中美大使級會談雖然未能取得多少具體成果，但卻為以後改善中美兩國關係以及和平解決臺灣問題營造了氣氛，創造了條件。

在調整對美政策的同時，中共正式向臺灣國民黨當局提出「和平解放臺灣」的倡導。1955年5月31日，周恩來總理在全國人大常委會第15次會議上明確宣布：「中國人民解放臺灣有兩種可能的方式，即戰爭方式和和平的方式。中國人民願意在可能的條件下，爭取用和平的方式解放臺灣。」這是中共第一次公開正式提出「和平解放臺灣」的對臺方針，標幟著中共對臺政策開始轉變。

不過，按照中共最初的説法，兩岸和談解決臺灣問題，是屬於「中央政府同地方當局之間的協商」。在此基礎上，1956年這一年，中共領導人毛澤東、周恩來等又在各種不同的場合進一步闡明了和平解決臺灣問題的一系列具體方針政策，從而逐步形成並提出了實行第三次國共合作的主張。這一主張的提出，是中共「和平解放臺灣」對臺方針的進一步概括和發展。這些具體方針政策，歸納起來主要有如下數端：

（一）「省親會友，來去自由」。為了緩和海峽兩岸緊張對峙的局面，為「和平解放臺灣」創造良好的氣氛，中共領導人一再表示充分理解家在大陸、身在臺灣的國民黨軍政人員早日與家人團聚的願望，他們可以同大陸上的親友通訊，也可以回到大陸省親會友，各級人民政府保證他們「來去自由」，並提供「各種方便和協助」。

（二）「既往不咎、立功受獎」。凡是願意走和平解放臺灣道路的，不論何人，不論他們過去犯過多大罪過，不論先後，一律寬大對待，不咎既往，立功受獎。凡是通過和平途徑投向大陸的，都將安置適當的工作。

（三）「對等談判，高度自治」。希望臺灣在他們認為「適當的時機」、「適當的地點」，派出代表，由國共兩黨通過對等談判，協商和平解放臺灣的具體步驟和條件；臺灣成為中央政府管轄下的自治區，實行高度自治；臺灣的政務仍由蔣介石領導，共產黨不派人前往干預；當然，作為主權統一的標誌，外國軍事力量必須撤離臺灣海峽。

為加強對臺工作，統一領導，1956年7月，中共中央發出「關於加強和平解放臺灣工作」的黨內指示，並成立了由周恩來直接領導的對臺工作辦公室。同年9月，中共召開第八次全國代表大會，在大會通過的政治報告中，「和平解放臺灣」的對臺方針，作為黨的決議被肯定下來，成為全黨的共識。此後，全黨和各級政府統一步調，為貫徹落實這一方針展開了全面工作，並取得了一定的成效。但由於臺灣並無談判誠意，再加上1957年6月以後，大陸方面開展了嚴重擴大化的反右派鬥爭，給對臺工作造成了消極影響，致使「和平解放臺灣」、實行第三次國共合作的新的對臺方針，未能達到預期目標。在1957年10月召開的國民黨八大會議上，蔣介石再次強調堅持「反共復國」的既定政策。

應該著重指出的是，中共在處理臺灣問題時，特別注意把海峽兩岸中國人之間的矛盾和中美兩國之間的矛盾加以區別對待，堅決反對任何外國勢力干預和插手臺灣問題。1954年9月間發生的第一次臺海危機，即是中共用炮擊金門的軍事動作，表達了對美國插手臺灣問題、干涉中國內政的強烈不滿。中共調整對臺政策、提出「和平解放臺灣」的新的對臺方針後，引起美國的不安。此後，美國不斷施加壓力，試圖逼迫蔣介石下令從金門、馬祖撤軍，以製造海峽兩岸「劃峽而治」，形成事實上「兩個中國」的分裂局面。但蔣介石不肯就範，始終念念不忘「反共復國」。為了挫敗美國分裂中國的陰謀，中共決定利用美蔣之間的矛盾，適時地提出了「聯蔣抵美」策略。於是從1958年8月下旬開始，毛澤東下令人民解放軍以猛烈炮火轟擊金門，這就是當時震驚世界的「第二次臺海危機」。炮擊金門持續了一個多月的時間，表面上是軍事鬥爭，但實質上是中、美、臺三方圍繞著要不要堅持「一個中國」所展開的一場劇烈的政治角力。然而有趣的是，這一回合的鬥爭，乃是海峽兩岸的宿敵——國共兩黨之間「似打實合」、默契配合，共同挫敗了美國策劃的「劃峽而治」、分裂中國的圖謀。這一高超的鬥爭藝術，堪稱是世界政治、軍事史上前所未聞的奇特景觀。同年10月23日，美國不得不在公開發表的美臺「聯合公報」中，承認「金門、馬祖與臺灣、澎湖在防衛上有密切關聯。」

此後，海峽兩岸雙方的政策都進行了調整，由過去激烈的軍事對抗，轉而以政治對抗為主、軍事對抗為輔的冷戰對峙局面。臺灣方面，逐步放棄了「反攻大陸」的口號，將主要精力用以經營建設臺灣，實行「反共偏安政策」；大陸方面，則對解決臺灣問題作進一步的思考，相繼提出了許多新的重要原則。1963年，周恩來將這些重要原則簡明扼要地歸納為「一綱四目」方案。「一綱」即臺灣必須統一於中國。「四目」即：（1）臺灣統一於中國大陸後，除外交必須統一於中央外，臺灣之軍政大權、人事安排等悉委於蔣介石；（2）臺灣所有軍政及經濟建設一切費用不足之數，悉由中央政府撥付（當時臺灣經濟困難，每年赤字約8億美元）；（3）臺灣的社會改革可以從緩，必俟條件成熟並尊重蔣的意見，協商決定後進行；（4）雙方互不派特務，不做破壞對方團結之舉。毛澤東一再表示，臺灣只要一天守住臺灣，不使臺灣從中國分裂出去，大陸就不改變目前的對臺關係。

「一綱四目」的提出，進一步豐富和完善了「和平解放臺灣」的方針，使這一方針更加理論化和具體化，同時也更具操作性。從其內容來看，它實際上是70年代末鄧小平提出的「和平統一、一國兩制」新的對臺政策的源頭，後者顯然是前者合乎邏輯的延伸和發展。

在「一綱四目」對臺方針的指引下，經過各方的通力合作，60年代中期中共對臺工作正在取得可喜的進展。但很可惜，這一良好的發展勢頭未能持續下去，1966年5月至1976年10月長達10年之久的「文化大革命」，中共的對臺工作遭到了林彪、四人幫和極左思潮的嚴重干擾和破壞。特別是在「文革」前期，中共實際上放棄了50年代中期以來實行的「和平解放臺灣」的政策，恢復了建國初期「武力解放臺灣」的強硬做法，致使國共兩黨聯繫中斷，海峽兩岸關係一度處於十分緊張的對峙狀態。所幸從70年代初開始出現了新的轉機，在毛澤東、周恩來的推動下，聯合國恢復了中國大陸的合法席位，中美、中日關係先後實現了正常化。這一系列重大事件的發生，對兩岸關係的發展產生了積極和深遠的影響，為最終解決臺灣問題創造了不可或缺的前提條件。也正是在這種新的形勢下，70年代末，中共適時地提出了「和平統一、一國兩制」新的對臺方針政策。

（三）「和平統一、一國兩制」階段（70年代末——）

70年代末，國際國內形勢發生了新的重大變化。

國際方面，1978年12月16日，中美兩國經過多次曲折複雜的談判，發表了建交聯合公報。這樣，自1972年尼克森訪華以來開始啟動的中美兩國關係正常化進度，終於取得了突破性的進展。聯合公報明確宣布：中美兩國「自1979年1月1日起互相承認並建立外交關係」，美國「承認中華人民共和國是中國唯一合法政府」，只同臺灣「保持文化、商務和其他非官方關係」，強調美國「承認中國大陸的立場，即只有一個中國，臺灣是中國的一部分。」中美建交意義重大，它不僅標幟著中美兩國關係從此進入了一個新的發展階段，同時在一定程度上消除瞭解決臺灣問題的最主要的國際障礙，從而為中共提出並確立和平統一中國的方針營造了良好的國際氛圍，創造了重要的國際條件。

國內方面，自1976年10月粉碎「四人幫」、結束了長達10年之久的「文化大革命」之後，中共採取了一系列措施，在各個領域進行了卓有成效的「撥亂反正」的整頓工作。特別是1978年5月，通過關於「實踐是檢驗真理的唯一標準」的大討論，衝破了個人迷信和「兩個凡是」的思想束縛。在此基礎上，1978年12月召開了中共十一屆三中全會。全會果斷停止使用「以階級鬥爭為綱」、「無產階級專政下繼續革命」等「左」的口號，決定從1979年起把黨和國家的工作重心轉移到社會主義現代化建設上來。這是中共建國以來具有深遠意義的偉大戰略轉折，不僅為中國的現代化建設指明了正確方向，同時也為中共和平解決臺灣問題的新的對臺方針政策的頒布奠定了基礎。

正是在上述國際國內的背景下，70年末、80年代初，以鄧小平為核心的中共第二代領導集體，在毛澤東、周恩來關於爭取「和平解放臺灣」思想的基礎上，進一步創造性地提出了「和平統一、一國兩制」的新的對臺方針。

「和平統一、一國兩制」的新的對臺方針政策有一個逐步形成和發展的過程。早在1978年10月8日，即中共十一屆三中全會召開之前，鄧小平在會見日本著名文藝評論家江藤淳時就說：「如果實現中國統一，我們在臺灣的政策將根據臺灣的現實來處理。比如說，美國在臺灣有大量的投資，日本在那裡也有大量的投資，我們正視這個現實。」表明了在解決臺灣問題時要實事求是、尊重臺灣現實的思想。11月14日，鄧小平在會見緬甸總統吳奈溫時又進一步說：「在解決臺灣問題時，我們會尊重臺灣的現實。比如，臺灣的某些制度可以不動，美日在臺灣的投資可以不動，那邊的生活方式可以不動。但是要統一。」及至12月中共十一屆三中全會發表的公報中，在提及臺灣問題時，首次以「臺灣回到祖國大陸懷抱，實現統一大業」，取代了以往「解放臺灣」的一貫提法，實際上這已清楚地表明了中共的對臺政策將發生重大調整。

1979年元旦，全國人大常委會發表《告臺灣同胞書》，首次公開宣布了關於臺灣回歸中國大陸、實現國家統一的大政方針，標幟著中共對臺方針政策的重大轉變。該文告要點有：（1）強調在解決統一問題時，「一定要考慮臺灣的現實情況」，「尊重臺灣的現狀和臺灣各界人士的意見，採取合情合理的方法，不使臺灣人民蒙受損失」；（2）提出「我們寄望於臺灣1700萬人民，也寄望於臺灣」，並肯定「臺灣一貫堅持一個中國的立場，反對臺灣獨立，這就是我們共同的立場，合作的基礎」；（3）提出「首先應當通過中華人民共和國政府和臺灣之間的商談，結束這種軍事對峙狀態」；（4）提出「雙方盡快實現通航通郵」，「發展貿易，互通有無，進行經濟交流」（該內容後來被概括為「三通」）。這一具有重要意義的文獻，為後來系統地形成「和平統一、一國兩制」方針奠定了基礎。

繼《告臺灣同胞書》發表之後，另一份具有重要意義的文獻，是1981年9月30日國慶前夕，全國人大常委會委員長葉劍英就臺灣問題向新華社記者發表的談話。該談話進一步闡明了關於臺灣與大陸實現和平統一的方針政策，具體內容共有九條（後來被稱為「葉九條」），其要點是：（1）建議舉行國共兩黨的對等談判，實行第三次國共合作；（2）提出「通郵、通商、通航、探親、旅遊以及開展學術、文化、體育交流」的主張；（3）提出國家統一後，「臺灣可作為特別行政區，享有高度的自治權，並可保留軍隊」，「臺灣現行社會、經濟制度不變，生活方式不變，同外國的經濟、文化關係不變、私人財產、房屋、土地、企業所有權、合法繼承權和外國投資不受侵犯」；（4）提出「臺灣和各界代表人士，可擔任全國政權機構的領導職務，參與國家管理」。

如果說《告臺灣同胞書》確定了新時期中共「和平統一」的大政方針的話，那麼可以說「葉九條」則是對這一大政方針的具體化，其中的一些重要內容已經形成了完成國家統一的根本方針——「一國兩制」的基本構想，這表明「和平統一」已成為中共解決臺灣問題的重大決策，決非權宜之計，更不是「統戰陰謀」。1982年1月11日，鄧小平在一次談話中說：「九條方針是以葉劍英名義提出來，實際上就是『一個國家，兩種制度』。」這是鄧小平第一次提出「一個國家，兩種制度」的概念。

1982年12月，五屆人大五次會議通過《中華人民共和國憲法》，其中第31條規定：「國家在必要時得設立特別行政區。在特別行政區實行的制度按照具體情況由全國人民代表大會以法律規定」。所謂「建立特別行政區」，指的就是實行「一國兩制」。由此，「一國兩制」已正式納入中國大陸的根本大法，從而實行「一國兩制」有了憲法的保證。

1983年6月26日，鄧小平在會見美國西東大學教授楊立宇時，進一步闡明了「和平統一、一國兩制」的構想（後被稱為「鄧六條」）。其要點是：（1）臺灣問題的核心是中國統一。和平統一已成為國共兩黨的共同語言，從而構成了第三次國共合作的基礎；（2）堅持一個中國，制度可以不同，但在國際上代表中國的只能是中華人民共和國；（3）不贊成「完全自治」的提法，「完全自治」就是「兩個中國」。自治應有一定的限度，條件是不能損害統一的國家利益；（4）統一後，臺灣作為特別行政區，可以實行與大陸不同的制度，可以有其他省市自治區所沒有而為自己所獨有的某些權力。擁有立法權和司法權，終審權不須到北京。臺灣還可以有自己的軍隊，只是不能構成對大陸的威脅。大陸不派人去臺，不僅軍隊不去，行政人員也不去。臺灣的黨政軍等系統都由臺灣自己來管。中央還要給臺灣留出名額；（5）和平統一不是大陸把臺灣吃掉，也不是臺灣把大陸吃掉，所謂「三民主義統一中國」是不現實的；（6）實現統一的適當方式是舉行國共兩黨平等會談，實行第三次國共合作，不提中央與地方談判，雙方達成協議以後，可以正式宣布，但不允許外國勢力插手。

顯然，「鄧六條」的提出使「和平統一、一國兩制」解決臺灣問題的構想更加充實和完善、更加具體化和系統化了。

與此同時，中共採取了一系列有利於緩和兩岸關係的實際步驟，例如停止炮擊金門和對臺灣外緣島嶼的海漂、空漂宣傳、撤銷福建軍區、削減了福建前線的軍事力量等。此外，在落實臺胞、臺屬和原國民黨起義投誠人員政策方面，中共中央發出了多項指示要求全黨和各級政府嚴格執行，並對有關歷史事件與國民黨的著名人物重新進行客觀公正的評價、邀請臺灣和各界人士來大陸參觀、訪問。在兩岸通訊、通郵、體育比賽交流等各個方面均制定和公布了許多具體的政策措施。所有這些，都對兩岸關係的緩和發展造成了積極的作用。

1989年6月，中共十三屆四中全會產生了以江澤民為核心的新的中央領導集體。全會公報鄭重宣布：「中國共產黨十一屆三中全會以後，提出了和平統一中國的方針和一個國家、兩種制度的構想，這是我們的基本政策」。

1995年1月30日，江澤民總書記發表了題為《為促進中國統一大業的完成而繼續奮鬥》的重要演講，精闢地闡述了鄧小平「和平統一、一國兩制」思想的深刻內涵，提出了現階段發展兩岸關係、推進中國和平統一進度的八項主張（後被稱為「江八點」）。這篇重要演講不僅充分體現了中共對臺方針政策的一貫性和連續性，同時也是在新的形勢下中共對臺方針的重大發展，成為今後相當長時期內解決臺灣問題的綱領性文獻。

1997年9月，中共第十五次全國代表大會重申了「和平統一、一國兩制」解決臺灣問題的基本立場、方針和原則。

1999年7月9日，李登輝拋出「兩國論」。7月18日晚，應美國總統柯林頓的要求，江澤民與柯林頓通了電話，在強烈譴責李登輝分裂言論的同時，重申了「我們解決臺灣問題的基本方針，仍然是『和平統一、一國兩制』。」

2000年元旦，江澤民在出席全國政協舉行的新年茶話會上發表重要演講，再次重申：「我們堅持『和平統一、一國兩制』的方針沒有改變。我在五年前提出的發展兩岸關係、推進中國和平統一進度的八項主張沒有改變。」儘管在當年的3月18日，標舉「臺獨黨綱」的民進黨在臺灣「大選」中以微弱多數勝選，取代國民黨成為臺灣政壇的執政黨。面對島內政局發生新的變化，中共認為：「兩岸關係的基本格局和發展趨勢沒有改變，國際上普遍承認一個中國的基本框架是穩固的」，「求和平、求安定、求發展」仍然是臺灣民意的主流。因此，近兩年來在各種不同的場合，中共仍一再重申，將繼續堅持「和平統一、一國兩制」解決臺灣問題的基本方針不變。

二、「一國兩制」的基本內容及其實踐意義

如前所述，「一國兩制」是中共十一屆三中全會以後由鄧小平創造的和平解決臺灣問題、完成國家統一的基本構想，是鄧小平理論的重要組成部分，是中共對臺工作的根本方針，決非權宜之計。因此，要想準確地理解中共的對臺方針政策，就必須對「一國兩制」的基本內容及其理論和實踐意義，有比較深刻的認識和瞭解。

（一）「一國兩制」的基本內容

所謂「一國兩制」，是「一個國家，兩種制度」的簡稱。自1982年1月鄧小平首次提出這一概念之後，迄今已過去整整20年了。20年來，隨著國內外形勢的變化，經過中共領導人的一再闡述，「一國兩制」的概念和內容不斷豐富和發展，逐步形成了一套完整的體系。其基本內容大致可以用一句話來概括：即「一個中國，和平統一；兩制並存，高度自治；長期不變，共同發展」。

（1）「一個中國，和平統一」。何謂「一個中國」？按照中共領導人近年來的最新提法，即「世界上只有一個中國，大陸和臺灣同屬一個中國，中國的主權和領土完整不容分割。」這是「一國兩制」的基礎。「和平統一」，則是「一

國兩制」的核心問題，也是海峽兩岸共同的歷史責任，即通過兩岸的平等協商，用和平談判的方式來完成中國的統一大業。「在一個中國的前提下，什麼問題都可以談」，「包括臺灣關心的各種問題」，大陸方面應充分考慮臺灣方面能接受的條件，設身處地為對方著想。

（2）「兩制並存，高度自治」。這是「一國兩制」的最大特點。統一後，國家的主體部分（大陸）堅持社會主義制度，這是前提；臺灣、香港、澳門作為特別行政區，保持原有的資本主義制度不變，生活方式不變，同外國的經濟文化關係不變。私人財產、房屋、土地、企業所有權、合法繼承權、華僑和外國人投資等，一律受法律保護。臺灣除了與香港、澳門一樣，實行「高度自治」，擁有特區的管理權、立法權、獨立的司法權和終審權，與外國簽訂商務、文化等協議，享有一定的外事權，並可保持財政獨立之外，「實行比港澳更寬鬆的政策」。例如，臺灣可以有自己的軍隊，中央政府不派軍隊去；臺灣的黨、政、軍系統都由自己來管，大陸不僅不派行政人員到臺灣去，中央政府還要在全國性政權機構中留出一定比例的名額，讓臺灣各界人士參與國家管理。

（3）「長期不變，共同發展」。實行「一國兩制」是最好的「維持現狀」，「你不吃掉我，我不吃掉你」，兩制長期共存，鄧小平說「我經常說一百年、一千年，就是指長期，我們不會用強制的辦法使它改變」。將來臺灣實行什麼樣的制度，由臺灣人民的意志決定。錢其琛副總理說，統一後，不僅「能避免『臺獨』分裂勢力挑起戰爭帶來的災難，永享太平」，而且「臺灣經濟將真正以中國大陸為腹地，獲得巨大的發展空間，實現經濟結構的優化和長期繁榮」，同時也更有利於大陸發展社會主義的主體，兩岸共同發展、振興中華。

「一國兩制」的構想，既是中共關於和平統一中國戰略方針的重大發展，又是這一戰略方針的核心內容；既體現了中共實現中國統一、維護國家主權的原則性，又充分考慮到臺灣、香港、澳門的歷史和現實，照顧到各方的利益，體現了高度的靈活性；這一構想，把中共和平統一中國的方針政策提升到理論的高度，成為推進中國和平統一大業的理論基礎、指導思想，和確實可行、最合情合理的最佳方案。

當然，這一方案的許多具體內容還有待進一步充實和完善，而這也正是需要兩岸雙方坐下來平等協商、談判才能濟事的。

「一國兩制」的科學構想原本是為和平解決臺灣問題提出來的，但由於臺灣方面並未積極響應，致使兩岸統一遲遲未能取得進展，但卻首先在解決香港、澳門回歸的問題上進行了成功的實踐，這就為今後臺灣問題的最終解決產生了積極的影響，提供了很好的示範作用。

（二）「一國兩制」的實踐意義

「一國兩制」構想的提出，是中共摒棄了「文革」時期的極「左」路線，重新回到解放思想、實事求是的思想路線，把馬克思主義的普遍真理與解決中國統一問題的具體實踐相結合的產物。其理論依據是辯證唯物主義和歷史唯物主義的世界觀和方法論。這一構想是對馬克思列寧主義關於國家學説、科學社會主義學説以及和平共處思想、統一戰線理論的新發展、新貢獻，其理論意義是顯而易見的。這裡，我們著重要探討的是這一構想的實踐意義，也即用「一國兩制」模式實現兩岸的和平統一，對於各方究竟有哪些好處？

（1）避免同胞相殘，增進民族團結。兩岸同胞分離已久，原本存在隔閡，互不信任，若再兵戎相見，骨肉相殘，即使實現了統一，也勢必嚴重傷害兩岸人民之間的感情，造成更大的民族裂痕。相反，如果通過平等協商談判，以「一國兩制」的和平方式實現統一，避免同胞相殘，生靈塗炭，兩岸人民是和平統一的最大受益者，有利於增進民族的和睦團結。

（2）消除戰爭隱患，永享安定太平。事實證明，只要兩岸一天不統一，臺獨勢力總是要時時跳出來頑強地表現他們自己，挑起臺灣內部的統獨之爭，製造臺海緊張局勢。這種不穩定狀況不改變，説不定哪一天就會「擦槍走火」，甚至引發兩岸之間的戰爭，要想永遠「維持現狀」只是一種幻想。如果以「一國兩制」的和平方式實現統一，就可以從根本上消除臺灣內部的統獨之爭，解除海峽兩岸的戰爭隱患，臺灣民眾不用再擔心受怕，可以安居樂業，永享太平。

（3）節省無謂開支，有利民生福祉。由於目前兩岸處於敵對狀態，雙方都在加強軍備，進行外交競爭，白白浪費了大量金錢。據臺灣媒體報導，臺灣每年僅用以採購武器裝備的經費就高達100多億美元；至於為「鞏固邦交」或「增加邦交國」數目，臺灣每年也不得不動輒花掉數億美元納稅人的冤枉錢用以「經援」。僅2000年8月陳水扁出訪中美洲和非洲6國，金援總額就高達2.5億美元。當然不可否認，大陸方面在這些方面的花費也相當可觀。試想，如果實現了統一，兩岸不必進行軍備競賽，也不再進行外交競爭，可以節省多少無謂開支，轉而用在經濟建設和改善兩岸人民的民生福祉，那該有多好！

（4）經濟科技互補，共同振興中華。二十一世紀是各國經濟和科技劇烈競爭的時代。目前，海峽兩岸的經濟和科技發展各有長處和短處、優勢和劣勢。若以「一國兩制」實現了統一，兩岸的經濟和科技合作清除了人為設置的障礙，可以真正按照市場法則運行，不斷擴大合作領域和規模，並且向更高的層次發展，直至實現區域整合。屆時，海峽兩岸再加上香港、澳門，形成東亞地區龐大的經濟實體，「中國人幫中國人」，共同制定國家可持續發展戰略，以大陸廣闊市場為腹地，各種物資、人才、科技、文化教育資源共享，互相合作、互補互利，大大提高國際競爭力，共同繁榮，振興中華，何樂而不為？！

（5）真正當家作主，共享大國尊嚴。以「一國兩制」實現統一，中國的綜合國力必將大幅增強，國際地位大幅提升。一方面，臺灣同胞將和大陸同胞一道，「充分地共享偉大中國在國際上的尊嚴和榮譽」，對外活動空間大為擴展，不必再受他國「牽制」和「勒索」，看某些強國的臉色行事。無論走到世界上哪一個角落，都因為你是「中國人」而受到尊敬，不再受到歧視。另一方面，臺灣不僅實行高度自治，「臺灣同胞將真正實現當家作主的宿願」，「充分行使選擇社會制度和生活方式的權利。臺灣被宰割、被殖民的歷史將不會重演；違背臺灣同胞意願的專制政權將不會再現」，而且還可以「更加廣泛、直接地參與管理國家大事，共同致力於國家的和平發展」，和大陸人民一起，共同維護中國的主權和領土完整。

（6）穩定臺海局勢，促進亞太和平。以「一國兩制」的和平方式實現統一，兩岸長期以來的政治僵局破解，臺海局勢得以穩定，戰爭隱患消弭於無形，有利於亞太地區的和平與合作，對世界和平也是重大貢獻。

總之，以「一國兩制」實現和平統一，利國利民，功在千秋。它的實踐意義，它的好處當然遠遠不止上述幾點，有許多無形資產是無法估量的。香港、澳門的回歸，已經率先作出了示範，「一國兩制」的強大生命力，正在港、澳特區逐漸顯現出來，假以時日，它的實踐意義必定會被愈來愈多的人所認識和理解。近年來，臺灣島內的各種民調顯示，贊同以「一國兩制」模式實現兩岸和平統一的臺灣民眾不斷增加，便是明證。

三、「江八點」——鄧小平「和平統一、一國兩制」基本思想在新形勢下的具體運用和重大發展

如前所述，江澤民總書記1995年1月30日在春節茶話會上發表的《為促進中國統一大業的完成而繼續奮鬥》的重要演講，提出了現階段發展兩岸關係、推進中國統一進度的八項主張（又稱「江八點」），不僅體現了中共對臺方針政策的一貫性和連續性，同時也是在新形勢下，中共第三代中央領導集體對鄧小平「和平統一、一國兩制」基本思想的具體運用和重大發展，是中共今後相當長時期內解決臺灣問題的綱領性文獻。因而只有對「江八點」有比較深刻的認識，才能準確把握現階段中共的對臺方針政策。

（一）「江八點」提出的背景

自70年代末、80年代初中共提出「和平統一、一國兩制」新的對臺方針後，各方面的情況發生了很大變化，到90年代中期，對臺工作所面臨的總體形勢是：一方面，兩岸關係的發展勢頭良好，有利於和平統一的因素在增長；另一方面，臺灣島內的分裂傾向也在發展，以美國為首的國際反華勢力試圖利用臺灣問題牽制與遏止中國。

從有利因素來看：（1）中國大陸自70年代末開始推行的改革開放路線，取得了舉世矚目的成就。期間儘管發生過1989年春夏之交的政治風波，西方國家曾一度對中國進行經濟制裁，但到90年代中期，大陸的改革開放已進入了以建設有中國特色的社會主義市場經濟體制為目標的新階段，經濟建設速度明顯加快，政局穩定，這就為繼續推進對臺工作創造了有利的內部條件。（2）兩岸關係發生了歷史性的重大變化。在海內外同胞的共同努力下，1987年11月臺灣終

於被迫開放臺灣民眾赴大陸探親，從而結束了兩岸同胞長期隔絕的狀態。此後，兩岸民間往來及各項交流逐步展開並日趨熱絡，兩岸經貿迅速發展，間接「三通」出現。從1991年起，兩岸開始了事務性商談，臺灣長期堅持的「不接觸、不談判、不妥協」的「三不」政策被打破。及至1993年4月，「辜汪會談」在新加坡舉行，標幟著兩岸關係發展邁出了歷史性的重要一步。隨著兩岸關係的深入發展，兩岸政治談判的緊迫性已日益突顯出來，並成為現階段全面推進兩岸關係發展的關鍵。

從不利因素來說：（1）90年代初發生的「蘇東波事件」（又稱蘇東劇變），使國際政治格局急劇變化，自二戰結束後美蘇兩強爭霸世界的冷戰局面以美國的勝利而告塵埃落定。在美國眼中，「聯中制蘇」既已成為歷史，中國在美國全球戰略棋盤上的地位和作用已大大降低。與此同時，中國大陸通過改革開放正在迅速崛起，並大有後來居上取代前蘇聯成為美國獨霸世界的最大障礙之可能。於是，美國開始調整對華政策，「中國威脅論」開始出籠，國際反華勢力加緊對中國實行「和平演變」，並利用臺灣問題加強對中國牽制與遏止的力度。1992年9月，美國布希政府突破中美「八一七」公報的限制，決定向臺灣出售150架F-16戰機。繼而柯林頓政府於1994年宣布調整對臺政策，採取一系列措施提升與臺灣的實質關係，事實上製造「兩個中國」、「一中一臺」。（2）國際局勢的變化、美國對臺政策的調整，無疑給臺灣島內的臺獨分裂勢力予極大的鼓舞。以李登輝為代表的國民黨主流派，逐步拋棄了「一個中國」立場，在國際上大力推行「務實外交」，謀求「雙重承認」和「參與聯合國」；在兩岸關係方面，拒絕開放兩岸直接「三通」、拖延政治談判，試圖利用兩會事務性、經濟性商談，突顯所謂兩岸「分裂分治」和「對等政治實體」；在臺灣內部，則加緊進行「憲政改革」，力圖為其分裂活動製造法源依據。至於以民進黨為代表的島內臺獨勢力，更在李登輝的縱容、扶植下急劇膨脹發展，在臺灣政壇和社會上的影響力日益擴張。島內這兩股分裂中國的勢力密切配合、互為奧援，再加上國際反華勢力的撐腰，共同挑戰「一個中國」，從而對兩岸關係的發展和中國和平統一的前景，造成了嚴重的衝擊。

正是在上述背景下，為突破兩岸政治僵局，進一步加強兩岸經濟、文化交流，把和平統一進度推向一個嶄新的階段，江澤民不失時機地就臺灣問題發表了重要講話。

（二）「江八點」的主要內容及基本思想

江澤民的重要講話，闡述了鄧小平「和平統一、一國兩制」的思想，回顧了自1979年以來兩岸關係發展的基本情況，分析了臺灣政局和國際形勢的變化對中國統一的影響，在此基礎上提出了頗具新意和創意的八項主張。其主要內容及基本思想是：

（1）堅持一個中國原則，是實現和平統一的基礎和前提。這是「江八點」的核心內容，同時也是推動兩岸關係健康發展的立足點。江澤民針對臺灣島內臺獨分裂勢力的現實表現，明確提出：中國的主權和領土不容分割，任何製造「臺灣獨立」的言論和行動，以及主張「分裂分治」、「階段性兩個中國」等等，都違背一個中國原則，都應堅決反對。與此同時，江澤民的講話還對臺灣與外國的關係作了明確的界定與區分，指出：「對於臺灣同外國發展民間性經濟文化關係，我們不持異議」，但「反對臺灣以搞『兩個中國』、『一中一臺』為目的的所謂『擴大國際生存空間』的活動」。同時指出：只有實現和平統一後，臺灣同胞才能與全國各族人民一道，真正充分地共享偉大中國在國際上的尊嚴與榮譽。

（2）海峽兩岸和平統一談判可以分步驟進行。這是「江八點」中最具新意的內容之一。講話中，江澤民除了重申建議雙方就「正式結束兩岸敵對狀態、逐步實現和平統一」進行談判之外，進一步提議：「作為第一步，雙方可以先就『在一個中國的原則下，正式結束兩岸敵對狀態』進行談判，並達成協議。在此基礎上，共同承擔義務，維護中國的主權和領土完整，並對今後兩岸關係的發展進行規劃。」這是中共過去沒有提出過的新的對臺政策宣示和解決臺灣問題的新思路。這也說明，中共對現實情況的把握比過去更加準確，已充分體認到和平統一不可能「一步到位」，需要分步驟進行，兩岸統一談判可以先不談「統一」問題，作為第一步，可先就「在一個中國原則下，正式結束兩岸敵狀態進行談判」，而談判的目的，是兩岸「共同承擔義務，維護中國的主權和領土完整，並對今後兩岸關係的發展進行規劃」。顯然這是一個極富創意的主張，這一主張既堅持了中共一貫的原則立場，又充分體現了中共對臺政策的靈活性和務實精神。果真這樣做的話，不僅可以滿足廣大臺灣民眾求安定、求和平、求發展的願望，又可為下一步進入兩岸實質性的統一談判累積共識，增強互信，營造良好的氣氛。

（3）歡迎臺灣各黨派、各界人士跟我們交換有關兩岸關係與和平統一的意見；在和平統一談判的過程中，可以吸收兩岸各黨派、團體有代表性的人士參加。這一主張和以往的提法不同，不再提「國共談判」、「國共合作」，這顯然是針對近幾年來臺灣政治生態發生重大變化的實際情況所作出的重要調整，頗具創意。它向臺灣各黨派、各界人士發出強烈訊息，表明除了極少數頑固堅持臺獨立場的人以外，中共願意就「兩岸關係與和平統一」問題，與各方面有代表性的人士進行接觸，交換意見，進而實行「和平統一談判」。這一新的提法，體現了中共在推動兩岸關係發展與謀求和平統一的過程中，既有原則堅持，又善於捕捉新情況、新問題，及時調整過時的政策，以及「團結爭取大多數，孤立打擊一些」的一貫的策略思想。

（4）努力實現和平統一，但不承諾放棄使用武力。針對臺灣某些別有用心的人汙蔑大陸「鴨霸」，對臺實行「霸權主義」，不肯放棄「武力犯臺」的不實指控，江澤民在講話中強調：「我們不承諾放棄使用武力，決不是針對臺灣同胞，而是針對外國勢力干涉中國統一和搞『臺灣獨立』的圖謀的」。講話中，江澤民還第一次使用了「中國人不打中國人」的感性語言，充分表達了對臺灣人民的同胞之愛。短短幾句話，江澤民把「不承諾放棄使用武力」的道理講得一清二楚。

（5）面向二十一世紀，大力發展兩岸經濟交流與合作。江澤民指出：面向二十一世紀世界經濟的發展，要大力發展兩岸經濟交流與合作，以利於兩岸經濟共同繁榮，造福整個中華民族。江澤民第一次提出：「我們主張不以政治分歧去影響、干擾兩岸經濟合作」；「無論在什麼情況下，我們都將確實維護臺商的一切正當權益」。這是為適應兩岸經貿發展的新形勢提出來的新原則和新政策。江澤民呼籲盡早實現兩岸直接「三通」，並鄭重表示，「我們贊成在互惠互利的基礎上，商談並且簽訂保護臺商投資權益的民間性協議」。這也是一項重要的新的政策宣示。

（6）兩岸同胞要共同繼承和發揚中華文化的優秀傳統。針對臺獨分裂勢力近些年來打著臺灣「主體性」、「本土化」的幌子，任意誇大臺灣文化的特殊性，否定臺灣文化與中華文化的一致性，圖謀割斷兩岸同胞精神聯繫的種種言行。江澤民在講話中強調指出：「中華各族兒女共同創造的五千年燦爛文化，始終是維繫全體中國人的精神紐帶，也是實現和平統一的一個重要基礎。兩岸同胞要共同繼承和發揚中華文化的優秀傳統。」這說明早在90年代中期，中共對臺灣島內的「文化臺獨」傾向已經有所警惕，在促進兩岸關係發展、推動和平統一的進度中，十分重視兩岸的文化交流，並把它視作維繫兩岸人民的「精神紐帶」和實現和平統一的「重要基礎」來加以推動。

（7）進一步落實「寄望於臺灣人民」的方針。江澤民在講話中除了強調「要充分尊重臺灣同胞的生活方式和當家作主的願望，保護臺灣同胞的一切正當權益」外，同時還進一步指示：「我們黨和政府各有關部門，包括駐外機構，要加強與臺灣同胞的聯繫，傾聽他們的意見和要求，關心、照顧他們的利益，盡可能幫助他們解決困難」。這是對「寄望於臺灣人民」對臺方針的進一步發展，使這一方針更加具體化了，內容更加豐富了。

（8）兩岸領導人以適當身分互訪。以往中共主張以「國共兩黨談判」的方式解決兩岸統一問題，因此曾表示「歡迎國民黨中央負責人以及國民黨中央授權的人士訪問大陸」，中共代表也願意應國民黨的邀請前往臺灣，共商國是。「江八點」對上述政策作了重大調整，首次使用了「我們歡迎臺灣的領導人以適當身分前來大陸訪問；我們也願意接受臺灣方面的邀請，前往臺灣」的新提法。所謂「適當身分」，意指訪問的身分應符合一個中國的原則。另外，針對臺灣近年來多次提出兩岸領導人在國際場合會面的主張，因為這一主張意在製造「兩個中國」，因此江澤民在講話中針鋒相對地指出：「中國人的事我們自己辦，不需要借助任何國際場合」。間接回應了臺灣的錯誤主張。

從以上介紹和分析可知，「江八點」的確是在新形勢下對鄧小平「和平統

一、一國兩制」基本思想的具體運用和重大發展，體現了以江澤民為核心的中共第三代中央領導集體在推動兩岸關係發展、謀求中國和平統一的過程中，既堅持原則立場又與時俱進、靈活務實的科學態度。

江澤民的重要講話發表後，引起海內外的強烈反響，輿論普遍認為，「江八點」是繼《告臺灣同胞書》、「葉九條」、「鄧六條」之後又一份系統闡述中共對臺方針政策的綱領性文獻。

迄今，「江八點」已發表了整整七週年，七年來，兩岸關係走過了一段曲折而不平凡的歷程。事實證明，「江八點」合乎民意，順乎潮流，對促進兩岸關係發展、推動中國和平統一進度，發揮了重大的指導作用。

（與楊憲村的合著：《世紀交峰——民進黨如何與共產黨打交道》）

戰後美國對華政策的回顧與展望

臺灣是中國領土的一部分，臺灣問題是第二次世界大戰結束後國共內戰遺留下來的問題，其本質是中國的內政問題。但臺灣問題之所以延至今日尚未得到解決，關鍵因素則是由於美國等西方反華勢力對臺灣問題的介入和插手，於是圍繞著臺灣問題的互動，便形成了中（大陸）、美、臺之間的三角關係。

大陸、臺灣、與美國的三角關係，是當代國際關係中最重要也是最複雜的關係之一。三方任何一方政策的重大調整，不僅會打破三方之間的動態平衡，給三方的相互關係造成重大衝擊，而且勢必對亞洲乃至世界和平、穩定與繁榮產生深遠影響。而美國的對華政策一向十分靈活，它根據其全球戰略變化的需要，以維護美國的國家利益為最高準則，適時地、不斷地進行調整。

臺灣問題，說到底是中美關係問題，是中美兩國之間的實力較量問題。因此，欲理解臺灣問題，準確把握海峽兩岸關係的走向，預測中國統一的前景，就必須對戰後美國的對華政策及其未來發展趨勢，有比較清楚的認識與瞭解。

一、50多年來美國對華政策的演變

中共建國50多年來，美國對華政策的演變大致可以劃分為以下三個不同的歷史階段：40年代末至70年代初的「孤立與封鎖」階段；70年代初至90年代初的「合作與遏止相結合」階段；90年代初至今的「接觸與遏止交替使用」階段。而每一歷史階段都有其不同的特點，並依據形勢的發展，不斷地進行微調。一旦其全球戰略目標發生變化，則美國對華政策也隨之進行重大調整。

第一階段：「孤立與封鎖」階段（40年代末～70年代初）

1945年二戰結束後，國共內戰再起，美國出錢出槍，極力支持國民黨政權，企圖「盡一切力量阻止中共取勝」，以便使中國留在美國的勢力範圍之內。但1948年冬遼瀋、平津、淮海三大戰役漸次展開後，美國眼看國民黨大勢已去，遂把對華政策目標修改為「盡一切力量阻止中國成為蘇聯的附庸」。於是美國決定逐步從中國的內戰中「脫身」，集中力量協助國民黨固守臺灣，以防臺灣「落入中共之手」。

1949年10月1日中華人民共和國成立後，美國出於與中共意識形態的對立和世界冷戰格局的戰略需要，決定對華採取「孤立與封鎖」政策，企圖將人民政權扼殺於搖籃之中，或盡可能地抑制其成長壯大，成為西方陣營的威脅。其主要措施：一是大力扶植日本，使日本變成美國在東亞對付蘇聯和中國的遏止力量；二是加強對中國周邊國家的軍事和經濟援助，唆使它們與中國為敵；三是大力扶植臺灣國民黨政權對抗大陸。朝鮮戰爭爆發後，派遣第七艦隊進駐臺灣海峽，阻止大陸進攻臺灣。朝鮮戰爭結束後，又通過與臺灣簽訂《共同防禦條約》，將臺灣置於美國的軍事「保護傘」之下，直接插手臺灣問題；四是操縱聯合國表決，阻撓恢復中國在聯合國的合法席位，並阻撓西方國家與中國大陸建交，在國際上孤立中國；五是對中國大陸實行經濟制裁與封鎖等等。

總之，敵視、孤立、圍堵、封鎖中國大陸，是這一時期美國對華政策的基本內容和政策目標。在這一歷史階段，中美關係處於相互隔絕和緊張對抗的非正常狀態。

第二階段：「合作與遏止相結合」階段（70年代初～90年代初）

1971年9月季辛吉祕密訪華，翻開了中美關係史上的重要一頁，它標幟著美國對華政策的重大調整和中美關係正常化進度的開始。此後一直到90年代初，美國對華政策的主要特點是「合作與遏止相結合」。

促使美國對華政策進行重大調整的動因主要有以下三個因素：

其一，50～60年代美國推行的對華「孤立與封鎖」政策未能達到預期效果，新中國不僅沒有崩潰反而日益發展壯大，國際地位與國際影響力與日俱增，成為第三世界國家的領袖和維護世界和平的不可忽視的力量。

其二，在1971年10月即將舉行的第26屆聯大會議上，眼看美國已無法阻撓中國恢復在聯合國的合法席位。這意味著今後中國大陸將取代臺灣成為聯合國安理會五大常任理事國之一。美國不能不正視這一政治現實。

其三，也是最重要的一點，從60年代初開始，中蘇交惡、關係緊張，而冷戰以來一直與蘇聯爭霸世界的美國，決定利用中蘇矛盾，採取「聯中制蘇」的策略對付蘇聯。這樣，中國大陸在美國全球戰略棋盤上的地位和作用大大提升。

於是，1972年2月28日，周恩來總理與首次訪華的美國總統尼克森在上海簽署了聯合公報（即「上海公報」）。關於臺灣問題，中方重申：（一）臺灣問題是阻礙中美兩國關係正常化的關鍵問題；（二）中華人民共和國政府是中國的唯一合法政府，臺灣是中國的一個省，早已歸還中國，解放臺灣是中國的內政，別國無權干涉；（三）中國政府堅決反對任何旨在製造「一中一臺」、「一個中國，兩個政府」、「兩個中國」、「臺灣獨立」和鼓吹「臺灣地位未定」的活動。美方則表示：它認識到在臺灣海峽兩邊的所有中國人都認為只有一個中國，臺灣是中國的一部分，美國政府對這一立場不持異議。

尼克森的訪華，打破了封凍多年的中美關係的堅冰；「上海公報」的簽署，奠定了中美兩國建交談判的基石。此後不久，美國在北京設立了正式的外交機構「聯絡處」。

然而，中美兩國的建交談判卻進展遲緩，並不順利，歷經美國的三屆總統尼克森、福特，一直到卡特任上的1978年12月16日，兩國才達成協議，發表建交公報，商定自1979年1月1日起，中美兩國「互相承認並建立外交關係」。公報中美國明確宣布：「承認中華人民共和國政府是代表中國的唯一合法政府。在此範圍內，美國人民將同臺灣人民保持文化、商務和其他非官方關係」；美國政府「承認中國的立場，即只有一個中國，臺灣是中國的一部分」。

在建交公報發表當日，中美兩國政府分別發表聲明。美方在聲明中表示，在中美建交的同日，「即1979年1月1日，美利堅合眾國將通知臺灣，結束外交關係，美國和中華民國之間的共同防禦條約也將按照條約的規定予以終止。」並承諾在4個月內從臺灣撤出美國餘留在臺灣的軍事人員。

中美建交後，美國雖然與臺灣終止了外交關係，但並未改變其對臺灣問題政策的本質。這主要表現在以下兩個方面：（一）美國繼續扶植和庇護臺獨勢力。70年代臺獨勢力在美國進一步整合，並有較大發展。中美建交後，臺獨組織在美國愈加活躍，活動愈加猖獗；（二）中美建交後僅三個月，美國參、眾兩院就先後通過了一個《與臺灣關係法》，並於4月10日經美國總統簽署生效。該法案背離中美建交公報原則，把臺灣視為「外國和其他民族國家、政府或類似的實體」，聲稱：「外交關係與承認之不存在，不得影響到美國法律對臺灣之適用，美國法律適用於臺灣應與1979年1月1日以前相同」。這實際上是以美國國內法的形式，把臺灣當作一個「國家」或政府性質的實體，使美臺關係仍然具有官方性質的關係。該法案還稱：任何「以非和平方式包括抵制或禁運來決定（臺灣）前途的任何努力，都是對西太平洋地區的和平安全的威脅，並為美國嚴重關切之事」，表示今後美國仍將「向臺灣提供防禦性武器」。這等於仍然把臺灣納入美國西太平洋地區的戰略體系，並為美國今後隨時向臺灣軍售，插手臺灣問題，阻撓中國統一提供了法律依據。

上述情況表明，中美建交後，美國雖然表示遵守中美建交公報，執行一個中國政策，但事實上並未放棄對臺獨勢力和臺灣國民黨當局的支持，實行所謂對華的「雙軌政策」。臺灣學者王曉波曾形象地概括美國這一時期的政策目標是所謂「以獨制臺，以臺制中，以中制蘇」的連環套。也即通過扶植臺獨勢力牽制臺灣國民黨政權，防止其與中共達成妥協，實現兩岸統一；再通過扶植臺灣國民黨政權牽制中國大陸，不讓其過分發展壯大，威脅美國；並通過與中共實現關係正常化，聯合中國大陸共同對付美國的最主要敵人——蘇聯。所以，美國這一時期的對華政策，其主要特點是：既「合作」又「遏止」；既「利用」又「擔心」；「合作」是為了「利用」；而「遏止」則是因為「擔心」。「合作」除了為「利用」中共「遏止」蘇聯之外，更有深層次的戰略考量，即和平演變中國大陸，使其政權變色。

美國推行這種自相矛盾的對華「雙軌政策」，很自然地引起中國的強烈反彈。《與臺灣關係法》出籠後，中國外交部照會美國政府提出抗議，進行了嚴正交涉。但美國置若罔聞，1981年1月，雷根剛剛就任美國總統，中美建交僅僅一年，美國就急不可待地恢復向臺灣出售價值28億美元的所謂「防禦性武器」，引起中方的強烈反應。此後，中美雙方就美國售臺武器問題多次進行談判，終於在1982年8月17日發表了中美聯合公報（即「八一七」公報）。該公報重申了中美「上海公報」和建交公報中確認的各項原則，美方承諾：它不尋求執行一項長期向臺灣出售武器的政策，它向臺灣出售的武器，在性能和數量上將不超過中美建交後近幾年供應的程度，它準備逐步減少對臺灣的武器出售，並經過一段時間導致最後的解決。

「八一七」公報使中美雙方在解決兩國建交遺留下來的美國對臺軍售問題方面，邁出了重要一步。按説，中美三個聯合公報所確立的各項原則，已經構成了中美關係穩定發展的基礎，但以後的事實證明，美國並未嚴格恪守這些原則，而且「八一七」公報簽署後，雷根政府又另外對臺作出「六項承諾」，其內容包括：（1）美國不同意訂定終止對臺軍售的最終期限；（2）不同意就對臺軍售問題事先與北京協商；（3）不在北京與臺北之間擔任調停人；（4）不同意修改《與臺灣關係法》；（5）不改變對臺灣主權問題的立場；（6）不對臺灣施加壓力逼臺灣與北京談判。這是中美兩國之間日後經常發生摩擦，過一段時間就要引發一場嚴重外交危機的根本原因之所在。至今，臺灣問題仍然是影響中美關係穩定發展的最重要、最敏感的問題。

第三階段：「接觸與遏止交替使用」階段（90年代初～）

90年代初，美國對華政策再次進行調整，進入了「接觸」與「遏止」兩種政策交替使用的新階段。這次調整的動因主要有二：

其一，國際政治格局發生了重大變化。90年代初蘇聯崩潰、東歐變天，自二戰結束後美蘇兩強爭霸世界的冷戰局面以美國為首的西方陣營取得勝利而告結束。伴隨著國際政治格局的變化，美國的全球戰略也隨之重新調整。在美國的眼中，「聯中制蘇」既已成為歷史，中國大陸在美國全球戰略棋盤上的地位和作用自然大大下降。

其二，中國大陸的崛起引起美國的不安。70年代末，中國開始推行鄧小平倡導的改革開放路線，到90年代初，中國大陸的經濟已取得了長足的進步、綜合國力不斷提升。這不僅使西方陣營原以為中國大陸有可能會隨著「蘇東波事件」的發酵而面臨崩潰的期盼落空，更使美國的一些死抱冷戰思維不放的政客開始擔心，中國的迅速崛起，將取代前蘇聯成為美國獨霸世界的最大障礙。因而美國有必要採取措施，遏止中國大陸的發展勢頭。

於是人們看到，1989年「天安門事件」發生後，以美國為首的西方國家開始把矛頭針對中國大陸，先是對中國進行經濟制裁，爾後是開始「妖魔化」中國，渲染所謂「中國威脅論」。當然，另有一些西方人士則認為「遏止」中國並不是好辦法，而且也不可能達到目的，主張對中國採取「接觸」政策。並通過「接觸」，一方面從中國的經濟發展中撈取實惠，另一方面促使中國的改革開放向美國所希望的方向發展。於是一時間西方主流媒體和美國智囊沸沸揚揚，都在激烈辯論究竟應該採取何種手段來對付中國：遏止？接觸？抑或兼而有之、交替使用？以後的事實説明，美國政府顯然是採納了後者，即對中國大陸實行「接觸與遏止交替使用」的政策。而且隨著中國大陸經濟的不斷發展、綜合國力的不斷提升，「遏止」政策似乎愈來愈成為美國對華政策的主調。小布希政府上台後，這種傾向變得愈加明顯和露骨。

由於美國對華採取「接觸與遏止」交替使用的兩手政策，致使中美關係自90年代初以來始終處於一種很不穩定的狀態。10多年來，從共和黨的老布希執政後期開始，及至民主黨的兩屆柯林頓政府時期，再到今日的共和黨小布希政府，F-16戰機售臺事件、銀河號事件、提升美國「與臺灣關係法」、反對北京申辦2000年奧運、有關「知識產權」爭執、所謂「武器擴散」問題、「復關問題」、李登輝訪美事件、「美日安保新指針」問題、人權問題、西藏問題、「貿易最惠國待遇」問題、轟炸中國駐南使館事件、「考克斯報告」事件、「導彈防禦體系」問題、南海軍機擦撞事件、大量售臺先進武器問題等等事件和爭執，接二連三地發生，中美兩國摩擦不斷，原本就潛在的矛盾和分歧日趨突顯出來，關係時好時壞、時冷時熱，時而風平浪靜，時而雷電交加，這正是冷戰結束後美國根據其全球戰略變化的需要，不斷調整其對華政策的必然反映。但總體而言，中美關係仍然在曲折中發展，雙方既有衝突對抗，又保持合作交往；「非敵非友，亦敵亦友」：在「衝突對抗」與「合作交往」的矛盾運動中，兩國關係逐漸趨向成熟。

二、小布希政府的對華政策及其未來發展趨勢

（一）小布希上台之初的對華政策

事實上，自冷戰結束以來，美國的對華政策始終搖搖擺擺，沒有真正定型。面對蘇聯崩潰後國際政治格局的重大變化和中國大陸的迅速崛起，究竟應該採取何種對華政策才最符合美國利益？在美國國內，不同的利益集團始終存在分歧，主張對華「遏止」的強硬派和主張對華「接觸」的溫和派一直都在爭論不休，爭相影響美國政府的決策，並在白宮交替占據上風。因而反映在中美關係方面自然是時好時壞、時冷時熱，始終很不穩定。也就是說，美國對華政策的不穩定性導致了中美關係的不穩定性。整個90年代，無論是共和黨的老布希政府抑或兩屆民主黨的柯林頓政府，情況都如此，只是柯林頓政府時期，美國對華政策的搖擺性顯得更為突出。2001年1月，代表共和黨重新上台執政的小布希政府，在「911」事件發生前的近半年多時間裡，主張對華「遏止」的強硬派顯然占了上風。於是人們發現，美國的對華政策開始進行大幅度的調整。這主要表現在以下幾個方面：

首先，在中美兩國戰略關係定位上，將柯林頓時期確定的致力於與中國建立「建設性的戰略夥伴關係」，重新定位為在政治上是所謂「戰略性的競爭對手」，在經濟上則是「建設性的合作夥伴關係」，試圖將中美兩國的戰略關係分割為政治與經濟兩個不同的層面區別處理。既要在政治上、軍事上遏止中國，又想從中國的經濟發展中繼續撈取實惠，「魚和熊掌兼得」。

其次，在全球軍事戰略方面，決定把戰略重心從歐洲轉向亞洲，並試圖拉攏日、韓、印度等國和臺灣，共同「圍堵」中國，擺出一副在必要時不惜與中國進行軍事對抗的架勢。

第三，在國家安全發展戰略方面，不顧各方反對，決定單方面退出《反彈道導彈條約》，堅持大力研發導彈防禦系統，企圖抑制和削弱中、俄兩國對美國的「核威脅」。

第四，調整對華外交戰略，不再承認中國的「大國地位」，將中美關係置於與其盟國的關係之後，蓄意在外交日程安排和派遣外交人員等方面「冷落」中國甚至「羞辱」中國。

第五，調整臺海政策的傾斜方向，以「戰略清晰政策」取代自中美建交以來歷屆美國政府一貫奉行的「戰略模糊政策」，公開宣稱「竭盡所能」協防臺灣；「虛化」一個中國政策，面對主張臺獨的陳水扁上台執政、臺灣新政府拒絕承認「一中」原則和「九二共識」，不僅不加反對，反而大幅提升美臺實質關係，在對臺軍售、美臺軍事合作、安排臺灣領導人「過境」以及支持臺灣加入國際組織等各個方面均明顯地轉而傾向臺灣。

此外，為配合上述五個方面對華政策的調整，小布希政府還繼續利用人權、法輪功和西藏問題等加強對中國的施壓力度，試圖進一步「妖魔化」中國，為其推行「圍堵」和「遏止」中國的政策製造輿論以及「合理性」和「合法性」。

小布希政府的上述作為，使中美關係面臨新的嚴峻挑戰與考驗。以4月初發生的南海中美軍機擦撞事件為標誌，兩國關係曾一度跌入谷底，呈現出空前緊張的態勢。

小布希政府上台之初大幅調整對華政策不是偶然的，除了國際局勢的演變和中國大陸綜合國力不斷增強這一客觀背景的刺激之外，還可以從共和黨和小布希身上找到以下幾個方面的主觀原因：

其一，從美國曆屆政府來看，共和黨執政歷來政策比較保守，尤其主張「實力外交」，並特別注重外交政策的變化和調整。尼克森政府如此，雷根政府如此，老布希政府同樣如此。老布希下台以後，共和黨在野已長達8年之久，早已按捺不住對民主黨政府的強烈不滿，其保守派國會議員和代表極右勢力的「智囊團」，一有機會便跳出來抨擊柯林頓政府的內外政策。如今好不容易才險勝民主黨的戈爾，將小布希扶上總統寶座代表共和黨重新執政，小布希當然不能違反「黨意」，而首先要在最令世人矚目的外交領域特別是在對華外交方面「標新立異」，盡快幹出一番「成績」出來，以突顯共和黨比民主黨高出一籌。

其二，從小布希政府主管外交和國防事務的團隊來看，副總統錢尼、國務卿鮑威爾、國防部長唐納・倫斯斐、副國務卿阿米塔吉、國防部副部長保羅・伍佛維茲、副總統辦公室主任利比等人，大都是冷戰時期老布希政府的高官，其中有不少原本是軍方領導人。他們的思維在很大程度上仍停留在冷戰時代，並帶有強悍的「軍人性格」（國務卿鮑威爾除外）。若再進一步考察，還可發現他們之中有相當數量的「臺灣之友」。多年來正是這些人在不斷「妖魔化中國」，宣傳「中國威脅論」，極力主張改採對華「戰略清晰政策」，遏止中國大陸。例如保羅・伍佛維茲即曾在1999年11月間以學者身分在華盛頓發表演講，宣稱他並「不認為保衛臺灣需要前提條件」，反對美國政府在臺灣問題上「留下任何模棱兩可的空間」；在去年美國大選期間，保羅・伍佛維茲還與阿米塔吉、利比等多位共和黨外交政策智囊人物一起，聯名簽署了一封公開信，主張放棄對華「戰略模糊政策」；至於國防部長唐納・倫斯斐則更一向以對華強硬派的代表人物而著稱。由這樣一批幕僚整天包圍著小布希，充當美國新政府外交和國防事務的主管，所做出的決策自然可想而知。

其三，小布希之所以能登上總統寶座，主要是靠軍人和軍火工業利益集團的鼎力支持。故而大選期間，小布希信誓旦旦地承諾他勝選後將加強軍隊建設和國防建設。勝選後，小布希自然要知恩圖報、兌現諾言，為軍人和軍火巨頭謀利益，以便下一次仍可競選連任。而要為軍人和軍火巨頭謀利益，就必須製造出一批「假想敵」和「競爭對手」。於是國防部長唐納・倫斯斐便公開宣稱俄羅斯仍然是「一個威脅」，總統國家安全事務助理賴斯在大選期間也曾撰文稱中國是美國的「潛在威脅」，至於朝鮮、伊朗、伊拉克等國，則被指稱為所謂「流氓國家」和「無賴國家」。一時間，「俄羅斯威脅論」、「中國威脅論」和「流氓無賴國家威脅論」，成為美國媒體廣泛宣傳的時髦理論。於是，廢除《反彈道導彈條約》、研發部署導彈防禦系統、向臺灣出售大量先進武器，自然也就有了「正當」的理由；於是人們也才能理解小布希政府上台後何以一改柯林頓政府的政策，對朝鮮半島和中東地區的和平進度態度如此冷漠。據媒體報導，2001年2月小布希向國會提交了總額達3189億美元的2002年財政年度國防預算，比2001年猛增了89億美元；而導彈防禦計劃則至少需耗資600億美元；至於向臺灣出售的武器裝備價值也高達數十億美元。小布希上台之後，美國軍人的地位、待遇果然節節升高，美國軍火大亨更是財源滾滾樂開了懷。人們看到，軍火工已然成為目前美國經濟新的增長點。

在「911」事件發生之前，可以發現小布希政府的對華政策有以下幾個顯著特點：

蠻橫性：小布希上台後，一反柯林頓時期以「接觸」、「溝通」、「對話」為主軸解決中美爭端的作法，代之於「對抗」、「鬥爭」、「遏止」為主調，表現出一種蠻橫無理、咄咄逼人、我行我素、不顧一切的典型的「西部牛仔」作風。在4月初處理「中美軍機擦撞事件」中，小布希的這種作風表演得可謂淋漓盡致。

矛盾性：小布希政府既然把中國定位為美國的「戰略性競爭對手」，試圖從政治上軍事上「圍堵」和「遏止」中國，而又說中國是美國的「建設性合作夥伴」，企圖從中國大陸經濟發展中繼續撈取實惠，其理論本身就充滿矛盾，難以自圓其說；在實踐上則勢必窒礙難行，處處碰壁。「魚和熊掌兼得」，只能是一廂情願的幻想。

搖擺性：由於蠻橫無理必然引起中方的強烈反彈，充滿矛盾又勢必在實踐中處處碰壁，於是小布希政府在與中國打交道的過程中，當面對客觀政治現實時，其重大決策又不得不一再修改，調整之中再調整；再加上小布希政府內部以鮑威爾為首的「國務院派」（溫和務實派），與以唐納·倫斯斐為首的「國防部派」（激進強硬派）在對華政策方面原本存在矛盾和分歧，兩派爭相影響小布希的決策，儘管對華「強硬派」一時占了上風，但仍然可以看到「溫和派」對決策的影響。因此，小布希政府上台之初，其對華政策往往給人以搖擺不定、朝令夕改的強烈印象和不確定感。例如處理「軍機事件」過程中的前倨後恭、關於「協防臺灣」發言的事後補充修正，以及聲稱「中斷中美軍事交流」後的矢口否認等等，都是典型事例。

（二）「911」事件後小布希政府重新調整對華政策

然而，中美軍機擦撞事件發生後情況開始發生變化，小布希政府似乎從這場危機中得到了某種教訓與啟示，開始體認到中美兩大國的關係非同小可，如果處理不當，勢必釀成大禍，嚴重損害美國的國家利益。於是，此後美國在與中國打交道時顯然較前謹慎理智了許多。例如美國宣布支持中國加入WTO和繼續延長中國的正常貿易地位、宣布堅持「一中」政策和不支持「臺灣獨立」、對北京申辦2008年奧運保持中立、在中美戰略關係定位上不再強調「戰略性競爭對手」，以及派國務卿鮑威爾來華為小布希訪華與中方進行協商等等。種種跡象表明，小布希政府中「溫和派」的影響力開始提升，「強硬派」的影響力開始下降。

「911」恐怖襲擊事件的發生，更對美國傳統的國家安全觀產生了前所未有的重大衝擊，促使其調整國家安全發展戰略，從而也為美國重新審視和調整其對華政策、改善發展中美關係帶來了新的機遇。

冷戰結束後，美國自恃是世界唯一超強，無人可與之匹敵，又兼地理位置優越，以為美國本土絕對安全無虞。「911」恐怖襲擊事件徹底粉碎了美國傳統的國家安全觀，原來以為「固若金湯」的美國，竟然如此脆弱，成為目前世界上「最不安全」的國度；冷戰後美國一直在渲染「中國威脅論」，把中國視為美國的「潛在威脅」，小布希甚至把中美兩國的戰略關係定位為「競爭對手」。「911」事件發生後才赫然發現，恐怖主義才是美國當前最大、最現實的威脅。倫敦國際戰略研究所發表的《2001年度國際力量對比》研究報告中說：「911」事件標幟著「全球進入一個戰略新紀元」，美國「必須對抗的敵人既非舊蘇聯，也不是潛在威脅的中國，而是國際恐怖分子」。

安全「觀念」的變化勢必帶來安全「戰略」的調整。「911」事件發生後，小布希一再表明美國政府壓倒一切的當務之急是消滅國際恐怖主義。美國傳統基金會會長、右翼保守派代表人物富爾也表示，美國正在對其安全戰略進行反思，將把反對恐怖主義作為重要標準重新界定敵友。安全觀念的變化和安全戰略的調整，在一定程度上對小布希政府上台後所推行的「單邊主義」帶來了衝擊。因為道理很簡單，如果僅僅依靠美國的一國之力而沒有國際的合作，是不可能取得反恐鬥爭的勝利的。而國際合作美國除了要進一步加強與其盟國的關係之外，還必須爭取有重大國際影響力而且同樣也遭受恐怖主義威脅的俄國和中國乃至眾多阿拉伯國家的支持。這樣，中美關係的改善和發展獲得了一個難得的意想不到的機會。

「911」事件發生的第二天，江澤民應約與小布希通電話時，小布希一改往日的傲慢姿態，表示他期待與江主席和世界上其他領導人一起，加強合作，共同打擊恐怖主義。當日，美國國務卿鮑威爾也說，美國希望在全世界範圍內展開合作，聯手打擊「恐怖活動」。並說，這一合作不僅包括北約國家、俄羅斯和中國，還包括阿拉伯國家。

10月中旬，小布希在阿富汗反恐戰爭正處於白熱化之際，仍如期出席在上海舉行的APEC會議，這明白地透露出美國在「911」恐怖襲擊事件後對改善中美關係的重視。小布希宣稱：「亞太經濟合作組織在其他地方開會，我不會去，但在中國開，我一定來！」小布希在與江澤民的會談中許諾，要和中國建立「坦率、建設性和合作」的關係。此後，小布希政府不再提「戰略競爭對手」之類的話了，而代之於「建設性的合作關係」來重新界定中美兩國的戰略關係。東京《時事社》發表評論說：「江主席與布希總統的首次會談是此次APEC會議的焦點。以出現『共同敵人』為契機，中美實現了和解，雙邊關係得到了大幅改善，恐怖事件給中國以接近美國的機會，而APEC則為雙方提供了上演親密氛圍的舞台」。香港《新島時報》則認為：「幾個月之前，新上台的布希還對外界宣布，中美之間的關係是『戰略競爭者』，但是，隨著『911』事件的發生，布希對中國的態度發生了180度的轉變。美國終於明白了，中國不是他的敵人。」

2002年2月，也即僅隔上海APEC會議4個月的時間，小布希再次訪華並與江澤民舉行高峰會。雙方回顧了中美關係30年來的歷程，深入討論了雙邊關係和當前的國際形勢，達成了許多重要共識，取得了多方面的積極成果。小布希強調，美國堅持一個中國政策，遵守中美三個聯合公報。江澤民還接受了小布希的邀請，將於今年10月訪問美國；而胡錦濤副主席則應錢尼副總統的邀請，也已於5月成功訪美。美國總統在不到半年的時間裡兩次訪問中國，雙方高層領導人如此密集的互訪，這在中美關係史上是極其罕見的。這反映出中美兩國領導人對改善、發展中美關係的高度重視。近期以來，中美之間各層級的官員互動頻繁，交往廣泛。從總體而言，「911」事件後，中美關係發展的勢頭趨向良好，美國政府中的對華「溫和派」顯然占據了上風。

（三）未來發展趨勢

然而，客觀而言，中美關係仍存在著許多不穩定的因素，不可盲目樂觀。

首先，道理至明，中美關係的狀況是由多種因素的互動決定的，反對恐怖主義只是給中美關係的改善和發展增添了一個重要因素而已。中美之間長期以來在一系列原則問題上，例如在國際安全、臺灣問題、人權問題、武器擴散問題、導彈防禦體系問題、宗教問題等等方面的矛盾與分歧，並沒有也不可能因為「911」事件的發生、反恐鬥爭的合作而在一夜之間便告煙消雲散、化為烏有。事實上，即使在反恐問題上中美雙方在某些方面的觀點和立場也存在分歧。例如，中國對美國將反恐鬥爭任意擴大化，企圖打著「反恐」旗號，顛覆、侵略其他主權國家的做法就不能不加反對。

其次，在小布希的政府中和美國智囊中，敵視中國、抱持冷戰思維的強硬派，仍具有相當大的影響力。一有機會，他們還會跳出來興風作浪，影響美國政府的決策，甚至仍有可能在一定時期占據上風，從而使中美關係再次受到挫折。

在中美兩國之間存在的問題之中，臺灣問題依然是最重要、最敏感的問題，同時也是最具爆炸性的問題。人們看到，小布希訪華期間，在人民大會堂與江澤民共同召開的聯合記者會上，以及在清華大學的演講中，曾接連兩次公開表示他將繼續支持《與臺灣關係法》，但卻有意迴避「一中」原則和中美三個公報，這決非偶然。小布希返國後沒過多久，中美關係再起波瀾，從美國把中國大陸列為動用核武的7個目標國之一、邀請臺灣的「國防部長」湯曜明訪美，舉行美臺軍方高峰會並重申雷根政府的對臺「六項承諾」，到對大陸進口鋼鐵實施限制、美國國會支持臺灣加入WHO等極不友善的動作接踵而來，引起中方的嚴正交涉和抗議，「為積極發展的中美關係澆了一頭冷水」。不久前，小布希又在有關臺灣定位問題上出現所謂「口誤」，居然稱臺灣為「臺灣共和國」，把海峽兩岸稱為「兩國」。更有甚者，美國軍方目前正在加緊進行西太平洋的新的軍事部署，圍堵和威懾中國的意圖絲毫不加掩飾。近日，由美國國防部公布的所謂「中國軍力年度報告」，再次鼓吹「中國威脅論」。套一句《紐約時報》對此評估報告的評語：該報告「更具鷹派色彩」。

上述事實無不證明，美國並未放棄圍堵和遏止中國的長遠戰略目標，傾向臺灣的政策也未改變，今後中美關係仍將會在一些重大原則問題上特別是在臺灣問題上面臨嚴峻的挑戰和考驗。「建設性的合作關係」還有待中美雙方的共同努力才有可能真正建立起來。在可預見的未來，中美關係仍將維持在時好時壞、時冷時熱，在曲折中發展的態勢，甚至不排除在一定時期和一定情況下重新出現緊張和倒退。

（與楊憲村合著的《世紀交鋒——民進黨如何與共產黨打交道》，在美國洛杉磯召開的「中華民族騰飛學術討論會」論文）

國家圖書館出版品預行編目(CIP)資料

臺海風雲見證錄. 政論篇 / 徐博東 著. -- 第一版.
-- 臺北市 : 崧燁文化, 2019.01
冊 ; 公分
POD版

ISBN 978-957-681-787-8(上冊 : 平裝)

1.中華民國政治 2.臺灣獨立問題 3.兩岸關係

573.07 108000351

書　名：臺海風雲見證錄（政論篇·上冊）

作　者：徐博東 著

發行人：黃振庭

出版者：崧燁文化事業有限公司

發行者：崧燁文化事業有限公司

E-mail：sonbookservice@gmail.com

粉絲頁　　網　址：

地　址：台北市中正區重慶南路一段六十一號八樓815室

8F.-815, No.61, Sec. 1, Chongqing S. Rd., Zhongzheng Dist., Taipei City 100, Taiwan (R.O.C.)

電　話：(02)2370-3310 傳　真：(02) 2370-3210

總經銷：紅螞蟻圖書有限公司

地　址：台北市內湖區舊宗路二段121巷19號

電　話:02-2795-3656　傳真:02-2795-4100　網址：

印　刷　：京峯彩色印刷有限公司（京峰數位）

定價：800 元

發行日期：2019年 01 月第一版

◎ 本書以POD印製發行